GARTENKUNST IN EUROPA

Ehrenfried Kluckert

GARTENKUNST IN EUROPA

VON DER ANTIKE BIS ZUR GEGENWART

Herausgegeben von Rolf Toman

Fotografien von Markus Bassler, Achim Bednorz
Markus Bollen und Florian Monheim

h.f.ullmann

ABBILDUNG VORDERSEITE :
„Multitude“ Eibenallee
Packwood House, Warwickshire
Courtesy of the National Trust
Foto: © Florian Monheim, Meerbusch-Büderich

ABBILDUNG RÜCKSEITE:
Nymphenburg, Schlossgarten
Jupiter-Statue nach einem Modell von I. Günther
(1765) im Großen Parterre
Foto: © Florian Monheim, Meerbusch-Büderich

FRONTISPIZ:
Salignac, Manoir d'Eyrignac
In geometrische Formen geschnittene Allee

h.f.ullmann ist ein Imprint der Tandem Verlag GmbH
978-3-8331-1044-3 (Originalausgabe)

Redaktion und Produktion: Rolf Toman, Espéraza, Birgit Beyer, Köln
Lektorat: Ulrike Weber-Karge, Dresden, Thomas Paffen, Münster
Index: Andreas Gäßler
Bildbeschaffung: Stefanie Huber, Köln
Covergestaltung: Werkstatt München

h.f.ullmann ist ein Imprint der Tandem Verlag GmbH
Sonderausgabe

ISBN 978-3-8331-4997-9

Printed in China

10 9 8 7 6 5 4 3 2 1
X IX VIII VII VI V IV III II I

www.ullmann-publishing.com

Inhalt

Vorwort des Herausgebers

Der vorliegende Band über die Gartenkunst in Europa behandelt hauptsächlich Gärten in Italien, Spanien, Portugal, Frankreich, England, den Niederlanden, Deutschland und Österreich. In diesen Ländern wurden die meisten der gezeigten Gärten neu für dieses Buchprojekt fotografiert. Nordeuropa (Skandinavien) und Osteuropa (Russland) werden wenigstens gestreift; einige europäische Länder fehlen ganz. Dennoch wird der Anspruch, ein geografisch hinreichend umfassendes Bild des europäischen Gartens zu zeigen, weitgehend eingelöst.

Etwas problematischer verhält es sich hinsichtlich des im Untertitel benannten Zeitraums: »Von der Antike bis zur Gegenwart«. Tatsächlich gelten fast vier Fünftel des Buches den Gärten der Renaissance und des Barock sowie den Landschaftsgärten der Aufklärung, des Klassizismus und der Romantik, also ungefähr dem Zeitraum zwischen 1500 und 1850. Die Erklärung, dass dies die hohe Zeit der Gartenkunst sei, trifft zwar zu, ist aber nicht der einzige Grund, warum die Zeit nach 1850 so knapp behandelt wird. Ab dieser Zeit wird es immer schwerer, die Fülle der verschiedenen Gärten in Europa zu klassifizieren, d. h Ordnungsschemata zu finden, unter denen sie sich kapitelweise behandeln lassen. Die epochalen Zuordnungen der Kunstgeschichte greifen nicht mehr, andere organisierende Gesichtspunkte sind nur bedingt tauglich. Von »Aspekten und Erscheinungsformen« zu sprechen, wie es im letzten Kapitel heißt, drückt die Verlegenheit brauchbarer Klammerbegriffe aus. Es bedürfte eines weiteren Bandes, um der beträchtlichen Verschiedenartigkeit der Gärten des 20. Jahrhunderts gerecht zu werden. Wie in den anderen Bereichen der Kunst auch lässt sich ein fortschreitender Individualismus konstatieren. Eine Darstellung dieser facettenreichen Entwicklung ist außerordentlich spannend, hätte aber den Rahmen dieses Bandes gesprengt.

Die vergleichsweise knappe Behandlung des Zeitraums von der Antike bis zum Mittelalter hat damit zu tun, dass es hierzu zwar viel zu sagen, aber wenig zu zeigen gibt. Auch die Gärten der Renaissance und des Barock sind natürlich nicht mehr in ihrem ursprünglichen Zustand erhalten. Aber hier sind alte zeichnerische Darstellungen und in dem ein oder anderen Fall auch gartenarchitektonische Rekonstruktionsversuche in der Lage, uns ein adäquates Bild der historischen Gärten zu verschaffen.

Potsdam, Klein-Glienicke
»Natürlich« arrangierte Baumgruppen des Landschaftsgartens

Mythen vom Paradies

Paradiesische Szene, Detail aus *Das Goldene Zeitalter* (Abb. gegenüber)

Der Garten aller Gärten liegt in der unerreichbaren Ferne eines Wunschraumes, in dem die Sehnsüchte und Hoffnungen, aber auch die Nöte der Menschen Zuflucht finden. Da die Erfüllung der letzten Wünsche im Diesseits nicht zu erlangen ist, wird sie – Not macht erfinderisch – im Jenseits angesiedelt. Dessen Abbild aber wird auf Erden ausgemalt und gestaltet, damit der Wunschraum niemals vergessen würde: Die Rede ist vom Goldenen Zeitalter, von den Elysischen Gefilden, von Arkadien und schließlich vom *locus amoenus*. Der Garten oder das Paradies ist den uralten Vorstellungen von einer verlorenen, aber verheißungsvoll zu erwartenden Glückseligkeit der Menschen gemeinsam.

Diese Projektionen haben in einer ganz entscheidenden Weise die Struktur und die Thematik der abendländischen Gartenkultur geprägt. Die Aussage gewinnt besonders dadurch an Bedeutung, dass die Begriffe Garten und Paradies eine gemeinsame Sprachwurzel besitzen. Das Wort Paradies lässt sich aus dem Alt-Persischen *pairi-dae'-za* ableiten, was so viel wie umzäumter Park oder Lustgarten des Königs bedeutet. Das spätbabylonische Wort *paradisu* ist nichts anderes als eine weitere Wortvariante des *pairi-dae'-za*. Wörtlich kann man es mit Umzäunung, Umwallung oder einfach abgesteckter Bezirk übersetzen. Das hebräische *pardes* und das griechische *paradeisos* meinen dasselbe und bezeichnen ebenfalls den Lustgarten des persischen Königs. Es ist interessant, dass sich der Begriff des Eingrenzens und Umzäunens ebenso auf den Garten bezieht. Der indogermanische Wortstamm *ghordho* bedeutet sowohl Hof als auch Gehege. Das lateinische Wort *hortus*, Garten, steht ebenfalls in diesem etymologischen Zusammenhang.

Inwiefern aber sind die Begriffe Zaun und Garten miteinander in Einklang zu bringen? Die Antwort führt uns geradewegs zu dem schon angesprochenen Wunschraum: Der eingegrenzte Ort ist zugleich auch ein abgegrenzter, also ein geheimer Ort. Er ist nur für besondere Personen zugänglich, die erwählt sind, diesen Ort zu betreten. Wer sich als unwürdig erweist, wird vertrieben.

Der Lustgarten des persischen Königs erschien den Bewohnern eines Landes, das aus wüsten- und steppenähnlichen Landschaften besteht, als Ort aller nur denkbaren Genüsse und Wonnen. Die Umzäunung weckte Begehrlichkeiten. Der Garten wurde, wenn man so will, nach seinem Zaun Paradies benannt.

Aus den Wüstengegenden des Vorderen Orients stammen auch die ersten Paradies- und Gartenschilderungen. Sie finden sich im akkadischen Adapa-Mythos des 15. Jahrhunderts v. Chr., im sumerisch-babylonischen Gilgamesch-Epos des 12. Jahrhunderts v. Chr. und in der biblisch-hebräischen Paradiesesvorstellung des 8. Jahrhunderts v. Chr. Bei den ersten beiden Mythen geht es um die Unsterblichkeit der Menschen. Das Paradies spielt dort eher eine untergeordnete Rolle. Die Entscheidung aber, ob der Mensch ewiges Leben erreichen oder behalten kann, fällt im Paradies. Natürlich ist das Leben des Menschen begrenzt, genauso wie der Garten umzäunt und nur bedingt zugänglich ist. Die im Gilgamesch-Epos geschilderte Sintflut aber verschont den Gar-

Der Garten des Paradieses
Schatzbehälter oder Schrein der wahren Reichtümer des Heils und ewiger Seligkeit, 1491

Das Goldene Zeitalter
Gemälde von Lukas Cranach d. Ä., um 1530
Holz, 73,5 x 105,5 cm
München, Bayerische Staatsgemäldesammlungen

ten. Das Paradies existiert irgendwo auf der Erde und ist ähnlich ausgestattet wie die Lustgärten der persischen Könige. Es verspricht demjenigen, der es findet, ewiges Leben, also Unsterblichkeit. Die Suche lohnt sich, auch wenn der Held Gilgamesch selbst gescheitert ist.

Mit diesem Motiv verknüpft sich die alttestamentarische Paradiesesvorstellung, deren Beschreibung mit einer genauen Lokalisierung beginnt: »Und Gott der Herr pflanzte einen Garten in Eden gegen Morgen und setzte den Menschen hinein, den er gemacht hatte« (1. Mose, 2,8). Eden wird im ersten Buch Mose genauer als Quellbereich der vier Flüsse angegeben, die den Garten bewässern. Das sind die Flüsse Euphrat und Tigris sowie Pischon und Gihon. Die beiden zuletzt genannten Paradiesströme aber sind auf keiner Landkarte verzeichnet. Man sucht sie vergebens. Aus diesem Grund hatte es im Laufe der Zeit immer wieder Versuche gegeben, den Paradiesgarten auf der Erde zu finden. Man glaubte, die unbekannten Flüsse in einem unentdeckten Land doch noch aufspüren zu können, schließlich hatte Gott den Garten Eden für den Menschen geschaffen. War der Garten Eden ein Kontinent, der von vier großen Flüssen bewässert und aufgeteilt wurde? Man darf wohl voraussetzen, dass die unbekannten Flüsse Pischon und Gihon so lang und so mächtig wie die bekannten Ströme Euphrat und Tigris waren. Hierbei handelte es sich um einen jenseitigen, einen göttlichen Kontinent. Bekanntlich nannte sich jeder der frühbabylonischen Könige des dritten Jahrtausends v. Chr. Herr der Vier Quartiere. Dieser Titel spielte auf die symbolische Weltherrschaft an, machte sich also den Pantokrator-Gedanken zu Eigen. Die Vier Quartiere bezeichneten die Vier Weltgegenden, in deren Zentrum der Quellstrom des Lebens austrat, um sich zu teilen und die Welt zu gliedern.

Hierin ist das Grundmodell angelegt, das den Garten beschreibt, der von einem zentralen Brunnen aus bewässert wird. Dieser Idealtypus des orientalischen Gartens, des Lustgartens persischer oder ba-

Valencia, Park Monforte
Formale Gartenanlage mit Skulpturen

bylonischer Könige, verhält sich zum altorientalischen oder alttestamentarischen Himmelreich wie später die christliche Kirche zum Nova Jerusalem des Neuen Testaments. Garten und Kirche waren und sind noch heute das irdische Abbild eines himmlischen Wunschraumes, in dem der Mensch ewiges Leben und Glück zu finden hofft.

Wenn es darum geht, die mythisch definierten Vorgaben im konkret ausgebildeten Garten wieder zu finden, dann wird neben der Umzäunung und den Quellflüssen – die auf Gartenmauer und Bewässerung verweisen – eine weitere Konstante bedeutsam: Bäume und Pflanzen, die unerschöpflich blühen, reifen und Früchte tragen. Im vierten Gesang der Odyssee des Homer werden die Elysischen Gefilde vom Meer begrenzt. Es handelt sich um eine Insel im westlichen Ozean, am Rande der Welt. Diese Insel ist für Sterbliche nicht zugänglich, sondern nur für Heroen, die durch die besondere Gunst der Götter dort leben dürfen, wie beispielsweise Menelaos. Anders als dieser erwartet Odysseus nach seiner Irrfahrt den Tod. Von einem regelrechten Garten kann hier noch nicht die Rede sein, eher von einem himmlischen Paradies auf Erden, wo der Mensch sein ewiges Leben in Glückseligkeit verbringt und wo er, von der Natur begünstigt, alle köstlichen Früchte zu jeder Jahreszeit zu sich nehmen kann. Wenn Odysseus daran auch nicht teilhaben konnte, so durfte er doch die irdische Variante des paradiesischen Ortes betreten, den Garten des Alkinoos, Königs der Phäaken und Vaters der Nausikaa. Im siebten Gesang lustwandelt der Seefahrer und Held im Garten mit der Pforte und der »ringsumzogenen Mauer« und bewundert die »süßen Feigen und rötlich gesprenkelten Äpfel«. In einem Winkel des Gartens glaubt Odysseus den Hauch des Himmels zu verspüren, denn dort entdeckt er »immerduftende Beete, voll balsamischer Kräuter und tausendfarbiger Blumen«.

Dieser *locus amoenus* ist ein Topos der Renaissanceliteratur und als solcher zum Vorbild von Lustgärten geworden. Die höfische Liebe wird mit Metaphern aus dem Garten geschildert. Allegorische und didaktische Traktate bedienen sich ebenfalls dieses antiken Topos, der mit christlichen Gartenmotiven des Mittelalters verschmolzen wird.

Während bei Homer das Elysium am Ende der Welt streng getrennt ist vom Garten des Alkinoos, vermischt sich bei Vergil in einer idyllisch-bukolischen Pastorale das zeitlos-ferne Reich Arkadien mit der ländlichen Alltagswelt: Frieden, Harmonie und Geborgenheit sind die Attribute eines Bildes, das der trüben Gegenwart der römischen Bürgerkriege entgegengehalten wird. Arkadien wird ebenfalls zum Topos eines Wunschraumes und zur Metapher musischer Empfindsamkeit. Arkadische Gärten sind häufig intime Abteilungen innerhalb der riesigen spätbarocken Anlagen. Ruinenromantik und Hirtenidylle, die in Hohenheim bei Stuttgart zum ikonografischen Programm gehören, begegnen uns auch im frühen Landschaftsgarten.

Der Sprung von antiken Vorstellungen, die als Gartentopoi tradiert wurden, zum Renaissancegarten oder zum Landschaftsgarten des späten 18. und frühen 19. Jahrhunderts ist groß. Zu groß, um damit die Frage befriedigend zu beantworten, inwiefern diese antiken Garten- und Paradiesesvorstellungen auf die Ausprägung realer Gärten gewirkt haben könnten. Die »Odyssee« des Homer und die »Georgica« des Vergil mögen lediglich poetische Stoffe zur Verfügung gestellt haben, die später literarisch weiterverarbeitet wurden und damit dann bisweilen Gartenmotive anregten. Die Gartentheorie der Renaissance (siehe S. 40 f.) wird diesen Sachverhalt erhellen. Es geht aber weniger um die komplizierte Struktur der Beetornamentierung als um das Grundmodell des abendländischen Gartens: um die über einer Kreuzform angelegten Beete mit einem zentralen Brunnen. Das Modell der Vier Quartiere kommt hier wieder ins Spiel. Dabei sind zwei Bezugspunkte zu berücksichtigen: Zum einen war es die hellenistisch-römische Tradition, die zur Übernahme des in Persien und im Vorderen Orient ausgebildeten kreuzförmig angelegten Gartens beitrug, zum anderen waren es maurisch-sarazenische Gärten, die als Varianten orientalischer Vier-Quartier-Gärten die Grundstruktur der frühen christlichen Kloster- und Domänengärten prägten. Die Betrachtung antiker Gärten macht uns sowohl mit diesem Grundmodell und dessen Varianten bekannt als auch mit der motivischen Verarbeitung der Paradiesesvorstellungen von Elysium, *locus amoenus* oder Arkadien.

In diesem Sinne läßt sich eine Brücke schlagen von den ersten gärtnerischen Anfängen in der Antike bis zum Garten der Empfindsamkeit in der Zeit um 1800. Die Projektion einer »Hoffnungsinsel« nahm in den Gärten von Kassel oder im englischen Stowe konkrete Züge an. Zumindest sollten die Staffagebauten im Zusammenspiel mit der künstlich gestalteten Wildnis, durch die sich Bächlein winden und Teiche ausbreiten, ein Vorstellungsmodell der einst gepriesenen Elysischen Gefilde präsentieren.

London, Hampton Court Palace
Luftansicht des *privy garden*

Florenz, Boboli-Garten
Zentraler Brunnen des »Isolotto«

Gärten der Antike

Pompeji, römischer Villengarten
Haus der Vettier, Peristyl mit archäobotanisch wiederbepflanztem Garten

Bekanntlich ist der Nachweis von Wundern schwierig, besonders dann, wenn sie zeitlich weit zurückliegen. Das betrifft allerdings nicht die Sieben Wunder der antiken Welt, die von Zeitgenossen und später lebenden Gelehrten authentisch und glaubhaft beschrieben wurden – bis auf eine Ausnahme: die Hängenden Gärten der Semiramis. Die meisten der antiken Weltwunderlisten, darunter die »Laterculi Alexandri« oder die »Anthologia Palatina« des Antipatros von Sidon aus dem 2. Jahrhundert v. Chr. führen diese babylonischen Gärten nicht ausdrücklich auf. Entweder ist vage und ohne Ortsangabe von hängenden Gärten die Rede, oder es wird der von der Königin Semiramis gestiftete Obelisk als *opera miranda* erwähnt. Sogar in der ältesten Stadtbeschreibung, die aus Babylon selbst stammt, sucht man vergeblich nach Bemerkungen über hängende Gärten. Vielleicht sollten wir Quintus Curtius Rufus, der – freilich erst im 2. Jahrhundert n. Chr. – eine umfassende Biografie Alexanders des Großen verfasste, Glauben schenken. Er bezog sich auf ältere griechische Schriften, etwa auf die »Persika« des Ktesias von Knidos aus dem 4. Jahrhundert v. Chr., die nur noch fragmentarisch überliefert ist. Hier finden sich Stellen über Babylon, die monumentalen Mauern und die Hängenden Gärten. Rufus hat daraus offensichtlich Passagen zitiert:

»Beim Palast von Babylon sind – ein in griechischen Erzählungen [die des Ktesias; d. Verf.] gefeiertes Wunder – die Hängenden Gärten. Sie liegen in der Höhe der Mauerkrone und sind durch viele Schatten spendende, hoch gewachsene Bäume anmutig. Aus Naturstein sind Pfeiler errichtet, die das ganze Werk tragen, und über den Pfeilern ist ein Boden aus Quadersteinen verlegt für die Erde, die hoch darauf liegt, und auch für das Wasser, das diese feucht hält. Und derart mächtige Bäume trägt dieses Bauwerk, dass ihre Stämme 8 Ellen dick werden und sie bis zu 50 Fuß hoch in den Himmel ragen, ja sogar Früchte tragen, als würden sie vom Mutterboden genährt.«

Die Maßangaben sind verräterisch: Bäume mit einem Durchmesser von 8 Ellen – 3,5 m – sind für diese Gegend ausgeschlossen. Sind die Hängenden Gärten ein Produkt der Phantasie? Zu diesem Schluss wird man unweigerlich kommen, wenn man weitere antike Berichte liest. Mal ist von einem Garten der Semiramis die Rede, mal von einem Garten der Nebenfrau eines syrischen Königs. Dann wird Nebukadnezar ins Spiel gebracht, der einen riesigen Palast mit Terrassengärten anlegen ließ. Während sich die antiken Autoren über die Urheberschaft des Gartens uneinig sind, stimmen sie in der Beschreibung der Bewässerungstechnik überein. Dabei handelt es sich um Schnecken, um Schraubengänge, die – von Rindern angetrieben – das Wasser aus einem Fluss stetig in die Höhe pumpen. Nur waren diese auch archimedische Schrauben genannten Fördermaschinen zur Zeit Nebukadnezars II., der um 620 v. Chr. lebte, oder zur Zeit der Semiramis (8. Jh. v. Chr.) noch nicht erfunden – Archimedes kam erst um 287 v. Chr. zur Welt.

Schon für die antiken Historiographen lag Babylon, die Stadt der Wunder, im Dunkel der Geschichte. Sie übernahmen ältere Quellen und schmückten diese aus mit dem Wissen bzw. mit den Gartenvorstellungen ihrer Zeit. Kaum verwunderlich also, dass der babylonische Garten mit Attributen des homerischen Gartens des Alkinoos versehen wurde. Oder anders gesagt: Mit dem griechisch-römischen Phantasiegarten in Babylon wird der entrückte Paradiesgarten erstmals konkret und gewinnt an Profil, da er in die Gesellschaft der Weltwunder aufgenommen worden ist.

In einem Stich nach Maarten van Heemskerk aus dem Jahr 1572 sind die Mauern, der Obelisk und

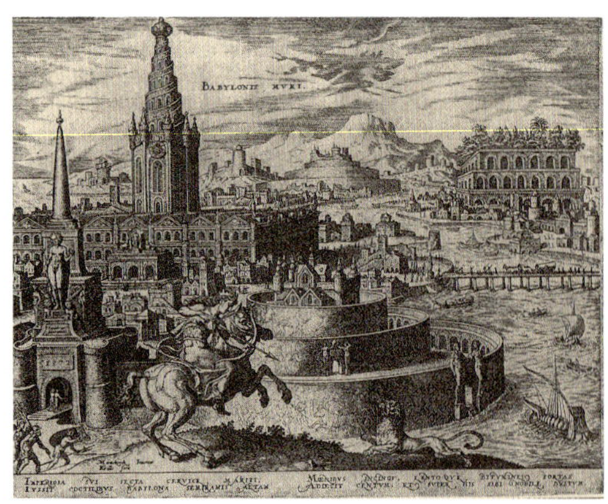

Die Stadt Babylon mit ihren Hängenden Gärten
Zeichnung von Maarten van Heemskerk, 1572

der mit einem Dachgarten versehene Garten Babylons zu sehen. Wohl ausgehend von der seit der Antike überlieferten königlichen Urheberschaft des Obelisken, wurden auch die anderen Wunderbauten der Semiramis zugeschrieben (Abb. gegenüber).

Mit den Berichten über die Hängenden Garten der Semiramis tritt der mythische Paradiesgarten in die Realität des antiken Gartenbaus, dessen Umsetzung ohne göttlichen Rückbezug jedoch undenkbar gewesen wäre. Der ägyptische Garten beispielsweise war als eine Art Zwischenzone definiert, die das Diesseits mit dem Jenseits verband. Die in den Palästen der Pharaonen oder Fürsten genossenen Gartenfreuden erschienen als Wandmalereien in deren Gräbern. Echnaton, der Religions-Revolutionär des Neuen Reiches (1550–1080 v. Chr.), ließ zusammen mit seiner Frau Nofretete im neu erbauten Amarna inmitten seines Palastes eine riesige Anlage aus Tempeln und Gärten errichten, die den Göttern geweiht war. Dem Sonnengott Aton war, wie die um 1350 v. Chr. entstandene große Aton-Hymne ausweist, der prächtigste Garten zugeordnet:

»Alles Vieh befriedigt sich an seinen Kräutern,
Bäume und Pflanzen wachsen.
Die Vögel fliegen aus ihren Nestern …«

In den Ruinen der königlichen Residenz wurden Reste und Hinweise auf üppige Gartenanlagen entdeckt. Der Übergang von der Realität zur Illusion war fließend. Die Gärten gingen über in Räume, deren Wand- und Bodenmalereien mit Blumen- und Tiermotiven geschmückt waren. In Ägypten wurde der Garten als mythischer Ort angelegt – ja mehr noch, als religiös motivierter Ausdruck all dessen, was man unter Natur verstand. Aton, die Sonnenscheibe, wurde als Leben spendende Kraft, die zur ständigen Erneuerung der Natur beiträgt, angebetet. Daher ließ sich Echnaton häufig in einer bestimmten Situation abbilden: wie er zusammen mit seiner Frau und den beiden Töchtern der Sonnenscheibe ehrfurchtsvoll Blumen entgegenbringt.

Die Lotusblüte war im alten Ägypten das Symbol der Wiedergeburt. Im Grab des Sen-Nufer in Theben, der in der 18. Dynastie unter der Regierung

Idyllisch-bukolische Sakrallandschaft
Wandmalerei aus Pompeji, 3. Viertel 1. Jh., Neapel, Museo Nazionale

Gartenlandschaft
Wandmalerei aus der Villa der Livia bei Primaporta, 1. Viertel 1 Jh. n. Chr. Rom, Museo Nationale Romano

Thutmosis III. (1490–36 v. Chr.) Aufseher über die königlichen Gärten und Parks war, ist der Verstorbene mit seiner Schwester Merit im früchtetragenden Himmelsbaum sitzend und mit einer Lotusblüte in der Hand gezeigt.

Während ägyptische Gärten der Pharaonenzeit teilweise noch archäologisch erforscht und in Grabmalereien dokumentiert sind, lassen sich antike griechische Gärten kaum nachweisen. Vereinzelte Bemerkungen von Aristophanes oder Plutarch aus dem 5. Jahrhundert v. Chr. lassen darauf schließen, dass die Philosophische Akademie in Athen mit Gärten versehen war. Ferner dienten Hausgärten in Athen nicht nur dem Gemüseanbau, sondern auch der Freude am Lustwandeln zwischen Ziersträuchern und Blumen. Ein städtischer Garten oder Park ist auf Grund der dichten Bebauung kaum vorstellbar. Dass aber ein Bedarf nach Plätzen mit Schatten spendenden Bäumen bestand, mag eine Notiz Plutarchs belegen, der berichtete, dass der athenische Staatsmann Kimon die Agora mit Platanen versah und offensichtlich für weitere Pflanzungen in der Stadt sorgte. Letztere wurden entlang der Wasserleitungen und Kanäle, die zu den Brunnenhäusern führten, angelegt. Für Platon gehörte dieses mit den städtischen Baum- und Gartenzonen verbundene Wassersystem zu den Elementen einer idealen Stadtanlage, worauf er im sechsten Buch seiner »Nomoi« (»Gesetze«) hinwies.

Das *oikia kai kepos*, das System Haus und Garten, wurde besonders in den Vorstädten und auf dem Land bedeutend. Die von der griechischen Kul-

tur geprägten Römer übernahmen u. a. das Haus-Garten-Konzept auch, um die landwirtschaftliche Produktion zu optimieren. Im achten Buch seiner Abhandlung »De Agricultura« schreibt Cato:

»In der Nähe der Stadt ist es ratsam, einen Garten (sub urbe hortum) mit allen Sorten von Gemüsen und Blumen für Kränze, megarischen Zwiebeln, Hochzeitsmyrte, weißer und schwarzer Myrte, delphischem, zyprischem und wildem Lorbeer und auch mit Nussbäumen ... zu haben.«

Obgleich der Myrtenkranz als Brautkranz im antiken Griechenland nicht nachweisbar ist, schien sich Cato am römischen Venuskult zu orientieren, der Myrtenkränze für die Hochzeit vorsah. Zum Nutzgarten gehörten demnach auch schmückende Pflanzen. Catos Konzept wurde von den großen römischen Landwirtschaftstheoretikern wie Marcus Terrentius Varro (116–27 v. Chr.) und Lucius Iunius Moderatus Columella (1. Jh. n. Chr.) übernommen und erweitert. In Columellas Lehr- und Handbuch der Acker- und Viehwirtschaft ist das zehnte Buch dem Gartenbau gewidmet. Hier bricht der römische Autor mit seinem eher nüchternen Stil und setzt den Hexameter als poetische Form ein, um den seelischen Regungen angesichts eines Gartens gerecht zu werden:

»Aber sobald nun gekämmt und sauber gescheitelt die Erde
Nicht mehr roh liegt und wüst und strotzend nach Samen verlanget,
Dann malt bunt sie mit mancherlei Blumen, den irdischen Sternen,
Pflanzet weiße Levkojen und die goldenen Leuchten der Calta,
Pflanzt Narzissengefieder, das Maul des grimmigen Löwen
Grässlich klaffend, zu weißlichen Kelchen aufsprossende Lilien,
Auch Hyazinthen, schneeweiß schimmernd, himmelblau strahlend.
Setzet Violen – blassblütig kriecht eine, die andre wächst aufrecht
Grünend im purpurnem Gold – und die allzu schämige Rose.«

Ein buntes und üppig blühendes Blumenbeet wird vor den Augen des Lesers entfaltet – wohl zum erstenmal in der Kulturgeschichte der europäischen Gartenkunst. Dass Augenlust zugleich auch Sinnenlust bedeutet, war Columella sehr wohl bekannt, da er im folgenden Abschnitt nicht nur vom Kerbel und der Endivie, die »gut für erschlaffte« Gaumen sind, spricht, sondern auch von der Megara-Zwiebel und der Rauke, die den trägen Gatten zum »Dienst der Venus entflammen«.

Columellas poetische Ambitionen, die zweifellos von der Jahrzehnte zuvor verfassten »Georgica« des Vergil inspiriert wurden, stehen im Gegensatz zu den eher pragmatischen Hinweisen und Anleitungen zur Viehzucht und zum Ackerbau. Deswegen kann man seine Gartenpoesie auch nicht als eine theoretische Grundlage der römischen Gartenkunst ansehen. Festzuhalten ist, dass Columella den Nutzgarten um einen eigenständigen Ziergarten erweiterte. Die rhetorische Form seiner Aussagen verleitet dazu, sich dem Lustwandeln im schattigen Garten hinzugeben. Hierin wäre dann vielleicht doch ein theoretischer Ansatz zu sehen, zumal in der römischen Kaiserzeit die Forderung nach *rus in urbe*, nach einem Stückchen Landschaft in der Stadt, mit zunehmender Bevölkerungsdichte und dem damit einhergehenden wachsenden Lärm immer dringlicher formuliert wurde.

Pompeji, Pfauenvilla

Pompeji, Haus des Loreius Tiburtinus
Treppenbrunnen

Rom war die Metropole der antiken Welt. Wenn von *urbs* oder allgemein von Stadtkultur die Rede war, war Rom gemeint. Marcus Valerius Martial, ein Zeitgenosse Columellas und Senecas, verfasste Epigramme, in denen er den unerträglichen Geräuschpegel in der Stadt schilderte. Er flüchtete auf sein Landgut. Umso euphorischer beschrieb er den Garten des Stadthauses seines Freundes Julius oberhalb von Trastevere, er war sich nicht sicher, ob er dieses Anwesen *villa rustica* oder *villa urbana* nennen sollte. Zu dieser Zeit nahm die Bedeutung der städtischen Garten- und Parkanlagen als Erholungsräume zu. Das *rus in urbe* sollte aber nicht nur zum Lustwandeln anregen, sondern die Römer auch an ihre bäuerliche Herkunft erinnern. Augustus ließ im Jahr 12 v. Chr. nach einem Brand des Forums zu Füßen des Kapitols einen Bereich aussparen, wo das Erdreich hervorschaute, und dort einen Ölbaum, einen Weinstock und einen Feigenbaum pflanzen. Diese drei Pflanzen standen stellvertretend für die Produktion der Grundnahrungsmittel und waren der Anstoß für die Idee der *rus in urbe*. Sie weckten die Sehnsucht der Römer, einen kleinen Teil des Landlebens in die Stadt zu holen.

Über achtzig Gärten verteilten sich im Stadtgebiet des kaiserlichen Rom. Dabei handelte es sich sowohl um kleinere Gärten (*hortulus*) von einfachen Wohngebäuden als auch um die größeren Gärten (*hortus*) prächtiger Villen. Neben dem Nutzgarten öffneten sich kleine, mit Buchs gesäumte Wege, die zu den Zierbeeten hinführten. Cicero gibt in seinen Briefen ziemlich genau Auskunft über die Anlage und die Ausstattung der Gärten. In einem Brief an seinen Bruder Quintus schreibt er:

»Deinen Gärtner konnte ich loben. Er hat alles mit Efeu verkleidet, den Sockel der Villa und die Interkolumnien der Wandelhalle, so dass die Mantelstatuen eine Kunstgärtnerei zu betreiben und den Efeu zu verkaufen scheinen.«

Die Ausstattung der Gärten mit Skulpturen war eine Neuerung, die in republikanischer Zeit noch als orientalischer Luxus abgelehnt worden war. Durch die Eroberungen der Mittelmeerländer und die Einrichtung römischer Provinzen gelangten Skulpturen und andere Kunstwerke nach Rom. Der einstige, dem Gebäude angegliederte *hortus* – nichts anderes als ein Küchengarten – wurde abgelöst vom reich ausgestatteten Prunkgarten.

Ein mit Kunstwerken beladenes römisches Schiff war zu Beginn des 1. Jahrhunderts v. Chr. unterwegs nach Rom, als es durch einen Sturm in die Kleine Syrte verschlagen wurde und vor der Ostküste von Tunis sank. Zweitausend Jahre später hob man das Wrack und führte die Kunstwerke, zumeist Skulpturen, im Jahr 1995 ihrer ursprünglichen Bestimmung zu – allerdings wurden sie nicht in römischen Gärten aufgestellt, sondern im Innenhof des Bonner Landesmuseums (Abb. gegenüber). Die Kandelaber, Becken und Springbrunnen sowie Skulpturen wurden in die gärtnerische Gestaltung des Innenhofes integriert. Diese »Rekonstruktion« führt recht genau die Gestaltung der römischen Gärten um die Zeitenwende vor Augen. Sie entspricht den Beschreibungen von Cicero und anderen römischen Gelehrten jener Zeit und stimmt mit einer weiteren wichtigen Quelle überein, die uns heute noch das Aussehen eines römischen Gartens vermittelt: mit den Gartenmalereien in den Vesuvstädten Kampaniens. So zeigen die Wandgemälde in den Villen der Insula Occidentalis in Pompeji, dass römische Gärten nicht nur architektonisch gestaltet und mit Blumenrabatten oder hohen Bäumen und Büschen bepflanzt, sondern auch mit Marmorbecken, Hermen und lebhaft wirkenden Skulpturengruppen geschmückt waren. Darüber hinaus hatten die Römer eine Vorliebe für Vögel aller Art, die das Gesträuch belebten. Die Malereien zeigen, dass in manchen Gärten ein Vogelpark integriert war (Abb. S. 14). Über die aufschlussreichen Gartenmalereien hinausgehend sind die Stadtgärten in Pompeji gründlich erforscht, so dass sich eine Typologie aufstellen lässt, die auch für Rom verbindlich ist. Fast jeder Garten war zumindest an einer Seite mit einer Säulenstellung eingefasst. Im hinteren Teil des Anwesens befanden sich zum Teil Gemüsebeete, Obstbäume und Weinstöcke. Auch weniger wohlhabende Handwerker verfügten über einen kleinen Hausgarten, der manchmal im Innenhof angelegt war und nur über einen Schacht sein Licht empfing.

In der Villa des Loreius Tiburtinus in der Via dell' Abbondanza in Pompeji finden sich sowohl ein mit Säulen umgebener Hof (Peristyl) als auch ein großer Garten. Dieser wird in der Längsrichtung von einem Bewässerungskanal, der von einer Pergola überfangen ist, in zwei Teile geteilt. Zu beiden Seiten der Pergola befanden sich Beete und Obst- und Olivenbäume (Abb. gegenüber). Sie waren vielleicht so gestaltet wie in dem Garten, den Plinius der Jüngere – der adoptierte Sohn des Gaius Plinius Secundus, des Verfassers der »Naturalis Historia« – im Tibertal aufsuchte und wie folgt beschrieb:

»Vor den Arkaden eine Terrasse, in Blumenbeete in vielerlei Gestalt aufgeteilt, von Buchsbaumhecken eingefasst; weiterhin ein sanft abfallender Rasenteppich, in den der Buchsbaum paarweise einander gegenüberstehende Tiergestalten eingezeichnet hat.«

Der Garten war also eng auf das Haus bezogen, gehörte zum erweiterten Lebensraum der Villa.

Die wohl berühmteste römische Gartenanlage war die des Lucius Licinius Lucullus (117–56 v. Chr.), von dem Plutarch in seiner anderthalb Jahrhunderte später verfassten Biografie sagte, dass er nach einem kampferprobten Leben, in dem er unermessliche Reichtümer angehäuft hatte, »die ruhevolle Beschäftigung mit der Philosophie suchte«. Um die Muße des Alters in Zurückgezogenheit genießen zu können, ließ sich Lucullus inmitten Roms seine Villenanlage auf dem Pincio, dem *collis hortulorum* (Gartenhügel) genannten Steilabfall am Marsfeld, erbauen. Die Horti Luculliani erstreckten sich zwischen der heutigen Spanischen Treppe und der Villa Borghese. Die Höhenunterschiede des Geländes wurden durch Terrassen mit Treppenläufen bewältigt. Antiken Dokumenten zufolge ließ Lucullus auf der mittleren, von Säulenhallen eingefassten Terrasse Bäume anpflanzen, die – 100 Jahre nach seinem Tod hoch gewachsen und Schatten spendend – ein einzigartiges Zeugnis von der Idee der *rus in urbe* ablegten. Pirro Ligorios Stiche vom antiken Rom sind vielleicht geeignet, uns die Anlage des berühmten Römers näher zu bringen (Abb. links).

Der Palatin war zur Zeit der Republik und des frühen Kaisertums der bevorzugte Wohnort der römischen Aristokratie. Cicero besaß dort seine Villa und auch der berühmte Redner Hortensius, der seine Villa samt Garten an Kaiser Augustus veräußerte. Der römische Imperator baute die Anlage aus und schuf damit die Keimzelle des Kaiserpalastes,

Rekonstruierter römisch-antiker Garten mit Skulpturen aus dem Wrack von Mahdia
Bonn, Landesmuseum (Installation der Ausstellung »Das Wrack«)

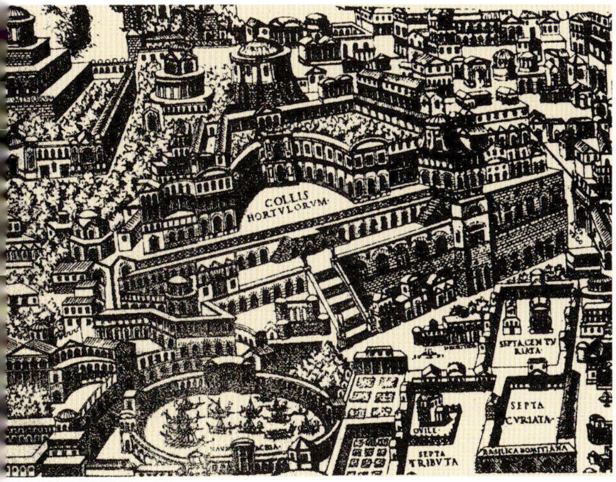

Der Collis Hortulorum mit den Gärten des Lucull nach der Vorstellung des Pirro Ligorio, aus: »Roma antica«, 1561

Tivoli, Villa Hadriana
Inselvilla oder »Teatro marittimo«, ionische Säulen mit Architrav des Rundtempels

ABBILDUNG GEGENÜBER:
Tivoli, Villa Hadriana
Serapeion, Säulen mit Statuen um das zentrale Bassin (oben)

der seine endgültige Form erst durch Domitian gegen Ende des 1. Jahrhunderts erhielt. Vermutlich waren selbst im 16. Jahrhundert noch Spuren dieser prachtvollen Anlage vorhanden, da die Familie Farnese auf Initiative Kardinal Alessandro Farneses an dieser Stelle ihre Gärten anlegen ließ, die später so genannten Orti Farnesiani (siehe S. 74/75). Noch heute lassen sich in diesem Gebiet die wesentlichen Elemente der römischen Gartenkunst nachweisen. Der Gartenweg *(ambulatio)* zwischen Beeten, Rasenflächen und Buschzonen verbindet die Pavillons *(dietae)* miteinander. Die breiteren Wege, die um den gesamten Komplex der Beete herumführte, nannte man *gestatio*. Viele der antiken Wasserspiele und Brunnenhäuser, die *nymphaei*, sind ebenfalls noch vorhanden. Im gelben Fries des Hauses der Livia ist ein Sonnensegel *(solarium)* dargestellt, so wie es in der heißen Jahreszeit auf den Gartenterrassen aufgestellt wurde, um Schatten zu spenden.

Villa Hadriana in Tivoli

Im Jahre 118 n. Chr. ließ Kaiser Hadrian zu Füßen der Stadt Tibur (Tivoli) eine riesige Villenanlage errichten. Nach Ausgrabungen und Forschungen des vergangenen Jahrhunderts sind heute vor allem die Bereiche des »Teatro marittimo« und des »Canopus-Serapeion« sehenswert (Abbn. oben, unten und gegenüber). Letzteres wird mit dem Konzept eines Triklinium, eines Speisesaals verglichen. Das Serapeion, eine sich bewußt auf den ägyptischen Götterkult beziehende Anlage, setzt sich aus einer zweiteiligen Grotte, einem langgestreckten Bassin und einem Säulenkranz zusammen, in dessen Freiräumen Statuen aufgestellt sind. Das sogenannte »Teatro marittimo«, auch »Inselvilla« genannt, war ein in sich geschlossener Villenkomplex, der von einer Ringmauer umgeben war. Im Zentrum ließ der Kaiser eine Insel mit kleinen Wohnräumen errichten. Die »Cento Camerelle«, die hundert kleinen Zimmer für die Dienerschaft sind teilweise freigelegt und rekonstruiert worden. Schließlich sind noch die Thermen zu erwähnen, die sich in unterirdische Gewölbegänge mit Fussbodenheizung sowie in Wasserleitungen und weite Räume verzweigen.

Tivoli, Villa Hadriana
Inselvilla oder »Teatro marittimo«, ionische Säulen der ehemaligen Kolonnade mit dem ringförmig angelegten Wasserlauf

Hortulus – Der mittelalterliche Garten

Bäume und Vögel aus dem *Paradiesgärtlein* (Detail aus der Abbildung gegenüber)

Mittelalterliche Gärten sind heute nicht mehr vorhanden. Bei den wenigen, die als solche ausgegeben werden, handelt es sich um Rekonstruktionen. Sie beruhen auf den zahlreich vorliegenden Schriftquellen und den anschaulichen Gartendarstellungen in gotischen Fresken, Tafelbildern, Teppichen oder grafischen Blättern. Die Erkundung des mittelalterlichen Gartens sollte demnach nicht schwer fallen. Doch Vorsicht ist geboten. Gotische Gemälde können nur eingeschränkt als Quelle für die Anlage mittelalterlicher Gärten herangezogen werden. Als Beispiel sei das *Paradiesgärtlein* eines oberrheinischen Meisters genannt, das um 1410 entstanden ist (Abb. gegenüber). Hier wird ein ummauerter Garten mit Blumen, Bäumen, Vögeln, der Muttergottes mit Kind, einem Engel und Höflingen gezeigt. Unterhalb des sitzenden Ritters ist ein erschlagener Drache zu sehen, ein Zeichen für die Besiegung des Bösen durch die Geburt Christi. Die Lilie wird deutlich als Mariensymbol, und der auffallend in sich gewundene Baum ist eine Anspielung auf den Baum der Erkenntnis. Ein neben dem Engel platziertes Äfflein sowie Rotkehlchen, Buchfinken, Distelfinken und andere bekannte heimische Vogelarten (Abb. links) sollen auf das paradiesische Ambiente aufmerksam machen. Maria blättert in einem Buch, und das Christuskind spielt unter der Anleitung einer Zofe auf einem Psalterium.

Es geht hier also nicht um die Darstellung einer Gartenanlage, sondern um die Suggestion des Paradieses, das der Mensch verloren hat, aber durch die Geburt des Erlösers wieder erlangen kann. Der Garten und seine Attribute wurden idealisiert, um als Träger von Symbolen und als Folie für die sakrale Aussage zu fungieren. Dem oberrheinischen Meister ging es somit in erster Linie um die Aufzählung von Marienattributen und Sinnbildern für das himmlische Paradies. Verständlicherweise lassen sich daher

Der große Liebesgarten
Der Meister der Liebesgärten (um 1450)

Das Paradiesgärtlein
Oberrheinischer Meister (um 1410)
Holz, 26,3 x 33,4 cm
Frankfurt a. M., Städelsches Kunstinstitut

von solchen Darstellungen kaum historisch feststellbare Gartenanlagen rekonstruieren. Das gilt auch für Minnelieder, höfische Epen oder Heldensagen und deren Illustrationen sowie für Kupferstiche mit Liebesallegorien. Zwar liefern solche Texte und Bilder eine Fülle von Einzelheiten, wie Schilderungen von Blumen- oder Baumarten, in den wenigsten Fällen jedoch werden Aussagen über die Anlage eines Gartens gemacht.

Dennoch kann es in Einzelfällen sinnvoll sein, von mittelalterlichen Bildern auf die Gestaltung der Gärten zu schließen. Das Motiv des Lebensbrunnens wurde häufig verwendet. In einer Miniatur des Evangeliars aus St. Médard, das um 800 in einer Werkstatt der Aachener Palastschule entstand, ist der Lebens- oder Paradiesbrunnen vor einer imposanten Exedra und auf dem Boden eines mit Pflanzen reich gesegneten Geländes dargestellt (Abb. S. 22 oben). Zahlreiche Tiere, Hirsch, Hund und Vögel, bevölkern das Szenarium. Die architektonische Gestaltung des Brunnens lässt sich zum einen aus den Kanontafeln ableiten, die häufig einem Evangeliar vorangestellt sind; zum anderen verweist der gebogene Architrav auf die halbkreisförmigen Säulenumgänge antiker Villen, wie beispielsweise in der Villa des Kaisers Hadrian (117–138) bei Tivoli. Hier war der so genannte Große Speisesaal auf drei Seiten von halbkreisförmigen Säulengängen umgeben, auf der vierten Seite schloss ein großes rechteckiges Wasserbecken an, das ebenfalls von Säulengängen eingefasst wurde (Abb. S. 22 Mitte). Der Säulenumgang war zusammen mit der übrigen Villenarchitektur ein Ausdruck der verfeinerten Lebenskultur der Römer. Die Forschung sieht eine Verbindung solcher

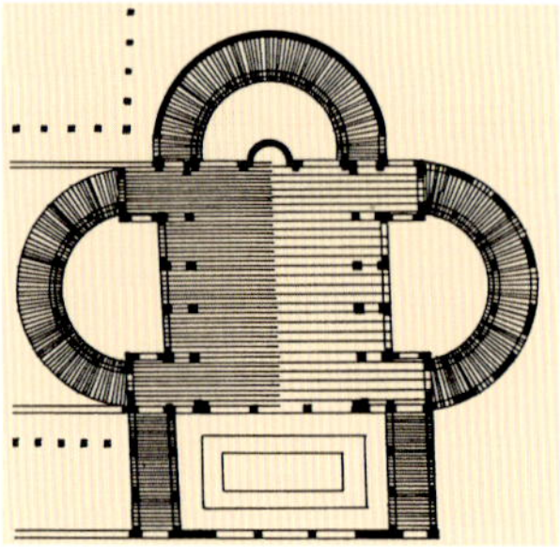

Architekturmotive aus dem römischen Villenbau und der Ausgestaltung der ersten größeren christlichen Sakralanlagen des Mittelalters. Das Paradies des St. Gallener Klosterplans ist ähnlich gestaltet, wenngleich es auch eigens für liturgische Zwecke konzipiert worden war (Abb. unten). Als Paradies bezeichnet der St. Gallener Klosterplan die halbrunden Vorräume, die als offener bzw. überdachter Teil der Hauptkirche im Osten und Westen vorgelagert waren. Dieses Schema ist vergleichbar mit den Vorhöfen frühchristlicher Basiliken, wie beispielsweise bei der Anlage von Alt-Sankt-Peter in Rom aus dem frühen 4. Jahrhundert. Der Begriff Paradies bezeichnet bei mittelalterlichen Kirchen einen architektonisch gestalteten Vorraum vor der Kirche, in dem sich die Gläubigen versammelten, um sich auf den Gottesdienst vorzubereiten. Hier reinigten sie sich in einem Brunnen. Diese Vorhöfe waren Dokumenten zufolge gepflastert oder bepflanzt. Im Mittelalter tauchen für »Paradisus« die deutschen Übersetzungen »wunnigarto« oder »ziergarto« auf. Die Bezeichnung Rosenhag zeigt, dass man sich das himmlische Paradies auch als einen Rosengarten vorstellte. Der St. Gallener Plan bezeichnet den Vorraum auf der Westseite der Hauptkirche als »paradisiacum«, als paradiesisches Feld also. Man kann mit ziemlicher Sicherheit davon ausgehen, dass dieses Feld bepflanzt war.

Die Verbindung von der Lebensbrunnendarstellung in der karolingischen Miniatur aus St. Médard mit der Villa Hadriana und dem St. Gallener Klosterplan erscheint auf den ersten Blick gewagt. Berücksichtigt man aber, dass die karolingische Epoche sich selber eindeutig auf die Antike bezog, dann sind solche Kulturtransfers denkbar. Alkuin, der Lehrer Karls des Großen, nahm in seine Landschaftsschilderungen die bukolische Motivik der spätantiken Ideallandschaft auf. Der *amoenus locus*, der Lustort oder auch Lustgarten, setzte sich zusammen aus Rosenbüschen, Kräutern, Lilien, einem klaren Bach und einem schattigen Hain. Solche Bilder wirkten in der Literatur und Kunst des frühen und hohen Mittelalters nach und beeinflussten sicherlich auch die Gartenkonzepte.

Klostergärten

Abgesehen von den Spekulationen um eine Bepflanzung des St. Gallener Paradieses, bietet dieser früheste Klosterplan zusammen mit entsprechenden zeitgenössischen Dokumenten konkretere Hinweise auf die Gestaltung des mittelalterlichen Gartens. Der Plan verzeichnet verschiedene Gärten, darunter einen Heilkräutergarten und einen Gemüsegarten sowie Bepflanzungen des Friedhofs und des Kreuzganggevierts. Herbularius wurde der Heilkräutergarten hinter dem Komplex von Arzthaus und Apo-

Lebensbrunnen, Buchmalerei aus dem Evangeliar St-Médar, um 800 (oben, obere Abb.)

Villa Hadriana, Grundriss des Großen Speisesaals (oben, untere Abb.)

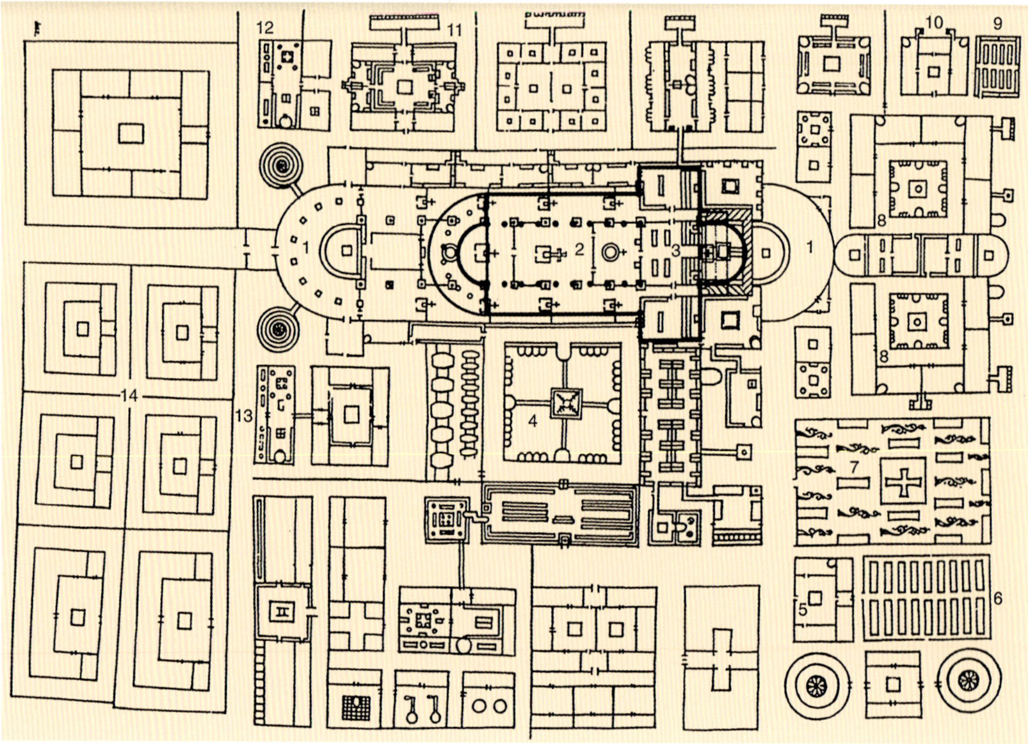

Klosterplan von St.Gallen, um 820
1 Paradies
2 Klosterkirche
3 Chor
4 Kreuzgang
5 Haus des Gärtners
6 Gemüsegarten
7 Friedhof
8 Kreuzgänge der Novizenschule und des Spitals
9 Heilkräutergarten
10 Arzthaus und Apotheke
11 Gästehaus
12 Wirtschaftshaus
13 Brauerei und Bäckerei
14 Stallungen

Fontenay (Burgund), ehem. Zisterzienserkloster
Garten des Kreuzgangs (oben)
Gartenanlage südlich der Klostergebäude (links)

Santes Creus (Katalonien), Zisterzienserabtei
Garten des Kreuzgangs (Detailansicht)

theke genannt. Die Struktur ist denkbar einfach und auf reinen Nutzen hin ausgerichtet. In einem von schmalen Rabatten eingefassten Rechteck liegen zwei Viererbeetreihen mit Heilkräutern. Salbei, Weinraute oder Kümmel sind ebenso vertreten wie Fenchel oder Liebstöckel. Minze, Mohn, Absinth und andere Kräuter waren in den Seitenrabatten angepflanzt. Dort finden sich auch Rosa und Lilium, die für einen Klostergarten unerlässlichen Marienblumen. Der damit verbundene religiöse Gedanke schränkt den Nutzaspekt sicherlich nicht ein. Ganz im Gegenteil, das Nebeneinander von Kräutern und Blumen ist typisch für die Synthese von medizinisch-naturwissenschaftlichen, religiösen und ästhetischen Vorstellungen des Mittelalters. Es ging um das göttliche Heil und den davon abhängigen medizinischen Heilungsprozess.

Walahfried Strabos Gedicht »Hortulus« aus der ersten Hälfte des 9. Jahrhunderts ist wohl die erste umfassende Äußerung im christlichen Abendland über den Gartenbau. Es steht mit dem St. Gallener Klosterplan in Verbindung – jedenfalls entsprechen die geschilderte Anlage und die Art der Bepflanzung in vielen Details dem Herbularius. Von den 27 Strophen des Gedichts beschreiben die ersten drei Strophen die Arbeiten des Gärtners und die übrigen die einzelnen Pflanzen, beginnend beim Salbei und endend bei der Rose.

Die mittelalterlichen Kräutergärten gehen nachweislich auf medizinische Traktate der Spätantike zurück. Walahfried Strabo studierte die Schriften des Staatsmannes und Gelehrten Cassiodor (487–583), der ein Kloster bei Scyllaceum nahe der Meerenge von Messina gegründet hatte. Dort hatte er auch ein Vivarium, ein Tiergehege, und einen Kräutergarten eingerichtet. In seinem Hauptwerk, den »Institutiones«, beruft er sich sowohl auf die römische als auch auf die griechische Kultur. Seine pharmakologischen Studien entnahm er dem Kräuterbuch des Dioscurides Pedanios, eines griechischen Arztes aus dem 1. Jahrhundert. Diese Schrift ist zu Beginn des 6. Jahrhunderts neu herausgegeben und in einer byzantinischen Werkstatt in Konstantinopel illustriert worden. Der Codex befindet sich heute in

Wien und wird daher als »Wiener Dioscurides« bezeichnet. Er enthält ein Herbarium mit 435 Pflanzendarstellungen.

Ob die Bepflanzung des Friedhofs, wie sie im St. Gallener Klosterplan verzeichnet ist, als Baumgarten gedeutet werden kann, ist fraglich. In jedem Fall handelt es sich auch bei dem Areal zur Bestattung von Toten um eine bewusste gärtnerische Gestaltung. Die Idee, den Friedhof als Baumgarten vorzustellen, also nicht einfach nur mit Bäumen zu bepflanzen, geht ebenfalls auf die Antike zurück. Archäologen in Athen haben herausgefunden, dass der Kerameikos-Friedhof offensichtlich als Heiliger Hain konzipiert worden ist, wo die Verstorbenen ihre genussreiche Ruhe finden sollten. Platon hebt im zwölften Buch seiner »Nomoi« ausdrücklich hervor, dass einem Mann, der sich um den Staat verdient gemacht hat, der Vorzug gebührt, in einem mit Bäumen bepflanzten Grabeshügel bestattet zu werden. Möglicherweise wurden diese Gepflogenheiten tradiert und im Mittelalter in entsprechender Weise umgedeutet, so dass ein mit Bäumen bepflanzter Friedhof als eine besondere Art des Klostergartens gelten kann.

Tatsächlich sind der Kräutergarten und der Friedhofsgarten für die Kulturgeschichte der Gartenkunst die interessantesten Bereiche des mittelalterlichen Klosters. Über die Bepflanzung des Kreuzgangs liegen kaum Nachrichten vor. Die auf den zentralen Brunnen hin ausgerichteten Achsen gliederten vier größere oder kleinere Beete, die mit Buchs oder Holzbalken eingefasst waren. Es muß aber darauf hingewiesen werden, dass diese einfache Struktur die

Maisonnais (Cher), Prieuré Notre-Dame-d'Orsan
Der heutige Bau der im 12. Jahrhundert gegründeten (Abtei) stammt aus dem 16. und 17. Jahrhundert. Die Besonderheit der Prieuré d'Orsan liegt in ihrem rekonstruierten mittelalterlichen Garten.
Von Flechtzäunen umfasste Hochbeete (oben)
Runde Sitzbank aus Flechtwerk (links)

Maisonnais (Cher), Prieuré Notre-Dame-d'Orsan
Von Flechtzäunen umfasste Hochbeete (oben), Kohlgemüsebeet (unten) im Garten der Prieuré

Grundform des späteren Ziergartens prägte, der sich, wie Dieter Hennebo hervorhebt, bis heute im Bauerngarten des Münsterlandes erhalten hat.

Das zur Zeit der Karolinger wiederbelebte universelle Wissen der Antike prägte bis weit in das Hochmittelalter hinein die naturwissenschaftlichen Studien, die ja ebenfalls als Grundlage der Gartenkunst dienten. Neben den »Institutiones« des Cassiodor ist ein weiteres Werk für den mittelalterlichen Gartenbau wichtig geworden, die »Geoponika«, eine von unbekannten Autoren verfasste Enzyklopädie des 10. Jahrhunderts, die viele naturwissenschaftliche Texte der Spätantike, die teilweise bereits verschollen waren, rekonstruierte und sammelte. Die Bücher zehn bis zwölf befassen sich mit der Gartenkunst und orientieren sich dabei an den römischen Traktaten über die Landwirtschaft von Cato, Varro und Columella. Ihre Empfehlungen für die Ordnung der Pflanzen nach ästhetischen Gesichtspunkten, für das Mischen von Kräutern und Blumen und die wechselseitige Anordnung von Blumen und Bäumen wurden zu Konstanten des mittelalterlichen Gartens. Das Ästhetische stand dabei im Dienste des Sakralen. Schön war, was Gott gefiel. Die Lilie und die Rose waren reizvoll anzusehen, da sie auf die Reinheit Mariens und ihre Rolle als Gottesgebärerin anspielten. Gerade der positiv empfundene Kontrast zwischen Kräutern und Rosen, der auch heute noch bewusst eingesetzt wird, sollte auf die Heilkraft der Kräuter hinweisen. Lavendel und Rosamarin, deren blaue Blüten die symbolische Farbe Mariens aufweisen, gehören übrigens zu den wenigen Pflanzen, die sich – vom botanischen Standpunkt aus betrachtet – mit der Rose vertragen. Mariensymbolik und Kräuteressenz konnten also, wenn es um die Heilung von Krankheiten ging, nicht voneinander getrennt werden?

Prieuré Notre-Dame d'Orsan

Nicht weit von Saint-Amand-Montrond im Departement Cher im Flecken Maisonnais kann man eine Zeitreise zurück ins Mittelalter unternehmen. Hier im Bereich der Abtei aus dem 12. Jahrhundert – die heute anzutreffenden Gebäude sind aus dem 16. und 17. Jahrhundert – öffnet sich ein mittelalterlicher Garten, wie er wohl nirgends sonst zu finden ist. Dieses kleine Wunder ist den Architekten Sonia Lesot und Patrice Taravella sowie dem Gärtner Gilles Guillot zu verdanken, die in detailfreudiger Kleinarbeit die mittelalterliche Anlage inmitten des

alten Gemäuers wieder erstehen ließen. Der Küchengarten, der Kräutergarten, der Gemüsegarten und das Rosenbeet wurden nach Beschreibungen und Darstellungen von mittelalterlichen Gärten angelegt. Eine Pergola grenzt den Liebes-, Lust- oder Geheimgarten ab. Eine durch Pflöcke und Bretter gestützte Rasenbank, ähnlich wie sie Albertus Magnus empfohlen hat, ist ebenso angelegt wie Holzgitter zum Aufziehen von Rosenstöcken. Das Marien- oder Paradiesgärtlein gewinnt dort so Gestalt, wie wir es von mittelalterlichen Gemälden her kennen.

Der mittelalterliche Garten der Prieuré Notre-Dame d'Orsan entspricht durchaus auch den Vorstellungen von einem Burggarten, wie wir ihn aus den Schilderungen der mittelalterlichen Dichter kennen. Es fällt nicht schwer, sich das entsprechende Szenarium vor Augen zu führen: Inmitten der heiteren Gartennatur sitzt die Burgherrin und blättert in einem Buch, während das Kind zu ihren Füßen spielt und ein Edelfräulein Kirschen in einen zierlich geflochtenen Korb pflückt.

Der höfische Lustgarten

Albertus Magnus (Albert der Große), um 1200 im schwäbischen Lauingen geboren und mit 80 Jahren am 15. November 1280 in Köln gestorben, war der bedeutendste Schüler Thomas von Aquins und als Naturforscher, Philosoph und Theologe ein Universalgelehrter des Hochmittelalters. In seinen naturwissenschaftlichen und naturphilosophischen Schriften, worin er unter anderem auch die Kunst des Gartenbaus behandelte, leistete er einen über seine Zeit hinausgehenden Beitrag zur Entwicklung der Wissenschaften. Über die verschiedenen Gartentypen schrieb er:

»Es gibt gewisse Plätze, die weniger dem Nutzen und reichen Fruchtertrag bestimmt sind als dem Vergnügen.«

Diese Gärten nannte er in Ableitung der römischen Baum- und Lustgärten *viridantia*, also grüne Lustgärten. Das strenge Beetschema der mit Blumen garnierten Kräutergärten, so wie es von St. Gallen her bekannt war, wurde offensichtlich bewusst vermieden. Es ging dem mittelalterlichen Humanisten nicht so sehr um leibliche Gesundheit als vielmehr um seelische Erbauung. So betonte Albertus Magnus, dass dieser Garten vor allem zwei Sinnen dienen sollte, dem Gesichtsinn und dem Geruchssinn. Aus diesem Grunde sollte der Boden mager sein und

ABBILDUNGEN OBEN UND UNTEN:
Maisonnais (Cher), Prieuré Notre-Dame-d'Orsan
Detailansichten des Gartens

Detailansicht einer spätmittelalterlichen Rosendarstellung
In der Antike wurde die Rose häufig als Symbol des nahenden Frühlings verwendet. Im römischen Garten verwies sie auf die Rosalia, das alltägliche Rosenfest in Verbindung mit dem Gedenken an die Toten. Vielleicht leitete sich daraus die christologische Bedeutung ab. Die Rose wird zum Symbol des Paradieses, weswegen sie häufig im Kloster- und Liebesgarten angepflanzt wurde. Die dornenreiche Blume verweist aber auch auf das Martyrium des Herrn und taucht aus diesem Grunde zusammen mit der Madonna und dem Kind in Paradiesgärtlein-Darstellungen auf.

das Gras nicht zu hoch wachsen. Kräuter waren ebenfalls erwünscht, aber nur in enger Verbindung mit Blumen. Die Anweisungen des Gelehrten hierzu sind eindeutig:

»Zwischen diesen Kräuterrabatten und dem Rasen soll ein erhöhtes Rasenstück angelegt werden, voll lieblicher Blumen und ungefähr in der Mitte zum Sitzen geeignet, wo die Sinne sich erholen und wo man sich ergötzlich ausruhen kann.«

Kräuter- und Baum- oder Lustgarten werden als einheitlicher Erlebnisbereich beschrieben und keinesfalls streng getrennt. Das erhöhte Rasenstück, eine Art Miniaturwall, funktioniert als verbindendes Element.

Die mittelalterlichen Darstellungen zeigen Zier-, Kräuter- und Lustgärten zwar von einer gemeinsamen Mauer umgeben, doch werden sie untereinander durch niedrige Zäune mit offenen Toren voneinander abgegrenzt (Abb. gegenüber). Der Liebesgarten gab sich klösterlich, obwohl das Genre eindeutig war: Musikanten, tanzende Höflinge und reizvoll gekleidete Damen trafen sich zum munteren Stelldichein auf bunten Rasenbänken unter blühenden Bäumen neben einem sprudelnden Brunnen. Zier- und Nutzpflanzen waren ebenso vorhanden wie Singvögel, Fasane oder Häschen. So, wie sich der Klostergarten höfisch gab, zeigte sich umgekehrt der höfische Lustgarten in klösterlichem Aufbau: Im 15. Jahrhundert war das Personenszenarium austauschbar geworden. Nicht nur die höfische Gesellschaft fand sich im Lustgarten ein, sondern auch die Heilige Familie – mit dem Unterschied allerdings, dass es sich in diesem Falle um ein Paradiesgärtlein handelte.

War das Rosenbeet des mittelalterlichen Klostergartens so etwas wie die Keimzelle für den höfischen Lustgarten? Der Gedanke mag etwas kurzschlüssig erscheinen, doch Albertus Magnus zeigt in seinem Gartenkonzept, dass er Beete mit Zierpflanzen als eigenständige ästhetische Bereiche definierte, womit er neue gartenkünstlerische Ideen einbrachte. Das Ergebnis war der Lustgarten oder zumindest die konzeptionelle Voraussetzung für den Liebesgarten der höfischen Gesellschaft.

Das Paradies erhält nun eine neue Bestimmung. Der Garten ist der geeignete Ort, diese himmlische Zone zu profanisieren. Der Paradiesgarten wandelt sich zum Liebes- oder Lustgarten und erreicht seinen höchsten Stellenwert in der hoch- und spätmittelalterlichen Rittergesellschaft. Die Verehrung und Liebe zu Maria erhält ihre weltliche Entsprechung in der Minne. Von der inbrünstigen Gläubigkeit zur Verzückung in der hohen Minne ist der Weg oftmals sehr kurz. Der Rosengarten, gleichfalls ein Sinnbild für Maria und die »frouwe«, für die geistig und die leidenschaftlich Geliebte, wird zum Mittelpunkt des Gartens der Hofgesellschaft. Die religiösen Mariensymbole Rose und Lilie werden übertragen und in der höfischen Dichtung zusammen mit dem Garten zum Sinnbild irdischer Frauenschönheit erklärt. Bekannt sind die Zeilen von Walther von der Vogelweide:

»ir wangen wurden rôt,
same diu rôse, dâ si bî der liljen stât.«

Schön ist nicht mehr ausschließlich, was Gott gefällt, sondern was auch den Sinnen schmeichelt. Der Garten dient, wie Albertus Magnus es forderte, dem Ergötzen der Sinne. Marienanbetung und Minnedienst sind im hohen Mittelalter eng miteinander verbunden.

Das französische Epos »Roman de la Rose« – den ersten Teil schrieb Guillaume de Lorris um 1235, der zweite Teil, 40 Jahre später entstanden, stammt von Jean de Meun – stellt diesen Sachverhalt nicht nur dar, sondern differenziert die unterschiedlichen Sphären des Sakralen und des Profanen. Die motivische Schaltstelle ist der Garten, der als mittelalterlicher Klostergarten und damit als Sehnsuchtsprojektion des himmlischen Paradieses und zugleich als *locus amoenus* im klassischen Sinne ausgegeben wird. Dieser doppelsinnig verstandene Garten ist Schauplatz und zugleich Symbol eines allegorischen Liebesspiels, das vor der Kulisse von Realität und Schein aufgeführt wird. Amant, Hauptfigur und zugleich der Autor selbst, betritt vor den Toren der Stadt einen Garten und träumt von den Tugenden und Lastern, die ihm als allegorische Gestalten erscheinen. Die Natur öffnet ihm das Tor. Er lernt den Garten als einen Ort von Tanzvergnügungen kennen, aber auch als einen Nutzgarten mit Kräutern und Obstbäumen. Er trifft auf Venus, Minerva und Juno, um das Amt des Paris zu versehen, wie es in einer Illustration des »Rosenromans« zu sehen ist: Bei Venus, die unbekleidet und mit dem Spiegel, dem Symbol der Eitelkeit, in der Hand unter einem Baum steht, handelt es sich möglicherweise um eine Anspielung auf den Sündenfall. Juno, die Gemahlin des Jupiter, ist keusch gekleidet. Hinter ihr verbirgt sich Deduit, die Lustbarkeit, für die der Garten angelegt wurde. Minerva dagegen hält sich im rückwärtigen Bereich des Gartens auf und füttert einen Vogel.

Die Ambivalenz, die in dieser Konstellation zum Ausdruck kommt, ist unübersehbar. Der allegorische Garten der Liebe könnte als Garten Eden gedeutet werden – wenngleich auch nicht im streng biblischen Sinne. Die Frage nach der Wahl zwischen den Tugenden und den Lastern stellt sich nicht. Es geht um die Akzeptanz des Eros (Venus) und um die Verehrung der Wissenschaften (Minerva). Die Welt entfaltet sich im Spannungsfeld von geistiger und sinnlicher Liebe. Hierin offenbart sich der Entwurf eines Weltbildes, das bereits weit voraus auf den Humanismus des 14. und 15. Jahrhunderts verweist.

Liebesgarten, Miniatur aus dem »Roman de la Rose«
»Meister der Gebetbücher«, Brügge (?), um 1490–1500
Pergament, 20,5 x 19,5 cm
London, British Library, Ms. Harley 4425, fol. 12 v.

Kartenspielendes Liebespaar in einem Zelt
Unbekannter Schweizer Meister, um 1495

Während Jean de Meun sich im zweiten Teil des »Rosenromans« auf die allegorisch-philosophischen Fragen konzentriert, schildert Guillaume de Lorris pragmatisch die Gestalt des Gartens: eine von Mauern umschlossene viereckige Anlage von Kräuter- und Zierbeeten mit exotischen Bäumen.

Der mit Hilfe von Dokumenten rekonstruierbare mittelalterliche Klostergarten, die Abhandlungen von Albertus Magnus und die ausführlichen Beschreibungen des Gartens im »Rosenroman« inspirierten Maler und Grafiker zu Thematisierungen des Liebesgartens. All dies ergibt ein komplexes Bild vom mittelalterlichen Baum- oder Lustgarten. Er befand sich meistens in der Nähe der Frauengemächer. Das gilt für Burg- und Schlossgärten ebenso wie für städtische Gartenanlagen, wie ein Gemälde aus der Zeit um 1470 zeigt. Der Blick schweift von einem herrschaftlichen Haus aus durch eine Loggia hindurch auf einen Terrassengarten mit niedrigen Beeten, die von Backsteinen eingefasst sind. Die Beete dürften Kräuterbeete sein, während an der zinnenbekrönten Mauer Zierpflanzen zu sehen sind. Möglicherweise führte von hier aus ein Weg hinaus in die Landschaft und in einen weiteren, größeren Garten, einen Baum- oder Lustgarten, wie bei herrschaftlichen Anwesen im Hochmittelalter üblich war.

Allegorischer Liebesgarten
Les échecs de l'amour: Der Autor im Wunschgarten, um 1500

Der Typus des Baumgartens leitete sich wahrscheinlich vom mittelalterlichen Nutz- oder Friedhofsgarten ab. Im Nutzgarten wuchsen in regelmäßiger Verteilung Obstbäume auf einer Wiese. Es handelte sich dabei also um einen Baum-Wiesengarten. Diese Vorstellungen gehen möglicherweise zurück auf antike Landschaftsschilderungen mit blumengeschmückten Wiesenwäldchen, so wie sie beispielsweise von Pompeji her bekannt sind.

Im »Rosenroman« ist die Rede von einem Bächlein, einem Brunnen und einer Quelle, die unter einem Baum hervorsprudelt. Der Bach, der an der Kemenate des Hoffräuleins vorbeifloss, konnte als Medium der Nachrichtenübermittlung genutzt werden, wie auf den Miniaturen der Münchener Tristan-Handschrift zu sehen ist. Brangäne, Isoldes treue Hofdame, entdeckt die vorbeifließenden Holzschnitzel und benachrichtigt ihre Herrin, die eilig ihre Kemenate verlässt, um sich in den Baum- und Blumengarten zu begeben, wo Tristan sie erwartet:

»und sleich durch bluomen und durch gras,
hin dâ buom und brunne was«.

Das Zelt und die Laube zählten ebenfalls zu den wichtigen Bestandteilen des Liebesgartens. Das Zelt wurde anlässlich höfischer Feste aufgebaut. Man benutzte es zum Kartenspielen (Abb. oben) oder zu einem amourösen Stelldichein. Für letzteres war die Laube besonders gut geeignet. Rosenlauben, Rank-

gerüste mit Rosen und aus Holzgitterwerk konstruierte, dicht bewachsen Laubengänge gehörten ebenfalls zur Grundausstattung des Lustgartens, was keiner näheren Erläuterung bedarf.

Häufig war diesem Garten auch ein Tiergarten, eine Menagerie, angegliedert. So konnte der Schloss- oder Burgherr seinen Gästen stolz fremde und exotische Tiere zeigen. Überliefert ist ferner, dass in diesen Gehegen Tierkämpfe zur Belustigung der Hofgesellschaft stattfanden. Herzog Christoph von Württemberg ließ am Stuttgarter Schloss mit der Anlage des Neuen Lustgartens im 16. Jahrhundert einen Tiergarten anlegen. Er erfreute sich an Hirschen, Rehen und Pfauen. Für andere Schlösser seines Machtbereichs hatte er größere Tiergehege geplant, die als Jagdrevier genutzt wurden. Diese Tradition geht, wie Jagdbücher belegen, zurück auf das 14. Jahrhundert. Sie setzte sich bis weit in das 18. Jahrhundert hinein fort. Der fürstliche Tiergarten wandelte sich im 19. Jahrhundert zum bürgerlichen Zoo.

Damit wäre die Typologie des mittelalterlichen Gartens, der sich vom einfachen Klostergarten zum Baum- und Lustgarten entwickelte, umrissen. Die Mariensymbolik prägte entscheidend die Gestaltung des Gartens, zumal die hohe Minne sowohl sakrale als auch profane Aspekte in sich barg, die kaum voneinander zu trennen waren. In ähnlicher Weise steht die in sich gekehrte Meditation unmittelbar neben der nach Sinnenlust suchenden Betrachtungsweise, die Albertus Magnus beschrieben hat. Der Garten erfüllte alle diese Funktionen.

Ein wichtiger Gesichtspunkt ist bisher nur angedeutet worden: die Inspiration durch byzantinische und vor allem islamische Gärten. Die vielfältigen orientalischen Einflüsse äußerten sich nicht nur in exotischen Bepflanzungen, sondern auch in der Kunst, Wasser zu sammeln und zu leiten.

Die mittelalterliche Literatur berichtet von orientalischen Wundergärten. Kreuzfahrer, Pilger und Kaufleute wussten von südländischen Bäumen und Tieren zu erzählen. Der Aufschwung des Levante-Handels stärkte die wirtschaftliche und politische Macht italienischer See- und Handelsstädte. Es ist anzunehmen, dass mit den intensiven Handelsbeziehungen Ideen der arabischen Gartengestaltung nach Italien und in die Länder nördlich der Alpen eingeflossen sind. Die Wasserspiele und Brunnen, die ineinander verflochtenen Äste dicht beieinander stehender Bäume oder die raffiniert geführten Kanäle, die ganze Teile der Palasthöfe und deren Gärten überfluten konnten, waren aber nicht nur von Reiseberichten her bekannt, sondern konnten im maurischen Teil Europas, auf der Iberischen Halbinsel, bewundert werden.

Liebespaar in einem mittelalterlichen Garten
Renaud de Montaubon, Brügge, 1462–70
Paris, Bibliothèque National de France, Ms. 5072

Islamische Gärten in Spanien

Granada, Generalife
Garten mit Wasserbassin

Wer heute durch die Gärten der Alhambra oberhalb Granadas streift, fühlt sich leicht in eine Märchenwelt versetzt. Ob man über die Terrassen östlich des Palastes hinunter zum Torre de las Damas spaziert oder die verschiedenen Bauabschnitte der alten maurischen Herrscherstadt aufsucht, immer spürt man die harmonische Einheit von Garten- und Baukunst, die durch das Wasser gestiftet wird. Von den mit Wasserbassins versehenen Gartenhöfen wurden bis weit in die Wohntrakte hinein Wasserkanäle gezogen. So führen Kanäle vom Brunnenbecken des berühmten Löwenhofes – eines ehemals märchenhaft angelegten Gartens – aus in angrenzende Säle, wo weitere Gärten bewässert werden (Abb. gegenüber). Stehendes Wasser, fließendes Wasser, aus Brunnen hervorsprudelndes Wasser – das waren die Paradiesmotive islamischer Gärten.

Große Wandspiegel gaukelten Räume vor, und geschickt geplante Fensterdurchbrüche brachten ausgewählte Szenarien der Außenwelt in die Speisesäle oder Wohnräume. Doch das Wasserbassin holte den Himmel auf die Erde: Die Loggia des Partalpalastes beispielsweise spiegelt sich gemeinsam mit den Hecken, Büschen und Palmen auf der kaum bewegten Wasseroberfläche des rechteckigen Bassins. Den größten Teil aber füllt das Blau des Himmels aus (Abb. unten).

Schon früh drang die Kunde solcher Märchengärten ins nördliche Europa und regte die höfischen Dichter des Mittelalters zu Gartenphantasien an. Ein beliebter Erzählstoff orientalischen Ursprungs war die Liebesgeschichte zweier Kinder, eines heidnischen Königssohnes und einer christlichen Sklaventochter, Floyris und Blantseflur. Der Floyrisroman tauchte Mitte des 12. Jahrhunderts erstmals am Niederrhein auf und wurde dann gegen 1220 von Konrad Fleck bearbeitet. Herzstück des Romans ist der Märchengarten des Amiral, eine Mischung aus mittelalterlichem Lust- und orientalischem Wundergarten. Es ist die Rede von edlen Bäumen, die Ami-

Granada, Alhambra, Partalpalast
Der Partalpalast gehört wahrscheinlich zu den Bauten Muhammads III. (1302-09) und ist somit der älteste erhalten gebliebene Palast der Alhambra.

ABBILDUNG GEGENÜBER:
Granada, Alhambra
Blick in den Löwenhof, 2. Hälfte 14. Jahrhundert
Der längsrechteckige Hof war früher ein Garten. Die Schmalseiten haben hervorspringende Brunnenpavillons, von denen aus Kanäle das Wasser zum zentralen Löwenbrunnen leiten.

Sevilla, Crucero
Der Crucero ist ein Garten des 12. Jahrhunderts. Er weist bereits die charakteristischen Züge der ganzen späteren spanisch-islamischen Gartenarchitektur auf, die in der marokkanischen noch jahrhundertelang weiterleben sollte.

ral von weit her hat heranschaffen lassen. Solche Importe waren für den Norden eher unüblich, nicht jedoch für orientalische Wüstenoasen, die zwar über Wasser, nicht aber über Bäume verfügten. Pflanzenimporte gab es im Altertum wie im Mittelalter. Die Mauren brachten nachweislich Pflanzen, die sie für die Ausstattung ihrer Gärten in Südspanien benötigten, aus dem östlichen Mittelmeerraum mit.

Es ist möglich, dass Konrad Fleck Berichte von Orientfahrern vorgelegen haben, wodurch er von ewig blühenden Bäumen und niemals kümmernden Pflanzen erfuhr. Er beschreibt einen Zauberbaum, dessen Äste sich baldachinartig über einem Brunnen ausbreiten. Der Zauber überträgt sich auf den Brunnen, dessen Wasser sich verfärbt, wenn sich eine Person dem Beckenrand nähert.

Für die Bewohner nördlicher Breiten mussten solche Berichte märchenhaft klingen. Doch lässt sich der Zauber aufklären. Reisende erzählten von den Wasserspielen des berühmten Kaiserpalastes in Konstantinopel. In einem Brunnenbecken, dessen Schale mit schwarzem und weißem Marmor ausgelegt war, stand eine Säule aus buntem Marmor, so dass sich das ein- und abfließende Wasser vielfältig und farbig brach. Ein anderer Brunnen war von einem goldenen Pinienzapfen bekrönt, aus dem an Festtagen süße Getränke flossen, manchmal sogar Wein. Buntes Wasser war somit das Resultat nicht von Zauberkräften, die geheimnisvollen Bäumen aus paradiesischen Gegenden entsprangen, sondern von effektvoll eingesetzten Techniken. Die Schilderungen des Konrad Fleck geben also die exotische Bepflanzung und die raffinierten Wasserspiele orientalischer und byzantinischer Gartenanlagen wieder. Die sentimentale Liebesgeschichte in Verbindung mit der reizvollen Schilderung des Märchengartens mag heute den Besucher islamischer Gärten in Spanien auf den einstigen Zauber dieser Anlagen einstimmen.

Was ist übrig geblieben von den alten Märchengärten des maurischen Spanien? Die frühesten spanischen Gärten befinden sich oberhalb Granadas. Es sind die der Alhambra und des Generalife. Beide stammen aus der letzten Phase der maurischen Herrschaft. Zu erwähnen ist auch der Garten des Alkazars in Sevilla, der noch früher als die Gärten von Granada angelegt worden ist. Da er jedoch im 14. und zu Beginn des 16. Jahrhunderts mehrmals umgestaltet wurde, sind kaum noch orientalische Spuren zu entdecken.

Der Crucero in Sevilla und Madînat al Zahrâ'

Südlich des Alcazars von Sevilla ist der Garten aus der Abbadidenzeit des 11. Jahrhunderts zu finden. Die tief liegenden Beete und Wasserleitungen sind ebenso noch zu erkennen wie die Wasserbecken und die Reste eines Portikus. Er ist vom »Crucero«, einem almohadischen Palastgarten aus dem 12. Jahrhundert, überbaut (Abb. links). Das überhöhte Wegesystem bildet ein Achsenkreuz und nimmt sich mit dem zentralen Brunnen und den Wasserbecken auch heute noch reizvoll inmitten des Hofes aus.

In der Nähe von Cordoba hatte der Kalif Abd al-Rahman III. Mitte des 10. Jahrhunderts für seine Lieblingsfrau Zahra einen Palast errichten lassen. Die längst zerstörte Anlage wird seit 1910 archäologisch erforscht (Abb. unten). Unmittelbar vor dem so genannten »Reichen Saal« erstreckt sich der »Hohe Garten«, in dessen Mitte ein von Wasserbassins umgebener Pavillon stand. Von hier aus gelangt man zum »Tiefen Garten«. Beide Gärten sind durch Alleen in Form eines Achsenkreuzes gegliedert.

Madînat al-Zahrâ'
Von der terrassenförmig angelegten Stadt in der Sierra de Córdoba ist nur noch ein Ruinenfeld erhalten geblieben. Auch hier konnten Gartenanlagen vor dem so genannten »Salón Rico« (Reichen Saal) erschlossen werden.

Mit der Eroberung der spanischen Halbinsel zu Beginn des 8. Jahrhunderts hatten die Mauren die Lebenskultur in den Burgen und Städten zu beeinflussen begonnen. In den ersten Jahrzehnten hatten die Eroberer noch dem Kalifat von Damaskus unterstanden, bis Abd ar-Rahman I. im Jahr 756 das selbstständige Emirat von Córdoba gründete. Die Eroberungszügen der Mauren hatte auch die Rückeroberung, die Reconquista, zur Folge. Mit dem Zerfall des Kalifats Córdoba im 11. Jahrhundert begann der Aufstieg Granadas unter der Herrschaft der aus Nordafrika stammenden Almoraviden. Als die Christen im Jahr 1236 Córdoba endgültig zurückeroberten, flohen die Mauren in das sichere Granada und bauten die Befestigungsanlagen der Stadt aus. Zwei Jahre später begründete Muhammad ibn al-Ahmad die Dynastie der Nasriden. Mit diplomatischem Geschick konnte er seine Herrschaft festigen. Er erkannte die Lehnsherrschaft Ferdinands III. des Heiligen von Kastilien an, des erfolgreichsten Königs der Reconquista. So führte er seine Stadt unbehelligt von der christlichen Oberherrschaft zu kultureller Blüte. Als letzte maurische Bastion hielt sich Granada als winzige orientalische Insel bis zum Jahr 1492 inmitten des zweihundert Jahre zuvor zurückeroberten Südspanien.

Die Alhambra in Granada

Der Nasriden-Palast, der Hauptkomplex der Alhambra, ein typisch islamischer Palast mit einem Gerichtssaal, öffentlichen Versammlungsräumen, dem Königspalast und den Frauengemächern, stammt aus dem frühen 14. Jahrhundert. Seine vier Haupthöfe und deren architektonische Verbindungselemente lassen, wenngleich in reduzierter Form, auch heute noch das maurische Gartensystem erkennen. Der zum Harem gehörige Löwenhof mit dem imposanten Löwenbrunnen, 1377 unter Muhammad V. begonnen, bietet sich leider ohne Bepflanzung dar (Abb. S. 33). Wie ein romantisierender Stich aus dem 19. Jahrhundert zeigt, waren die durch die kreuzförmig angelegten Kanäle ausgesparten Rechtecke ursprünglich bepflanzt. Der Stich zeigt eine Beetbepflanzung. Es ist aber auch denkbar, dass dort einstmals Kübelpflanzen aufgestellt waren. Westlich schließt sich der so genannte Myrtenhof im offiziellen Empfangsbereich des Palastes an, der in seiner ursprünglichen Anlage nahezu vollständig erhalten geblieben ist (Abb. oben). Ein breites kanalartiges Wasserbecken mit kleinen Brunnenexedren an den Schmalseiten füllt den Hof aus. Das Becken wird zu beiden Seiten von dicht gewachsenen Myrtenhecken flankiert. Wenn man den

Granada, Alhambra
Der Aberca- oder Myrtenhof wird weitgehend von einem langen, von Myrten gesäumten Becken ausgefüllt, das die Hoffassaden spiegelt.

Granada, Generalife
Patio de la Acequia, 1. Drittel 14. Jh. Auch dieser lang gestreckte Garten weist wieder das Achsenkreuz überhöhter Wege mit einem zentralen Becken auf, das die Anlage des Crucero und des Löwenhofes bestimmt.

Schilderungen mittelalterlicher Reisender und den Minneromanen im Stil des Konrad Fleck Glauben schenken darf, dann waren solche Höfe mit üppiger Vegetation, betörend duftenden Blumen und exotischen Vögeln geschmückt. Im Wasserbassin spiegelt sich der würdige und zinnenbekrönte Comaresturm mit dem vorgelagerten Portikus. Er scheint wie ein erratischer Block in die Tiefe zu schießen, um sich in der gekräuselten Wasseroberfläche und im tiefen Blau des Himmels aufzulösen.

Das Konzept ist interessant, erinnert es doch an das römische Garten-Haus-System. Beim pompejanischen Peristylhaus findet sich ebenfalls ein dem Gebäude vorgelagerter architektonisch gefasster Gartenraum mit Wasserbecken in der Mitte. Die Gänge, Hallen und Höfe bildeten eine Einheit mit den Wohn- und Empfangsräumen und waren durch Loggien zum Garten hin geöffnet. Ähnlich waren auch die Vorhöfe frühchristlicher Bauten konzipiert. Der Vorraum oder das Paradies, häufig mit einem großen Brunnen versehen, war der Hauptkirche vorgelagert. Die Villenkultur der Römer und die Strukturen frühchristlicher Bauten haben möglicherweise die Ausbildung des islamischen Gartens beeinflusst.

Der Komplex aus einem kreuzgangähnlichen Kanal-Brunnen-System des Löwenhofes und der villenähnlichen Anlage des Myrtenhofes mit Comaresturm setzt sich fort im Hof von Lindaraja, der mit seinem zentralen Brunnen, seinen Zypressen und Orangenbäumen sowie der Buchsbepflanzung heute noch eine orientalische Atmosphäre verbreitet.

In der östlichen Nachbarschaft erhebt sich der bereits erwähnte Torre de las Damas mit dem Partalpalast (Abb. S. 32 unten). Vor dem Portikus breitet sich der Hof mit einem rechteckigen Wasserbassin in der Art des Myrtenhofes aus. Es ist zu vermuten, dass der Portikus in Verbindung mit einer Gartenanlage konzipiert worden ist, die den Bezug zum Außenraum, zum anschließenden weitläufigen Park der Alhambra, herstellen sollte.

Der Generalife in Granada

Nur 50 m oberhalb des Alhambrahügels ließen sich etwa Mitte des 13. Jahrhunderts die Herrscher von Granada ein Lustschloss errichten, den Generalife. Nur wenige Jahrzehnte nach der Vertreibung der Mauren durch die Christen besuchte ein venezianischer Edelmann namens Andrea Navagero im Jahr 1526 Granada und die Alhambra. Er fand auch den Generalife, dessen Areal er, wie er schrieb, »durch die Hintertür der Umfassungsmauer der Alhambra« betrat. Dem aufmerksamen Venezianer verdanken wir eine einzigartige Beschreibung von dem Schloss und den Gärten:

»Dieses Schloss ist, wenn auch nicht sehr groß, doch ein vortrefflicher Bau mit wundervollen Gärten und Wasserwerken, das Schönste, was ich in Spanien

Generalife, Granada
Detailansicht des Patio de la Acequia

gesehen habe. Es hat mehrere Patios, alle reichlich mit Wasser versehen, vornehmlich aber einen mit einem fließenden Kanal in der Mitte und voll herrlicher Orangen und Myrten. Dort ist eine Loggia, welche die Aussicht nach außen hin gewährt, unter der Myrten von einer Höhe emporragen, dass sie fast bis an den Balkon reichen. Diese sind so dicht belaubt und alle mit so gleich hohem Gipfel, dass sie wie eine grünende Flur erscheinen. Das Wasser fließt durch den ganzen Palast und, wenn man will, auch durch die Zimmer, deren einige sich zu einem köstlichen Sommeraufenthalt eignen.«

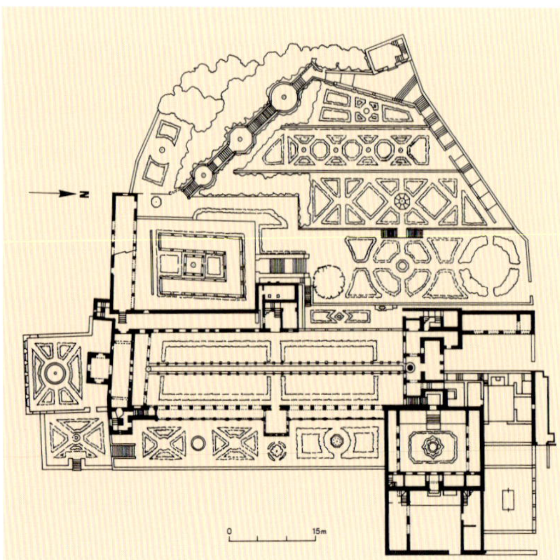

Generalife, Granada
Grundriss von Schloss und Gärten vor dem Brand von 1958

Der Italiener hat viele Stunden in den Gärten des Generalife zugebracht und erzählt von exotischen Bäumen und wunderbaren Wasserleitungen, die den Rasen, auf dem man steht, plötzlich überschwemmen können. Bald hat er auch die Quelle des niemals versiegenden Wasserzuflusses gefunden:

»Auf dem höchstgelegenen Teile dieser Schlossanlage in einem der Gärten ist eine breite Treppe, die zu einer kleinen Terrasse aufsteigt, und von letzterer kommt aus einem Felsen die ganze Wassermasse, welche sich durch den Palast verteilt. Dort wird das Wasser mit vielen Schrauben verschlossen, so dass man es zu jeder Zeit auf jede Art und in beliebigen Mengen herausströmen lassen kann.«

Die Jahrhunderte sind mittlerweile über die Gärten hinweggegangen. Die ehemals prächtige Anlage ist verfallen, ist wieder aufgebaut, restauriert und mit Zubauten versehen worden. Von Navageros Szenarium, das ihn zu seinen euphorischen Beschreibungen inspirierte, ist kaum mehr etwas übrig geblieben – nur noch sein Bericht. Aber das ist sehr viel, denn mit seiner Hilfe kann man den maurischen Generalife im Geiste wieder aufleben lassen. Dem heutigen Besucher bietet sich ein dicht bewachsener Haupthof dar, wo die Myrte dem Himmel entgegenstrebt und Buchskugeln elegant das Areal gliedern. Entlang der Mittelachse verläuft der Wasserkanal, aus dessen steinerner Fassung filigrane Wasserfontänen emporsprudeln, um bogenförmig in den Kanal hinabzufallen. Durch ein doppeltes Säulentor gelangt man in den Hauptgartensaal. Von dort spaziert man zu den Aussichtsbalkons, unter anderem auch zu der efeubewachsenen Terrasse, von der aus man in das Darro-Tal blicken kann, wie es Navagero an anderer Stelle beschrieb.

Zurück zum Haupthof mit dem zentralen Kanal, der zu Anbauten aus dem 16. Jahrhundert führt. Diese durchmessend, geht man auf ein wunderschönes Wasserparterre zu, dessen schmales Bassin von schlanken Zypressen und bunt blühenden Kübelpflanzen flankiert wird. In der Nähe befindet sich die von Navagero beschriebene Wassertreppe. Sie führt zu einem Belvedere des 19. Jahrhunderts. Seitlich der Treppe steigen Terrassen an, die früher wohl mit Blumenbeeten und Hecken versehen waren.

Für die islamische Gartenkultur ist die Konstruktion einer Wassertreppe ungewöhnlich. Für das Altertum dagegen, bei den Römern ebenso wie im hellenistischen Kulturraum, sind Wassertreppen nachgewiesen. Byzantinische Gärten könnten diese Tradition der Bewässerung übernommen und an islamische Gartenkünstler weitergegeben haben. Es wäre aber auch denkbar, dass die Mauren während der Eroberung der Iberischen Halbinsel römische Villengärten vorgefunden und bestimmte Bewässerungstechniken für ihre Anlagen übernommen haben. Die Wasserscherze, gegründet auf ein raffiniertes Installationssystem von Wasserleitungen, gehen mit Sicherheit auf hellenistische Wasserdrucktechniken zurück. Navagero, Opfer eines solchen Scherzes, schildert dieses Erlebnis nicht ohne Bewunderung für die gartenkünstlerische Konstruktion.

Von dem Italiener erfahren wir außerdem, dass die Nasriden-Herrscher oberhalb der Alhambra noch weitere Lustschlösser mit Gärten erbauen ließen. Doch sie waren bereits zerstört und verfallen, als der Venezianer sie aufsuchte. Der Generalife bedeutete für ihn – wie auch für uns heute noch – einen Höhepunkt der islamischen Bau- und Gartenkunst auf europäischem Boden.

Die christlichen Spanier ließen die Gärten und Paläste nach dem Ende der Reconquista entweder verfallen oder glichen sie ihren ästhetischen und sozialen Bedürfnissen an. Das Ergebnis war häufig eine Durchdringung von maurischen und christlichen Stileigentümlichkeiten. Diese so genannte Mudéjar-Periode begann schon gegen Mitte des 12. Jahrhunderts und endet im 16. Jahrhunderts. Dazu gehörte auch der Ausbau des Alkazars in Sevilla. Vom rein maurischen Almohadenbau aus dem frühen 13. Jahrhundert sind nur noch geringe Reste erhalten geblieben. Der größte Teil stammt aus christlicher Zeit. Mehr als sieben Jahrzehnte nach dem Fall des maurischen Sevilla ließ Peter der Grausame, König von Kastilien und Leon, zwischen 1350 und 1369 seinen Palast von maurischen Bauleuten errichten. Man orientierte sich am Vorbild der Alhambra. Doch fehlte es an dem harmonischen Zusammenspiel der Gebäudetrakte und dem rhythmischen Wechsel von Garten und Architektur, der im Generalife so bezauberte. Es entstand eine Folge von rechteckigen Gartenterrassen, die mit Teichen und Pavillons versehen waren. Unter Karl V. wurde die Anlage verändert und im Zeitalter des Barock mit den üblichen Attributen ausgestattet, so dass der maurische Stil oder der des Mudéjar fast vollständig verschwand. Das aufwändig angelegte Wassersystem, so typisch für den islamischen Garten, fehlte in Sevilla vollständig.

So bleiben tatsächlich nur zwei islamische Gartenanlagen in Spanien übrig, die es verdienen, als solche hervorgehoben zu werden: die Alhambra und der Generalife in Granada. Vermag die Phantasie den Zauber vergangener maurischer Gärten mit Hilfe von literarischen Zeugnissen in Sevilla nicht wieder aufleben zu lassen, so gelingt ihr dies in den Gärten der Alhambra und des Generalife mit äußerstem Vergnügen. Hinzu kommt, dass diese Gärten auf interessante traditionelle Aspekte aufmerksam machen, die den islamischen Garten einerseits mit der abendländischen Kultur verknüpfen und ihn andererseits von dieser abrücken lassen. Der Vergleich des maurischen Gartens in Spanien mit römischen Villengärten oder byzantinischen Palastgärten, soweit diese überliefert sind, und mit frühen christlichen Sakralanlagen ist sicherlich sinnfällig, da der Islam im Verlauf des 7. Jahrhunderts in Kleinasien das byzantinische Erbe antrat und damit in einen engen Kontakt mit der antiken und frühchristlichen Kultur trat.

Was aber nun die islamischen Gärten in Spanien von anderen europäischen Anlagen unterscheidet, ist die alles überragende Bedeutung des Wassers. Gemäß der Verkündung des Korans ist das Wasser in seiner Klarheit und Reinheit Sinnbild für das Paradies, mehr noch, der durch das Wasser lebendig gehaltene Garten wird zu einem Gleichnis des vom Menschen erschaffenen Paradieses auf Erden. Im islamischen Garten ist das Wasser allgegenwärtig, sei es in der Form des sprudelnden Strahls einer Brunnenröhre oder der würdevollen Ruhe eines Bassins.

Granada, Generalife
Ansicht der Gartenanlage

Gartentheorien der Renaissance

Frontispiz von »L' Architettura« von Leon Battista Alberti. Der Erstdruck erschien 1485 in Florenz.

Die Geschichte der Gartenkunst hängt eng mit der Geschichte ihrer Theorien zusammen. Dieser Kontext ist interessant und zugleich problematisch. Gartentheorien beziehen sich sowohl auf die Kunst als auch auf die Natur. In diesem Spektrum entfaltet sich der Spannungsreichtum von Natur- und Kunstbetrachtung, der schließlich zur Anlage eines Gartens führen soll. Architekten, Künstler, Philosophen, Theologen und, wenn man so will, pragmatisch orientierte Gärtner waren es, die ihre gärtnerischen Kenntnisse und Visionen zu formulieren versuchten. Dabei waren sie von verschiedenen Grundgedanken geleitet: Sollte der Garten als irdisches Paradies oder als Nutzgarten vorgestellt werden? Ging es vorrangig um die Verbildlichung einer Idee oder um die Erfüllung landwirtschaftlicher Aufgaben? War es sogar möglich, beide Aspekte in einem Garten miteinander zu vereinen?

Im Humanismus des 14. und 15. Jahrhunderts begannen Gelehrte, die Welt neu zu durchdenken. Es galt, das Erbe der Antike mit den Erfordernissen moderner Staats- und Glaubensideen zu verbinden. Dabei ging es auch um ästhetische Aspekte, die nicht mehr unbedingt dem Glauben, wohl aber den Interessen und Bedürfnissen des Individuums zuzuordnen waren. Ein Kunstwerk diente sowohl der Sinnenlust als auch der geistigen Bildung und geistlichen Erbauung. Trifft dieses kulturelle Muster auch für den Garten zu? Die Gartentheorien geben über diesen differenzierten Sachverhalt Aufschluss.

In der Renaissance lassen sich hauptsächlich drei Typen von Gartentheorien unterscheiden. Der erste Typus rezipiert und beschreibt weitgehend Gartenanlagen der Antike und des Mittelalters, ohne jedoch neue Ideen für die Gestaltung hervorzubringen. Im Gegensatz dazu entwickelt der zweite Typus phantasiereiche Gartenallegorien, von denen viele Elemente in der Gartenbaukunst der Renaissance und des Barock verwirklicht worden sind. Der dritte Typus schließlich vereint die pragmatischen Theorien. Hier geht es um konkrete Gestaltungshinweise, die teilweise noch im späten 18. und im 19. Jahrhundert befolgt wurden.

Leon Battista Alberti (1404–1472)

Leon Battista Alberti, Humanist und Architekt, schrieb zwischen 1443 und 1452 die »Zehn Bücher über die Architektur« (»De Re Aedificatoria«). Der Erstdruck erschien 1485 in Florenz. Im neunten Buch handelt Alberti die Privatbauten ab und geht in diesem Zusammenhang auch auf die Gestaltung von Gärten ein. Seine Überlegungen sind dem ersten Typus zuzuordnen: Sie sind ausschließlich antiken Schriften entlehnt. Es geht um antike Villen und ihre Gärten, die er zum Vorbild für den Garten seiner Zeit nimmt. Dabei unterscheidet er zwischen dem Stadthaus, dem Landhaus und der Villa in der Nähe der Stadt. Seiner Meinung nach – hier ist Cicero sein Gewährsmann – ist die stadtnahe Villa mit Garten allen anderen Villentypen vorzuziehen. Wenn auch die Abgeschiedenheit des einsamen Landhauses verlockend erscheint, so »... ist die Nähe der Stadt von Vorteil und ein leicht erreichbarer Schlupfwinkel, wo man nach Belieben tun kann, was man will«.

Die Entfüllung individueller Bedürfnisse steht im Vordergrund. Deswegen, so Alberti, soll der Garten der Gesundheit und dem Genuss dienen. Die Forderung unterstreicht er mit einem Wort Martials:

»Fragt man mich, was ich im Land tu, antworte ich: Nur wenig. Frühstücken, trinken und singen; spielen, baden und essen. Ruhen, lesen sodann. Apoll weck' ich und necke die Musen.«

Wie in der antiken Villenarchitektur geschehen, stellt auch Alberti einen engen Zusammenhang zwischen dem Garten und der Villa oder dem Stadthaus her. Im Wohnhaus selbst sollen schon Elemente des Gartens enthalten sein, und zwar in der Form von

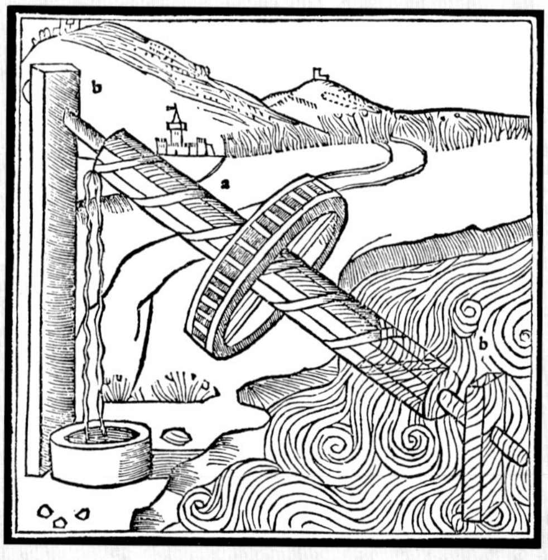

Zeichnung einer hydrotechnischen Vorrichtung aus Fra Giocondos Werk: M. Vitruvius per Iocundum Solito castigatior factus cum figuris et tabula ut iam legi et intelligi possit«, Venedig 1511

Stillleben an den Wänden. Sie verweisen auf die Pflanzen draußen. Hinzu kommen Wandabschnitte mit größeren Fensteröffnungen, die Ausblicke auf den Garten bieten, gewissermaßen konkrete Gartenbilder. Schließlich sind es die Loggien, die den Zugang nach draußen ermöglichen. Stillleben, Fenster, Loggien und Pergolen bewirken die Durchdringung von Garten und Haus.

Auch bei der Bepflanzung orientierte sich Alberti an antiken Vorstellungen. Er schlägt Buchs, Myrte und Lorbeer vor. Die Zypressen sieht er von Efeu umrankt, und er empfiehlt geometrische Pflanzungen, die aus den abgebogenen und einander umschlingenden Ästen von dicht beieinander stehenden Zitronen- und Wacholderbäume gebildet werden sollen.

Alberti legt ebenfalls Wert auf einen Baumgarten. Die Reihen sollen nach dem Fünfauge, dem Quincunx, geordnet sein. Darunter versteht er ein Muster, das sich aus je einem an jeder Ecke und in der Mitte des Quadrates stehenden Baum ergibt. Offensichtlich schwebten Alberti auch ornamentale Zierformen vor, die durch Kräuter und durch den leicht zu beschneidenden Buchs gestaltet werden können:

»Gefällig nimmt sich aus, was bei den Alten die Gärtner zu machen pflegten, ihren Herren zu gefallen, indem sie deren Namen in Buchs oder wohlriechenden Kräutern auf die Wiesenfläche schrieben.«

Für Alberti ist der Garten in erster Linie ein Lustgarten. Den Nutzgarten ordnet er dem Landgut zu und schließt ihn für seine Privatvillen aus. Es sollte aber bedacht werden, dass Alberti bei seinen Überlegungen mittelalterliche Gärten vor Augen hatte. Sie galt es zu verbessern oder neu zu ordnen. Den antiken Garten kannte er lediglich aus den Schriften von Vitruv oder Cicero. Daraus entwickelte er eine Idealvorstellung. Er löste den mittelalterlichen Lustgarten aus dem Gesamtzusammenhang heraus und versuchte ihn als eigenständiges Gebilde zu konstituieren, indem er neue Elemente wie beispielsweise Buchsornamente oder Quincunx-Pflanzungen vorsah. Damit hatte er auf der Grundlage antiker Schriften wichtige Voraussetzungen für den Renaissancegarten geschaffen.

Caprarola, Villa Farnese
Garten beim Casino del Piacere

Florenz, Villa Gambereia
Der Villengarten aus der 1. Hälfte des 18. Jahrhunderts wurde Anfang des 20. Jahrhunderts »wiederhergestellt«.

Desiderius Erasmus von Rotterdam (1469–1536)

Ebenfalls dem ersten Typus zuzuordnen sind die Gartenvorstellungen des Desiderius Erasmus von Rotterdam. Auch ihm schwebte eine Verbindung von antiken und mittelalterlichen Gartenideen vor. Er beschrieb sie in seinen Kolloquien, unter anderem in seinem 1522 herausgebrachten »Convivium religiosum«. Im Gegensatz zu dem italienischen Humanisten Alberti wollte Erasmus den Garten als ein Abbild göttlicher Wahrheiten darstellen. Dieser Grundidee ordnete er die Elemente unter, die natürlich dem mittelalterlichen Garten entsprachen. Kräutergarten, Obstgarten und »... eine freie Wiese mit nichts als dem Grün der Gräser ...«, ein Lustgarten also, bilden das Gartengeviert, das mit einer Mauer umgeben ist. Die Vorstellungen des Albertus Magnus leben in diesem Konzept wieder auf. Der humanistisch gebildete Erasmus betonte die emotionale Seite stärker, indem er vom Vergnügen sprach, dem der Garten geweiht sein sollte. Er nahm auch aus der Antike tradierte Elemente auf: Spazierwege, die durch Marmorsäulen gegliedert werden, und Pergolen, die zum Meditieren einladen. Möglicherweise dachte Erasmus, ähnlich wie Alberti, daran, Garten und Haus miteinander zu verknüpfen. Seine Beschreibung bemalter Wände und von Blumenmosaiken auf dem Boden bezieht sich wahrscheinlich auf ein Atrium. Erasmus hob hervor: »Wozu uns die Mittel fehlen, das ersetzen wir durch Kunst. An die erste Wand ist ein Hain mit selteneren wilden Vögeln und Vierfüßlern gemalt ...«

Hier geht es eindeutig um die Augenlust, denn später schreibt er: »Ein Garten fasst nicht alle Arten von Pflanzen. Außerdem freuen wir uns doppelt, wenn wir eine gemalte Blume mit einer lebendigen im Widerstreit sehen und bei der einen über die Kunstfertigkeit der Natur staunen, bei der anderen über die Begabung des Malers und bei beiden über die Güte Gottes, der alles das zu unserem Gebrauch beschert hat.« Das mittelalterliche Prinzip, im Ästhetischen Gottes Allmacht anschaulich zu machen, wirkt bei Erasmus noch nach. Doch der antike Wandelgang, die bemalten Wände und die unbestreitbare Dominanz des Vergnügens erinnern an das Konzept des neuzeitlichen Gartens in der Art von Alberti.

Francesco Colonna

Anders als bei Alberti und Erasmus geben die Gartenvisionen von Francesco Colonna konkrete Gestaltungsvorgaben. Bis heute weiß man nicht genau, wer sich hinter diesem Autor verbirgt, ein Mönch, ein Fürst gleichen Namens oder ein Autorenkollektiv unter der Federführung Albertis. Colonnas Schrift »Hypnerotomachia Poliphili« – etwa mit »Liebestraum des Poliphil« zu übersetzen – wird der Gattung des allegorischen Romans zugerechnet und ist dem französischen »Roman de la Rose« vergleichbar. Sie erschien, mit über 200 Holzschnitten illustriert, erstmals im Jahr 1499 in Venedig. Darin geht es um die Entfaltung der antiken Kultur, so wie sie die Renaissance sah. Die dekorative Gestaltung der antiken Architektur und ihrer Gärten nimmt einen sehr großen Platz ein. Die detaillierten Schilderungen von komplizierten Labyrinthen, von efeubedeckten Arkadenreihen oder beschnittenen Bäumen sowie von skulpturengeschmückten Gartenbereichen regten später viele Gartenarchitekten an.

Wieder bildet der mittelalterliche Garten den Ausgangspunkt. Er wird auf der Insel Kythera lokali-

siert und besteht aus dem obligatorischen Gemüse-, Kräuter-, Obst- und Baumgarten. Hinzu kommen allerdings noch ein »angenehmer Buschgarten« und ein »lieblicher Lustgarten«. Genau besehen gliedert sich die Insel in drei Zonen, in einen Wald- und einen Wiesenring sowie das Kernstück, das man nach späterer Terminologie Parterre nennen könnte. Der Wiesenring mutet in seiner Beschreibung wie ein Renaissancegarten an. Die einzelnen Bereiche sind von Pergolen eingefasst, an deren Schnittpunkten sich Pavillons erheben. Sie bestehen aus je vier ionischen Säulen, die ein Gebälk mit rotem Architrav tragen, auf dem mit gelben Rosen berankte Kuppeln ruhen. Dann beschreibt der Autor die kunstvollen Buchsgebilde. Spektakulär sind der Türme tragende Riese, die sechssäulige Kolonnade oder die wasserspeienden Schlangen (Abb. oben rechts).

Das zentrale Parterre weist sich aus durch Beete mit Knotenornamenten, in deren Zentren jeweils eine Art Marmoraltär steht, der wiederum beschnittene Fichten oder Buchsbäume trägt. Die Beetmuster, geschlungene Bänder und Akanthusblätter werden aus Blumen gebildet oder sind, wie die quadratischen und rautenförmigen Bänder, als weißer Marmorstreifen gelegt. Rund geschnittene Zitrusbäume, in Mondsichelschnitt geformte Buchsbäume, kegelförmige Wacholdersträucher und Myrtenhecken bilden die Einfriedung für diesen Bereich.

Wenngleich es sich bei Colonnas Schrift »Hypnerotomachia« um einen allegorischen Roman und nicht um eine gartentheoretische Abhandlung handelt, so ist ihr Wert für die konkrete Gartenplanung doch sehr groß gewesen. Franz I., der von der italienischen Gartenkultur so begeisterte Franzosenkönig (1494–1547), ließ seinen Garten in Fontainebleau nach italienischen Vorstellungen anlegen. Er war unter anderem fasziniert von Colonnas eigenwilligen Baum- und Beetfiguren. Ein Jahr vor seinem Tod, 1546, erschien eine gekürzte französische Version der »Hypnerotomachia«. Etwa ein halbes Jahrhundert später wurde Colonnas Werk ins Englische übersetzt und erhielt den Titel »The Strife of Love in a Dream«. Der englische Landschaftsgartenarchitekt William Kent (1685–1748) soll einige Ausgaben davon besessen haben.

Bernard Palissy (um 1510– um 1590)

Colonnas Werk ist also am ehesten dem zweiten gartentheoretischen Typus zuzuordnen, ebenso wie die Gedanken von Bernard Palissy, der1563 in seinem »Recepte véritable« eine vergleichbare Gartenvision entfaltete: Er gliedert seinen Garten, den er, entgegen der in Frankreich gebräuchlichen Praxis,

LINKS UND OBEN:
Holzschnittillustrationen aus Francesco Colonnas »Hypnerotomachia Poliphili«, Venedig 1499
Grab des Adonis (links)
Baumbeschnitt-Variationen (oben)

Florenz, Villa Medicea La Petraia
Ansicht des Parterres von oben

Bagnaia, Villa Lante
Grottenteich

im Norden und im Westen an einen Berg angrenzen ließ, durch Alleen in vier gleich große Abschnitte. Ins Zentrum setzt er, dem Vorbild Colonnas folgend, ein Amphitheater. An den Gartenecken platziert er grottenartige Kabinette, und die Alleen lässt er ebenfalls in kleine Kabinette münden. Über die Gestaltung und Ausstattung gibt Palissy sehr genau Auskunft:

»Das erste Kabinett liegt im Norden, in der Ecke des Gartens und stößt mit dem Fuß an die Berge. Ich errichte es aus gebrannten Ziegeln, die so geformt sind, dass besagtes Kabinett einem Felsen gleicht, den man an Ort und Stelle ausgehöhlt hat. Im Innern sind einige Sitznischen im Mauerwerk.«

Über die Alleen-Kabinette äußert sich Palissy ebenfalls sehr ausführlich. Sie sind ganz aus Ulmen gebildet und haben die Gestalt antiker Tempelchen. In ihrem Innern wachsen Kräuter und Moose.

Skurril und der Zeit entsprechend manieristisch nehmen sich Palissys Beschreibungen aus. Die Gartenanlage scheint allein durch das Alleenkreuz bestimmt, denn er findet keine Worte über die weitere Gestaltung der Quartiere. Stattdessen erachtet er die Grotten und Kabinette, die zum Teil mehrgeschossig und mit Wandelgängen ausgestattet sind, für die bedeutendsten Bestandteile des Gartens. In manchen Gärten der Spätrenaissance und des Barock finden sich Spuren seiner phantasiereichen Vorstellungen wieder, wie beispielsweise in den Boboli-Gärten in Florenz oder in der Villa Orsini in Bomarzo.

Sebastiano Serlio (1475–1554)

Dem italienischen Baumeister und Architekturtheoretiker Sebastiano Serlio verdanken wir die wichtigsten Impulse zur Beetornamentierung. Seine achsensymmetrisch angelegten Knoten- und Spiralornamente prägten nicht nur die Parterregestaltung der Renaissance, sondern besonders auch die des französischen Barock. Sie wurden in vielen Varianten abgewandelt. Im Jahr 1537 erschien Serlios umfangreiche, auf acht Bände angelegte Architekturtheorie »Tutte l'opere d'architettura«. Der achte Band blieb nur Fragment. In seinem vierten Buch veröffentlichte er seine Beetgrundrisse (Abb. gegenüber unten links). Eine deutsche Übersetzung der ersten fünf Bücher erschien im Jahr 1609 in Basel.

Charles Estienne und Johann Peschel

Im Verlauf des 16. Jahrhunderts rückte man allmählich davon ab, Gartenvisionen zu beschwören, und wandte sich stattdessen den praktischen Aufgaben der Gartenarbeit zu. Für den erfolgreichen Pariser Verleger und Mediziner Charles Estienne (1504–64) war der Garten in erster Linie eine Produktionsstätte. Seine »L'agriculture et maison rustique« kam 1564 in Paris heraus. Elf Jahre später erschien auch eine deutsche Übersetzung.

Estienne unterscheidet drei Gartentypen: den Küchen- oder Krautgarten, den Blumen- oder Wurzgarten und den Baum-, Lust- oder Obstgarten. Er platziert den ummauerten Gesamtgarten nördlich vom Haus, von dem aus ein breiter Mittelweg zum Ausgang führt. Unmittelbar an das Haus schließt östlich der Mitteachse der Blumengarten, westlich der Küchengarten an. Diesen folgt auf beiden Seiten je ein Geviert des Baumgartens. Alle Gartenteile können durch Brunnen, die entlang den Mittelwegen liegen, bewässert werden.

Dem Blumengarten schreibt Estienne vorrangig eine ästhetische Funktion zu. Er schlägt vor, den Blumengarten mit einem Laubengang einzufassen, der aus Buchs, Wacholder, Zypressen und Zedern gebildet wird, an denen Jasmin und Rosen ranken. Der Garten soll in zwei gleiche Teile aufgeteilt und mit einem Irrgärtlein und einem Gesäßlin, einer Sitzbank, die mit Rasen oder Kräutern bepflanzt ist, versehen sein. Estienne wünscht für sein Parterre ausdrücklich auch exotische Pflanzen, die die Beete und den Laubengang schmücken, wie beispielsweise Lorbeer, Myrte oder Pinien. Aber auch Palmen sowie Zitrus-, Oliven- und Feigenbäume sieht er vor. Nach seinem Tod sind in der Ausgabe des Werkes von 1600 einige seiner Parterre-Entwürfe veröffentlicht worden, die originelle Knotenornamente vorstellen (Abbn. rechts).

Estienne orientierte sich am zeitgenössischen Garten mit der üblichen Aufteilung in Quadrate. Die Beetordnung und -gestaltung sowie die Laubengänge entsprachen dem typischen Garten des 16. Jahrhunderts. Sein Verdienst war es, erstmals den Garten als System beschrieben und eine Zuordnung von Garten und Haus sowie den dazugehörigen Wirtschaftsflächen vorgenommen zu haben.

Noch detaillierter und ausführlicher als Estienne arbeitet der aus Thüringen stammende Pfarrer Johann Peschel die Gestaltungsprinzipien eines Lustgartens aus. Die 1597 in Eisleben herausgegebene Abhandlung mit dem umständlichen Titel »Garten Ordnung/ Darinnen ordentliche Warhaftige Beschreibung/ wie man aus rechtem grund der Geometria einen nützlichen vnd zierlichen Garten ... anrichten ... sol« beschreibt einen reinen Lustgarten, bei dem weder der wirtschaftliche Nutzen noch die religiöse Erbauung im Vordergrund steht.

Die Maße des Gartens richten sich nach dem vorhandenen Gelände. Für einen Erfurter Ratsherrn entwarf er beispielsweise einen kleinen Stadtgarten, er dachte aber auch über großflächige Anlagen vor den Toren der Stadt nach. Die Grenzen des Gartens, so Peschel, bilden eine Mauer. Innerhalb dieser Einfriedung befinden sich verschiedene Gartenordnungen,

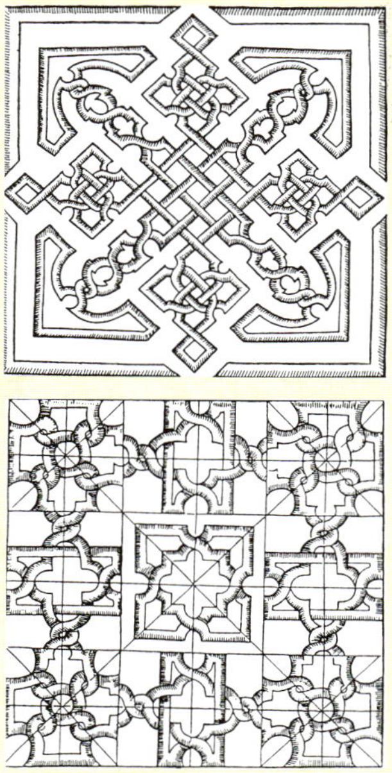

Parterre-Entwürfe. Posthume Abbildungen zu Charles Estiennes »Maison Rustique«, Ausgabe von 1600

UNTEN LINKS UND RECHTS:
Beetgrundrisse, Stich aus dem Vierten Buch von Sebastiano Serlios Traktat »Tutte l' opere d' architettura«, 1537

Parterre der Villa Lante

gemeint sind die Beete, Labyrinthe aus mannshohen Spalieren und die »ad Quincuncem« angeordneten Bäume. Für den zuletzt genannten Gartenbereich, die Quincunx-Pflanzung, entwirft Peschel vier voneinander leicht abweichende Quadratraster mit jeweils einem fünften Baum in der Mitte – etwa so, wie die fünf Punkte auf dem Würfel angeordnet sind:

»Denn allzeit ist eine Ordnung lieblich anzusehen/ darnach wenn die Bewme Ordentlich gesetzet werden/ so kan man ohne alle hinderung der Bawm/ durch den gantzen Garten vnd alle ort desselben sehen.«

Die Spaliere für das Labyrinth, Peschel nennt sie Staketen, sollen mit Hasel- oder Lambertusnüssen versehen sein:

»Aber die eussersten zweene Genge/ pfleget man mit dörnichten gewechse/ als Rosen/ Berberis, Vua crispa Kreuselbeer/ vnd dergleichen außzusetzen.«

Für das Zentrum des Labyrinths sieht Peschel einen Pavillon oder einen Springbrunnen vor. Besonders aufwändig handelt er die Beetornamentierung ab. Aus einfachen Mustern entwickelte er differenziertere Beetgestaltungen. Seine Grundform ist das Quadrat, in das er einen Kreis einpasst, der durch Diagonalen oder Kreuzformen durchbrochen ist. So bilden sich T- und Hakenformen sowie die entsprechend ausgesparten Kreissegmente. Peschel entwirft eine Art Beet-Baukasten, mit dessen Hilfe die verschieden gestalteten Teile in immer wieder neuen Konstellationen zusammengesetzt werden können (Abbn. links). Die Wege und Gänge empfiehlt er zu pflastern. Dem Gartenbesitzer, den Gras in den Ritzen stört, empfiehlt er Sandwege.

Die Gartentheorie von Johann Peschel ist streng zweidimensional konzipiert. In seinen Überlegungen berücksichtigt er weder die Gestalt des Geländes noch die Ausrichtung der Anlage. Er sieht weder Terrassen noch Wasserläufe oder Bassins vor. Stattdessen skizziert er die einzelnen Schritte des Gartenentwurfs und erläutert genau, wie die Atelierentwürfe auf das Gelände übertragen werden können.

Die Ausführungen von Estienne und Peschel, so unterschiedlich sie auch sind, gehören dem dritten, dem pragmatischen Typus an. Beide Autoren gehen vom mittelalterlichen Garten aus, begründen aber mit ihren neuen Ideen und Entwürfen viele Gestaltungsmöglichkeiten des Renaissancegartens. Dabei sind besonders die phantasiereichen Grottenentwürfe Estiennes und die Beetmusterungen Peschels hervorzuheben.

Einfache (oben) und komplizierte (unten) Beetaufteilung nach Johann Peschels Werk »Garten Ordnung ...«, Eisleben 1597

Der Garten des Johann Schwind in Frankfurt
Kolorierter Kupferstich von Matthäus Merian d. Ä. in »Florilegium renovatum et auctum«, 1641
Frankfurt a. M., Historisches Museum

Olivier de Serres (1539–1619)
Olivier de Serres, Sieur du Pradel, war wohl der erste Theoretiker, der den Garten in den Bannkreis der höfischen Kunst einbezog, indem er den *bon sens* zum alleinigen Bewertungsmaßstab erhob. Damit dürfte wohl der entscheidende Schritt vom Renaissance- zum Barockgarten vollzogen worden sein. In seiner Schrift »Le Théatre d'Agriculture et Mesnage des Champs« (Paris 1600), die bis zum Tode des Autors sieben Neuauflagen erlebte, vergleicht de Serres das Entwerfen eines Parterres mit der künstlerischen Tätigkeit des Malers. Unter den vier Gartentypen hebt er neben dem Wurzel-, Kräuter und Obstgarten, den *bouquetier* als Lustgarten »nach Erfindung und Phantasie des Herrn mehr zur Lust denn zum Nutzen« besonders hervor. Die vier Gärten sind durch Alleen oder Laubengänge voneinander getrennt. Über den *bouquetier* schreibt de Serres:

»... er muss am Haupteingang in die Gärten liegen, denn er ist mit seinen Parterres und schönen Kompartimenten der Erste, auf den man stößt, und sein Anblick bereitet viel mehr Vergnügen als der der entfernteren.«

Der Autor unterscheidet zwischen Kompartimenten, Quartieren und Parterres. Bei einem Kompartiment handelt es sich um eine größere ornamental bepflanzte Beeteinheit. Mehrere Kompartimente, die voneinander durch Wege oder Alleen getrennt sind, bilden zusammen ein Quartier *(quarreau)*. Die Einheit mehrerer Quartiere wird schließlich Parterre genannt. De Serres empfiehlt größere und kräftigere Pflanzen an markanten Stellen, beispielsweise zur Rahmung der Quartiere und zur Begleitung von Alleen. Niedrige und zarte Pflanzen sollen dagegen die Kompartimente und andere feingliedrige Teile des Parterres einfassen:

»Durch diese proportionale Verteilung nimmt sich das ganze Parterre sehr gut aus, ähnlich wie ein mit mächtigen Borten geziertes Kleid oder ein mit einem Rahmen geschmücktes Bild, das durch die erhabene Umrandung an Glanz gewinnt.«

De Serres favorisiert den Buchs als Einfassungspflanze, da sich dieses Gewächs leicht zu vielfältigen Figuren wie Pyramiden, Menschen, Tieren oder Säulen formen lässt. Sicherlich waren ihm bei dieser Vorstellung die phantasiereichen Buchsfiguren aus Colonnas »Hypnerotomachia« hilfreich.

Es ist festzuhalten, dass de Serres wie auch die anderen Theoretiker sich noch immer am mittelalterlichen Gartenschema orientieren, das sich aus den verschiedenen Gartentypen zusammensetzt. Auffallend aber ist die deutliche Zuweisung der Gartengestaltung zur bildenden Kunst. Der *bouquetier* löst sich allmählich aus dem landwirtschaftlichen Umfeld und gewinnt als Schlossgarten eine neue Bedeutung, wobei nun ausschließlich ästhetische Maßstäbe für seine Gestaltung geltend gemacht werden.

Giardino Giusti, Verona
Der Giardino Giusti aus den 70er Jahren des 16. Jahrhunderts ist einer der ältesten Renaissancegärten in Norditalien. Goethe lobte an ihm seine »treffliche Lage« und seine großen Zypressen.

ABBILDUNG S. 48/49:
Toskanische Hügellandschaft
Auch heute noch finden sich in der Toskana zahlreiche Ausblicke auf die Landschaft, wie sie Gemälde der Renaissance zeigen.

Der italienische Renaissancegarten

Villa dell' Ambrogiana
Gemälde von Giusto Utens, um 1600
Florenz, Museo Topografico »Firenze com'era«

Florenz, Villa Palmieri
Skulptur im Garten der Villa

Villa Palmieri in Florenz
»Auf dem Gipfel dieser Anhöhe stand ein Palast mit einem schönen und großen Hofraum in der Mitte, reich an offenen Gängen, Sälen und Zimmern, die, sowohl insgesamt als jedes für sich betrachtet, ausnehmend schön und durch den Schmuck heiterer Malereien ansehnlich waren. Ringsumher lagen Wiesen und reizende Gärten mit Brunnen voll kühlem Wasser und Gewölben, die reich an köstlichen Weinen waren, so dass sie eher für erfahrene Trinker als für mäßige, sittsame Mädchen geeignet schienen.«

Diese Zeilen aus Giovanni Boccaccios »Decamerone«, begonnen im Jahr 1348, umreißen mit wenigen Worten einen typischen italienischen Renaissancegarten. Bei dem »Palast« handelt es sich um ein Landgut oder um eine Villa, die auf einem Hügel in der Nähe der Stadt lag – »nur zwei kleine Meilen« entfernt, wie der Dichter an anderer Stelle schrieb. Wiesen und Gärten umgaben das Gebäude. Die erwähnten Brunnen, die mit Blumen übersäte Wiese oder die von Wein umrankte Pergola mögen an mittelalterliche Lustgärten erinnern. Wenn man zudem noch Boccaccios Gartenschilderung in seiner 1342 verfassten »Amorosa Visione« studiert, dann glaubt man, spätmittelalterliche Paradiesgärtlein, wie sie von den frühen Niederländern oder den Künstlern der Kölner Schule gemalt worden sind, vor Augen zu haben. Boccaccios Situationsbeschreibung aber zielt schon auf den neuzeitlichen Garten, da er dem Müßiggang des Besitzers und den höfischen Vergnügungen seiner Gäste dienen soll.

Boccaccios anmutige Schilderungen gehen auf einen konkreten Garten zurück, auf den der Villa Palmieri in Florenz. Die Anlage existiert leider nicht mehr. Sie wurde 1697 vollständig zu einem Barockgarten umgestaltet und im 19. Jahrhundert durch zusätzliche Gartenbereiche erweitert. Die Gartenschilderungen Boccaccios sind jedoch nachvollziehbar in einem einzigartigen Dokument, dem Gemäldezyklus von Giusto Utens: Der Maler flämischer Herkunft hat die Villen der berühmten Herzogsfamilie Ende des 16. Jahrhunderts im Auftrag Ferdinands I. de'Medici in vedutenhafter Manier festgehalten. Utens malte die Ansichten in die Gewölbekappen des Festsaals der von Bernardo Buontalenti errichteten Villa La Ferdinanda. Heute befinden sich die vierzehn Veduten im Lünettenformat im Museo Storico Topografico in Florenz (Abb. oben). Die Villen und ihre Gärten sind in der Vogelperspektive dargestellt, daher kann man die architektonischen und gartenkünstlerischen Details genau studieren. So erhält man einen anschaulichen Einblick in die Entwicklung des toskanischen Villengartens ab der Mitte des 14. Jahrhunderts.

Villa Cafaggiolo

Oberhalb des Ortes Cafaggiolo nördlich von Florenz im Stammland der Medici erhebt sich die Villa Cafaggiolo, die im 14. Jahrhundert als Kastell erbaut und unter Cosimo de' Medici von Michelozzo di Bartolomeo im Jahr 1451 zum herrschaftlichen Landsitz ausgebaut wurde (Abb. rechts). Heute präsentiert sich das Villenkastell oberhalb des Sievetals vor einer eindrucksvollen Waldkulisse. Vor vierhundert Jahren jedoch erhoben sich die im oberen Geschoss auskragenden und mit flachen Zeltdächern bedeckten Türme und Wohntrakte inmitten einer weiten kultivierten Landschaft, wie Utens Lünettenfresko zeigt. Die wehrhaften Kastellmauern sind von einem Wassergraben umgeben, über den eine Zugbrücke zum Torturm führte. Die Villa und der Gartenbereich sind teilweise von Zäunen und Mauern umfriedet. Mal säumen zierliche Obstbäume, mal dichtes Buschwerk die Zäune und Mauern. Noch heute sind links der Villa Teile der Wirtschaftsgebäude wie Ställe, Getreidespeicher und die Unterkünfte für das Dienstpersonal erhalten geblieben. Die Bereiche vor dem Kastell und seitlich waren landwirtschaftlich genutzt. Weinberge, Felder und Obstgärten umgaben das Villenterrain.

Florenz, Villa Cafaggiolo
Detail aus einem Gemälde von Giusto Utens, um 1600
Florenz, Museo Topografico »Firenze com'era«

Heutige Ansicht der Villa Cafaggiolo und des Gartens

Florenz, Villa Medici in Careggi
Michelozzo di Bartolomeo wurde 1457 von Cosimo de' Medici mit dem Bau der Villa beauftragt.

Sowohl bei dem Fresko von Utens als auch teilweise noch am heutigen Bau lassen sich die von Michelozzo vorgenommenen Umbauten nachvollziehen. Er deckte den Torturm und den mächtigen Bergfried mit flachen Zeltdächern und verbreiterte die Schießscharten zu Fenstern. In dieser Zeit wandelte sich das Kastell zur Sommerresidenz der Medici. Damals dürfte auch der Garten im rückwärtigen Villenbereich angelegt oder ausgebaut worden sein. Auf dem Fresko lässt sich ein Parterre erkennen, das durch eine Mittelachse und zwei Querachsen gegliedert ist. Es enthält sechs quadratische Beetkompartimente, die keine Ornamentierung erkennen lassen, aber offensichtlich von einer niedrigen Buchshecke eingefasst sind. Die Mittelallee läuft auf einen Brunnen zu, der von Pergolen flankiert wird. Auf der linken Seite, durch einen Zaun abgetrennt, sind weitere kleinere Beete zu erkennen. Wahrscheinlich handelt es sich dabei um den Kräutergarten.

Von einem typischen Renaissancegarten kann hier noch nicht die Rede sein. Pergola, Brunnen und die mit Buchs eingefassten großen Beetflächen – nehmen wir an, sie waren mit Blumen übersät – erinnern an Boccaccios Schilderungen. Zu dieser Zeit begann sich der Garten als Ort der Muße, Meditation und des geselligen Beisammenseins durchzusetzen. Die spezifischen künstlerischen Formen und Attribute entwickelten sich erst allmählich im Verlauf des 15. und 16. Jahrhunderts.

Es sei noch angemerkt, dass der Garten der Villa Cafaggiolo im 19. Jahrhundert einer weiten Rasenfläche mit hohen Zedern und aus England importierten Trauerweiden weichen musste.

Villa Medici in Careggi/Florenz

Leon Battista Alberti entsprechend, der eine stadtnahe Landvilla auf einem Hügel empfahl, ließ Cosimo I. de' Medici im Jahr 1457, also fünf Jahre nach dem Erscheinen von Albertis Werk »De Re Aedificatoria«, ein bereits Jahrzehnte zuvor erworbenes Herrenhaus in Careggi nordwestlich von Florenz umgestalten und erweitern. Er beauftragte seinen Hausarchitekten Michelozzo mit den Arbeiten. Gegen Ende des 15. Jahrhunderts wurden der Westfassade niedrigere Seitenflügel angefügt, die auf Pläne von Antonio da Sangallo d. Ä. zurückgehen (Abb. oben).

In der Villa Careggi oberhalb von Florenz trafen sich auf Einladung Cosimos die Humanisten Marsiglio Ficino, Pico della Mirandola und Angelo Poliziano sowie Künstler und Architekten wie Donatello, Michelangelo Buonarotti oder Leon Battista Alberti, um über die Philosophie Platons zu debattieren und auch den Geburtstag des antiken Philosophen am 17. November zu feiern.

Jacopo Pontormo
Cosimo il Vecchio, um 1518–19
Holz, 86 x 65 cm
Florenz, Galleria degli Uffizi

Eine überschwängliche Einladung Cosimos ist mit folgenden Worten überliefert: »Gestern kam ich zur Villa Careggi, nicht um mich um meine Felder zu kümmern, sondern um meine Seele. Komme so bald wie möglich zu uns, Marsiglio! Bringe mit dir Platos Buch ›Vom höchsten Glück‹!«

Möglicherweise wurde dort, angeregt von Leon Battista Albertis Gedanken, auch die Position des Gartens zwischen Villa und Landschaft eingehend diskutiert. Dieses Thema sollte fortan die Anlage des neuzeitlichen Gartens bestimmen. Die Villa und ihr Garten wurden zu einem Bestandteil der humanistischen Philosophie – darin wurde eine neue Lebensauffassung sichtbar: Der Mensch schafft sich seinen *locus amoenus*, sein Paradies, selbst. So wie Gott die Natur und den Menschen erschaffen hat, so wiederholt der Mensch in der Kultivierung der Natur den Schöpfungsprozess. In dieser ihm angepassten Natur konnte der Mensch frei über seine Gefühle bestimmen und versuchen, sich entsprechend seiner individuellen Bedürfnisse im Leben einzurichten.

Die Längsachse des Gartens ist zur Villa hin ausgerichtet. Das Gefälle des Geländes wird durch Terrassen bewältigt, die ursprünglich mit ornamentierten Beeten und Brunnen versehen waren. Heute ist davon natürlich nichts mehr erhalten, doch kann man – abgesehen von den hohen Laubbäumen – in der Gartenstruktur noch einen Abglanz des ehemaligen Renaissancegartens erahnen. Das vorderste Parterre des südlichen Hauptgartens wird von einem Mäuerchen abgeschlossen und ist mit kleinen Terrakottatöpfen geschmückt. Es ist anzunehmen, dass – ähnlich wie in Cafaggiolo – Pergolen zu diesem Gartenbereich gehört haben. Ebenso gehen möglicherweise auch die gewachsenen Lauben mit Bänken, die heute das Wasserrondell umstehen, auf die ursprüngliche Gartenausstattung zurück. Eines der kostbarsten Stücke des Gartens war der um 1465 entstandene Brunnenputto von Andrea del Verrocchio, der heute im Hof des Palazzo Vecchio in Florenz aufgestellt ist.

Die von Sangallo angefügten Seitentrakte waren im Obergeschoss als Loggia ausgebildet. Die Loggia in der nach Südwesten gelegenen Ecke war nach drei Seiten – also auch zum Garten hin – offen. Ein vergleichbares Ensemble von Haus und Garten hat ja schon Boccaccio in seinem »Decamerone« beschrieben. Die dem Garten zugeordnete Loggia der Villa Careggi ist beispielhaft für viele Villenbauten des 16. Jahrhunderts geworden.

Villa Medici in Fiesole

Später zog die »Platonische Akademie« in die ebenfalls von Michelozzo umgebaute Villa Medici nach Fiesole um. Deren Renaissancegarten ist trotz der im Laufe der Jahrhunderte erfolgten Veränderungen noch recht gut erhalten (Abb. oben). Die der Villa vorgelagerte Gartenterrasse wurde gewissermaßen als Naturwohnraum genutzt. Das Parterre, das sich unterhalb dieser Terrasse ausbreitet, war möglicherweise ursprünglich ein Obst- und Gemüsegarten. Entlang den Stützmauern soll eine mit Wein umrankte Pergola gestanden haben. Die anschließende Hauptterrasse diente mit einem kleinen *giardino segreto*, einem abgeschiedenen Gartenbereich, den Mitgliedern der Akademie als ganz besonders angenehmer Aufenthaltsort (siehe hierzu S. 90–99). Dort wurde im Angesicht des Arno-Tals und der Stadt Florenz über die Philosophie Platos diskutiert – gerade so, wie Cosimo es sich gewünscht hatte.

Fiesole, Villa Medici
Gartenterrasse unterhalb der Villa und der an sie anschließenden Hauptterrasse

Weniger die Gestaltung der Parterres, dafür aber die Gesamtanlage der Gartenterrassen ist erhalten geblieben. Die mit Statuen und Säulen geschmückten Balustraden, die Zypressen und die mit Buchshecken und Buchskugeln ornamentierten Kompartimente sowie die von Terrakottaschalen gesäumten Sandwege vermitteln noch heute einen guten Eindruck von der ursprünglichen Gestaltungsweise. Die beiden Medici-Villen mit ihren Gärten in Careggi und Fiesole zählen zu den frühesten Vertretern ihrer Art.

Villa Medici in Castello

Der Renaissancegarten der Villa Castello ist zwar ebensowenig bis auf den heutigen Tag vollständig erhalten geblieben, doch hat man Wert auf die Bewahrung der alten Gartenstrukturen gelegt. Castello, unweit von Careggi gelegen, wurde 1477 von den Medici erworben. Sie ließen das aus dem 13. Jahrhundert stammende Kastell zu einer herrschaftlichen Villa umbauen. Ihre heutige Gestalt verdankt die Villa Cosimo de' Medici, der das Gebäude und den Garten 1538 von Niccolò Tribolo neu errichten und anlegen ließ (Abb. unten). Das Parterre in Giusto Utens Lünettenfresko entspricht in der Anlage der heutigen Situation. Sogar der von Tribolo gestaltete Herkulesbrunnen auf der zentralen Allee, die von der Mittelachse des Gebäudes ausgeht, ist erhalten geblieben. Das daran anschließende dichte Wäldchen mit dem Venusbrunnen wird man allerdings vergeblich suchen. Ein in die Alleenkreuzung eingelassenes Mosaik erinnert an den einstigen Standort des Brunnens. Bei der Venus handelte es sich um ein Werk Giovanni da Bolognas aus der zweiten Hälfte des 16. Jahrhunderts. Im 18. Jahrhundert wurde die Statue in die Medici-Villa La Petraia gebracht. Bei dem Wäldchen soll es sich um ein Labyrinth aus hohen Zypressen, Lorbeer- und Myrtenbäumen gehandelt haben. Die Besucher, die durch diesen Irrgarten spazierten, sollten durch das unvermittelte Auftauchen der Venus überrascht werden.

Die Beetkompartimente sind kunstvoll mit Buchshecken gestaltet. Sie bilden Dreiecke und sparen Kreisformen aus, in denen Kugelbuchsbäume stehen. Die Hauptallee führt zur Umfassungsmauer des Parterres und zu einer Grotte mit Tieren, die sich so präsentieren, als ob sie gerade erst von Gott in die Welt gesetzt worden wären (Abbn. S. 58/59). Die manieristischen Tiergruppen aus Stein und farbigem Marmor gelten als das Werk Antonio di Gino Lorenzis. Der Gedanke des so genannten zweiten Schöpfungswerkes, wie ihn die Philosophen der Akademie erörterten, wird hier anschaulich. Diese Grotte ist andeutungsweise auch im Lünettenfresko von Utens zu erkennen. Dahinter, jenseits eines Bächleins, befindet sich ein Wald in der Form des Quincunx. Nachdem man ihn durchquert hat, gelangt man zu einem großen Bassin, in dessen Mitte sich ein felsiges Inselchen erhebt. Hier hockt der Flussgott Apennin (Abb. gegenüber), den Bartolomeo Ammannati 1565 geschaffen hat.

Grotten, Irrgärten und kleine Berge, so genannte Montagnetten, Bassins mit Felsen und Brunnenfiguren sowie raffinierte Wasserkünste gehörten zur festen Ausstattung eines herrschaftlichen Renaissancegartens. Selten jedoch fanden sich diese Attribute in einem einzigen Garten vereint.

ABBILDUNG GEGENÜBER:
Florenz, Villa Medici in Castello
Brunnenfigur des »Apennin« im Garten der Villa. Die 1559 von Bartolomeo Ammannati geschaffene Skulptur ziert die Mitte eines großen Bassins im höher gelegenen Teil des waldartigen Gartens.

ABBILDUNG S. 56/57:
Florenz, Villa Medici in Castello
Nahaufnahme der lang gestreckten Gartenfassade der Villa und des Parterres vor der Villa. Der Hauptbrunnen rechts wurde von Niccolò Tribolo entworfen und war ursprünglich von Bartolomeo Ammannatis Bronzestatue des Herkules im Kampf mit Antaeus (1560) bekrönt.

Florenz, Villa Medici in Castello
Luftaufnahme der Villa mit dem Garten hinter dem Gebäude, wie er sich nach der Umgestaltung Ende des 18. Jahrhunderts präsentiert.

Villa Medici La Petraia in Castello/Florenz

Die kleine Ortschaft Castello, heute nach Florenz eingemeindet, wartet mit einer weiteren typischen Landvilla der Renaissance auf. Das einstige Herrenhaus La Petraia aus dem 13. Jahrhundert ging im 15. Jahrhundert an die vermögende Familie Strozzi über. Im Jahr 1530 übernahmen die Medici die Villa. Nachdem Ferdinando de' Medici 1591 den Landsitz von seinem Vater Cosimo geerbt hatte, entschloss er sich, das Anwesen in einen Sommersitz zu verwandeln. Für die Arbeiten beauftragte er den Ingenieur und Schauspieldirektor Bernardo Buontalenti. Ihm sind auch die Anlagen des Gartens längs dem Gebäude zu verdanken. Heute läßt sich der ehemalige Renaissancegarten in seiner ursprünglichen Terrassierung und Parterre-Struktur noch sehr gut nachvollziehen.

Unterhalb der Villa öffnet sich das Hauptparterre, zu dem eine zweiläufige Treppe führt. Die Anlage gliedert sich in zwei Bereiche mit Buchshecken, die sich zu typischen Renaissanceornamenten zusammensetzen. Der dreischalige Brunnen, im Zentrum der Mittelachse gelegen, stammt aus dem 18. Jahrhundert. Die Lunette von Utens zeigt übrigens, dass die Struktur der Anlage kaum verändert worden ist. Das Parterre rechts der Villa wurde im 18. Jahrhundert in einen »Figurengarten« umgewandelt. Man ließ im Zentrum einen Brunnen installieren, der die von Giambologna geschaffene Bronzefigur der Venus trug. Dort wo früher eines der beiden seitlichen Casinos stand, befindet sich heute ein Pavillon, von dem man einen herrlichen Blick über die östlich von Castello gelegenen Hügel der Toskana werfen kann.

Florenz, Villa Medici La Petraia
Luftaufnahme der Villa und der formalen Gartenpartien

ABBILDUNGEN S. 58/59
Florenz, Villa Medici in Castello
Die manieristischen Tiergruppen, die sich in der Grotte des Gartens befinden, wurden von Antonio di Gino Lorenzi aus Stein und farbigem Marmor gefertigt.

Villa Pratolino (Villa Demidoff)
Gemälde von Giusto Utens, um 1600
Florenz, Museo Topografico »Firenze com' era«

Villa Demidoff in Pratolino

Die einzigartige Gartenanlage von Pratolino, wenige Kilometer nördlich von Florenz gelegen, muss den Zeitgenossen wie ein Wunderwerk erschienen sein, wähnten sie sich auf diesem Gelände doch in einer paradiesischen Welt. Die glanzvollen und phantasiereichen Pflanzungen, Skulpturen und technischen Installationen aus der Zeit der Medici sind versunken. Nur noch dürftige Reste bieten sich dem suchenden Auge des Besuchers. Der heute zur Villa Demidoff gehörende Park, benannt nach den Besitzern aus dem 19. Jahrhundert, vermag allenfalls mit seinen hundertjährigen Bäumen und den weiten Wiesen zu überraschen. Doch glücklicherweise besitzen wir die ausführliche Beschreibung des deutschen Ingenieurs, Architekten und Gartenspezialisten Heinrich Schickhardt, der die Villa und den Garten kurz nach seiner Vollendung besuchte. Der württembergische Hofbaumeister machte auf seiner zweiten Italienreise im Jahr 1600 gemeinsam mit Herzog Friedrich von Württemberg in Pratolino Station. Um sein Herzogtum zu verschönern und baulich zu verbessern, beauftragte der Herzog seinen Baumeister, ausführliche Studien im »Land der Wunder« vorzunehmen. Schickhardt führte detailliert Tagebuch, das 1602 in Mömpelgard (Montbéliard) veröffentlicht wurde. Es enthält neben seinen ausführlichen Schilderungen auch zahlreiche Skizzen von den einzelnen Gartenelementen und besonders von den Wasserkünsten. Mit Hilfe seiner Aufzeichnungen und des Lünettenfreskos von Utens (Abb. oben) können wir uns heute ein recht genaues Bild von diesem Renaissancegarten machen, der seinerzeit zu den berühmtesten Gärten Europas zählte.

Pratolino, Villa Demidoff
Noch heute lassen sich hier Brunnenfiguren der Renaissance entdecken.

»Bratelino. Ist ein herrlich schöner wolgezierter Lustgarten, dergleichen diser Zeit, in gantz Italien kaum soll gefunden werden, dem Großhertzogen von Florentz gehörig, in welchem fürnemblich zu sehen ist, ein Fürstlich Palatium ... Aussen an disem Pallast, ist ein Altona, darvon man an zweyen Orten, gegen den Weihern, in den Garten hinunder auff umbgelenderten Stainenstafflen, so sich in die runde gleich einem Schnecken ziehen, gehen kan.«

So beginnt Schickhardt seinen Tagebucheintrag über Pratolino. Francesco I. de' Medici begann ab 1561, Gebäude und Gelände in dieser Gegend aufzukaufen, und ließ bis etwa 1581 vom Ingenieur und Schauspieldirektor Bernardo Buontalenti die Villa errichten und den Garten anlegen. An diesem Ort wollte der Medici-Fürst sich und seiner Geliebten Bianca Cappello ein lustvolles und intimes Refugium schaffen. Schickhardts Beschreibung kann am Lünettenfresko nachvollzogen werden. Vom vorgezogenen Mitteltrakt der Villa aus tritt man auf eine Altane, von der aus zwei geschwungene Treppenläufe und eine weitere zweiläufige Treppe hinunter in den Park führen. Wendet man sich dort wieder dem Haus zu, so gelangt man zu einer Grotte, die den württembergischen Ingenieur und Baumeister in Erstaunen versetzte:

»... man geht in ein Gewölb, oder wie sie es nennen Grotta under das Palatium, darinnen mancherley schöne Wasserwerk, gantz Künstlich angerichtet, dergleichen in Italien kaum gesehen werden. Dise Grotta hat wohl sechs underschidliche Gewölber, oder Gemach, an welchen vil, so wol an Wänden, alß oben an dem Gewölb, von geflossnem Bergstein überzogen, dazwischen mit mancherley Meermuscheln, seltzamen Schnecken, Corallenzincken und andern schönen Gestain versetzt, gibt darzu überall Wasser, das es alles gantz Wild und Seltzam zu sehen.«

Schickhardt fertigte einen Grundriss des Grottenbaus an, der sich unterhalb der Altane und teilweise unterhalb der Villa erstreckte. Die große Grotte wird »grotta del diluvia« genannt, da sie unter Wasser gesetzt werden kann. Halbkreisförmig angeordnete Stufen führen weiter zu einem Gang, der zur nächsten Grotte überleitet. Diese wird Galatea-Grotte genannt nach einer Skulptur, die die von Delphinen gezoge Meeresgöttin zeigt. Die sechs weiteren von Schickhardt erwähnten Gewölbe sind mit Röhren und hydraulischen Vorrichtungen ausgestattet, die Figuren in Bewegung setzten, Musik erklingen und Wasserfontänen hervorsprudeln ließen. Diese Wasserkünste waren für Schickhardt neu, und man kann leicht die Faszination nachvollziehen, die diese »fortschrittliche« Technik auf ihn ausübte:

»An den Wänden herumb, hat es vil Vertieffungen, darin vil unnd mancherley Bilder stehen, so zum theil von Meß [Messing], zum theil von Marmelstein, und zum theil von eitel Muscheln, zusamen gesetzt seind, die geben fast alle Wasser. Viel seind darunder, die sich bewegen, unnd etwas arbeiten, alß einer Schleifft auff einem Stein, ein anderer treibt Ochsen, zwo Endten Trinken auß einem Bächlein, unnd richten darnach die Köpff über sich, vil Ederen [Eidechsen], Frösch, Schlangen und dergleichen Thierlein, sitzen hin und wider auff den schroffechten Stainen, geben zum theil spritzwasser, item ein Globus wird durch das wasser umbgetriben.«

Um 1600 war die deutsche Schreibweise auch bei Gelehrten noch sehr uneinheitlich. Auffallend ist, dass Schickhardt die Großschreibung für Verben und für Substantive wählt, die ihm sehr bedeutsam erscheinen. Mechanisch bewegte Enten, die trinken, oder einen Steinschleifer empfindet er als sensationell. Um sich die technische Funktionsweise vor Augen zu führen, fertigte er Skizzen an. So zeichnete er ein mit Tieren besetztes Rad, das durch Wasserkraft angetrieben wurde und eine Tierjagd suggerieren sollte. Die »Wandelnde Jungfrau« wird über ein Kettensystem in Bewegung gesetzt (Abbn. rechts oben):

»... da gehet ein Jungfrauw, von Kupffer gemacht, in der grösse ungefahr zwen Schuch hoch [ca. 60 cm] hin und wider spazieren, tregt in der Handt ein Kesselin.«

Wie das Lünettenfresko von Utens zeigt, führt die Hauptallee vom Ausgang der Grotten aus südwärts durch das Parkgelände auf ein großes Wasserbassin zu. Hier erhebt sich rechter Hand inmitten baumbestandener Kompartimente ein Hügel:

»Über jetzt erzelte Wasserwerk, wirdt in disem Garten auch gesehen ein gemachter Berg, ungefahr

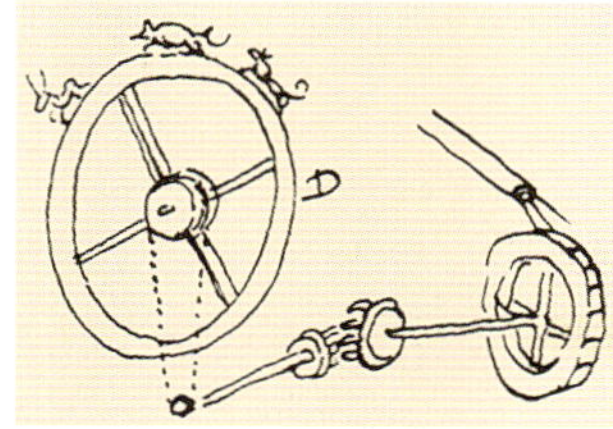

Schickhardt-Zeichnung aus dem Garten der Villa Pratolino: Tierjagen

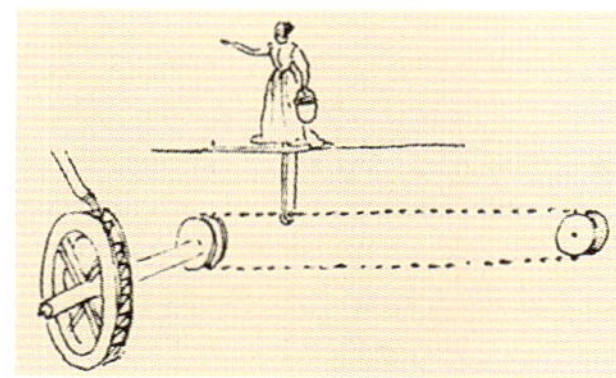

Schickhardt-Zeichnung: Wandelnde Jungfrau

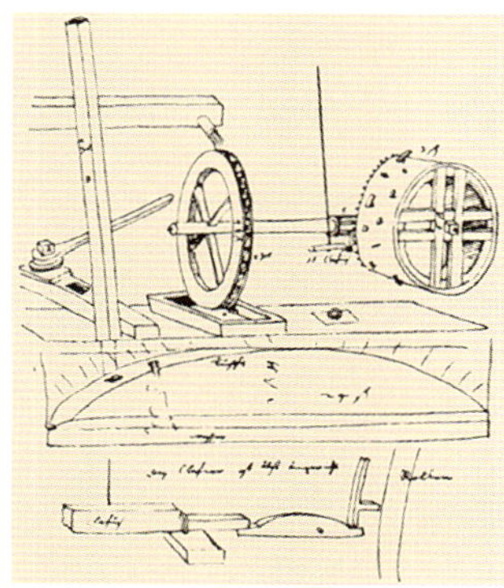

Schickhardt-Zeichnung: Maschinerie des Orgelwerks

Pratolino, Villa Demidoff
Kopf der Kolossalfigur des »Apennin« von Giovanni da Bologna, um 1580

auf zwanzig Schuch hoch [ca. 6 m], von vilen seltsamen Wilden Schroffen unnd rauwen Stainen auff einander gelegt, darzwischen Graß und Hecken herauß wachsen, zu oberst desselbigen, ist ein Weiß springendt Pferdt, mit zweyen Flügeln, gleich darunder, bey einem kleinen Thürlin, sitzen neun Musä, mit dem Apollo, von Stein gehauwen, es sitzen unnd stehen auch noch vil andere mehr Bilder an disem Berg herumb.«

Dieser Montagnetto, der künstliche Berg, wird als Parnass mit Apoll, den Musen und dem geflügelten Ross Pegasus vorgestellt. Eine detaillierte Zeichnung von Giovanni Guerra aus dem Jahr 1604 gibt das genaue Aussehen dieses Hügels wieder. Solche kleinen Berge waren in Gärten ab dem späten 15. Jahrhundert populär – besonders natürlich in einer ebenen Landschaft. Die Familie der Este beispielsweise ließ in ihrem Schlossgarten in Ferrara einen verhältnismäßig hohen Berg anlegen, der mit Bäumen bepflanzt wurde, so dass ein Boschetto-Hügel entstand. Das in Pratolino dem Berg benachbarte Theater diente kurzweiligen Aufführungen – gewissermaßen inspiriert von Apoll und den Musen. Der Berg war aber nicht nur eine Kulisse für das Theater, sondern auch eine Art monumentales Musikinstrument:

»Inwendig des Bergs, ist ein Orgell, die wird vom wasser getriben, hat zwey Register, ein Principal und ein Octave, gar Künstlich angerichtet, wann die Orgel angelassen wird, und einer im Garten spazieren gehet, hat es das ansehen, als ob man ein Music höret, von den Musis, so auff dem Berg sitzen.«

Und wieder erforschte Schickhardt die Mechanik, indem er durch einen Rundbogen den Berg betrat. Die von ihm ausgeführte Zeichnung ist selbsterklärend und bedarf kaum der Erläuterung (Abb. links). Schickhardt besuchte auch den nördlichen Parkbereich, der auf dem Lünettenfresko nicht zu sehen ist, wohl aber auf einem Holzschnitt von Bernardo Sanzone Sgrilli aus dem Jahr 1742. Ein Parterre zieht sich hügelaufwärts zu einem halbrunden Wasserbassin. Dort erblickte der württembergische Hofbaumeister: »... auf einem sehr grossen Postament kniehet ein uberaus groß Staine Bild, under welchem das Wasser in den Weyher herunder felt, mit grossem rauschen.« Es handelt sich hier um eine der wenigen heute noch erhaltenen monumentalen Gartenskulpturen, um die Personifikation des Apennin (Detail links und Abb. S. 65 oben). Die etwa zwölf Meter hohe Figur aus der Zeit um 1580 stammt wahrscheinlich von Giovanni da Bologna. Hinter der Kolossalfigur ragte ein Hügel mit heute nicht mehr erhaltenen Grotten auf, die nach Schickhardts Aufzeichnungen ebenfalls mit Wasserkünsten ausgestattet waren, unter anderem mit einem zierlichen Brunnen. Im Holzschnitt von Sgrilli kann man ferner ein kreisrundes Labyrinth erkennen, das

ABBILDUNG GEGENÜBER:
Pratolino, Villa Demidoff
Landschaftspark mit Blick auf die Villa

Pratolino, Villa Demidoff
Teich, im Hintergrund die Kolossalfigur des »Apennin« von Giovanni da Bologna, um 1580 (oben)
Männliche Figur mit Adler in der Waldregion (rechts)

sich hinter dem Grottenhügel befindet. Die schematische Darstellung des Irrgartens dürfte wohl kaum der tatsächlichen Bepflanzung entsprochen haben. Sgrilli hat sich wahrscheinlich an dem damals populären Labyrinth-Buch von Lelio Pittoni orientiert, das 1611 in Mantua erschienen und für die italienischen Barockgärten maßgeblich geworden war. Auf Sebastiano Serlios Labyrinth-Entwürfe im Zusammenhang mit den Renaissancegärten in Rom und in Latium kommen wir unten noch zu sprechen. Der Irrgarten in Pratolino dürfte ähnlich wie der in Castello mit hohen Zypressen und Myrtenbäumen gestaltet gewesen sein. Häufig führten die Kieswege zu kleinen Gartenkabinetten mit Steinbänken oder verborgenen Lauben, die den Irrenden Ruhepausen ermöglichten.

Villa Medici in Rom

Die Forschung ist sich nicht einig darüber, welcher der Villengärten als erster Renaissancegarten zu gelten hat. Ist es der Garten der Medici-Villa in Careggi, dessen Nachfolgegarten in Fiesole, oder sind es die Gärten in Rom, die schon bald nach der Rückkehr der Päpste aus der »Babylonischen Gefangenschaft« in Avignon 1377 angelegt wurden? Da von diesen Gärten nichts erhalten geblieben ist, muss die Frage vielleicht etwas anders gestellt werden: Welcher ist der erste typische italienische Renaissancegarten? Wahrscheinlich lässt sich diese Frage am besten vor dem Hintergrund eines untypischen römischen Renaissancegartens diskutieren, eines – wenn man so will – in florentinischer Manier angelegten Gartens, gegen den sich die neue und revolutionäre römische Gartenkunst entschieden absetzte. Es ist dies der Garten der Villa Medici, den Kardinal Ricci di Montepulciano von dem Baumeister Annibale Lippi im Jahr 1544 zusammen mit der neuen Villa entwerfen ließ (Abbn. S. 66–70). Im Stich von Giacomo Lauro (Abb. rechts) sind die Gestaltungselemente sehr gut zu unterscheiden. Das Hauptparterre ist von einer Buchshecke umgeben. Die einzelnen Beete orientieren sich in ihrer Musterung an den Parterre-Entwürfen von Sebastiano Serlio aus dem Jahr 1537 (Abb. S. 45). Neben dem Hauptparterre befindet sich ein Quartier mit regelmäßig angeordneten Beeten, auf denen niedrige Obstbäume stehen. Oberhalb davon, in unmittelbarer Nähe der Villa, lässt sich ein weiteres Quartier mit kleineren Beeten erkennen, in denen vermutlich Kräuter angepflanzt wurden. Aller Wahrscheinlichkeit nach muss man hier zwei unterschiedlich geplante und zeitlich aufeinander folgende Gartenbereiche unterscheiden. Das über der Mittelachse der Villenfassade angelegte Parterre dürfte im Planungskonzept des Villenareals vermutlich bereits eingeplant gewesen sein. Der Obelisk, die Brunnen und die Buchshecken sind räumlich auf den Fassadenaufriss bezogen. Das trifft auch für die Beetornamentierung zu, die als Reflex des architektonischen Dekorationssystems der Villenfassade gelten sollte. Es ist durchaus wahrscheinlich, dass vom rechten Seitentrakt der Villa aus eine hohe Zypressenhecke das Hauptparterre gegen den rechten Gartenbereich abgrenzte. Bei der benachbarten Zone dürfte es sich ursprünglich um einen abgesonderten Nutzgarten gehandelt haben, der später in die gesamte Anlage mit einbezogen worden ist.

Wie gesagt, ist das Gesamtkonzept eher untypisch für einen römischen Garten: Er ist zweidimensional gedacht und eindeutig der Villa zugeordnet, so dass er kaum ein architektonisches Eigenleben entwickeln kann. Eben dies sind die Merkmale des florentinischen Gartens.

ABBILDUNG GEGENÜBER:
Rom, Villa Medici
Detail des Hauptparterres mit der Terrassenwand im Hintergrund, die auch auf dem Stich aus G. Lauros »Antiquae urbis splendor« (siehe unten) zu erkennen ist

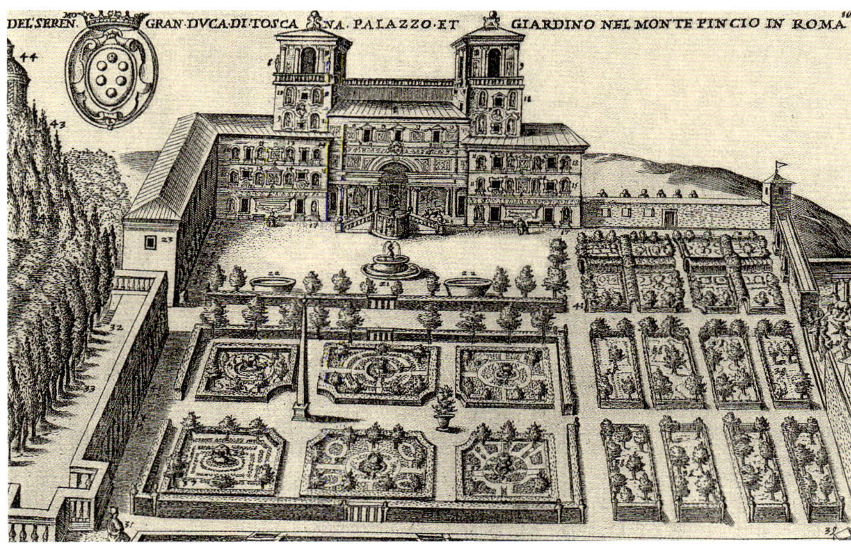

Rom, Villa Medici
Stich mit der Darstellung der Villa Medici und ihres Gartens aus G. Lauros »Antiquae urbis splendor«, Rom 1612–14

Obelisk im Hauptparterre des Gartens

NACHFOLGENDE DOPPELSEITE:
Rom, Villa Medici
Skulpturengruppe im Garten der Villa mit Parnass, Pegasus und Musen

Rom, Villa Medici
Männliche Figur auf reliefiertem Sockel neben dem Hauptparterre

Der Cortile de Belvedere im Vatikan

Der Kontrast zu einem typischen römischen Garten, der zur gleichen Zeit nicht weit entfernt entstand, ist sehr deutlich: Der Cortile de Belvedere im Vatikan gilt als typischer Renaissancegarten, der weit über die Grenzen Italiens hinaus Schule gemacht hat. Dabei ging es zunächst weniger um die gartenkünstlerische Gestaltung des Parterres als vielmehr um die Lösung eines architektonischen Problems, das Giorgio Vasari folgendermaßen beschrieb:

»Diesem Papst [Julius II.] war der Einfall gekommen, den Raum zwischen dem Belvedere und dem Palast zu einer viereckigen theaterähnlichen Anlage auszubauen und damit das kleine Tal zu umschließen, welches zwischen dem alten päpstlichen Palast und dem Gebäude gelegen war, das Innozenz VIII. zum neuen Wohnsitz der Päpste bestimmt hatte.«

Das »kleine Tal« war das Hauptproblem, wenn eine Verbindung zwischen dem Vatikan, also dem Papstpalast, und dem etwa dreihundert Meter entfernt liegenden Belvedere, der Villa Innozenz' VIII., hergestellt werden sollte (Abb. gegenüber oben). 1503 beauftragte Papst Julius den Baumeister Donato Bramante mit der Aufgabe, der sie genial löste. Niemand hat wohl bis heute diese Anlage besser beschrieben als der zeitgenössische Augenzeuge Giorgio Vasari:

»Er [Bramante] errichtete als unterstes Geschoss zwei sehr schöne übereinander liegende Arkadengänge im dorischen Stil. Darauf erhob sich als Obergeschoss ein geschlossener, mit Fenstern versehener Säulengang im ionischen Stil, der von den obersten Zimmern des päpstlichen Palastes ins Erdgeschoss des Belvedere führte. So entstand zu jeder Seite des Tals eine mehr als vierhundert Schritt lange Loggia, die eine mit der Aussicht auf Rom, die andere dem hinten gelegenen Wäldchen zugewandt; den Talgrund selbst gedachte man zu ebnen und alle Gewässer vom Belvedere hinabzuleiten, um dort einen schönen Brunnen anzulegen.«

Für die Entwicklung der Gartenkunst schuf Bramante eine entscheidende Neuerung. Um die optische Dimension des Geländes zu nutzen, legte er Treppen an. Dadurch gewann der Garten nicht nur an Breite und Tiefe, sondern auch an Höhe. Mit der großzügigen Komposition aus zweiläufigen Treppenanlagen und Balustraden, durch die die Terrassen miteinander verbunden wurden, entstand ein Grundmodell der italienischen Gartenarchitektur. Die Gärten der Villa d'Este in Tivoli oder der Palazzina Farnese wurden fortan als dreidimensionaler Baukörper geplant. Auch Heinrich Schickhardt, der württembergische Hofbaumeister, stand im Belvedere-Hof und bewunderte die Anlage. Für sein späteres Gartenprojekt in Leonberg bei Stuttgart sollte er aus Rom wesentliche Anregungen mitnehmen.

Als Bramante 1514 starb, waren die Bauarbeiten am Cortile de Belvedere noch nicht abgeschlossen. Sie wurden unter der Leitung von Pirro Ligorio bis 1563 fertig gestellt.

Der architektonische Garten Bramantes wurde in Rom schnell Vorbild. In der unmittelbaren Folge des Belvedere-Gartens steht die monumentale Anlage der Villa Madama auf dem Monte Mario hoch über der Ewigen Stadt. Zwei Jahre nach dem Tod Bramantes erhielt Raffael von Kardinal Giulio de' Medici, dem späteren Papst Clemens VII., den Auftrag, Pläne für eine Villa auszuarbeiten. Raffael legte Entwürfe vor, die dem Vorbild Bramantes entsprechend die Topografie des Geländes in den Villenbau mit einbezogen. Zusammen mit den Brüdern Antonio und Battista Sangallo plante Raffael, den Berghang in Terrassen zu gliedern und ihn dadurch mit der Krone des Berges, der Villa, zu verschmelzen. Vor die Gartenfront setzte Raffael eine lang gestreckte Terrasse, von der eine zweiläufige Treppe im Stil des Cortile hinunter zu einer rechteckigen Terrasse und dem ersten Gartenparterre führt. Von

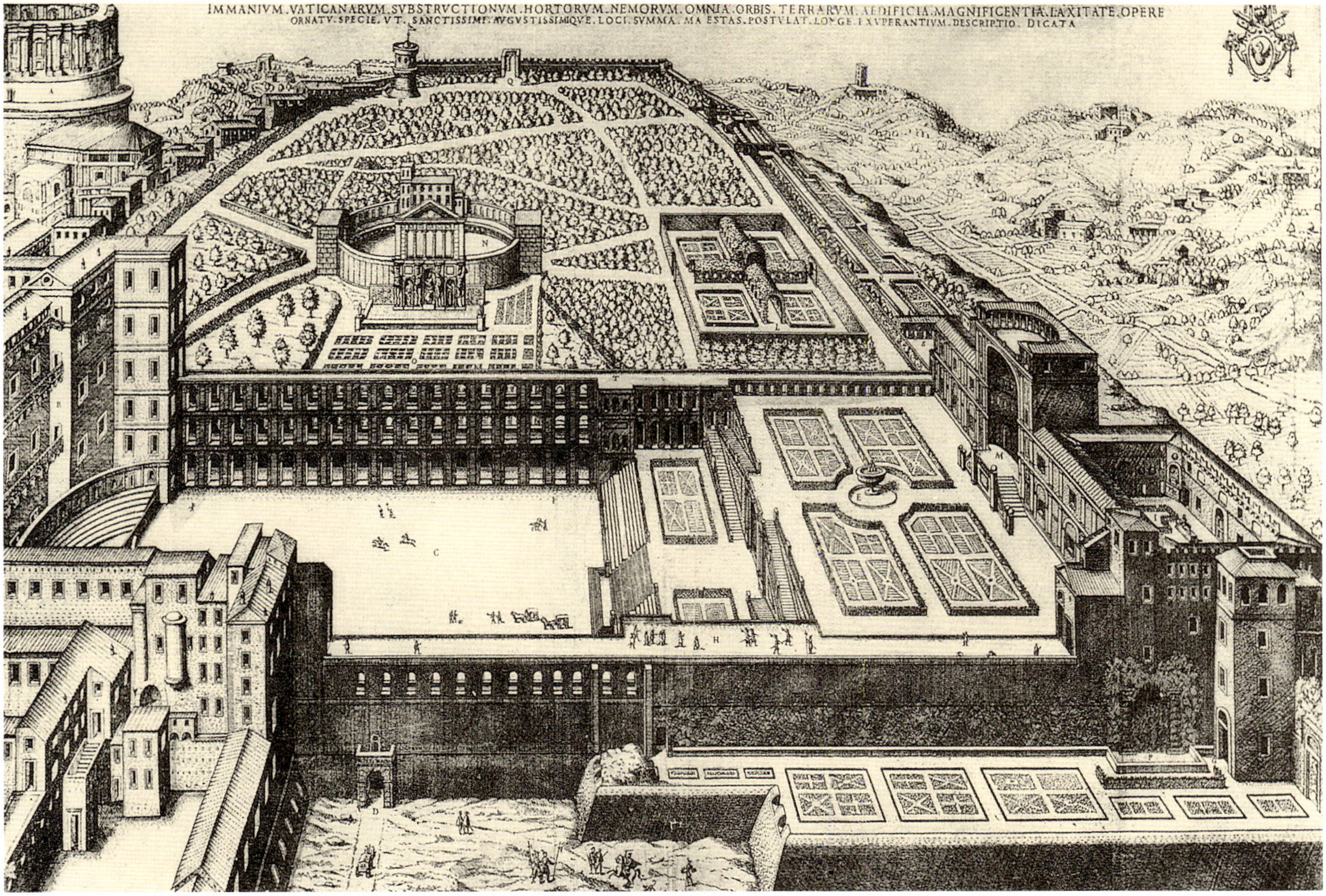

dort gelangte man über halbkreisförmig angelegte Rampen zu einer weiteren Gartenterrasse, die ebenfalls über Rampen mit einem darunter liegenden Oval verbunden war (Abb rechts). Die Anlage konnte auf Grund der Plünderung Roms durch die Truppen Karls V. 1527 und der Verbannung Papst Clemens' VII. nicht mehr vollendet werden und ist heute weitgehend zerstört. Raffaels Idee, den Garten als dynamischen Baukörper aufzufassen und ihn mit der Villenarchitektur zu verschmelzen, war neu und einzigartig, aber nicht voraussetzungslos. Nicht nur der Cortile Bramantes, sondern auch das Studium der Antike gaben ihm Anregungen. Raffael war 1515 Oberaufseher über die antiken Bauten Roms geworden, ihm oblagen Pflege und Erforschung der Altertümer. Durch die eigene Anschauung der antiken Denkmäler auf dem Palatin – soweit sie ausgegraben waren – und durch seine Kenntnis der Bücher Vitruvs und dessen Gedanken zu städtischen Villengärten wurde er zu seinem außergewöhnlichen Entwurf auf dem Monte Mario inspiriert.

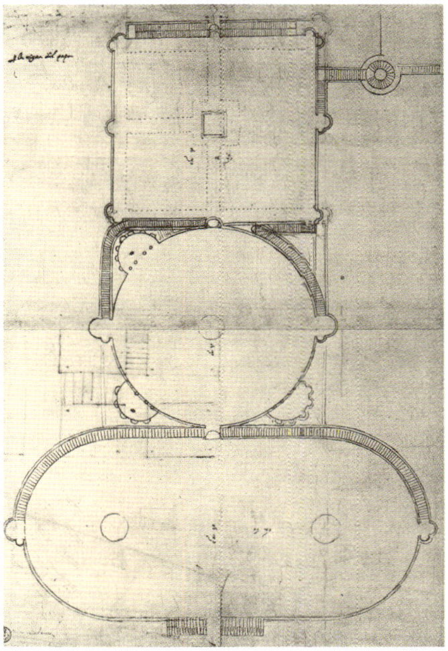

Rom, Belvederehof im Vatikan
Stich von H. van Schoel, 1579

Rom, Villa Madama
Raffaels Plan der Terrassenanlage von Villa und Garten

PIVS IIII MEDICES MEDIOLANEN PONT MAX
HANC IN NEMORE PALATII APOSTOLICI AREAM
PORTICVM FONTEM AEDIFICIVMQVE
CONSTITVIT VSVIQVE SVO ET SVCCEDENTIVM
SIBI PONTIFICVM DEDICAVIT ANN SAL M D LXI
PIVS IIII PONTIFEX OPTIMVS MAXIMVS

Casino für Pius IV. im Garten des Vatikans

Eine selten besuchte Preziose inmitten der vatikanischen Gärten ist die zierliche Gartenvilla des Papstes Pius IV. Wenn man die Sixtinischen Säle verlassen hat und der Galerie Urbans VIII. zustrebt, erblickt man, aus den westlichen Fenstern schauend, die prachtvolle Gartenanlage, die durch das Casino Pio Quarto einen malerischen Akzent erhält (Abb. gegenüber). Der Architekt Pirro Ligorio war gerade mit dem Ausbau der vatikanischen Palastanlage beschäftigt, als er um 1560 vom sinnenfreudigen Papst Pius IV. den Auftrag erhielt, »zwischendurch« diese Gartenvilla zu bauen. Für das Oberhaupt der Christenheit sollte dieses ockerfarbene Gartenschlösschen so etwas wie eine Eremitage darstellen. Hier wollte er sich von Amt, Repräsentation und Zeremoniell erholen. Später wurde in der Villa die Päpstliche Akademie der Wissenschaften untergebracht.

Villa Farnesina in Rom

Agostino Chigi war eine der schillerndsten Persönlichkeiten Roms zur Zeit der Renaissance. Als Bankier verdiente er ein Vermögen, das er großzügig für die Förderung der Künste zur Verfügung stellte. Als Privatier widmete er sich der Dichtkunst und der Astrologie. 1509 gab er die Planung eines Palastes im Trastevere-Viertel in Auftrag. Baldassare Peruzzi entwarf einen zweistöckigen Palast. Die Fassade gliederte er durch Pilaster und kräftige, weit vorkragende Gesimse. Für die Wandzone des Dachgesimses sah er einen Fries von prachtvollen Fruchtgirlanden vor. Die Gartenhalle bildete er als Pfeilerloggia aus, die von turmartig vortretenden Trakten flankiert wird.

1511 war der Bau fertig gestellt. Der Bauherr beauftragte die berühmtesten Künstler Roms mit der Ausmalung. Raffael malte im Gewölbe der Loggia seinen wohl schönsten Freskenzyklus, der von Amor und Psyche erzählt, einem Märchen, dessen Atmosphäre wohl bis in den intimen Garten vor der Loggia hinein zu spüren war.

1580 ging die Villa in den Besitz der Familie Farnese über, von der sie ihren Namen erhielt. Durch Erbschaft fiel der Palazzino 1731 an die neapolitanische Linie des bourbonischen Königshauses. Heute ist er Sitz der Akademie der Wissenschaften.

Rom, Villa Chigi (Farnesina)
Ansicht der Gartenfassade und des Gartens. Die so genannte Farnesina ist das Erstlingswerk Baldassare Peruzzis. In den Jahren 1509–11 errichtet, ist sie zugleich die erste suburbane Villa des römischen Cinquecento.

ABBILDUNG GEGENÜBER:
Rom, Casino für Pius IV. im Vatikanischen Garten
Die Gartenvilla mit ihrem antikisierenden Dekorationssystem ist das Werk von Pirro Ligorio.

Orti Farnesiani in Rom

Im Jahr 1520 starb Raffael. Seine Mitarbeiter, allen voran Antonio Sangallo, setzten die Arbeiten an der Villa Madama auf dem Monte Mario fort. Wenige Jahre später entschloss sich Kardinal Farnese zu seinem ehrgeizigen Projekt, Terrassengärten am Hang des Palatin anzulegen. 1525 beauftragte er den Architekten Giacomo Barozzi da Vignola mit Entwürfen für die später so genannten Orti Farnesiani, die Farnesischen Gärten, die dort über den Resten antik-römischer Paläste, Gärten und Tempel errichtet werden sollten (Abb. unten). Die Arbeiten waren im Jahr 1573 abgeschlossen. Terrassen und Treppenanlagen, Buchshecken und mit Terrakottatöpfen geschmückte Balustraden, Grotten und kleinere Gebäude wurden zu einer homogenen Gartenanlage zusammengefügt, die eindrucksvoll dem Verlauf des Hanges folgte. Geometrische Blumenbeete, kleinere Bosketts, Springbrunnen und Wassertreppen ließen einen neuen, bühnenartigen Gartentypus entstehen. Heute sind leider nur noch wenige Reste davon erhalten (Abbn. oben und gegenüber). Sehenswert ist einzig das von Vignola selbst nicht vorgesehene, sondern später hinzugefügte Vogelhaus. Girolamo Rainaldi baute die Anlage zu Beginn des 17. Jahrhunderts aus.

Rom, Orti Farnesiani
Ansicht der Gartenanlage (oben)
Stich aus G. Vasi, »Magnificenze di Roma«, 1747–59 (links)

ABBILDUNG GEGENÜBER:
Rom, Orti Farnesiani
Blumenbeete im oberen Bereich der Terrassenanlage

ABBILDUNG GEGENÜBER:
Tivoli, Villa d'Este
Detail der Neptun-Fontäne oberhalb der großen Wasserorgel

Villa d'Este in Tivoli

Die Tradition des römischen Renaissancegartens als eines architektonischen Raumgebildes setzt sich in beeindruckender Weise im Garten der Villa d'Este in Tivoli fort. Der Bezug zum Cortile de Belvedere ist sehr eng, zumal Pirro Ligorio, Vollender des Belvedere-Komplexes, die Konzeption für Tivoli ausarbeitete. Ligorio erhielt wohl schon gegen 1550 von dem prunkliebenden Kardinal Ippolito II. d'Este den Auftrag, Entwürfe für die Villa und die Gartenanlage vorzulegen. Zu dieser Zeit stand Bramantes geniale Architekturkomposition aus Terrasse, Freitreppe, Rampe und Exedra im Vatikan unmittelbar vor der Vollendung. Diese Elemente sah auch Ligorio für die Villa d'Este vor (Abb gegenüber).

Noch heute kann man deutlich die beiden Teile unterscheiden, aus denen der Garten besteht. Der Hanggarten ist nordöstlich über ein System von Terrassen, Rampen und Treppen atemberaubend steil in den Berg eingefügt. Die durch Nischenarchitekturen markierte Mittelachse führt von der oberen Palastterrasse hinab in den unteren ebenen Gartenbereich und direkt zu dem Hauptgarten, dem Giardino delle Semplici. Hier verwandelt sich die offene Hauptallee in einen geschlossenen Laubengang, der auf halbem Weg von einem weiteren Laubengang gekreuzt und dort von einem Pavillon überhöht wird. Für die Beete waren Heilkräuter und Nutzpflanzen vorgesehen. Wie ein Stich von Etienne Dupérac von 1573 zeigt – es handelt sich hier um eine Idealansicht, die kurz nach der Fertigstellung der Anlage entstanden ist –, flankieren je zwei Labyrinthe diesen Teil des Gartens. Von den vorgesehenen vier Irrgärten wurden nur zwei im südwestlichen Gartenbereich ausgeführt (Abb. links). Ligorio orientierte sich, der Mode der Zeit entsprechend, offensichtlich an Serlios Labyrinth-Mustern. Die Entwürfe des italienischen Architekten und Architekturtheoretikers waren damals auch über die Grenzen Italiens hinaus populär. Kopien seiner Arbeiten erreichten den französischen Hof, wo man die Skizzen und Bauvorstellungen des Italieners sehr schätzte. Deshalb wohl wurde Serlio 1542, fünf Jahre nach Erscheinen seiner »Regole«, seiner ersten Überlegungen zur Architekturtheorie, Königlicher Baumeister in Fontainebleau.

Quer zur Hauptachse, die den Giardino delle Semplici mit dem Hanggarten und der Villa verbindet, sollten vier hintereinander gestaffelte Fischteiche, von denen drei ausgeführt wurden, den Beginn der Hangschräge markieren. Das letzte Becken schneidet in den nordwestlichen Hang ein und wird von einer Doppelterrasse abgeschlossen, über der sich die imposante Schauarchitektur der Wasserorgel erhebt. Als Gegenstück wählte Ligorio eine Exe-

Tivoli, Villa d'Este
Fontäne der Natur mit mehrbrüstiger Frauenfigur als Wasserspenderin (rechts)

Ansicht der Gesamtanlage, Stich von E. Dupérac, 1573

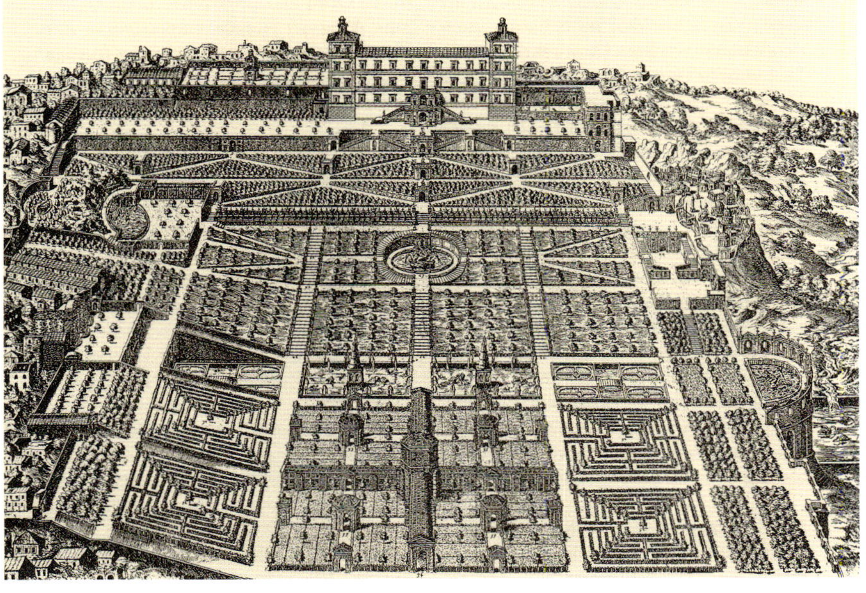

Tivoli, Villa d'Este
Allee der hundert Brunnen
Detail eines der Wasserspender (rechts)

ABBILDUNGEN GEGENÜBER:
Tivoli, Villa d'Este
Drachen- oder Feuerradbrunnen (oben)
Ovatobrunnen (unten)

dra, die ähnlich einer Apsis aus der Stützmauer der südwestlichen Gartenbegrenzung herausragte. Hier war ein Meeresbrunnen mit einer Neptunsfigur vorgesehen, der aber nie ausgeführt wurde.

Wenn man über die Hauptallee die zunächst sanft ansteigende Höhe in Richtung der Villa hinaufspaziert, gelangt man über das später angelegte Zypressenrondell zu dem wunderbaren Weg der Kanäle, auch Allee der hundert Brunnen genannt, dem wohl ehrgeizigsten Projekt des Kardinals (Abb. oben). An den beiden Enden des Kanals wurde je ein monumentales Brunnenwerk installiert, die Fontana di Tivoli und die Fontana di Roma. Im Tivolibrunnen, dem Hauptwasserreservoir der Gartenanlage, tritt durch einen unterirdischen Kanal ein Nebenarm des Flusses Aniene hervor, der wiederum unterirdisch zum Weg der Kanäle geleitet wird, wo er die Fontänen und die vielen Überlaufbecken speist. Über dem Tivolibrunnen erhebt sich ein künstliches Gebirge mit Grotten. Es wird bekrönt von Pegasus, der dem Mythos zufolge am Parnass die Quelle Hypokrene zum Sprudeln brachte. Der Kanal, dessen bewegte Wasser sich über drei Terrassen ergießen, führt zur Statue der Roma, die hoch über dem Tiber thront. Hinter ihr baut sich die Kulissenstadt Rom mit ihren bedeutendsten Gebäuden auf. Diese Rometta, die um 1855 zum größten Teil abgebrochen worden ist, bildet zusammen mit der Fontana di Roma das Pendant zu dem gebauten Brunnengebirge. Die Kunst, das Wasser aus den tiburtinischen Gebieten, den Albaner Bergen, nach Rom zu leiten, wird hier symbolisch als Grundvoraussetzung für die kulturelle Blüte der Ewigen Stadt gedeutet. Zeitgenössischen Berichten zufolge soll man seinerzeit – die Gartenanlage war noch überschaubar und längst nicht so überwuchert und zugewachsen wie heute –, auf der Terrasse der Fontana di Tivoli stehend, hinter der Fontana di Roma und der Kulisse der Rometta im fernen Dunst die Gebäude Roms erblickt haben.

Der Garten der Villa d'Este ist auf die Blickrichtung von unten nach oben hin angelegt, wie es auch der Stich von Etienne Dupérac zeigt. Dem Besucher, ob in den immergrünen Irrgärten wandelnd oder aus dem Laubengang in der Zentralachse heraustretend, boten sich vielfältige und interessante Blicke auf den Hanggarten, auf die auf- und niedersteigenden und kunstvoll einander kreuzenden Wege, Rampen und Toren und schließlich auf die Fassade der Villa. Neben dieser »ästhetischen« Perspektive des Gartens bot sich dem Besucher auf der Terrasse der Fontana di Tivoli die schon erwähnte mythisch-metaphorische Perspektive. Das Wasser rauschte aus dem künstlichen Gebirge hervor, floss durch den Kanal, wobei es sich von einer Brunnenschale in die andere

ergoss, und erreichte schließlich die Rometta. So wird der Garten zu einem Gleichnis für die Kultur, die, in mythischer Vorzeit begründet, sich aus der Dynamik der Natur entfaltet.

In dem Stich von Dupérac fällt die klare, fast schon starre geometrische Gliederung der Gartenanlage auf. In diesem Sinne gehört der Garten eindeutig der Renaissance an. Das betrifft auch die vielen antiken Statuen und die an der Antike orientierten Ausstattungselemente. Manieristisch nehmen sich die vielen mythologischen Anspielungen und das Spiel mit dem historisch-archäologischen Wissen aus. Letzteres betrifft insbesondere die aus Kulissenbauten errichtete Rometta. Demgegenüber dürften die über bestimmten Blickachsensystemen angelegten Alleen und Wege, d. h. deren Ausrichtung auf einen *point de vue*, bereits als barockes Gestaltungselement gelten.

Bagnaia, Villa Lante
Ansicht des Hauptparterres (oben links), Wassertreppe (oben rechts), Brunnen mit geflügeltem Pferd Pegasus (unten)

Villa Lante in Bagnaia

Während der Cortile de Belvedere als Grundtypus des italienischen Renaissacegartens bezeichnet werden kann, dessen Konzept sich in Tivoli zu einem einzigartigen gartenkünstlerischen Höhepunkt entfaltet hat, gilt der Garten der Villa Lante in Bagnaia bei Viterbo als schönster Renaissancegarten Europas (Abbn. S. 80–83). Dieses Urteil stammt von Reisenden, die in unserer Zeit die Villa Lante besucht haben, und es besteht sicherlich zu Recht, da der Garten weitgehend in seinem ursprünglichen Zustand erhalten geblieben ist. Das lässt sich leicht in der Villa selbst überprüfen, an dem Fresko in der Loggia des Casino Gambara: Hier sieht man eine Vedute der Villa aus dem 16. Jahrhundert und damit das ursprüngliche Aussehen der Gartenanlage. Das große viergeteilte Wasserbecken mit dem zentralen runden Brunnen, umgeben von eingefassten Beetkompartimenten, bietet sich, bis auf wenige Details, noch so dar wie vor etwa vierhundert Jahren (Abb. gegenüber oben).

Die Baugeschichte der Villa Lante geht bis auf das Jahr 1477 zurück, in dem Kardinal Raffaele Riario einen ersten Palast errichten ließ. Kardinal Giovan Francesco Gambara da Brescia entschloss sich knapp hundert Jahre später, den herrschaftlichen Landsitz unter der Leitung von Giacomo Barozzi da Vignola zu einer Villa umbauen zu lassen. Vignola hatte kurz zuvor die nur 15 km entfernt liegende Villa Caprarola für Alessandro Farnese, einen Verwandten des Kardinals Gambara, umgebaut. Die Anlage wurde schließlich unter Kardinal Alessandro Montalto zwischen 1585 und 1590 vollendet und ging 1656 in den Besitz der Familie Lante über.

Der Villenkomplex besteht aus zwei gleich gestalteten Pavillons, dem Casino Gambara mit dem erwähnten Fresko und dem Casino Montalto. Das Hauptparterre mit dem Mohrenbrunnen inmitten des Wasserbassins wird von Beetkompartimenten gerahmt, deren Gestaltung im Laufe der Zeit mehrfach geändert wurde. Heute sind sie in barocker Manier mit niedrigen Buchshecken bepflanzt, die geometrische Figuren bilden. Das jeweilige Beetzentrum wird durch kreisrunde Buchshecken markiert, und die Ecken werden durch Buchskuben betont, aus denen Pflanzen aus Terrakottaschalen hervorwachsen. Auf der anderen Seite der Casinos setzt sich der Garten mit weiteren Brunnen und raffinierten Wasserläufen fort. Hervorzuheben ist der Delphinbrunnen, der über Treppen mit dem Brunnen der Giganten verbunden ist. Diese bereits dem Manierismus angehörenden Wasserkünste sowie die Grotten und Haine machen die Faszination des Gartens aus. Zwei Kolossalstatuen, die Personifikationen des Tiber und des Arno, flankieren den Brunnen der Giganten (Abb. S. 82/83). Der Brunnen wird über eine kunstvoll angelegte Wassertreppe gespeist, die sich aus ineinander verschlungenen Volutenformen zusammensetzt (Abb. oben). Das Gebilde gleicht dem Rücken eines Krebses – eine Anspielung auf das Wappentier des Kardinals Gambara (ital. gambero = Krebs).

Die zentrale Achse der Gartenanlage ist eine Wasserachse (Abb. rechts). Sie setzt sich zusammen aus der Abfolge: Delphinbrunnen, Wassertreppe, Brunnen der Giganten, Fontana di Quadrato, auch Mohrenbrunnen oder Fontana delle Peschiere genannt. Zwischen der Wassertreppe und dem zuletzt genannten Brunnen befindet sich eine weitere Kuriosität, der so genannte Tisch des Kardinals mit einer Wasserrinne in der Längsachse.

Was den Garten der Villa Lante vor allen anderen Gärten Latiums und Roms auszeichnet, ist der Überfluss an Wasser und die Nähe natürlicher Wälder. Die Anlage ist ein frühes Beispiel für die Symbiose von Natur- und Kulturlandschaft, von Wald und Garten – ein Merkmal für den Übergang zum Barockgarten. In die gleiche Richtung weist die Tatsache, dass der Garten nicht mehr als architektonisches Gebilde aufgefasst wird. Die ausgeglichene Hanglage verlangte keine massive Terrassierung: Treppen, Balustraden und Brunnenfassungen sind daher als Attribute der Gartenlandschaft und als architektonischer Rahmen für die Skulpturen des Gartens aufzufassen. Hier deutet sich der für die barocke Gartenkunst so entscheidende Übergang zum Skulpturengarten an.

Der Garten der Villa Lante lässt sich demnach nicht eindeutig klassifizieren – wahrscheinlich macht gerade das seinen Reiz aus. Vom typischen Renaissancegarten hat er sich bereits in seiner Durchdringung von Natur und Kultur entfernt. Als reiner manieristischer Garten kann er ebenfalls nicht gelten, da das geometrisch gestaltete Parterre dem Anspruch des Kuriosen widerspricht. Dennoch wird die Richtung zum Manierismus gewiesen: Der Weg aus der geordneten Welt des Parterres über die Wassertreppe zum Brunnen der Giganten bezeichnet im übertragenen Sinne den Weg von Bagnaia nach Bomarzo.

Bagnaia, Villa Lante
Luftaufnahme der Gartenanlage mit Blick auf das Hauptparterre und den Mohrenbrunnen, die beiden Casinos und die zentrale Wasserachse mit der Wassertreppe

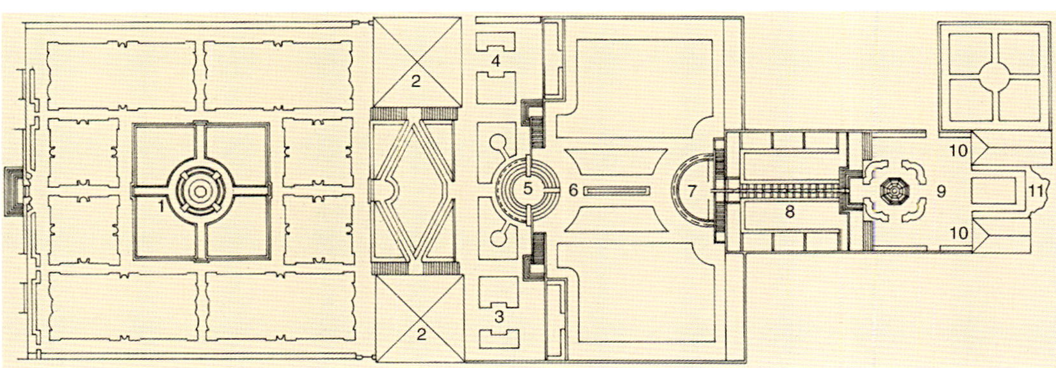

Bagnaia, Villa Lante
Plan der Gartenanlage

1 Mohrenbrunnen
2 Montalto-Casinos
3 Venusgrotte
4 Neptunsgrotte
5 Grotten- oder Lichterbrunnen
6 Tisch des Kardinals
7 Brunnen der Giganten
8 Wassertreppe
9 Delphinbrunnen
10 Pavillons der Musen
11 Sintflutbrunnen

Bagnaia, Villa Lante
Brunnen der Giganten
oder Flussgötter

Bomarzo, Sacro Bosco
Schlafende Nymphe (rechts)

Orientalischer Drache im Kampf gegen Hunde; Elefant, der mit seinem Rüssel einen römischen Sodaten zermalmt (unten)

Sacro Bosco, Bomarzo
Der Garten der Monstren in Bomarzo ist ein einzigartiger und bizarrer Phantasiegarten aus der Zeit des Manierismus. Vicino Orsini hatte es sich zur Lebensaufgabe gemacht, ein Reich der Skurrilitäten zu schaffen. In der Forschung geht man von drei Phasen aus, in denen der Garten, die Skulpturen und die Architektur entstanden sind. In einem ersten Abschnitt von 1548 bis 1552 wurden das so genannte Teatro d'Amore, das Liebestheater, mit seinen konkav-konvexen Stufen sowie der Platz mit den Brunnen- und Wasserspielen angelegt. Die Wasserspiele sind allerdings erst nach 1558, dem Beginn der zweiten Bauphase, vollendet worden. Auf der von dort ausgehenden Achse wurden bis 1564 der künstliche See, der Pegasusbrunnen, der Schiffsbrunnen und das Fischbecken geschaffen. Danach, bis ca. 1580, hat man das obere Plateau mit den monumentalen Vasen angelegt, den Platz der Persephone gestaltet und den Tempietto erbaut. Und schließlich schuf man die Monstren, die Vicino Orsini in seinen letzten Lebensjahren mit bunten Farben bemalen ließ.

Der Garten der Villa Orsini ist unübersichtlich. Er wurde bewusst als labyrinthisches System angelegt, um die Phantasiearchitektur und die Monstren zur Geltung zu bringen. Ein Kennzeichen des Manierismus ist die bewusste Vermeidung des Maßstäblichen. Die Verzerrung menschlicher Proportionen und das Verrücken von Elementen aus dem architektonischen Verband erzeugen die Illusion eines schiefen Kosmos und stellen das bestehende und bislang als gültig erachtete Weltbild in Frage. In Bomarzo haben die Weltregeln ihre Gültigkeit verloren – es ist, als ob sich dieser Garten den Gesetzen der Natur entziehen wollte.

Wenn man das wunderliche Schiefe Haus betritt, das Orsini übrigens seinem Freund, dem Kardinal Madruzzo, widmete, dann versagt der Gleichgewichtssinn (Abb. S. 86/87). Der Horizont kippt in die Höhe, die Bäume und Büsche schwanken. Der Besucher des Parks ist zugleich Besucher einer anderen Welt, auf deren Naturgesetze er seine Sinne erst einstellen muss. Wie das Gebäude, in dem er sich aufhält, aus dem Lot geraten ist, so empfindet auch er sich »ver-rückt«. Hat er sich allmählich an die Schieflage gewöhnt und bestaunt er das Ambiente sowie die neuen Ansichten vom Park mit seinen Skulpturen, dann gerät die Welt erneut aus den Fugen, wenn er das Haus wieder verlässt. So erscheint ihm die monströse Figur des Rasenden Roland, der mit brachialer Gewalt eine Amazone zerreißt, als fast schon vertrautes Attribut seiner neuen Welt. In der Nähe ragt der Pegasusbrunnen auf, der für den Parnass steht, und verweist auf die Macht der Literatur, die am Beispiel der erwähnten Rolandsfigur und weiterer Monstren in Szene gesetzt wird. Man begegnet versteinerten Riesenfrüchten und Pinienzapfen. Dann steht man unvermittelt vor dem Höllenschlund, einem monumentalen Groteskornament. Im Innern aber entspannt sich die Situation fast scherzhaft, da der Besucher hier ein kleines Esszimmer vorfindet. In der Nähe ist ein Tempel bemerkenswert, den Orsini von Giacomo Barozzi da Vignola errichten ließ und als eine Art Tempel-Mausoleum seiner verstorbenen Gemahlin Giulia Farnese widmete.

Der Park mit seinen Monstren, Götterfiguren, skurrilen Architekturen und literarischen Anspielungen sowie den vielen verschlüsselten Inschriften sollte ein Ort der Täuschung und des Staunens sein. Orsini, der gelehrte Aristokrat, wollte mit den Sieben Weltwundern der Antike wetteifern, indem er die neuen Wunder vorstellte: die rätselhaften Geschehnisse mythologischen Treibens, die Täuschungen der Sinne durch verzerrte Perspektiven und die labyrinthisch gestaltete Natur. Damit schuf er eine Gegenwelt zur rationalistischen Weltauffassung seiner Zeit. Der Garten der Villa Orsini in Bomarzo ist mit keinem anderen Garten zu vergleichen. Er arbeitet mit Elementen der Renaissance, deren Kunstprodukte er aber maßstäblich verzerrt und illusionistisch überspitzt dargestellt. Vergleiche mit dem späteren Barockgarten können ebenfalls angestellt werden, doch nur, wenn man sich Bomarzo entflochten, geordnet und als weitläufige, übersichtliche Anlage vorstellt. Dann aber wäre der Garten von Bomarzo nicht mehr, was er ist.

Bomarzo, Sacro Bosco
Sitzende Nymphe (oben)
Aphrodite oder Amphitrite (links)

Bomarzo, Sacro Bosco
Naturtheater und Schiefes Haus

Verona, Villa Giusti
Groteske Maske der Balkonfront

Villa Giusti in Verona

»... der Garten Giusti, der eine treffliche Lage und ungeheuere Zypressen hat, die alle pfriemenartig in die Luft stehen. Wahrscheinlich sind die spitz zugeschnittenen Taxus der nordischen Gartenkunst Nachahmungen dieses herrlichen Naturprodukts. Ein Baum, dessen Zweige von unten bis oben, die ältesten wie die jüngsten, gen Himmel streben, der seine dreihundert Jahre dauert, ist wohl der Verehrung wert.«

So Goethes Huldigung an den Garten der Villa Giusti in Verona, den er während seiner Italienreise besuchte. Das Gartengelände, das sich nördlich der Etsch terrassenartig den Hang hinaufzieht, wurde schon im 15. Jahrhundert angelegt. Zu dieser Zeit kam die aus Florenz gebürtige Familie Giusti nach Verona, um dort heimisch zu werden. Sie ließ auf dem oberen Hangplateau einen reizvollen Renaissancepavillon errichten. Leider ist vom Renaissancegarten nur noch die Anlage zu erkennen. Gegen Ende des 18. Jahrhunderts wurde er in der damals modernen Weise des englischen Landschaftsgartens umgestaltet. Dass Goethe diese Fassung sah, ist unwahrscheinlich, da er angesichts einer Baustelle kaum so poetische Worte gefunden hätte.

Während des Zweiten Weltkriegs wurde der Garten durch Luftangriffe verwüstet. Viele der mehr als hundertjährigen Zypressen und eine große Anzahl von Taxusbäumen fielen den Bomben zum Opfer. In den fünfziger Jahren legte man für den unteren Teil des Gartens ein Planungskonzept vor, das dem Stil des italienischen Barockgartens entsprach. Steht man heute vor dem Eingang mit den flankierenden Obelisken und den Brunnennischen und schaut die Zypressenallee hinauf, dann mögen sich Bilder der vergangenen Gartenpracht einstellen (Abb. unten). Allegorische Gestalten in weiten Blumenschalen, Brunnenfiguren, Kieswege und mit Buchs eingefaßte Rasen- und Beetkompartimente sowie die Groteskmaske der Balkonfront (Abb. oben) haben wieder ein Stück italienischer Gartenkultur herbeigezaubert. Die von Goethe geschilderte Zypressenparade und der ehrwürdige Taxus sind heute wieder zu bewundern, wenn auch nicht in der einstigen Pracht.

Verona, Villa Giusti
Eingang des Gartens mit Blick auf die zentrale Zypressenallee

ABBILDUNG GEGENÜBER:
Verona, Villa Giusti
Parterre mit Skulpturen und Zypressen

Frau mit Einhorn, Tapisserie der Fünf Sinne: La Vue, um 1500
Wolle und Seide, 300 x 300 cm
Paris, Musée de Cluny

Der giardino segreto

Der geheime oder abgeschlossene Garten, der *giardino segreto*, bezeichnete in der italienischen Renaissance einen kleinen Bezirk innerhalb der gesamten Garten- oder Parkanlage. Er avancierte zu einem beliebten Ort, da sich der Hausherr oder die Hausdame gerne an dieses Refugium zurückzogen, um alleine zu sein oder im kleinen Kreis zu feiern. Dem entsprach auch die Lage des *giardino segreto*. Entweder wurde der Garten unmittelbar vor die Schlaf- oder Privatgemächer des Palastes oder der Villa platziert, oder er breitete sich an einer exponierten Stelle aus, um spektakuläre Aussichten in die Landschaft zu bieten.

Bevor wir uns aber diese unterschiedlichen Spielarten vor Augen führen, soll kurz auf die Tradition dieses Gartentypus eingegangen sein. Der Name verweist auf den mittelalterlichen *hortus conclusus*, der im thematischen Kontext des Mariengartens, des Rosengartens und des Paradiesgärtleins auftaucht. Häufig spielte das Motiv »Maria mit dem Einhorn« eine wichtige Rolle (Abb. oben). Nach dem »Physiologus«, einem aus der Spätantike stammenden »sakralen Bestiarium«, dessen älteste deutsche Übersetzung aus der Zeit um 1070 stammt, gilt das Einhorn als wildes Tier, das nur in der Gegenwart Mariens gefangen werden kann. Es legt seinen Kopf in den Schoß der Jungfrau und wird auf diese Weise gezähmt – ein Verweis auf Christus, der im Leib der Jungfrau heranreift. Der Jäger, der als Erzengel Gabriel, als der Vertraute Gottes mit seinen Hunden *spes* (Hoffnung) und *fides* (Glaube), dargestellt wird, treibt das Tier der Jungfrau Maria zu. Dieses Szenarium entfaltet sich innerhalb und außerhalb eines mauerumwehrten Gartens, wie es auf einem Zinnmodell aus dem frühen 16. Jahrhundert im Germanischen Nationalmuseum in Nürnberg dargestellt wird (Abb. unten).

Die Burg, das Tor und die Gartenmauer weisen diesen Gartentypus auch als mittelalterliche Variante des Lustgartens aus. Assoziationen zur ritterlichen Minne, die sich im sommerlichen Freiraum des Gartens entfaltet, begleitet von musikalischen Lustbarkeiten und fern von jedem höfischen Zwang, mögen sich einstellen. Die Neigung, einen abgeschiedenen Gartenbereich unter Verzicht auf Repräsentation als persönlichen Lebensraum zu gewinnen, hat schließlich zur Entwicklung des Typus des italienischen *giardino segreto* beigetragen. Während des 15. und 16. Jahrhunderts wurde diese Art von Garten von Theoretikern diskutiert und von den Eigentümern als idyllisches Gegenstück zum Studierzimmer ihres Palastes geschätzt.

Mit dem *giardino segreto* verbinden sich nicht nur gartenspezifische Motive, sondern auch kulturgeschichtliche Topoi, die in einem lockeren Verbund mit der Gartenthematik auftreten. Der *Jungbrunnen* beispielsweise ist ein Bildthema, das sich auch ohne ein Gartenambiente entfaltete und häufig im thematischen Kontext des Badhauses oder des Kurierens und Heilens auftrat. Andererseits wurde der *Jungbrunnen* auch als Aspekt oder Motiv der Liebesthe-

Maria im hortus conclusus
Zinnmodell, Anfang 16. Jahrhundert
Nürnberg, Germanisches Nationalmuseum

Jungbrunnen/Badeszene
Miniaturmalerei aus »De Sphaera«
Modena, Biblioteca Estense

matik verwendet. In einem italienischen Codex mit dem Titel »De Sphaera« werden drei Motive miteinander verschmolzen (Abb. oben). Der *giardino segreto* erweist sich als Liebesgarten, in dem ein Jungbrunnen installiert worden ist. Der neben einem Palastkomplex angelegte und von einer hohen Mauer umgebene Geheimgarten wird für ein Fest der Herrschaft genutzt. Flötenspieler, ein Hornbläser, ein Lautenspieler und ein Trommler begleiten ein Gesangstrio, das sich auf einem Bänkchen niedergelassen hat. Diener mit Karaffen, Gläsern und Schälchen schreiten auf einen Brunnen zu, in dessen Bassin sich nackte Frauen tummeln, die die Erfrischungen begrüßen. Gerade hat sich auch ein junger Mann entkleidet, um vom Beckenrand ins Wasser zu steigen. Die in der Brunnensäule hockenden und tanzenden Amoretten künden von der Lust des gemeinsamen Badens. Eine direkte Anspielung auf den Jungbrunnen kann mit Gewissheit angenommen werden, da der Liebesgarten, um den es sich hier zweifellos handelt, durch die Verjüngungskur an Reiz und Nutzungsmöglichkeiten gewinnt.

Florenz, Villa Medici in Castello
Giardino segreto

Die Planung und Ausführung des *giardino segreto* von Mantua ist ein typisches Beispiel für das Bedürfnis nach Zurückgezogenheit und Stille. Nachdem Francesco II. Gonzaga gestorben war, ließ zwischen 1519 und 1523 seine Witwe Isabella d'Este das Erdgeschoss der Corte Vecchia im Mantuaner Palazzo Ducale als neue Wohnung für sich herrichten – vermutlich von Battista Covo. Neben einem *studiolo* sorgte sie auch für die Anlage eines abgeschlossenen Gartens, zu dem nur sie von ihrem Wohn- oder Schlafraum aus Zugang hatte. Das anmutig in geometrischen Formen angelegte Gärtchen, dessen privater Charakter sich dem Besucher direkt mitteilt, wird durch eine Arkadenreihe mit ionischen Säulen zur Hofseite hin begrenzt.

Der Typus des unmittelbar an den Wohntrakt anschließenden Gartens ist zumindest in Mantua populär geworden. Federico II. Gonzaga, der Nachfolger Francescos und Auftraggeber des Palazzo del Tè vor den Toren Mantuas, ließ den zu Repräsentationszwecken von Giulio Romano errichteten Palast um einen privaten Bereich erweitern. Sicherlich auf Anregung von Isabella d'Estes Privatissimum im innerstädtischen Palazzo Ducale hin veranlasste er seinen Baumeister, im nordöstlichen Winkel des großen Gartenparterres ein Casino als sommerliches Refugium zu bauen. Die Ausführungen dauerten von 1532 bis 1534. Von einer Vorhalle gelangt man zu den beiden Wohnräumen und zu einer tonnengewölbten Loggia, an die sich ein kleines Gärtchen mit einem Grottenpavillon sowie ein bizarr dekorierter Brunnen und Nischen anschließen (Abb. rechts).

Im Gegensatz zum Mantuaner Geheimgarten, der sich unmittelbar an die Wohgemächer anschloss, ist der *giardino segreto* der Villa Medici in Castello vom Villengebäude und vom Hauptgarten durch einen Mauerzug getrennt (Abb. oben). Wohl waren Zugänge sowohl von der Villa als auch vom Garten aus geschaffen worden, doch legte die Herrschaft Wert auf Abgeschiedenheit. Die kleine Gartenparzelle, mit Buchshecken und Buschgruppen bepflanzt sowie mit einer Laube oder einem Pavillon versehen, sollte nichts anderes als ein Refugium sein.

Mantua, Palazzo del Tè, Casino
Blick durch die Loggia in den giardino segreto

Das Castello Ruspoli geht auf eine Burg des 9. Jahrhunderts zurück, die im 13. Jahrhundert wieder abgerissen worden war, um durch ein Kastell im Frührenaissancestil ersetzt zu werden. Damals, gegen Ende des 15. Jahrhunderts wird wohl auch schon der Renaissancegarten angelegt worden sein. Um 1538 beauftragte Graf Sforza Marescotti, der mit Ortensia aus dem Hause Farnese verheiratet war, Antonio Sangallo d.J. mit der Ausgestaltung der Räumlichkeiten.

Der lang gestreckte, aber nicht große und eher intim wirkende Gartenbereich wird durch zwei Achsen gegliedert. Drei Quartiere sind auszumachen, die sich ihrerseits wieder in mehrere Kompartimente aufteilen. Von hier aus gelangt man in den weiter unterhalb des Hauptgartens gelegenen *giardino segreto* (Abb. oben), zu dem ein verborgener Weg hinabführt. Besucher, die sich auf dem oberen Parterre aufhalten, werden Mühe haben, den Garten zu finden, was natürlich beabsichtigt war.

Die heutige Gestaltung läßt vermuten, dass es sich hier um einen ehemaligen Liebes- oder Lustgarten handelte. Die zierlich angeordneten Blumenbeete sind von geometrisch angelegten Buchshecken regelmäßig eingefaßt. Wahrscheinlich befand sich im Zentrum ein Pavillon und vielleicht auch an den Flanken kleinere Obstgärten, die durch Laubengänge vom mittleren Teil abgegrenzt waren. So jedenfalls sind die italienischen Liebes- oder Geheimgärten der Renaissance in Stichen und auf Fresken in den Gartenvillen und -palästen überliefert. Es ist zu vermuten, dass dieser Garten bereits im 15. Jahrhundert in einer gewissen Entfernung vom Castell angelegt und in späteren Jahrhunderten mit dem Hauptparterre verbunden worden ist.

Der *giardino segreto* des Castello Ruspoli läßt sich also einem neuen Typus zuordnen. Er grenzt nicht an die Wohngemächer des Gartenpalastes, sondern ist bewußt von der Villa abgerückt, um auch tatsächlich verborgen zu bleiben.

Vignanello, Castello Ruspoli
Giardino segreto

Florenz, Villa Gambereia
Terrassengarten mit Terrakottatöpfen (oben)
Tuffsteinmauer mit Skulpturennische (links außen)
Löwenskulptur in einer Hecke (links)

ABBILDUNGEN GEGENÜBER:
Florenz, Villa Gambereia
Giardino segreto (oben)
Bugförmiger Abschluss des giardino segreto (unten)

Eine wiederum andere Auffassung vom abgeschlossenen Garten begegnet uns in der Villa Medici in Fiesole. Die Gartenanlage sollte als eine Art Naturwohnraum genutzt werden. Zum *giardino segreto* gelangte man über die Hauptterrasse. Hierher zogen sich die Mitglieder der platonischen Akademie zurück, um in aller Abgeschiedenheit und mit einem großartigen Blick auf Florenz und das Arno-Tal über die Philosophie Platos zu debattieren.

Villa Gamberaia bei Settignano

Nicht weit von Florenz, nahe Settignano, wurde ein vergleichbares Gartenkonzept umgesetzt. Zanobi di Andrea Lapi erwarb im Jahr 1610 das ab dem 14. Jahrhundert dem Benediktinerorden gehörende Landgut Gamberaia und ließ dort eine großzügige Villenanlage mit Gärten und Wirtschaftsgebäuden errichten. Die Südseite der Villa Gamberaia ziert im Obergeschoss eine reizvolle Loggia. Darunter breitet sich auf der Höhe eines Bergrückens, einem Schiffsbug gleich, der Garten in Richtung des Arno-Tals aus. Der schiffartige Eindruck wird durch den aus Buchs zugeschnittenen exedraförmigen Abschluss, der sich in den Himmel zu strecken scheint, noch verstärkt. Bei diesem relativ großen Gartenbereich handelt es sich um den ehemaligen *giardino segreto* (Abbn. oben und rechts).

Von der Anlage sind weder Planskizzen noch Dokumente überliefert. Die heutige Gartengestaltung geht auf Martino Porcinai und Luigi Messeri zurück, die das Areal zwischen 1905 und 1913 im Auftrag der Fürstin Giovanna Ghyka gestaltet haben. Die streng symmetrische Aufteilung des Hauptparterres mit Hecken, Kegelbäumen und Halbkugeln aus Buchs orientiert sich an Gartenmotiven der späten Renaissance. Die großflächigen Wasserbecken wirken an der Stelle, wo üblicherweise ornamentierte Beetkompartimente zu erwarten sind, etwas merkwürdig und entsprächen eher einer spätbarocken Auffassung, wenn wiederum die untypische dichte Buchsbepflanzung nicht wäre. Wie auch immer, der an zauberhaften Ausblicken über die mit Olivenhainen bewachsenen Hügel der Toskana so reiche Garten der Villa Gamberaia veranschaulicht das Bedürfnis der früheren Eigner nach Abgeschlossenheit inmitten des großen Naturtheaters ihrer Heimat.

ABBILDUNGEN GEGENÜBER:
Caprarola, Villa Farnese
Brunnenskulpturen beim Casino del Piacere (oben)
Brunnen mit Flussgöttern unterhalb des Casino del Piacere (unten)

Caprarola, Villa Farnese
Eingangsfassade (rechts)
Grottenbrunnen im Casino del Piacere (unten)

Villa Farnese in Caprarola

In Caprarola trifft der Besucher auf eine der wohl ungewöhnlichsten Villen Latiums (Abbn. S. 96–99). Das betrifft nicht nur den pentagonalen Palazzo Farnese, sondern auch die Gartenanlagen und vor allem den *giardino segreto*. Im Jahr 1558 beauftragte Kardinal Alessandro Farnese d. J. den damals wohl begehrtesten Baumeister Giacomo Barozzi da Vignola, ein erst kurz zuvor von Antonio da Sangallo entworfenes und begonnenes Kastell zu einem prachtvollen Repräsentationsbau zu erweitern (Abb. oben). Der viel beschäftigte Architekt sah sich vor eine besondere Herausforderung gestellt: Kurz zuvor, gegen 1550, hatte der ehrgeizige und prunkliebende Kardinal Ippolito II. d'Este seine Villa in Tivoli zu planen und zu bauen begonnen. Caprarola, so das erklärte Ziel des Farnese-Kardinals, sollte die Tivoli-Villa seines Rivalen an Glanz und Pracht übertreffen. Vignola entwarf einen einzigartigen und imponierenden Palast, der eher einer monumentalen Festung glich als einer ländlichen Gartenvilla. Der ungewöhnliche fünfeckige Grundriss des Palastes bestimmte in entscheidender Weise die Anlage der Gärten. Die nach dem Tode Vignolas ab dem Jahr 1573 von Giovanni Antonio Garzoni und Girolamo Rainaldi angelegten oberen Gärten waren um 1580 fertig gestellt.

In einer der malerischen Grotten des Geheimgartens befindet sich ein Hirtenbrunnen, der von Flussgöttern flankiert wird. Diese pastorale Thematik deutet auf den Liebes- und Lustcharakter des *giardino segreto* hin. Die Liebesthematik wird im ikonografischen Programm zumindest teilweise im Casino del Piacere wieder aufgenommen. Der Pavillon wurde wohl von Vignola begonnen, aber nach seinem Tode von Garzoni erbaut. Die vom Liebesgarten her bekannte Jungfrau mit dem Einhorn ist im Gewölbefresko der unteren Loggia zu sehen. Auch die korbtragenden Hermen der seitlichen Terrassen des Casinos – die eine trägt ein Hündchen, die andere spielt auf einer Panflöte – können als Begleitmotive in das hier anklingende Thema des Liebesgartens mit einbezogen werden.

Ein etwas abseits sich befindender Bereich mit dem Casino del Piacere und der Piazzale delle Cariatidi wurde erst um 1620 von Kardinal Odoardo Farnese unter der Bauleitung von Rainaldi angelegt. Bei dem zuletzt genannten Komplex handelt es sich um einen großartigen *giardino segreto* (Abbn. oben und gegenüber). Dieses sommerliche Gartenversteck kam dem Wunsch des Kardinals nach Ruhe und Abgeschiedenheit angesichts der drängenden politischen Geschäfte sehr entgegen. Er ließ eine Zufluchtsstätte gestalten, die für Erholung und Zerstreuung sorgte. Grotten und Rustikamauern umschlossen den Gartenbereich. Auf dem Vorplatz des Casinos erhebt sich ein von Flussgöttern belagerter Brunnen, aus dessen Bassin Wasser über eine Kaskade herabsprudelt. Diese aus ineinander verschlungenen Delphinen gebildete Wassertreppe, die auch Catena d'Aqua oder Catena dei Delfini genannnt wird, geht auf einen Entwurf von Jacopo del Duca zurück. Der *giardino segreto* von Caprarola sprengt die bislang üblichen Dimensionen dieses Typus. Man kann tatsächlich von einer isolierten Villenanlage innerhalb eines umfassenden Gartenareals mit Palast sprechen.

Mit den genannten Beispielen sind die wichtigsten Motive und Gestaltungsvarianten des *giardino segreto* dargestellt. Dieser Gartentypus wurde bald auch in anderen Ländern Europas zu einem beliebten Bestandteil herrschaftlicher Gärten. Vor allem in Frankreich wurde der *giardino segreto* unter dem Einfluss italienischer Architekten und Gartenkünstler bald zu einem unverzichtbaren Element der weitläufigen barocken Gartenanlagen.

Caprarola, Villa Farnese
Giardino segreto (oben)
Skulptur: Judith (links)
Detailansicht des giardino segreto (gegenüber)

Gärten der Renaissance in Frankreich

Die politischen Beziehungen zwischen der französischen Krone und Italien waren ab dem Ende der Stauferherrschaft Mitte des 13. Jahrhunderts sehr intensiv. Nach dem Ende der englisch-französischen Auseinandersetzungen in der zweiten Hälfte des 14. Jahrhunderts richtete das Haus Anjou erneut sein Machtstreben auf Italien. Hundert Jahre später geriet das Königreich Neapel ins politische Blickfeld, als der 13-jährige Thronerbe Karl VIII. im Jahr 1494 mit einem Heer nach Italien zog, um die alten Ansprüche seines Hauses auf Neapel mit Waffengewalt durchzusetzen. Er erreichte allerdings wenig, da er sich einer Allianz von Papst Alexander VI., dem Habsburger-Kaiser Maximilian I. und dem Herzog von Mailand, Lodovico il Moro, beugen und den Rückzug antreten musste. Wenngleich ohne politische Ehren, kehrte er doch nicht mit leeren Händen in seine Heimat auf das Schloss Amboise an der Loire zurück. In Neapel hatte er offensichtlich viel Zeit gefunden, ausführlich die dortigen Paläste, Villen und Gärten zu besuchen. Begeistert schrieb er an den Herzog von Bourbon:

»Mein Bruder, Sie können sich nicht vorstellen, welch schöne Gärten ich in dieser Stadt (gesehen) habe. Wahrhaftig. Es scheint, dass nur Adam und Eva fehlen, um daraus ein irdisches Paradies zu machen, so schön sind sie und voll von guten und sonderbaren Dingen.«

Château de Villandry
Blick von Osten auf den Garten und das Schloss. Der Garten von Villandry gehört zu den meistbesuchten Gärten Frankreichs.

Château d'Amboise
Garten in Schlossnähe; vom einstigen Renaissancegarten ist heute nichts mehr zu sehen.

Die Schlossgärten von Amboise, Blois und Gaillon

Diese Briefstelle belegt einmal mehr den beginnenden Kulturtransfer von Italien in die übrigen Länder Europas. Die italienische Kunst und damit auch der Renaissancegarten wurden in Frankreich und bald auch in anderen Ländern nördlich der Alpen heimisch. Karl VIII. verpflichtete eine Reihe von italienischen Künstlern an seinen Hof in Amboise, unter anderen auch den Gartenkünstler Pacello da Mercogliano, einen neapolitanischen Priester. Obwohl dokumentarische Unterlagen über seine Tätigkeiten in Amboise fehlen, gilt er doch als Schöpfer dieses ersten Renaissancegartens in Frankreich. Der von italienischen Gärten so begeisterte Karl konnte das Kunstwerk allerdings nicht mehr genießen, da er bereits 1498 durch einen Unfall ums Leben kam. Sein Nachfolger Ludwig XII. vollendete das Werk, das uns heute durch die großartigen und detailgetreuen Stiche von Jacques Androuet Du Cerceau überliefert ist (Abb. unten), die freilich den Garten erst viele Jahrezehnte nach seiner Entstehung wiedergeben. Du Cerceau vereinigte in seinen Stichen, die erstmals in den siebziger Jahren des 16. Jahrhunderts in zwei Bänden veröffentlicht wurden, sämtliche bedeutenden Schlösser und Gärten dieser Epoche in Frankreich, die mit der kurzen Regierungszeit Karls VIII. begann, unter den Regierungen von Ludwig XII. (1498–1515) und Franz I. (1515–47) erblühte und mit Heinrich IV. (1589–1610) endete.

Der Stich von Du Cerceau zeigt das Gartenparterre in Amboise auf einer Terrasse hoch über dem Loire-Ufer. In einer Anmerkung kritisierte Du Cerceau die Proportionen des Gartens, und tatsächlich erstreckten sich die Beetkompartimente in der Längsrichtung in nur zwei Reihen, so dass die Anlage einem schmalen Streifen gleicht. Die räumlichen Verhältnisse, die noch durch die mittelalterliche Burganlage oberhalb der hohen Stützmauer bestimmt waren, schränkten die Ausdehnung des Gartens stark ein. Eine harmonische Beziehung zwischen Schloss und Garten war daher von vornherein nicht möglich. Wie die mittelalterlichen Schlossgebäude um einzelne Renaissancetrakte ergänzt wurden, so suchte der nun vergrößerte und zum Renaissancegarten

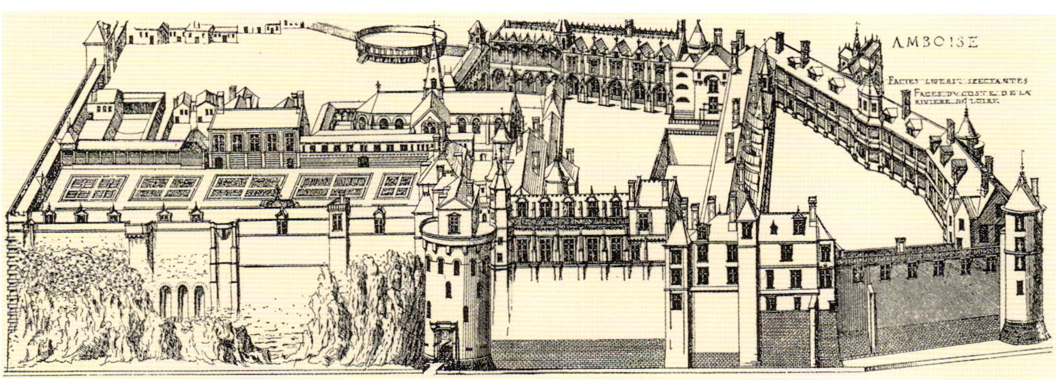

Château d'Amboise
Ansicht des Schlosses und seines Gartens nach J. A. Du Cerceau, 1607

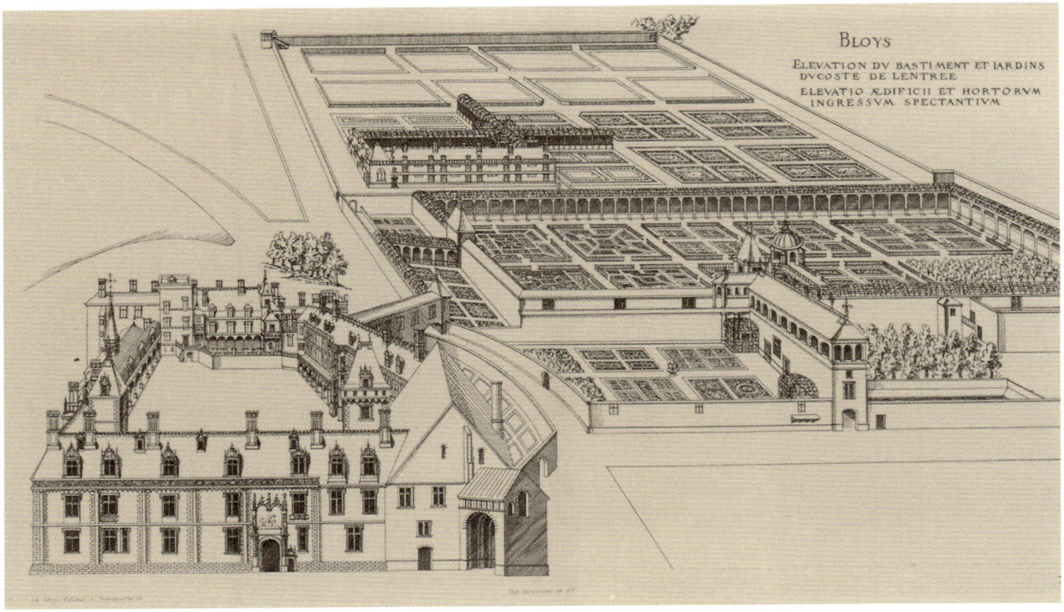

Blois, Schloss und Gärten
Ansicht der Gesamtanlage nach J. A. Du Cerceau, 1607

Blumenbeet-Detail

veränderte Burggarten die Ideale des neuen Formempfindens zu verwirklichen.

Ludwig XII. war von der italienischen Gartenkunst ebenso begeistert wie sein Vorgänger Karl. Er beauftragte seinen Minister Karl von Amboise, italienische Marmorbrunnen heranzuschaffen, die er nicht nur in Amboise, sondern auch in Gaillon und Blois aufstellen ließ. Was für Amboise charakteristisch ist, trifft auch für die Gärten von Blois und Gaillon zu. Die Parterres wurden ohne einen spezifisch gartenarchitektonischen Bezug zu den Gebäuden angelegt. Allerdings legte man großen Wert auf die Ornamentierung der Beete im italienischen Renaissancestil. Dass – anders als in Italien – die Landschaft bei der Anlage des Gartens noch nicht mit einbezogen wurde, macht die flussseitige Galerie von Amboise deutlich. Statt den Blick vom Garten auf das imposante Panorama des Loire-Tals frei zu geben, wurde die Mauer hochgezogen und lediglich mit Fenstern versehen. Die mittelalterliche Idee des *hortus conclusus*, vom intimen und abgeschlossenen Gartenareal, war demnach noch dominant.

Unter Ludwig XII. wurden auch die Gärten von Blois angelegt. Die Planung und die Leitung der Ausführung lagen ebenfalls in den Händen des neapolitanischen Priesters Pacello da Mercogliano. Der Beginn der Arbeiten ist etwa um 1500 anzusetzen. Die Gärten waren von den Gebäuden des Schlosses getrennt und lediglich über eine Brücke, die Galerie des Cerfs, zugänglich (Abb. oben). Die Neigung, Schloss und Garten als bauliches Gesamtkonzept aufzufassen oder zumindest zu versuchen, den Garten in das bereits bestehende Schlossareal zu integrieren, bestand auch in Blois noch nicht. Dem Stich von Du Cerceau ist zu entnehmen, dass der Garten aus drei Teilen zusammengesetzt war, die sich auf drei Terrassen mit unterschiedlichem Niveau erstreckten. Sie waren weder durch Treppen noch durch Rampen miteinander verbunden. Offensichtlich widmete man dem mittleren Garten, dem *jardin bas* oder *jardin de la reine*, die größte Aufmerksamkeit und sah die übrigen beiden Gärten eher als untergeordnete Anlagen an. Möglicherweise war hier im oberen *jardin du roi* ein Kräuter- und Gemüsegarten in Kombination mit einem Lustgarten vorgesehen. Der untere Garten dürfte ebenfalls mit Nutzpflanzen und kleinen Zierbeeten versehen worden sein. Er nahm nur ein Drittel der Länge des Hauptgartens ein.

Die zehn Beetkompartimente des *jardin de la reine*, die in den Abrechnungen »parquets« genannt wurden, waren paarweise entlang der Längsachse gereiht. Durch die Zahl Zehn wurde ein symmetrisches Achsenkreuz verhindert: Der Schnittpunkt des Kreuzes, betont durch einen Pavillon, war nach rechts verschoben. Die üppige Beetornamentierung folgte italienischen Mustern, die in den einzelnen Kompartimenten symmetrisch angelegt waren. Jedes Kompartiment war individuell gestaltet, so dass eine lebendige Vielfalt entstand. Bis auf die linke vordere Ecke war der gesamte Bezirk umgeben von einer kunstvoll gefertigten Treillage, einem Laubengang aus Holzgitterwerk. Treillagen waren damals in Mode, und sie blieben es bis zur Barockzeit. Häufig waren diese Laubengänge unterbrochen von pavillonähnlichen Konstruktionen, die sich dann wie Triumphbögen an den Zugängen der Hauptachsen ausnahmen. Ein solcher fand sich in Blois aber lediglich an der Stelle, wo die kurze rechtwinklig verlaufende Treillage von der Schlossbrücke, der Galerie des Cerfs, auf den Hauptgarten traf.

Um 1500 ließ Ludwig XII. für seine Gemahlin Anne de Bretagne ein Gartencasino mit anschließender Orangerie an der Stelle errichten, wo der untere und der mittlere Garten aneinander grenzen. Jenseits des lang gestreckten Gebäudes öffnet sich eine Obstbaumplantage mit zwei *jeux de paumes*, d.h. Ballspielplätzen. Das Gartencasino ist bis heute erhalten geblieben.

Kardinal Georges d'Amboise, ein Minister Ludwigs XII., mochte die Schloss-Garten-Anlage seines Königs studiert und für verbesserungswürdig erachtet haben. Nahe seiner Bischofsstadt Rouen ließ er, wahrscheinlich auch unter der Leitung von Mercogliano, von 1506 bis 1509 einen Garten für sein Schloss Gaillon anlegen. In Du Cerceaus Zeichnung von 1576 fällt der Bezug von Schloss und Hauptgarten ins Auge (Abb. unten). Obwohl vom Haupttrakt aus eine Brücke über den Wassergraben zuerst auf einen ummauerten Hof führt, an den dann erst der Garten anschließt, gibt es eine eindeutige axiale Beziehung zwischen Schloss und Garten.

Nach Du Cerceaus Zeichnung war die Ostseite der gesamten Anlage als Schauseite hervorgehoben, da sich die Arkaden des östlichen Schlosstraktes in den Hofarkaden fortsetzen. Daran schließt sich die mit mächtigen Stützpfeilern versehene Gartenmauer an, auf der sich eine Fenstergalerie mit Eck- und Mitteltürmchen befindet. Die Stützmauer war nötig, da für den Garten ein abschüssiges Gelände terrassiert werden musste. Durch den prächtigen Torturm in der Mitte der Gartengalerie, die parallel zum Hauptgebäude des Schlosses verläuft, gelangt man in den Garten, ein Parterre, das sich aus 26 Zierbeeten zusammensetzt. Ein Zeitgenosse, Antonio de Beatis, berichtete im Jahr 1517 ausführlich über die kunstvolle Ornamentierung der Beete. Es seien vor allem blühende Krautgewächse sowie Buchs und Rosmarin, die phantasiereiche Figuren wie Reiter, Schiffe oder Vögel bildeten. Das Wappen des Königs fehle ebenfalls nicht. Es sei »molto artificiosamente« gestaltet, schreibt Beatis. Seine Ausführungen stimmen im Allgemeinen überein mit den Überlegungen des Theoretikers Olivier de Serres.

Blois, Schlossgarten
Detailansicht der Alleen beim Schloss

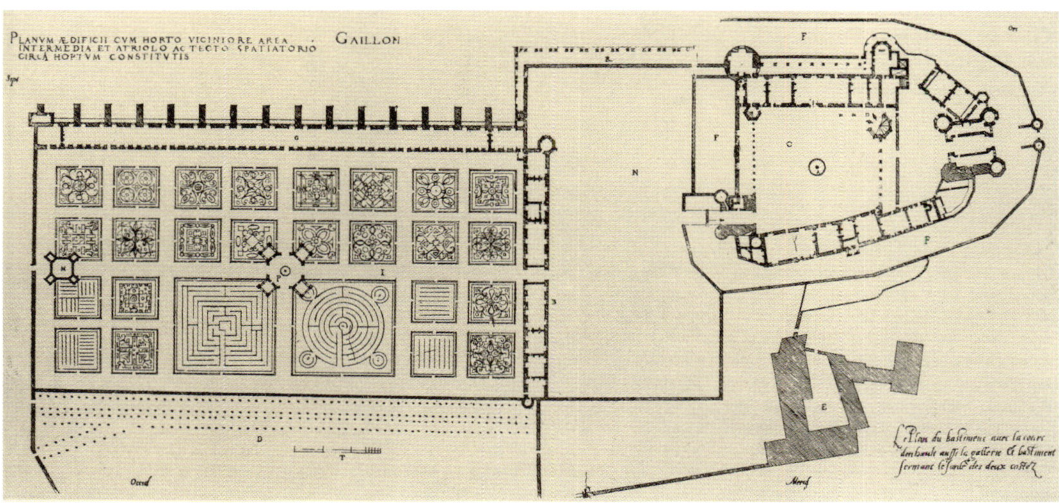

Gaillon, Schloss und Garten
Grundriss der Anlage nach J. A. Du Cerceau, 1607

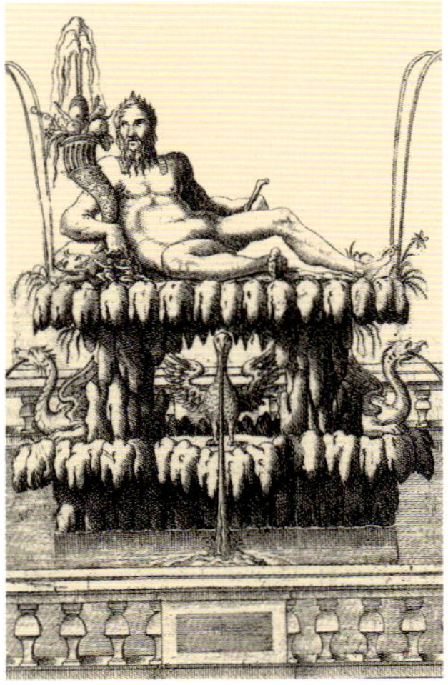

Fontainebleau, Tiber-Brunnen (Detail)
Stich von A. Francini

Dessen Meinung nach sollten die Zierbeete mit Gewürzkräutern wie Lavendel, Thymian, Minze, Majoran und Rosmarin eingefasst werden. Für die Herstellung der Beetmusterung empfahl er unter anderem das Pflanzen von Veilchen, Levkojen, Nelken oder Stiefmütterchen. Und der Buchs schließlich sollte zu phantasievollen Kunstfiguren zurechtgeschnitten werden.

Die Symmetrie des Parterres wird durch zwei Labyrinthe unterbrochen, die das strenge Schema der Kompartimentreihung auflockern. Ein Gartenhaus am Ende der Mittelachse erscheint als Pendant zum Galerieturm am Eingang des Parterres. Es nimmt in verkleinertem Maßstab Formen des Torturmes vom Schloss auf und stellt so einen Zusammenhang zwischen dem Garten, seiner Architektur und dem Schlossgebäude her.

Abseits vom Schloss ließ der Kardinal eine Eremitage einrichten und diese mit einem Miniaturgarten sowie einem Felsen mit Grottenraum versehen. Wir erinnern uns an Palissys Ausführungen über Grotten, die, von Italien angeregt, im 16. Jahrhundert in Frankreich sehr populär geworden sind. Die Eremitage von Gaillon zählt zu den frühesten Beispielen dieses Typus, der sich später im Barockgarten des 18. Jahrhunderts als fester Bestandteil einer Gartenanlage behaupten konnte.

Das spezifisch Französische am Garten von Gaillon besteht in der Verbindung zwischen Schlossarchitektur und Garten, obwohl das Gebäude räumlich vom Parterre getrennt ist. Insbesondere der Hof fungierte als architektonische Klammer zwischen Architektur und Parterre.

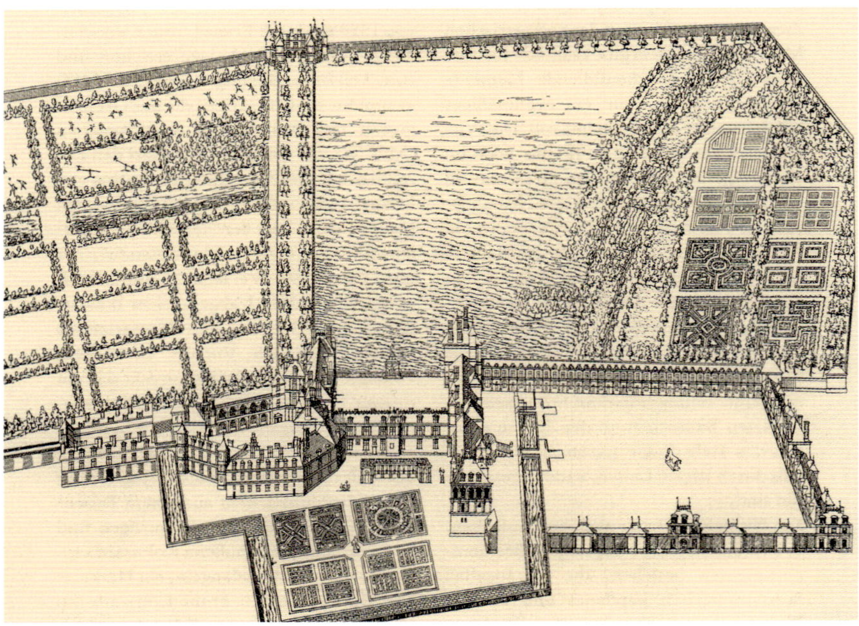

Fontainebleau, Schloss und Gärten
Ansicht der Gesamtanlage um 1565
nach J. A. Du Cerceau

Der Schlossgarten von Fontainebleau

Die Gärten von Fontainebleau und Anet markieren die nächste und entscheidende Entwicklungsstufe zum spezifisch französischen Gartentypus, der sich im 17. und im 18. Jahrhundert zu seiner ungewöhnlichen Größe und Vielfalt entwickelte. Das Schloss Fontainebleau wurde ab 1528 unter Franz I. zu einem Jagdschloss ausgebaut (Abb. S. 106/107). Da ältere Bauten mit einbezogen wurden, geriet die Anlage unregelmäßig. Der Gesamtkomplex war architektonisch unübersichtlich, bot jedoch interessante Möglichkeiten, die Höfe als Gärten zu gestalten oder mit weiten Gartenflächen zu konfrontieren und – ähnlich wie in Gaillon – individuelle Lösungen im Spannungsfeld von Schloss, Hof und Garten zu finden (Abb. links).

Dem Herrscher schwebte ein Gartenkonzept vor, das einerseits die traditionelle Anlage des intimen und dem Schlossgebäude zugeordneten Gartens und andererseits den vom Schloss in die Landschaft fortstrebenden Garten verwirklichen sollte. So ließ er im Winkel von Schlosskapelle, Quertrakt und Hauptge-

bäude einen Ziergarten anlegen, der aus vier Beetkompartimenten bestand. Ins Achsenkreuz setzte er eine antike Marmorstatue, die so genannte *Diana von Versailles,* die sich heute im Louvre in Paris befindet. Nach ihr wurde dieser Gartenbereich *jardin de Diane* benannt. Der Garten, der Schlosshof und die Schlossgebäude waren von einem Kanal eingefasst. Es handelte sich hierbei um einen Privatgarten, der nur von den königlichen Gemächern her zu betreten war. Unter Katharina de' Medici wurde der Garten *jardin de la reine,* Königinnengarten, genannt. Er enthielt Bronzekopien berühmter antiker Statuen, unter anderem die Laokoon-Gruppe, den Apollo vom Belvedere und die schlafende Ariadne. Auch diese Skulpturen befinden sich heute im Louvre in Paris.

Auf der anderen Seite des Quertraktes, der heute so genannten *Galerie de François 1er*, breitete sich die *Cour de la Fontaine* aus, der Brunnenhof, an den wiederum ein weitflächiger See grenzte, der durch das Abgraben eines Sumpfes entstanden war. Westlich des Sees folgten ein weiterer Ziergarten sowie ein Obstbaum- und ein Nutzgarten. Heute können Besucher an dieser Stelle durch den 1812 angelegten *jardin anglais* spazieren. Auf der gegenüberliegenden Seite wurde der See von einer vierreihigen Baumallee begrenzt, an die ein großes Gartenareal anschloss. Franz I. hatte hier einen Frucht- und Wiesengarten sowie einen Spielplatz vorgesehen, was Du Cerceau durch herumtollende Menschen und Schaukeln verdeutlichte. Durch dieses Areal floss ein von Bäumen gesäumter breiter Kanal, der seinen Ausgang vom See nahm.

Das Wasser hatte in dieser weitläufigen Gartenanlage, die erst zur Zeit Katharina de' Medicis um 1565 vollendet wurde, eine beherrschende Stellung. So konnte Marie Louise Gothein wohl zu Recht von Fontainebleau als dem »französischen Kanalgarten der Renaissance« sprechen.

Für die Entwicklung des französischen Barockgartens war die Idee, Wasserflächen und Wasserkanäle als Gliederungsprinzip einzusetzen, von entscheidender Bedeutung. An dieser Stelle sei bereits erwähnt, dass der zuletzt genannte Gartenabschnitt

Fontainebleau, Schlossgarten
Ansicht des Landschaftsparks mit einem Steinpavillon aus dem 18. Jahrhundert

NACHFOLGENDE DOPPELSEITE:
Château de Fontainebleau
Ansicht des Schlosses und des großen Bassins

Fontainebleau, Schlossgarten
Ansicht des großen Kanals (oben)
Baumkegel

ABBILDUNG GEGENÜBER:
Château d'Anet, Schlossgarten
Wasserlandschaft mit altem Baumbestand

in Fontainebleau zwischen 1661 und 1664 von dem Schöpfer der Gärten in Versailles, André Le Nôtre, umgestaltet wurde (Abbn. oben und S. 106/07). Le Nôtre baute den Kanal im Bereich vor dem Schloss zu einem quadratischen Bassin aus, das er mit vier großen Kompartimenten umgab. Dieses Parterre säumte er mit Terrassen, die mit beschnittenen Bäumen bepflanzt wurden, wodurch die asymmetrische Gesamtanlage und die unregelmäßige Fassadenlinie des Schlosskomplexes kaschiert werden sollte. Le Nôtre fand allerdings nicht den Garten von Franz I., sondern den von Heinrich IV. vor. Dieser hatte schon kurz vor 1600 den Nutzgarten zu einem *parterre de broderie* umgestalten lassen, zu einem Komplex von Zierbeeten nach italienischen Mustervorlagen. Jenseits dieses Parterres hatte er einen großen Park geplant, der um 1609 angelegt wurde. Der Kanal aus der Zeit Franz' I. wurde zu einem weitflächigen Kanalbassin ausgebaut. Mit diesen Maßnahmen wurde die außerhalb liegende Landschaft erstmals gezielt in das Gartenkonzept mit einbezogen.

Die Entdeckung der Landschaft als visuelles Erlebnis eines Gartenspaziergangs ist vielleicht in Fontainebleau zum ersten Mal in Frankreich spürbar geworden. Der König sah in seinem Garten nun eine Art Modell seines Herrschaftsbereiches, das symbolisch auf die Struktur und die Ausdehnung seines tatsächlichen Herrschaftsbereiches verwies: Er konnte die Beetkompartimente, Alleen, Kanäle und Bassins, die dem Schloss zugeordnet waren, mit dem vor ihm liegenden Landschaftspanorama verknüpfen und so metaphorisch auf seinen Machtbereich beziehen. Allerdings fehlte noch eine befriedigende Verbindung von Schloss und Garten. Der dem Schloss vorgelagerte Hofbereich erfüllte diese Aufgabe nur unzureichend. Auch Le Nôtre hatte in Fontainebleau diesen Mangel empfunden, als er sich während seiner Umgestaltungen dazu entschloss, die unregelmäßige Fassadenlinie des Schlosses durch Terrassierung und Baumbewuchs zu verbergen.

Château d'Anet

In Anet, einem der zauberhaftesten Renaissanceschlösser Frankreichs, entwickelte der damals berühmteste Baumeister des Landes, Philibert de l'Orme, eine neue Lösung für die Beziehung zwischen Schloss und Garten. 1546 erhielt er von Diana von Poitiers, der Mätresse Heinrichs II., den Auftrag, Schloss und Garten als Aufenthaltsort einer Jägerin zu planen und auszuführen. Obgleich de l'Orme ältere Bauteile eines Vorgängerbaus in sein Konzept integrierte, gelang ihm die vollendete Harmonie und Symmetrie von Schloss und Garten (Abbn. S. 109–111).

Der bis heute erhalten gebliebene triumphbogenartige Torbau (Abb. S. 110) führte über einen Innenhof geradewegs auf den Hauptbau zu, das *Corps de logis*, das von Seitentrakten flankiert wurde. Jenseits des Hauptbaus öffnete sich die weite Anlage des Gartens. Ehrenhof und Gartenseite erschienen nun gleichberechtigt. De l'Orme legte eine Achse durch den gesamten Komplex, die durch den Torbau, den Mittelgiebel des Hauptbaus und die zentrale Allee des Gartens verlief.

Den Torbau bekrönt ein technisches Wunderwerk: eine Tiergruppe, bei der zwei Jagdhunde einen Hirsch stellen. Es stand mit dem Uhrwerk des Portals in Verbindung und wird von de l'Orme folgendermaßen beschrieben:

Château d'Anet
Schloss und Garten (rechts)
Terrasse beim Torhaus (unten)

»Obschon es kaum in der Natur des Hirsches liegt, mit dem Huf aufzuschlagen, wenn er das Gebell der Hunde hört, hat man es doch so eingerichtet, dass, nachdem besagte Hunde die Viertelglöckchen anschlagen, der Hirsch mit dem Huf aufstampft und die Stunden hören lässt.«

Wilfried Hansmann hob hervor, dass die Namensgleichheit der Bauherrin mit der Jagdgöttin Diana zu einem geistvollen und kunstreichen Spiel führte, das in der Architektur und in der Gartengestaltung nachvollzogen werden konnte. Eine zweiläufige Treppe in der Form des Halbmondes, des Symbols der Diana, führte von der Gartenseite des Hauptgebäudes aus hinab zum Parterre, das auf drei Seiten von einer Rustikagalerie umgeben war. Die Zierbeete sollen mit heraldischen Mustern ornamentiert gewesen sein, die sich auf die Vorfahren und die königliche Verwandtschaft der Diana bezogen. Sie wurden 1582 durch ein *parterre de broderie* ersetzt, das von Etienne du Pérac entworfen und von Claude Mollet, einem der ersten berühmten königlichen Gärtner Frankreichs, angepflanzt worden war.

Vom Renaissancegarten ist heute leider nichts mehr zu sehen. Er bestand etwas mehr als hundert Jahre lang. Louis-Joseph de Vendôme, der spätere Besitzer, beauftragte im Jahr 1681 André Le Nôtre mit der zeitgemäßen Umgestaltung des Geländes.

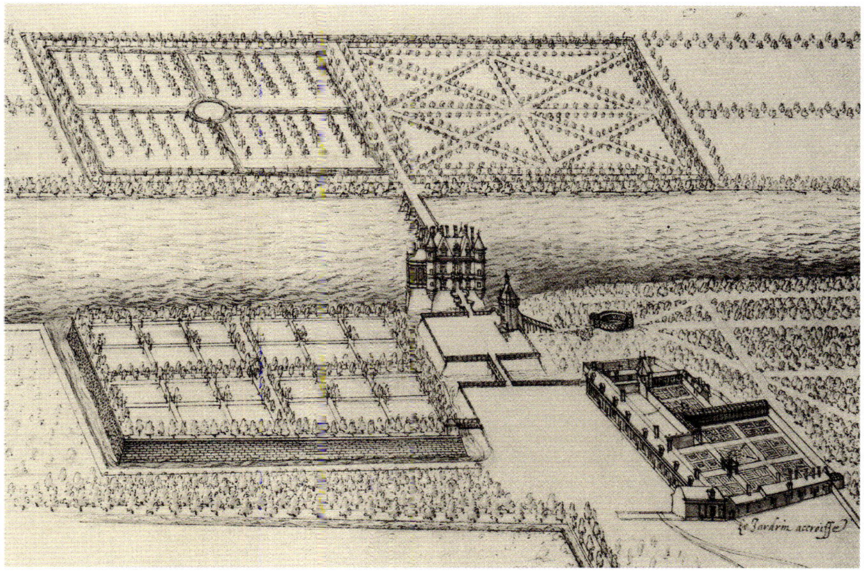

Château de Chenonceaux
Detail einer Zeichnung von J. A. Du Cerceau vom Schloss und seinen Gärten

Die Rustikamauern wurden abgetragen, und der Garten der Diana ging auf in einem riesigen Areal von der fünffachen Größe. Von der westlich vorbeifließenden Eure wurde Wasser in die Kanäle geleitet, und bald zierte ein weiterer Barockgarten das Land. Doch auch dieser verfiel im Laufe des folgenden Jahrhunderts. Nachdem das Schloss zu Beginn des 19. Jahrhunderts zerstört und teilweise wieder aufgebaut worden war, ließ der neue Besitzer, Adolphe de Riquet, Comte de Caraman, um 1840 auf dem Gelände einen englischen Garten anlegen.

Château de Chenonceaux

Der Garten und das Schloss von Chenonceaux an dem Fluss Cher nahe der Loire stehen in einer ungewöhnlichen, aber äußerst reizvollen Stellung zueinander. Das Renaissanceschloss zieht sich wie ein nobles Brückengebäude über den Fluss. Östlich des Schlosskomplexes und nicht unbedingt in zwingendem Kontext zum Schloss selbst breitet sich das große Parterre aus, dessen Südflanke vom Cher begrenzt wird (Abb. links). Ein aus dem Fluss abgeleiteter Kanal umfließt diesen eindrucksvollen Gartenbereich. Der Fluss gilt somit als ästhetische Klammer zwischen Schloss und Garten – eine in Frankreich einzigartige Situation.

Schloss und Garten wurden zwischen 1551 und 1555 für Diane von Poitiers erbaut und angelegt. Es handelte sich um ein Geschenk des französischen Königs Heinrich II. 1560 ging das Anwesen in den Besitz von Katharina de' Medici über. Sie ließ das westlich des Schlosses sich erstreckende Areal kultivieren. Auf sie geht auch das kleine Parterre zurück, das westlich des Ehrenhofes am Ufer des Cher errichtet wurde (Abb. S. 114).

Château de Chenonceaux
Der Ostgarten, jardin de Diane de Poitiers, mit dem großen Parterre

Château de Chenonceaux
Der Westgarten, jardin de Catherine de Medici, ist weniger aufwändig gestaltet als der Ostgarten. Er besteht aus einem runden Teich und Rasenflächen zwischen schmalen Beeten.

ABBILDUNG GEGENÜBER:
Château de Chenonceaux
Detail des großen Parterres des Ostgartens (jardin de Diane de Poitiers)

Zu Beginn des 20. Jahrhunderts wurde die Anlage durch Henri Duchêne, der viele historische Gärten des Landes rekonstruiert hat, wieder in den alten Zustand versetzt, so dass wir diesen Renaissancegarten in seinem besonderen Spannungsverhältnis zum Schloss und zum Fluss erleben und studieren können. Die Situation gleicht der von Du Cerceau überlieferten Ansicht. Das Parterre ist symmetrisch unterteilt, und zwar kreuzförmig und in der Diagonalen, so dass trapez- und dreiecksförmige Beete ausgegliedert wurden. Sie zieren asymmetrisch verlaufende Kieswege und Lavendelbänder, die wie Ornamentschleifen wirken. Die Randstreifen sind mit Kugelbuchs und niedrig wachsenden Pomeranzenbäumchen sowie mit je nach Jahreszeit wechselnden Blumen bepflanzt. Im Zentrum ist ein kreisrundes Rasenbeet angelegt, das früher sicherlich mit einem Brunnen versehen war. Auf der gegenüberliegenden Seite, also nordwestlich des Schlosseingangs, befindet sich das Parterre der Katharina de' Medici, das allerdings um vieles kleiner dimensioniert ist. Es gleicht in seiner Anlage dem Hauptparterre und verbindet sich mit der nördlich sich anschließenden weitläufigen Gartenanlage.

Während der Regierungszeit Heinrichs IV. (1589–1610) geriet die Gartenkunst in den Bannkreis der höfischen Kunst. Der *bon sens* wurde zum alleinigen Bewertungsmaßstab. Der Theoretiker de Serres besuchte Fontainebleau, Saint-Germain-en-Laye, Blois, die Tuilerien und natürlich auch den Jardin du Luxembourg in Paris, um über die Anlage der Parterres und die Ornamentierung der Beete zu berichten.

Château de Chenonceaux
Tempelartige Zierarchitektur mit reliefierten Säulen (Karyatiden)

St-Germain-en-Laye
Schloss und Gartenanlage nach einem Stich von A. Francini, 1614

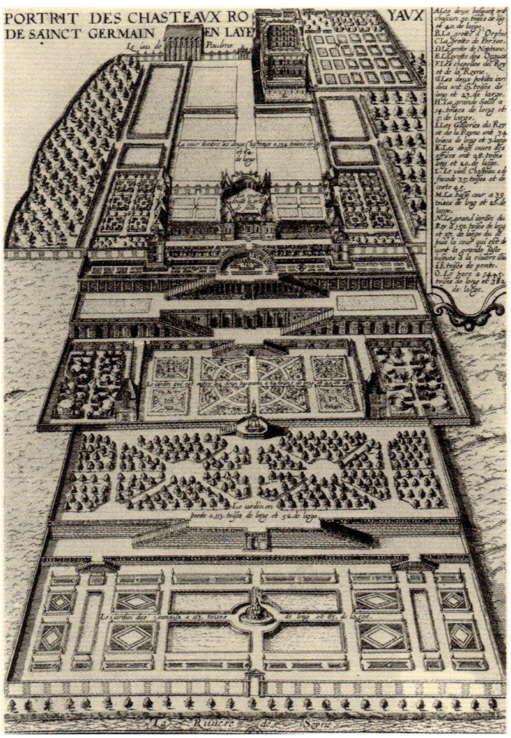

Die Gärten von Saint-Germain-en-Laye

Über die Gärten von Saint-Germain-en-Laye gibt es euphorische zeitgenössische Berichte. Die monumentale Anlage wurde als achtes Weltwunder angesehen. Um 1557 beauftragte Heinrich II. Philibert de l'Orme mit ersten Entwürfen, die, wie Rechnungen belegen, sogleich ausgeführt wurden. Zwei Jahre später starb der König. Erst unter Heinrich IV. wurde die Anlage gegen Ende des 16. Jahrhunderts vollendet. Der Stich von 1664 zeigt die prachtvolle Gartenanlage, die über sechs Terrassen hinunter zur Seine hin abgestuft ist (Abb. links). Sie ist sehr stark architektonisch geprägt. Das Schloss auf der oberen Terrasse besteht aus einer Gruppe von Pavillons, die durch flache Trakte – teilweise exedraförmig gestaltet – miteinander verbunden sind. Auf den nächsten Ebenen folgen weitere Pavillons, von denen Galerien ausgehen, die Beetkompartimente einschließen und an bewachsene Mauern grenzen, die ihrerseits wieder kleineren oder größeren Gartenpavillons oder dem Hauptgebäude zustreben. Die gesamte Anlage vermittelt den Eindruck einer mit üppigen Kulissen ausgestatteten Theaterbühne. Der von Anet her bekannte Claude Mollet legte die Entwürfe für die Parterres vor, die phantasie- und abwechslungsreich gestaltet sind. Die zahlreichen Wasserspiele stammen von den Brüdern Thomas und Alexandre Francini. Letzterem unterstand auch die Aufsicht über die Brunnen und Wasserspiele von Fontainebleau. Sein Bruder Thomas avancierte zum *gentilhomme servant du roi* unter Ludwig XIII. Sein Sohn, Françoise de Francine, war der Schöpfer der Brunnen von Versailles. Während eine halbkreisförmige Treppe hinunter zur ersten Terrasse führt, überwinden zwei zweiläufige Rampentreppen die beiden folgenden Terrassen. Unmittelbar vor dem Hauptparterre öffnen sich rückwärtig die Grottenräume mit den Wasserspielen, unter anderem die berühmte Grotte des Orpheus (Abb. unten). Das aus Buchs geformte Hauptparterre ist in zwei kleinere seitliche und vier größere zentrale Beetkompartimente gegliedert, die diagonal und radial aufgeteilt sind. Die kleineren Seitenbeete sind mit den Initialen des Königspaares Heinrich IV. und Maria de' Medici geziert. Zwei Boskettzonen flankieren das Parterre. Ein halbes Jahrhundert nach der Vollendung des Gartens brachen die Terrassen ein, sie wurden aber unter Ludwig XIV. neu aufgebaut.

Der Jardin du Luxembourg in Paris

Als Heinrich IV. im Jahr 1610 von einem katholischen Fanatiker ermordet wurde, floh seine Witwe Maria de' Medici aus den Gemächern des Louvre hinüber auf die andere Seite der Seine. Dort erwarb sie um 1612 ein Terrain von François de Luxembourg, auf dem sie ein Schloss und einen Garten anlegen ließ, den heute noch berühmten, wenn auch vielfach veränderten Jardin du Luxembourg (Abb. oben). Hier wollte die Regentin ihre Heimat Italien erblühen lassen und dabei den Boboli-Garten von Florenz zum Vorbild nehmen. Doch das Gelände entsprach nicht ganz ihren Vorstellungen. Der Reiz eines toskanischen Terrassengartens war in dem flachen Gelände an der Seine kaum zu verwirklichen. Hinzu kam, dass in der französischen Gartenkunst das Broderieparterre seine italienischen Ursprungsformen verlassen und eine eigene Entwicklung genommen hatte. Als Jacques Boyceau de la Barauderie, der berühmteste Parterre-Künstler Heinrichs IV. und Ludwigs XIII., 1612 die ersten Entwürfe vorlegte, war Maria de' Medici begeistert, wenngleich sie nur einen einzigen »toskanischen Aspekt« entdecken konnte: Die große Allee verlief nicht in Richtung der Mittelachse des Schlosses, sondern quer zu ihr – wie im Boboli-Garten. Vor der Hauptfassade öffnete sich das Parterre mit seiner einzigartige Beetmusterung. Boyceau wählte als variantenreiches Grundmotiv das Akanthusblatt, das er phantasievoll zu immer neuen filigranen Formen abwandelte – bis hin zum Monogramm der Königin. Boyceau verzichtete auf Blumen und bildete die Ornamente aus Buchs.

Paris, Jardin du Luxembourg
Skulpturengezierte Treppenanlage, Aufgang zu einer Allee

St-Germain-en-Laye, Orpheusgrotte
Stich von A. Francini, 1614

Château Villandry

Die Renaissancegärten Frankreichs sind entweder verfallen, oder sie wurden in barocke Anlagen umgewandelt, die ihrerseits wieder zu englischen Landschaftsgärten wurden. In dieser Form haben viele von ihnen bis zum heutigen Tag überlebt. Ein Ort aber hat den Zauber und die Pracht des Renaissanceparterres bewahrt – wenngleich nicht ohne Unterbrechung und in einer einzigartigen Rekonstruktion. In Villandry, nahe Tours, trifft man auf eine seltsame, aber auch bemerkenswerte Konstellation: ein mittelalterliches Schloss aus dem 12. Jahrhundert und ein weiteres Schloss aus der Renaissancezeit sowie ein Terrassengarten aus dem 18. Jahrhundert, der bis zum Beginn des vorigen Jahrhunderts verfallen war. Der Garten wurde rekonstruiert und zählt heute zu den schönsten Renaissancegärten Frankreichs. Dass nicht der gesicherte Befund des Barockgartens, sondern die eher spekulative Form eines weitgehend unbekannten Renaissancegartens wiederhergestellt wurde, ist eine mutige und sicherlich auch wünschenswerte Tat angesichts der Dominanz barocker Gärten in Frankreich. Sie ist dem Spanier Joachim Carvallo zu verdanken, der die aus dem 18. Jahrhundert stammenden Terrassen zwischen 1906 und 1924 nach den Vorgaben Du Cerceaus neu gestaltete und gemeinsam mit anderen spanischen Künstlern einen typischen französischen Renaissancegarten schuf. Südlich des Schlosses befindet sich der mit kunstvollen Beetmustern ornamentierte Gemüsegarten (Abb. S. 120/21). Buchsbaumkompartimente kann man im *jardin de musique* östlich und im *jardin d'amour* (Abb. gegenüber und rechts) südöstlich vom Schloss bewundern. Die Hauptachse des Gartens, eine Allee, trennt den Ornamentgarten vom Gemüse- und Wassergarten. Letzterer wird von einem Kanal durchzogen, der von einem Wasserbassin aus zum Wassergraben des Schlosses führt.

Carvallo legte bewusst Wert auf die strenge symmetrische Ordnung, die er durch spielerische und phantasiereiche Ornamentmuster auflockerte. Ihm ging es in erster Linie um eine Alternative zum englischen Landschaftsgarten, der seiner Meinung nach die Faszination der französischen Gärten der Renaissance und des Barock zerstört hatte und verhinderte, dass die traditionellen gartenkünstlerischen Gestaltungsmittel zur Geltung kamen.

Der französische Renaissancegarten basierte auf dem italienischen Garten. Aus der anfänglichen Begeisterung für die italienische Gartenkultur erwuchsen allmählich eigene Konzepte, die kunstvoll und phantasiereich die italienischen Vorbilder weiterentwickelten. Während in Italien Schloss und Garten in den meisten Fällen als homogenes Ganzes geplant und ausgeführt wurden, waren in Frankreich die Bereiche Schloss und Garten noch lange Zeit getrennt. Sie wuchsen erst gegen Ende der Renaissanceepoche zusammen, um dann in einer unvergleichlichen Pracht zu den barocken Gartenkontinenten zu werden. Das Italienische im französischen Garten – von der Beetmusterung über Grottenwerke bis hin zur Terrassierung – blieb gewissermaßen als separater Schmuck erhalten.

Château de Villandry
Hecke und Zierbäumchen im *jardin d'amour*

ABBILDUNG GEGENÜBER:
Château de Villandry
Blick von Südosten über den *jardin d'amour* auf das Schloss

Château de Villandry
Treppenaufgang von der unteren Ebene des Gemüsegartens (*potager*) zu der Terrasse des Ziergartens (*jardin d'amour*)

ABBILDUNG GEGENÜBER:
Château de Villandry
Detailansicht des Wassergartens mit Teich und Springbrunnen

VORANSTEHENDE DOPPELSEITE:
Château de Villandry
Blick von Süden über den Gemüsegarten (*potager*) auf das Schloss

Château de Brécy

Das Schloss Brécy, unweit von Caen in der Provinz Calvados gelegen, stammt aus dem frühen 17. Jahrhundert. Der Reiz des Gartens, der ebenfalls aus dieser Zeit stammt und von geringfügigen Veränderungen abgesehen bis auf den heutigen Tag erhalten geblieben ist, besteht in der üppigen Verwendung von Treppen, Balustraden, Terrassenmauern und Toren, die mit vielen manieristischen Ornamenten und Skulpturen versehen sind. Die Gesamtstruktur gleicht einem monumentalen Theater, dessen Bühne sich aus mehreren Kulissen zusammensetzt, die in die Höhe gestaffelt sind. Ein zentraler Kiesweg mit vier Treppenläufen führt über die vier Terrassen hin zu einem monumentalen Tor, das ein manieristisch verziertes Gitter besitzt (Abb. S. 126 oben). Von dort oben aus überblickt man das Gartengelände. Buchskegel und niedrige Buchshecken zieren die Terrassen. Der Blick schweift weit über das Schloss mit den barock dekorierten Giebelfenstern bis hin zu den weich gewellten Hügeln des Calvados (Abb. links).

Wenngleich die typische Renaissanceornamentik der Beete fehlt, so erkennt man doch im Aufbau und in der Gliederung der einzelnen Terrassen die typische Gartenkonzeption der Zeit um 1600. Allein das dem Schloss vorgelagerte Kompartiment weist eindrucksvolle, aus Buchshecken komponierte Knotenmuster auf. Außerdem verschaffen die mit Pinienzapfen verzierten Balustraden und die manieristischen Löwenköpfe (Abb. oben und rechts) sowie weitere phantasievolle Skulpturen dem Garten das Szenarium eines französischen Renaissancegartens.

Château de Brécy
Ansicht des schlossartigen Herrenhauses und der Gartenanlage (links)
Zierelemente der Balustraden: Löwenkopf (oben) und Pinienzapfen (unten)

Château de Brécy
Ansicht vom Schloss auf den leicht ansteigenden, auf vier Terrassen gestuften Garten

ABBILDUNGEN GEGENÜBER:
Château de Brécy
Vor dem Schloss breitet sich ein Parterre mit sehr schönen Buchsornamenten aus (unten), während in den höher gelegenen Terrassen Formschnittbäumchen und Steinskulpturen das Bild des Gartens bestimmen (oben).

Gärten der Renaissance in Deutschland, Österreich und England

Leonberg, Pomeranzengarten
Beetdetail mit kleinem Eckpavillon

Deutschland und Österreich

Für Deutschland war die italienische Gartenkunst der Renaissance nicht nur vorbildlich, sondern maßstäblich, da eine heimische Tradition kaum vorhanden war. Der Typus des mittelalterlichen Klostergartens konnte die Repräsentationsbedürfnisse der Fürsten und Herzöge nicht mehr befriedigen. Die engen politischen und wirtschaftlichen Kontakte zwischen süddeutschen Fürsten- und Herzogtümern und Italien führten dazu, dass die Kenntnis sowohl theoretischer Traktate als auch konkreter Konzepte italienischer Gärten rasch nach Norden gelangte. Die Idee des Renaissancegartens nördlich der Alpen verbreitete sich nicht nur in den großen Residenzstädten, sondern auch in der Provinz, wo gelehrte Grafen politische und wirtschaftliche Kontakte mit den Fürstenhäusern Italiens pflegten.

Mit einem besonderen Fall haben wir es in Neufra bei Riedlingen an der noch jungen Donau zu tun. In der zweiten Hälfte des 16. Jahrhunderts ließ Graf Georg von Helfenstein einen »hängenden Garten« für seine zweite Gemahlin Apollonia konzipieren. Das Gelände nördlich der Neufraer Pfarrkirche St. Peter und Paul und westlich des Schlossbaus fällt in Richtung des Ortes ab. Hier wurden riesige Stützmauern gezogen und gewölbte Substruktionen angelegt, um ebene Terrassen für den Schlossgarten zu schaffen. Auf einem Gemälde des Meinrad von Hüfingen im Schloss Heiligenberg aus dem Jahr 1688, das eine Ansicht von Neufra (Neiffern) zeigt, sind diese Stützmauern und die massiven, nach oben hin abgeschrägten Stützpfeiler sehr gut zu erkennen (obere Abb. unten links). Die Mauern samt der Anlage sind, wenn man einmal von geringfügigen Änderungen absieht, bis heute erhalten geblieben. Um den Seitenschub des Gewölbes aufzufangen, wurden die Mauern neben den Stützpfeilern noch mit drei halbrunden Türmen verstärkt. Heute kann man nur noch einen Halbturm an der Nordmauer besichtigen. Dafür erheben sich aber zwei Eckpavillons an der Nordostecke und an der Schlossseite.

Neufra, Schloss Heiligenberg
Detail aus einem Gemälde des Meinrad von Hüfingen (nebenstehend oben)

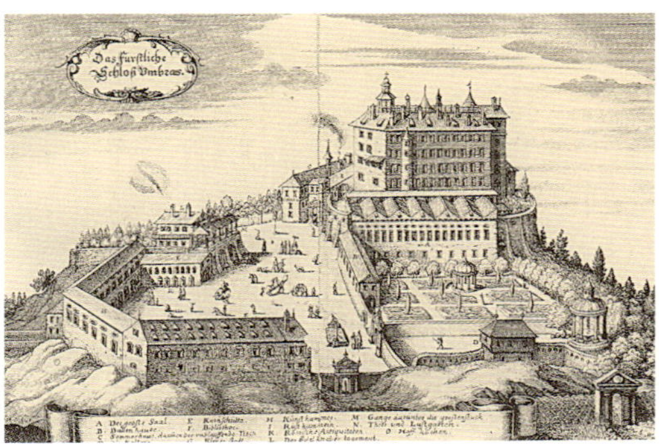

Ambras, fürstliches Schloss
Ansicht von Schloss und Garten, Stich von M. Merian, um 1650 (nebenstehend unten)

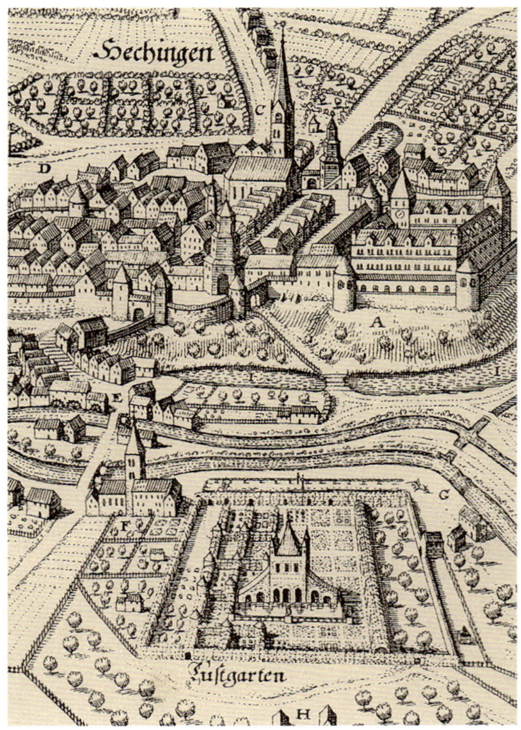

Hechingen, Stadt- und Lustgarten
Detail eines Stiches von M. Merian, um 1640 (rechts aussen)

Vermutlich hatte Georg von Helfenstein für seine Anlage auch Anregungen aus Schloss Ambras bei Innsbruck bezogen, wo er sich längere Zeit aufgehalten hatte. Dort war für die Gemahlin von Erzherzog Ferdinand von Tirol, Philippine Welser, in den 60er Jahren des 16. Jahrhunderts ein *giardino segreto* – eine aus Italien stammende Form des abgeschlossenen Privatgartens – erbaut worden (Abb. gegenüber links unten). Da der Garten an die Frauengemächer des Schlosses grenzen sollte, musste er auf einen Unterbau gesetzt werden. An der Stützmauer, die den östlichen Teil des Schlosses umgibt, lassen sich heute noch Hinweise auf eine Gewölbekonstruktion für den ehemaligen Garten finden.

Auch in der Residenzstadt der Grafen von Zollern, in Hechingen südlich von Tübingen, wurde ein Lustgarten unterhalb des Stadthügels angelegt, der allerdings nur noch in einem Stich von Merian aus dem Jahr 1640 überliefert ist (Abb. gegenüber rechts). Unter Graf Eitelfriedrich IV. (1576–1605) verwandelte sich Hechingen in eine Renaissancestadt. Davon zeugen noch das Untertor von 1579 und der Rundturm in der Rabengasse. Sie verweisen auf den Verlauf der ehemaligen Stadtbefestigung. Der Lustgarten wurde nahe des Flusses Starzel in der Nähe der Spittelkirche angelegt. Er entstand wohl mit dem Neubau des Stadtschlosses zwischen 1577 und 1595. Der Garten war von einem Stutenhof und einem Viehhof sowie von dem Schießhaus und der Rennbahn umgeben.

In jenen Jahrzehnten sind auch die Stuttgarter Gärten angelegt worden, die neben Heidelberg, Amboise und Fontainebleau als die großartigsten Renaissancegärten nördlich der Alpen galten. Die Gärten der württembergischen Grafen und Herzöge des Mittelalters und der Renaissance waren besonders eng an ihre italienischen Vorbilder angelehnt. Das war wohl vor allem eine Folge der schwäbischen Heiratspolitik. Eberhard III., der Milde, vermählte sich im Jahre 1380 mit der Mailändischen Fürstentochter Antonia Visconti. Schon sehr bald nach ihrer Heirat ließ Antonia neben dem alten Schloss in

Bürgergarten vor der Stadt
Anfang 17. Jahrhundert, aus:
»Horti Ankelmanniani«
Berlin, Staatliche Museen Preußischer Kulturbesitz, Kupferstichkabinett

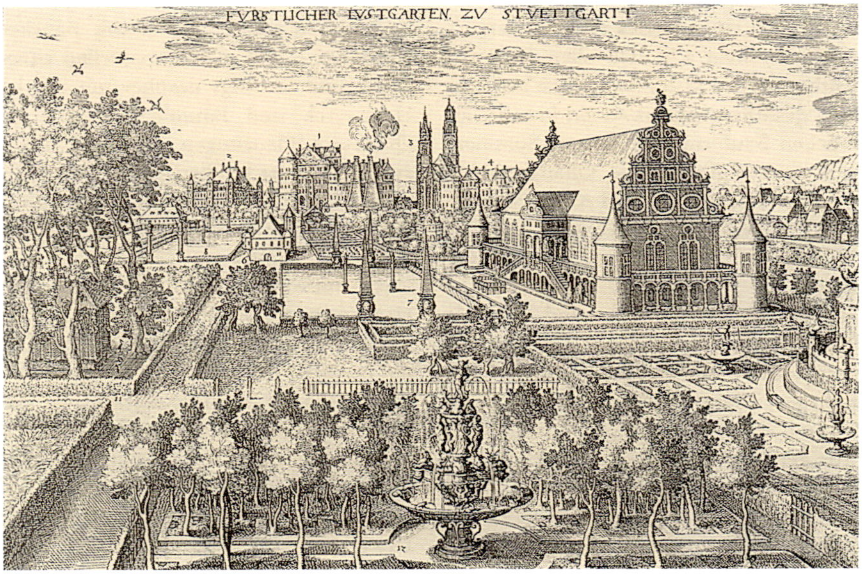

Stuttgart, Fürstlicher Lustgarten
Stich von Merian, 1616

Stuttgart, an der Stelle des heutigen Karlsplatzes, einen Garten im italienischen Stil anlegen. Im Jahr 1393 wurde dieser Garten erstmals in einer Urkunde erwähnt. Nebenbei sei darauf hingewiesen, dass mit Antonia Visconti erstmals italienische Lauten- und Gambenmusik in die Residenzstadt und damit in das Gebiet nördlich der Alpen gelangte. Fast 100 Jahre später, am 12. September 1491, verkaufte Elisabeth, die Gemahlin des Grafen Ulrich, des Vielgeliebten, den genannten Garten für 260 Gulden an die Mantuaner Fürstentochter Barbara Gonzaga, die Gattin des späteren Herzogs Eberhard im Bart.

Man darf annehmen, dass dieser erste Stuttgarter Lustgarten ein typisch italienischer Garten war. Eine zeitgenössische Beschreibung, die im Zusammenhang mit dem Verkauf entstanden ist und heute im Stuttgarter Hauptstaatsarchiv liegt, vermittelt einen sehr guten Eindruck vom »italienischen Stil« dieser Anlage. Im Zentrum stand ein geräumiges Gartenhaus. Hier befanden sich »... allerlei aus Stein gehauene Thiere, die mit ihren natürlichen Farben angestrichen waren, damit sie desto kenntlicher waren«. Die Besucher wandelten zwischen rechteckigen Beeten einher, die mit niedrigen Hecken eingefasst waren. Auf den Rasenflächen blühten Blumen und sprossen Kräuter sowie »seltsame Gewächse«, also exotische Pflanzen, darunter der Pomeranzenbaum.

Eine bildliche Vorstellung von diesem Garten ist erst gegen Ende des 16. Jahrhunderts überliefert. Es handelt sich um eine Radierung von Jonathan Sautter aus dem Jahr 1592, die wohl früheste Darstellung des Gartens. Diese im 16. Jahrhundert Herzogin-Garten genannte Anlage wies im Zentrum einen Pavillon und links davon ein Gartenhaus auf. Bei dem Pavillon handelte es sich um ein hölzernes Lusthäuschen auf Säulen, eine Voliere, die 1558 erbaut worden war. Im Gartenhaus, dem so genannten Kleinen Lusthaus, waren Jagdszenen und verschiedene Ansichten der Residenzstadt sowie höfische Feste dargestellt. Die vier um den zentralen Pavillon herum teilweise radial, teilweise unregelmäßig geometrisch aufgeteilten Blumen- und Gewächsbeete sind jeweils von einem Hag umzäunt. Etwas abseits, auf der Radierung nicht mehr zu erkennen, sollen sich ein Irrgarten und ein von Laubengängen umfriedeter Weiher befunden haben.

ABBILDUNG GEGENÜBER:
Leonberg, Pomeranzengarten
Blick vom Garten auf das Schloss

Leonberg, Pomeranzengarten
Blick vom Schloss auf die Gartenanlage

Der Neue Lustgarten, nordöstlich vom Schloss, dort, wo sich heute der Schlossplatz und der Obere Schlossgarten befinden, wurde um 1550 von Herzog Christoph in Auftrag gegeben. Schon kurze Zeit später galt dieser Garten als der schönste in Deutschland – nicht zuletzt auch wegen des Großen Lusthauses von Georg Beer. Der bekannte Stich von Matthäus Merian aus dem Jahr 1616 vermittelt den besten Eindruck von der Anlage dieses Gartens (Abb. gegenüber oben): Von der Galerie des Lusthauses aus hatte man einen herrlichen Blick auf das Gelände. Im Vordergrund ist der von dem württembergischen Hofbaumeister Heinrich Schickhardt – dem wir schon in Pratolino begegnet sind – angelegte Pomeranzengarten mit dem Springbrunnen zu erkennen. Dahinter die Neue Rennbahn mit den Obelisken und weiter oben, in Richtung des heute so genannten Alten Schlosses, die Alte Rennbahn und ein Haus, in dem die Beutevögel für die Falkenjagd gehalten wurden. Schickhardt fertigte einen exakten Plan dieses Geländes an. Er ist nicht datiert, doch kann man vermuten, dass die Zeichnung aus den Jahren 1608/09 stammt.

Der Leonberger Pomeranzengarten

Zu jener Zeit befasste sich der Hofbaumeister bereits mit dem Leonberger Pomeranzengarten, den er im Auftrag der Herzoginwitwe Sibylla von Württemberg, der einstigen Hausherrin der Stuttgarter Lustgärten, anlegte (Abbn. gegenüber unten und rechts). Parallel zum Hauptgebäude des Schlosses wurde der Garten im ehemaligen Graben auf einer längsrechteckigen Terrasse angelegt. Die vier Ecken versah Schickhardt mit kleinen Pavillons. Zwei Brunnenbassins trennten die beiden Beetkompartimente, die in je vier Beetquadrate untergliedert waren. Die Beete waren gemäß der italienischen Ornamentierung achsensymmetrisch gestaltet: Mal dominierten Kreuz- und Winkelformen, mal Dreiecke und Kreissegmente.

Dieser Garten wurde 1976–80 auf der Grundlage des reichlich vorhandenen historischen Dokumentationsmaterials in vorbildlicher Weise rekonstruiert. So können wir uns heute ein genaues Bild von einem deutschen Renaissancegarten in italienischer Manier machen.

Schickhardt hatte in Rom den Cortile de Belvedere besucht und eine vergleichbare Terrassenlösung in Leonberg bauen wollen, indem er die Futtermauer mit einer zweiläufigen Treppe versah und dort eine dreiteilige Brunnengrotte integrierte. Hinweise für figürlichen Schmuck fehlen, so dass man eine naturhafte Anlage nach den Vorstellungen Albertis vermuten könnte, der ja das Grottenwerk ebenfalls als »ein Stück wilder zerklüfteter Natur« ansah.

Schickhardt entwarf viele Gestaltungsmuster für Einzelbeete und Parterrefelder (Abb. S. 132 unten). Dabei orientierte er sich an Entwürfen Serlios; trotz-

Heidelberg, Schlossgarten
Von der Ausstattung des einstigen *Hortus Palatinus* ist nichts mehr erhalten als diese Skulptur des *Vater Rhein*

dem fallen Unterschiede auf. Der württembergische Hofbaumeister fasste das geometrische Muster strenger auf und prägte die Beetstücke stärker aus. Dadurch bekommt das Ornament eine klare und übersichtliche Form. Serlios Entwürfe dagegen zeichnen sich durch eine diffizile Kleinteiligkeit aus. Er formte winzige Rondelle und miniaturhaft erscheinende Plätze. Die Beetstücke geraten ihm zu Tor-, Winkel- und Segmentformen, die sich schon weit von der geometrischen Grundform entfernt haben. Schickhardt hingegen variierte Kreis, Recht- und Dreieck, ohne diese Basisformen aus dem Auge zu verlieren. Seine geometrischen Beetfiguren erlangten damals große Bedeutung im südwestdeutschen Raum. Sie traten sogar in Konkurrenz zu den berühmten Gartenentwürfen für den Heidelberger Hortus Palatinus des Salomon de Caus.

Der Heidelberger Hortus Palatinus

Der französische Ingenieur und Gartenkünstler Salomon de Caus unternahm ausgedehnte Studienreisen nach Italien, war 1605 als Ingenieur am Hof des Erzherzogs Albert in Brüssel tätig und begab sich im Jahr 1610 an den englischen Hof, wo er Wasserkünste konstruierte, einen Traktat über die Perspektive verfasste und die Gärten von Somerset House und Greenwich sowie den Garten von Robert Cecil in Hatfield gestaltete. Als Elisabeth, die Tochter des englischen Königs James I., im Jahr 1613 den pfälzischen Kurfürsten Friedrich V. heiratete und damit nach Heidelberg kam, folgte der Ingenieur seiner Herrin in die pfälzische Residenzstadt und begann mit der Planung der riesigen Gartenanlage. 1620 gab de Caus den reich mit Illustrationen versehenen Traktat mit dem Titel »Hortus Palatinus« heraus, in dem die Gestaltung des Parterres und die Motive der Beetornamentierungen anschaulich werden. De Caus konnte den Garten nicht vollenden, da unglückliche politische Konstellationen seinen Auftraggeber von Heidelberg an den Prager Hof riefen. Dort wurde Friedrich 1619 zum böhmischen König gewählt. Die für ihn so unglücklich ausgegangene Schlacht am Weißen Berg zwang Friedrich, den Winterkönig, seine letzten Lebensjahre im niederländischen Exil zu fristen.

Durch seine intensiven italienischen Gartenstudien hatte de Caus sich das notwendige Wissen erworben, um in Heidelberg die umfangreichen Erdarbeiten östlich des Schlossbereiches ausführen zu lassen. In seinem Traktat, den er seinem Gönner Friedrich widmete, beschrieb er die Verwandlung des Hanggeländes in einen Terrassengarten. Heute kann man noch einige Teile des längst versunkenen Renaissancegartens besuchen, der in den 1970er Jahren in einzelnen Abschnitten rekonstruiert worden ist. Die Terrassen mit den zierlichen Beetmustern, einige Grottenrelikte und das 1615 erbaute Elisabethentor, das zum Stückgarten südlich des Dicken Turms führt, sind durchaus sehenswert. Gemeinsam mit dem Gemälde von Jacques Fouquières, der ein großartiges Panorama von dem Garten, dem Schloss und der Stadt Heidelberg mit dem Neckar und der fernen Rheinebene gemalt hat, und den Stichen von de Caus lebt der Garten in seiner ehemaligen Gestalt wieder auf (Abb. gegenüber).

Leonberg, Pomeranzengarten
Heinrich Schickhardts Parterre-Entwurf

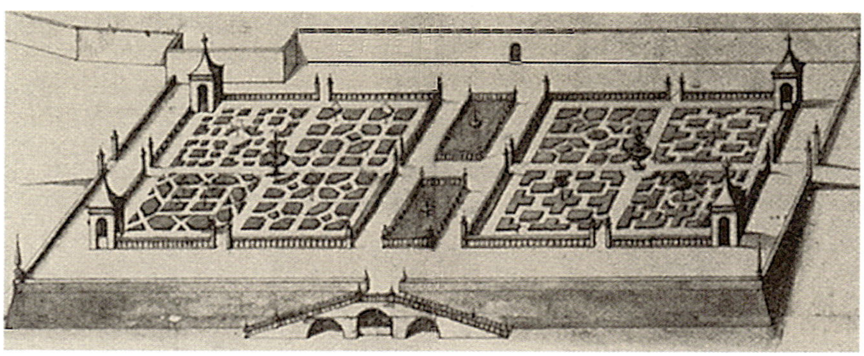

Heidelberg, Hortus Palatinus
Ölgemälde von J. Fouquières,
um 1620
Heidelberg, Kurpfälzisches Museum

De Caus hat die Parterre-Entwürfe von Serlio raffiniert abgewandelt, und bei den Knotenkompartimenten mit den ineinander verschlungenen Bändern hat ihn sicherlich auch Colonnas »Hypnerotomachia« inspiriert. Die Bänder werden von Miniaturhecken aus Thymian, Majoran, Rosmarin und Lavendel gebildet. Rechts im Vordergrund des Gemäldes von Fouquières ist ein Labyrinth auszumachen, das im Westen von einem Pomeranzenhain begrenzt wird. Die Pomeranze, ein mediterranes Gewächs, wurde winters mit einem Holzverschlag geschützt. An das Labyrinth schließt sich nördlich ein prunkvolles Kompartiment mit Eckpavillons und Beeten an, die mit Knotenornamenten verziert sind. Die Beete umschließen ein prächtiges Blumenrund, das so aufgeteilt und bepflanzt wurde, dass die Vorgänge des Blühens und Welkens, dem Zeiger einer Uhr vergleichbar, im Laufe des Jahres je nach Blumenart fortschreitend nachvollzogen werden konnten.

Bei der Konstruktion und Installation von Grotten und Wasserkünsten erwies sich de Caus als hervorragender Ingenieur. Hangaufwärts an der großen Allee baute er eine Grottenhalle in den Berg, die er mit einer Wassermaschine ausstatten wollte, um eine Orgel in Gang zu setzen. Ferner dachte er an einen Satyr, der auf einer Pfeife spielten sollte. Neben künstlichen Wasserfällen und Springbrunnen plante er auch die Installation eines beheizbaren Bades. Wenngleich nicht überliefert, so erscheint es als denkbar, dass neben Heinrich Schickhardt auch Salomon de Caus die Techniken der Wasserkünste in Pratolino studiert hatte, um diese bei späteren Projekten einzusetzen. Aus den oben genannten politischen Gründen ist es aber nicht zur Ausführung dieser faszinierenden Wasserkünste gekommen.

Neben dem »Hortus Palatinus« hat de Caus auch einen Traktat über hydraulische Techniken geschrieben. Sein Werk »Les Raisons des forces mouvantes« erschien erstmals 1615 und in einer zweiten Auflage 1624. Diese Schrift bildete lange die Grundlage für die barocken Wasserspiele in Europa, was die Bedeutung seines Autors einmal mehr unterstreicht.

Etwa zur selben Zeit, als de Caus in Heidelberg arbeitete, ließ Herzog Heinrich Julius von Braunschweig-Wolfenbüttel den fürstlich-braunschweigischen Lustgarten bei seinem Wasserschloss in Hessen, nördlich von Halberstadt, anlegen. Für die Arbeiten verpflichtete man den Hofgärtner Johann Royer, von dem genaue Beschreibungen des Gartengeländes vorliegen. Der Stich von Matthäus Merian, der um 1650 entstanden sein dürfte, soll zusätzlich der Veranschaulichung der Anlage dienen (Abb. unten). Vom Wasserschloss aus gelangt man über mehrere Brücken zur Gartenanlage, die sich in Zier-, Baum- und Küchengarten aufteilt. Der Ziergarten wird von einem Laubengang eingefasst – bis auf ein kurzes Stück, an dem er an den Schlossgraben grenzt. Dort ist ein Bogen zu erkennen, unter dem Royer eine Wasserkunst mit den Darstellungen von Diana, ihren Begleiterinnen und Aktäon angeordnet hat. Über die Wasser-Installationen lässt sich der Gartenarchitekt nicht weiter aus; es kann daher vermutet werden, dass er noch keine Kenntnis von den Künsten des Salomon des Caus hatte. Der von Merian eingezeichnete Brunnen gleicht einem der damals üblichen Schalenbrunnen auf erhöhtem Podest. Doch beim Betreten des Brunnens war Vorsicht geboten, denn es gab dort einen der damals so beliebten Wasserscherze, denen wir schon in Granada begegnet sind: Ein in die Treppenstufen eingebauter Mechanismus öffnete Spritzdüsen, die den Besucher überraschen sollten.

Das Zierkompartiment setzt sich aus elf unterschiedlich ornamentierten Beeten zusammen, die – soweit das zu erkennen ist – den Vorbildern Serlios folgen. Die Beetbepflanzung überrascht mit Thymian, Nelken, Kräutern und Zwiebelgewächsen. Die einzelnen Beete sind umgeben von niedrigen Lattenzäunen, an denen unter anderem Rosen, Wacholder und Johannisbeeren wachsen. Die Rankenformen wirken verspielt, wie Royer anmerkt, da sie zu phantasievollen Figuren hochgebunden sind. Außerhalb des Zierkompartiments, in dessen zentralem Beet ein Obelisk aufragt, sind »allerley Heckwerck und Bäumlein bepflanzet« – Letztere in der Form des Quincunx. Dieser Garten ist vergangen, wie so viele andere herrschaftlichen Anlagen der Renaissance in unmittelbarer Nähe der fürstlichen oder herzoglichen Residenzstädte oder bei einem Lust- oder Jagdschloss, andere sind später in englische Landschaftsgärten umgewandelt worden. Günstigenfalls sind geringe Reste wie in Heidelberg übrig geblieben. Der Leonberger Pomeranzengarten, der sich heute in seiner rekonstruierten Renaissancepracht zeigt, gehört zu den Ausnahmen.

Garten- und Schlossschicksale sind manchmal tragisch. Das Schloss Neugebäude, ehemals vor den Toren Wiens gelegen, war von Kaiser Maximilian II. ab 1569 nach dem Muster der italienischen suburbanen Villen als Sommerresidenz erbaut worden. Im

Leonberg, Pomeranzengarten
Detail der Beetanlage

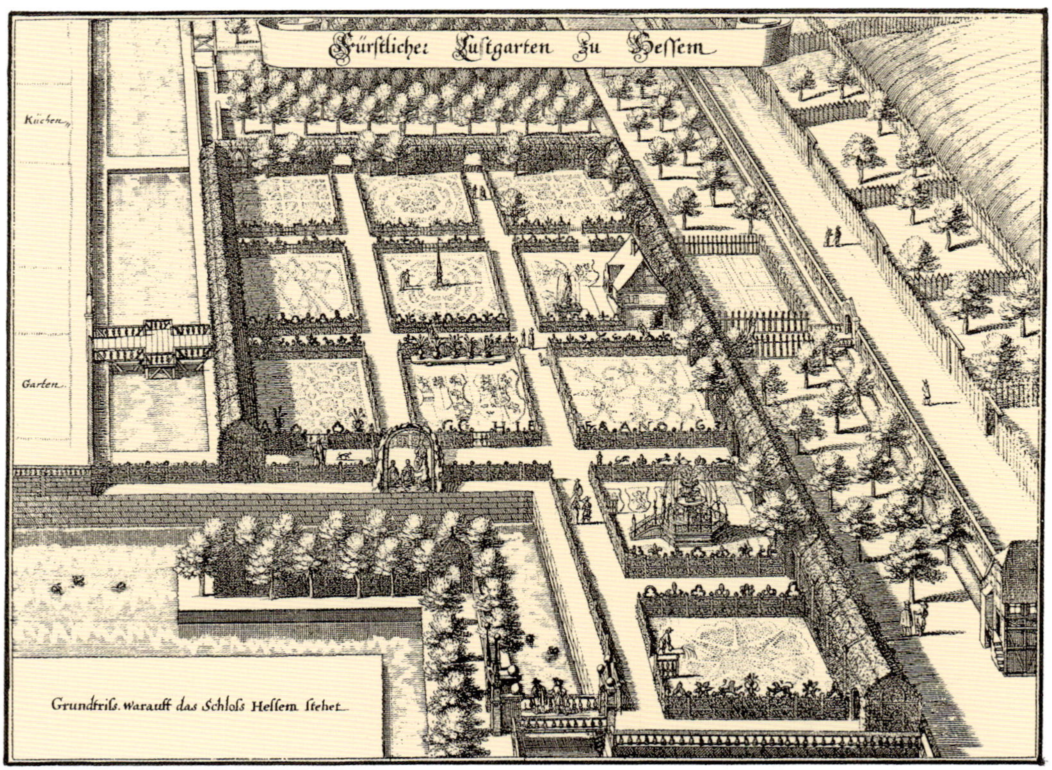

Braunschweig-Wolfenbüttel, Fürstlicher Lustgarten
Grundriss der Anlage, Stich von M. Merian, um 1650

19. Jahrhundert musste das Schloss dem Bau eines Pulvermagazins weichen. Architektur- und Dekorteile, wie Säulen, Kapitelle, Pilasterschmuck und Kandelaber, hatten schon vorher in Schönbrunn bei der Gestaltung der Gloriette und der Römischen Ruinen Verwendung gefunden. Bei der längst verschwundenen Gartenanlage muss es sich um ein großartiges Projekt gehandelt haben. Der von den Vorzügen der Gartenkultur so überzeugte Kaiser hatte aus Italien grafische Blätter kommen lassen, die ihm die große Kunst der mediterranen Hortikultur vor Augen führten. Einem Dokument zu Folge hat Kardinal Ippolito d'Este ihm sogar einen Plan seiner Villa und des Gartens zugesandt. Nach dem Tod des Kaisers im Jahr 1576 machte sich dessen Sohn Rudolf II. an die Durchführung und Vollendung der Anlage. Aus dem Jahr 1585 stammt eine detaillierte Beschreibung der stattlichen Anlage von Jacobus Bongarsius. Sie stimmt in etwa überein mit der Darstellung des Merian-Stiches aus der Zeit um 1650 (Abb. rechts). Schon bald nach seiner Vollendung begann der Garten zu verfallen. Ein Bericht aus dem Jahr 1607 beschreibt die Anlage als »ganz desperado«. Als Merian Schloss und Garten Neugebäude besuchte, waren die einzelnen Gestaltungselemente noch gut zu unterscheiden. Der endgültige Verfall setzte dann in der zweiten Hälfte des 17. Jahrhunderts ein. Zwischen dem oberen Lust- und dem unteren Blumengarten befindet sich das lang gestreckte Schloss, dessen Seitentrakte durch Galerien mit dem Mittelteil verbunden sind. Davor erstrecken sich auf zwei Terrassen Obstbaumpflanzungen. Die Architektur des Schlosses nimmt Bezug auf den Lustgarten, der ebenfalls von einer Galerie umgeben ist. Die Hauben der vier hohen Ecktürme sollen mit vergoldetem Kupfer gedeckt gewesen sein. Auf dem Dach der Galerie konnte man lustwandelnd die Reize des Gartens betrachten, so das Parterre, das in vier Beetkompartimente mit je einem Springbrunnen im Zentrum aufgeteilt war. Die einzelnen Kompartimente waren wiederum vierfach geteilt und zeigten unterschiedliche Ornamentierungen, unter anderem den habsburgischen Doppeladler. Die Türken müssen, als sie 1683 zum zweiten Mal Wien belagerten, von dem Garten sehr beeindruckt gewesen sein, denn sie ließen die Anlage unzerstört zurück, nachdem sich die Wiener vor dem heranrückenden osmanischen Heer aus den Vorstädten hinter die sicheren Mauern und Bastionen ihrer Stadt zurückgezogen hatten.

Gegenüber den raffinierten Anlagen der italienischen Renaissancegärten wirken die Gärten nördlich der Alpen eher spröde. Das Grundkonzept des mittelalterlichen Klostergartens mit integriertem Lustgarten war weitgehend beibehalten worden. Einzig die Beetornamentierung und die im bescheidenen Maße installierten Wasserkünste wurden von Italien übernommen und abgewandelt. Im Heidelberger Hortus Palatinus lässt sich das Konzept des architektonischen Gartens in seiner raumgreifenden Terrassierung erkennen – wenn auch in stark reduzierter Form. Auch der Leonberger Pomeranzengarten – verglichen mit den italienischen Beispielen kaum mehr als eine Miniaturterrasse – kann im Zusammenhang mit der zweiläufigen Treppe, der Terrassenmauer, der Altane und dem schlichten Schlosstrakt als architektonisch definierter Garten gelten. Das trifft natürlich auch für den hängenden Garten in Neufra zu, der allerdings als exotische Ausnahmeerscheinung zu werten ist.

Wenngleich der Heidelberger Hortus Palatinus als das Hauptbeispiel für den Renaissancegarten in Deutschland gilt, soll doch noch einmal erwähnt sein, dass es neben Salomon de Caus in der Person des württembergischen Hofbaumeisters Heinrich Schickhardt einen weiteren hervorragenden Gartenkünstler gab. Er hatte in Stuttgart bereits den Typus des Renaissancegartens geschaffen – mit Grotten, Brunnen, Wasserspielen, Parterres, zierlichen Beetornamenten und dem obligatorischen Labyrinth sowie Bosketten und Feigenhäusern –, bevor die Arbeiten in Heidelberg begonnen hatten. Darüber hinaus befasste sich Schickhardt mit Orangeriebauten. Auf Geheiß des Herzogs konstruierte er eine Art Baukastensystem, mit dem die Gebäude im Winter auf- und im Sommer wieder abgebaut werden konnten. Zu diesem Zweck waren die Gebäude auf Schienen montiert, auf denen sie zu den vorgesehenen Plätzen gezogen werden konnten.

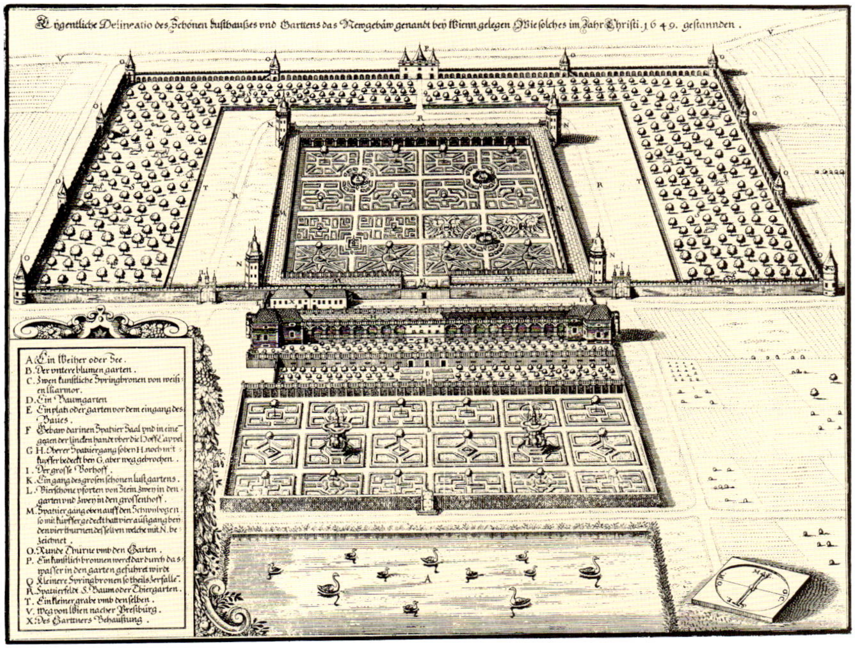

Wien, Schloss und Garten Neugebäude
Stich von M. Merian, um 1650

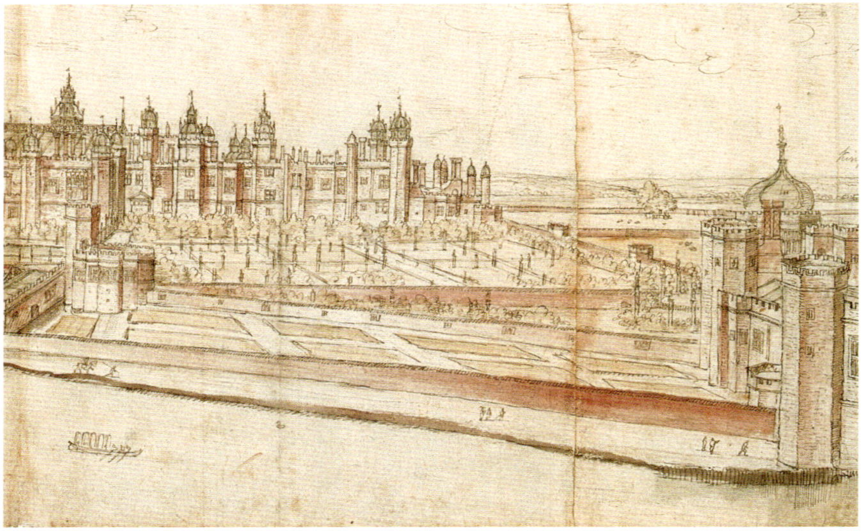

London, Hampton Court Palace
Privy Garden und Mount Garden
Heinrichs VIII.
Zeichnung von Wyngaerde, um 1655

Renaissancegärten in England

Die Geschichte des englischen Gartens lässt sich bis zu den Römern zurückverfolgen. Sie verläuft dann aber bis zur Ausprägung des spezifischen Landschaftsgartens weitgehend parallel zu der Entwicklung der Gartenkunst in den übrigen europäischen Ländern. Ideenlieferanten waren Italien und Frankreich, genauer: der burgundische Hof des 15. Jahrhunderts, als es darum ging, den mittelalterlichen Klostergarten, den *hortus conclusus*, in einen Lustgarten zu verwandeln. Mit dem Early Tudor-Stil begann die Phase des englischen Renaissancegartens. Unter Heinrich VIII., der sich kulturell in direkter Rivalität zu Franz I. sah, entstanden die ersten bedeutenden Gärten: Hampton Court (Abb. oben), Whitehall und Nonsuch (Abb. rechts unten). In Hampton Court ließ der König einen künstlichen Berg errichten, um dort von einem so genannten Gazebo (engl. gaze = schauen) aus, einem Aussichtspavillon, Schloss und Garten betrachten zu können. Solche Gazebos oder Belvederes – in Spanien wurden sie Mirador genannt – waren in der Tudorzeit beliebt. In Melford Hall in Suffolk ist noch ein zierlicher Backstein-Gazebo erhalten geblieben. Der Hügel von Stoneleigh in Warwickshire wird ebenfalls von einem Gazebo bekrönt. Von dort aus lässt sich ein malerischer Teil des Avon-Tals überblicken.

In Hampton Court hatte Heinrich VIII. – durchaus pragmatisch und in der Tradition des mittelalterlichen Gartens – auch für einen Küchengarten und für einen herrlichen Ziergarten gesorgt, von dem es hieß, dass sich die spätere Königin Elisabeth dort vorzugsweise aufgehalten habe. Bei solchen Ziergärten handelte es sich häufig um Knotengärten, die zu einer Spezialität des englischen Renaissancegartens avancierten. Angeregt durch italienische Vorbilder, unter anderem Colonnas »Hypnerotomachia«, und durch französische Beispiele entwickelten die englischen Gartenkünstler einen eigenen Knotenstil, der noch bis in das 17. Jahrhundert hinein gepflegt und verfeinert wurde. Bekannt sind die Muster in Thomas Hills Büchern mit den Titeln »The profitable Art of Gardening« aus dem Jahr 1568 und »The Gardener's Labyrinth« aus dem Jahr 1577. Wie ein Holzschnitt aus dem zuletzt genannten Buch zeigt, ist das Parterre im Stil des spätmittelalterlichen Gartens hoch umzäunt (Abb. unten Mitte). So präsentierte sich auch der Garten eines Landhauses in Denbigshire in Wales. Der Garten selbst existiert nicht mehr, doch ein Gemälde aus dem 17. Jahrhundert lässt deutlich die Gestaltung der Renaissanceanlage erkennen. Die Gartenbereiche mit Portalen, Pavillons und Wasserspielen sind voneinander durch Zäune oder hohe Mauern abgegrenzt. Das Hauptparterre besteht aus Zierbeeten,

Parterre eines Renaissancegärtchens
Holzschnitt aus: Thomas Hill, »The Gardener's Labyrinth«

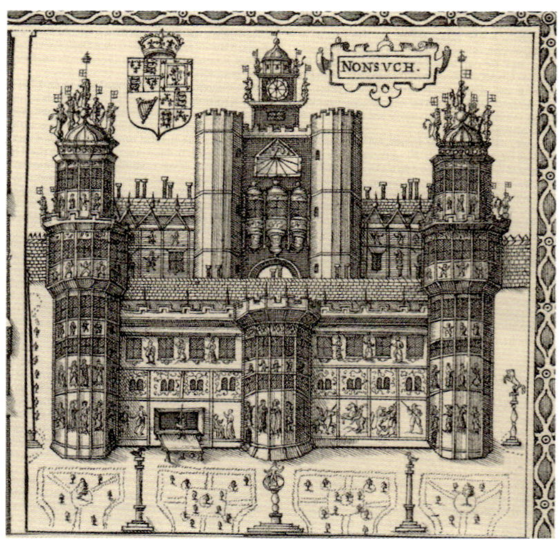

Nonsuch Palace, Privy Garden
Zeichnung von Hondius

deren Ecken mit Thuja, einer Zypressenart, bepflanzt sind. Zwei kleine Ecktürmchen mit Zeltdächern flankieren eine Mauer, deren Tor zu einer weiteren Terrasse führt. Zu diesem Gartenabschnitt gelangt man über einen geschwungenen Treppenlauf, in dessen Zentrum sich ein Brunnen befindet. Auch diese Terrasse ist mit einem darunter liegenden Kompartiment über zwei Treppen verbunden. Die gesamte Anlage wird begleitet von Obstbaum-, Gemüse- und Kräutergärten.

Der englische Renaissancegarten orientierte sich, im Gegensatz zum französischen Renaissancegarten, auffallend eng am italienischen Konzept, das den Garten als architektonisches Gebilde auffasste. Dabei kam es nicht so sehr auf eine symmetrische Ausrichtung auf das Schloss oder das Landhaus, sondern auf eine eigene architektonische Struktur des Gartens an, bestehend aus Mauern, Portalen,Türmen, Pavillons und Treppen. Dieses Architekturgefüge bildete die Grundlage für die Terrassierung und die repräsentative Rahmung der gesamten Gartenanlage.

Ein weiteres Beispiel für die architektonischen Ambitionen der englischen Gartenkünstler ist der Typus des *sunken garden*, der nur unzureichend mit »Senkgarten« zu übersetzen ist. Es handelt sich hier um ein Parterre, das gegenüber den umliegenden Gartenterrassen abgesenkt und dadurch von Böschungen oder Futtermauern umschlossen ist. Dieser auch heute noch sehr beliebte Typus in englischen Gärten tauchte zur Zeit der Renaissance erstmals auf. Das Gemälde eines unbekannten Meisters der englischen Schule zeigt den *sunken garden* von Pierrepont House in Nottinghamshire (Abb. unten). Eine mit Blumenamphoren geschmückte Balustrade umgibt – auf jeder Seite durchbrochen von Treppenläufen – das rechteckige Gartenareal. Dem Landhaus ist eine erhöhte Terrasse vorgelagert. Das sym-

Pierrepont House, Nottingham
Maler der Englischen Schule, 1708–13
Öl auf Leinwand, 92 x 122 cm
Yale Center for British Art, Paul Mellon Collection, USA

Packwood House, Warwickshire
Giebelhaus aus dem 16. Jahrhundert mit vorgelagertem *sunken garden*

ABBILDUNG GEGENÜBER:
Packwood House, Warwickshire
Hohe geformte Eiben – die so genannten *Apostel* – führen zu einer weiteren Gruppe von Formbäumen, welche die *Menge* genannt wird.

metrisch gestaltete und reich ornamentierte Parterre ist der Blickfang für die um das Areal flanierenden Gäste des Herrenhauses. Von der Hofterrasse und vom Landhaus selbst hatte man ebenfalls eine besonders gute Sicht auf die Anlage.

In England und Schottland lassen sich noch viele *sunken gardens* finden, von denen einige so etwas wie eine »Renaissancestimmung« verbreiten. Der *sunken garden* von Packwood House bei Hockley Heath in Warwickshire ist eingefasst von Backsteinmauern, zwischen denen ein bepflanzter Umgang verläuft. Auf abgesenktem Niveau breitet sich dann das Parterre mit Staudenbeeten und einem Wasserbassin aus, umgeben von einer Buchshecke.

Packwood House

Ein wichtiger Bestandteil des gräflichen Gartens war der *mount*, ein künstlich aufgeworfener Hügel, der als Aussichtspunkt diente. In Packwood House ist dieser *mount* erhalten geblieben. Zwischen den Buchsbaumhecken verläuft ein schmaler Weg, der sich hügelaufwärts bis zur Aussichtsplattform windet. Neben dem *mount* zählen die Topiaries zu den Spezialitäten von Packwood House (Abb. gegenüber). Zusammen mit Levens Hall in Cumbria wird Packwood zu den berühmten englischen Topiary-Gärten des 17. Jahrhunderts gerechnet. Die beschnittenen Eiben und Buchsbaumsträucher waren nicht nur in den herrschaftlichen Gärten beliebt, sondern fanden sich auch in kleineren Cottagegärten, was man heute noch in den Cotswolds beobachten kann.

Die Nähe vom herrschaftlichen Garten zum einfachen Cottagegarten besteht in der charmanten Verbindung von Blumenbeeten, Buschregionen und Gemüse- oder Obstgärten. Gemüsebeete wurden nicht nur aus wirtschaftlichen Gründen angelegt, sondern auch aus ästhetischen. Die farbenfrohen Blumenbeete erhalten eine dämpfende Note, so dass die gesamte Gartenkoloristik ausgeglichen und nicht allzu kontrastreich wirkt.

Hatfield House, Hertfordshire
Plan der Elisabethischen Gärten, um 1608

Hatfield House, Hertfordshire
Als der französische Ingenieur und Gartenkünstler Salomon de Caus im Jahr 1610 an den englischen Hof berufen wurde, um dort Wasserkünste zu konstruieren, fand er Zeit, den Garten von Robert Cecil in Hatfield House in Hertfordshire neu zu gestalten. Er übernahm die Terrassierung und die Treppenanlage seines Vorgängers Thomas Chaundler, vergrößerte aber den Brunnen und installierte eine Kaskade, die hinab zu einem künstlich angelegten Wassergarten führte. Die Bepflanzung lag in den Händen von John Tradescant, der viele Reisen nach Holland und Frankreich unternahm, um Obstgärten und kontinentale Blumen in England heimisch zu machen. Viele seiner Aufzeichnungen sind heute noch im Hatfield-Archiv und in der Bodleian Library in Oxford untergebracht. Ein Werk mit dem Titel »Tradescant's Orchard« enthält 65 Zeichnungen von Früchten, die er in Hatfield kultivierte. Im Laufe der Jahrhunderte erfuhr der Garten viele Veränderungen, unter anderem die obligate Umgestaltung zu einem Landschaftsgarten. Von der Struktur des geometrischen Gartens ist jedoch noch viel erhalten geblieben, wie beispielsweise die Beetkompartimente der großen Terrasse, die eine markante Renaissancemusterung zeigen (Abb. S. 142), und ein östlich gelegenes Labyrinth. Hier lassen

ABBILDUNG GEGENÜBER:
Hatfield House, Hertfordshire
Fassadenansicht des Old Palace mit vorgelagerter formaler Gartenpartie

sich also verhältnismäßig genau die Spuren von Salomon de Caus aufnehmen, was für die Einschätzung des leider verschwundenen Heidelberger Hortus Palatinus von hohem Wert sein dürfte.

Die als Verbindungsstücke zwischen den Trakten des Herrenhauses oder zwischen Gartenpavillons angelegten Beete sind ein Spezifikum in der Entwurfsplanung von de Caus, was ebenfalls in alten Ansichten vom Heidelberger Garten überliefert ist.

Heute gehen der formale Garten und bewaldetes Parkland eine harmonische Einheit ein. Der weit ausgelegte Park wird durch baumbestandene Alleen durchzogen. In einem kleinen, erst im vergangenen Jahrhundert geschaffenen Waldstück finden sich viele Rhododendren und Azaleen, so dass die Weite des Parks durch unterschiedlich bepflanzte Abschnitte rhythmisch gegliedert wird.

Hatfield House zählt zu den seltenen Beispielen, in denen sich die traditionellen Auffassungen des englischen Gartens, das formale und das romantische Konzept, in einer spannungsreichen Anlage entfalten. Hier wird deutlich, dass der barocke Garten nicht unbedingt dem späteren Landschaftsmodell zum Opfer fallen mußte. Es gab immer wieder Vertreter des englischen Landadels, die den formalen Garten schätzten und zugleich nach Wegen suchten, um die neuen Ideen des Landschaftsgartens zusätzlich einzubringen. Dass auch moderne gärtnerische Aspekte der Grundstruktur der Gesamtanlage in keiner Weise Abbruch taten, darf als ein weiteres Zeichen der Traditionsverbundenheit englischer Gartentätigkeit gewertet werden.

Zweifellos war es Salomon de Caus, der Schöpfer des Heidelberger Hortus Palatinus, der in England den architektonischen Garten Italiens einführte. Er brachte die entscheidenden Anregungen und konkreten Pläne von seiner Italienreise mit an den englischen Hof, als er von Anne von Dänemark und Heinrich, dem Prinzen von Wales, für den Ausbau ihrer Gärten engagiert wurde. Im Jahr 1609 entstanden Somerset House und Greenwich Palace, und drei Jahre später vollendete de Caus Richmond Palace. Als er England 1613 verließ, um in Heidelberg sein Meisterwerk zu beginnen, übernahm sein Sohn

Hatfield House, Hertfordshire
Parterreanlage des *sunken garden* an der Südseite des Neuen Schlosses

Isaac die Folgeaufträge. Dieser entwarf in den Jahren bis zu seinem Tod 1648 viele Gärten und Grotten, unter anderem auch die Anlage von Wilton House in Wiltshire für den 4. Earl of Pembroke. Vielleicht gehen die heute noch zu bewundernden uralten Zedern auf Isaacs Gartenarbeiten zurück. Der Garten wurde in jedem Jahrhundert mehrmals verändert, zuletzt im Jahr 1971 von David Vicary.

Die Kultur des englischen Renaissancegartens klingt aus mit dem Wirken von Inigo Jones, der übrigens auch in Wilton House zusammen mit Isaac de Caus arbeitete, und André Mollet, Sohn von Claude Mollet, dem ersten berühmten königlichen Gärtner Frankreichs, dem wir schon in Anet begegnet sind. André Mollet, Autor der populären Schrift »Le Jardin de Plaisir« von 1651, arbeitete viel in England. Seine theoretischen und praktischen Vorstellungen fanden Anklang bei Hofe in London und bei Inigo Jones. Dieser war im Jahr 1614 von seiner zweiten ausgedehnten Studienfahrt aus Italien zurückgekehrt und hatte die Bauideen von Andrea Palladio in England umzusetzen begonnen. Der später so genannte Palladianismus prägte bis etwa 1800 die Architektur Englands. Jones entwarf Gartentore und Parterres und arbeitete viel mit dem Franzosen zusammen, beispielsweise im St. James Park (um 1630) und in Wimbledon (um 1640). Dann begab sich Mollet wieder zurück in seine Heimat nach Frankreich, wo er als *premier jardinier du roi* unter Ludwig XIV. in seinem Haus nahe den Tuilerien wohnte. 1660, fünf Jahre vor seinem Tod, erhielt er erneut einen Ruf nach England. Charles II. wünschte sich für St. James eine neue Gartenanlage. Mollet entwarf ein *patte d'oie*, einen »Gänsefuß«. Von einem Rondell aus spreizten sich drei Alleen in verschiedene Richtungen hin aus und wurden von zwei in Halbkreisform angepflanzten Akazienreihen geschnitten. Die ausgesparten Felder waren mit Buchs ornamentiert. Dieses Muster ist kurze Zeit später von der barocken Gartenarchitektur nicht nur in England, sondern vor allem auch in Frankreich übernommen worden. Bis zu seinem Tod bekleidete Mollet in London das Amt des *gardener-in-chief*.

Mit ihren Entwürfen und theoretischen Schriften stießen die Mollets die Tore zum barocken Garten weit auf. Schon in Claude Mollets »Théâtre des plans et jardinages«, das posthum erst 1652 erschienen ist, sind viele Aspekte des barocken Gartens enthalten. Die erste theoretische und praxisnahe Grundlage formulierte sein Sohn André Mollet in seinem bereits genannten Buch »Le Jardin de Plaisir« von 1651. Darin werden die Prinzipien des klassischen französischen Gartens entfaltet. Sowohl André als auch seine Brüder Pierre und Claude II. arbeiteten in den Tuilerien in Paris. Der zuletzt Genannte schuf um 1630 das Parterre de broderie in Versailles. Während in England und in Deutschland sowie vereinzelt auch in den skandinavischen Ländern Renaissancegärten angelegt wurden, die durch italienische und französische Vorbilder inspiriert waren, entstanden in Frankreich bereits die ersten barocken Gartenkontinente. Der Übergang vom französischen Renaissancegarten zum Barockgarten war fließend. Anfänglich war man sich noch nicht klar über den axialen Bezug von Schloss und Garten: Daraus entstanden in der Folge perspektivische Irritationen. Dennoch war die Dominanz des französischen Barockgartens bereits im 17. Jahrhundert in Europa zu verspüren. Wie aber gestaltete sich der Übergang von der einen Epoche zur anderen in den übrigen Ländern Europas? Für Italien darf man auf die Beantwortung dieser Frage besonders gespannt sein.

Hatfield House, Hertfordshire
Brunnen im *privy garden*

Gärten des Barock in Italien

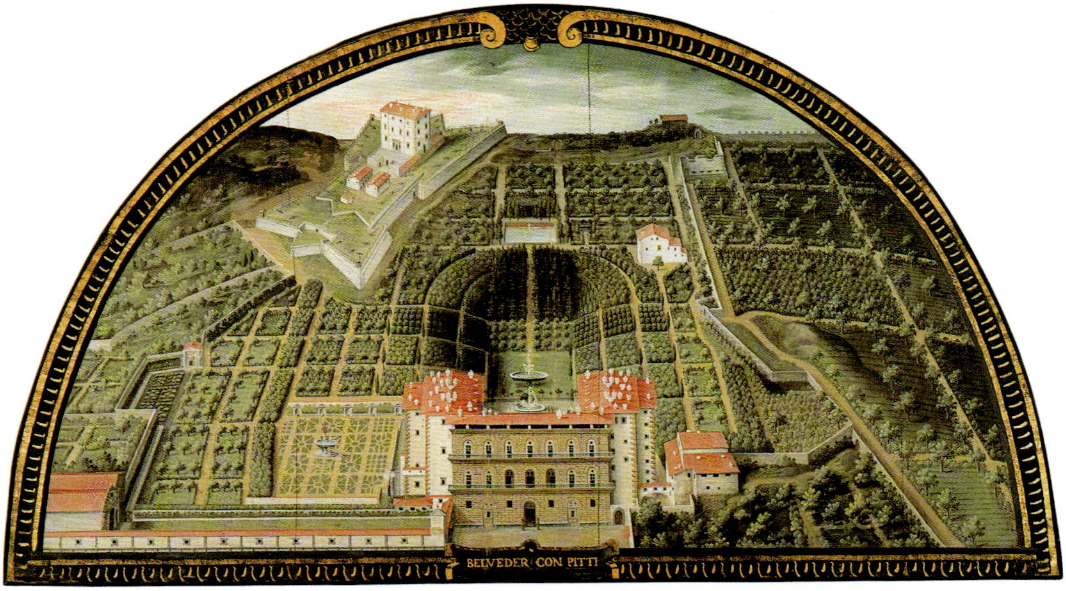

ABBILDUNGEN GEGENÜBER:
Florenz, Boboli-Garten
Ozeanbrunnen auf dem Isolotto (links)
Neptun-Brunnen (rechts oben)
Skulptur am Isolotto (rechts unten)

Florenz, Boboli-Garten
(Belvedere und Palazzo Pitti)
Gemälde von Giusto Utens, um 1600
Florenz, Museo Topografico »Firenze com' era«

Der Übergang vom Renaissance- zum Barockgarten ist auch in Italien nicht eindeutig zu bestimmen. Viele typische Elemente des Renaissancegartens, wie beispielsweise die zu theatralischen Schauspielen gesteigerten Wasserkünste, die weiträumig in die Landschaft eingefügten Terrassenanlagen oder die Kunst der symmetrischen Beetornamentierung wurden vom barocken Garten übernommen, in ihrer Ausdruckskraft gesteigert und schließlich, im französischen Garten, ins Monumentale vergrößert.

Der Boboli-Garten in Florenz

Der Boboli-Garten in Florenz findet in der Literatur eine unterschiedliche Bewertung. Meistens wird er als Barockgarten vorgestellt, obwohl die Arbeiten im Auftrag von Eleonora von Toledo, der Gattin Cosimos I. de' Medici, bereits 1549 begonnen hatten. Nach dem Tode des Gartenarchitekten Niccolò Tribolo im Jahr 1550 wurden dessen Aufgaben von Bartolomeo Ammanati weitergeführt. Das Grundkonzept war also noch der Renaissance verhaftet. Tribolo nutzte das kleine Tal hinter dem Palazzo Pitti und brachte es in die Form eines Amphitheaters, ohne es architektonisch zu fassen. Von der Mittelachse des Palastes aus führte die Hauptallee in das Tal, schnitt es in zwei gleiche Teile und endete auf der Höhe an einem Wasserbecken. Mit dieser Achse war die symmetrische Struktur, also das Wegesystem, vorgegeben, wie das Lünettenfresko von Giusto Utens anschaulich macht (Abb. oben). Im Laufe der Jahrzehnte änderte sich die Gestalt der Anlage und wandelte sich allmählich zu einem barocken Garten. Das aus bewachsenen Hängen geformte Amphitheater wurde seines Pflanzengewandes beraubt und architektonisch gefasst. Die Hauptachse verlor ihre Bedeutung, da westlich ein neues Gartenareal mit der dominanten Piazzale Isolotto entstand. Oberhalb des Amphitheaters verläuft nun nahezu parallel zur Palastfassade die neue Hauptachse zum genannten Isolotto, der 1618 von Alfonso Parigi entworfen wurde (Abbn. gegenüber links und rechts unten). Parigi entwarf ein ovales Wasserbassin mit einer künstlichen Insel. Auf dieser erhebt sich der Ozean-Brunnen des Giovanni da Bologna. Die Verwandlung zum Barockgarten vollzog sich in der Erweiterung der Anlage ebenso wie auch – als Folge der Neudimensionierung des Geländes – in der Aufhebung der strengen Symmetrie. Das Konstruieren weitläufiger Blickachsen, die »Terrassierung des Blicks«, wurde zu einem neuen Erlebnisfaktor und damit auch zum ästhetischen Kalkül in der Neubewertung und Neuordnung des Gartens.

Florenz, Boboli-Garten
Eine der zahlreichen Skulpturen(gruppen) entlang den Alleen

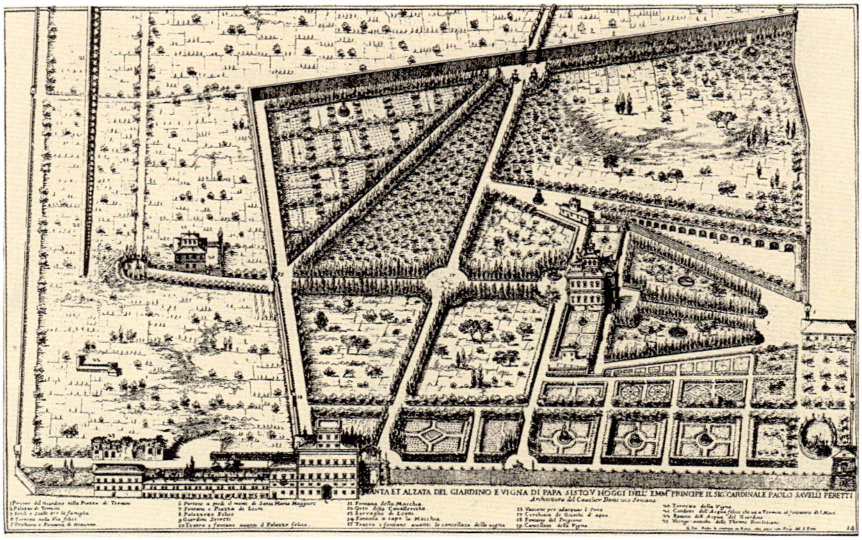

architektonische Raumgestaltung oder die regelmäßige Einteilung der Beete in Vierecke spielten in diesem Garten erstmals eine dominante Rolle – wie auch in dem städtebaulichen Konzept des Papstes. Der Garten der Villa Montalto, der längst vergangen und an dessen Stelle heute der Hauptbahnhof (Stazione Termini) zu finden ist, kann als eine Art Modell für die Vorstellungen des Papstes zur Neuordnung Roms und damit für die barocke Anlage der Welthauptstadt angesehen werden. Um dieses Stadtmodell in Augenschein zu nehmen, sollte man sich auf den Pincio, einen der schönsten Aussichtspunkte in Rom, oberhalb der Piazza del Popolo begeben. Dort kann man noch heute das Stadtkonzept von Papst Sixtus V. nachvollziehen: Die strahlenförmig angelegten Straßenzüge Richtung Tiber, zum Kapitol und zum Quirinal sowie über S. Trinita dei Monti zu S. Maria Maggiore auf dem Esquilin sind deutlich auszumachen.

Rom, Villa Montalto
Stich aus: G. B. Falda, »Li giardini di Roma«, Rom 1683

Villa Montalto in Rom

Auf dieser Entwicklungsstufe kam es zur wechselseitigen Beeinflussung von Gartenkünstlern und Städteplanern. Ein ganz besonderer Fall lag in Rom vor. Als Papst Sixtus V. im Jahr 1585 erste Überlegungen verkündete, der ewigen Stadt ein neues Hauptachsensystem verpassen zu wollen, und den Baumeister Domenico Fontana mit der Ausführung beauftragte, hatte er bereits zuvor als Kardinal den Garten der Villa Montalto auf dem Esquilin anlegen lassen. Der Gesamtplan dieses Gartens (Abb. oben) gleicht in verblüffender Weise dem Konzept des Alleensystems, das die sieben bedeutendsten Kirchen Roms miteinander verbinden sollte. Fontana plante, dem Willen des Papstes entsprechend, eine Hauptachse von einem Ende der Stadt zum anderen, von der Piazza del Popolo zur Kirche S. Croce in Gerusalemme, zu führen. Im Zentrum erhob sich die Lieblingskirche des Papstes, S. Maria Maggiore. Sowohl von der Piazza del Popolo als auch von S. Maria Maggiore aus sollten die Alleen strahlenförmig fortführen, um von dort aus die übrigen Stadtgebiete mit ihren Plätzen und Kirchen zu erschließen. Eine solche Situation gibt auch der Plan der Villa Montalto wieder. Hinter dem Haupteingangstor öffneten sich drei strahlenförmig geführte Alleen, ähnlich wie auf der Piazza del Popolo. Die mittlere Allee führte auf das Casino zu. Auf der Gartenseite des Gebäudes war ein halbrunder Platz mit einem Wasserbassin angelegt. Von dort aus führte eine Zypressenallee durch das Gartenareal, die auf halbem Weg von einer weiteren Allee gekreuzt wurde. Dort, wo die Allee auf den Weg traf, der die Gartenmauer entlangführte, befand sich ein Brunnen, auf den eine weitere Allee schräg zulief. Die Bedeutung der Blickachse und des Blickpunktes und nicht so sehr die

Villa Borghese in Rom

Offensichtlich orientierte sich der Schöpfer des Parks der Villa Borghese, Kardinal Scipione Caffarelli Borghese, Neffe Papst Pauls V., am Alleensystem der Villa Montalto, als er zwischen 1613 und 1616 in den Weinbergen seiner Familie vor der Porta Pinciana Park und Casino anlegen ließ (Abbn. unten bis S. 149). Vom Hauptportal aus führte eine breite Allee nicht etwa zum Casino, sondern geradewegs auf den großen Felsgrottenbrunnen zu, der vor die Gartenmauer platziert wurde. Heute steht an dieser Stelle – die alte Gartenmauer ist beim Ausbau zum englischen Landschaftsgartens beseitigt worden

Rom, Villa Borghese
Detailansicht des Parterres mit zahlreichen Skulpturen am Wegesrand

– die Fontana dei Cavalli Marini, der Brunnen der Seepferde, der im 1770 von dem deutschen Maler und Gartenarchitekten Christoph Unterberger geschaffen wurde (Abb. S. 148 unten links). Auf halbem Wege etwa traf die Allee in einem großen Rondell auf eine Querachse, die zur Front des Casinos hin ausgerichtet war. Parallel zu diesen beiden verliefen weitere Achsen, die ebenfalls Blicke auf Brunnen und Pavillons ermöglichten. Das Casino nahm also eindeutig eine untergeordnete Rolle ein, das Hauptaugenmerk galt dem Blickachsensystem innerhalb der Gartenanlage. Pavillons, Brunnen und Volieren sowie schließlich das Casino galten als gleichberechtigte Bezugspunkte im Rahmen des Gartenerlebnisses. Im Park dominierten die Bosketten, die durch geschnittene Hecken eingefasst waren. Es wurden Pinien, Zypressen, Myrten und Lorbeer angepflanzt.

Das Casino, ein Werk des Flamen Vasanzio Fiamingo, wurde in den Jahren 1613 bis 1615 erbaut (Abb. oben). Das Aufriss-System gleicht der benachbarten Villa Medici. Zwei vorgezogene Seitenrisalite betonen die zurückliegende Hauptfassade, zu deren Portal eine zweiläufige Treppe führt. Zwei Türme überragen von der Rückseite der Villa her in der Achse der Seitentrakte den Bau. Hinter dem Casino wurden Ziergärten und seitlich davon die *giardini segreti* für Orangen, Kräuter und seltene Pflanzen angelegt. Das Casino war für Feste und Feierlichkeiten und als Kunstgalerie geplant, weniger als Wohngebäude. Der geräumige Platz davor diente den Festgästen als repräsentative Auffahrt für ihre Karossen. Weite Teile des Geländes waren als Tierpark hergerichtet. Dort befanden sich Käfige für wilde und exotische Tiere, Teiche mit Fischen und Umzäunungen für Geflügel.

Dieser aufwändige, von gestalteten Waldanlagen, Felsgrotten und Pavillons geprägte Park, unmittelbar vor der Stadt gelegen, benötigte eine gewaltige Menge Wasser. Ohne die grandiose Leistung Papst Pauls V., des Onkels des Borghese-Kardinals, der die größte Wasserleitung, die Acqua Paola, nach Rom führen ließ, wäre die Villa Borghese wohl kaum entstanden. Giovanni Fontana sorgte für die Konstruktion

Rom, Villa Borghese
Hauptfassade der Villa mit doppelläufiger Treppe

Rom, Villa Borghese
Zwei Sphingen am Rand des Parterres

Rom, Villa Borghese
Brunnen der Seepferde
(unten links)

Rom, Acqua Paola
Brunnenpalast auf dem Gianicolo
von 1610–14 (unten rechts)

der Leitung, während Flaminio Ponzo die üppige Schauwand auf dem Gianicolo gestaltete (Abb. unten rechts). Die überaus prächtige frühbarocke Schaufassade des Brunnens, die einer Palastfassade mit triumphbogenartigen Toren gleicht, hebt die Bedeutung des Wassers für Rom hervor und zugleich den Ehrgeiz der Päpste, überall in ihrer Stadt das Sprudeln und Rauschen von Wasser ertönen zu lassen – wohl wissend, dass Rom selbst über keine natürlichen Quellen verfügte. Im 17. Jahrhundert galt Rom als die wasserreichste Großstadt der Welt, und mancher Reisende äußerte sich voller Erstaunen über den verschwenderischen Umgang mit dem Element und bewunderte zugleich auf den Plätzen und in den Gärten das faszinierende Schauspiel, das die Brunnen mit ihren Wassergirlanden, Fontänen oder Kaskaden boten.

Die römischen Päpste waren aber deswegen nicht auch die Erfinder und Konstrukteure der Wasserleitungen. Frisches Trinkwasser ließen schon die antiken Kaiser aus den Seen der Albaner Berge oder vom Braccianer See mittels aufwändiger Aquädukte herbeiführen. Das Wasser strömte in der Stadt in einem Nymphäum, einem monumentalen Brunnenhaus, zusammen. Die Acqua Vergine, die antike Aqua Virgo des Agrippa, zeigt sich heute in ihrem barocken Gewand als die berühmte Fontana di Trevi. Die durch Sixtus V. wiederhergestellte Aqua Marcia fließt heute aus der Fontana Acqua Felice auf der Piazza S. Bernardo. Die Acqua Paola auf dem Gianicolo aber galt als die ergiebigste Wasserquelle. Aus dem dreifachen Triumphbogen schossen die Wassermassen hervor, wie es in einer zeitgenössischen Beschreibung hieß.

Der Brunnenpalast der Acqua Paola war 1612, ein Jahr vor Beginn der Gartenarbeiten auf dem Pincio, vollendet. Dem Gedeihen der Bosketten und der Ziergärten stand nun nichts mehr im Wege. Die Villa Borghese war eigentlich nie Privatgrund, der die Öffentlichkeit ausschloss. Der Kardinal war so großzügig, dass er jedermann freien Zutritt zu seinen Gefilden gestattete. Eine Inschrift bezeugt diese noble Haltung des geistlichen Würdenträgers:

»Wer du auch bist, nur sei ein Freier, fürchte hier der Gesetzes Fesseln nicht! Gehe, wohin du willst, pflücke, was du willst, entferne dich wieder, wann du willst. Mehr als selbst für den Eigentümer ist hier alles für den Fremdling bereitet. In dieser goldenen Zeit, die eine allgemeine Sicherheit verheißt, will der Herr des Hauses keine eisernen Gesetze geben. Der anständige freie Wille sei dem Gastfreund hier Gesetz. Derjenige aber, der boshaft und vorsätzlich der Urbanität goldenes Gesetz verletzt, fürchte, dass der erzürnte Aufseher ihm der Gastfreundschaft geheiligte Zeichen verbrenne.«

Im 18. Jahrhundert wurde der alte und in vielen Teilen bereits zerfallene Park von Marc Antonio Borghese erworben. Er beauftragte den deutschen Maler und Architekten Christoph Unterberger, den Schöpfer der erwähnten Fontana dei Cavalli Marini, mit der Umgestaltung des Parks zu einem englischen Landschaftsgarten. Heute durchstreift man also einen Park, der mit der barocken Anlage Kardinal Borgheses nur noch wenig gemein hat. Sehenswert sind aber durchaus die klassizistischen Denkmäler, der Äskulaptempel von 1787 (Abb. gegenüber), die Piazza di Siena, die Casina dell'Orologio, 1791 von Domenico Fagiuli erbaut, und der genannte Brun-

nen der Seepferde. Ein Wort noch zum Casino, das heute als eine der großartigsten Privatgalerien weltweites Ansehen genießt. Als eines der berühmtesten Bildwerke gilt sicherlich Berninis *Apoll und Daphne*. Das Prunkstück der Sammlung aber war der *Herkules Farnese*, den Johann Wolfgang von Goethe während seines Romaufenthaltes im Jahr 1787 noch bewundern konnte. Doch klagte er nicht nur um den baldigen Verlust des Herkules, sondern um weit mehr: »Gegenwärtig gewinnt es Prinz Borghese über sich und verehrt diese köstlichen Reste dem König von Neapel.« Gemeint sind die auf farnesischem Grund und Boden gefundenen antiken Beine des Herkules, die damals durch Repliken ersetzt wurden. »Wenn«, so der von der Antike so begeisterte Dichter, »doch wenigstens die antiken Fragmente in Rom geblieben wären …«

Eine der Villa Borghese in vielerlei Hinsicht vergleichbare Parkanlage wurde von Ludovico Ludovisi, dem Neffen Papst Gregors XV., kurz nach der Vollendung der Villa Borghese geschaffen. Dort, wo heute die Via Veneto sich in elegantem Schwung zum Pincio hinaufwindet und der aufwändige, Ende des 19. Jahrhunderts errichtete Palazzo Margherita steht, breiteten sich die Gärten aus. Wie in der benachbarten Villa Borghese waren es auch hier Boskett-Kompartimente, die von geschnittenen Hecken eingefasst wurden. Das Gelände, auf dem die Villa sich befand, ist stark abschüssig, so dass eine Terrasse vor dem Gebäude angelegt werden musste. Ein großer Platz mit einem Brunnen, flankiert von einem Ziergarten, diente als Auffahrt für Festgäste. Von dem Park ist heute nichts mehr erhalten geblieben bis auf ein kleines Gartenstück mit uralten Bäumen, die möglicherweise noch aus der Zeit der Ludovisi stammen. Ebenfalls aus dieser Zeit stammend, ist das Casino dell'Aurora mit Guercinos Deckenfresko *Triumph der Aurora* in der Eingangshalle von 1621 noch an seinem alten Platz vorzufinden. Wenn man vom Palazzo Margherita zum Casino spaziert, das zwischen der Via Ludovisi und der Via Lombardi steht, durchschreitet man das ehemalige Gartenareal der Villa Ludovisi.

Rom, Villa Borghese
Monopteros (Äskulaptempel) an einer Allee im Gartenbereich der Villa

Rom, Villa Doria Pamphili
Villa mit Terrasse und vorgelagerter längsrechteckiger Parterreanlage

ABBILDUNGEN GEGENÜBER:
Rom, Villa Doria Pamphili
Brunnenanlage im Garten (oben)

Das Amphitheater im Garten der Villa Doria Pamphili nach einer Zeichnung von Perelle, 1685 (unten)

Villa Doria Pamphili in Rom

Im Reigen der ehrgeizigen päpstlichen Nepotenprojekte, über den Dächern Roms weiträumige Parkanlagen mit Casinos und Villen zu errichten, nimmt die Villa Pamphili auf dem Gianicolo vor der Porta S. Pancrazio einen besonderen Platz ein (Abbn. oben und gegenüber). Fürst Camillo Pamphili, ein Neffe Papst Innozenz' X., beauftragte 1644 Alessandro Algardi mit der Planung und Durchführung einer neun Quadratkilometer großen Parkanlage und einer herrschaftlichen Villa. Diese größte Parkanlage Roms, sicherlich in Konkurrenz zum Borghese-Park angelegt, teilt das Schicksal der anderen vorgestellten römischen Gärten. Um 1850 wurde das gesamte Gelände in einen englischen Landschaftsgarten umgewandelt. Zwei Stiche von Simon Felice zeigen den barocken Garten und die Villa. Ähnlich wie bei der Villa Borghese liegt auch hier das Wohnhaus nicht im Schnittpunkt der Hauptachsen, sondern eher abseits innerhalb der Parkanlage, die von Bosketten dominiert ist. Nach Durchschreiten des Eingangstors gelangt man auf einen kleinen Platz, von dem zwei im rechten Winkel zueinander liegende Alleen ausgehen. Die eine führt, wie bei der Villa Borghese, auf einen Brunnen zu, hinter dem sich in der Ferne die Kuppel des Petersdoms erhebt – ein spektakulärer Blick. Folgt man dieser Allee, wird man an der Villa vorbeigeführt, möglicherweise ohne das Gebäude erblickt zu haben. Doch nur wenige Schritte vom Brunnen entfernt öffnet sich eine Gartenanlage, deren von Rondellen und größeren Plätzen unterbrochene breite Hauptachse auf das reich ornamentierte Broderieparterre und die Gartenfront der Villa ausgerichtet ist (Abb. oben).

Das Parterre, das an seinen Schmalseiten in den Hügel eingeschnitten ist, umgibt eine mit skulpturenbesetzten Nischen und einer blumengeschmückten Balustrade bereicherte Mauer. Man möchte hier fast einen *giardino segreto* vermuten, doch spricht die Lage dagegen. Der mit einem Brunnen ausgestattete Platz unmittelbar vor dem vorgezogenen Mittelrisalit der Villa und die den Seitentrakten angefüg-

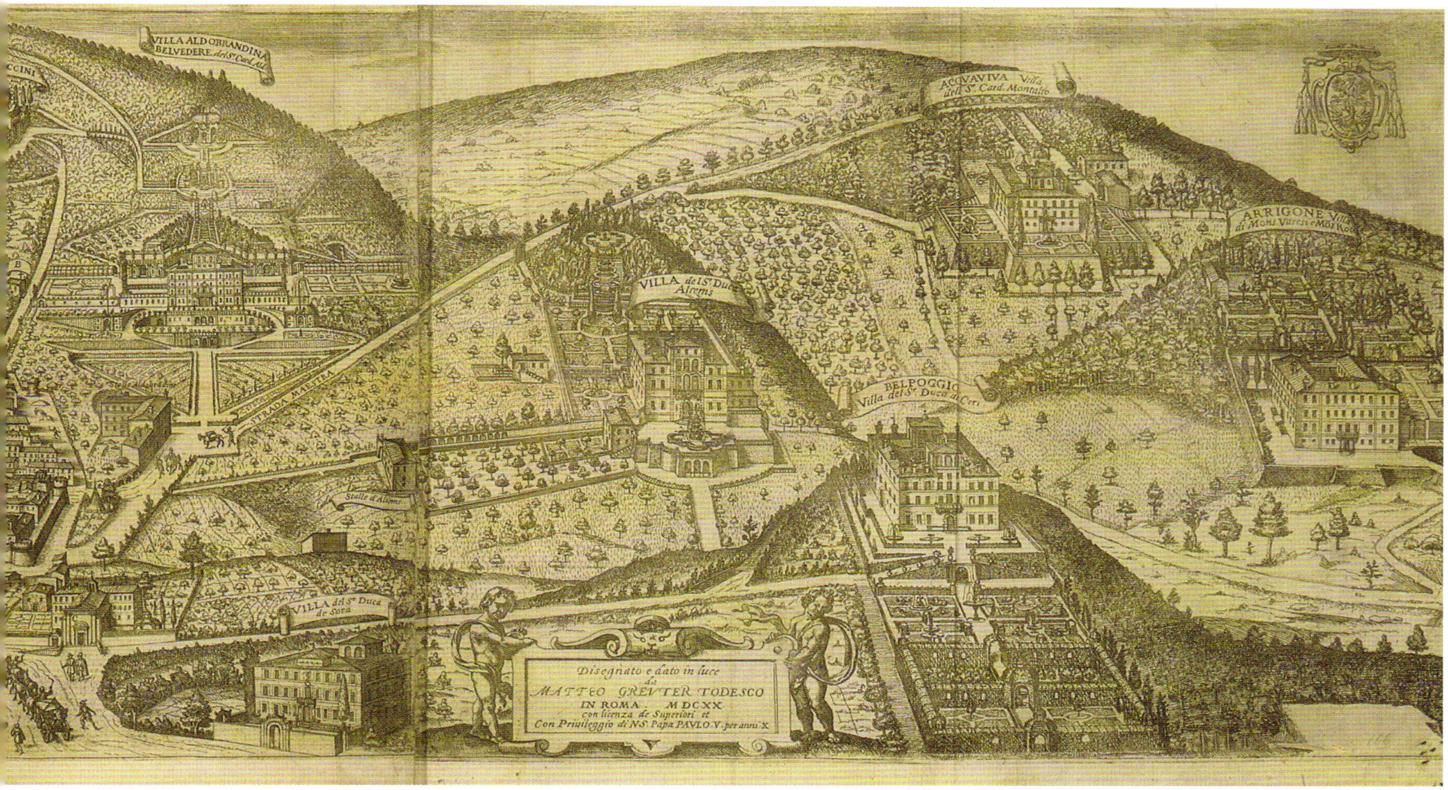

in seinen Diensten und gaben dem Gebäudekomplex sein endgültiges Aussehen.

Östlich der großen Stützmauer, die gemeinsam mit dem Palazzo della Ritirata und dem Verbindungstrakt das große Casino mit dem Parterre umgrenzte, konstruierte Giovanni Fontana ein Wassertheater, das damals zu den berühmtesten seiner Art zählte. Heute sind davon nur noch die große Exedra und die zweiläufige Treppe erhalten. Die von Buchshecken umzäunten Beetkompartimente und die dort installierten Brunnen existieren nicht mehr.

Die von Kardinal Aquaviva um das Jahr 1590 erbaute und später so genannte Villa Grazioli erwarb Kardinal Paretti di Montalto im Jahr 1616. Er ließ das Casino und den Garten umgestalten. Heute ist von der Anlage nicht mehr viel erhalten, was auf eine barocke Gestaltung schließen lassen könnte. Allerdings befinden sich in der nach dem heutigen Besitzer, der Familie Grazioli, benannten Villa einzigartige Fresken von Domenichino, Annibale Caracci und der Zuccari-Schule, so dass ein Besuch lohnt. Ein Fresko in der Stanza di Eliseo wartet mit einer interessanten Ansicht des Casinos und dem Gartenparterre auf. Vermutlich wurde dieses Fresko zu Beginn des 17. Jahrhunderts von einem Carracci-Schüler erschaffen. Folgendes wird in dem Fresko gezeigt: Zwei weit vorgezogene Seitenflügel schließen den von einem Turm überhöhten Mitteltrakt ein und bilden einen Hof, aus dem der Garten sich hügelaufwärts entwickelt. Dem Erdgeschoss des Haupttraktes ist eine Loggia mit einer Terrasse vorgeblendet, auf der Menschen auszumachen sind. Zwei Brunnen stehen vor den Seitentrakten. Laubbäume und Pinien sind über das Gelände verteilt, das keine gartenkünstlerische Gestaltung erkennen läßt, sondern sich eher wie eine freie Landschaft ausnimmt. Dieser Eindruck wird durch das Personenszenarium noch verstärkt. Zwei Frauen hocken vor einem weißen Tuch mit einem Krug und zwei Broten, während eine weitere Frau mit einem Kind an der Hand und einer Amphore auf dem Kopf sich dem Gebäude nähert. Ein Mann, einen schweren Sack tragend, geht auf einen Esel zu, der an einen Pinienstamm gebunden ist. Da verschiedenen Stichen aus dem 17. Jahrhundert zufolge seitwärts und talwärts der Villa Parterres mit ornamentierten Beetkompartimenten und Brunnen angelegt worden sind, ist es durchaus denkbar, dass der rückwärtige Teil wenig oder gar nicht durchgestaltet worden ist. Auf der anderen Seite sollte man aber auch die Thematik der Malerei jener Zeit nicht unberücksichtigt lassen, die häufig um pastorale Themen kreiste. Wie dem auch sei, die Vorstellung eines Landschaftsgartens klingt hier bereits an.

Frascati, Villa Aldobrandini
Hauptfassade der Villa und großer Vorhof mit Zufahrtsrampe, Stich von Specchi

Villa Aldobrandini in Frascati

Zu den berühmtesten Frascati-Villen zählt die des Pietro Aldobrandini, eines Neffen Papst Clemens' VIII. Dieses in seiner architektonischen Struktur ungewöhnliche Landschloss war ab 1598 von Giacomo della Porta geschaffen worden. Nach Portas Tod wurde Carlo Maderna mit den weiteren Arbeiten beauftragt, die 1604 abgeschlossen wurden. Das Grundkonzept oder der dominierende Charakter der Fassadengestaltung besteht aus einem monumentalen gebrochenen Giebel mit einem mittleren Segmentteil. Letzterer bekrönt als Dachabschluss den erhöhten Mittelteil des Gebäudes (Abb. links). Über den niedrigeren Seitentrakten ragen bis zur Höhe des Dachfirstes die angeschnittenen Eckformen eines Dreiecksgiebels. Verfolgt man die Linie der Schrägen, gelangt man zum Dach- bzw. zum Segmentgiebelansatz. Diese raffinierten Architekturspielereien, zu denen auch der Wechsel von quadratischen und rechteckigen Fensterformen sowie die geteilten Portalpilaster gehören, sind typische Kennzeichen für eine ausgeprägte Variante des Manierismus.

Das markante Gebäude thront auf einem riesigen Terrassensockel, zu dem geschwungene doppelläufige Rampen hinaufführen (Abb. links). Auf der Gartenseite dagegen steigt das Gelände steil an. Als Stützmauer ist ein eleganter Exedrabau effektvoll in den Hügel eingesetzt, das berühmte Wassertheater (Abbn. S. 156/57). Die Pläne für diese Anlage gehen auf Giacomo della Porta zurück, Carlo Maderna führte sie aus. In das große Halbrund sind fünf rundbogige, säulengerahmte Nischen eingelassen. Dem Gliederungskonzept eines Triumphbogens folgend sind in den Wandabschnitten zwischen den Pilastern Rechtecknischen angebracht, über denen gerahmte Relieffelder zu sehen sind. Darüber öffnen sich in der Bogenzone Tondi mit antikisierenden Büsten. In den Nischen stehen mythologische Figuren, unter anderem ist ein Polyphem zu sehen, der

Frascati, Villa Aldobrandini
Gartenseitiger Platz zwischen der Villa und dem Wassertheater

die Panflöte spielt (Abb. S. 157). Im Zentrum ragt Atlas mit der Himmelskugel auf seinen Schultern hervor. Er empfängt das Wasser von der Wassertreppe oberhalb der Exedra und leitet es in das Bassin, das sich vor ihm ausbreitet. Seitlich schließen sich Flügelbauten mit dem Gartensaal und der Sebastianskapelle an.

Oberhalb des Wassertheaters folgt die großartige Parkanlage, die durch die Wassertreppe dominiert wird. Ihr Anfang wird von zwei Säulen gerahmt. Aus diesen steigen Wasserfontänen auf, deren Wasser über gewundene Girlanden wieder nach unten geleitet wird. Diese Säulen des Herkules nehmen in raffinierter Weise Bezug auf den Palast. Wenn man sich im Empfangssaal des vorgezogenen Mittelbaus unmittelbar vor dem Torbogen aufhält und über den Hof sowie die Exedra hinweg nach oben schaut, dann rahmen die Säulen des Bogens den Mittelteil des Wassertheaters, die Wassertreppe und die auf dem oberen Plateau aufragenden Girlandensäulen. Diese Blickachse lässt sich in gewisser Weise auch umkehren. Der Standpunkt oben vor dem Bassin besticht durch seinen Panoramablick. Die Säulen des Herkules rahmen den Mittelrisalit des Palastes und beziehen perspektivisch das seitliche Waldstück, die mittlere Wassertreppe und die Balustrade der Exedra auf die Architektur der Villa. Wendet man dann seinen Blick in die entgegengesetzte Richtung, öffnet sich ihm die weite Parkanlage.

Hohe Hecken säumten alten Stichen zufolge die Wassertreppe, deren Vorbild zweifellos bei der Villa Lante in Bagnaia zu suchen ist. Seitlich führen Wege hinauf zu einer höher gelegenen Brunnenanlage, der Fontana rustica. Hier stürzen zwischen zwei Nischen mit Bauernfiguren Wasserströme in ein Becken herab. Um sie herum schwingt sich eine Treppe, deren Balustrade eine monumentale Volute bildet, hinauf zur folgenden Terrasse, zur Fontana di natura. Diese Naturgrotte aus Tuffstein nimmt das sprudelnde und rauschende Wasser auf, das von weiter oben über Kaskaden heranströmt.

Es ist diese unvergleichliche Wasserachse, die das Gesamtkonzept des Parks bestimmt. Anders als bei den römischen Villen nimmt das Casino, dem in diesem Fall wohl eher die Bezeichnung Palast zukommt, hier mit seiner beherrschenden Lage die zentrale Stellung innerhalb der Anlage ein. Wenn die Säulen des Herkules metaphorisch auf die Begrenzung der Welt anspielen, dann ist jenseits dieses Ortes das Paradies zu suchen, das sich zu Seiten des Lebensflusses hangaufwärts entfaltet. Der Villa und dem Wassertheater kommt – diesem Deutungsversuch entsprechend – das Attribut zu, Tor und Vorhof zum Paradies zu sein. Die Vorderfront des Palastes mit der prachtvollen Auffahrt und den dort hinführenden Alleen ist eindeutig auf die diesseitige Welt, auf die weite Ebene des Tibertals und das

Frascati, Villa Aldobrandini
Parterre mit Buchsbaumornamenten nahe der Villa (oben)
Platanenwäldchen neben dem Wassertheater (unten)

ferne, aber eben doch sichtbare Meer, bezogen – und natürlich auf Rom, das Zentrum der Welt.

Die äußere Welt der Villa Aldobrandini hat in der Stanza del Parnaso des Palastes ihre Entsprechung. Alles, was draußen im Wassertheater oder entlang den Wassertreppen und Kaskaden großräumig entfaltet wird, erscheint hier im großen Saal an der Decke und an den Wänden in kleinerem Maßstab wieder. Das freskierte Gewölbe suggeriert eine mediterrane Pergola mit Ranken, Zweigen von Obstbäumen und dichtem Laubwerk. Stieglitze, Nachtigallen, Rebhühner, Ringeltauben und viele andere Vögel sitzen oder flattern im Astwerk umher. An markanten Eckpunkten hocken ein Uhu, ein Falke, ein Pfau und ein Kauz. An den Wänden sind idyllische Phantasielandschaften angebracht, und auf dem Fußboden breitet sich großflächig ein Mosaik aus, in Struktur und Motivik das Deckenfresko wiederholend. Die Hauptattraktion aber ist wohl die Wasserorgel, die effektvoll in einer triumphbogenartig gerahmten Apside untergebracht ist. Dargestellt ist der Parnass mit dem aus dem Felsen hervorpreschenden Pegasus. Ihm zur Seite haben sich die Musen auf dem Gestein niedergelassen, und oben auf der Höhe unter einem Lorbeerbaum sitzt Apoll mit der Kythara in den Händen.

So hat hier alles seine Entsprechung. Das antike Paradies, der Musenhügel mit Apoll, bezieht sich auf das irdische Paradies, das sich um den Palast herum entwickelt und als Verweis auf die Ewigkeit des Himmels, auf das wahre Elysium verstanden sein will.

Vielleicht war es ja diese Grenze zwischen dem Diesseits und dem Jenseits, die Kardinal Aldobrandini ausloten wollte, mit dem Ziel, in einem vorweggenommenen Paradies dem Glück und Seligkeit verheißenden Jenseits ganz nahe zu sein. Es ist interessant, dass die Bildthematik und -motivik des Innenraumes ein Abbild des äußeren Raumes ist, gewissermaßen eine Steigerung des Draußen. In einem Brief von 1601 machte Silvio Antoniano dem Kardinal Vorschläge zur malerischen Gestaltung der Innenräume. Er riet ihm zu Sujets wie »... die Jagd, den Fisch- und Vogelfang, die Feldarbeit in Kornfeldern, Weinbergen und Olivenhainen, das Hirtenleben, die Bienenzucht, die Pferdezucht und die Haltung von Höfen und Obstgärten«. Hierbei geht es offensichtlich um pastorale Idyllen, die der römisch-antiken Agrarliteratur entstammen. Aber der Berater fügte auch hinzu:

»Man könnte auch an andere Themen wie grünes Gras, Blumenwiesen, Obstbäume in Blüte oder mit reifen Äpfeln behangen, grüne Kornfelder und Korngarben denken.«

Castello Ruspoli in Vignanello

Bevor wir uns auf den Weg machen, die Barockgärten Italiens in den weiter nördlich gelegenen Landesteilen aufzusuchen, sollten wir in Vignanello Abschied nehmen von dem an barocken Villen so reichen Latium. Hier, unweit von Viterbo und in der Nachbarschaft so berühmter Gärten wie Lante, Caprarola oder Bomarzo, erwartet uns eine versteckte Preziose. Der Landsitz der Ruspoli befindet sich auch heute noch im Besitz der Familie, deren Engagement es zu verdanken ist, dass das von Buchsbaumhecken gesäumte Parterre im barocken Stil re-

Frascati, Villa Aldobrandini
Halbrund des Wassertheaters (links)

Detailansicht des Wassertheaters: Panflöte spielender Polyphem in der linken Grottennische (gegenüber)

POTESTATEM · SEDIS · APOST ·

Vignanello, Castello Ruspoli
Blick vom Castello auf die große Parterreanlage mit Buchsbaumornamenten (oben)

Blick vom Ende der Parterreanlage auf die Gartenfassade des Castello (rechts)

konstruiert wurde und bis zum heutigen Tag mit Sorgfalt gepflegt wird (Abbn. gegenüber). Zwei Querachsen teilen das lang gestreckte Areal in drei Quartiere auf, die aus mehreren Kompartimenten bestehen. Niedrige Buchshecken sind zu ornamentalen Mustern geformt, von denen einige das Monogramm der Familie Ruspoli bilden.

Graf Francesco Marescotti, der den Namen seiner Mutter, einer Gräfin Ruspoli, annahm, gestaltete diesen Garten zu Beginn des 18. Jahrhunderts. Papst Benedikt XIII. hielt sich im Jahr 1725 im Palast auf, genoss die Küche und einen Spaziergang durch den Garten, wo er die mit Statuen geschmückten Alleen bewunderte. Diese ist heute leider nicht mehr erhalten. In der Villa jedoch kann man den Jahrhunderten nachspüren und dabei bis zum fast mittelalterlichen Ursprung des Anwesens zurückkehren. Die Dekorationen des Piano Nobile setzen sich aus kunstvoll ineinander verschlungenen Ornamentbändern zusammen, zwischen denen sich Weinranken um heraldische *monti*, stilisierte Bergformen, die Wappen der Ruspoli, winden. Zu Beginn des 17. Jahrhunderts war Ottavia Orsini, die Tochter des berühmten Vico Orsini aus Bomarzo, im Besitz des Schlosses. Auf ihre Initiative hin wurde in den Jahren 1610 bis 1615 der Park mit einer Mauer umfasst, die mit Nischen versehen war. Die mit Blumen reich ornamentierten Beete waren in der Art manieristischer Muster gestaltet.

Nicht ganz hundert Jahre zuvor hatte Graf Sforza Marescotti den Architekten Antonio da Sangallo d. J. beauftragt, das im Jahr 1491 erbaute Kastell zu erneuern. Die Sala mit einem Renaissancebrunnen und die Eingangshalle mit den Pilastern und dem flachen Stichkappengewölbe zeugen noch heute von diesem ersten Bau.

Villa La Pietra in Florenz

Am nördlichen Stadtrand von Florenz in der Nähe der ehemaligen Porta San Gallo befindet sich der Eingang zum Park der Villa La Pietra. Bemerkenswert ist die Anlage darum, weil Arthur Acton die Villa zu Beginn unseres Jahrhunderts übernahm und den im Stil des englischen Landschaftsgartens gestalteten Park frei in der Art einer barocken Anlage des 17. Jahrhunderts anlegte. Er orientierte sich an der vom Hauptportal der Villa ausgehenden Mittelachse, terrassierte den Hang neu und schuf drei Ebenen, die er mit Pergolen, Brunnen und Bassins versah. Seiner – und seines Sohnes, Sir Harold Acton – Sammlerleidenschaft ist es schließlich zu verdanken, dass der Park mit zahlreichen Barockskulpturen und Architekturfragmenten geschmückt werden konnte. Er legte Blickachsen an, setzte kunstvoll Säulen- und Architravfragmente in Szene, um wirkungsvolle Perspektiven zu schaffen. Im Einklang mit Pinien, gestutzten Zypressen und Buchshecken komponierte er Skulpturengruppen und Brunnen, die ein bühnenbildartiges Szenarium eröffnen. Höhepunkt seiner Gartengestaltung ist die untere Terrasse, wo er in konzentrischen Ringen ein Buchsbaumkompartiment pflanzen ließ, in dessen Zentrum ein Wasserbassin mit einem zierlichen Brunnen gesetzt wurde. Eine pergolaähnliche lichte Säulengalerie, die in der Form einer Exedra um den äußeren Buchsring herum geführt wird, schließt das Ensemble ab (Abb. oben). Die obere Terrasse ließ Acton so anlegen, daß sie die Villa umgibt. Ein halbhohes, mit Skulpturen versehenes Mäuerchen begrenzt diese Ebene. Von hier aus hat man einen herrlichen Blick auf die unteren Terrassen. Unterschiedlich hohe Buchsbaumhecken, Wasserbassins mit Brunnen und Skulpturen auf hohen Sockeln sorgen für ein abwechslungsreiches und bewegtes Gartenbild.

Villa und Garten können auf eine lange Geschichte zurückblicken. Der Landsitz ist bereits ab dem 14. Jahrhundert überliefert. Die ersten nachweisbaren Besitzer waren die Sassetti im 15. Jahrhundert, vermögende Bankiers in Diensten der Medici. Es ist anzunehmen, dass schon damals ein Garten angelegt wurde. Bilder oder Dokumente, die Aufschlüsse über sein Aussehen geben könnten, lie-

Florenz, Villa La Pietra
Säulen, Statuen, ein Brunnen und eine von einer Kolonnade gebildete Exedra beschließen die perspektivische Achse des Gartens im Süden.

Florenz, Villa La Pietra
Wie eine begrünte Theaterkulisse erscheint diese Ecke des Gartens, die mit Balustraden, Statuen und einem abschließenden Bogen geschmückt ist.

gen jedoch nicht vor. Kardinal Luigi Capponi ließ das Anwesen barock umbauen, nachdem er es im 17. Jahrhundert erworben hatte. Das betraf nicht nur die Villa, die Carlo Fontana gemeinsam mit Giuseppe Ruggieri neu gestaltete, sondern auch den Garten, der rechts der Villa als klassisches Buchsparterre mit antiken Skulpturen angelegt wurde.

Villa Torrigiani in Camigliano

Die meisten italienischen Gärten der Renaissance und des Barock wurden im 19. Jahrhundert in einen englischen Landschaftsgarten umgewandelt. Während der Garten der Villa La Pietra dank der Initiative des früheren Schlossherrn Arthur Acton wieder komplett in barocker Gestalt erscheint, gelang es in anderen Parkanlagen, zumindest kleinere Gartenbereiche wieder in barocke Formen zurückzuführen. Die Villa Torrigiani, nordöstlich von Lucca gelegen, präsentiert sich heute inmitten einer typisch englischen Parkanlage. Das ist umso bedauerlicher, als es wahrscheinlich der große französische Gartenarchitekt André Le Nôtre war, der die Parterres nach seiner Rückkehr von Rom im Jahr 1679 entworfen hatte. Davon ist heute bis auf das ellipsenförmige Bassin nichts mehr zu sehen. In einem der Erdgeschossräume der Villa ist allerdings ein Plan der alten Anlage zu besichtigen. Der auf das 16. Jahrhundert zurückgehende und im 17. Jahrhundert nur geringfügig veränderte Bau wird gewissermaßen eingeschlossen von den beiden Hauptparterres. Hier findet in der Ornamentik des Broderieparterres die mit Skulpturen reich geschmückte Hauptfassade ihre Entsprechung. Die seit etwa 1620 in Frankreich übliche Beetornamentierung mit Mustern aus Buchs, die mit farbigen Steinchen ausgefüllt sind, wird in der Villa Torrigiani wohl zum ersten Mal in Italien eingesetzt. Das nach dem Vorbild Serlios konstruierte Aufrisssystem des Mittelrisalits – zwei übereinander gestellte Rundbögen werden flankiert von je zwei rechteckigen Öffnungen – mutet im Zusammenspiel mit der Rustikafassade des unteren Geschosses und den dort untergebrachten monumentalen Nischenfiguren manieristisch an. Der gesamte Baukörper entwickelt durch seine dynamische Struktur ein ästhetisches Eigenleben, das nur aus einer gewissen Distanz zur Geltung kommt. Aus diesem Grund dürfte Le Nôtre wohl auch weite ungestaltete Rasenflächen zwischen der Villa und den Parterres vorgesehen haben, um die Architektur wirkungsvoll in Szene zu setzen. Der englische Landschaftsgarten fördert diese Betrachtungsweise, zumal neben der Villa hohe Bäume aufragen, die die Fassade fast wie ein Bild erscheinen lassen (Abb. gegenüber).

Auf dem alten Gartenplan ist auch ein Gartenbereich zu sehen, der abseits liegt und von einer Mauer umschlossen ist. Es handelt sich hier um den im Barock und besonders in Italien beliebten *giardino segreto*. Dieser Garten ist glücklicherweise erhalten geblieben. Ein rundbogiger Durchgang führt den Besucher, der vom Sommerpavillon kommend ein Blumenparterre kreuzt, in diesen geschlossenen Garten und überrascht ihn mit einer Beetanlage (Abb. S. 162 unten). Niedrige Buchshecken umschließen bunt bewachsene Blumenbeete. Große Buchskugeln flankieren den mittleren Hauptweg, der auf eine Grotte zuführt. Zwei grimmige Monstren haben sich links und rechts des Eingangs niedergelassen, um den Ankömmling gebührend zu begrüßen. Wer sich nicht abschrecken lässt, betritt die Grotte und sieht sich im Halbdunkel sogleich den Göttern der Winde ausgesetzt, die mit prall gefüllten Wangen und gespitzten Mündern ihre Dienste versehen (Abb. S. 162 oben). Wir befinden uns in der Grotte der Sieben Winde, die den allzu Neugierigen bestrafen. Wasser spritzt aus dem Boden, nachdem man die Schwelle überschritten hat, und Flora, die Gemahlin des Windgottes Äolus, lässt einen Regenschauer aus der Kuppel auf den Besucher niederrauschen. Diese von Spanien her bekannten Wasserspäße sind für thematisch vergleichbare Grottenwerke sehr häufig verwendet worden. Sie zählen zur Hauptattraktion der Villa Torrigiani.

Auf der gegenüberliegenden Seite wird der Garten durch eine doppelte gegenläufige Treppenanlage begrenzt, deren Balustraden mit Figuren geschmückt sind. Ein großes Wasserbassin schließt sich an, das als Reservoir für die Wasserspiele in der Grotte der Sieben Winde und im labyrinthischen Grottensystem unterhalb der Treppenanlage dient. Zwei Zugänge führen unter den Treppen in eine unvergleichliche Grottengalerie mit stalaktitenbehangenen Gewölben und zahlreichen aus Tuffstein gehauenen Tieren und Monstren.

ABBILDUNGEN GEGENÜBER:
Camigliano (Lucca), Villa Torrigiani
Reich mit Skulpturen verzierte Eingangsfassade der Villa (oben)
Gartenansichten (unten)

Segromigno (Lucca), Villa Mansi
Balustradenumfasstes Bassin von Filippo Juvarra im Garten der Villa

Der *giardino segreto* mit seinen Grotten und Wasserspielen, die aufwändige Treppenanlage und der üppige Figurenschmuck, konzentriert auf ein so kleines, eher abseits gelegenes Areal, lassen eine Vorstellung von der einstigen barocken Pracht der gesamten Anlage aufkommen, in deren Zentrum sich stolz die herrschaftliche Villa erhob.

Villa Mansi in Segromigno bei Lucca

Nicht weit entfernt von Camigliani und ebenfalls nahe der Stadt Lucca liegt Segromigno mit der Villa Mansi, die ebenfalls einst von einer barocken Gartenanlage umgeben war. Die Villa wurde im Auftrag der Gräfin Felice Cenami von dem Architekten Muzio Oddi 1634/35 im manieristischen Stil erbaut. Seitdem sie kürzlich restauriert worden ist, präsentiert sie sich in ungewöhnlicher Eleganz. Oddi fand eine aus dem 16. Jahrhundert stammende Villa vor. Er errichtete eine vollständig neue zweigeschossige Fassade, blendete vor die Front eine zweiläufige Treppe und versah das erhöhte Erdgeschoss mit einem prachtvollen Portikus, dessen drei Arkadenbögen in der Manier Palladios gestaltet wurden. Die das Gebälk der Arkatur tragenden toskanischen Säulenpaare sind mit reizvollen Statuen versehen. Dieses Motiv wiederholt sich in der Mitte des Obergeschosses. Die Seitenflügel treten nur leicht hervor. Sie tragen Dreiecksgiebel, in die je ein Blendbogen mit einer monumentalen Büste eingepasst ist. Typisch manieristisch nehmen sich auch die mit Büsten versehenen gesprengten Segmentgiebel der Erdgeschossfenster aus.

Im 18. Jahrhundert ging der Besitz an Ottavio Guido Mansi über, dem es gelang, Filippo Juvarra, den Hofbaumeister Victor Amadeus' II. von Savoyen, für seine Gartenprojekte zu gewinnen. Er entwarf zwei Gärten mit Pergolen, Brunnen, Spalierobstabteilungen und ein zierliches Uhrentürmchen.

Von dieser Pracht ist heute kaum noch etwas vorhanden. Die barocke Gartenanlage musste dem englischen Rasen vor der Villa und neu gepflanzten Bäumen weichen. Nur noch die beiden Bassins von Juvara sind erhalten geblieben. Über die ehemalige große Allee, die von Lorbeerhecken flankiert wird, spaziert man – in Begleitung stiller, steinerner Mädchenfiguren, die aus Buchshalbkugeln emporragen – zu einem der Wasserbecken. Es ist von einer geschwungenen Balustrade umgeben, die mit Geranienschalen und Skulpturen geschmückt ist (Abb. oben). Etwas entfernt, in einem Wäldchen, begegnet man unvermittelt *Diana im Bade* vor einem ruinösen, mit Muscheln verkleideten Arkadenbau.

ABBILDUNGEN GEGENÜBER:
Camigliano (Lucca), Villa Torrigiani
Grotte der Sieben Winde (oben)
giardino segreto (unten)

Collodi (Pistoia), Villa Garzoni
Der von Filippo Juvarra entworfene »Sommerpalast« bildet das Verbindungsglied zwischen der Ortschaft und der Gartenanlage.

Villa Garzoni in Collodi

Zum Trio der lucchesischen Villen gehört natürlich auch Garzoni – sicherlich die größte Überraschung in dieser so villenreichen Region. Der Palast wurde nur wenige Kilometer östlich der Villa Mansi am Rande der Ortschaft Collodi errichtet. Im Winkel eines Waldstücks hat man in einer beinahe atemberaubenden Hanglage den Park angelegt, der von der Villa eindrucksvoll bekrönt wird (Abb. oben). Der erste Eindruck ist überwältigend. Ob man von oben auf die Anlage hinunter- oder von unten zur Fassade der Villa emporschaut: Der Blick verliert sich in der Vielfalt von Brunnen, Terrassen und in den Hang eingefügten steilen Treppen. Obwohl der Garten nach streng symmetrischen Aspekten entworfen worden ist, ist die gesamte Anlage von einem labyrinthisch anmutenden Wegesystem durchzogen. Marchese Romano Garzoni, der Besitzer des Anwesens, kümmerte sich selbst um das Konzept, das er wohl auch im Detail entwarf. Die Arbeiten dauerten von 1633 bis 1692. Im folgenden Jahrhundert übernahm der Urenkel Romanos den weiteren Ausbau des Gartengeländes und beauftragte den Architekten und Ingenieur Ottaviano Diodati mit der Planung hydraulischer Installationen, die für das Funktionieren der umfangreichen Wasserkünste notwendig geworden waren.

Der Garten blieb bis auf den heutigen Tag erhalten, so dass man die barocke Anlage ausführlich studieren und während der Spaziergänge genießen kann. Die hangaufwärts angelegte Hauptachse besteht aus einer rhythmisch angelegten Treppe, die zweiläufig über drei Terrassen geführt wird. Am Fuß der Treppe befindet sich ein Beet, das durch hohe, in Wellenformen gestutzte Buchshecken eingefasst und mit phantasievollen Pflanzenornamenten geschmückt ist (Abb. S. 167). Die Architekten verzichteten auf die klassischen Beetkompartimente und pflanzten in freien und dynamischen Zügen farblich unterschiedlich blühende Pflanzen wie Lavendel, Rosmarin, Heidekraut oder Nelken auf weite Flächen. Zitronenbäumchen in Töpfen, kleine Buchskugeln und größere, spiralförmig zugeschnittene Buchsbäume setzen Akzente. Dem Beet vor der Treppenanlage vorgelagert liegt das Eingangsterrain mit zwei kreisrunden Wasserbassins. In einem der Becken wachsen Seerosen. Der ganze Bereich ist mit Kies ausgelegt, was dafür sorgt, dass die blühende Blumenpracht in ihrer ganzen Farbkraft zur Geltung kommt (Abb. S. 165 unten).

Wenn man die mit Mosaiken verzierte Prunktreppe mit der ziegelroten Balustrade hinaufsteigt, gelangt man auf halber Höhe zur Muschelgrotte des Neptun. Zahlreiche kleine Fontänen begleiten den Besucher auf seinem Weg. Diese und die folgende Terrasse werden von zwei Alleen gequert. Während die untere mit Palmen bepflanzt ist, bereichern Skulpturen die obere, an den Wald grenzende

ABBILDUNGEN GEGENÜBER:
Collodi (Pistoia), Villa Garzoni
Plan der Anlage von 1692 (oben)

Blick von der großen Treppenanlage auf die beiden Rundbassins der unteren Parterreregion (unten links)
Terrakottafigur an der Treppe (unten rechts)

Pomona-Allee. Eine Rampe führt entlang der kühlenden Wassertreppe steil hinauf zum abschließenden Famabecken. Dort steht auf einem exedraförmig gestalteten Arkadenbau über einem Seerosenbecken die Göttin Fama, die den Ruhm der Familie Garzoni verkündet (Abbn. gegenüber und S. 169 unten). Der kurzweilige Aufstieg hat sich gelohnt. Wenn man sich nun umwendet und in die Tiefe schaut, gleitet der Blick über das herabplätschernde Wasser und über den oberen Treppenabsatz auf die untere Terrasse, wo im rechten Wasserbassin zwei Schwäne ihre Bahn ziehen (Abb. unten).

Wenn man heute Italien bereist, um die barocke Gartenkultur kennen zu lernen, dann zählt neben Bomarzo sicherlich auch Garzoni zu den unvergesslichen Eindrücken. Bomarzo überraschte mit seinen phantasievollen Spielereien und den ungewöhnlichen Perspektiven. Garzoni aber bietet sich in besonderer Fröhlichkeit und Ausgelassenheit dar, ohne dabei an Würde oder Eleganz einzubüßen. Dass es dem ersten Eigentümer, Romano Garzoni, ausschließlich um den Garten und nicht um ein Generalkonzept für Villa und Garten gegangen ist, erkennt man an der abseits gelegenen Stellung des Palastes (siehe Plan rechts). Von der unteren Terrasse aus gesehen, scheint die Fassade hoch oben auf dem Berg nicht zum Anwesen zu gehören, da die Treppenanlage nicht auf die Mittelachse des Gebäudes zuführt, sondern eine um etwa 40 Grad abgewinkelte Richtung einnimmt. Es ging also nicht in erster Linie um eine gartenkünstlerisch gestaltete Umgebung für den Palast. Der Garten selbst sollte als eigenständiger ästhetischer Organismus entwickelt und mit dauerhaftem Leben erfüllt werden. Den Nachkommen Romano Garzonis ist dieses Werk bis auf den heutigen Tag gelungen.

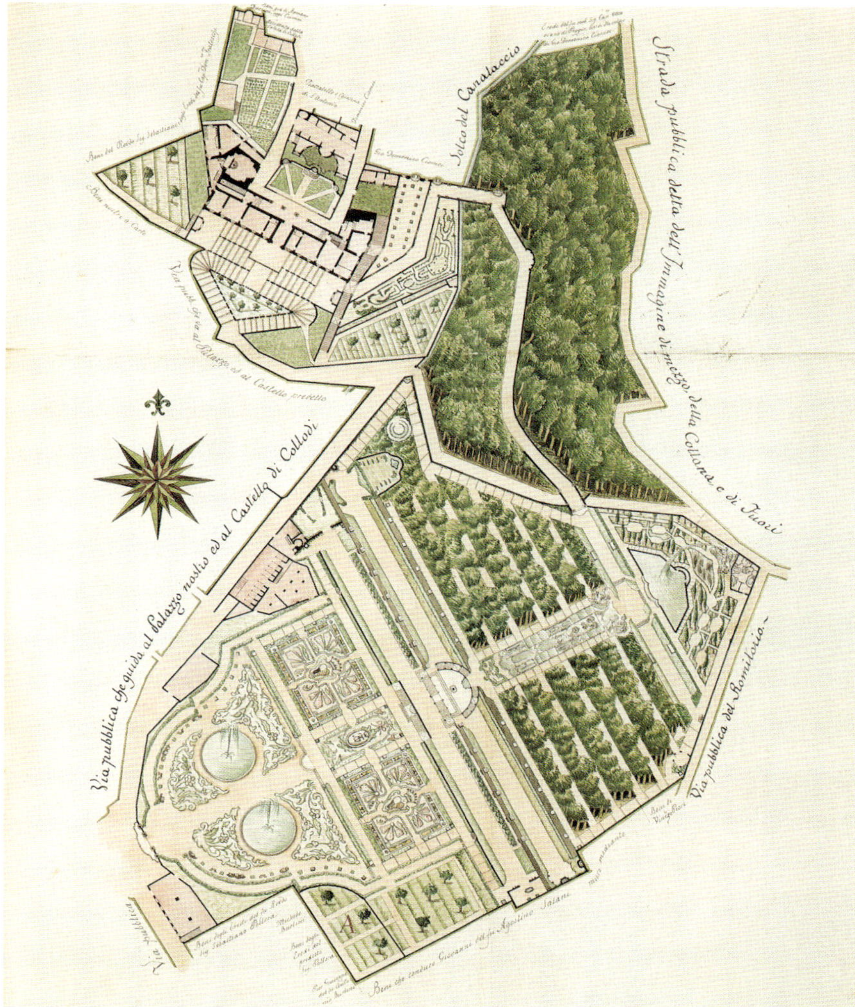

ABBILDUNG UNTEN:
Collodi (Pistoia), Villa Garzoni
Terrakottastatue der *Fama* am oberen Ende der *Wassertreppe*. Die Figur wird dem aus Lucca stammenden Bildhauer Paladini zugeschrieben.

ABBILDUNG GEGENÜBER:
Collodi (Pistoia), Villa Garzoni
Blick auf die doppelläufige Treppenanlage, die sich über drei Etagen erstreckt. In der Nische unten steht die Terrakottastatue des *Bauern mit dem Fass*.

Collodi (Pistoia), Villa Garzoni
Kopflose Frauenstatue, einen Männerkopf in der Hand haltend

ABBILDUNGEN GEGENÜBER:
Collodi (Pistoia), Villa Garzoni
Die Personifikation der Stadt Pescia bei Lucca am Beginn der Wassertreppe (oben)

Mauerumfasster Teich unterhalb der *Fama* am oberen Ende der Wassertreppe (unten)

ABBILDUNG GEGENÜBER:
Cetinale (Siena), Villa Chigi

Hinter einem schmiedeeisernen Gitter führt ein heller, von Buchshecken gesäumter Kiesweg auf die Fassade der Villa Chigi in Cetinale zu. Flavio Chigi, Kardinal und Neffe von Papst Alexander VII., ließ seine Villa westlich von Siena von dem Barockarchitekten Carlo Fontana erbauen. Der Baumeister griff das bewährte, von Peruzzi konzipierte Aufrisssystem der römischen Villa Farnesina auf. Zwei vorgezogene und turmartig wirkende Eckrisalite flankieren einen schmalen Mitteltrakt, in dem eine Loggia sich zum Garten hin öffnet. Der Garten, von Buchs, Zypressen und Zitronenbäumen dominiert, hat seine barocke Struktur in weiten Teilen bewahrt.

Cetinale (Siena), Villa Chigi
Zypressengesäumter Weg mit Blick auf die toskanische Landschaft im Garten der Villa

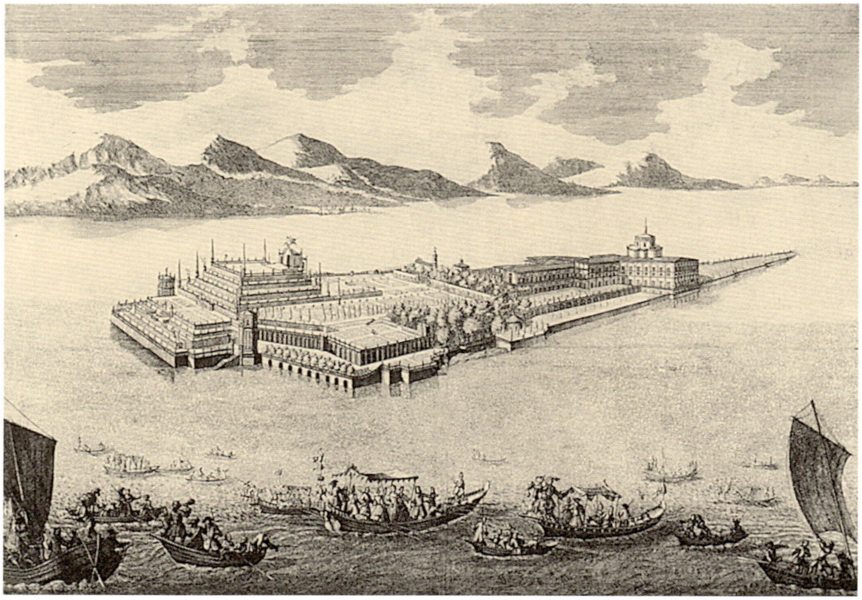

Lago Maggiore, Isola Bella
Ansicht der terrassierten Garteninsel aus dem 18. Jahrhundert. Stich von M. dal Re (oben)
Parterreanlage unterhalb der Terrassen (unten)

Die Gärten des Barock in Norditalien

Die Gärten Norditaliens unterscheiden sich zwar nicht grundsätzlich von den übrigen Barockgärten des Landes, doch weisen sie hin und wieder Abweichungen auf. Das auf den *point de vue* angelegte Blickachsensystem scheint nicht so bedeutsam zu sein. Manieristische Spielereien, die in vielen Barockgärten eine große Rolle spielen, werden im Gartenszenarium eher verhalten eingesetzt. Obwohl die Barockkultur – im weitaus größerem Maße als die der Renaissance – als europäische Erscheinung gelten kann und französische Einflüsse in fast jedem Barockgarten aufzuspüren sind, war auch dieser Faktor für den norditalienischen Garten von weniger entscheidender Bedeutung. Die Gründe für diese Sonderrolle liegen wahrscheinlich in erster Linie in der Topografie des Landes. Während Mittelitalien eine weitgehend homogene Landschaftsstruktur aufweist, herrschen in Norditalien die Kontraste vor: Die lombardische Ebene wechselt unvermittelt über in das Alpenvorland, das von Flüssen und Seen gegliedert ist. Steile Terrassierungen, gewundene Wegführungen und intime Parterres wurden bevorzugt, um dem Gelände gerecht zu werden. Ferner begegnen wir in dieser Region einem ungewöhnlichen Sonderfall, dem Inselgarten der Isola Bella im Lago Maggiore, dem wohl berühmtesten Garten Norditaliens. Doch sollten wir auch einen Blick auf das ebenfalls paradiesische Eiland der Isola Madre werfen, die zu Unrecht im ästhetischen Schatten der größeren Schwester steht. Beide Inseln gehören zum Archipel der Borromeischen Inseln gegenüber dem Dorf Stresa. Die Grafen Borromeo besaßen auch auf der Isola Madre eine Sommerresidenz, die sie allerdings wenig nutzten. Von der Gartenanlage des 16. und 17. Jahrhunderts sind nur noch wenige Reste erhalten geblieben. Diese aber nehmen sich intim und idyllisch aus. Die Gartenvilla mit der vorspringenden Seitenloggia und der Terrasse mit dem Delphinbrunnen an der Hauswand lassen noch den barocken Charakter der Anlage erahnen. Heute ist die gesamte Insel in einen malerischen botanischen Garten umgewandelt.

Inselgarten Isola Bella im Lago Maggiore

Wie ein Musikdampfer ruht die Isola Bella unweit des Ufers vor der viel besungenen Alpenkulisse im Lago Maggiore (Abb. links oben). Gegenüber dem Dorf Stresa wurde eine Insel in ein Schloss verwandelt. So muten jedenfalls die für den Grafen Carlo Borromeo und seinen Sohn Vitaliano um 1630 entworfenen Garten- und Schlossanlagen der Isola Bella an. Der französische Ethnologe Charles de Brosse verkündete in seinen »Lettres familières« um 1770 enthusiastisch: »Dieses Werk hat wirklich mit nichts auf der Welt Ähnlichkeit, außer mit den Feenschlössern im Märchen.« Theodor Fontane notierte dagegen preußisch knapp: »Ein Stück Sanssouci, nur mit dem Unterschied, dass der Isola-Bella-Hügel nicht nach einer Seite, sondern nach allen vier Seiten hin terrassiert wurde.«

Am westlichen Ende der Insel errichteten die Baumeister auf dem Niveau des Sees den herrschaftlichen Palast. Wie ein Schiffsbug ragt das Gebäude in den See und verleiht damit der gesamten Insel etwas Artifizielles. Dieser Eindruck wird verstärkt durch die östlich des Palastes angelegten Gärten, die, der Topografie der Insel folgend, pyramidenförmig über zehn Terrassen in die Höhe gestuft wurden (Abbn. links und gegenüber). Auf dem höchsten Punkt, einer weitläufigen Gartenterrasse, weht im Sommer immer eine kühle Seebrise. Man kann sich

gut vorstellen, wie dort oben, berauscht durch den einzigartigen Rundblick, Feste gefeiert sowie Theaterstücke und Opern aufgeführt wurden.

Elegant steigen die Terrassen an dem Ende der Insel, das dem Palast gegenüberliegt, vom Seeufer her auf. Vor die Arkatur der Terrassenmauern sind niedrige Hecken gepflanzt, die heute wild wachsen und früher sicherlich geschnitten waren. An den Pilastern wachsen Zitronenbäume empor. Auf der Höhe öffnet sich eine dreistöckige Grotte, die reich mit Skulpturen geschmückt ist. Die Spitze dieses Grottenhügels wird von einem Einhorn, dem Wappentier der Borromei bekrönt.

Seine besondere Lage macht den borromeischen Garten zu einem der reizvollsten Barockgärten Italiens. Die Anlage selbst aber weist kaum typische Merkmale des italienischen Barockgartens auf. Hinzu kommt, dass der Garten längst nicht mehr seine ursprüngliche Gestalt hat. Die durch Parterres verborgene gebrochene Achse zwischen Gartenterrassen und Palast, die den eigenartigen Reiz des gesamten Gartenensembles ausmachte, ist nicht mehr erkennbar. Die Anlage ist heute durch den hohen Baumbewuchs und das auf den Terrassen teilweise wild wuchernde Gebüsch unübersichtlich und in ihrer barocken Struktur kaum mehr erkennbar.

Lago Maggiore, Isola Bella
Gartenanlage im Bereich der Terrassen mit Blick auf den See und die Berge

Villa Trissino Marzotto

In der zweiten Hälfte des 15. Jahrhunderts wurde das befestigte Schloss der Familie Marzotto in Trissimo bei Vicenza in eine Landvilla umgewandelt. Im Verlauf der nachfolgenden Jahrhunderte kamen weitere Gebäude hinzu, so dass im 18. Jahrhundert ein ansehnlicher Landvillenkomplex entstanden und dieser von einem großzügig angelegten Gartenbereich umgeben war. Eigentlich muß man von mehreren Gärten sprechen, die über die Terrassen verteilt sind und die einzelnen Gebäudeteile miteinander verbinden. Architekt der Villa war der Lombarde Francesco Muttoni, ein Palladianer, der das Architekturkonzept seines großen Vorbildes geschickt abzuwandeln wusste. Kurz vor seinem Tod im Jahr 1747 gab er übrigens eine Neuauflage der Werke Andrea Palladios heraus. Wie Versatzstücke einer barocken Theaterbühne nehmen sich die Terrassenmauern mit den Toren aus, die mit Voluten und Kandelabern geschmückt sind. Auch die hängenden Gärten und die mit profilierten Steinsockeln gerahmten Wasserbecken mit den hohen Skulpturensockeln gehen auf Muttoni zurück. Die gesamte Anlage mutet labyrinthisch an. Immer wieder verirrt man sich in intime Gartennischen, um dann unvermittelt eine lang sich hinziehende Zypressenallee zu betreten. Oder man findet sich vor der Barockvilla wieder, schreitet hinaus auf die südliche Terrasse und genießt das unvergessliche Panorama vor einem der aufsteigenden Berge des Montecchio.

ABBILDUNG GEGENÜBER:
Trissino (Vicenza), Villa Trissino Marzotto
Wasserbassin vor der unteren Villa mit Skulpturen Marinalis

Trissino (Vicenza), Villa Trissino Marzotto
Pfeiler des Belvedere von Francesco Muttoni im Garten vor der Villa

ABBILDUNG GEGENÜBER:
Strà (Venedig), Villa Pisani
Skulpturengesäumter Kanal vor der Villa. Der anlässlich der Thronbesteigung des Dogen Alvise Pisani im Jahr 1735 errichtete Baukomplex wird auch »Villa des Dogen« genannt.

Strà (Venedig), Villa Pisani
Innenansicht des Portikus auf der Gartenseite der Villa

Villa Pisani in Strà

Die Grundlage für die Villegiatura im Veneto, die Verherrlichung des Lebens auf dem Lande, waren die seit dem 16. Jahrhundert populär gewordenen Villenbücher. In ihnen propagierten die Autoren die Verschmelzung von Agronomie und Studia humanitatis. Es ging also um ein naturnahes Leben, das im Einklang mit den entsprechenden lebensphilosophischen Grundsätzen stehen sollte. Das Zielpublikum war das Großbürgertum der Kapitale Venedig und der Landstädte der Terraferma, des venezianischen Hinterlandes. In diesem Kontext sind viele venezianische Villen entstanden, besonders diejenigen an der Brenta. Doch bald schon änderten sich die Prämissen. Der landwirtschaftliche Aspekt verlor an Interesse, und die moralisch orientierte Lebensphilosophie wich dem Repräsentationsbedürfnis der Villenbesitzer. Eine der Brenta-Villen, die Villa Pisani, steht beispielhaft für diesen Paradigmenwechsel der Villenideologie Veneziens (Abb. gegenüber).

Die Villa, eigentlich sollte man hier von einem Schloss sprechen, da der Bauherr die Dimensionen französischer Königsschlösser anstrebte, wurde anläßlich der Inthronisierung des Dogen Alvise Pisani im Jahr 1730 in Auftrag gegeben. Der Architekt Girolamo Frigimelica, ein Adliger aus Padua, entwarf nicht nur die herrschaftliche Villa, sondern legte auch Bereiche des riesigen Gartens an, wie beispielsweise das Labyrinth und den weitläufigen Bogengang. Auch die Gartenpavillons und das Belvedere gehen auf seine Entwürfe zurück. Frigimelica orientierte sich ausgesprochen stark – und das ist als Ausnahme unter der norditalienischen Gartenarchitektur zu werten – an der französischen Gartenkunst des 18. Jahrhunderts, indem er kunstvoll ausgestaltete Broderie-Parterres anlegte. Auch zeigte er eine Vorliebe für gerade Alleen, die weit in den Waldbereich des über vier Kilometer Ausdehnung messenden Parks schnitten. Die eindeutigste französische Reminiszenz aber ist der von der Mittelachse der Villa ausgehende breite Kanal, der von einem ovalen Bassin abgeschlossen wird. Der von einer mit Figuren geschmückten Mauer eingefaßte Kanal fällt durch seinen ruhigen, fast bewegungslosen Wasserspiegel auf, in dem sich der Himmel des Veneto spiegelt – ein für italienische Augen sicherlich ungewöhnlicher Anblick, da die mediterrane Lust an bewegten und sprudelnden Wasserflächen in der Villa Pisani nicht befriedigt werden konnte. Viele der französischen Elemente wurden im 19. Jahrhundert getilgt. Als besonders schmerzlich dürfte der Verlust der Broderie-Parterres empfunden werden.

Nach dem Tod des Architekten im Jahr 1732 legte der Bauherr das Projekt in die Hände Maria Pretis, der die Villenfassade strikt nach dem Vorbild Palladios mit einem vorgezogenen Portikus und gliedernden Monumentalpilastern umgestaltete. Die Arbeiten konnten 1740 abgeschlossen werden.

Das Innere der Villa überrascht durch reiche Ausstattung. Besonders hervorzuheben sind die Gemälde von Francesco Zuccari, Sebastiano Ricci, Giuseppe Zais und Fabio Canal, um nur die berühmtesten Künstler zu nennen. Höhepunkt der malerischen Ausgestaltung aber ist zweifellos das große Tiepolo-Fresko im Mittelsaal. Hier hat der Künstler die Allegorie des *Ruhms der Familie Pisani* dargestellt und sich eines ungewöhnlichen Kunstgriffs bedient. Im unteren Teil des Freskos erkennt man einen kleinen Knaben in den Armen seiner Mutter. Assoziationen zu Maria-Kind-Darstellungen stellen sich unwillkürlich ein, so dass dieses Motiv in den Mittelpunkt des Interesses rückt. Tatsächlich handelt es sich bei dem Knaben um die Hauptperson des Freskos, um Almorò Pisano, dem Sohn des Auftraggebers und später so eifrigen Förderer der Künste.

Strà (Venedig), Villa Pisani
Künstlich angelegter Hügel mit
einem Gartenhaus als Aussichtsplatz

Gargnano, Villa Bettoni
Parterre vor der Villa mit Blick auf den Gardasee

ABBILDUNGEN GEGENÜBER:
Gargnano, Villa Bettoni
Ansichten der zweistöckigen Treppenanlage im Garten der Villa (links) und zwei der in den Wandnischen eingestellten Rokokofiguren (rechts)

Villa Bettoni in Gargnano

Gargnano liegt idyllisch zwischen steil in die Höhe aufragenden Felsen und der weiten Wasserfläche des Gardasees. Dass dort einer der zauberhaftesten Gärten im Norden Italiens angelegt wurde, möchte man auf Grund der topografischen Situation nicht vermuten. Die Villa Bettoni stammt aus den Jahren um 1760. Zu dieser Zeit wurde auch der Garten angelegt. Das Gelände, das sich in die Höhe stuft, ließ die Familie Bettoni in der Form eines Amphitheaters terrassieren, um Raum für die Parterres zu gewinnen. Hinter einem schmiedeeisernen Tor führt ein zentraler, von niedrigen Buchshecken gesäumter Kiesweg zu einem Brunnenbecken, das von einer zweistöckigen Exedra umfangen wird (Abbn. gegenüber). Links und rechts sind Rampen und Treppenläufe zu erkennen, die sich vorbei an kleinen Grotten und Nischen mit Figuren von Terrasse zu Terrasse bis hinauf zum oberen Parterre ziehen, das von einer Balustrade abgeschlossen wird. Zwei mit abschließenden Segmentgiebeln und durch Pilaster gegliederte Tore flankieren die obere Terrasse und sorgen für einen harmonischen Abschluss der Exedra. Den in einen Steilhang über verschiedene Terrassen angelegten Garten trifft man häufig in Oberitalien an, besonders in der Region der Alpenseen. Man suchte den *point of view* und bemühte sich um eine entsprechende Komposition von Treppen, Rampen und Arkaden.

Vanvitellis Barockbauten in Caserta

»Erst der Glanz des Französischen vollendet die schönste Krone Italiens«, so äußerte sich Elisabeth Farnese, die Mutter von Karl IV. von Bourbon, dem Urenkel Ludwigs XIV. und ab 1734 König beider Sizilien. Er schuf das monumentalste Bauwerk der neapolitanischen Könige, Caserta, im Volksmund »la reggia«, das Schloss, genannt.

Karl IV. berief 1750 den Baumeister Luigi Vanvitelli zur Durchführung seiner ehrgeizigen Schlosspläne. Vanvitelli orientierte sich durchaus nicht an Versailles oder am Louvre, um den erwünschten französischen Glanz erstrahlen zu lassen, sondern ließ sich vom Konzept des traditionellen italienischen Palastbaus leiten, den er allerdings ins Monumentale steigerte. Seinen Entwurf publizierte Vanvitelli 1756 als Kupferstich (Abb. S. 182 links oben). Die Anlage, die in ihren Dimensionen Schloss und Garten von Versailles übertrifft, wurde annähernd so ausgeführt, wie es der Architekt im Stich vorsah. Nur die für die Eckrisalite vorgesehenen Dachterrassen, die als Belvedere dienen sollten, und die zentrale Achteckkuppel kamen nicht zur Ausführung.

Die Bauarbeiten begannen 1752 mit einer spektakulären Grundsteinlegung: Zwei Linienregimenter und zwei Schwadrone Kavallerie wurden so aufgestellt, dass sie den Grundriss markierten. Vanvitelli starb 1773, ein Jahr vor Vollendung seines Werkes.

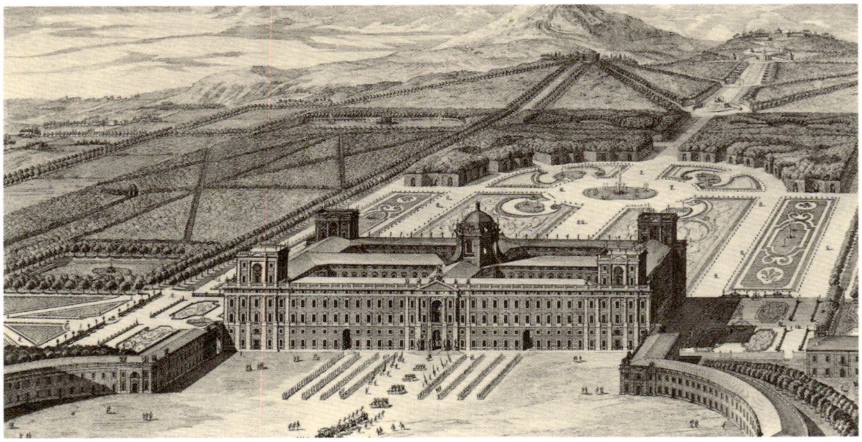

Caserta, Garten des Palazzo Reale
Ansicht aus der Vogelperspektive von Schloss und Garten, Stich von Mitte 18. Jh. (oben)
Die Große Kaskade von Vanvitelli (unten)

1787 besuchte Goethe Caserta und notierte: »Das neue Schloss, ein ungeheurer Palast, eskurialartig, ins Viereck gebaut, mit mehreren Höfen, wahrhaft königlich (...) schien mir nicht genug belebt, und unsereinem können die ungeheueren leeren Räume nicht behaglich vorkommen.«

Vanvitelli hatte bei der Anlage des Gartenareals drei fundamentale Probleme zu lösen. Zunächst galt es, Wasser in großen Mengen heranzuführen, nicht nur für die Kaskaden, sondern auch für die Versorgung der Residenz. Zu diesem Zweck suchte man nach alten gefassten Römerquellen im Gebiet des östlich gelegenen Monte Taburno. Innerhalb von nur zwölf Jahren wurde das Acquedotto Carolino, eine 41 km lange Wasserleitung, gebaut – eine außergewöhnliche Leistung. Einer der spektakulärsten Bauabschnitte, die Ponti della Valle nahe Maddaloni, ist heute noch zu besichtigen. Auf 528 m Länge überspannt die aus drei übereinander gesetzten Arkadenreihen konstruierte Brücke in einer Höhe von 58 m das Tal. Die Fundamente der Mittelpfeiler wurden annähernd 30 m tief in den Boden versenkt.

Das zweite Problem, die Entwürfe für die Parterres, wollte Vanvitelli in Anlehnung an den Park von La Granja bei Madrid lösen, wo Karl von Bourbon seine Jugendjahre verbracht hatte. Beetkompartimente mit zierlicher Rokokomusterung und symmetrisch angelegte Wege mit Fontänen und Statuen sollten den König an seine Heimat erinnern und zugleich den damals herrschenden französischen Geschmack widerspiegeln. Diese Pläne wurden aus Kostengründen nicht verwirklicht. Stattdessen blieb es bei einer weiten Rasenfläche, die man heute noch durchmisst. Sie wird von Eichen- und Steineichenbosketten flankiert.

Das dritte Problem, den Entwurf eines umfassenden Brunnen- und Skulpturenkonzepts, löste Vanvitelli mit Hilfe von Spezialisten ikonografischer Programmgestaltung und von Brunnen-Ingenieuren. Als Mittelachse durchzieht der so genannte Canalone den Park. Das Wasser der fernen Gebirgsquellen durchfließt ihn und passiert eine Folge von Brunnen, Bassins und Kaskaden, in denen die Wellen spielen, über Stufen rauschen oder geglättet im stetigen

Strom der Residenz zustreben. An der Fontana Margherita beginnt das Reich der antiken Götterwelt. Das Figurenprogramm stellte Porzio Lionardi zusammen, ein Freund Vanvitellis. An der Cascata dei Delfini ragen riesige wasserspeiende Delphine aus einem künstlichen Felsen hervor. Weiter oben folgt das Reich des Äolus, in dem sich die Allegorien der Winde präsentieren. Dann gelangt man zu einem Wasserbecken, das bald in sieben Stufen übergeht. Dort thront Ceres Trinacria, die Göttin Siziliens und allegorische Vertreterin der Kornkammer des Reiches. Sie ist umgeben von Nymphen und Amoretten. Die Skulpturgruppe schuf Gaetano Salomone. Von ihm stammen auch Venus und Adonis auf einer höher gelegenen Terrasse. Schließlich erreicht man über eine Freitreppe die Große Kaskade, das Reich der Diana. Die von Paolo Persico lebhaft gestalteten Skulpturen beschreiben den Mythos von Aktäon und Diana (Abb. oben). Der Jäger Aktäon entdeckt zufällig Diana im Bade und wird von ihr zur Strafe in eine Hirschkuh verwandelt. Seine eigenen Jagdhunde fallen über ihn her und zerreißen ihn.

Als Vanvitelli 1773 starb, war die Zeit der großen barocken Gartenanlagen im Grunde längst vergangen. Maria Carolina von Österreich, die Gemahlin des Bourbonen Ferdinand IV., bezog im Jahr 1768 ihre Residenz in Neapel und wünschte sich für Caserta einen Landschaftsgarten im seinerzeit modernen englischen Stil. Im Jahr 1782 berief der Hof den englischen Botaniker Giovanni Andrea Graefer, der den ab 1752 im Park von Caserta tätigen Franzosen Martin Biancour ablöste. Durch Graefers Wirken entstand am Osthang des Canalone der englische Garten. Die Arbeiten dauerten noch bis weit in das 19. Jahrhundert fort.

Mit dem Park und dem Schloss wollten sich die königlichen Bourbonen ein künstliches Universum schaffen, eine arkadisch-utopische Welt. Der Eindruck eines immerwährenden Arkadiens sollte in einer Parkanlage zur Geltung kommen, die nur von dem fernen Gebirgszug begrenzt wurde. Mit der »grenzenlosen Weite« und der Beherrschung der Natur wollten die Könige beider Sizilien ihre Macht symbolisieren.

Caserta, Garten des Palazzo Reale
Figurengruppe beim Brunnen der Diana von Paolo Persico, zwischen 1785 und 1789
Diana und ihr Gefolge wird vom Jäger Aktäon beim Bade aufgeschreckt.

Der französische Barockgarten

Maincy, Château de Vaux-le-Vicomte
Goldene Krone in einem der schlossnahen Bassins

Porträt des jardinier en chef du roi André Le Nôtre
Gemälde von Carlo Maratta, 1678
Öl auf Leinwand, 112 x 85 cm
Versailles, Musée du Château

VORANSTEHENDE DOPPELSEITE:
Maincy, Château de Vaux-le-Vicomte
Blick über die Gartenanlage auf das Schloss

Die Gärten des André Le Nôtre (1613–1700)

Im Jahr 1679 trat André Le Nôtre seine lang ersehnte Italienreise an. Er besuchte Rom und den Vatikan, wo ihm eine Audienz beim Papst gewährt wurde. Bei seinem Besuch der in Europa so viel gerühmten Gärten ließ er sich zu der Bemerkung hinreißen, dass die Italiener in Sachen Gartenkunst absolut unerfahren seien. Wie konnte ein solches Urteil ausgesprochen werden, da doch gerade französische Könige italienische Architekten, Bildhauer und Maler hofierten, um ihrem Land eine Kunst zu schenken, die europaweit als der Höhepunkt an Kunstfertigkeit galt? Hinzu kam, dass Le Nôtre bei seinen Freunden und seinem König, Ludwig XIV., als bescheidener Mann galt, so dass auch in dieser Hinsicht sein harsches Urteil unverständlich bleibt. Le Nôtre, bereits über 20 Jahre in Frankreich als Generaldirektor der königlichen Gebäude im Amt, war in allen Ländern Europas als bedeutendster Gartenarchitekt bekannt und hatte es daher kaum nötig, die Gartenkunst eines anderen Landes abzuqualifizieren, um das eigene Vermögen noch stärker erstrahlen zu lassen.

Le Nôtres Gründe waren einzig und allein sachlich begründet: Die wunderbaren Gärten Italiens waren dem Raum und damit auch der Höhe verpflichtet und nicht allein der Fläche und Weite, wie man es in Frankreich hielt. Dort versuchte Le Nôtre so etwas wie ein monumentales Naturgemälde zu entwerfen, das allenfalls Züge eines Reliefs aufwies. In Italien rückten Skulptur, Architektur, Buchs und Boskette zusammen, um sich im Raum zu konzentrieren. Die Beetornamentierung kreiste immer noch um Serlios Muster, wohingegen in Frankreich neuartige und ungewöhnliche Bepflanzungen vorgenommen wurden, wie im Broderieparterre oder in den *parterres de pièces coupées pour des fleurs*, den musterartig zusammengesetzten Blumenbeeten in Verbindung mit Zierbäumchen und -sträuchern. Frankreich war zum ersten Gartenland Europas avanciert, und der italienische Barockgarten orientierte sich gerade in jenen Jahren am neuen Vorbild. Das Parterre der Villa Torrigiani nordöstlich von Lucca beispielsweise soll von Le Nôtre entworfen worden sein, als sich dieser auf seiner Rückkehr von Rom nach Frankreich befand.

Während der Regierung Ludwigs XIV. (1661–1715) entwickelte sich der französische Garten, der entscheidend von André le Nôtre geprägt wurde, zu einem imposanten Kunstwerk, dessen Glanz alle anderen europäischen Gartenanlagen überstrahlte. Die unvergleichlichen Gärten von Vaux-le-Vicomte, die Pariser Tuilerien und schließlich – als unbestrittene Krönung – Versailles waren, zumindest in den überwiegenden Teilen, Le Nôtres Schöpfung (Abb. S. 184–196).

André Le Nôtre (Abb. unten) wurde 1613 in Paris geboren und entstammte einer Gärtnerfamilie. Sein Vater, Jean le Nôtre, hatte den Rang eines *jardinier en chef du roi* inne und war lange in den Tuilerien tätig, in deren Nachbarschaft er auch ein Haus besaß, in dem sein Sohn André aufwuchs. Im Jahr 1637 übernahm der 24-jährige André den Posten seines Vaters und begann ebenfalls in den Tuilerien zu arbeiten. Dort werden zum ersten Mal seine Gestaltungsprinzipien greifbar. Das Konzept ist klar strukturiert: Eine Mittelachse teilt die Anlage in zwei Quartiere, die aus einzelnen geschlossenen und unterschiedlich gemusterten Kompartimenten bestehen. Der untere Bereich wird durch zwei dominante Broderieparterres mit zentralen Wasserbassins aus-

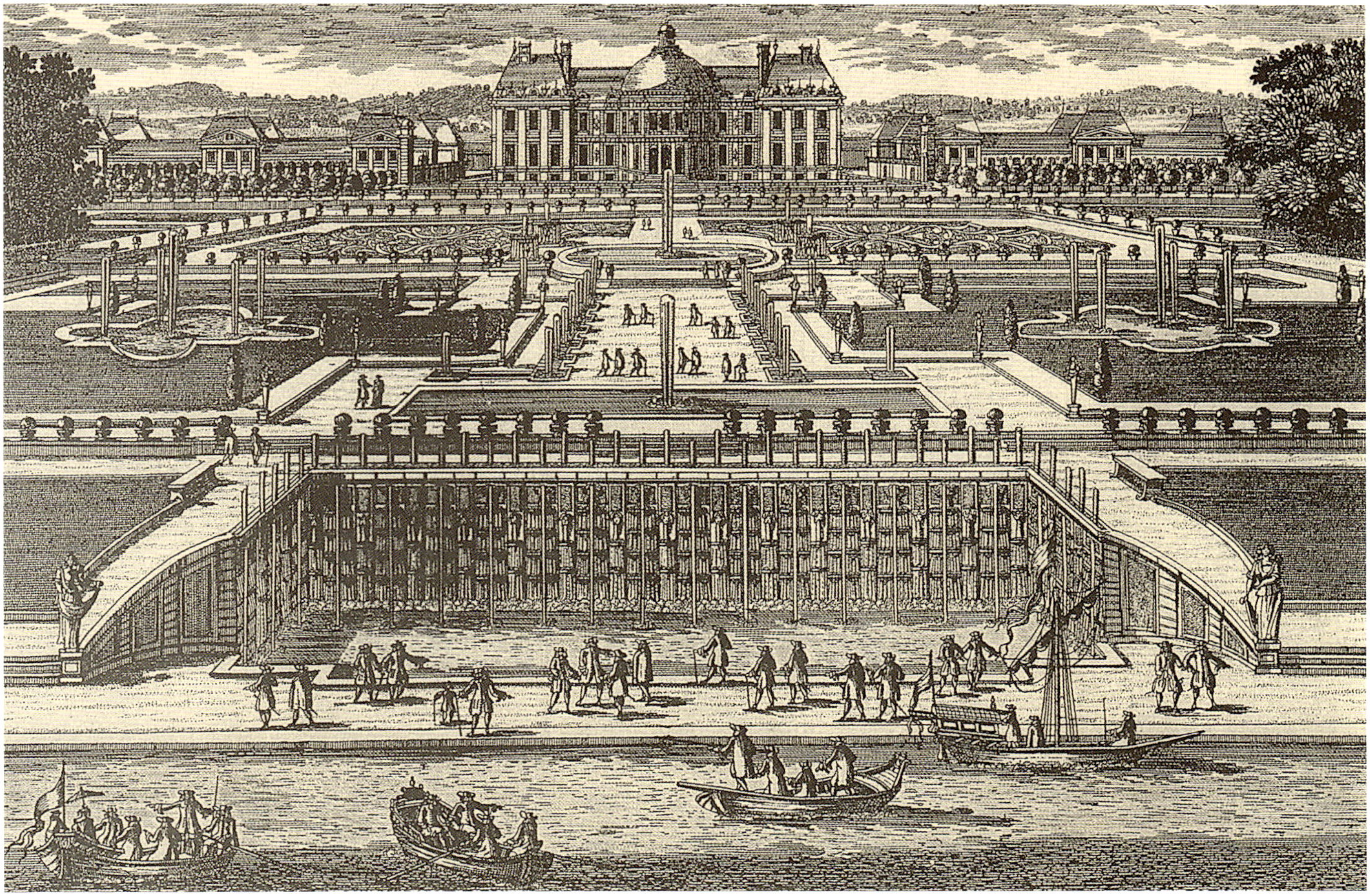

gefüllt. In der Mittelachse schließt sich ein größeres rundes Bassin an, das am Ende des Gartens mit dem achteckigen Bassin korrespondiert. Wie Lohnabrechnungen belegen, arbeitete Le Nôtre noch in den 80er Jahren des 17. Jahrhunderts in den Tuilerien, wahrscheinlich im Zusammenhang mit der Anlage und der Pflege von Bosketten. 1642 begab er sich in die Dienste von Gaston d'Orléans und arbeitete im Jardin du Luxembourg. Drei Jahre später legte er für das Orangerie-Kompartiment von Fontainebleau einen ersten nachweisbaren Entwurf vor. Der französische Adel war auf den Künstler aufmerksam geworden. Seine Stunde aber schlug in Vaux-le-Vicomte im Jahr 1656.

Der Schlossgarten von Vaux-le-Vicomte

Für das Schloss des königlichen Finanzministers Nicolas Fouquet, das damals selbst die Schlösser und Gärten Ludwigs XIV. übertraf, sollte Le Nôtre einen wahrhaft königlichen Garten anlegen. Fouquet berief die berühmtesten Künstler Frankreichs für die Bauarbeiten und die dekorative Ausstattung. Die Baupläne entwarf der Hofarchitekt Louis Le Vau, der später auch in Versailles arbeiten sollte; das Dekorationssystem schuf Charels Le Brun, der mit Le Nôtre zusammen im Studio von Simon Vouet, dem Vorläufer des französischen Klassizismus, seine Ausbildung erhalten hatte. Innerhalb nur eines Jahres wurde das prunkvolle Schloss unter erheblichen Kosten gebaut (Abbn. 184/85, oben und S. 188/89). Zum Garten hin öffnet sich ein oval überkuppelter Salon, dessen Fassade aus einem zweigeschossigen Portikus mit abschließendem Dreiecksgiebel gebildet ist. Die hohen Dächer der anschließenden Seitenrisalite finden sich wieder in den Wirtschaftsgebäuden, die vom Garten her gesehen etwas zurück versetzt liegen und auch flacher gehalten sind als das Schloss selbst. Auf diese Weise rhythmisierte und skandierte Le Vau die Architektur im Wechsel von lang gezogenen Trakten und überhöhten Eck- und Mittelrisaliten und schuf eine Bau-Melodie, die sich im zentralen Hauptgebäude zu einem Crescendo aufschwingt, das im Kuppelbau mit der Laterne gipfelt. Dadurch wird zugleich die Mittelachse der gesamten Anlage angegeben, an der sich der damals noch weitgehend unbekannte Le Nôtre orientierte. Auf dieser Achse legte er eine zen-

Château de Vaux-le-Vicomte
Große Kaskade, Garten und Schloss, Stich von Aveline

trale breite Allee an, die auf einer leicht geneigten Ebene in die Tiefe der Landschaft bis hin zum fernen Horizont führte. So schuf er eine unerwartete Weite, die er durch gemäßigte Terrassierungen in ihrer Wirkung noch steigern konnte. Damit war zum ersten Mal ein Garten bewusst auf eine außerordentliche Fernwirkung hin perspektivisch angelegt worden. Die beiden hintereinander platzierten zweiteiligen Broderieparterres sind durch eine Querallee getrennt, auf deren Schnittpunkt mit der Hauptallee ein Bassin mit einer Wasserfontäne zu sehen ist. Die riesigen Kompartimente verwandeln die Landschaft in ein filigranes Ornament. Le Nôtre akzentuierte die vorderen Einschwünge der ersten beiden Beete durch zwei Springbrunnen, die Bezug nehmen auf die oben erwähnte größere Fontäne auf der Mittelachse dieser Terrasse. Dadurch wird der Blick auf die Ferne konzentriert. Die Boskette stellte er ebenfalls in den Dienst der Fernwirkung. Sie flankieren die Parterres und wirken in dieser Weise als rahmende Elemente. Dem Aus- und Abschweifen des Blicks zur Seite weg wurde auf diese Weise bewusst entgegengewirkt. Vaux-le-Vicomte war für Le Nôtre ein riesiges Experimentierfeld. Von verschiedenen europäischen Gärten, darunter auch und gar besonders von den später so geschmähten italienischen Gärten, übernahm er Motive wie den Kanal, das Bassin, die Freitreppe oder die Rampe. Seine Kunst und auch seine neuartigen Konzepte resultierten aus der genialen Kombination all dieser Elemente.

Was muss der junge König, Ludwig XIV., empfunden haben, als er zum ersten Mal Vaux-le-Vicomte besuchte? Zweifellos war er von dieser weitläufigen und ungewöhnlich prunkvollen Gartenanlage begeistert. Er selbst konnte zu diesem Zeitpunkt lediglich ein bescheidenes Jagdschlösschen im Revier von Versailles vorweisen. Bei dem Einweihungsfest am 17. August 1661 begab sich die Festgesellschaft auf den fernen Hügel mit der monumentalen Nachbildung des Herkules Farnese – eine offenkundige Anspielung auf den Bauherrn. Von hier oben konnte man einen einzigartigen Blick über die gesamte Anlage werfen. Damals war sogar von der »herrlichsten Aussicht der Welt« die Rede: »All die springenden Wasser, die Kanäle, die Parterres, die Kaskaden, ein Hochwald auf der einen, ein beschnittenes Gehölz auf der anderen Seite, die Alleen, bevölkert mit Damen und Höflingen, die mit Bändern und Federn herausgeputzt waren, all dies ergab den schönsten Anblick, den man sich nur denken kann, und es herrschte ein Überfluss an so herrlichen Dingen, den zu beschreiben es keine Worte gibt.«

Maincy, Château de Vaux-le-Vicomte
Skulptur am Rande eines Broderieparterres, eines der wichtigsten Gestaltungselemente des barocken Gartens zwischen 1620 und 1720

Maincy, Château de Vaux-le-Vicomte
Blick vom Schloss auf die weitläufige Gartenlandschaft

Maincy, Château de Vaux-le-Vicomte
Brunnen, Wasserbassin und Rampe im hinteren (schlossfernen) Bereich des Gartens

So der begeisterte Ausruf eines Festgastes. Der König, der sich später selbst für den »Sonnen-Apoll« hielt, musste angesichts der ambitiösen mythologischen Anspielung seines Ministers zutiefst erschauern. All dies zusammen genommen, konnte er ohne Zweifel nur das eine verspürt haben: bittersten Neid. Ein Verdacht drängte sich ihm natürlich auf: Wie konnte ein Minister der Krone, sein Minister, so viel Geld aufbringen, um diesen Gartenkontinent zu finanzieren? Sollte sein Amt, die Verwaltung der Finanzen, ihm dabei behilflich gewesen sein? Es kam zum Eklat. Nur wenige Tage nach dem rauschenden Einweihungsfest am 17. August 1661 mit Konzert, Komödie, Ballett und einem glühendfarbigen Feuerwerk zum Abschluss wurde Fouquet ins Gefängnis geworfen, das er lebend nicht mehr verlassen sollte. Dem Regenten war schnell klar geworden, dass der immense Kostenaufwand für Schloss und Garten nur mit einem enorm tiefen Griff in die Staatskasse zu finanzieren gewesen sein konnte. Der Schlossbesitzer hatte also nur für sehr kurze Zeit Gelegenheit, sein Anwesen zu genießen.

Die Schlossgärten in Versailles

Die Geschichte der berühmtesten Schloss- und Gartenanlage überhaupt nahm also ihren Anfang mit den üppigen Einweihungsfeierlichkeiten in Vaux-le-Vicomte und dem tiefen Sturz des dortigen Bauherrn. Noch im selben Jahr des für Fouquet so verhängnisvollen Festes begann Ludwig XIV. mit dem Ausbau von Schloss und Park in Versailles. Als Gartenbaumeister empfahl sich natürlich Le Nôtre, der seine Fähigkeiten unter Beweis gestellt hatte. Die nunmehr vakante Stelle des Finanzministers wurde durch Jean Baptiste Colbert besetzt, der sich rasch als bedeutendster und wirkungsvollster Mitarbeiter des Königs herausstellte. Folgende Zeilen richtete der Minister im Jahr 1665 an seinen Dienstherrn:

»Ihre Majestät weiß, dass in Ermangelung kriegerischer Aktionen nichts die Größe und den Geist eines Fürsten mehr zur Geltung bringt als die Bauwerke.«

Die Entscheidung für den planmäßigen Ausbau von Versailles war, wie bereits erwähnt, Jahre vorher gefallen, doch unterstreichen diese Zeilen das Bedürfnis des Königs, die Arbeiten in Versailles zu intensivieren. Angrenzende Ländereien wurden kultiviert und in das Gartenkonzept mit einbezogen.

Die Bauarbeiten am Schloss gingen sehr zügig voran. Endlich, im Jahr 1666, konnte der König mit seinem Hofstaat das erste Fest feiern, in dessen Verlauf übrigens Molières »Tartuffe« seine Uraufführung erlebte.

Aus dem Jahr 1668 stammt ein Gemälde von Pierre Patel (Abb. oben), das die Gartenanlage und das Schloss aus einer gedachten Vogelschau zeigt. Der Betrachter glaubt sich über der Erde schwebend. Vor und unter ihm öffnet sich eine weite Landschaft, die sich in der Ferne, im Westen, im bläulichen Dunst einer Hügelkette verflüchtigt und im Norden sowie im Süden von weich gewellten Höhenzügen gerahmt wird. Doch dieses Landschaftspanorama vermag die Gartenanlage nicht vollständig zu erfassen. Sie geht bis über die Hügellandschaft hinaus und setzt sich hinter dem Horizont fort. Das Grundkonzept geht von drei Bereichen aus, deren Bezugspunkt das Schloss ist, von dem aus die Alleen fächer- oder strahlenförmig, also sonnengleich, in den Raum streben und sich dort vielfältig verzweigen, um immer wieder neue Gartenabschnitte zu definieren.

Der erste Bereich ist der heutige Petit Parc, der vom Vater des Sonnenkönigs, Ludwig XIII., unter der Regie von Jacques Boyceau begonnenen worden war. Er erscheint auf dem so genannten Plan du Bus von 1661 (Abb. S. 192 unten), dem ältesten bekannten Plan von Versailles. Dieses 93 ha große Parterre mit den anschließenden Bosketten wird von der Querallee, die das Apollobassin kreuzt, begrenzt. Der zweite Bereich ist zehnmal so groß, der heutige Grand Parc, der auf dem genannten Gemälde bis über den Horizont – also bis weit über den Kanal – hinausreicht. Mit 6500 ha ist der dritte Bereich der größte: der ehemalige Grand Parc, das riesige Jagdrevier, in dem Dörfer wie Saint Cyr, Rennemoulin oder Marly liegen. Es bedurfte einer 43 km langen Mauer, um diesen Bereich, der von 22 Toren bewacht wurde, zu begrenzen.

Versailles, Schloss und Garten aus der Vogelschau
Gemälde von Pierre Patel, 1668
Öl auf Leinwand, 115 x 161 cm
Versailles, Musée du Château

Château de Versailles
Blick über Blumen-Buchsbaum-Ornamente des Parterres auf die gartenseitige Schlossfassade, 1668/78 von Louis Le Vau und Jules Hardouin-Mansart geschaffen

ABBILDUNG GEGENÜBER:
Versailles, Schlossgärten
Latonabrunnen, 1668/86

»Plan de Bus« von 1661/62
Paris, Bibliothèque Nationale

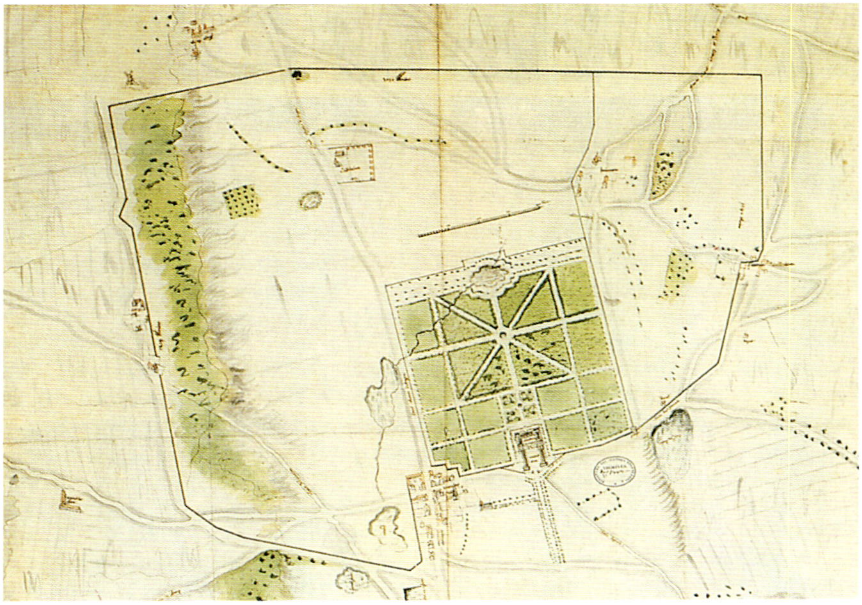

Versailles sollte nicht nur als Refugium oder Ort der Zerstreuung und Lustbarkeiten dienen. Es verstand sich zugleich als Abbreviatur eines neuen Raumsystems, als Bedeutungsträger für eine neue Staats- und sogar Weltordnung. Die Gleichsetzung Ludwigs XIV., des »Sonnenkönigs«, mit dem griechischen Gott Apollo war nicht nur ein mythologisches Spiel, sondern vor allem auch ein politisches Kalkül: Apollo als Führer der Musen und Stifter einer universellen Harmonie bezog sich auf das politische Ziel Ludwigs, der sich als neues Haupt einer christlichen Welt darzustellen versuchte, die es zu befrieden und auch zu beherrschen galt. Der Garten spiegelte demnach das Ordnungsprinzip wider, nach dessen Regeln die Staatsmacht funktionierte, die wiederum die Zivilisation lenkte.

Am ikonografischen Programm des Petit Parc kann man ablesen, was für das Verständnis der königlichen Weltordnung bedeutsam war. Gegen Ende seines Lebens stellte Ludwig einen Rundgang zusammen, der zu den wichtigen Stationen seines Parks führte: Wenn man den Spiegelsaal durchschreitet und aus dem Schloss heraustritt, dann befindet man sich auf der Terrasse des Parterre d'Eau, wo zwei Wasserbassins angelegt sind – entworfen von Le Nôtre und zwischen 1683 und 1685 von Jules Hardouin-Mansart ausgeführt. Der Blick wird von dort

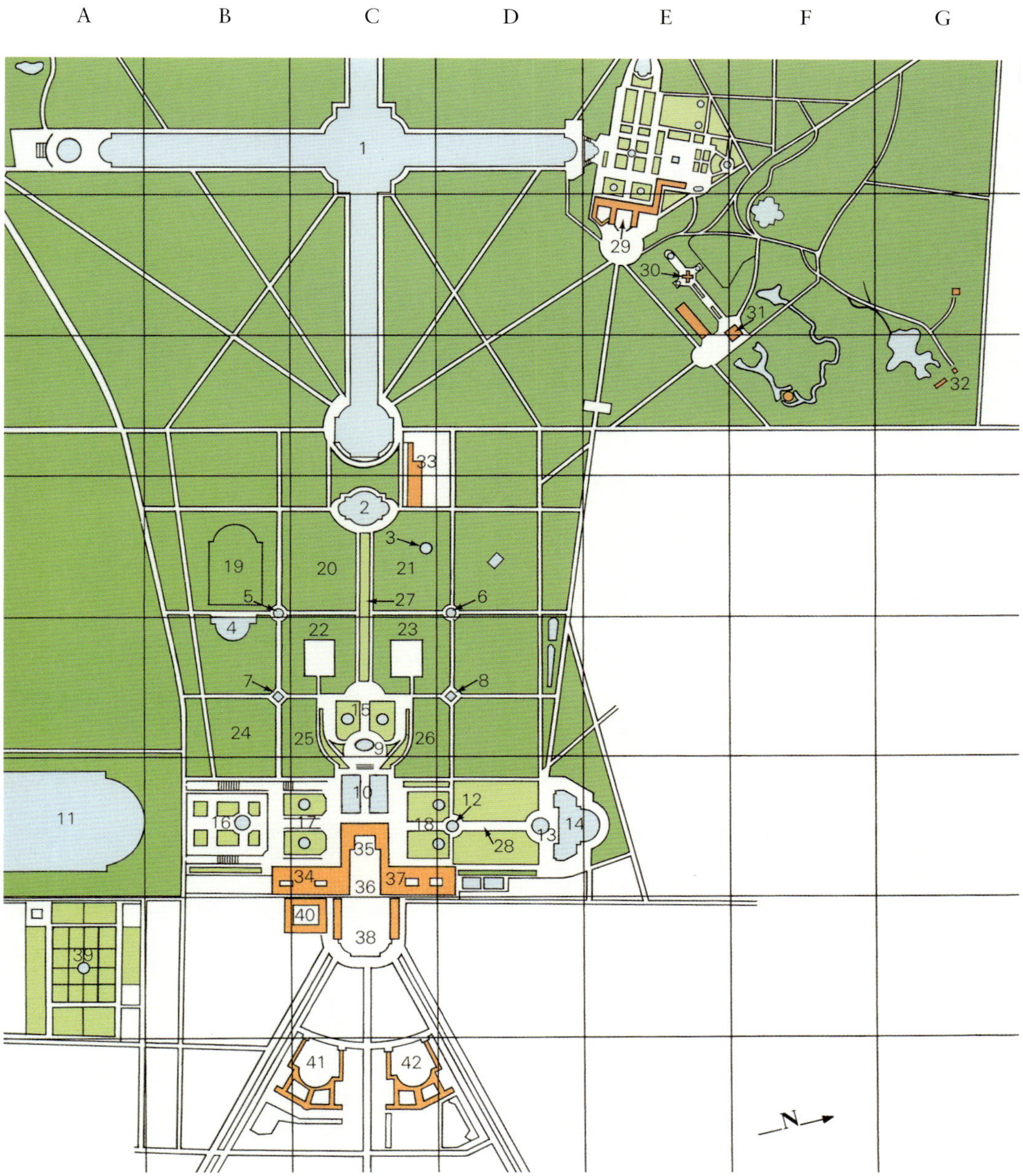

Plan der Gartenanlagen und Trianons

Wasserbassins

1	Großer Kanal	C1
2	Apollobassin	C4
3	Enkeladosbassin	C4
4	Spiegelbassin	B5
5	Winterbassin	B4
6	Frühlingsbassin	D4
7	Herbstbassin	B5
8	Sommerbassin	D5
9	Latonabassin	C5
10	Wasseranlagen	C6
11	Bassin der Schweizer	A6
12	Pyramide und Nymphenbad	D6
13	Drachenbassin	D6
14	Neptunbassin	D6

Parterres

15	Latonaparterre	C5
16	Orangerieparterre	B6
17	Südparterre	C6
18	Nordparterre	C6

Boskette

19	Boskett des Königs	B4
20	Kolonnaden-Boskett	C4
21	Kuppel-Boskett	C4
22	Südliches Quinkunx	C5
23	Nördliches Quinkunx	C5
24	Boskett der Königin	B5
25	Muschelboskett	C5
26	Boskett der Apollobäder	C5

Alleen

27	Königsallee und Grüner Teppich	C4
28	Wasser- oder Groteskenallee	D6

Höfe und Gebäude

29–32	Trianon	
29	Grand Trianon	E2
30	Liebestempel	E2
31	Petit Trianon	F2
32	Der Weiler	G3
33	Klein-Venedig	C3
34–38	Schloss	
34	Südflügel	C6
35	Marmorhof	C6
36	Königshof	C6
37	Nordflügel	C6
38	Ehrenhof und Ministerflügel	C7
39–42	Nebengebäude	
39	Gemüsegarten	A7
40	Großes Wirtschaftsgebäude	C7
41	Kleine Marställe	C8
42	Große Marställe	C8

aus auf die zentrale Achse gelenkt und schweift über das Apollobassin und den Kanal bis zum Horizont (sihe Plan oben). Die Welt erscheint als geordneter Raum, eine Sonnen- und Lichtwelt, da die Wasserflächen den Himmel spiegeln und die Spiegel im Spiegelkabinett des Schlosses dieses Vexierspiel aufnehmen, so als ob sie den Außenraum im Innenraum bergen wollten. Vorbei an der Bronzekopie einer antiken Apollostatue und an der Orangerie, einem Meisterwerk von Jules Hardouin-Mansart (1684–86), gelangt man zum Labyrinth mit Tierbrunnen und verschlungenen Wegen, der wohl phantasiereichsten Schöpfung Le Nôtres (1666). Einer alten Beschreibung zufolge soll es eine Lust gewesen sein, sich dort zu verirren. In dieser Weise schreitet man 25 Stationen ab und erlebt die Welt des Geistes und der Natur in mythologischen Stücken, Panoramen und konkret im Wuchs der Pflanzen.

Die erste große Bauphase erfolgte von 1661 bis 1680 (siehe hierzu auch Chronik S. 208). In der Zeit pflanzte man 15 Boskette an, die von Alleen begrenzt wurden. Jedes Boskett ist eine Welt für sich – architektonisch in Form gebracht und die verschiedenen stereometrischen Körper variierend. Im 1679 von Le Nôtre angelegten Quellen-Boskett schlängeln sich die Wege zwischen zahlreichen kleinen Bächen entlang und scheinen der strengen geometrischen Ordnung der Gesamtanlage Hohn zu sprechen. Für

ABBILDUNG GEGENÜBER OBEN:
Versailles, Schlossgarten
Blick von der Treppe im Garten des Grand Trianon auf den Großen Kanal

ABBILDUNG GEGENÜBER UNTEN:
Versailles, Schlossgarten
Brunnenskulptur in einem der Becken der Aha-Allee

Le Nôtre offenbarte sich die Ordnung in der Gestaltung des Ungeordneten. Wahrscheinlich aus diesem Grund wurde Mansart 1684 beauftragt, das Boskett zu »begradigen« und mit einer Kolonnadenrotunde zu versehen (Abb. gegenüber).

In demselben Jahr ernannte der König Mansart zum federführenden Künstler. Die Gartengestaltung nahm nun eine Wendung hin zum Klassischen. Die gebaute Architektur wurde fortan strenger von der »Pflanzenarchitektur« getrennt. Mansart vermied steinerne Stützmauern und ließ stattdessen Rasenböschungen anlegen. Dort, wo raffinierte Wegesysteme sich durch Boskette schlängeln sollten, sah Mansart häufig klar gegliederte Rasenflächen vor.

Skulpturen im Versailler Schlossgarten (Abbn. S. 198 f.)
Die beherrschende Skulpturengruppe des Gartens und zugleich Allegorie auf den Sonnenkönig ist das berühmte *Apollobad* aus der Zeit von 1668 bis 1675 von François Girardon. Vorbild war der antike Apoll vom Belvedere im Vatikan, den Girardon auf seiner Italienreise ausführlich studieren konnte. Sein Saturn- oder Winterbrunnen (1672–77) zählt ebenfalls zu den Höhepunkten der Gartenskulptur in Versailles. Maßgeblich an der Ausstattung von Versailles war auch Antoine Coyevox beteiligt. Sein wohl berühmtestes Werk ist das Stuckrelief Ludwigs XIV. zu Pferde im Salon de Guerre des Schlosses (1678). Besonders viele Werke sind von Jean-Baptiste Tuby im Schlosspark erhalten geblieben, unter anderem der Apollobrunnen mit dem Gott auf dem Pferdewagen. Er entstand zwischen 1668 und 1670. Auch der vergoldete Flora- oder Frühlingsbrunnen (1672–79) gilt als ein Meisterwerk Tubys. Neben Girardon und Tuby haben Gaspard und Balthasar Marsy den Bacchus- oder Herbstbrunnen (1672–75) geschaffen. Von den Brüdern Marsy stammen auch die *Sonnenrosse*, die im Zusammenhang mit dem *Apollobad* zu sehen sind: Während Nymphen den Gott waschen und salben, werden seine Rosse zur Tränke geführt. Ferner sind noch die vielen streng im antiken Stil geschaffenen Allegorien zu erwähnen, wie der *Melancholiker* von La Perdrix (1680) oder die *Luft* von Etienne le Hongre.

Versailles, Schlossgärten
Borghesevase am Latonaparterre

ABBILDUNG GEGENÜBER:
Versailles, Schlossgärten
Detailansicht der Kolonnaden, 1684 von Hardouin-Mansart geschaffen

Versailles, Schlossgärten
Flussgott, Personifikation der Rhône, 1685 von Jean-Baptiste Tuby

ABBILDUNGEN OBEN:
Versailles, Schlossgärten
Der Melancholiker, 1680, von La Perdrix (links)
Die Luft, 1685, von Étienne Le Hongre (Mitte)
Ganymed, 1682, von Laviron (rechts)

ABBILDUNG LINKS:
Versailles, Schlossgärten
Apollo und Nymphen (Apollobad) 1666–75, von François Girardon
Marmor und Grottenfels, lebensgroß

ABBILDUNG GEGENÜBER:
Versailles, Schlossgärten
Sonnenrosse, 1668–75, von Balthazar und Gaspard Marsy, Marmor

Versailles, Schlossgärten
Cérès- oder Sommerbrunnen
1672–79, von Régnaudin
Blei, vergoldet

Versailles, Schlossgärten
Saturn- oder Winterbrunnen
1672–77, von François Girardon
Blei, vergoldet

ABBILDUNG GEGENÜBER:
Versailles, Schlossgärten
Detailansicht des Apollobrunnens
1668–70, von Jean-Baptiste Tuby
Blei, ehemals vergoldet

Versailles, Schlossgärten
Flora- oder Frühlingsbrunen
1672–79, von Jean-Baptiste Tuby
Blei, vergoldet

ABBILDUNGEN GEGENÜBER:
Versailles, Schlossgärten
Apollobrunnen in der zentralen Sichtachse (oben)
Orangerieparterre und Bassin der Schweizer (unten)

Ein großes Problem war die Wasserzufuhr. Eine 1664 eingerichtete und mit Pferdekraft angetriebene Pumpanlage förderte Wasser aus dem Teich von Clagny. Später zapfte man auch das Wasserreservoir von Le Vau an. Doch reichten die Vorräte bald nicht mehr aus für die ungeheuren Wassermengen, die Schloss und Park erforderten. Es wurden weitere Quellen gefasst und in den 80er Jahren Windmühlen aufgestellt, um die Pumpwerke anzutreiben. An den Bassins selbst wurden Wassertürme errichtet, um nicht nur die Becken, sondern auch die Boskette zu versorgen. Zwischen 1678 und 1685 legte man Drainagegräben an und entwässerte viele kleine Teiche und morastige Flächen in der Umgebung von Versailles. Man leitete das Wasser in verschiedene Weiher und führte es über Kanäle in mehrere Reservoirs. Von dort aus erreichte das Wasser Schloss und Gärten. In Marly, das sich der König 1676–86 von Mansart als Eremitage ausbauen ließ, wurde ein System von 257 Pumpen errichtet, die berühmte »Machine de Marly« (Abb. unten), die Wasser von der Seine über den Hügel in einen Aquädukt nach Versailles fließen ließ.

Der König war wohl des Hoflebens bald überdrüssig. Rückzugsorte fand er in Trianon und in Marly. Nach dem Abbruch des Dorfes Trianon ließ er dort für seine Mätresse Madame de Montespan im Jahr 1670 das Trianon de Porcelaine von Le Vau erbauen, das erste europäische Lustgebäude mit chinesischem Dekor. Mit dem Aufstieg einer neuen Favoritin, Madame de Maintenon, musste dieser Pavillon 1687 einem Neubau weichen, dem von Mansart erbauten Trianon de Marbre, benannt nach dem rötlichen Marmor seiner Pilaster, das später den Namen Grand Trianon bekam. Das Parterre davor wurde als Reich der Flora gestaltet, als reiner Blumengarten (Abb. S. 204).

Nachdem sich im Jahr 1674 der Hof in Versailles etabliert hatte und die Kunst Mansarts in der Gunst des Königs auch in Sachen Gartenbau gestiegen war, bat Le Nôtre um Urlaub und begab sich auf seine Italienreise. In Italien lernte Le Nôtre die Wasserkünste kennen und die Kunst, Kaskaden anzulegen. Obwohl er seiner Geringschätzung des italienischen Gartenmodells Ausdruck verlieh, konnte er doch nicht umhin, Motive der Beetornamentik zu übernehmen und sie später in Frankreich in abgewandelter Form umzusetzen. Außerdem war der berühmte französische Gärtner in einigen Villen Italiens nicht nur ein gern gesehener Gast, sondern auch ein gefragter Ratgeber in Sachen Parterregestaltung. Bevor wir uns wieder Le Nôtre zuwenden, verfolgen wir zunächst die weitere Geschichte Versailles.

Aquädukt und »Machine de Marly«
Gemälde von Pierre Denis Martin, 1724
Öl auf Leinwand, 115 x 161 cm
Marly, Musée-Promenade de Marly

Versailles, Schlossgärten
Trianon de Marbre – auch Grand Trianon genannt – mit Blumenparterre, 1687 von Hardouin-Mansart geschaffen

Nach dem Tod Ludwigs XIV. im Jahr 1715 übernahm Ludwig XV. die Pflege der Gärten, die sich im Laufe der Jahrzehnte stark verändert hatten. Die Boskettbäume waren mittlerweile so gewachsen, dass ein horizontaler Schnitt nicht mehr möglich war. Für Ludwig XV. war das Trianon ein idealer Ort, um sich zurückzuziehen. Dort ließ er eine Menagerie mit einheimischen Nutztieren errichten. Die Idealisierung des Landlebens konkretisierte sich nun im vorromantischen Bild der Pastorale. Der Garten wandelte sich allmählich zu der Form des englischen Landschaftsgartens. In den Jahren zwischen 1763 und 1767 ließ der König von Ange-Jacques Gabriel das Petit Trianon erbauen (Abb. S. 207 unten). Nach dem Tod Ludwigs XV. Im Jahr 1774 vermachte sein Nachfolger, Ludwig XVI., das kleine Schlösschen seiner Gemahlin Marie Antoinette, die dort bis zur Französischen Revolution die unbeschwerten Freuden des Landlebens genoss.

Der englische Garten wurde gegen Ende des 18. Jahrhunderts immer populärer, so dass man begierig nach Gärtnern von der Insel Ausschau hielt. Gefragt war nun die urwüchsige Natur, die man durch Versatzstücke wie Felsen, Wasserfälle oder wild wuchernde Uferpartien bereichern wollte. Dem rustikalen Aspekt wurde man durch den Bau eines künstlichen Dorfes mit elf strohgedeckten Häuschen, dem Hameau de Trianon, gerecht (Abbn. S. 209). Nach der Französischen Revolution verfiel der Garten. Das Trianon wurde erst unter Napoleon wieder gepflegt.

Englischer Geschmack in Versailles

Als Hauptmerkmal des Landschaftsgartens wird häufig die Aufhebung der Grenze zwischen Garten und freier Landschaft genannt. Einige wichtige Aspekte dieser Vorstellung, die erstmals zu Beginn des 18. Jahrhunderts in England formuliert wurde, finden sich bereits in den monumentalen barocken Gartenanlagen André le Nôtres und in den Ausführungen des Gartentheoretikers Antoine Joseph Dézallier d'Argenville, wie das folgende Kapitel zeigen wird. Die Franzosen waren demzufolge den Ideen des englischen Landschaftsgartens gegenüber bereits aufgeschlossen.

Um die Mitte des 18. Jahrhunderts veränderten sich allmählich Teile der riesigen Gartenanlage von

ABBILDUNG GEGENÜBER:
Versailles, Schlossgarten
Säulenhalle des Grand Trianon mit Garteneinblick

Versailles. Die Jahrzehnte zuvor gepflanzten Boskette waren zu hohen und dichten Baumgruppen emporgewachsen. In den Jahren der Régence und Ludwigs XV. verfuhr man großzügig mit dem Baumbeschnitt. Immer seltener rückten die Gärtner mit ihren ungewöhnlich hohen Gerüstwagen den Bäumen zu Leibe, so dass die Äste von Linden oder Ulmen über die früher vorgeschriebenen Grenzen hinauswuchsen. Das Schema der noch vorherrschenden Geometrie löste sich nach und nach auf.

In jenen Jahren entwickelte man ein neues Verhältnis zur Natur. Man zog es vor, in lichten Wäldern zu verweilen, suchte die Abgeschiedenheit von buschumsäumten Rasenstücken und hielt sich sommers gern in den schattigen Zonen von Flussläufen auf. Zu Beginn des Jahrhunderts bereits hatten Antoine Watteau oder François Boucher solche Szenarien in ihren Bildern wiedergegeben.

Dieses neue Naturgefühl lässt sich mit der Idealisierung des Landlebens oder mit dem Begriff der Pastorale umschreiben. In der Region des Petit Trianon (Abb. unten), dem Geschenk Ludwigs XVI. an seine Gemahlin Marie Antoinette, wurde diese Pastorale als *tableau vivant* inszeniert. In den Bauernhof des Hameau (Weiler), zog eine Bauernfamilie aus der Touraine ein. Ein Knecht, ein Kuhhirte und eine Dienstmagd versorgten das Vieh. Diese den damaligen politischen und sozialen Verhältnissen in keiner Weise entsprechende Idylle entfaltete sich im Gartenbereich, der ab 1774 im englischen Landschaftsstil gestaltet wurde. Antoine Richard, der kurz zuvor auf einer Englandreise Stowe und Kew Gardens studiert hatte, legte die Pläne im anglo-chinoisen Stil vor, die – von anderen Gartenarchitekten mehrmals abgeändert – unter der kritischen Aufsicht der Königin umgesetzt wurden.

Die vordringliche Aufgabe bestand zunächst darin, die englischen Akzente zu setzen: ein irreguläres Wegenetz, das sich über modellierte Hügelformatio-

Illumination des »Rocher« und des »Belvedere« im Garten des Petit Trianon beim Fest für Joseph II. von Österreich, Gemälde von Claude-Louis Châtelet, 1781
Öl auf Leinwand, 60 x 74 cm
Versailles, Musée du Château

Versailles, Schlossgärten
Hoffassade des Petit Trianon, 1762–64 von Jacques Gabriel geschaffen

ABBILDUNG GEGENÜBER:
Versailles, Schlossgärten
Der Liebestempel im Garten des Petit Trianon, 1777–78 von Richard Mique für Marie-Antoinette geschaffen

nen hinzog, antike Tempelruinen sowie chinesische Kioske und Pagoden; Letztere kamen allerdings nicht zur Ausführung. Schließlich wurde ab 1783 der Hameau de Trianon, der pastorale Weiler, an einem künstlichen See geschaffen (Abbn. gegenüber). So konnte man am Seeufer lustwandeln und die einzelnen Gebäude betrachten, die Châtelet 1786 gezeichnet hat: die Molkereihäuser und den Turm für die Fischer, das Billardhaus, das durch eine Pergola mit dem Gebäude der Königin verbunden war, und die Mühle.

Auf den ersten Blick scheint es sich um einen krassen Gegensatz zu handeln: Aus dem berühmtesten europäischen Barockgarten entwickelte sich fast harmonisch der erste ausgeprägte englische Landschaftsgarten auf dem Kontinent. Dabei war der geometrische Garten nicht, wie häufig zu lesen ist, am Ende seiner Möglichkeiten angelangt. Ganz im Gegenteil: Da der Barockgarten sich sowohl konkret als auch symbolisch als Landschaftsmodell verstand, war das neue Naturempfindens à la Rousseau ohne weiteres in der Lage, die Verwandlung anzustoßen. Merkwürdig ist nur, dass England diesen Weg zum Landschaftsgarten lange vor den Franzosen beschritten hat – aber durchaus nicht ohne die Franzosen. Der »offene Innenraum eines Außenraumes«, wie Dézallier d'Argenville zu Beginn des 18. Jahrhunderts den Garten beschrieb, bedurfte verschiedener Gestaltungselemente, die ein Zusammenspiel mit der umgebenden Landschaft erlaubten. Für diese »situation naturelle« galt es Maßstabsmodule festzulegen, um die Höhe der Hecken, Alleen oder Boskette auf das benachbarte Terrain abzustimmen. Eine Begrenzung des Gartens war zwar notwendig, durfte aber nicht ins Auge fallen. Die von Dézallier d'Argenville vorgeschlagenen Ahas kamen zunächst nicht in Frankreich, sondern in England zur Geltung – wie beispielsweise in Stowe in Buckinghamshire.

Chronik der Gärten von Versailles

1623 Bau eines Jagdschlosses
1638 Anlage eines ersten Gartens durch Jacques Boyceau
1661 Ausbau von Park und Schloss
1662 Anlage der Parterres und Boskette durch Le Nôtre
1666 Erstes Fest, Uraufführung von Molières »Tartuffe«. Entstehung des Labyrinths
1668 Erweiterung des Schlosses durch Le Vau und Abriss des Dorfes Trianon
1670 Bau des Trianon de Porcelaine (Abbruch 1687)
1671 Bosquet du Théâtre d'Eau von Le Nôtre
1674 Der Hof etabliert sich in Versailles
1675 Ersetzung des Labyrinths durch das Bosquet de la Reine
1676 Eremitage Marly von Jules Hardouin-Mansart (bis 1686)
Bau der Machine de Marly (Wasserleitung und Pumpwerk)
1678 Schlosserweiterungen unter Hardouin-Mansart. Teilweise waren am Schloss und im Garten 36 000 Arbeiter beschäftigt
1679 Anlage des Bassins der Schweizer
1680 Vollendung des Großen Kanals (beg. 1667)
1681 Bosquet des Rocailles und Amphitheater
1682 Offizieller Sitz des französischen Hofes
1683 Parterre d'Eau durch Hardouin-Mansart
1684 Bau der Orangerie durch Hardouin-Mansart und zweite Phase der Boskettpflanzungen
1685 Bau der Kolonnade von Hardouin-Mansart und des Aquädukts Marly–Versailles
1687 Bau des Trianon de Marbre (später Grand Trianon)
1699 Bau der Hofkapelle nach Plänen von Hardouin-Mansart
1700 Tod André Le Nôtres
1708 Tod Jules Hardouin-Mansarts
1715 Tod Ludwigs XIV.
1722 Ludwig XV., genannt »Bien-Aimé«, übernimmt die Pflege der Gärten
1750 Menagerie für Nutztiere im Trianon
1761 Anlage eines Schau- und Zuchtgartens im Trianon
1762 Bau des Petit Trianon von Ange-Jacques Gabriel in der Hauptachse des Gartens und Tilgung des Nutzgartens
1774 Abholzung der Boskette und Neupflanzung (bis 1776)
1775 Bau des Theaters im Jardin Français
1779 Anlage des Botanischen Gartens mit pastoralen Akzenten in engster Anlehnung an den englischen Landschaftsgarten
1783 Bau des »Hameau de Trianon« (rustikale Dorfanlage)
1789 Französische Revolution und Einstellung aller Arbeiten
1793 Hinrichtung Ludwigs XVI. Aufteilung der Parkanlagen und teilweise Verwüstung
1795 Gründung der »École Centrale«. Versailles wird zur Besichtigung freigegeben
1798 Errichtung des Freiheitsbaumes
1805 Kaiser Napoleon I. macht das Trianon zur Privatresidenz.
Wiederherstellung des »Petit Trianon« und des »Hameau«
1860 Abholzung der unter Ludwig XVI. gepflanzten Boskette und Neuanpflanzung
1870 Verwüstung des Parks durch preußische Truppen
1883 Neuanpflanzungen der Boskette
1889 Jahrhundertfeier zur Eröffnung der Generalstände von 1789

ABBILDUNGEN GEGENÜBER:
Versailles, Schlossgärten
Hameau de la Reine, ab 1783 von Richard Mique für Marie-Antoinette geschaffen
Haus der Königin (oben)
Mühle (unten)

Château de Chantilly
Schloss und Garten mit großer Bassinanlage

Château de Chantilly

Kurz nach den ersten Entwurfsarbeiten für das Parterre von Versailles wurde Le Nôtre 1663 nach Chantilly berufen, um für Prinz Louis II. Condé (»Le Grand Condé«) die Gartenanlage zu entwerfen. In jenen Jahren entstand auch das großartige Schloss bzw. dessen Erweiterung nach den Plänen des Meisterarchitekten Jules Hardouin-Mansart. In den Wirren der Französischen Revolution wurde das Schloss zerstört, aber um 1830 durch den Herzog von Aumale von dem Baumeister Honore Daumet im Neo-Renaissancestil wieder aufgebaut. Kehren wir zur Geschichte des Gartens zurück. Ähnlich wie in Versailles sah Le Nôtre ein monumentales Kanalsystem vor. Der Grand Canal verlief parallel zur Schlossfront und mündete in ein großes Bassin, in das sich aus einem höher gelegenen Becken das Wasser des Flüsschens Nonette über eine Kaskade ergoss. In der Mitte erweitert sich der Grand Canal in ein breites, quer gelegtes Becken, das auf das seitlich liegende Schloss hin ausgerichtet ist (Abb. oben). Dieses Bassin wird flankiert von zwei Wasserparterres mit Fontänen. Der Garten des Grand Condé wurde als wasserreiche Kanal- und Bassinanlage ausgeführt. Bei den Arbeiten erwies sich Le Nôtre als Künstler, der über ein breites Spektrum an Gestaltungsmöglichkeiten verfügte. Während das Wasser er in Vaux-le-Vicomte und in Versailles als bedeutsames Element hervorhob, es aber den Quartieren und Kompartimenten unterordnete, kehrte er das Verhältnis von Parterre und Kanal in Chantilly um. Hier wirken die Beetgestaltung, die Baumalleen und die Rasenflächen eher als rahmende Elemente für die Bassins und Kanäle.

Château de Chantilly
Eine der Kanalbrücken im Schlossgarten

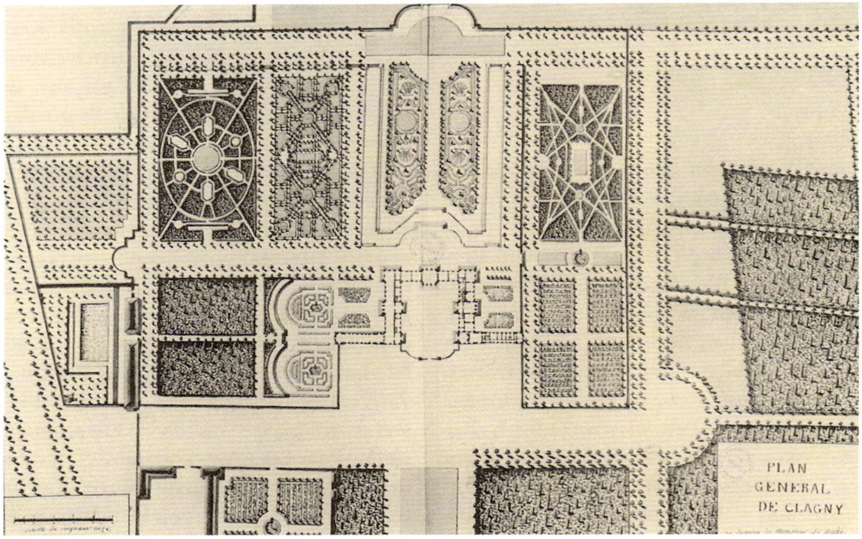

Clagny, Plan von Schloss und Garten nach André Le Nôtre. Von der barocken Anlage, die für die Gartenkunst Le Nôtres so charakteristisch ist, ist heute nicht mehr viel erhalten.

Gesamtansicht des Schlosses und der Pavillons von Marly
Gemälde von Pierre-Denis Martin, 1724
Öl auf Leinwand, 296 x 223 cm
Versailles, Musée du Château

Marly und Clagny

Im Jahr 1676 beschloss Ludwig XIV., sich ein Refugium in Marly nahe Versailles errichten zu lassen. Für diese Aufgaben sah er Jules Hardouin-Mansart und seinen Gartenarchitekten André le Nôtre vor. Im Jahr 1686 waren die Arbeiten zu dem Projekt weitgehend abgeschlossen. Heute ist kaum zu entscheiden, welcher Anteil Le Nôtre und welcher Mansart zugeschrieben werden kann. Die gesamte Anlage schmiegt sich in eine Talsenke. Das Gelände fällt von Südosten nach Nordwesten hin ab und wird von einer Wasserachse geprägt (Abb. unten). Über die La Rivière genannte Kaskade stürzt das Wasser von der Höhe im Südosten auf der Rückseite des Schlosses in das Tal. Vor dem Schloss erstrecken sich vier große Wasserbassins, die von Alleen begleitet sind. Jenseits der Hauptalleen wurden je sechs Pavillons errichtet, die den zwölf Tierkreiszeichen zugeordnet sind.

Das mythologische Programm kreist wieder um die Apollo-Thematik und damit um die Herrschersymbolik Ludwigs XIV., der sich, sonnengleich, in dem griechischen Offenbarungsgott verkörpert sah. Diese Gebäudegruppe ist zugleich als äußere Begrenzung der beiden Gartenquartiere gedacht, die Le Nôtre entwarf. Auf ihn geht wahrscheinlich auch die große Wassertreppe, die Rivière, zurück – ein Werk, das von vielen vergleichbaren Kaskaden Italiens angeregt worden sein dürfte.

Weder in Versailles noch in Marly lässt sich die typische Handschrift André le Nôtres erkennen. In Vaux-le-Vicomte, wo er als noch unbekannter Künstler gearbeitet hatte, konnte er sein neuartiges Gartenkonzept erstmals präsentieren. Das eindeutig auf Fernwirkung hin konzipierte Areal, das den König auf den Künstler aufmerksam gemacht hatte, versuchte Le Nôtre auch in Clagny mit derselben Konsequenz und mit vergleichbaren Mitteln umzusetzen. Das Schlösschen Clagny, nordöstlich der Stadt Versailles gelegen, wurde bereits 1769 abgerissen, da Renovierungsarbeiten als zu kostspielig erschienen. Der für die königliche Mätresse Madame de Montespan im Jahre 1680 vollendete Bau von Jules Hardouin-Mansart wurde mit einer weitläufigen Gartenanlage versehen. Weil von all dem nichts mehr erhalten ist, müssen wir anhand des Planes von Clagny (Abb. oben) die damalige Wirklichkeit imaginieren: Dass Le Nôtre sein strenges System von Vaux-le-Vicomte in Clagny auflockerte, ohne dabei auf die Fernwirkung zu verzichten, erfährt man auf der Gartenterrasse vor dem großen Salon des Hauptpavillons. Man schaut über ein vertieft in einer Mulde gelegenes Hauptparterre in der Verlängerung der Hauptachse des Gartens hinweg zu einem See hin. In dessen Mitte erhebt sich als *point de vue* ein Inselchen, das gewissermaßen die Fernwirkung der Gartenanlage unterstreicht (auf obigem Plan nicht zu sehen). Seitlich des Hauptparterres, auf dem Niveau

Domaine de Marly
Allee und Zierbäume am großen Bassin

des Schlosses, sind Boskette mit diagonalen Wegeführungen angelegt. Spaziert man durch diese Wäldchen, wird man immer wieder von interessanten Perspektiven überrascht. Mal erscheint in einem Ausschnitt das Hauptparterre, mal das Schloss oder in der Ferne der See mit seiner Insel. Während in Vaux-le-Vicomte ein strenges und sehr wirkungsvolles Gartenkonzept zur Ausführung gekommen war, legte Le Nôtre in Clagny Wert auf eine abwechslungsreiche Anlage, die mehr der privaten Kurzweil vorbehalten als der politischen Symbolik verpflichtet war.

Es ist heute nur sehr schwer nachvollziehbar, in welchem Umfang die Gartenkunst André Le Nôtres die europäische Gartenkultur des Barock beeinflusst hat. Dies liegt unter anderem auch an der bislang unzureichenden Forschung über das Werk und die Person des französischen Gartenarchitekten. Andererseits lassen sich die Gärten heute lediglich rekonstruieren – und in vielen Fällen auch nur noch sehr lückenhaft, da Pläne, Skizzen oder Abrechnungen kaum mehr auffindbar sind. Man kann allerdings davon ausgehen, dass Le Nôtres Gartenkunst, im 17. Jahrhundert europaweit bewundert, in Frankreich noch bis zur zweiten Hälfte des 18. Jahrhunderts von Einfluss gewesen ist.

Will man das Besondere der Gartenkunst Le Nôtres verkürzt zusammenfassen, bietet sich dafür der Begriff der Perspektivität an. In der Tat war es sein Bemühen, Nähe und Ferne miteinander zu verbinden, den Horizont als fassbares Gestaltungsmittel in sein Gartenkonzept einzubeziehen. Nähe und Ferne waren für den Gartenarchitekten zwei Spielarten des Sehens, denen er Gestalt geben wollte. Das Fluchtachsensystem setzte er um in Alleen und Kanäle, um einen möglichst großen Landschaftsausschnitt zu gliedern und ihn für das Betrachten tauglich zu machen. Seine Gärten waren »Seh-Bühnen«, auf denen die höfische Gesellschaft agierte und sich selbst bei ihren Aktionen von nah und fern beobachten konnte. Es kommt aber noch ein weiterer, für die barocke Kultur insgesamt wichtiger Aspekt hinzu: die Kunst der Illusion. Le Nôtre war ein großer Liebhaber und Sammler der Gemälde des französischen Landschaftsmalers und Radierers Claude Lorrain (1600–82). Die Bilder gingen nach seinem Tod in königlichen Besitz über und sind heute im Louvre zu

ABBILDUNG GEGENÜBER:
Domaine de Marly
Die Skulptur eines sich aufbäumenden Pferdes an der alten Pferdetränke am Rande des Gartens erinnert an das glanzvolle 17. Jahrhundert von Marly.

sehen. Lorrain hat mit ungewöhnlichen kompositorischen und koloristischen Mitteln die Perspektivität einer Landschaft in einem dunstig-warmen Abendlicht aufgelöst. Er vergrößerte den Raum, indem er die Ferne als undefinierbare Größe gegenüber der detailgetreuen und messbaren Nähe darstellte.

Zum Verständnis dieser Sichtweise der Gartenkunst Le Nôtres ist eine erneute Betrachtung des Gemäldes von Patel hilfreich (Abb. S. 191). Die konstruierte, nicht aber tatsächlich erlebbare Vogelperspektive stellt den Garten von Versailles als Bildmotiv und nicht als Dokumentation einer baulichen Zustandsbeschreibung vor. Der Unterschied ist entscheidend, denn diese idealisierende Darstellung orientierte sich zweifellos an der Bildkomposition und Koloristik der Gemälde von Claude Lorrain. Der utopistische Gehalt Lorrainscher Bildsujets – die Sehnsucht nach einer befriedeten und geordneten Welt – sollte übertragen werden auf Versailles als Modell der neuen Weltordnung Ludwigs XIV. Wer heute auf den Gartenparterres von Versailles oder Vaux-le-Vicomte steht, während ein mildes Abendlicht das Szenarium beleuchtet, der könnte glauben, dass Le Nôtre mit Hilfe der Gartenkunst ein Gemälde von Lorrain als Naturereignis gestalten wollte. So als hätte er dem Hof die Illusion zu vermitteln beabsichtigt, im Garten durch ein Gemälde zu spazieren.

Was konnte nach Le Nôtre noch kommen? Abgesehen von einer Serie ähnlich gestalteter Gärten, wohl nur noch der Landschaftsgarten, der bereits in Versailles präfiguriert war. So nimmt es auch nicht wunder, dass schon im Jahr 1779 der Botanische Garten in Versailles in engster Anlehnung an den englischen Landschaftsgarten und mit unübersehbaren pastoralen Akzenten angelegt wurde. Le Nôtre hat zweifellos die Voraussetzungen für das Seh-Modell und die Erlebnisbereitschaft für diesen neuen Gartentypus geschaffen.

Domaine de Marly
Blick von der herbstlichen Allee auf die Reihe der Zierbäume und das große Bassin

Paris, Parc de Saint-Cloud
Große Kaskade aus dem 17. Jahrhundert

Der Park von Saint Cloud geht auf die Familie Gondi zurück, die das Anwesen im Jahre 1577 erwarb. Die barocke Anlage schuf Le Nôtre für den Grafen von Anjou. In seinem Entwurf sah er auch die Kaskade vor. Der Architekt Antoine le Pautre begann im Jahre 1667 mit den Arbeiten. François Mansart vollendete das imposante Werk dreißig Jahre später. Da das Gefälle für das Betreiben der Fontänen zu gering war und überdies nicht ausreichend Wasser für die Kaskade zur Verfügung stand, musste es über Kilometer lange Aquädukte herangeführt und über ein Netz von Wasserleitungen zu den einzelnen Brunnen geleitet werden.

Salignac, Manoir d'Eyrignac
Blick auf das Herrenhaus (oben)

Parterre beim Herrenhaus (gegenüber)

Weißbuchenallee (S. 221/22)

Teich und Hecke mit Skulpturennischen (S. 222 oben)

Buchsbaumrondell (S. 222 unten)

Kleines Gartenhaus (S. 223)

Manoir d'Eyrignac

Der Garten von Eyrignac zählt zu den Überraschungen im Perigord (Abbn. S. 218–223). Vielleicht liegt dies daran, dass er nur sehr schwer aufzufinden ist. Der Weg dorthin führt über schmale kleine Straßen, die Feldwegen gleichen, und über eng gewundene, dunkle Waldwege. Vielleicht ist es aber auch so, dass Eyrignac nördlich von Sarlat als Garten gar nicht auffällt, da die idyllische Landschaft in der Umgebung des Ortes selbst wie ein Garten zu sein scheint. Wie dem auch sei, Eyrignac nimmt sich jedenfalls wie ein geheimnisvolles paradiesisches Fleckchen Land aus. Die Gartenanlage und das Landhaus gehen auf Antoine de Costes de la Calprenede zurück, der als Erster Konsul von Sarlat sein Territorium gegen die Übergriffe des »Grand Conde« hatte verteidigen müssen. Sein Enkel Louis Antoine Gabriel, Marquis de Costes de la Calprenede, legte den Garten im obligaten barocken Stil an. Im 19. Jahrhundert ereilte den Garten dasselbe Schicksal, das fast alle französische Barockgärten ereilte: Er wurde in einen englischen Landschaftsgarten umgewandelt. Ab dem Jahr 1960 aber veränderte sich der Garten unter der Leitung des damaligen Inhabers Gilles Sermadiras de Pouzols de Lile erneut. Diesem ging es darum, Aspekte des geometrischen Gartens in die pittoreske Anlage zu reintegrieren.

Die Ergebnisse dieser Umgestaltung sind beeindruckend. Die elegant geschwungene Buchsgalerie, die kleinen Kabinette mit ausgeschnittenen Fenstern und das elegante Renaissancebassin mit den flankierenden Buchskübeln lassen einen Hauch des barokken Parterres erahnen. Ornamental ausgelegte Kieswege führen von einer Abteilung in die andere. Als eine besondere Leistung kann das Parterre unmittelbar vor dem Schlösschen angesehen werden: Die barock angelegten Heckenornamente aus Buchs sowie die Buchskegel und die sanft ansteigenden Treppen führen in ein Wäldchen und über einen Kiesweg auf eine höher gelegene Terrasse, wo sich ein weiteres barock gestaltetes Parterre öffnet. Der Garten von Eyrignac lebt von seinen Überraschungen und unerwarteten Perspektiven. Sei es, dass man unvermittelt vor einem Brunnen aus dem 18. Jahrhundert steht, dessen Wasser sich in einem merowingischen Sarkophag sammelt, sei es, dass man aus dem Fensterrondell heraustritt, eine breite, ungestaltete Rasenfläche überquert und in eine lang gestreckte Allee von geschwungenen Buchshecken schaut.

Albi, Palais de la Berbie
Terrassenanlage mit Buchsbaum- und Blumenparterre (oben)
Detailansichten (gegenüber)

Albi, Palais de la Berbie
Der Palais de la Berbie in Albi wurde gegen 1265 als bischöfliche Residenz unmittelbar neben der Kathedrale aus dem 12. Jahrhundert errichtet. »Berbie« leitet sich von »bisbia«, Bischof, ab. Unterhalb des Donjons wurde ein Garten angelegt, der im 17. Jahrhundert in einen barocken Lustgarten umgewandelt wurde. Er hat bis zum heutigen Tag seinen geometrischen Charakter und insbesondere mit den Statuen des Bacchus und der Vier Jahreszeiten seinen unverwechselbaren Charme bewahren können. Der Reiz des Gartens liegt zweifellos in seiner einmaligen Ausrichtung zum Fluss Tarn und zur Altstadt von Albi, die man von der oberen Terrasse überblicken kann.

Hier mag man sich an den mittelalterlichen *hortus conclusus*, den abgeschiedenen Garten, erinnern. Rasenbänke, Lauben, von Rosensträuchern umgebene Beetzonen, Kieswege und Kräuterbeete an den äußeren Rändern des Gartenbereichs entsprachen damals dem üblichen Schema. Möglich, dass ein solcher »Hortulus« der Vorgängergarten des barocken Lustgarten gewesen ist.

Nîmes, Jardin de la Fontaine
Der Jardin de la Fontaine (Abb. S. 226/27) wurde im 18. Jahrhundert von dem Armee-Ingenieur Jacques-Philippe Mareschal angelegt. Die Terrassen ziehen sich von der Nemausus-Quelle, die bereits in der Antike gefaßt war, über die Hügel des Mont Cavalier bis hinauf zur Tour Magne, einem einzigartigen Aussichtspunkt. Mareschal ließ den Garten mit Laubbäumen und Pinien sowie mit Zedern bepflanzen. Die Pfade fasste er mit Balustraden und versah kleinere Beete mit bunt blühenden Blumen. Das Quellwasser sammelt sich in einem Bassin und fließt über kleine Becken hinab zum großen Kanal. Die drei großen Gartentore mit dem filigranen Gitterwerk stammen aus der Zeit um 1750. Desgleichen die Vasen und die Statuen, die Endymion, Diana und Flores darstellen. Schon zur Zeit der Römer war dieses Gebiet – es war als Heiliger Bezirk ausgewiesen – als Wasserreservoir für die Stadt und als Bad genutzt worden. Reste eines Diana-Tempels aus dem 2. Jahrhundert dürften Teil eines größeren Tempel-Ensembles gewesen sein.

Nîmes, Jardin de la Fontaine
Seit dem 18. Jahrhundert fasst ein Barockgarten den Quellbezirk ein. Das Regenwasser sammelt sich in den zerklüfteten Felsen der Garrigue und tritt hier an der Quelle wieder hervor. In der Antike war der gesamte Bezirk als ein Heiligtum ausgestaltet.

Die Gartentheorie des A. J. Dézallier d'Argenville

Vaux-le-Vicomte
Blick vom Schloss auf das Parterre (Detail)

»Hingegen ist nichts Lustigers und nichts Angenehmers in einem Garten als ein guter Prospect oder Aussicht nach einer schönen Landschafft. Die Lust zu Ende einer Allée, oder von einem aufgeworffenen Erdreich, einer Terrasse auf die vier bis fünf Meilen in der Runde viele Dörffer, Wälder, Flüsse, Hügel, Wiesen und andere Dinge zu erblicken, so zu einer schönen Landschafft zu gehören, übertrifft alles dasjenige, was man allhier davon sagen könnte, und es sind solche Sachen, welche man selbst sehen muss, wenn man von ihrer Schönheit urtheilen will.«

Diese Feststellung könnte sich auf das Versailles-Bild von Pierre Patel (Abb. S. 191) oder auf ein Gemälde von Claude Lorrain beziehen, da sie den Garten als Plattform eines Landschaftserlebnisses vorgestellt. Die Zeilen stammen jedoch von Antoine Joseph Dézallier d'Argenville, einem französischen Privatgelehrten, der sich aus Liebhaberei der Gartenkunst widmete. Ihm haben wir einen der bedeutendsten Traktate zur Theorie und Praxis der Gartenkunst des Barock zu verdanken. Knapp zehn Jahre nach dem Tod André Le Nôtres erschien 1709 das Werk »La Théorie et la Pratique du Jardinage«, das wenige Jahre später auch ins Deutsche übersetzt wurde. Für Dézallier d'Argenville diente ein Lustgarten einer einzigen Aufgabe: dem Vergnügen. Er bedauerte in seiner Einleitung, dass frühere Gartentheoretiker wie Jacques Boyceau de la Barauderie oder André Mollet diesen Aspekt nur unzureichend behandelt hätten. Insgesamt nennt er fünf Punkte, die für die Anlage eines Gartens seiner Meinung nach grundlegend seien: 1. gesunde Exposition, 2. Bodengüte, 3. Wasser, 4. landschaftliche Aussicht und 5. Bequemlichkeit. Die oben zitierten Feststellung betraf natürlich den vierten Gestaltungspunkt.

Um auch tatsächlich den Blick über das Gartengelände hinweg in die Ferne schweifen zu lassen, sollten alle Hindernisse, die einer Aussicht im Wege stehen könnten, wie Mauern, Gitter oder Hecken, vermieden werden. Zu diesem Zweck schlug Dézallier d'Argenville vor, die Begrenzung des Gartenareals durch befestigte Gräben (Abb. gegenüber) vorzunehmen. Als Bezeichnung wählte er einen der seltsamsten Begriffe der Kulturgeschichte, der sich jedoch in der Gartenterminologie durchgesetzt hat:

»Man macht heute Maueröffnungen, Ahas genannt (clairesvoies, appellées des ah, ah), die ohne Gitter auf der Ebene der Alleen liegen, mit einem breiten und tiefen Graben darunter und auf beiden Seiten gemauert sind, damit das Erdreich gehalten wird und keiner hochklettern kann. Das überrascht den herankommenden Betrachter und lässt ihn ›ah, ah‹ rufen, wovon sie ihren Namen bekommen haben. Solche Öffnungen behindern den Blick weniger als die Gitterstangen.«

Solche Ahas oder Hahas sind später für den englischen Landschaftsgarten wichtig geworden, um die Kontinuität zwischen Garten und angrenzender Landschaft zu wahren. Der englische Gartentheoretiker Stephen Switzer hat einen ähnlichen Aha mit nur einer Mauer gezeichnet und sehr anschaulich die Funktionsweise dargestellt (Abb. gegenüber unten). Für Dézallier d'Argenville war es wichtig, die »situation naturelle« in den Entwurf mit einzubeziehen. Er verstand den Garten als offenen Innenraum eines Außenraumes, als einen Raumkörper innerhalb der Natur. Als solcher sollte er immer spürbar bleiben. Deswegen legte er besonderen Wert auf die Dimensionierung und Gestaltung der Hecken, Alleen, Boskette und der Boulingrins – vertieft angelegte Rasenflächen, die in England Bowlinggreens genannt wurden, um Blickpassagen oder Blickpunkte zu er-

Versailles, Ansicht des Apollobassins und des großen Kanals
Gemälde von Pierre-Denis Martin, 1713
Öl auf Leinwand, 260 x 184 cm
Versailles, Musée du Château

möglichen. Ein beliebtes Gestaltungsmittel bei der Wegeführung war die *patte d'oie*, der Entenfuss – fächerförmig angelegte Alleen, die die halbmondförmig gepflanzten Hecken durchbrechen, die zur Begrenzung eines Parterres empfohlen werden.

Dézallier d'Argenville hat seine Kenntnisse und Erfahrungen in den Gärten seiner Zeit gesammelt. Seine Empfehlungen und Begründungen zielen in mancher Hinsicht schon auf den Landschaftsgarten ab, wenngleich die freie Landschaft selbst noch nicht gestaltet, aber doch wenigstens bereits als sichtbarer Bereich in den Entwurf integriert werden sollte. Wenige Jahre nach der ersten Auflage seines Traktats modifizierte der Theoretiker seine Ausführungen, um deutlich das Verhältnis zwischen Kunst und Natur hervorzuheben. In der Ausgabe von 1713 ist zu lesen:

»Wenn man einen Garten anlegen will, so muss man betrachten, dass man sich mehr an die Natur, als an die Kunst zu halten, von welcher letztern nichts mehr zu entlehnen, als was zur Verstärkung der Natur gereichen kann.«

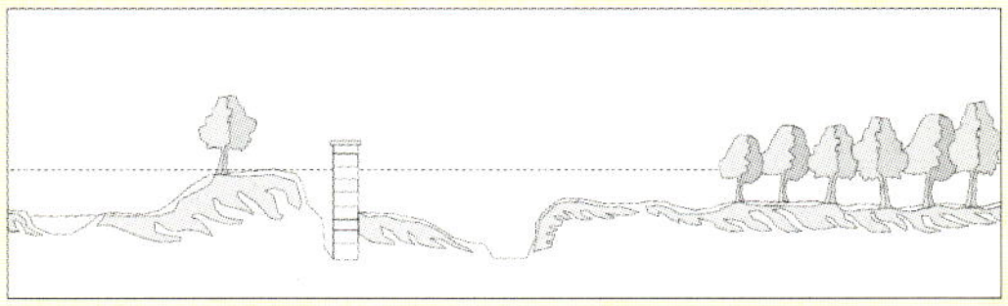

Versailles, Schlossgarten
Blick von der Aha-Allee auf das Grand Trianon (oben);
Aha-Mauer und Graben am Ende der Allee (links) Darstellung einer Aha-Mauer nach Stephen Switzer

Die Kunst wird zur Dienerin der Natur. Sie soll, was das Wesen der Natur ausmacht, das Gedeihen und Wachsen der Pflanzen, hervorheben und fördern. Aus diesem Grund, so Dézallier d'Argenville, seien Treppenanlagen, üppiger Brunnenschmuck oder Mauerbegrenzungen abzulehnen, da »... man hier mehr die Hand der Menschen als der Natur erkennt«.

Parterres und Boskette erachtete Dézallier d'Argenville als die wichtigsten Teile des Gartens. Sie sind so anzuordnen, dass sie einander stets entgegengesetzt sind, also »... ein Lust-Wald (Boskett) und ein Blumen-Stück (Beetkompartiment) oder eine Gras-Vertieffung (Boulingrin), und nicht alle Blumen-Stücke auf der einen Seiten, und alle Lust-Gebüsche auf der anderen Seiten anlegen, oder eine Gras-Vertiefung gegen einen Spring-Brunnen, welches eine Tieffe gegen der andern wäre«.

Um seine Ideen anschaulich zu machen, legte Dézallier d'Argenville Musterpläne vor, denen die Gesamtstruktur und die Anordnung der einzelnen Kompartimente zu entnehmen ist (Abb. rechts). Wenn man aus dem Schloss heraus in den Garten tritt, dann soll man die Parterres erblicken; es sollen Broderieparterres sein, die seitlich der Hauptachse angeordnet sind. Dann folgt eine von Eiben gesäumte erste Querachse mit einem Bassin auf dem Schnittpunkt mit der Mittelallee. Halbkreisförmig schließt sich nun nach kleineren Rasensegmenten

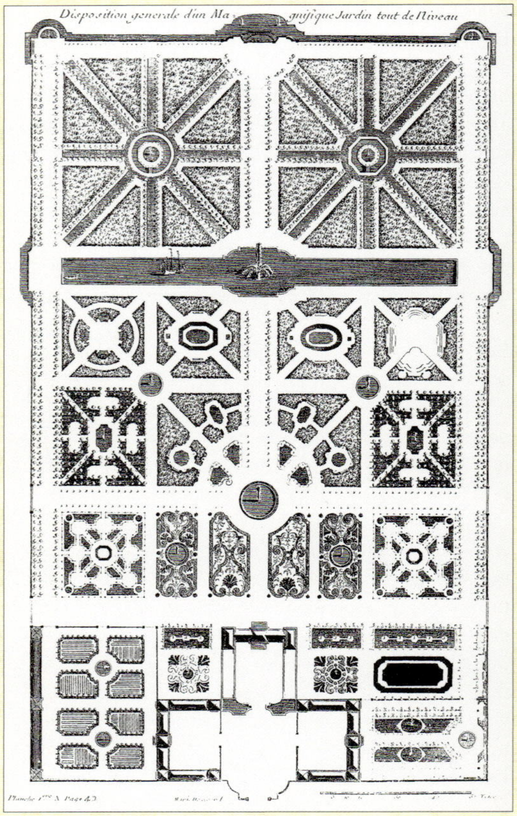

Herrenhausen, Großer Garten
Detailansicht der Parterreanlage mit Skulpturen

A. J. Dézallier d'Argenville
Erster Musterplan, 1709 (oben rechts)

Parterreformen: Parterre à l'Anglaise, Parterre de pieces coupées pour des fleurs, Parterre d'Orangerie (rechts)

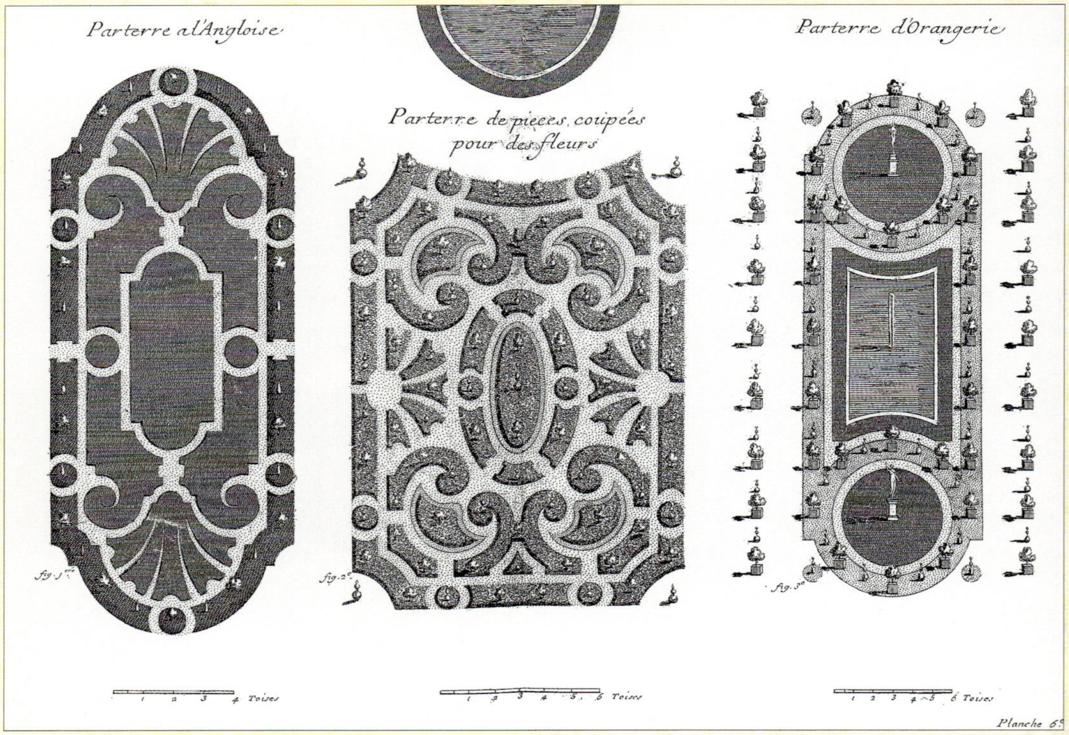

ABBILDUNG GEGENÜBER:
Brühl, Schloss Augustusburg

eine Boskettzone mit diagonaler Wegeführung an. Die Hecken der Bosketten weisen Skulpturennischen auf. Dieser erste Teil des Gartens wird von einem breiten und quer zur Anlage verlaufenden Kanal abgeschlossen. Dahinter ist ein großes Boskettquartier vorgesehen, das durch die Mittelallee geteilt wird. Als Blickpunkt dient ein Tritonenbrunnen im erweiterten Mittelteil des Kanals.

Dézallier d'Argenville ging es in diesem Musterplan um die Verteilung von Licht und Schatten. Die unmittelbar dem Schloss zugeordnete lichte Parterrezone kontrastiert mit den niedrig gehaltenen Boskettkompartimenten, die vom Kanal abgeschlossen werden. Die jenseits des Wassers angepflanzten höheren Boskette sorgen für schärfere Kontraste, so dass diese fernere Gartenzone optisch näher rückt und stärker mit den davor liegenden Quartieren verbunden zu sein scheint.

Die Parterres spielen die größte Rolle beim Entwurf, da sie meistens der Gartenfront des Schlosses unmittelbar zugeordnet sind. Dézallier d'Argenville unterscheidet vier Typen: Zuerst nennt er das Broderieparterre, dessen Ornamentik aus Rasenbändern und Zwergbuchs besteht. Es folgt das Kompartimentparterre, das sich aus symmetrisch einander zugeordneten Rabatten und Rasenmuscheln zusammensetzt, wobei die Binnenfläche mit Sand ausgefüllt ist. Im Zentrum ist ein Brunnen vorgesehen. Das Englische Parterre, das auch Rasenparterre genannt wird, ist ein Rasenstück mit ornamental gestalteten Zierwegen. Das Blumenparterre, *parterre de pièces coupées pour des fleurs*, schließlich besteht aus kleinteiligen symmetrisch angeordneten Blumenrabatten, die von niedrigen Buchsbaumhecken eingefasst sind (Abb. gegenüber unten). An den Ecken oder in geschweiften Aussparungen werden häufig auch *topiari* gepflanzt, zu geometrischen Figuren geschnittene Buchsbäume, oder Eiben, die auch *arbrisseaux*, Formbäumchen, genannt werden (siehe hierzu auch S. 346f.). Das Blumenparterre war besonders beliebt bei kleinen Schlössern oder abseits gelegenen Gartenbereichen, wie dem *giardino segreto*. Dézallier d'Argenvilles Traktat, der damals als »Bibel der Gartenkunst« bezeichnet wurde, erschien im 18. Jahrhundert in vielen Auflagen und Übersetzungen. Im Grunde genommen waren die vom Autor aufgeführten Empfehlungen und ausgearbeiteten Muster bereits von der Gartenkunst Le Nôtres her bekannt. Doch wurden hier die Entwürfe und Anlagen des genialen Gartenarchitekten erstmals in einem Regelwerk vorgetragen, dessen Lehrsätze fortan von den nachfolgenden Gärtnergenerationen befolgt oder variiert werden konnten. Es ist sogar anzunehmen, dass Dézallier d'Argenvilles Betonung des landschaftlichen Elements und sein Engagement für die Natur erste Impulse für die Adaption des englischen Landschaftsgartens gegeben haben.

Gärten des Barock, Rokoko und Klassizismus in Spanien und Portugal

Sevilla, Garten des Alkazars
Beete unter der Arkadengalerie

Spanien

Wir verließen die maurischen Gärten in Spanien, als die Christen kamen und die vorhandenen Gärten teilweise umgestalteten, teilweise aber auch zerstörten und neu anlegten. Dem Phänomen des Mudéjar, der Kunst moslemischer Bauleute und Handwerker unter der christlichen Herrschaft, begegnen wir von Mitte des 12. bis Mitte des 16. Jahrhunderts. Eines der bedeutendsten Beispiele für diesen Stil war der Alkazar in Sevilla, den Peter der Grausame, König von Kastilien und Leon, zwischen 1350 und 1369 von maurischen Bauleuten anlegen ließ. Unter Karl V. wurden die Gärten zu Beginn des 16. Jahrhunderts im italienischen Stil erweitert.

Um sich eine Vorstellung von der barocken Anlage zu machen, sollte man unterhalb der Arkadengalerie aus dem 17. Jahrhundert durch die Terrassengärten mit den Wasserbassins streifen (Abbn. links und gegenüber). Regelmäßig gestutzte Hecken machen auf ein Labyrinth aufmerksam, das ebenfalls auf Vorbilder aus der italienischen Renaissancekunst zurückgeht. Der in der Nähe aufragende Pavillon Karls V., der Pabellón de Carlos V., wird bekrönt von einer imposanten Kuppel aus Zedernholz.

Bis ins 18. Jahrhundert hinein wurden weitere Gartenteile angefügt und alte Bereiche stark verändert, so dass es heute schwierig ist, den maurischen Anteil und damit auch den typischen Mujédar-Stil auszumachen. Eine eindeutige künstlerische Linie oder eine spezifische Stilrhetorik ist in Sevilla nicht festzustellen. Die heitere Note des italienischen Renaissancegartens oder die großzügige und herrschaftliche Anlage des Barockgartens sucht man hier vergeblich. Vorherrschend ist eher noch die zuweilen düstere Stimmung eines abgeschlossenen mittelalterlichen Klostergartens.

Für Italien und Frankreich lassen sich eindeutige künstlerische Gartenprofile erstellen, für die Zeit der Renaissance ebenso wie für die des Barock. Diese klare Linie, die für das Verständnis so hilfreich ist, wird man für Spanien vergeblich suchen. Das hat allerdings nicht nur politische Gründe. Obwohl sich Italien und Spanien geographisch annähernd auf demselben Breitengrad befinden und damit als typische mediterrane Länder auch über ein gemeinsames Klima verfügen, unterscheiden sie sich doch in einem für die Entwicklung der Gartenkultur ganz bedeutenden Punkt: Die Böden sind grundsätzlich verschieden. Seit der Antike wird Italien als fruchtbares Land gepriesen. Dicke und weiche Erdschichten lagern über den tief liegenden Schiefer- und Tonschichten. Die lieblichen Hügellandschaften, überzogen von Oliven- oder Pinienhainen, gleiten sanft ineinander über. Die Täler zeigen im milden mediterranen Licht eine zauberhafte Farbigkeit. Die Gärten – und das haben wir an vielen Beispielen gesehen – nehmen Bezug auf dieses Ambiente.

Spanien ist über weite Regionen ein unfruchtbares Land. Der Boden ist in vielen Teilen des Landes hart und dürr, die Vegetation spärlich. Die Sommersonne lässt häufig auch diese wenigen Grünzonen verdorren. Wenn man sich Spaniens Landschaften als Gemälde vorstellt, dann steht man vor Bildern mit scharfen Schlagschatten. Die Mittelgründe sind häufig ausgespart. Der Vordergrund flieht dem Horizont zu. Die Neigung, sich eine paradiesische Gegenwelt zu bilden, einen von der Landschaft abgeschlossenen Garten, ist verständlich. Als ehemalige Wüstenvölker waren die Mauren Meister in der Beschaffung von Wasser und Künstler, wenn es darum ging, sich inmitten einer öden Gegend eine blühende Insel zu schaffen. Die Alhambra zeugt heute noch von dieser Meisterschaft.

Auf der anderen Seite muss man aber auch die kulturellen und politischen Unterschiede beider Länder ins Auge fassen, um die Gegensätzlichkeit der Gartenentwicklung zu begreifen. Während in Italien mit der Entfaltung des Humanismus die Grundlagen einer neuen europäischen Geisteshaltung geschaffen wurden, blieb Spanien in geistiger und besonders in religiöser Hinsicht noch lange dem Mittelalter verhaftet. Es waren die zahlreichen italienischen Fürstenhöfe, die für die Glanzpunkte der Kultur sorgten. Spanien war seit Ferdinand und Isabella ein zentralistisch regiertes Königreich. Kleinere Höfe waren nicht geduldet. Wissenschaftliche Spekulationen oder humanistische Diskussionen wurden von der Inquisition schroff abgelehnt und aufgeklärtes Denken verfolgt. Der Versuch des Habsburger-Kaisers Karl V., den Geist der italienischen und der flämischen Renaissance endlich auch auf der iberischen Halbinsel walten zu lassen, war ein kurzes und fast vergebliches Unterfangen. Es fehlte – wie man heute sagen würde – an Multiplikatoren, an einer sozialen Schicht, die bereit war, das neue Kulturgut zu einer eigenen Kulturtradition umzuformen. In Spanien

Sevilla, Garten des Alkazars
Heckengesäumte Wasserbassins

sahen sich die Nachkommen einer uralten Ritterschaft einem Bauernstand gegenübergestellt, der am Rande des Existenzminimums dahinvegetierte. Städtische Gemeinden, blühende Zünfte oder gar Fürstenhöfe, die sich als Förderer der Künste und Wissenschaften hätten betätigen können, fehlten.

Die Gärten des Escorial

Abgesehen von den Privatgärten Philipps II. war der Garten des Escorial, einer der ersten großen neuzeitlichen Gärten Spaniens, als abgeschlossener mittelalterlicher Klostergarten konzipiert worden. Philipp II., Sohn Karls V., gründete den Escorial nicht nur als Residenz mit Kirche und Königsgruft, sondern vor allem als Kloster. Nachdem er am Laurentiustag, dem 10. August des Jahres 1557, das französische Heer in der Schlacht von St. Quentin bezwungen hatte, entschloss er sich aus Dank über diesen Sieg, ein dem hl. Laurentius geweihtes Kloster zu gründen. Mit diesem Sieg über Frankreich festigte Spanien seine Vormachtstellung in Europa und präsentierte sich zugleich als Speerspitze der Gegenreformation. Mit der Vernichtung der Osmanen in der Seeschlacht von Lepanto 1571, der Übernahme Portugals nach dem Aussterben des dortigen Königshauses sowie der damals noch erfolgreichen Bekämpfung niederländischer Unabhängigkeitsbestrebungen sicherte sich Spanien die Vormachtstellung nicht nur im Mittelmeerraum, sondern auch in Nordeuropa.

Die Grundsteinlegung des Real Monasterio de San Lorenzo del Escorial, so der vollständige Name, fand im Jahr 1563 statt. Der Entwurf des von italienischen Architekten ausgebildeten Baumeisters Juan Bautista de Toledo sah einen monumentalen rechteckigen Block vor. Die Fassaden, die durch Ecktürme gerahmt werden, wirken in ihrer zurückhaltenden Gliederung mönchisch-streng. Der Block um-

San Lorenzo de El Escorial
Gesamtansicht der 1563–84 von Juan Bautista de Toledo und Juan de Herrera gebauten Anlage

schließt eine Kirche, die nach dem Tod des Baumeisters Bautista 1567 von Juan de Herrera als Zentralbau mit Vierungskuppel und tonnengewölbten Kreuzarmen errichtet wurde. Herrera legte gemeinsam mit dem von Philipp berufenen Gartenbaumeister Marcos de Cordona die Gärten an. Der Klostergarten breitet sich im Patio de los Evangelistas aus, innerhalb des größten Kreuzgangs der Welt. In der Mittelachse, begleitet von vier quadratischen Wasserbassins, erhebt sich ein achteckiger Tempel mit den vier Evangelisten als Nischenfiguren. Ihre Attribute, die so genannten apokalyptischen Wesen Löwe, Stier, Engel und Adler, speisen die Bassins mit Wasser. Die Ornamentierung der Kompartimente ist dem 18. Jahrhundert nachempfunden: Niedrige beschnittene Buchshecken formen Arabeskenmuster. Buchshecken und Buchskugeln rahmen und akzentuieren die durch das kreuzförmige Wegesystem ausgesparten Bereiche.

Ein weiterer Gartenkomplex der Klosterresidenz wurde um die Privatgemächer des Königs, die sich östlich der Hauptkapelle befanden, herumgeführt. Es handelte sich also um monumental angelegte *giardini segreti*, die nur von den königlichen Wohngemächern aus zugänglich waren. Heute sind diese Anlagen ähnlich wie der Kreuzganggarten gestaltet. Damals aber, so darf man vermuten, umrahmten niedrige Buchshecken die Blumenbeete, die im Stil der italienischen Renaissance ornamentiert waren. Unterhalb dieser Gärten wurde im 18. Jahrhundert ein Park mit einem Lustschlösschen, der Casa de Abajo, angelegt.

Philipp hatte seine Vorliebe für Gärten wohl von seinem Vater Karl V. geerbt. Sie zeigt sich auch in der Umgestaltung des Königspalastes in Madrid, die er gleich zu Beginn seiner Regierungzeit im Jahr 1556 vornahm. Der Südtrakt wurde mit einer herrschaftlichen Renaissancefassade versehen, wie sie von italienischen Palästen her bekannt ist. Nordöstlich des Alcazar ließ er neue Gärten anlegen, die zusammen mit großen Teilen des Palastes während der Feuersbrunst von 1734 verwüstet und nicht mehr rekultiviert wurden. Ebenfalls ein Opfer der Flammen wurde ein intimer *giardino segreto*, den sich der König südwestlich, unterhalb der Torre d'Oro auf einer brunnengeschmückten Terrasse hatte anlegen lassen. Hier stand seine Sammlung von Halbfiguren römischer Kaiser, die er im Jahr 1561 vom Kardinal Ricci da Montepulciano als Geschenk erhalten hatte.

San Lorenzo de El Escorial
Detailansicht eines der Hofgärten

Madrid, Palacio Real
Campo del Moro

ABBILDUNGEN GEGENÜBER:
Madrid, El Buen Retiro
Blick durch den Garten Richtung Casón del Retiro (oben)
Gartenfassade des Casón del Retiro (unten)

Madrid, El Buen Retiro
Gartenskulptur

Madrid, Palacio Real
Plan der Gärten des Palacio Real von Esteban Boutelou, dem leitenden Gärtner in Aranjuez, 1747

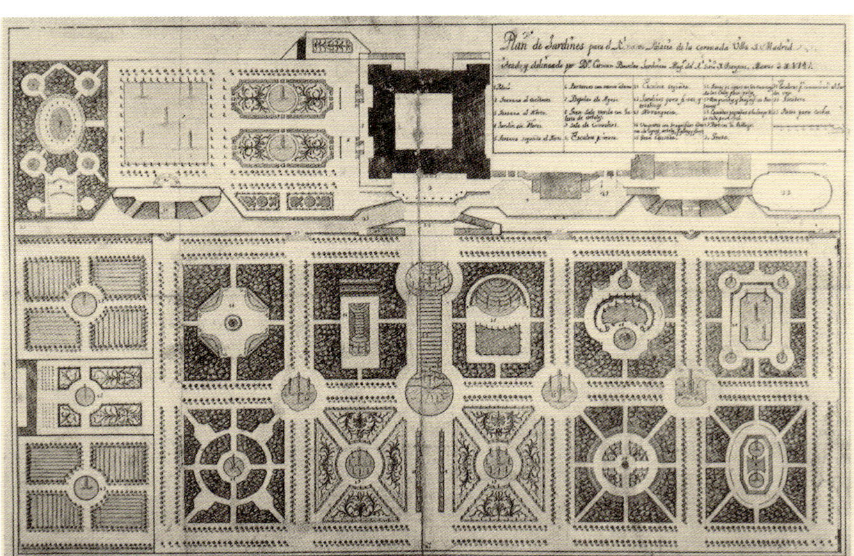

Der heutige Schlosspark, Campo del Moro, westlich des Palacio Real, und die nördlich gelegenen Sabatini-Gärten wurden schon zur Zeit Karls V. als ausgedehnte Jagdreviere genutzt. Der Habsburger-Kaiser soll Krähen aus seiner flämischen Heimat hierher gebracht haben, damit sie in den Bäumen nisten und heimisch werden sollten. Von hier aus führt die Königsbrücke über den Fluss Manzanares in ein weitläufiges Parkgebiet, das Philipp 1558 als Wildpark mit Fischteichen, Volieren und Zwingern für wilde Tiere hat ausbauen lassen.

El Buen Retiro in Madrid

Von den Madrider Barockgärten sind kaum noch Spuren vorhanden. Lediglich die weitläufigen Parkflächen erinnern an die Ausmaße der einstigen herrschaftlichen Anlagen. Auch der östlich des Stadtzentrums gelegene Park Buen Retiro, der Letzte der spanischen Habsburger-Gärten, ist als Barockgarten nicht mehr nachvollziehbar. Er war 1628 von Herzog Olivárez, Minister Philipps IV., bei dem Florentiner Cosimo Lotti, der zuvor mit der Terrassierung der Boboli-Gärten in Florenz beschäftigt gewesen war, in Auftrag gegeben worden. Nach dem Tod des Königs 1665 verfiel der Garten.

Während der Regentschaft Philipps IV. und des letzten Habsburgers Karl. II – er regierte von 1665 bis 1700 – zerfiel das in Europa so dominierende spanische Reich. Die unter Herzog Olivares durchgeführte Dezentralisierungspolitik führte zu Aufständen in Katalonien und vor allem in Portugal. Dort betrieben die Herzöge intensiv ihre Unabhängigkeit, die sie 1668 schließlich erlangten. Zuletzt rieben sich die Spanier in den Kämpfen um die Unabhängigkeit Portugals und im Dreißigjährigen Krieg so sehr auf, dass sie im Westfälischen Frieden von 1648 auch die Unabhängigkeit der Niederlande anerkennen mussten. Karl II., der letzte Habsburger auf dem spanischen Thron, starb ohne Erben. Die testamentarisch verfügte Heiratspolitik griff ebenfalls nicht. Dass Karl den Enkel seiner mit Ludwig XIV. vermählten Stiefschwester, Philipp von Anjou, als Thronfolger vorsah, rief den Habsburger Kaiser Leopold I. auf den Plan, der gewaltsam die Ausführung des Testaments zu verhindern suchte. Der Spanische Erbfolgekrieg (1702–14) erfasste das Land. Nach den Friedensschlüssen verlor Spanien viele Besitztümer und die Habsburger Krone. Der Bourbone Philipp V. wurde zum spanischen König ernannt.

In den wirren Jahrzehnten verfielen die Gärten Spaniens. Buen Retiro in Madrid sollte nach dem Friedensschluss von 1714 von dem Pariser Gartenarchitekten Robert de Cotte neu angelegt werden. Er entwarf einen grandiosen Plan, der jedoch als zu kostspielig zurückgewiesen wurde. Nur ein kleiner oktogonalen Gartenbereich in französischer Barockmanier wurde als *parterre de broderie* angelegt.

1767 übergab der spanische König, der Bourbone Karl III., den Park der Öffentlichkeit. Hundert Jahre später ging El Buen Retiro in den Besitz der Stadt über. Heute gehört er zu den beliebtesten innerstädtischen Ausflugzielen. Im Süden, in der Chopera, kann man im Schatten des alten Baumbestandes spazieren, und im »El Parterre« genannten nördlichen Bereich ist angesichts der gepflegten Blumenbeete noch ein Hauch der französischen Gartenkunst des Barock zu verspüren. Zahlreiche Tempelchen, Brunnen und Statuen tragen zum lebhaften Gartenszenarium bei. Am Ufer des großen Sees fällt das Denkmal von Alfons XII. aus dem 19. Jahrhundert auf. Nicht weit entfernt steht der Palacio de Cristal, ein mit Eisen- und Glas filigran erbauter Palast, ebenfalls aus dem 19. Jahrhundert (Abb. S. 238 oben). Ganz in der Nähe öffnet sich eine liebliche Gartenlandschaft mit einer Grotte und einem Wasserbassin. Zweifellos sollte dort das Gartenambiente der Empfindsamkeit um 1800 spürbar werden.

ABBILDUNGEN GEGENÜBER:
Madrid, El Buen Retiro
Glaspalast (oben)
Zwei Brunnen (unten)

Aranjuez, Schlossgarten
Brunnen mit Putten und Delphinen

Der Schlossgarten in Aranjuez

Aus der nun folgenden bourbonischen Periode, die bis zu den Freiheitskriegen der Spanier gegen Napoleon (1808–14) andauerte, sind zwei bedeutende Gärten überliefert, Aranjuez und La Granja. Der Garten des königlichen Sommerschlosses in Aranjuez, etwa 65 km südlich von Madrid, geht zurück auf eine Anlage des 16. Jahrhunderts, als unter Karl V. und seinem Sohn Philipp II. das dortige Jagdhäuschen in eine Sommerresidenz mit weitläufigem Gartengelände umgestaltet wurde. Um 1562 legten holländische und flämische Gartenbaumeister den berühmten Garten auf einer künstlich geschaffenen Insel im Tajo an. Sie richteten die Kompartimente rechtwinklig an symmetrisch angeordneten Alleen aus. Sechzig Jahre später plante der Florentiner Gartenarchitekt Cosimo Lotti, kurz bevor er zu den Arbeiten am Garten Buen Retiro von Herzog Olivares 1628 nach Madrid gerufen wurde, diese Anlage neu. Auf der Insel wurde ein Boskett mit vielen lebhaft gestalteten Brunnen angelegt. Bereits der Eingang zum Garten verrät die Herkunft des Architekten. Wir treffen dort auf eine Variante des aus dem Boboli-Garten bekannten Herkulesbrunnens: Aus einem großen Wasserbassin erhebt sich ein kleines Felseninselchen, das von einer Brunnenschale bekrönt wird, in der Herkules mit erhobener Keule steht. Beim Durchstreifen des Gartens wird man immer wieder an das florentinische Vorbild erinnert. Die Schnittpunkte der Alleen bilden runde oder achteckige Plätze aus, auf denen sich Brunnen erheben (Abb. oben). Der berühmteste und wohl auch beliebteste war der Tritonenbrunnen, der sich heute jedoch im Garten des Königlichen Palastes in Madrid befindet. Berichten aus dem 17. Jahrhundert zufolge sollen Spaziergänger von jeder Stelle des Gartens aus fünf oder sechs mit Skulpturen geschmückte Brunnen erblickt haben können. Der

Aranjuez, Palacio de Aranjuez
1748 und 1771 von Santiago Bonavia und Francisco Sabatini erbaut, Hauptfassade mit Seitenflügeln

ABBILDUNGEN GEGENÜBER:
Aranjuez, Schlossgarten, Jardin de la Isla und Blick auf den Tajo (oben) Vase im Jardin del Parterre (unten links)

reichhaltigen Wasserzufuhr aus dem Tajo verdankte der Garten auch ungewöhnliche Wasserspiele, wie beispielsweise Wasserfontänen, die aus hohen Bäumen herab überraschend das sprudelnde Nass auf die erschrockenen Besucher niederregnen ließen, oder versteckte Amoretten, die auf einem künstlichen Hügel Wasser auf Tierskulpturen warfen, die zu einem Standbild der Diana hinaufkletterten.

Der Philipp V. ließ zu Beginn des 18. Jahrhunderts den berühmten Inselgarten in einen französischen Barockgarten verwandeln (Abbn. gegenüber und S. 242). Viele der älteren Wasserspiele und Brunnen sind glücklicherweise bis auf den heutigen Tag erhalten geblieben. Der König ließ erstmals in Spanien Ulmen anpflanzen. Auch die zu Hecken geformten Weiß- oder Hainbuchen waren für Spanien neu. Viele Wege waren von Treillagen, Laubengängen aus Holzgitterwerk, überdacht, so dass man während des Lustwandelns immer wieder Gelegenheit hatte, schattige Plätze aufzusuchen. Ab 1763 ließ der spätere König Karl IV. den am Ufer des Tajo gelegenen Prinzengarten im Stil des englischen Landschaftsgartens umgestalten. In seinem Areal ließ er auch eine botanische Abteilung schaffen und ein dafür geeignetes Gewächshaus erbauen.

Obwohl die Gärten im 17. und 18. Jahrhundert stark umgestaltet wurden, vermag vielleicht noch der südliche Bereich, der Jardin de las Estatuas, das besondere gartenkünstlerische Interesse Philipps II. zu vermitteln. Wie in Madrid frönte er auch dort seiner Vorliebe, die in Italien erworbenen und von dort eingeführten Kunstdenkmäler aufzustellen. Philipp favorisierte in erster Linie antike Kaiserbüsten, die er in großer Zahl im Garten aufgestellt sehen wollte. Sein eigenes Standbild wurde später ebenfalls in diesen Teil des Gartens platziert.

Die Bautätigkeit und die intensive Gartenpflege des Bourbonenkönigs wirkte anregend auf die Granden des Landes und weckte deren Interesse an der Kunst. Sie erkannten schnell, dass der mit Skulpturen reich versehene Garten von italienischen Renaissance- und Barockgärten inspiriert war. Das weckte Begehrlichkeiten. Der Herzog von Alcalà, zugleich Vizekönig von Neapel, nutzte seine Beziehungen zu Italien und erreichte mit diplomatischem Geschick, dass viele Altertümer aus Neapel und Rom

nach Spanien geschafft wurden. In seinem Garten in Sevilla, dem heute so genannten Pilatushaus, sind Kaiserbüsten aufgestellt, ein Janusbrunnen installiert und antike Schrifttafeln an den Gartenmauern angebracht. Der Sammeleifer setzte sich bei vielen spanischen Herzögen fort und war mit dafür verantwortlich, dass den Gärten ein unverwechselbares Renaissancegepräge gegeben wurde.

Mit der Bourbonenherrschaft wurde der französische Garten in Spanien heimisch. Die unter den Habsburgern, besonders unter Karl V. und dessen Sohn Philipp II., im italienischen Stil angelegten Gärten wurden in französische Parterres umgewandelt. Spanien hat nie einen eigenständigen Gartentypus ausgebildet. Von den alten maurischen Gärten blieben nur noch geringe Spuren übrig. Auch der im Mudéjar-Stil gestaltete Garten in Sevilla, der noch am ehesten als spanischer Gartentypus sich hätte durchsetzen können, wurde schon bald nach seiner Fertigstellung verändert, so dass auch ihm keine spezifisch spanische Tradition zuzusprechen ist. Die verschiedenen, über Jahrhunderte wirksamen Fremdeinflüsse waren zu dominant.

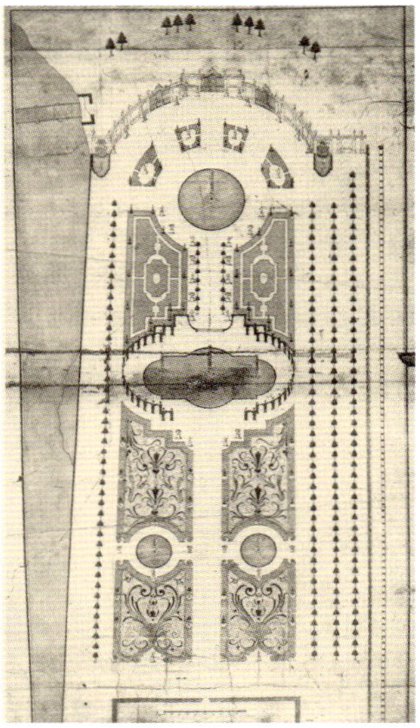

Aranjuez, Parterreausschnitt
Zeichnung von Marchand, um 1730

Aranjuez, Schlossgarten
Apollobrunnen (oben) und Skulpturen im Jardin de la Isla (links)

ABBILDUNG GEGENÜBER:
Aranjuez, Schlossgarten
Kleiner Rundtempel von Juan de Villanueva, 1784

Der Schlossgarten von La Granja

Obwohl Spanien keinen eigenen Gartentypus ausgebildet hat, war interessanterweise dennoch ein spanischer Garten, La Granja de San Ildefonso bei Segovia, Vorbild für eine der größten italienischen Gartenanlagen. Dieser Bezug ist allerdings weniger künstlerischer als vielmehr politischer Natur. Als Philipp V. nach dem Spanischen Erbfolgekrieg 1714 zum König von Spanien ernannt wurde, ließ er, der Enkel des Sonnenkönigs Ludwig XIV., in Erinnerung an seine heiteren Kindheitstage am französischen Hof nach dem Vorbild der Gärten von Versailles am Fuß der Sierra de Guadarrama in fast 1200 m Höhe einen Garten anlegen. Zu diesem Zweck beauftragte er 1728 zwei französische Gartenarchitekten, René Carlier und Étienne Boutelou – letzterer war auch in Aranjuez tätig – mit Plänen. Dem Sohn Philipps wurde 1735 von seinem Vater das Königreich Neapel-Sizilien als Sekundogenitur überlassen. Er regierte es als König Karl IV. und schuf ab 1750 die monumentale Gartenanlage mit dem herrschaftlichen Schloss von Caserta – wohl nicht allein in Erinnerung an seine Heimat Spanien, sondern um die Sommerresidenz seines Vaters an Glanz und Größe zu übertreffen (Abbn S. 182/83).

La Granja, das »spanische Versailles«, umfasste 145 ha Land. Aus dem Gebirgsmassiv mussten Felsen herausgesprengt werden, damit die Kaskaden angelegt werden konnten. Anders als in Versailles floss hier das Wasser reichlich aus den Quellen der in unmittelbarer Nachbarschaft gelegenen Berge. Das veranschaulichen die unzähligen Brunnen und Wasserbassins und natürlich die elegante Kaskade in der Mittelachse des Schlosses, die das Wasser auf dem Gipfelpunkt sammelt, um es über die Treppen hinabsprudeln zu lassen (Abbn. gegenüber und unten). Im Unterschied zu Versailles ist die Anlage in La Granja nicht von einer Hauptachse mit dominantem Parterre beherrscht. Eine Mittelachse, begleitet von zwei rechteckigen Beetkompartimenten, führt zu einem halbrunden Wasserbassin mit einem zierlichen, aus der Ferne kaum zu erkennenden Amphitritebrunnen. Dahinter beginnt die Marmorkaskade, die von einem achteckigen Gartenhaus bekrönt

La Granja de San Ildefonso
Die Cascada Nueva

ABBILDUNG GEGENÜBER:
La Granja de San Ildefonso
Parterre, Kaskadenbrunnen und Gartenfassade des 1734–36 von Filippo Juvarra und Giovanni Battista Sacchetti geschaffenen Jagdschlosses

wird, vor dem ein zweischaliger Grazienbrunnen platziert ist. Östlich des Palastes wurde eine weitere Gartenachse angelegt, die über Rampentreppen zu einem tiefer liegenden Parterre führt, das an einer Seite von einem Kanal begrenzt wird. Zweifellos ist der Blick über die terrassierten Bassins bis hin zum fernen Gebirge spektakulärer als das Panorama, das sich von der zentralen Achse des Schlosses aus bietet. Östlich schließt sich ein weiteres Parterre an, das in lebhaft komponierten Skulpturen die Andromeda-Thematik darstellt. Im benachbarten Boskett befindet sich versteckt ein kleines Labyrinth. Vom Patio de la Herradura aus, dem Ehrenhof des Schlosses, führt eine weitere Allee zu einem Seitenparterre, das durch Brunnen gegliedert ist. Inmitten dieser Anlage ragt das von Italien her bekannte Renaissancemotiv des Monte Parnaso auf. Es handelt sich dabei um einen gestalteten Felsen, dessen Spitze von der allegorischen Gestalt der Fama abgeschlossen wird, die auf dem Rücken des Flügelrosses Pegasus reitet.

Zu dem Fama-Brunnen war der König sicherlich von seiner zweiten Frau, der aus Italien stammenden Isabella Farnese, inspiriert worden. Pegasus hat sich bereits erhoben und setzt zum Sprung an. Der Mythos weiß zu berichten, dass der Hufschlag des Pegasus den Fluss Hippocrene entspringen ließ. Auf seinem Rücken triumphiert Fama, die ihre Trompete in die Höhe hält, um so den Ruhm des spanischen Königshauses zu verkünden. Aus ihr heraus steigt das Brunnenrohr, das den Wasserstrahl senkrecht in den Himmel emporsteigen läßt. Sogar in der zehn Kilometer entfernten Stadt Segovia ist das ferne Glitzern der Wassersäule noch zu sehen. Die Brunnenfontäne von La Granja gilt als die höchste in ganz Europa.

Die Vielgestaltigkeit der Anlage, die überraschenden Perspektiven und die spektakulären Brunnen-Ensembles lassen La Granja zwar als einen ungewöhnlichen, kaum aber als einen typisch spanischen Garten erscheinen. Es fehlt der einheitliche Gesamtentwurf, der beispielsweise den Schlossgarten von Versailles auszeichnet, aber auch die italienische Variante von La Granja, Schloss und Garten von Caserta. Es bleibt also beim oben formulierten Resümee: Spaniens Gärten zeigen viele unterschiedliche Fremdeinflüsse: Bruchstücke des maurischen Gartens, Wasserspiele und Brunnenwerke Italiens sowie französische Parterres. Doch es ist dort nicht gelungen, diese Elemente zusammenzuschmelzen und zu einem einheitlichen nationalen Typus umzuformen. Die Vielgestaltigkeit der spanischen Gärten mit ihrem üppigen Skulpturenschmuck kann zwar einerseits als typisches Kennzeichen hervorgehoben werden, andererseits aber eben als Symptom für das Fehlen eigener Ausdrucksformen gelten.

La Granja de San Ildefonso
Poseidonbrunnen

ABBILDUNGEN GEGENÜBER:
La Granja de San Ildefonso
Vasen, Skulpturen und Brunnen des Schlossgartens

Barcelona, Labyrinth von Horta
Rundtempel und Labyrinth (links)
Daphne-Skulptur im Zentrum des Labyrinths (oben), Skulptur im Inneren des Rundtempels (unten)

Das Labyrinth von Horta

1794 begann der italienische Architekt Domenico Bagutti im Park der Villa de Horta in Barcelona ein aus Zypressen gebildetes Heckenlabyrinth anzulegen. Der Auftraggeber, Juan Antonio Desvalls, war von der amourösen Literatur der Zeit, die häufig um die Motivik des Liebes-Labyrinths kreiste, dazu inspiriert worden. Die Ausmaße des Labyrinths sind eher gering. Es handelt sich um ein Rechteck von 45 x 50 m. Kaskaden, Wasserbecken, romantische Grotten und Treppenläufe sind in dem Park so angeordnet, dass sie gewissermaßen den Weg zu dem Labyrinth weisen. In diesem Gartenbereich trifft man immer wieder auf Skulpturen, die die vielfältigen Erscheinungsformen der Liebe veranschaulichen. Eine Zypressenallee führt schließlich zu einem großen Wasserbassin, das von einer Balustrade umgeben ist. Hier befindet sich auch der noble klassizistische Pavillon, dessen Kuppel schon von Ferne zu erblicken ist.

Am Eingang des Labyrinths, zu dem eine doppelläufige Treppe hinabführt, ist eine Marmortafel angebracht, auf der Theseus von Ariadne den für die Rückkehr so bedeutsamen Faden gereicht wird. Im Zentrum trifft man allerdings nicht auf den gefürchteten Minotaurus, sondern auf Daphne, die sich aus Furcht vor Apolls Nachstellungen in den Irrgarten geflüchtet hat. In die hoch gewachsenen Hecken des Zentrums sind Bogenöffnungen geschnitten, von denen einige, je nach dem Blikkpunkt, die Säulen und die Kuppel des Pavillons

Barcelona, Labyrinth von Horta
Romantischer Wasserfall *en miniature*

ABBILDUNG GEGENÜBER:
Barcelona, Labyrinth von Horta
Brunnen und doppelläufige Treppe mit Grotte

Benfica, Palácio dos Marqueses de Fronteira
Detail des Kachelschmucks der Königsgalerie

Portugal

Von portugiesischen Gärten wird oft leichtfertig behauptet, dass sie von überall her Gestaltungsmotive aufgenommen hätten, sei es von den Arabern aus dem Nachbarland, von dem italienischen Renaissancegarten oder von dem französischen Barockparterre. Das mag richtig sein, doch haben die Portugiesen es verstanden, ihren Gärten ein eigenständiges Profil zu verleihen. Sie waren eher als die Spanier bereit, sich auf heimische Gestaltungsmittel zu konzentrieren und diese in die Gartentradition einzubringen. Die Gründe dafür sind unterschiedlich. Zum einen ist das Land fruchtbarer und weniger zerklüftet als Spanien, es verfügt über breite, wasserreiche Flüssen, die bis in das Landesinnere schiffbar waren. Der Handelsverkehr war intensiver, der Warenaustausch war leichter zu bewerkstelligen. Das Herrenhaus mit seinen Ländereien und dem Garten stand im wirtschaftlichen Leben des Landes stets im Mittelpunkt. Es spielt in der Kulturgeschichte Portugals eine ebenso große Rolle wie die Kirchen und Paläste. Die frühe Orientierung des Landes nach Übersee verstärkte die ökonomische Potenz und trug zu einer weitgehend stabilen politischen Entwicklung bei. Portugal blieb in seiner Geschichte selbstständig und unabhängig – bis auf das kurze spanische Intermezzo unter den Königen Philipp II., III. und IV. In dieser Hinsicht existierte Portugal isoliert vom übrigen Europa und konnte eine eigenständige Kultur ausbilden, die genügend gefestigt war, um Fremdeinflüsse in sich aufzunehmen und für sich fruchtbar zu machen.

Was bedeutet das für die Entwicklung des portugiesischen Gartens? Ein knapper Hinweis mag den Unterschied etwa zu Spanien beleuchten: Die spanischen Gärten wurden für Habsburger oder Bourbonen angelegt, in Portugal für die Könige, die aus dem originär portugiesischen Hause der Braganza stammten. Ein nationaler Charakter blieb also von vornherein gewahrt.

Es handelt sich um drei Gartenelemente, die, wenn man so will, das spezifisch Portugiesische des portugiesischen Gartens ausmachen: die Azulejos, die ornamentierten oder mit figürlichen Darstellungen versehenen Kacheln, die terrassierten Bassins und schließlich die in besonderer Form ausgestalteten Buchsparterres.

Der Garten des Palácio dos Marqueses de Fronteira in Benfica bei Lissabon

Die Integration fremder Stileinflüsse und deren Umwandlung in eine eigene gartenkünstlerische Form lässt sich sehr gut an einem der ersten Barockgärten Portugals ablesen. Es handelt sich um den Garten des Palácio dos Marqueses de Fronteira, der im Jahr 1669 im Auftrag des Marquês de Fronteira, João de Mascarenhas, als Jagdhaus begonnen wurde (Abbn. S. 252–257). Der Marchese Corsini aus Florenz

Benfica, Palácio dos Marqueses de Fronteira
Palast und formale Gartenanlage

Benfica, Palácio dos Marqueses de Fronteira
Gartenanlage mit Königsgalerie im Hintergrund (oben), Kachelmalerei und Skulptur des Bassins unter der Königsgalerie

besuchte in demselben Jahr die Anlage und berichtete in überschwänglichem Ton:

»Das Wohnhaus wird gerade mit System und Geschmack erbaut und besitzt einen angrenzenden Garten mit verschiedenen Parterres, Statuen und Basreliefs. Es gibt fünf großartige Fontänen und einige kleinere, aber von unterschiedlicher Höhe, auf verschiedenen Ebenen des Gartens.«

Seine Euphorie ist angesichts der italienischen Baumeister und Gartenarchitekten, die von dem Marquês hinzugezogen worden waren, verständlich. Aber vielleicht waren es auch die neuen und für die von der italienischen Kultur verwöhnten Augen ungewöhnlichen Ansichten, die sich dem Marchese darboten: Die voluminösen und sehr dicht zu geometrischen Mustern zusammengefügten Buchsbaumhecken mit schön geformten halbhohen Buchsbaumzapfen schließen an ein großes Wasserbassin an, das seinerseits von einer knapp fünf Meter hohen Mauer begrenzt wird. Diese Mauer ist in 15 Bögen unterteilt, von denen zwölf als Blendbögen mit Kachelpanelen gestaltet sind, die Ross und Reiter im Stil der Pferdebilder von Velázquez zeigen. Drei Bögen öffnen sich zu geräumigen Grotten. Seitlich der Mauer führen Treppen auf die so genannte Königsgalerie mit Nischenfiguren, die von zwei Pavillons flankiert wird. Im Zentrum der Galerie erhebt sich über der Balustrade ein offenes rechteckiges Steinportal mit einem gebrochenen Volutengiebel, das den Blick über das Parterre auf die Palastfassade rahmt (Abbn. S. 253).

Die bewegte Buchsornamentik, die mit Blumentöpfen geschmückte Balustrade, die auf hohen Sockeln stehenden Figuren, der Wasserspiegel des Bas-

Benfica, Palácio dos Marqueses de Fronteira
Ostfassade der Terrasse, die zur Kapelle (»Galerie der Künste«) führt: Allegorie der Poesie mit den Statuen des Apoll und Marsias zu ihren Seiten (oben)
Sitzbank mit mehrfarbigem Kachelschmuck (rechts)

ABBILDUNG GEGENÜBER:
Benfica, Palácio dos Marqueses de Fronteira
Ostpavillon am Ende der Königsgalerie

Benfica, Palácio dos Marqueses de Fronteira
Gekachelte Sitzbank und Mauer mit Muschelinkrustationen und Porzellanstücken

ABBILDUNG GEGENÜBER:
Benfica, Palácio dos Marqueses de Fronteira
Terrasse auf dem Weg zur Kapelle (»Galerie der Künste«): gekachelte Arkaden- und Nischenwand mit eingestellten Marmorfiguren und Emailmedaillons in der Art des italienischen Renaissancekünstlers della Robbia.

sins, der das lebhafte blau-weiße Kachelmuster der Blendbögen wiedergibt, und die ebenfalls mit Kacheln geschmückte Königsgalerie fügen sich zu einem zauberhaften Bild zusammen, das in dieser Form in der europäischen Gartenkunst einzigartig ist. Der von seiner heimischen Gartenkunst sicherlich überzeugte und daher in Blickachsensystemen denkende italienische Marchese wird erstaunt gewesen sein, als er dieses intime und zugleich so wirkungsvoll in Szene gesetzte Gartenareal in Augenschein nahm.

Der Garten der Quinta da Bacalhôa

Während in Fronteira die italienische Renaissance bereits in einen eigenen portugiesischen Renaissancestil umgewandelt wurde, ist bei der Quinta da Bacalhôa erst eine vorsichtige Öffnung gegenüber dem italienischen Kunstideal zu entdecken. Braz de Albuquerque, ein Sohn des großen Seefahrers und Feldherrn, erwarb im Jahr 1528 das Anwesen auf der Halbinsel Arrábida südlich von Lissabon und richtete seine Landvilla und den Garten im italienischen Stil ein. Anregungen dazu hatte er nach einer ausführlichen Italienreise erhalten. Es war weniger das architektonische oder plastische Detail, das ihn fasziniert hatte, sondern die Gesamtkonzeption von Villa und Garten, die Öffnung des Gebäudes zum Garten und der gesamten Anlage zur Landschaft hin. Er ließ die Gartenfassade der Villa und die Pavillonfassade in Richtung des großen Wasserbassins mit Loggien versehen. Damit wirkte er dem eher trutzigen und abgeschlossenen Charakter des traditionellen Landhauses entgegen und formulierte mit diesem neuartigen Villenkonzept zugleich auch ein neues Lebensgefühl. Architektonische Details wie Tondi in den Bogenzwickeln der Loggien oder mit Rustika eingefasste Torbögen lassen an italienische Vorbilder der Früh- und Hochrenaissance denken. Doch die portugiesische Komponente zeigt sich im entschiedenen Festhalten an der Tradition der Azulejos, der von den Mauren überlieferten Kunst, mit dekorativen Kacheln Wände, Balustraden, Fensterrahmungen, Nischen, Bögen oder Gesimse zu schmücken. Die Motive sind vielfältig und reichen von würdevollen Darstellungen portugiesischer Könige über mythologische Themen bis hin zu zierlichen Ornamenten und Alltagsszenen oder bizarren Schelmenstücken.

Der Garten des Palácio Nacional in Queluz

Das eindrucksvolle Zusammenspiel von Landschaft, Garten und Villa, das in Bacalhôa wohl erstmals entfaltet wurde und der Kombinaton von Herrenhaus und Garten eine neue Richtung wies, sollte fortan für die Entwicklung der portugiesischen Villa richtungsweisend sein. Im Hügelland nordwestlich von Lissabon ließ sich der Marquês von Castelo

ABBILDUNG GEGENÜBER:
Queluz, Palácio Nacional
Kachelwand und Skulptur am Treppenaufgang einer Kanalbrücke im unteren Bereich der Gartenanlage

Queluz, Palácio Nacional
Kachelmauern mit Vasen entlang des Kanals (oben)
Büsten und Vasen im unteren Bereich der Gartenanlage (unten)

ABBILDUNGEN GEGENÜBER:
Queluz, Palácio Nacional
Poseidonbrunnen mit der sog. »Fachada de Cerimónia« des Königspalastes im Hintergrund (oben)
Formaler Garten mit Skulpturen und Fassadenansichten des Don-Quixote-Flügels des Königspalastes im Hintergrund (unten)

Queluz, Palácio Nacional
Skulpturen und Büsten im oberen Bereich der Gartenanlage

Rodrigo Ende des 16. Jahrhunderts in Queluz einen kleinen Jagdpavillon erbauen. Mit der Übernahme des Königsthrons durch Johann IV. im Jahr 1640 und der damit verbundenen Unabhängigkeit von Spanien wurde das Anwesen 1654 konfisziert und zur Residenz der Infanten ausgebaut. Die entscheidende Umwandlung zum königlichen Palast erfuhr das Gebäude unter Pedro III., der seinen Baumeister Mateus Vicente de Oliveira 1747 mit den Ausführungen betraute. Zehn Jahre später – der portugiesische Architekt musste nach Lissabon eilen, um die Aufbauarbeiten nach dem katastrophalen Erdbeben von 1755 zu leiten – übernahm Jean-Baptiste Robillion den Entwurf der Gartenpläne. Er orientierte sich am französischen Marly, der von Wäldern umgebenen Sommerresidenz Ludwigs XIV. Wenn man von dem grossen Empfangssaal des Schlosses auf die Terrasse tritt, schaut man über zwei Brunnen hinweg auf ein tiefer gelegenes Parterre. Die Figurengruppen der Brunnen (Abb. gegenüber oben) thematisieren den Poseidon- und Thetis-Mythos, wobei der Nereidenbrunnen mit Thetis zweifellos der reizvollere ist. Die Nymphe Thetis, in die Poseidon sich verliebt hat, taucht auf dem Rücken eines Delphins aus dem Meer empor und hält das Tablett mit dem Schmuck hoch, den Hephaistos, der Gott der Schmiede, für die Schöne angefertigt hat.

Die Gärten von Queluz bezaubern nicht nur durch ihre motivisch so vielfältigen Brunnenfiguren, sondern auch durch die großzügige Anlage, die an die Kunst Le Nôtres und an italienische Gärten erinnert. Unverkennbar aber bleibt das portugiesische Element, das an den mit Kacheln verzierten Mauern zu erkennen ist, die den Grand Canal säumen (Abbn. S. 258 und S. 259 oben). Die Gesamtstimmung der Anlage ist den Worten von William Beckford zu ent-

Oeiras, Palácio do Marquês de Pombal
Doppelläufige Treppe zum Garten, mit mythologischen Szenen bemalte Kachelwände

ABBILDUNG GEGENÜBER:
Nymphen, Detail aus dem *Sturz des Ikarus* auf der rechten Wand des Treppenaufgangs

nehmen, dem englischen Sammler und Schriftsteller. Beckford hielt sich im Dezember 1818 in Queluz auf und schrieb begeistert in sein Tagebuch:

»Wasserfälle und Fontänen waren im vollen Spiel: Tausend launige Wasserstrahlen benetzten die üppigen Lorbeer- und Zitronenbäume und trugen deren Duft mit sich fort, wie dies dem Wasser bei solcher Gelegenheit wohl ansteht. Zwischen dem Dickicht, das teilweise von Kerzen, die am Boden unter Milchglas platziert waren, beleuchtet wurde, huschten die an Nymphen erinnernden Bediensteten der Infantin, die alle nach deren königlichem Beispiel spärlich bekleidet waren, hin und her und waren in einem Moment sichtbar und im nächsten schon wieder verschwunden.«

Nach seinem Portugalaufenthalt begab sich der Engländer wieder zurück in seine Heimat und begann gemeinsam mit dem Gartenarchitekten James Wyatt Fonthill Abbey anzulegen (siehe S. 389/99). Der dem romantisierenden englischen Landschaftsgarten verpflichtete Schriftsteller hatte wichtige Eindrücke im barocken Garten von Queluz gewonnen.

Der Garten des Palácio do Marquês de Pombal in Oeiras

Der Architekt Carlos Mardel hatte sich in der ersten Hälfte des 18. Jahrhunderts durch seine Mitarbeit an dem Águas Livres, dem große Aquädukt, der die Wasserversorgung Lissabons sicherstellte, in Portugal einen Namen gemacht. 1737 erhielt er von dem Marquês de Pombal den Auftrag, einen Palast in Oeiras zu bauen. Mardel war gleichermaßen von der französischen und der italienischen Barockarchitektur eingenommen. Das betraf besonders die perspektivischen Verzerrungen, die er in den bizarren Dekorationsentwürfen Borrominis studiert hatte. Sie kehren wieder im Rollwerk über den Fenstern des Erdgeschosses, das nur scheinbar weit über die Fassadenebene hinausragt, in Wirklichkeit aber sehr flach gehalten ist. Auf Mardel dürfte auch die Konzeption der Gärten zurückgehen. Die wie eine barocke Theaterbühne sich ausnehmende Grotte mit groben Felsbrocken und dunklen Gewölben könnte ebenfalls italienischen Grottenwerken entnommen sein. In das Grottengewölbe legte er eine Wasserleitung, um Was-

ser aus der Decke tröpfeln zu lassen. So erhielt er ein kleines Biotop mit Moosen und Farnen, die die Gestalt eines Flussgottes umgeben. Ein besonderer Anziehungspunkt aber sind die schönen Kacheln an den Wänden der zweiläufigen Treppe (Abbn. S. 262 und 263). Sie erzählen in vielen Einzelszenen die Geschichte von Venus und Mars sowie – gewissermaßen kontrapunktisch – von Perseus und Andromeda: Venus befreit den Krieger Mars von seiner Rüstung, um ihn zu verführen und somit am Kämpfen zu hindern. Perseus bedarf dagegen der Rüstung und des Schwertes, um Andromeda zu befreien und vor dem lüsternen Untier zu bewahren. Diese Doppelthematik war im Rokoko besonders beliebt, um das Spannungsfeld von Heldentum und Liebe aufzuzeigen.

Diese Gegenwelt des Rokoko ist typisch für die Gartengestaltung des 18. Jahrhunderts. Die Mythologie war mehr als eine Sammlung von Geschichten, sie war Bedeutungsträger für ein dem Arkadischen verpflichteten Lebensgefühl. Der Garten und die Gartenvilla sind als pastorales Ensemble konzipiert worden, so wie es in der zeitgenössischen Schäferliteratur beschrieben wurde. Dabei verstand sich das Rokoko als Dekorationsstil. Der Bauherr wollte Brunnen, Grotten, Treppen oder Balustraden als architektonisches Ornament verstanden wissen. Das Grundmuster gab die Rocaille ab – daher übrigens der Name Rokoko. Dieses asymmetrische und über eine schwingende Dreiecksform konstruierte Ornament sorgte für den dynamischen Charakter der Garten- und Villendekoration.

Oeiras, Palácio do Marquês de Pombal
Araucarias-Terrasse mit Skulpturen (Abbn. gegenüber und oben)
Vasengeschmückte doppelläufige Treppe mit dem Palácio im Hintergrund (links)

NACHFOLGENDE DOPPELSEITE:
Oeiras, Palácio do Marquês de Pombal
Casa da Pesca (Fischpavillon) de la Quinta da Cima, Kachelmalereien mit Wasserszenen nach Zeichnungen von Joseph Vernet, um 1770

Der Garten der Quinta dos Azulejos in Lumiar
In der Quinta dos Azulejos in Lumiar, einem Vorort von Lissabon, findet sich ein einzigartiges Ensemble von Kacheln, das sich über Mauern, Säulen, Bänke, Wände und Balustraden inmitten eines zauberhaften Gartenambientes verteilt (Abbn. links und oben). Die Darstellungen sind vorwiegend pastoralen Themen entnommen. An der südlichen Mauer, die den Garten gegen den Palast abschließt, kann man auch religiöse Themen entdecken, wie beispielsweise die *Hochzeit zu Kanaa*, die in einem prachtvollen Palast gefeiert wird. Die Bildrahmung erfolgt im motivischen Einklang mit der Bepflanzung des Gartens durch eine dynamisch emporwuchernde Rocailleform. Die Gartenarchitektur und die Azulejos, sicherlich angeregt durch den kurz zuvor entstandenen und überraschend ähnlichen neapoletanischen Chiostro delle Maioliche von Santa Chiara, sind um die Mitte des 18. Jahrhunderts entstanden.

Lumiar/Lissabon, Quinta dos Azulejos
Gekachelte Sitzbank und Säulen (links)
Durchblick auf eine Kachelmalerei mit der biblischen Szene der Hochzeit zu Kanaa

Coimbra, Botanischer Garten
Gartenansicht mit einem Aquädukt im Hintergrund

Auf den Höhen der Sintra, die sich nahe des westlichsten Punktes von Europa über der Küste des Atlantiks erheben, breitet sich eine liebliche Landschaft aus, die von portugiesischen und englischen Dichtern besungen wurde. Ruinen von maurischen Burgen, mittelalterliche Mönchszellen und Herrenhäuser aus dem 18. Jahrhundert sowie exotische Villen des 19. Jahrhunderts verleihen dieser Kulturlandschaft ein einzigartiges Gepräge. Man sollte die Herrenhäuser mit ihren Gärten zu Fuß erkunden. Manchmal sind es nur schmale Pfade, die von den Städten und Dörfern zu den Landgütern und ihren Villen oder Palästen herausführen.

Die Gärten der Quinta da Piedade und der Quinta da Sáo Sebastião in Sintra

Die Quinta da Piedade in Sintra verdient Beachtung, da dort zu Beginn des 20. Jahrhunderts eine Gartenanlage in der Art des 16. Jahrhunderts rekonstruiert wurde. Das Herrenhaus der Familie Cadavale wurde im 19. Jahrhundert erbaut. Die Nachfahren der Familie machten sich daran, einen Garten mit regelmäßiger und symmetrischer Bepflanzung mit einem raffinierten Blickachsensystem anzulegen, das die umliegende Landschaft mit einbezieht. Die gekachelten Mauern und Sitzbänke sorgen für die »portugiesische Stimmung«. Das Wasserbecken, die mit Buchs eingefassten Beete und die von hohen Zypressen gerahmten Arkaden der Pergola, die als Bühne für das Tal, die Dörfer und das ferne Gebirge dienen, sind wohl von italienischen Vorbildern inspiriert.

Die Quinta da Sáo Sebastião in der Stadt Sintra gehört zu den elegantesten Palästen Portugals aus dem 18. Jahrhundert. Das Herrenhaus befindet sich oberhalb der Stadt auf einem Hügel. Das Gelände vor der Gartenfront fällt steil ab, so dass man von der Gartenterrasse aus einen unvergleichlichen Blick hinunter auf die Stadt werfen kann. Das pavillonähnliche Herrenhaus mit den spitzbogig geformten Terrassentüren und -fenstern sowie den klassizistisch gerahmten Tondi wird von einer filigran gestalteten Brüstung mit stuckierten Bändern abgeschlossen. Die von dem Franzosen Jean Pillement und seinen Schülern gestalteten Fresken des Speisesaals zeigen entsprechend der damaligen Mode ideale Landschaften mit pastoralen Motiven. Ein illusionistisch gemaltes Rahmensystem und Vorhänge suggerieren die Öffnung der Wand in die Weite, die Verwandlung der gemalten Illusion in die reale Landschaft außerhalb des Gebäudes (Abbildungsverweis). Die heutige Gartenanlage weist noch Spuren des 18. Jahrhunderts auf, etwa die mit Buchs gerahmten Blumenbeete, die mit Kapuzinerkresse berankten Terrassenmauern oder die runden Wachhäuschen.

Der botanische Garten in Coimbra

Nördlich von Sintra und östlich an der Küste von Prata anschließend, schneidet das Tal des Mondego in das Gebirge. Das kulturelle Zentrum dieser gebirgigen Küstenregion ist Coimbra. In der mittelalterlichen Stadt gab es schon ab 1308 eine Universität, die sich im 16. Jahrhundert zu einem Zentrum des Humanismus entwickelte, wo Wissenschaftler aus Italien, Frankreich und Salamanca ihr Wissen vermittelten. Im Jahr 1772 veranlasste der Marquês von Pombal die Anlage eines botanischen Gartens unterhalb des Universitätsgebäudes, des alten Königlichen Palastes von 1540 (Abbn. S. 270–272). Zum Zwecke universitärer Studien ließ er dort ein

Labor und ein botanisches Museum errichten. Für die Gartenarbeiten gewann er den Engländer William Elsden. Dieser umfasste das gesamte Gartenareal mit hohen Mauern und errichtete zwischen 1791 und 1794 das heute noch existierende Königin-Maria-Tor, das Coimbra-Tor und das Tal-Tor. 1807 war der Garten vollendet. Doch auch in den folgenden Jahren wurden noch weitere architektonische Arbeiten ausgeführt. Die weitläufige Ehrentreppe entstand 1821, das Haupttor 1842 und das große Glashaus im Jahr 1856. Seine gegenwärtige Größe von 20 ha erhielt der Garten im Jahr 1862. Zu einer Zeit, als der englische Landschaftsgarten schon längst die Residenzstädte Europas erobert hatte, besann man sich in Portugal auf die wissenschaftliche Aufgabe eines botanischen Gartens und griff dazu auf die traditionelle barocke Struktur zurück. Wenn man heute auf der oberen Terrasse des Gartens steht, bietet sich die gesamte Anlage eindrucksvoll dar. Die zwischen dem Coimbra- und dem Königin-Maria-Tor angelegte Hauptachse wird im Zentrum durch einen großes Wasserbassin, aus dem ein Brunnen emporragt, markiert. Die einzelnen Beete, achsensymmetrisch ausgerichtet, werden von niedrigen Buchshecken mit halbhohen Buchszapfen gerahmt (Abb. S. 272).

Coimbra, Botanischer Garten
Blick von der Terrasse auf eine der Sichtachsen des Gartens

Coimbra, Botanischer Garten
Blick auf den zentralen Brunnen der Gartenanlage

ABBILDUNG GEGENÜBER:
Vila Real, Casa de Mateus
Südansicht des Herrenhauses

Der Garten der Casa de Mateus bei Vila Real

Eine weitere Region mit Gärten und Herrenhäusern findet man im Douro-Tal im Norden des Landes. Die wachsende Zahl der Landvillen im 18. Jahrhundert ist sicherlich auf die wachsende Bedeutung des Weinanbaus zurückzuführen. Eines der glanzvollsten barocken Anwesen Europas ist das der Grafen von Vila Real: der Garten und das Herrenhaus Mateus, etwa drei Kilometer südöstlich des Ortes Vila Real gelegen. Vermutlich wurden der Palast 1743 und die separat stehende Kapelle 1750 von dem in Portugal im 18. Jahrhundert viel beschäftigten italienischen Architekten Niccolò Nasoni erbaut (Abb. gegenüber und S. 274 oben). Nasoni hat eine Art portugiesischen Spätbarockstil geprägt, der sich als eigentümliche Stilvariante zwischen hochbarocken und streng klassizistischen Formen ausnimmt. Die vielen Baluster, die gesprengten Giebel, die wappenverzierten Wandfelder sowie die ein- und ausschwingenden Voluten stehen im Kontrast zu klassizistischen Säulen, streng angeordneten Fensterachsen und klar gegliederten Wandflächen.

Die architektonische Formenvielfalt setzt sich in der Gestaltung der Gartenterrassen fort. Voluten, geschwungene Randbegrenzungen, Doppelkreise, symmetrisch gefügte Fünfecke oder unregelmäßige Vierecke bilden die Grundmuster der Parterres. Die Formen sind aus Buchshecken auf einem weißen Marmorkiesboden gebildet, oder sie umrahmen Blumen- und Strauchbeete. Während die Ecken mit Halbkugeln aus Buchs hervorgehoben sind, hat man die Beete heute vorwiegend mit rotem Salbei, orangefarbenen Tagetes und purpurnen Lagerströmien (Kreppmyrten) bepflanzt. Die einzelnen Parterres werden durch weit ausladende hohe und kunstvoll geschnittene Buchshecken eingefasst (Abb. S. 274 unten). So wirken die kompakt gerahmten Beete wie Gemälde, die Buchsornamente wie monumentale Kartuschen und die Grenzhecken wie Gesimse oder Giebel von Schlössern. Die Gartenelemente und ihre Kompositionen scheinen einzigartig und unverwechselbar, eben portugiesisch. Dazu gehört auch die häufige Verwendung der Tagetes. Wegen ihres penetranten Geruchs und ihrer Eigenschaft als Schäd-

ABBILDUNGEN GEGENÜBER:
Vila Real, Casa de Mateus
Brunnen und Heckenrondell mit der Nordansicht des Herrenhauses im Hintergrund (oben)
Formale Gartenanlage mit Buchsbaumzier (unten)

Vila Real, Casa de Mateus
Formale Gartenanlage mit Zypressenhohlweg

lingsvertreiberin ist sie eher für Bauerngärten üblich. Diese rustikale Note zählt ebenfalls zu den Spezifika des spätbarocken Gartens in Portugal.

Eine besondere Überraschung bietet sich dem Besucher im unteren Garten dar, wo eine Galerie von Zypressen so kunstvoll zugeschnitten wurde, dass sich ein grünes Tonnengewölbe herausgebildet hat (Abb. oben). Zu beiden Seiten dieses artistischen Hohlweges befinden sich weitere kleinere Gärten, wie beispielsweise ein moderner Wassergarten, in dem ein japanischer Ahornbaum wächst. Ein anderer Garten ist mit einer kunstvoll geschnittenen Hecke umgeben, die an französische Musterbücher des Barock erinnert. Hinter der Hecke befindet sich ein intimes Boskett, das von einem ornamental verzierten Wandbrunnen begrenzt wird. Vor den Brunnen hat der Hausherr dekorativ eine Hinoki-Zypresse pflanzen lassen. Während in Italien das dekorative Verhältnis von Gartenfassade und Parterres ausgewogen erscheint und in Frankreich die Architektur als Hoheits- und Würdeformel herausgestellt wird, versuchten die portugiesischen Architekten und Gartenbaumeister, ein ungewöhnliches Spannungsfeld zwischen dem Garten und der Architektur herzustellen. Noch beeindruckt von der üppigen Formenvielfalt der Hauptfassade der Villa Mateus, bemerkt man überrascht das schlichte und dekorativ äußerst zurückhaltende Aufrisssystem der Gartenfassade (Abb. gegenüber oben). Doch hier befindet man sich bereits inmitten der schwelgerischen Farbenpracht und Formenvielfalt der Blumen- und Strauchbeete sowie der Buchsornamente. Es scheint, dass die Architektur großzügig ihren Schmuck den Parterres zur Verfügung gestellt hat.

Unter den Barockgärten Europas sind neben denjenigen Italiens und Frankreichs kaum nationale Typen greifbar. Italienische Stileinflüsse der Renaissance- und Barockkultur sowie französische Elmente der unvergleichlichen Parterrekunst Le Nôtres trugen zu einem variantenreichen gesamteuropäischen Typus bei. Nur der Barockgarten Portugals fällt aus diesem Rahmen. Die ländliche Note der Bepflanzung, die spezifische Buchsornamentik, die Verbindung von Wasserbassin und Gebäude sowie die phantasievolle und fast schon verschwenderische Verwendung der Kacheln haben einen eigenständigen portugiesischen barocken Garten hervorgebracht, der sich im Laufe der Zeit trotz der europaweiten Orientierung am englischen Landschaftsgarten überraschenderweise erhalten hat.

Gärten des Barock und Rokoko in Deutschland und Österreich

Schleißheim, Schlossgarten
Detail der Beete im Parterrebereich

Ulm, Garten des Joseph Furttenbach,
1641

Der Garten Joseph Furttenbachs

Der Leonberger Pomeranzengarten von Heinrich Schickhardt aus dem Jahr 1611 und der Heidelberger Hortus Palatinus von Salomon de Caus aus dem Jahr 1614 waren für die Entwicklung des deutschen Barockgartens von großer Bedeutung. Der Ulmer Stadtbaumeister Joseph Furttenbach, der mit seinen theoretischen Abhandlungen die Weichen für den süddeutschen Barockgarten gestellt hat, orientierte sich an Schickhardts Pomeranzengärten in Leonberg und in Stuttgart. In seinem 1640 erschienenen Werk »Architectura Recreationis« jedenfalls tauchen im »Vierten Gräflichen Lustgarten« Schickhardts Beetmusterungen auf, die Varianten italienischer Entwürfe darstellen. Für Furttenbach stand die Bepflanzung im Vordergrund (Abb. unten). In einer weiteren theoretischen Abhandlung, der »Architectura Privata« von 1641, beschreibt er eine solche Beetornamentierung. Im Zentrum der Anlage soll eine Corona Imperialis stehen, eine Kaiserkrone. Dann folgt die Tulpe, »... derselben über die hundert/ unterschiedlichen Farben/ darunder fürnemblich schön marbelierte, geflammete, gerissene/ gesprengte/ getupffte«. Dieses Pflanzensystem wurde in Abwandlungen für fast jedes Gartenprojekt in Süddeutschland übernommen. Bei der Rekonstruktion der Bepflanzung barocker Gärten waren die theoretischen Schriften Furttenbachs stets hilfreich.

Tatsächlich werden mit Furttenbachs Anweisungen viele längst verblühte frühbarocke Gärten in Deutschland und Österreich zumindest in der Phantasie wieder lebendig und bunt. Die Bepflanzung und Gestaltung der Parterres änderte sich allerdings im Laufe des 18. Jahrhunderts. Dann standen groß angelegte Buchsornamente, die Integration von Labyrinthen oder Bosketten und die Installation und Komposition von Bassins, Kanälen und Brunnen im Vordergrund.

Schönborn-Gärten

Als Synonym für großzügiges Mäzenatentum und für die Entfaltung barocker Pracht steht der Name der Familie Schönborn, allen voran des Mainzer Erzbischofs und Kurfürsten Lothar Franz von Schönborn, geboren 1655, gestorben 1729. Neben seinen Amtsgeschäften widmete sich der Erzbischof der Planung seiner Gärten vor allem im fränkischen Gaibach bei Würzburg und im nicht weit entfernten Pommersfelden.

Lothar Franz von Schönborn erbte Schloss und Gut Gaibach im Jahr 1668. Nach einer ausgedehnten Kavalierstour durch Europa entwarf er als Zweiundzwanzigjähriger 1677 die Gartenanlage, die in einem Stich von Salomon Kleiner überliefert ist. Der von einer Mittelachse durchzogene lang gestreckte Garten nimmt die Breite des Schlosses auf, eines trutzigen Wehrbaus, der von Wassergräben umgebenen ist. Auf ein dekoratives Broderieparterre folgt ein Quartier mit dem so genannten Ovalsee und einem reich mit Blumen ornamentierten Beetkompartiment. Bei dem Ovalsee handelt es sich um eine Erfindung des Bauherrn, die weder in Frankreich noch in Italien bekannt war. Ein breiter, nach innen geneigter Broderiering wird vierfach unterbrochen von Treppen mit Balustraden, die zu einem Bassin mit einem Brunnen hinabführen, dessen Figuren Springstrahlen hervorschießen lassen (Abb. gegenüber unten).

Der Garten wird elegant von einer halbkreisförmigen Orangerie abgeschlossen, der seitlich viertelkreisförmige Berceaux, aus Holzgitterwerk gefertigte Laubengänge, vorgeordnet sind. Als Vorbild für diesen gestaffelten Abschluss könnte der holländi-

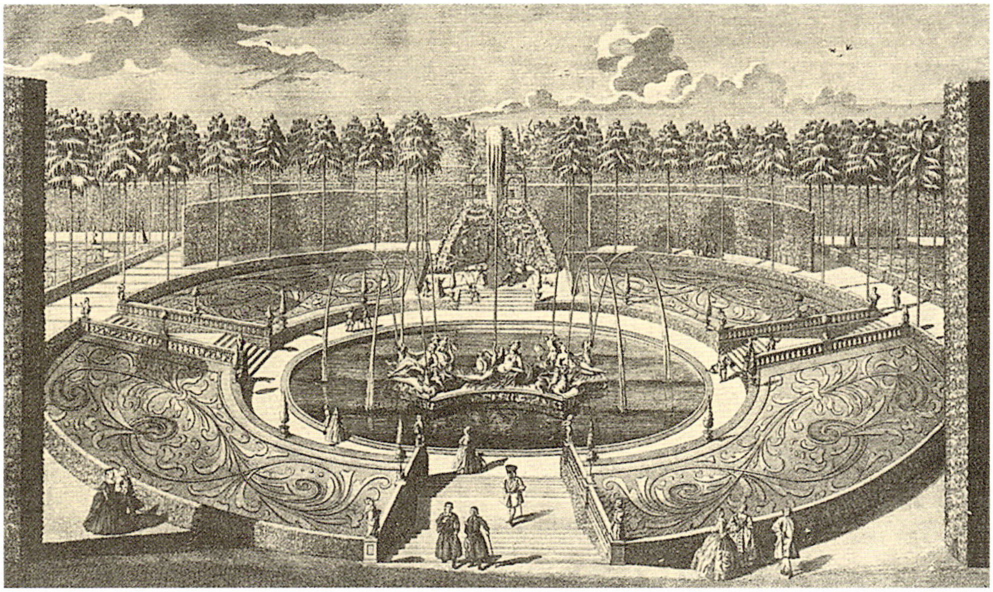

Fürstlicher Lust- und Thiergarten
Joseph Furttenbach, »Architectura civilis«, 1628, Tafel 13

Gaibach, Schlossgarten
Ovalbassin, Stich nach S. Kleiner, 1728

Pommersfelden, Schloss Weißenstein
Ansicht des Schlosses und des Schlossgartens von Südosten, Stich nach S. Kleiner, 1728

sche Garten in Het Loo gedient haben. Das vertiefte ovale Wasserbassin trifft man ebenfalls häufig in holländischen Barockgärten an (siehe Abb. S. 330 unten). Lothar Franz öffnete sich somit dem »welldtgusto«, wie er in einem Brief an seinen Neffen schrieb, den Reichsvizekanzler und späteren Fürstbischof von Bamberg und Würzburg Friedrich Karl von Schönborn. Was Lothar Franz an holländischen Gärten wohl auch interessiert haben dürfte, war die Neigung der Auftraggeber und Gärtner, den Nutz- mit dem Ziergarten innerhalb eines Quartiers zu verbinden. Für eine solche Kombination sah der Erzbischof eine ungewöhnliche Lösung im Garten seines Privatschlosses Weißenstein in Pommersfelden vor (Abb. oben). Der zwischen 1715 und 1723 nach einem Plan von Maximilian von Welsch angelegte Garten verfügt in seinem oberen Drittel über ein Kastanienrondell, das in drei konzentrischen Ringen angeordnet ist. Die Bäume umschließen ein vertieftes Bassin. Seitlich des Rondells liegen Nutzgärten. Dieser eher dem Gartenabschluss zugeordnete Bereich war häufig für Nutzgärten vorgesehen. Das Kastanienrondell, auf der zentralen Achse des Gartens gelegen, lockerte die auf einen Pavillon des Gartenabschlusses gerichtete Blickachse auf. Von diesem Garten ist leider nichts erhalten geblieben. Er wurde schon 1786 dem modernen »welldtgusto« angeglichen, also in einen englischen Landschaftsgarten verwandelt, der sich heute den Besuchern als Wildpark präsentiert.

Der Neffe Friedrich Karl von Schönborn residierte zu Beginn des 18. Jahrhunderts in Wien und stand mit seinem Onkel Lothar Franz in einem lebhaften brieflichen Austausch. Zwischen 1706 und 1711 ließ er sich von dem berühmten Wiener Baumeister Johann Lukas von Hildebrandt ein Palais errichten. Für die Nebengebäude sah er zwei Nutzgärten und für die Rückfront des Palais einen Lustgarten vor, der sich dem heutigen Besucher – ein wenig romantisch-verwildert – im englischen Stil darbietet. Damals jedoch war der Garten wegen seiner Tulpenbeete, die mit sehr seltenen Exemplaren aufwarteten, berühmt. Der stolze Besitzer des Anwesens schrieb an seinen Onkel nach Würzburg:

»Schließlich muß ich EW. Kurfürstl. Gnaden erzählen, wie wunderschön und copios [vielfältig] die Tulipane seyn, ich glaube schon 2000 Stück dem Hofe geschickt zu haben. Ich höre, dass nichts Schöneres in der Welt als Qualität und Diversität der Anemonen und Ranunculi seyn, welche nunmehr in meinem Garten aufgegangen synd.«

Dem Plan von Salomon Kleiner sind die filigranen Beetmusterungen des Hauptparterres zu entnehmen, deren Ornamentik an die Dekorationen Hildebrandts erinnert. Das betrifft in erster Linie die Knotenstrukturen und die teilweise asymmetrisch gestalteten Beete innerhalb einer symmetrischen Gesamtansicht (Abb. links). Das Hauptgebäude wird auf beiden Seiten von den Nebengebäuden flankiert, hinter denen sich parallel zum Ziergarten große Nutzgärten erstrecken, deren unterer mit einer Orangerie abschließt.

Die politischen Bande zwischen deutschen Fürstenhäusern und dem Wiener Hof waren in der Epoche des Barock sehr eng. Die gemeinsamen politischen Ziele bestanden hauptsächlich im Zurückdrängen des Protestantismus in den Jahrzehnten der Gegenreformation und um das Eindämmen der Türkengefahr, um die Sicherung der Habsburgischen Vorlande am Rhein gegen die Übergriffe der Franzosen und um die militärische Beteiligung am Spanischen Erbfolgekrieg.

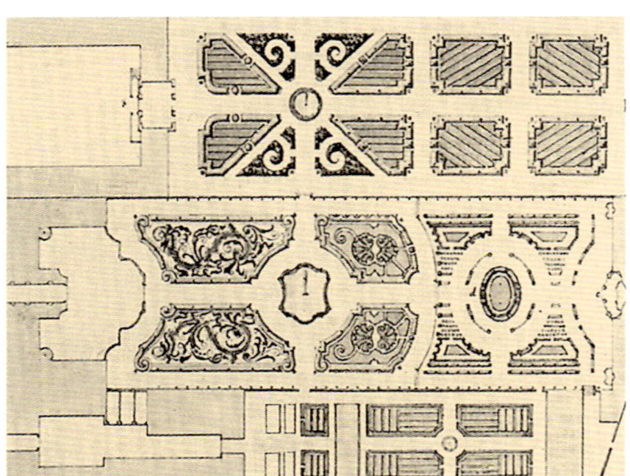

Wien, Garten des Palais Schönborn
Zeichnung von S. Kleiner, um 1738

Schleißheim, Schlossgarten
Blick von Lustheim über die weitläufige Gartenanlage auf das Neue Schloss

Schloss Schleißheim

Der bayerische Kurfürst Max Emanuel, der zwischen 1684 und 1688 mit den Habsburgern und an der Seite des berühmten »Türkenlouis«, des Markgrafen Ludwig Wilhelm von Baden, als Held aus den Türkenkriegen hervorgegangen und als glänzender Feldherr in Europa gefeiert worden war, vermählte sich nicht ohne politische Ambitionen mit Maria Antonia, der Tochter des Habsburger-Kaisers Leopold I. Es ist möglich, dass Max Emanuel, als er 1701 von seiner Statthalterschaft aus den Niederlanden zurückkehrte, nach der Königs- oder Kaiserwürde trachtete. Mit dem Neuen Schloss zu Schleißheim ließ er sich eine besonders aufwändige Residenz erbauen, ein »bayerisches Versailles«, wie es bald von den Untertanen ehrfurchtsvoll genannt wurde. Im Jahr 1701 legte er persönlich den Grundstein zu dem ehrgeizigen Bau, der schon ab 1693 in Planung war. Das zuvor erbaute Jagdschlösschen Lustheim mit den beiden zierlichen Pavillons erhielt damit ein stattliches Gegenüber. Zwischen beiden Gebäudekomplexen erstreckte sich das riesige Gartenareal, dessen Gestaltung zusammen mit den Schlossplänen von Enrico Zucalli entworfen wurde (Abb. oben und S. 282 unten). Der Architekt plante einen Kanal, der um den Garten und die Ringinsel von Lustheim, die die Anlage abschloss, herumfloss. Zwischen dem großen Kanal und dem Ringkanal besteht eine Verbindung. Diese kleinen Wasserstraßen dienten nicht nur Vergnügungsfahrten, sondern

Schleißheim, Schlossgarten
Ansichten der Parterreanlage vor dem Neuen Schloss

auch der Lastschifffahrt. Das dreiteilige Hauptparterre, das an das Schloss angrenzt, liegt tiefer als der übrige Garten (Abbn. rechts und unten). Die anschließenden Quartiere bestehen auf beiden Seiten der Mittelachse aus sechs diagonal aufgeteilten Boskett-Kompartimenten, deren vier mittleren zusätzlich durch Radialwege zusammengefasst sind. Das Parterre direkt beim Schloss wurde nicht nach Zucallis Plänen ausgeführt, sondern, nachdem Max Emanuel sich politisch auf die Seite Frankreichs gestellt hatte, ab etwa 1720 von Dominique Girard streng im französischen Stil angelegt. So entstanden zu beiden Seiten der Mittelachse die hintereinander gestaffelten Fontänen, die auf eine Kaskade zuführen, die ihrerseits die Verbindung zur höher gelegenen Ebene der Boskette herstellt. Es folgt als Mittelachse die Rasenbahn für das Mailspiel, die sich bis zum Schloss Lustheim hinzieht.

München, Schloss Nymphenburg
Gesamtplan, D. Girard zugeschrieben, um 1715–20

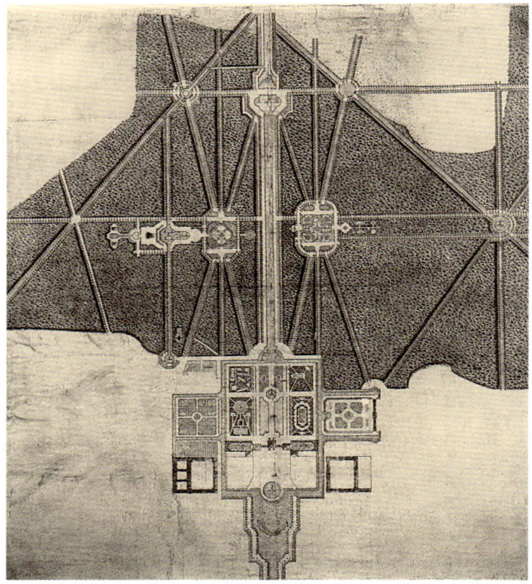

umwandeln, das sich aus gestaffelten Kuben zusammensetzt (Abb. gegenüber). Die Struktur der Gebäude gleicht derjenigen von Het Loo in Holland, die Max Emanuel in der Zeit seiner Statthalterschaft studiert haben könnte. Seine mittlerweile intensiven französischen Ambitionen wollte der Kurfürst ausdrücklich in seiner Gartenanlage umgesetzt wissen. An die Gräfin Arco schrieb er 1715, dass der Garten mit seinen Boskette, Kanälen, Alleen und Wegen durchaus in Frankreich liegen könne.

Wahrscheinlich war es abermals der bewährte Dominique Girard, der den Gartenplan im Stil Le Nôtres schuf. Gemeinsam mit Joseph Effner arbeitete er an der Gestaltung der Anlage (Abb. links). Ein Gemälde von Canaletto gibt das harmonische Wechselspiel von Wasser, Garten, Skulptur und Architektur wieder. Dazu hat der Maler seinen Standpunkt am Ausgangsbecken für den großen zentralen Kanal gewählt. Festlich geschmückte Barken und Gondeln gleiten durch das Wasser. Dokumenten zufolge sollen bereits 1690 italienische Gondolieri vom Kurfürsten angestellt worden sein, um Lustfahrten mit der Herrschaft durchzuführen.

In Richtung des Schosses schließt sich das Hauptparterre mit einem dominanten Brunnen im Schnittpunkt der Hauptachsen an. Guillielmus de Grof war der Schöpfer dieser Fontäne, die er der Flora widmete. Die Figuren sind aus vergoldetem Bleiguss gestaltet. Aus dem Blumenkorb der Göttin schießt der Wasserstrahl über zehn Meter in die Höhe. Auf Canalettos Gemälde kann man vier Kompartimente unterscheiden. Der Schlossfront unmittelbar zugeordnet sind zwei Broderiebeete. Zwei Rasenkompartimente, im Stil von niederländischem Beschlagwerk ornamentiert, sind zum Kanalbecken hin ausgerichtet. Die Zierbeete werden geschmückt von einer Reihe vergoldeter Bleivasen und reizvollen Kindergruppen, die ebenfalls von de Grof stammen. Die von Canaletto dargestellten vier kleineren Fontänen, die den Flora-Brunnen umstehen, wurden nicht ausgeführt. Auch heute noch kann man sich für den

Es sollte noch erwähnt werden, dass die kleine intime Exklave Lustheim gewissermaßen als Hochzeitsgeschenk Max Emanuels an seine Gemahlin Maria Antonia gedacht war. Die Pläne schuf Enrico Zucalli. Der ringförmig um die Schlossanlage geführte Kanal sollte die Abgeschiedenheit des Hochzeitspaares sichern und die Insel der Glückseligkeit und der Liebenden, Cythera, vorstellen (Abb. unten).

Schloss Nymphenburg bei München

Parallel zu Schleißheim ließ Max Emanuel eine weitere großartige Schloss- und Gartenanlage planen und ausführen: Nymphenburg bei München. Das Schlösschen war als »Castello delle Nymphe« für die junge Kurfürstin Henriette Adelaide, Prinzessin von Savoyen, die spätere Mutter Max Emanuels, um 1662 errichtet worden. Nach 1701 ließ der Kurfürst das im italienischen Stil errichtete Landhaus von Enrico Zuccalli in ein repräsentatives Schloss

ABBILDUNGEN GEGENÜBER:
Nymphenburg, Schlossgarten
Großes Parterre (oben)
Jupiter-Statue nach einem Modell von I. Günther (1765) im Großen Parterre (unten)

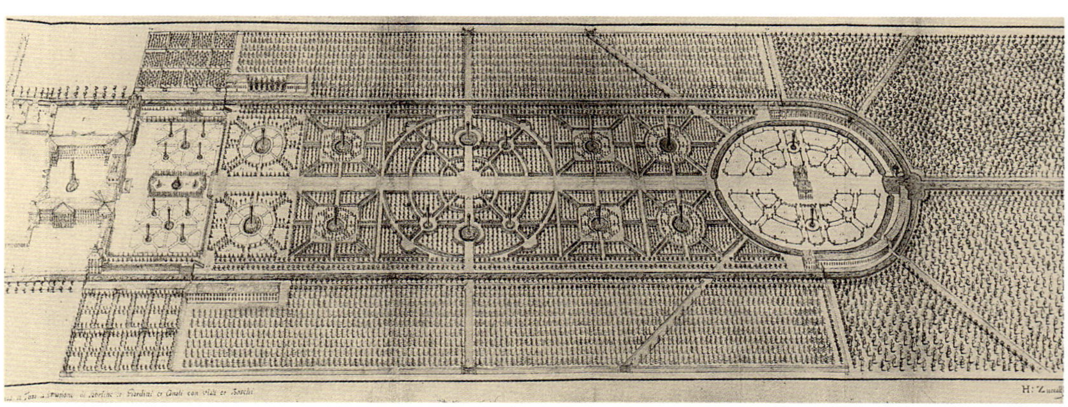

Schleißheim, Schlossgarten
Detail des Gesamtplans von E. Zuccalli, 1700

Nymphenburg, Schlossgarten
Große Kaskade mit den Personifikationen von Donau und Isar

üppigen Skulpturenschmuck des Hauptparterres begeistern. Er stammt allerdings aus der zweiten Hälfte des 18. Jahrhunderts. Einige Skulpturen, wie die Jupiterfigur (Abb. S. 283 unten), sind nach Modellen von Ignaz Günther geformt.

Abgesehen vom Hauptparterre liegt der Schwerpunkt der Gartenanlage von Nymphenburg auf den Kanälen und den Bosketten. Ein Waldstück war beispielsweise als Orangenhain mit einem Mittelbassin angelegt, ein anderes barg ein kleines Kabinettgärtchen. Der Leidenschaft des Kurfürsten, dem sportlichen Spiel im Freien, kamen weitere Boskette mit Ball- und Kegelspielen entgegen. Auf manchen Spielplätze wurde ein Lusthaus errichtet, »wo die Damen, vor der Sonne und vor Regen bedeckt, dem Spiel zuschauen können«, so ein Zeitgenosse.

Die Gesamtanlage nach dem Plan von Girard nimmt sich eindrucksvoll aus und kann durchaus als Bedeutungsträger für die politische Einstellung der bayerischen Kurfürsten verstanden werden. Das beiderseits des zentralen Kanals angelegte Achsensystem erscheint wie eine systemische Wiederholung der kleineren Parterres vor dem Schloss. Da die Alleen selbst einander wiederum in Wasserparterres kreuzen, werden neue Gartenbereiche mit Lustbauten, wie der Badenburg oder der Pagodenburg, erschlossen und gestaltet. Weitere Alleen zweigen in den äußeren Bereichen des Areals ab, kreuzen einander wieder mit anderen Alleen und bilden Rondelle aus, die erneute Ansatzpunkte für das Anlegen von Parterres und Lusthäusern oder Pavillons bieten. Der Park befindet sich, und das war in der Struktur von vornherein angelegt, in einem dynamischen Prozess der Vergrößerung – durchaus vergleichbar etwa mit den politischen Ambitionen der absolutistischen Herrscher.

Nymphenburg, Schlossgarten
Flötende Panfigur in der Waldregion

Schloss Augustusburg in Brühl

Ein Sohn Max Emanuels, der Kölner Erzbischof und Kurfürst Clemens August von Bayern (1700–61), ließ sich von seinem Vater den bereits bejahrten Dominique Girard nach Schloss Augustusburg bei Brühl schicken, um sich von ihm Gartenentwürfe vorlegen zu lassen. Mit den Arbeiten wurde wahrscheinlich schon 1727 begonnen. Die Planung Girards mußte einen älteren Parkbereich, den Tiergarten, in die Planung mit einbeziehen. Da dieses Terrain von einem Wasserkanal umzogen war, bezog Girard eine aufwendige und kostenintensive Begradigung der unregelmäßigen Begrenzung nicht in sein »garten-dessin, so er für Ihro Churfürstliche durchlaucht dahir gemacht«, mit ein. Der Kanal blieb erhalten – mit der ausdrücklichen Billigung des Bauherrn. Clemens August war fasziniert vom Nymphenburger Kanalsystem, verzichtete aber auf eine dominierende Zentralachse. Stattdessen plante er ein Wasserkreuz nach dem Vorbild von Versailles, das aber nicht verwirklicht wurde.

Heute bietet sich die Gartenanlage, die sich vor der Südfront des Schlosses ausbreitet und großzügig von einem Kanal umflossen wird, als gepflegter, mit Broderiebeeten und Wasserbassins geschmückter Barockgarten dar (Abbn. gegenüber, oben und unten). Zierliche Buchshecken bilden Schwünge und Schleifen und setzen sich gegen den hellen Kies markant ab. Die Beete sind eingefasst durch Blumenrabatten, die ebenfalls durch kleine Buchshecken gerahmt sind. Auf der Mittelachse wurde ein großes Wasserbecken eingerichtet. Baumalleen grenzen das Parterre seitlich gegen die Boskette ab, die – ähnlich wie in Nymphenburg – an den Schnittpunkten der Diagonalwege mit Brunnen versehen sind. Der Entwurf für Brühl war das späteste Werk von Girard. Die Nähe zu Schleißheim und Nymphenburg ist nicht zu übersehen – sie war auch bedingt durch die verwandtschaftlichen Beziehungen des Kurfürsten. Dass sich Girard vieler gartenkünstlerischer Motive des französichen Gartenarchitekten André Le Nôtres bediente hatte, sollte nicht als Plagiat gewertet, sondern eher als nachhaltige Empfehlung seines Auftraggebers verstanden werden.

Brühl, Schloss Augustusburg
Blick vom Schloss auf das zweiteilige Broderieparterre

ABBILDUNG GEGENÜBER:
Brühl, Schloss Augustusburg
Blick über den westlichen Teil des Parterres auf die Gartenfassade des Schlosses

Brühl, Schloss Augustusburg
Blumenbeete und Zierbäumchen

Schloss Clemenswerth bei Sögel

Einer der bedeutendsten Barockbaumeister im kurfürstlichen Herrschaftsbereich Westfalens war Johann Conrad Schlaun. Zwischen 1736 und 1745 beauftragte ihn der Kölner Kurfürst und Erzbischof Clemens August, der verliebt in seine Parforcejagden war, mit dem Bau des Jagdschlösschens Clemenswerth bei Sögel nahe Osnabrück. Als Grundmodell wählte Schlaun die Pagodenburg im Park von Schloss Nymphenburg. Anregend wirkte ebenfalls das Studium von Marly-le-Roi und das Jagdschloss Bouchefort bei Brüssel. Doch sein Projekt übertraf die genannten Vorbilder. Das aus rotem Backstein gemauerte zweigeschossige Schloss erhebt sich über einem kreuzförmigen Grundriss. Es bildet das Zentrum eines weiten Kreises, an dessen Peripherie sieben Pavillons und eine Kapelle errichtet sind. Sie wurden in die Winkel der sternfömig auf das Schloss zulaufenden Alleen platziert. Die Anlage wirkt durch ihre klare Struktur. Die weiten ungestalteten Rasenflächen und die würdigen Baumalleen entsprechen dem Gebäudestil. Die Gliederung der Wand fällt einfach und fast schnörkellos aus. Damit unterstrich Schlaun seine frühklassizistischen Neigungen in einer Zeit, als in Deutschland noch die in Mode gekommene Zierart des Rokoko dominierte. Überraschend im Vergleich mit den Gärten in Brühl oder in Nymphenburg wirkt auch die freie Landschaftsgestaltung des Schlossareals. Die Gliederung der Anlage durch Alleen und das Konzept der zirkulären Pavillons dürften wohl die damals obligaten Barockparterres ausgeschlossen haben.

Sögel, Schloss Clemenswerth
Mittelachse des Klostergartens

ABBILDUNG GEGENÜBER:
Sögel, Schloss Clemenswerth
Luftaufnahme der Gesamtanlage mit dem Klostergarten im Hintergrund

Der Große Garten von Herrenhausen

Als einer der berühmtesten Barockgärten Deutschlands gilt der Große Garten von Herrenhausen in Hannover. 1696 war der französische Gartenarchitekt Martin Charbonnier von der Kurfürstin Sophie von Hannover mit der Planung und Durchführung des Gartens beauftragt worden (Abbn. S. 290–295). Im Jahr 1714 waren die Arbeiten abgeschlossen. Parallelen zu französischen Gärten sind offensichtlich: Die Mittelachse des Gartens ist zugleich die Mittelachse des Schlosses und endet in einem runden Platz. Sind die Kompositionen von Bosketten und Parterres dem klassischen französischen Barockgarten ebenso verpflichtet wie auch die *giardini segreti* seitlich des Schlossbaus, so fallen doch auch weitere Merkmale auf, die nicht unbedingt französischer Herkunft sind. Kurz vor Planungsbeginn, im Jahr 1696, war Charbonnier nach Holland gereist, um sich u. a. in Nieuwburg, Honslaerdyck und Het Loo zu informieren. Es ist durchaus möglich, dass er dort die Anregung zu dem Kanal erhielt, der den Gartenbereich umschließt. Auch der Obstgarten mit seinen dreieckigen Feldern, die von Buchenhecken eingefasst sind, ist ein Hinweis auf holländische Einflüsse. Charbonnier verstand es, diese Elemente zu einer Einheit zusammenzuschmelzen und damit einen Gartentypus zu schaffen, der bezeichnend für die norddeutsche Tiefebene geworden ist (Abb. unten).

Herrenhausen, Großer Garten
Großes Parterre mit Vase
Der Sommer von Ch. Vick (oben)

Gesamtansicht von Schloss und Garten, Stich von J. van Sasse, um 1720

ABBILDUNG GEGENÜBER:
Herrenhausen, Großer Garten
Eckpavillons von Remy de la Fosse

NACHFOLGENDE DOPPELSEITE:
Herrenhausen, Großer Garten
Das neu gestaltete Parterre

Diesen neuen Gartentypus brachte Hennebo auf den Begriff, indem er die Entstehungsvarianten und deren Herkunft analysierte. Die strenge axiale Durchgliederung führte zu einer Vereinzelung der Kompartimente, die besonders in der Parterre- und Boskettzone auffallen. Das mag auf holländische Traditionen, vielleicht aber auch auf den französischen Renaissancegarten zurückgehen. Hingegen fallen auch Gestaltungsweisen auf, die den barocken Musterbüchern von Dézallier d'Argenville entnommen sein könnten. Dort ging es bereits um die Schematisierung der Beet- und Parterreanordnung sowie um ein Ordnungsgefüge für den Gesamtplan. Gemäß den Neigungen der Kurfürstin, einen zeitgemäßen Entwurf zu verwirklichen, der sich am klassisch-französischen Formenkanon orientierte, wurden von Charbonnier die entsprechenden Pläne studiert, um sie in Einklang mit seinen Studien in Holland zu bringen.

Betrachtet man heute die Durchgestaltung des Parterres, dann werden die Ideen und Vorstellungen von Dézallier d'Argenville spürbar – mehr aber auch nicht. Während der Rekonstruktion des Gartens im Jahr 1966 ging es wohl nicht so sehr um die historischen Pläne, die von der Kurfürstin Sophie favorisiert worden waren, sondern um eine gefällige Gestaltung in der Art der neobarocken Beetformung des 19. Jahrhunderts.

Fast gleichzeitig mit Herrenhausen entstand der Garten des Schlosses Salzdahlum des Herzogs Anton Ulrich von Braunschweig-Wolfenbüttel. 1697 ließ die Kurfürstin und spätere Königin Sophie Charlotte, Tochter der Sophie von Hannover, den Garten des Berliner Schlosses Charlottenburg anlegen. Die Planungen stammen von Siméon Godeau, einem Schüler des berühmten André Le Nôtre.

Herrenhausen, Großer Garten
Niederdeutscher Blumengarten mit Skulptur
Die Wahrheit von Evermann

ABBILDUNG GEGENÜBER:
Herrenhausen, Großer Garten
Detailansicht der Großen Kaskade

Die Gärten Augusts des Starken

Nachdem er auf ausgedehnten Reisen die Prachtentfaltung der Königs- und Fürstenhöfe in Frankreich und Italien intensiv kennen gelernt hatte, gelüstete es August den Starken, den sächsischen Kurfürsten und König von Polen, diese Festivitäten zu übertreffen. Unter seiner Herrschaft blühte die Festtradition Sachsens zu einer bislang nie gekannten Pracht auf. Ein barockes Fest konnte mehrere Tage dauern und war von vielen Aktivitäten wie Rossballetten, Opern, Feuerwerken, Schauessen oder Theaterspielen begleitet. Daher legte der Kurfürst größten Wert auf eine Gartengestaltung, die diesen festlichen Aspekten Rechnung trug. 1694 fertigte er sogar selbst eine Skizze für die Neugestaltung der Fest- und Turnierplätze zwischen dem alten Schloss und dem Festungszwinger in Dresden an. Er wollte einen geräumigen und eigenständigen Festplatz ohne städtebaulichen Bezug zum Schloss. Die Hofarchitektur sollte eine repräsentative Begrenzung des Platzes abgeben. Er befahl, »... dass dieser Zwingergartenbau nach dem approbierten Grundriss als ein besonderes und nicht in einer Symmetrie mit dem Schloss stehendes Werk ... zu bringen sei«. Sein Architekt Matthäus Daniel Pöppelmann setzte diese Angaben fast sklavisch um. 1728 waren die Bauarbeiten am Zwinger abgeschlossen. Eine zum späteren Abbruch bestimmte Holzgalerie an der Elbseite wurde erst 1847 entfernt und 1854 von Gottfried Semper durch den Galeriebau ersetzt. Stolz konnte Pöppelmann seinem Kurfürsten melden: »Denn außer den verschiedenen großen Spaß-, Spiel- oder Tanzsälen ... beschließt das ganze Gebilde zusammen einen so ansehnlich länglich-runden Platz, dass in demselben ... auch alle Arten öffentlicher Ritterspiele, Gepränge und andere Lustbarkeiten des Hofes angestellt werden können.«

1717, wenige Jahre nach Beginn der Bauarbeiten am Zwinger, erwarb August der Starke das Japanische Palais in der Dresdner Neustadt. Nach Fertigstellung des Zwingers ließ der Kurfürst das Palais von Pöppelmann ausbauen, um in seinen Räumen die reiche Sammlung von chinesischem, japanischem und Meißner Porzellan unterzubringen. Es entstand eine imposante Vierflügelanlage mit Eckpavillon, deren Dächer elegant ausschwingen – eben japanisch, daher der Name des Palais.

Die Grundrissgestaltung des Gartens sollte ähnlich der des Zwingers erfolgen. Es kam also auch hier zu exedrenartigen Ausbuchtungen der Längsseiten. Die Parterres wurden mit vielen Statuen geschmückt und mit kleinen Baumgruppen umgeben, die man bis hoch zu den Exedren verfolgen konnte. Der sanft zum Elbufer hin abfallende Mittelteil nahm die Flußlandschaft fast prospektartig mit auf. Am Ufer wurde eine Treppenanlage gebaut,

Dresden, Zwinger
Galerie und Wallpavillon von Matthäus Daniel Pöppelmann, 1697–1716

ABBILDUNG GEGENÜBER:
Dresden, Großer Garten
Blick auf eine Vase mit Frauenskulptur (Corradini-Vase) und das Palais im Hintergrund

Dresden, Schloss Pillnitz
Das Wasserschloss mit einer großen Treppenanlage zur Elbe hin

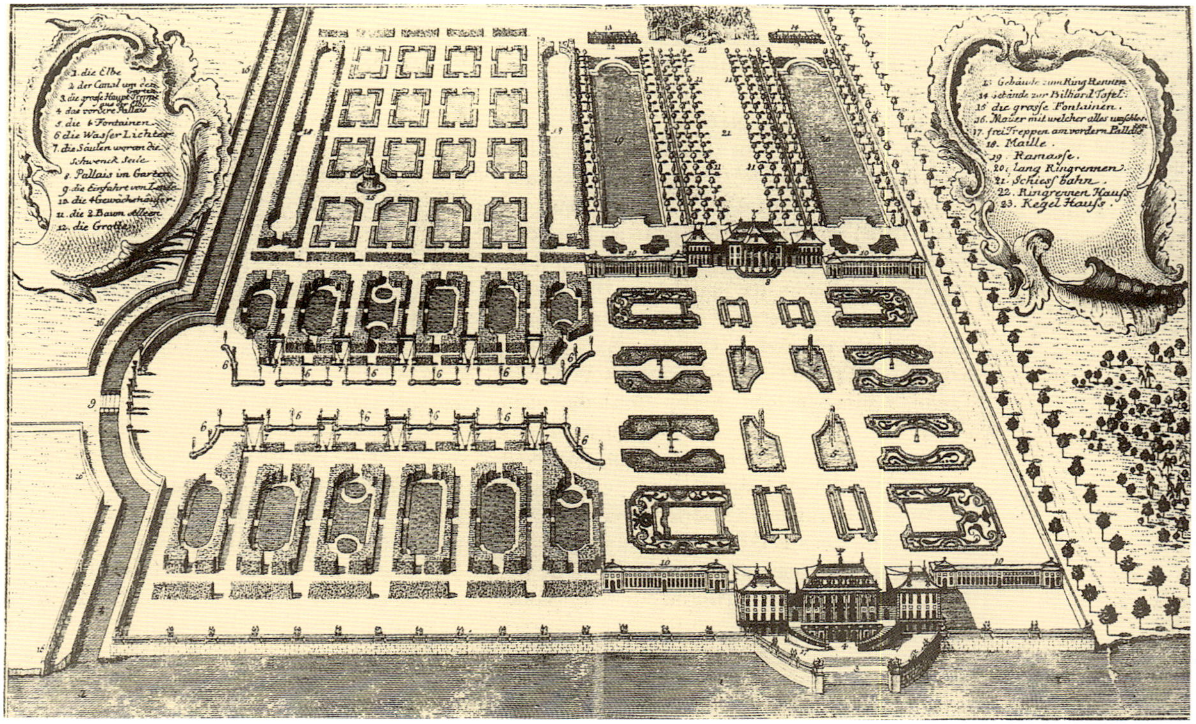

Ansicht von Schloss und Garten aus der Vogelperspektive, Stich des Zustandes zwischen 1725 und 1731

die bis ins Wasser hineinreichte und so als Gondelhafen genutzt werden konnte.

Der Große Garten (Abb. S. 297) wurde ab 1715 von Johann Friedrich Karcher für den Kurfürsten vergrößert. So kam der Gartenpalast, zwischen 1678 und 1683 nach Plänen von Johann Georg Starke errichtet, inmitten des Kreuzungspunktes des Alleensystems zu liegen. Ähnlich wie in Marly wird die mittlere Zone des Gartens durch Pavillons und Treillagen von den Bosketten getrennt.

Schloss Pillnitz gehörte zwischen 1708 und 1718 der Gräfin Cosel. August der Starke erwarb das Gut, nachdem die Gräfin am Hof in Ungnade gefallen war, und ließ es zum Lustschloss für Park- und Wasserfeste ausbauen. Von 1720 bis 1730 befasste sich Pöppelmann mit dem Projekt. Er entwarf entlang dem Elbufer einen gestreckten Trakt mit schwingenden Dächern, die der damaligen Chinamode entsprachen. Diesem so genannten Wasserpalais (Abb. gegenüber oben) folgte vier Jahre später als Pendant das Bergpalais (Abb. rechts). Es entstand ein weitläufiger Hofbereich, in dem der Lustgarten angelegt wurde. Oberhalb des Bergpalais ließ der Kurfürst den Großen Schlossgarten anlegen. Hier sollte man sich nach dem Wunsch des Regenten dem Spiel hingeben. Dazu wurde in der Mitte eine große Rasenfläche geschaffen, die von Alleen und kleineren Wasserbassins gerahmt war. Da der Platz auch für Schießübungen genutzt wurde, mußte ein Kugelfang eingerichtet werden. Man erfand ihn

Dresden, Schloss Pillnitz
Das Bergpalais von Süden

Gartenanlage von Großsedlitz
Die »Stille Musik«

NACHFOLGENDE DOPPELSEITE:
Gartenanlage von Großsedlitz
Ansicht des Orangerieparterres und der unteren Orangerie

Gartenanlage von Großsedlitz
Das »Eisbassin«

in Form einer Grotte, die an der Schmalseite des Rasens installiert wurde.

Wäre Großsedlitz vollendet worden, zählte es zu den glanzvollsten Gartenanlagen. Was heute noch zu sehen ist (Abbn. S. 299 – 302), läßt immerhin die großartige Gesamtplanung erkennen. 1723 konnte der Kurfürst das Anwesen erwerben. Es gab damals das Friedrichsschlösschen, das 1871 abgebrochen wurde, und die Obere Orangerie mit dem Gewächshaus. Umfassende Veränderungen waren vorgesehen. Doch die Arbeiten wurden nie beendet. Geblieben sind zwei Parallelgärten, die sich von der Anhöhe über eine Talsenke ziehen. Die Obere Orangerie wurde als architektonischer Orientierungspunkt für die eine Anlage gewählt. Ihre Mittelachse ist auf den Gegenhang hin ausgerichtet, wo sich das Wasser über eine Kaskade in ein Talbassin ergoss. Beides existiert heute nicht mehr. Der östlich angrenzende Gartenteil ist in seiner Mittelachse auf die Untere Orangerie hin ausgerichtet. Über zwei mit Fontänen bestückte schmale Kanäle – bei denen vielleicht Vaux-le-Vicomte Pate stand – zielt die Achse auf die »Stille Musik«, eine malerische, mit musizierenden Eroten geschmückte Treppenanlage, die ein Bassin mit Fontänen rahmt.

Der Karlsberg in Kassel-Wilhelmshöhe
Auf einer ausgedehnten Italienreise 1699–1700 hatte Landgraf Karl von Hessen-Kassel die bedeutendsten Renaissance- und Barockgärten kennen gelernt. Wie intensiv er die gartenkünstlerischen Details studierte, läßt sich in seinem »Diarium Italicum« nachlesen. Besonders haben ihn die »Wunderdinge von Frascati« entzückt, er war aber auch von dem berühmten Palazzo Farnese in Rom begeistert, wo er die Statue des Herkules eingehend betrachtete. Diese und noch viele weitere Eindrücke trug er Giovanni Francesco Guerniero vor, der sogleich mit der Planung einer monumentalen Gartenanlage auf der Kasseler Wilhelmshöhe begann. 1705 – die Arbeiten waren ab 1701 bereits fortgeschritten – legte er seinem Landgrafen eine erste Vogelschauansicht der damals noch Karlsberg genannten projektierten Gesamtanlage vor. Eine über mehrere Terrassen geführte Kaskade sollte ein prächtiges Schloss auf dem Berg mit einem Palais in der Art der italienischen Landvilla am Fuße des Berges verbinden. Die finanziellen Mittel reichten jedoch nicht aus. 1718 war lediglich ein Drittel des Vorhabens ausgeführt. Dennoch betrachtet der heutige Besucher die Anlage staunend (Abb. oben): Auf der Höhe erhebt sich ein achteckiger Zentralbau, der von einer Pyramide bekrönt wird, auf der

Kassel-Wilhelmshöhe, Karlsberg
Gesamtansicht des Karlsberges mit Oktogon und Kaskade

Weikersheim, Schlossgarten
Blick vom Parterre auf das Schloss, Skulptur im Vordergrund: Artemis

die 9,2 m hohe, von dem Goldschmied Johann Jakob Anthoni 1713–17 geschaffene Replik des Herkules Farnese ragt. Die Kaskade läuft über drei Terrassen hinunter zum Talschloss. Die untere Kaskade, begleitet von zwei schmalen Seitenläufen, mißt 250 m und ist die längste der drei Abschnitte. Drei Querbecken mit Fontänen gliedern das sprudelnde Wasserspiel, das sich auf der unteren Terrasse in das Neptunbecken ergießt.

Schloss Weikersheim

Der Ort Weikersheim liegt im malerischen Taubertal und gilt als Stammsitz der Herren von Hohenlohe, die als Herren von Weikersheim bereits ab 1135 urkundlich bekannt sind. Auf dem Marktplatz des Residenzstädtchens fallen die so genannten barocken Zirkelbauten auf, deren großzügig gestalteten Laubengänge auf das fast versteckt wirkende Renaissance-Schlosstor hin zuhalten. In der Geschichte der südwestdeutschen Gartenbaukunst nimmt Weikersheim eine besondere Rolle ein. Wir wollen zunächst das Schloss betrachten (Abb. links). Von der Gartenseite her gesehen bietet es sich dem Besucher als repräsentatives Prachtgebäude mit drei volutenverzierten Giebeln dar.

In einer ersten Bauphase, die zwischen 1586 und 1603 erfolgte, ließ Graf Wolfgang von Hohenlohe die mittelalterliche Wasserburg in ein prunkvolles Renaissanceschloß verwandeln. Der Treppenturm, der Südtrakt und die im Erdgeschoss durch Arkaden erweiterte Front vermitteln ein lebhaftes Bild von der Eigenart der südwestdeutschen Renaissancearchitektur. Das trifft besonders auf die monumentale Kassettendecke des Rittersaals zu, die von Elias Gunzenhäuser gestaltet worden ist. Jagdszenen und Tierbilder zieren die Deckenfelder – so hatte es der Bauherr gewollt. Er hatte auch verlangt, dass die Höhe und die Breite der Saaltür es ihm erlaubten, aufrecht und hoch zu Ross in sein Wohnzimmer hineinzureiten. Hinter dem Saal öffnet sich der Garten; den Auftakt bildete hier ein vergoldetes Reiterstandbild des Grafen Carl Ludwig von Hohenlohe. Es konnte seinen Platz an dieser Stelle allerdings nur bis zum 19. Jahrhundert behaupten.

Es ist ein besonderes Vergnügen, den Schlosspark zu erkunden; er ist bevölkert von Steinfiguren, die Hofnarren, Faulpelze, Kammerzofen oder Trommler darstellen (Abbn. gegenüber). Auf diese Weise wird das Leben der Bediensteten am Hofe dargestellt. Die fürstliche Würde kommt in griechischen Göttergestalten, in den Allegorien der Winde, Elementen oder in den Erdteilen zum Ausdruck.

Zwar ist vom einstigen Barockgarten nur noch wenig erhalten geblieben, doch das komplexe Figurenprogramm ist fast vollständig präsent. Daniel Matthieu hat den Garten entworfen und in drei Phasen zwischen 1707 und 1725 ausbauen lassen. Das Konzept ist einfach: Ein rechteckiges Parterre wird durch ein Wegkreuz in vier gleiche Beete aufgeteilt. Im Zentrum öffnet sich ein Rundbecken mit Brunnen, und vor dem Hauptparterre, zur Gartenfront des Schlosses hin orientiert, wurde ein Querbecken angelegt. Offensichtlich drehte sich alles um die Figuren, für die der Garten eigens erschaffen worden zu sein scheint. Johann Jakob Sommer, ein Skulpteur aus Künzelsau, hatte schon im Jahr 1708 die meisten Exemplare fertiggestellt. Mit der zwei-

Weikersheim, Schlossgarten
Galerie der Zwerge auf den Balustraden am Schlossgraben

Details der Zwergengalerie: Kellermeister (links außen), Hofgärtnerin (links)

teiligen Orangerie (Abb. rechts), erbaut nach einem Entwurf von Johann Christian Lüttich zwischen 1719 und 1723, erhielt der Garten das abschließende Pendant zum Schlossbau. Zwei Jahre später war der Garten vollendet.

Das Bildprogramm ist intelligent angeordnet; es scheint, als ob das Gartengelände den gesamten, auf das Haus Hohenlohe bezogenen Kosmos darstellt. Die vier äußeren Ecken des Hauptparterres werden von den Allegorien der vier Winde besetzt. Es folgen im vorderen Bereich die vier Elemente, gefolgt von den Göttern und Halbgöttern des griechischen Olymps. Die zentrale Bedeutungsachse aber verlief von dem Gartensaal des Schlosses über das vergoldete Reiterstandbild des Grafen Carl Ludwig von Hohenlohe und die vordere Gartenterrasse, die von *Herkules* und *Zeus* flankiert wird, und weiter bis auf den zentralen Brunnen mit der Herkulesfigur hin. Sie findet ihren Endpunkt im Halbrund der abschließenden Orangerie, in dessen Zentrum *Europa* platziert wurde. Ihr zur Seite stehen *Asien* und *Afrika*. Um das Pathos dieser umfassenden Weltsicht aus der Perspektive des Hohenlohe-Grafen ein wenig zu mildern, versammelte sich das Schlosspersonal auf der vorderen Gartenterrasse, angeführt von dem *Trommler* und dem *Wachtmeister*, die unmittelbar vor *Zeus* und *Herkules* Stellung bezogen haben.

Weikersheim, Schlossgarten
Orangerie, Detail des Ostflügels (oben), Herkulesbrunnen (links)

ABBILDUNG GEGENÜBER:
Weikersheim, Schlossgarten
Blick vom Schloss über das Parterre auf die Orangerie

ABBILDUNG RECHTS:
Potsdam, Schlossgarten Sanssouci
Weinbergterrassen und Schloss

Zwei Terrassenanlagen

Vom Barockgarten des Schlosses Sanssouci in Potsdam ist heute leider nicht mehr viel erhalten geblieben, da die Anlage 1822 von Peter Joseph Lenné in einen romantischen Landschaftsgarten verwandelt worden ist. Doch das Einzigartige dieses Gartens, die Terrassenanlage, ist noch zu sehen (Abb. rechts). Mit dieser Anlage wurde ein neuer Gartentypus geschaffen. Die Arbeiten erfolgten zwischen 1744 und 1764. König Friedrich der Große legte Planskizzen vor, deren peinliche Befolgung er von seinem Baumeister Georg Wenzeslaus von Knobelsdorff erwartete. Für das Schloss, die exedraförmig gebildeten Terrassen, das Parterre und die seitlichen Rampen lassen sich keine direkten Vorbilder in der Renaissance oder auch im Barock finden. Am Fuß des Weinbergs und auf der Mittelachse von Schloss und Terrassen ließ der König die von Marmorstatuen umgebene Grosse Fontäne platzieren.

Interessanterweise entstand um die gleiche Zeit (1740–50) ein weiterer Terrassengarten bei dem ehemaligen Zisterzienserkloster von Kamp am Niederrhein (Abb. unten). Die Parallelen zu Sanssouci sind überraschend, zumal eine gegenseitige Beeinflussung als ausgeschlossen gelten kann. Demnach kommen nur gemeinsame Vorbilder in Frage, die in der römisch-antiken Exedren- und Theater-Architektur zu suchen wären. Aber auch pragmatische Gründe mögen eine Rolle gespielt haben. So weisen Handbücher für die Gartenkunst darauf hin, dass konkave Terrassen günstig für die Sonneneinstrahlung und die Wärmeverteilung sind.

Kamp Lintfort, Terrassengarten
Blick über das Parterre auf die Terrassenanlage

Bayreuth, Felsengarten Sanspareil
Blumen- und Buchsparterre vor dem Morgenländischen Bau

ABBILDUNGEN GEGENÜBER:
Bayreuth, Felsengarten Sanspareil
Ruinen- und Grottentheater (oben)
Bärenhöhle (unten links)
Dianengrotte (unten rechts)

Der Felsengarten Sanspareil bei Bayreuth

Sanspareil nahe Bayreuth, zu Füßen der Burg Zwernitz gelegen, könnte als einer der letzten deutschen Barockgärten oder als erster deutscher Landschaftsgarten beschrieben werden. Eine Trennlinie zu ziehen ist sehr schwierig, da das Rokokoschlösschen, von dem leider nur noch ein kleiner rechteckiger Bau mit dem zierlichen Speisesaal erhalten geblieben ist, malerisch in einen Buchenhain platziert wurde. Eine hohe Buche wurde sogar ummauert, um sie in den Bau mit einzubeziehen. Das Gartenparterre schließt einsam und isoliert vom Schloss an den Hain an und wird vom Küchenbau begrenzt. Die Schöpferin der Gartenanlage, Markgräfin Wilhelmine, deren Gatte Friedrich der Vielgeliebte damals gerade eine Affäre mit der Gräfin Burghaus genoss, zog sich 1744, in der Seele tief verletzt, in die Einsamkeit zurück und entdeckte in der unwegsamen Zwernitz-Niederung zu Füßen eines Felsens den Eingang einer Höhle, die sie »Grotte der Kalypso« taufte. Den Hain verwandelte die Weltflüchtige in die Insel Ogygia, benannt nach der liebenden Göttin. Sie schuf sich, angeregt durch die Lektüre der Abenteuer des Telemach von Fénelon einen Ort ohne gleichen, »sans pareil«.

Die Waldeinsamkeit veränderte sich bald. Die Grotte wurde mit bunten Steinen ausgeschmückt. Bald fand die Markgräfin weitere geeignete Plätze am Felsen, wo sie verschiedene Grotten einbrechen ließ. Dann erhielten Felsenpartien gemalte Prospekte, um die Naturwirkung künstlich zu steigern. Das Naturtheater, aus schweren Tuffsteinen errichtet, glich einer verfallenen antiken Bühnenarchitektur (Abb. gegenüber oben). Der Zuschauerraum war als Felsenhöhle gestaltet. Das sentimentalische Eiland, diese entrückte poetische Welt, währte nur wenige Jahre. Nach dem Tod der Markgräfin im Jahr 1758 verwaiste der Park, und zuletzt verfiel er schließlich. 1838 wurde Sanspareil zum Abbruch verkauft.

Heute jedoch nimmt sich das Naturtheater, das von vornherein als Ruine konzipiert war, nach mehr als 200 Jahren Verwitterung noch phantastischer aus, als sich die Markgräfin wohl jemals hätte träumen lassen.

Benrath, Schlossgarten
Ansicht des Gartens vor dem Hauptgebäude des Lustschlosses

Der Garten von Schloss Benrath

Im Jahr 1746 gab Kurfürst Karl Theodor den Neubau seines Schlosses und die Anlage eines Garten in Benrath in Auftrag. Als Architekten wählte er den bewährten und von Schwetzingen her bekannten Nicolas de Pigage. Karl Theodor schwebte ein ländliches Lustschloss vor, das aber alle Attribute der Repräsentation und des glanzvollen Hoflebens aufweisen sollte. Er ließ das Schloss mit einem Mitteltrakt und zwei Flügeln versehen, die halbkreisförmig um ein Bassin angeordnet wurden. Der elegante, einem Pavillon gleichende eingeschossige Bau ist zur Gartenseite hin mit einem stark vortretenden Mitteltrakt versehen. Pigage hat ein raffiniertes Konzept für die Position des Palais zum Garten vorgesehen. Die seitlich des Mitteltraktes untergebrachten Privatgemächer schließen an einen Gartenbereich an, der vom Hauptgarten abgesondert ist. Die Hauptachse geht vom großen Gartensaal aus und wird durch einen Kanal markiert, der sich bis zum Hauptboskett hinzieht. Ein schmaler Kanal umfließt das Boskett, das sich durch eine verschlungene Wegführung auszeichnet. Auf die Gliederung des Hauptparterres legte der Kurfürst besonderen Wert. Pigage wählte sternförmig einander kreuzende Wege, die im oberen Gartenbereich von einer kreisförmigen Allee aufgefangen werden.

Interessant ist die Verbindung eines dem englischen Landschaftsgarten fast schon nahe kommendes Wegesystem innerhalb des Bosketts mit dem eindeutig barock gegliederten Hauptparterre. Die Herrschaftsattitüde des Kurfürsten verlangte nach Repräsentation – natürlich nach französischem Vorbild. Die neuen gärtnerischen Vorstellungen, die sich in der zweiten Hälfte des 18. Jahrhunderts allmählich auch auf dem Kontinent durchsetzten, sollten aber auch zur Geltung kommen. Und so geschah es denn auch partiell.

Der Garten von Veitshöchheim

Wer einen typischen Rokokogarten sucht, wird ihn zweifellos in Veitshöchheim bei Würzburg finden. Das betrifft besonders seine Ausstattung mit Skulpturen von Ferdinand Tietz, die entscheidend zur heiteren Stimmung in diesem Garten beitragen. Die Gartengeschichte geht zurück auf das 17. Jahrhundert, als der Würzburger Fürstbischof Peter Philipp von Dernbach um 1682 ein kleines Sommerhaus errichten ließ. Es bildete den Kernbau des späteren Schlosses. Seitlich entstand ein Baumgarten, der unter Fürstbischoff Johann Philipp von Greiffenclau um 1702 zu einer prachtvollen Gartenanlage erweitert wurde. Fürstbischof Adam Friedrich von Seinsheim gilt schließlich als der Vollender des Anwesens. Wie der Perspektivplan (Abb. unten), der um 1780 von Johann Anton Oth gezeichnet wurde, verdeutlicht, besteht der Garten aus drei Bereichen. Das Schloss ist eingebettet inmitten von zwölf unterschiedlich großen Parterres, die symmetrisch zur Mittelachse angeordnet worden sind. Entlang der Mittelachse schließen sich zwei mit Hecken und Bäumen eingefaßte Rondelle an. Der größere Gartenbereich, östlich des Schlosses gelegen, wird durch eine zentrale Allee in zwei Zonen aufgeteilt, von der die südliche durch den Großen See dominiert wird (Abb. S. 314). Als Pendant wurde im oberen Bereich ein »Circus« angelegt. Hierbei handelt es sich um ein Rondell, das von einem Laubengang umschlossen ist.

Die Figuren von Tietz, zwischen 1765 und 1768 entstanden, waren für die Seezone und die Boskette vorgesehen. Gerade dort, im dichten Laubwerk der Boskette, nehmen sich die Figuren aus wie auf einem Gemälde von Antoine Watteau. Mal ist es ein Putto, der auf einem rocailleförmigen Sockel seinen

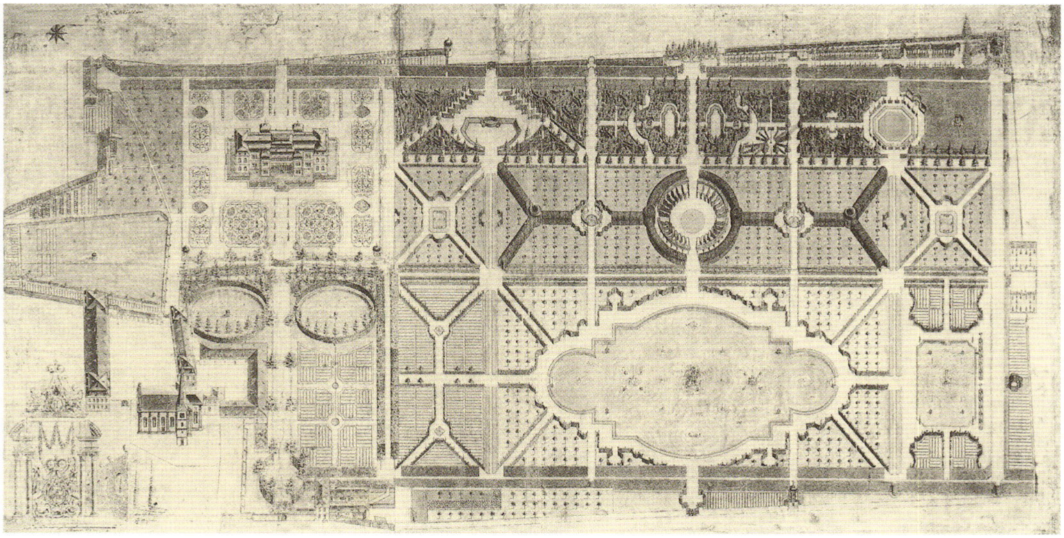

Veitshöchheim, Rokokogarten
Skulptur von Ferdinand Tietz

Perspektivplan der Gesamtanlage von J. A. Oth, um 1780

Umhang schwingt, mal eine tanzende Dame mit elegantem Hüftknick. Neben den Allegorien gibt es Szenen aus den Tierfabeln von Äsop, wie beispielsweise »Fuchs und Storch«, und auch ein Musikantenpaar in Schäfertracht tritt auf, so dass man einem über den gesamten Garten verteilten Szenarium der Commedia dell'arte beizuwohnen glaubt. Die verspielte Welt des Rokoko entfaltet in diesem Garten auch heute noch ihren Charme und Zauber.

Damals ging es allerdings um mehr als diese Wirkung: Die Konstruktion einer sentimentalischen Gegenwelt war zusammen mit der beginnenden Aufklärung in Mode gekommen. Der Mensch öffnete sich der Natur, um darin einen Reflex seiner Gefühle zu entdecken. Während die Vernunft das politische Tagesgeschehen der Herrschaft diktierte, sollte ein pastorales Ambiente die Empfindsamkeit und Nachdenklichkeit des Menschen entfalten. Tierfabeln, musizierende und tanzende Schäfer oder allegorische Szenen aus der griechischen Mythologie verbanden sich mit einem Naturszenarium, das insgesamt die Sehnsüchte und Hoffnungen nach einer idealen Welt zum Ausdruck brachte. Der aus dem barocken Konzept abgeleitete und weiterentwickelte romantisierende Garten gab oftmals das Vorbild ab für die in dieser Zeit entstandenen Idealveduten oder Prospekte.

Veitshöchheim, Rokokogarten
Der Große See mit dem Musenberg Parnass (links); eine der zahlreichen Skulpturen um den Großen See (unten)

Veitshöchheim, Rokokogarten
Pavillon à la chinoise in der Waldregion (links); Grottenhaus (gegenüber)

Der Schlossgarten in Schwetzingen

Mit dem Bau des Schlossparks in Schwetzingen klingt die barocke Gartenkultur in Deutschland in einem Schlussakkord aus. Zugleich damit heben die neuen Klänge des englischen Landschaftsgartens an, die, zumindest in Deutschland, verstärkt von historistischen Motiven begleitet sind.

Kurz nachdem Pfalzgraf Carl Theodor seiner alten Residenzstadt Heidelberg den Rücken gekehrt hatte, um auf dem Reißbrett die neue Handelsmetropole Mannheim zu schaffen, suchte er 1720 in Schwetzingen Zuflucht, um der riesigen städtischen Baustelle am Rhein zumindest in den heißen Sommermonaten zu entfliehen. Ab 1742 Kurfürst, entschloss er sich, diesen Ort zur Sommerresidenz auszubauen. Zwischen 1753 und 1758 entwarf der kurpfälzische Hofgärtner Johann Ludwig Petri einen neuen Garten. Die von Ferdinando Galli-Bibiena entworfenen Zirkelhäuser des Schlosses gaben die Struktur des Parterres vor (Abb. gegenüber). Um ein Achsenkreuz herum wurden rechteckige und segmentförmige Kompartimente mit Obelisken und Pyramiden angelegt. Im Zentrum der Kreuzung umschließen segmentförmige Beete ein Wasserbassin. Baumalleen und Boskette begleiten die großen rechteckigen Kompartimente, die von buchsumsäumte Blumenrabatten gerahmt sind. Das Parterre ist 1970–75 nach den Plänen von Petri einfühlsam rekonstruiert worden, so dass wir uns auch heute

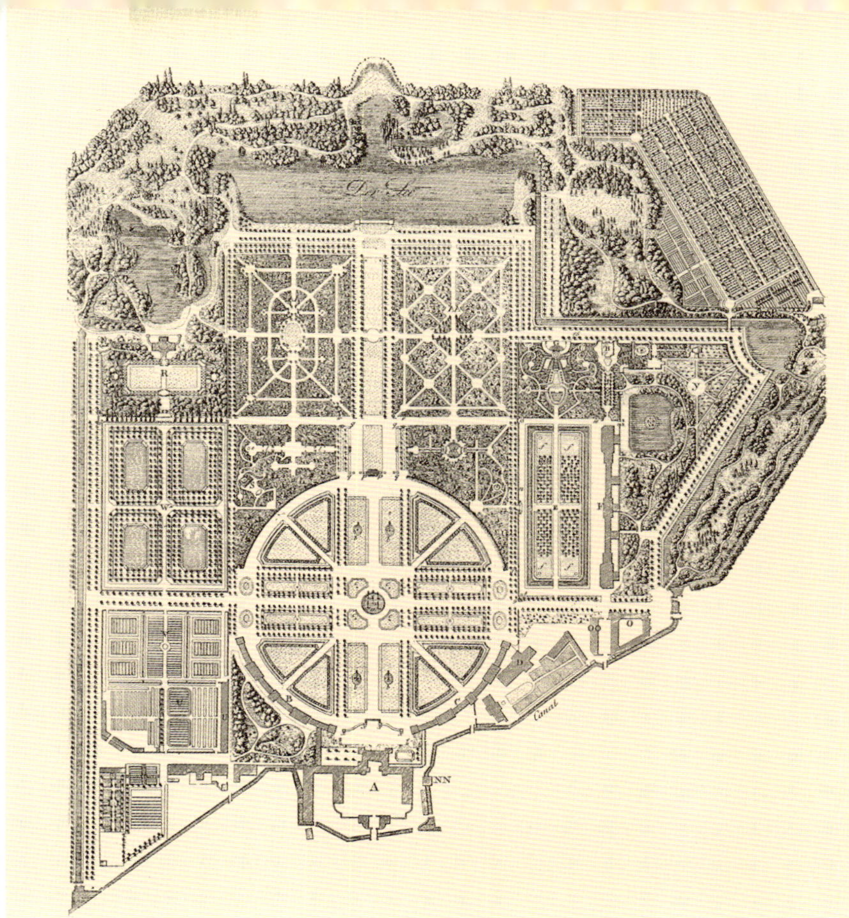

Schwetzingen, Schlossgarten
Plan der Gesamtanlage nach G. M. Zeyher, 1809 (oben)
Naturtheater und Blick auf den Apollotempel (links)

ABBILDUNGEN GEGENÜBER:
Schwetzingen, Schlossgarten
Südlicher Zirkelbau und Kreisparterre (oben); Hauptachse und Parterre (unten)

Schwetzingen, Schlossgarten
Merkutempel

ABBILDUNG GEGENÜBER:
Schwetzingen, Schlossgarten
Das »Perspektiv«. Das Gemälde der idyllischen Flusslandschaft am Ende des Laubenganges stammt vom Mannheimer Hofmaler Wilwert.

noch eine genaue Vorstellung von der barocken Anlage machen können.

Mit den Erweiterungsarbeiten von Nicolas de Pigage ab 1761 wandelte sich das Bild des Gartens allmählich. Die Boskettzonen wurden vergrößert, ein Kanal eingefügt und im nördlichen Bereich eine Orangerie mit einem Orangeriegarten angelegt. Bei manchen Boskettteilen wird in der verwirrenden, an Labyrinthe erinnernden Wegeführung ein neuer, spielerischer Zug spürbar. Die neuen Bauwerke wie das Badhaus mit dem chinesischen Teeraum (1769–73) und der Tempel der Botanik (1776–79) verstärken das exotische Moment und erhöhen den Erlebniswert des Gartens für die Besucher. Später kommen das Römische Wasserkastell (1776–79), eine künstliche Ruine mit Aquädukt und Obelisk, der ebenfalls als Ruine gestaltete Merkurtempel (1784–87, Abb. oben) sowie die berühmte Moschee hinzu. Die »römischen Ruinen« sollen sinnbildhaft für das Reich der Götter, Nymphen, Satyrn, Musen und Heroen stehen. Möglicherweise hatte man mit diesen Staffagebauten »konkrete Bilder« oder einen Bühnenraum für Festivitäten der Herrschaft gestalten wollen, wie sie typisch waren für den spätbarocken Illusionsraum. Vorbilder fanden sich in den Gemälden von Johann Heinrich Schönfeld aus Biberach, der viele Jahre in Rom verbracht und dort ausführlich die antiken Ruinen skizziert hatte. Seine Sujets waren damals populär und könnten Gartenkünstler zu ihren Schöpfungen angeregt haben.

Wie sehr man sich in Schwetzingen um die gleitenden Übergänge von Architektur, Gartengestaltung und Malerei bemüht hatte, mag das »Perspektiv« (Abb. gegenüber) veranschaulichen. Es handelte sich um einen Aussichtspunkt, von dem aus man über das Parkgelände hinweg auf einen monumentalen Prospekt mit einer idyllisch Landschaft blickte. Sie sollte das pastorale Moment im Park verstärken.

Dieses Ensemble von Staffagebauten und Prospekten inmitten intimer Boskette und begleitet von Labyrinthen oder Orangeriegärten dokumentieren eine grundlegend neue Phase der Gartenkultur, den historistischen Garten des späten 18. und frühen 19. Jahrhunderts.

Bernardo Bellotto, gen. Canaletto
Schönbrunn, Gartenseite, 1758/61
Öl auf Leinwand
Wien, Kunsthistorisches Museum

Der Schlossgarten Schönbrunn in Wien
Die vorbarocke Geschichte Schönbrunns läßt sich bis zum 16. Jahrhundert zurückverfolgen. Damals bereits hatte der Wiener Bürgermeister Hermann Bayer eine befestigte Mühle, die Katterburg, zu einem Herrensitz mit Lustgarten ausbauen lassen. Der eigentliche Name des Ortes aber geht auf Kaiser Mathias zurück, der auf einem seiner Jagdzüge eine Quelle entdeckte, die er den »schönen Brunnen« nannte. Dort gab er den Bau eines Schlösschens in Auftrag, das jedoch schon 1683 von den anrückenden Türken zerstört wurde. Das heutige Schönbrunn nahm erst unter Kaiser Leopold I. Gestalt an. Johann Bernhard Fischer von Erlach plante ein bescheidenes, aber elegantes Gartenpalais. 1696 begannen die Bauarbeiten, deren Abschluss erst unter der Regentschaft der Kaiserin Maria Theresia erfolgte. Die Aus- und Umbauten besorgte Nikolaus Pacassi bis zum Jahr 1749.

Noch während Fischer von Erlach am Schloss arbeitete, entstand der großzügig angelegte Park. Im Anschluss an die Fertigstellung des Mitteltraktes beauftragte Kaiser Leopold I. den französischen Gartenarchitekten Jean Trehet mit der Planung und Ausführung. Trehet veranlaßte den Transport von 1000 jungen Bäumen sowie des Modells einer Bewässerungsmaschine von Paris nach Wien. Schon um 1700 sollen im weiten Gelände von Schönbrunn Jagden stattgefunden haben und erste Feste gefeiert worden sein.

Die für das heutige Aussehen entscheidende Umgestaltung erfuhr der Park in den Jahren von 1750 bis 1755. Ein sternförmiges Alleensystem wurde angelegt, das die älteren Wege und Alleen berücksichtigte. Die Planung sah vor, das Schloss noch stärker in den Mittelpunkt der Gesamtanlage einzubeziehen. Die kaiserliche Familie sollte bereits in den Festräumen und dann natürlich erst recht auf der Terrasse den Park als ihr zugeordneten Landschaftsraum erfahren. Nicolas Jadot de Ville-Issey sah am Ende der westlichen Diagonalachse eine kreisförmige Menagerie mit einem achteckigen Pavillon vor. Die Menagerie war aufgeteilt in 13 Abteilungen mit jeweils einem kleinen Parterre und einem Wasserbassin. Um den Tierbestand zu erweitern, schickte der Kaiser den Botaniker Nicolaus Jacquin im Jahr 1755 auf eine Expedition nach Westindien. Spätere Expeditionen führten nach Südafrika, nach St. Helena und sogar nach Brasilien. Als optischer Endpunkt der östlichen Diagonalallee wurde ein Obelisk gewählt.

Als nächste größere Bauaufgabe nahm der Kaiser die Orangerie in Angriff. Das lang gestreckte, 200 m lange Gebäude wurde von Pacassi entworfen. Er installierte eine hypokaustische Heizungsanlage, die heute noch funktioniert. Im Winter wurden die empfindlichen Pflanzen in die Orangerie verbracht, deren Gebäude zuweilen sogar für Festlichkeiten und Theateraufführungen genutzt wurden. Schließlich fehlte noch das bekrönende Bauwerk auf der Anhöhe des Schönbrunner Berges. 1772 erhielt der Architekt Johann Ferdinand Herzendorf den Auftrag, ein Wasserreservoir zu entwerfen, zu dem ein gewundener Weg mit acht Brunnen führte. 1775 konnte schließlich der Abschluss der Arbeiten mit dem Aussichtspavillon, der Gloriette, gefeiert werden. Nach dem Tode Maria Theresias waren die Arbeiten am Großen Parterre, das sich bis zum Schönbrunner Berg zog, um 1780 abgeschlossen, wie auf dem Gemälde von Bernardo Bellotto aus dem Wiener Kunsthistorischen Museum zu sehen ist (Abb. gegenüber). Die 32 Gartenfiguren, seitlich der Hecken aufgestellt, verkörpern antike Götter, Gestalten der griechischen Mythologie und Helden der römischen Geschichte.

Zu einem grundlegenden Stilwandel der Gartengestaltung von Schönbrunn kam es Ende des 18. Jahrhunderts. Hetzendorf arbeitete Entwürfe aus, die dem Konzept des englischen Landschaftsgartens eng verpflichtet waren. Zusammen mit der Gloriette wurden gegen 1780 die Römische Ruine und der Obeliskenbrunnen errichtet. Hinzu kam der Neptunbrunnen in Form einer monumentalen Felsenlandschaft, bevölkert von mythologischen Figuren.

Der Garten des Palais Liechtenstein in Wien

Kurz nach 1700 ließ sich Fürst Adam von Liechtenstein Pläne für einen Gartenpalast vorlegen. Ein erster Entwurf stammt von Johann Bernhard Fischer von Erlach. Später arbeitete der Italiener Domenico Martinelli weitere Pläne aus. Im Jahr 1704 war der Bau vollendet. Der etwas erhöhte Mitteltrakt mit fünf Achsen wird flankiert von vierachsigen Seitenflügeln. Die prächtige, an der Rückfront anschließende Gartenpartie ist heute leider nicht mehr vorhanden. Ein Gemälde von Bernardo Belotto von Mitte des 18. Jahrhunderts vermittelt aber ein sehr anschauliches Bild vom einstigen Parterre (Abb. S. 324/25). Die Mittelachse mit einem Springbrunnen geht von der Toreinfahrt aus und führt hinauf zur Terrasse des ehemaligen Gartenbelvedere Johann Bernhard Fischer von Erlachs. Es wurde 1873 abgerissen, um einem historistischen Neubau zu weichen. Von der Mittelachse gehen die Beetkompartimente ab, die unterschiedlich ornamentiert und bepflanzt sind. Man sieht Buchs, Eiben und Zypressen sowie Knoten- und Spiralornamente. Die Gartenanlage wurde mit zahlreichen Skulpturen geschmückt. Auf hohen Postamenten erkennt man Gestalten der antiken Mythologie und reizvolle allegorische Szenen wie Apollo und Daphne. Die Skulpturen wechseln ab mit reich verzierten Vasen.

Wien, Schlossgarten Schönbrunn
Skulpturen beim Parterre (oben), der »Kammergarten« mit Blick auf das Schloss (links)

Bernardo Bellotto, gen. Canaletto
Sommerpalais Liechtenstein in Wien,
Gartenseite, 1758/61
Öl auf Leinwand
Vaduz, Fürstlich Liechtensteinische
Sammlungen

Der Belvedere-Schlossgarten in Wien
Im Jahr 1693 erwarb der siegreiche Feldmarschall Prinz Eugen mehrere Grundstücke vor den Toren der Stadt Wien, um ein Palais mit einer großen Gartenanlage bauen und gestalten zu lassen. 1706 hegte der Prinz erste Pläne für das ab 1714 von Lukas von Hildebrandt erbaute Untere Belvedere. Schon damals legte Hildebrandt erste Terrassen für den Garten an. Die Arbeiten am lang gestreckten, eingeschossigen unteren Pavillon gingen rasch voran. Sie konnten bereits 1716 abgeschlossen werden. Das Gebäude erhebt sich hinter einem trapezförmigen Ehrenhof und weist lediglich im Mitteltrakt ein zweites Stockwerk auf. Dann begannen die Arbeiten an dem Garten.

Zweifellos wird die österreichische Gartenkultur mit der Anlage des Belvederegartens gekrönt. Man machte sich die leicht ansteigende Geländesituation zu Nutze und schuf zwischen dem eher intimen Schlösschen des Unteren Belvedere und dem später erbauten repräsentativen Oberen Belvedere (Abb. gegenüber) einen unvergleichlichen Garten, dessen ursprünglicher Zustand im Stichwerk von Salomon Kleiner überliefert ist (Abb. rechts). Prinz Eugen konnte im Jahr 1717 den kurbayerischen Architekten Dominique Girard, der schon vorher in Nymphenburg und in Schleißheim gewirkt hatte, für die Gartenarbeiten gewinnen.

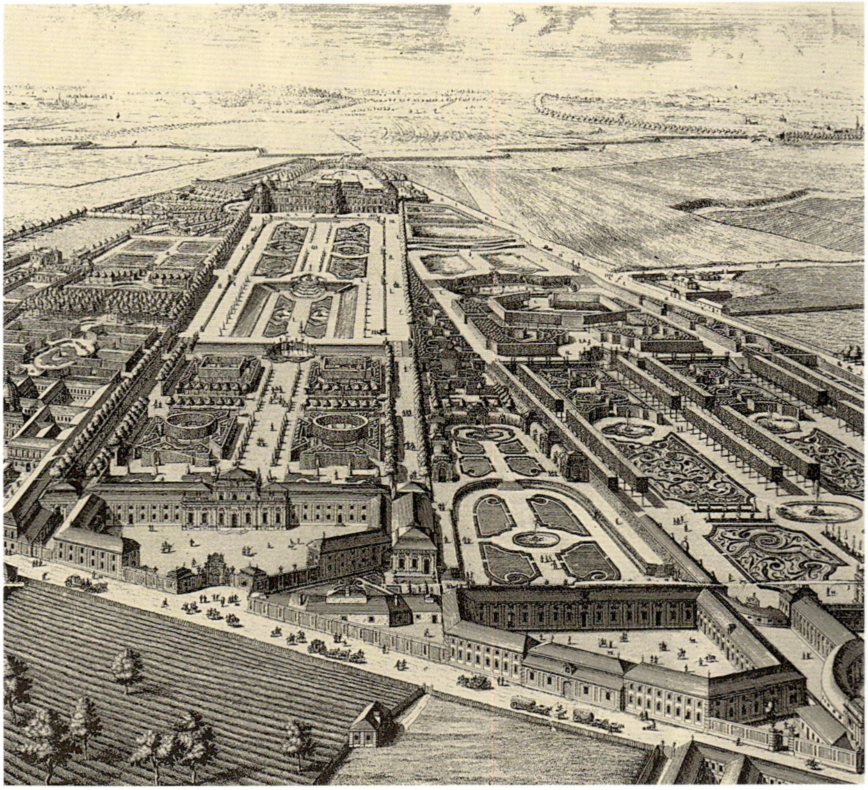

Wien, Belvedere-Schlossgarten
Unteres Parterre mit Blick auf die Kaskade und das Obere Belvedere

Eine als Querachse dienende Böschung mit seitlichen Treppen und einer zentralen Kaskade unterteilt den Garten in zwei Terrassen und überwindet so den Höhenunterschied zwischen beiden Palästen (Abb. oben). Auf der unteren Terrasse wurde ein Heckengarten mit stereometrisch gestalteten Bäumen angelegt. Für die obere Terrasse waren Blumenbeete und Wasserspiele vorgesehen. Ähnlichkeiten mit Versailles sind unübersehbar, doch liegt hier keinesfalls eine Nachahmung vor. Die Gestaltung der Boskette, gegliedert durch ein diagonales Wegesystem, findet sich im Gartentraktat von Dezallier d'Argenvilles, der 1709 erschienen war und zur bedeutendsten Anleitung für die gartenkünstlerischen Tätigkeiten im 18. Jahrhundert wurde.

Noch während die Gartenarbeiten im Gange waren, plante der Prinz einen krönenden Abschluss oben auf der Höhe des Geländes. Er entschloss sich zur Errichtung eines repräsentativen Baus. Die Arbeiten am Oberen Belvedere begannen 1721. Dem überhöhten zentralen Mittelpavillon mit dem Marmorsaal sind das Treppenhaus und ein Vestibül mit einem schwingenden Segmentgiebel vorgesetzt. Die Flügelbauten enden in jeweils zwei achteckigen Pavillons, die mit ihren bekrönenden Rundkuppeln den Rhythmus der unterschiedlichen Geschosshöhen aufnehmen und abschließen. Die Bewegung der lang gestreckten Gartenterrassen wird auf geniale Weise in der Architektur des Oberen Belvedere zum Abschluß gebracht. Die Flügelbauten stufen sich ab, das heißt, die vom Mittelpavillon ausgehenden Seitentrakte erfahren jeweils über den ersten fünf Achsen eine Aufstockung, die über den Giebel des Vestibüls reicht. Dahinter ragt der Mittelpavillon mit seinem Dach wie eine Bekrönung des gesamten Gebäudes auf. Es gibt wohl kaum eine vergleichbare Anlage, in der die Architektur und die Gestaltung des Gartens so harmonisch aufeinander abgestimmt worden sind.

Die Einzigartigkeit des Wiener Belvedere geht auf mehrere Faktoren zurück. Zum einen ist es das Zusammenspiel von Architektur, gestalteter Natur und Landschaft, zum anderen die geniale planerische und ausführende Leistung Hildebrandts. Das in seinen Ausmaßen eher bescheidene, in der Detailgestaltung aber äußerst prunkvolle Untere Belvedere bildet den Auftakt zu dem ungewöhnlichen, aber faszinierenden Dialog zwischen Gartenterrassen und der Dächerlandschaft des Oberen Belvedere. Ein wohl durchdachtes Blickachsensystem, wie es sonst in der barocken Gartengestaltung üblich war, schien hier entbehrlich, da sich sowohl die Anlage des Gartens als auch die Architektur der Paläste zu einem homogenen ästhetischen Erlebnisraum zusammenschlossen, in dem die komplexen visuellen Bezüge enthalten waren.

ABBILDUNGEN GEGENÜBER:
Wien, Belvedere-Schlossgarten
Sphinx und Parterre vor dem Oberen Belvedere; im Hintergrund: Unteres Belvedere und die Stadt Wien (oben)

Gesamtanlage der Schlossbauten und Gärten aus der Vogelperspektive, Radierung von S. Kleiner, 1731 (unten)

Der Schlossgarten Mirabell in Salzburg

Der Barockgarten von Mirabell in Salzburg geht auf den Salzburger Fürsterzbischof Wolf Dietrich von Raithenau zurück, der die Anlage 1606 für sich und seine Lebensgefährtin Salome Alt sowie für die gemeinsamen Kinder anlegen ließ. Damals wurde das Anwesen Schloss Altenau genannt. Der Cousin und Nachfolger des Fürsterzbischofs, Markus Sittikus von Hohenems, benannte das Schloss in »Mirabell« um. Zur Zeit des Dreißigjährigen Krieges baute der Italiener Santino Solari umfangreiche Befestigungsanlagen in Salzburg, die zum Teil auch Mirabell betrafen. Die Stadtwälle umschlossen den Lustgarten. Die beiden berühmtesten Barockarchitekten Österreichs, Johann Bernhard Fischer von Erlach und Johann Lukas von Hildebrandt, nahmen sich des Schlosses und des Gartens Ende des 17. und Anfang des 18. Jahrhunderts an. Es entstanden zwei parallele Gartenachsen, die auf die Festung Hohen-Salzburg ausgerichtet waren. In das Zentrum des Hauptparterres platzierte man einen großen Brunnen mit überlebensgroßen Statuen. Franz Anton Danreiter, Salzburger Hofgarteninspektor, gestaltete den Garten ab 1728 weiter aus. Das betraf das kleine Parterre, den Orangeriegarten und eine neu erschlossene Fläche auf der großen Schanze. Ab 1811, das Schloss war zu dieser Zeit die Residenz des Kronprinzen von Bayern, wandelte Friedrich Ludwig von Skell die Gartenanlage bis auf einen kleinen Bereich, den er als geometrische Anlage bestehen ließ, in einen Landschaftsgarten um.

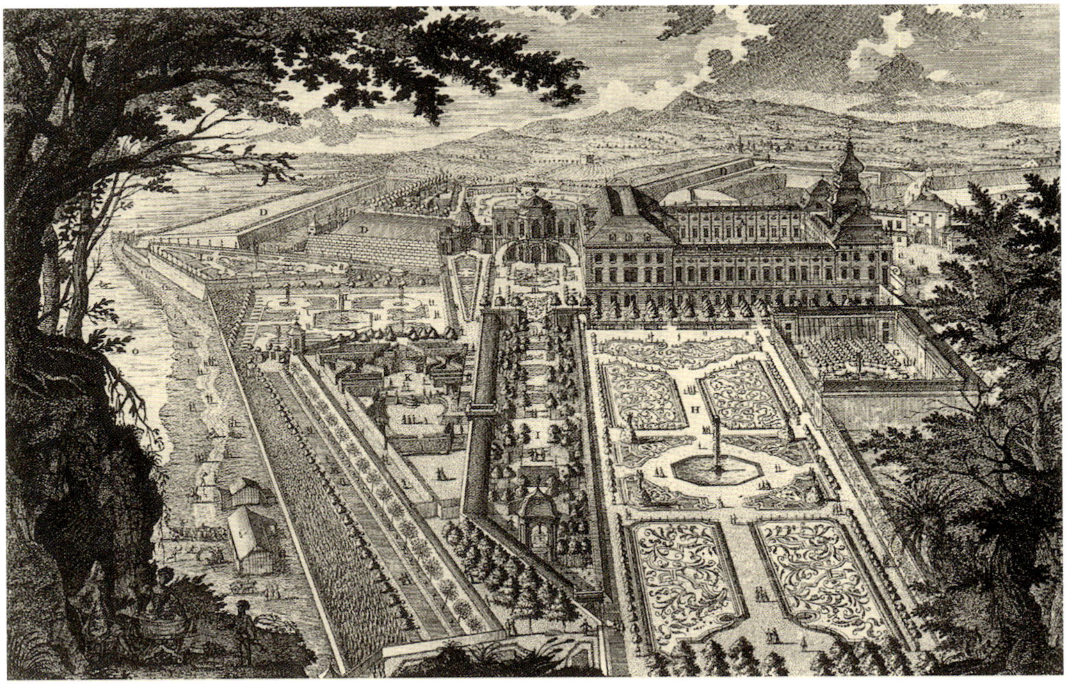

Salzburg, Schlossgarten Mirabell
Pegasusbrunnen (oben)
Vogelperspektive der Gesamtanlage nach F. A. Dannreiter, um 1728 (links)

ABBILDUNG GEGENÜBER:
Salzburg, Schlossgarten Mirabell
Blick über den Garten auf die Festung Hohen-Salzburg

Gärten des Barock und Rokoko in den Niederlanden, England, Skandinavien und Russland

Het Loo, Schlossgarten
Unterer Garten mit Globus-Springbrunnen

Barockgärten in den Niederlanden

Ob für das bayerischen Nymphenburg oder das niedersächsische Herrenhausen, neben den überragenden französischen Anlagen gingen auch vom holländischen Garten viele Anregungen aus. Seine Blütezeit ist im Kontext der politischen Entwicklung ab etwa 1670 anzusetzen. Nach der Befreiung von der spanischen Herrschaft und nach dem Westfälischen Frieden von 1648 dominierte in Holland das Stadtpatriziat. Diese bürgerliche Führungselite machte sich die traditionellen herrschaftlichen Statussymbole zu Eigen und integrierte sie in ihr Auftreten. Die Regierung legte Wert auf die höfischen Formen, um ihre politische Würde zu betonen.

Heemstede

Der Utrechter Staatsmann Diderick van Veldhuysen erwarb Gelände in Heemstede bei Utrecht im Jahre 1680, das er als riesige Gartenanlage nach französischem Muster ausgestalten ließ. Wahrscheinlich wirkte Daniel Marot, ein französischer Hugenotte, der nach den Niederlanden emigriert war, mit an der Planung. Dies zeigt sich an der Parterregestaltung und an der Beetornamentierung, die deutliche Züge der von Ludwig XIV. favorisierten Gartengestaltung aufweist.

Im Zentrum der Anlage befindet sich ein achteckiges Wasserschloss, dessen polygonale Ecktürme für einen Hauch von Exotik sorgen.

Nach französischem Vorbild sind sicherlich die achsensymmetrische Aufteilung der Quartiere und die spannungsreichen Blickachsen geschaffen worden. Auch die Ornamentierung der Beete dürfte auf entsprechende französische Musterbücher zurückzuführen sein. Darüber geben die Aquarelle Auskunft, die Isaac de Moucheron um 1700 anfertigte (Abb. rechts). Dem »gout français« wurde durch Treillagen, Galerien, Boskettwände, Buchsobelisken oder Labyrinthe Rechnung getragen. Doch das durch Kanäle und Alleen geschaffene Rechteckraster ist ein typisch holländisches Motiv, das dem Erscheinungsbild der Landschaft entspricht. Mehr noch als in Frankreich, wo Hügel- oder Gebirgsformationen das Gartengelände begrenzen, öffnet sich die Anlage in Heemstede bis zum Horizont. Der Übergang vom Garten zur ihn umgebenden Kulturlandschaft ist kaum auszumachen.

Der Schlosspark Het Loo

Der niederländische Statthalter und spätere König von England, Wilhelm III., ließ sich 1685 neben seinem Schloss Het Loo einen Garten nach den Entwürfen von Daniel Marot anlegen (Abbn. gegenüber und S. 332/33). Zeitgenössische Radierungen und die Beschreibungen des königlichen Leibarztes Walter Harris vermitteln noch ein recht genaues Bild vom Garten, der um 1800 verwilderte und erst 1978 wieder rekonstruiert wurde.

Das Konzept ist französisch und Versailles nachempfunden. Das betrifft den oberen Garten, der mit einem radial von der Mittelachse abzweigenden Wegesystem auf Weite ausgerichtet ist. Der untere, dem Schloss zugeordnete Garten nimmt sich dagegen typisch holländisch aus. Er ist in selbstständige, gegeneinander abgesetzte Einheiten aufgeteilt. Die für die holländische Landschaft so typischen Baumalleen und Hecken gliedern die Gesamtanlage.

Das für den holländischen Garten und später auch für Nymphenburg und Schleißheim so bedeu-

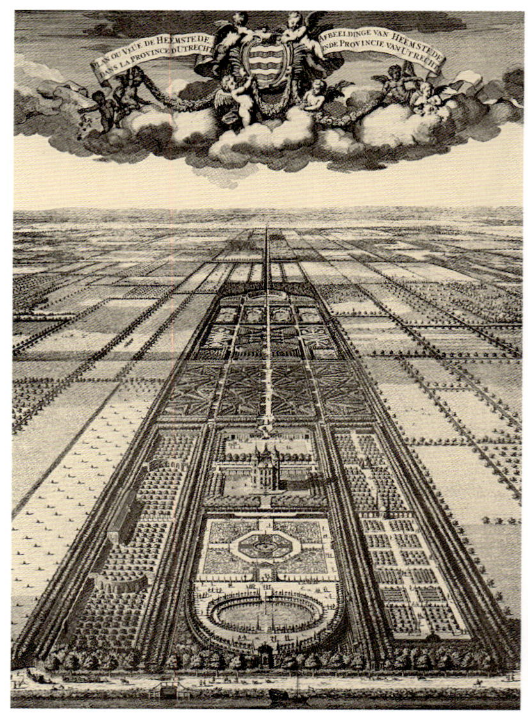

Heemstede
Ansicht der Gesamtanlage aus der Vogelperspektive.
Stich von D. Stoopendaal nach I. de Moucheron, um 1700

Het Loo, Schlossgarten
Blick vom Schloss auf das Parterre. Der Hauptbrunnen im Zentrum des Parterres ist Venus und Amor gewidmet.

tende Kanalsystem geht zurück auf den Garten von Honselaarsdijk in Zuid-Holland südlich von Den Haag, den Prinz Frederik Hendrik ab 1621 anlegen ließ. Das riesige Areal wurde gemeinsam mit dem Schloss von einem Kanal umflossen, den streckenweise Baumalleen begleiteten.

In Het Loo kann man noch heute die Verwandlung der französischen Beetornamentierung aus der Zeit Ludwig XIV. in eine spezifisch holländische Variante verfolgen. Das liegt an der gestalterischen Handschrift des Franzosen Daniel Marot, der zuvor schon in Heemstede tätig war. Marot galt damals als der bedeutendste Ornamentkünstler. Seine Parterre-Entwürfe sind in dem umfangreichen, fast schon einer Enzyklopädie gleichenden Stichwerk mit dem Titel »Œuvres de Sieur Daniel Marot« enthalten, das erstmals im Jahr 1703 erschienen ist. Zusammen mit Jacob Roman, dem holländischen Bildhauer und Architekten, arbeitete er die Ornamentierung der Parterres aus. Obwohl Marot dem Stil Le Nôtres eng verhaftet war, wandelte er dessen Strukturen ab und gelangte zu einer symmetrischen Form, die sich gegenüber den französischen Beispielen eher streng und fast schon nüchtern ausnahm. Mit solchen Mustern konnten sich die Holländer von ihrer Mentalität her leicht identifizieren. Für die Binnenstruktur des Parterres wählte Marot einen ungewöhnlichen Kunstgriff. Er legte Rasenbänder an, um die Ornamentzonen der Rabatten miteinander zu verknüpfen. Diese Bänder, ein Leitmotiv seiner Ornamentkunst, sah er ebenfalls für die Außenrahmung und die Akzentuierung des Achsenkreuzes vor. Auffallend ist ferner sein Umgang mit der Koloristik der Blumen. Seine Blumenrabatten sollten Beete oder Quartiere rahmen und zugleich innerhalb von Buchsarabesken die durchgängig grünen Farbtöne aufhellen.

Marots Bemühungen leben heute noch in der Bepflanzung und Gestaltung von Het Loo nach, etwa im Broderieparterre des »Gartens der Königin« (Abb. S. 332), im Hauptparterre vor dem Schloss (Abb. oben) oder in den Anlagen des Oberen Gartens (Abb. S. 333).

Auch das so genannte Grüne Kabinett im »Garten der Königin« mit seinen Pavillons, die kunstvoll aus berankten Latten gebildet wurden, oder die zierlichen Laubengänge, die diesen Gartenbereich durchziehen, entstammen der phantasievollen Vorstellungswelt Marots und waren in seinem Stichwerk vorgebildet.

ABBILDUNG GEGENÜBER:
Het Loo, Schlossgarten
Parterre-Ausschnitt mit Vase und Skulptur, alter Baumbestand im Oberen Garten

Het Loo, Schlossgarten
Parterre mit Buchsbaumornamenten, Zierbäumen und Berceau im »Garten der Königin«

Neben diesen typisch holländischen Aspekten werden die Besucher immer wieder auf rein französische Motive aufmerksam gemacht. Der Untere Garten, dem Schloss zugeordnet, wird flankiert von Terrassen, die einen Blick auf die Anlage ermöglichen. Die Parterre-Struktur mit den Wegekreuzen und dem zentralen Brunnen wird sichtbar. Diese Terrassen mögen Zuschauern einen guten Platz geboten haben, wenn dramatische Festivitäten stattfanden. Die Herrschaft konnte das Schauspiel von der Gartenterrasse des Schlosses aus verfolgen. In Holland waren solche Terrassen eher unüblich, da man auf Grund der Topografie des Landes gerne auf das zu aufwendige Schaffen und Gestalten von Hügelzonen verzichtete. In Frankreich dagegen sind solche Terrassen, die das Hauptparterre begleiten, häufig zu finden, etwa in den Pariser Tuilerien.

Während der Untere Garten von Het Loo klar gegliedert und eindeutig dem Schlossbau zugeordnet ist, erweist sich der später angefügte Obere Garten als überdimensionale Anlage, die Weite und Grenzenlosigkeit zum Ausdruck bringen sollte. Auch hier wirkte die französische Gartenideologie Ludwigs XIV. nach, der beispielsweise in Versailles ein anschauliches Gleichnis seines grenzenlosen Besitzes geben wollte.

London, Hampton Court Palace, Schlossgarten
Blick auf den Privy Garden mit Flusslandschaft im Hintergrund

England

Man kann eigentlich nicht behaupten, der englische Garten habe eine vom Kontinent losgelöste Eigenentwicklung durchgemacht, obwohl der englische Barockgarten sich in vielen Details vom französischen Garten unterscheidet. Während in der Architektur markante englische Sonderwege auszumachen sind, scheinen die Gartenmodelle der italienischen Renaissance und des französischen Barock und Rokoko übernommen und variantenreich abgewandelt worden zu sein.

Hampton Court ist ein gutes Beispiel für das Aufgreifen und Umsetzen französischer Konzepte. Beliebt und einfach anzulegen waren die Alleen, die sternförmig von einem Rondell ausgingen, um das Park- oder Gartengelände zu gliedern. Häufig ergaben sich aus der Wegeführung interessante Blickpunkte auf ferne Kirchtürme oder innerhalb des Gartenbereichs installierte Brunnen.

Die Gartengeschichte von Hampton Court geht zurück auf die Regierungszeit von König Heinrich VIII., der das Gelände zu Beginn des 16. Jahrhunderts von Kardinal Wolsey erwerben konnte. Im 17. Jahrhundert gewann der Garten während der Regierungszeit König Charles' II. an Profil. Um 1660 ließ er den Großen Kanal anlegen, der mittelachsig vom Schloss ausging und mit den sternförmig vom Schlossplatz ausgehenden Alleen korrespondierte. Diese eindeutige Adaptation französischer Gartenanlagen wird durch Charles' Vorliebe für die Kunst des kontinentalen Nachbarlandes unterstrichen. Er schickte seinen Gärtner John Rose nach Paris, damit er dort die französische Gartenkunst André Le Nôtres studieren konnte. Ja, er ließ sogar am französischen Hof nachfragen, ob Meister Le Nôtre nicht selbst nach Hampton Court kommen könne, um dort das Parterre zu entwerfen. Geschmeichelt von diesem Ansinnen, soll Ludwig XIV. seinem Gärtner tatsächlich die Erlaubnis erteilt haben, nach England zu gehen. Von einem Aufenthalt Le Nôtres in Hampton Court ist allerdings nichts bekannt.

Die Blüte von Hampton Court fällt in die Regierungszeit von König William und seiner Gemahlin Mary. Sie planten den Ausbau des Schlosses und des Gartens, um sich in Hampton Court eine ständige Residenz zu schaffen. Christopher Wren, der damals berühmteste Baumeister Europas, erhielt 1689 den Auftrag, das Schloss, den schönen Tudorbau, nach dem Vorbild von Versailles auszubauen. Vor dem Ostflügel des Schlosses entstand ein halbkreisförmig angelegter Ziergarten. Die Alleen und der Kanal wurden zurückgedrängt. Kieswege, unterbrochen von Rondellen und Brunnen, durchmaßen nun in der Verlängerung der Alleen und des Kanals das halbkreisförmige Hauptparterre bis zur Gartenfront des Schlosses. Dreizehn größere und kleinere Fontänen sowie zahlreiche Skulpturen schmückten diesen Bereich, so dass man damals schon von dem »Great Fountain Garden« sprach. Das Parterre ornamentierte der viel beschäftigte Daniel Marot.

Die älteren Gärten der Anlage, unter anderem der Wassergarten, auch »Pond Garden« genannt, blieben bis auf den heutigen Tag erhalten und wurden im Stil der Renaissance bepflanzt. Nur der alte Privy Garden, der Privatgarten Heinrichs VIII. mit dem künstlich aufgeworfenen Hügel und dem Aussichtspavillon, wurde umgestaltet. König William ließ den Hügel abtragen und Parterrebeete anlegen. Als Abschluss erhielt das Areal wunderschöne Eisengitter mit zwölf Toren vom französischen Kunsthandwerker Jean Tijon. Leider hat man dieses großartige Werk 1865 abgerissen und in das South Kensington Museum überführt. Doch zu Beginn des letzten Jahrhunderts besann man sich der außerordentlichen gartenkünstlerischen Wirkung des Werkes und installierte es erneut an seinem angestammten Platz.

König Williams Gartenplanung endete mit der Umwandlung der alten Obstgärten des nördlichen Bereichs in eine so genannte »wilderness«. William wählte als Vorbild das französische Boskett, doch vermied er dessen gekünstelte Gestaltung und versah den Waldkomplex mit einem verschlungenen Wegesystem. Damit dämmerten erste Aspekte des englischen Landschaftsgartens herauf. Das französische Boskett, ein beliebter sommerlicher Schattenspender, ein Aufenthaltsort für Verliebte und der intime Platz für Schäferspiele, eignete sich nicht für englisches Temperament und Wetter. Schattenreiche Plätze suchte man eher in den luftigen Alleen als in engen und abgeschlossenen Boskettkabinetten.

Oxfordshire, Blenheim Palace
Buchsbaumornamente und kunstvoll ausgezackte Wasserbassins bilden zusammen eine Art Wasser-Parterrelandschaft. Die formalen Gartenbereiche beim Schloss, Nachbildungen des italienischen wie des französischen Gartens, sind Schöpfungen des 20. Jahrhunderts.

Blenheim Palace

Der Grundstein zum Blenheim Palace wurde am 17. Juni 1705 gelegt. Fünf Tage später schrieb der Dramatiker und Architekt Sir John Vanbrugh an seinen Herrn, den Duke of Marlborough, dass mit der Terrassierung des Gartens am selben Tag begonnen

London, Hampton Court Palace, Schlossgarten
Östliche Gartenanlage

wurde wie mit den Bauarbeiten am herrschaftlichen Palast. Innerhalb eines Jahres wollte er die gesamte Gartenanlage »geformt und gepflanzt« haben. Das war natürlich nicht zu schaffen. Der von Charles Bridgemann signierte Endplan der Anlage datiert von 1709. Er zeigt den mit Bastionen versehenen so genannten Militärgarten, den mit einer Mauer befestigten Küchengarten und die im Norden und Osten mit Ulmen bepflanzten Alleen.

Henry Wise sorgte für die Bepflanzung und die Pflege der Gärten. Die ungewöhnliche Idee, die Gärten mit einer Fortifikation zu versehen, geht wahrscheinlich auf Vanbrugh zurück. Im Jahre 1719 konnte Malborough endlich seinen Palast beziehen und in den Gärten lustwandeln – leider nicht für lange Zeit. Er starb wenige Jahre später, 1722, in Windsor.

Chatsworth Garden, Derbyshire

Bess Hardwicke of Hardwicke, eine bemerkenswerte Frau, die bereits mit 13 Jahren verwitwet war und ihren letzten Gatten, den vierten, um viele Jahre überlebte, kannte nur eine Leidenschaft: das Bauen und Anlegen von Schlössern und Gärten. Diese Leidenschaft war ihr Lebenselixier, denn eine Zigeunerin weissagte ihr, dass sie so lange leben würde, so lange sie baue. Sie starb fast hundertjährig. Bess, eine Landadelige, die im Jahre 1520 geboren wurde, heiratete natürlich ausschließlich in ihren Kreisen, und brachte es zu einem beträchtlichen Vermögen und, was für ihre Bauwut wichtiger war, zum Besitz großer Ländereien. Sie plante und beriet unter anderem in Hardwick Hall und in Welbeck Abbey. Ihr erstes und bedeutendstes Werk aber war Chatsworth zur Zeit ihrer Ehe mit Lord Cavendish. In der zweiten Hälfte des 16. Jahrhunderts begann man mit den Arbeiten am Herrenhaus, das im Laufe der folgenden Jahrhunderte deutliche Veränderungen erfuhr. Immerhin soll zu dieser Zeit auch ein erster typischer Renaissancegarten angelegt worden sein. Von ihm sind aber keine Spuren mehr vorhanden.

Ab 1687 beauftragte der Herzog die damals bedeutendsten Gartenbaukünstler Henry Wise und George London mit der Anlage des Gartens. Wise war der Erste Gärtner der Königin Anne und galt als Vertreter des französischen Modells, das er in ein unverkennbar englisches Barockmodell übertrug. Ihm gelang es, Labyrinthe in eine künstlich gestaltete Wildnis wie in Hampton Court zu integrieren oder streng symmetrisch ausgerichtete Ulmen-Alleen wie in Blenheim anzulegen. Das Französische – das war den herrschaftlichen Auftraggebern wichtig –

Chatsworth Garden, Derbyshire
»Salisbury Lawns«

ABBILDUNGEN GEGENÜBER:
Chatsworth Garden, Derbyshire
Broad Walk und Blanche's Vase (oben)
Das Labyrinth (unten)

Chatsworth Garden, Derbyshire
Blick von der Großen Kaskade auf das Schloss und die anschließende Hügellandschaft

Entwurf zur Umgestaltung des Gartens von Chatsworth
Zeichnung von William Kent

ABBILDUNG GEGENÜBER:
Chatsworth Garden, Derbyshire
Das Kaskadenhaus

sollte durchaus spürbar sein, ohne dabei den englischen Charakter zu vernachlässigen.

Wise und sein Partner London erhielten vom Herzog den Auftrag, in Chatsworth einen Garten im Stil von Versailles zu entwerfen. Damit war die Größe und Prachtentfaltung gemeint, nicht aber unbedingt die Ornamentierung der Beete oder Strukturierung der Parterres. Der hinter der Gartenfassade sanft ansteigende Hügel bot viele Möglichkeiten der geometrischen Gestaltung und natürlich der Konzeption eines dominanten Wasserlaufs. Zu diesem Zweck ließ der Herzog im Jahre 1694 einen Franzosen und Schüler von Le Nôtre nach England kommen, um sich eine Kaskade bauen zu lassen. Das die Kaskade abschließende Kaskadenhaus (Abb. gegenüber) stammt von Archer.

Eine weitere Umgestaltung erhielt der Garten unter dem neuen Besitzer, dem vierten Herzog von Devonshire. Er engagierte 1760 Lancelot »Capability« Brown, der mit einer durchgreifenden Umgestaltung der Anlage zu einem Landschaftsgarten begann. Die Kaskade ließ er glücklicherweise unangetastet. Sie zeugt noch heute von dem einstigen Barockgarten.

Melbourne Hall, Derbyshire
Wer in Chatsworth die von Wise und London entworfene großartige Barockanlage vermisst, wird in Melbourne Hall entschädigt. Das Anwesen in Derbyshire zählt zu den wenigen Beispielen in England, deren Anlage sich aus dem 17. und 18. Jahrhundert noch weitgehend erhalten hat. Der Vertrag zwischen den beiden Gartenarchitekten und Thomas Coke, dem Vize-Kämmerer der Königin Anne, datiert vom Jahr 1704. Zu diesem Zeitpunkt existierte offensichtlich schon ein barocker Garten, der nach dem Vorbild Le Nôtres streng geometrisch konzipiert war. Wise und London übernahmen das Muster, erweiterten aber den Gartenbereich. Sie warteten mit einem kleinen Wunderwerk auf, indem sie einen 90 Meter langen Eibentunnel pflanzten, den längsten in Europa. Der Tunnel befand sich südlich einer Reihe von Rasenterrassen, die sich hinunterzogen zu einem großen Wasserbassin, das von hohen Zypressen umgeben ist. Südlich davon schließt sich das Boskett mit Eiben und Buchen an, das von Alleen durchzogen wird. An deren Schnittpunkte installierten Wise und London Brunnen, Fontänen und Skulpturen. Nicht weit von diesem Bezirk entfernt wurde eine Grotte errichtet, in der ein Brunnen mit hervorsprudelndem Mineralwasser eingebaut ist. Einzigartig in englischen Gärten ist der so genannte *birdcage*, eine Laube in der Form eines Vogelkäfigs. Das zierliche und artistisch gestaltete Schmiedewerk stammt von Robert Blakewell aus dem Jahre 1706. Es befindet sich östlich des Sees. Es diente der Herrschaft als ferner *point of view* und war durch die Seeoberfläche und eine langgezogene Eibenallee vom Herrenhaus getrennt (Abb. gegenüber).

Von der oberen Terrasse kann man einen weiten Blick über die Allee, den Teich und den wundervollen *birdcage* hinüber zu ansteigenden Rasenterrassen und weiteren Alleen bis zum Horizont werfen.

Melbourne Hall, Derbyshire
Skulptur des Merkur im Französischen Garten. Die Gärten von Melbourne Hall sind heute noch deutlich vom französischen Stil geprägt.

ABBILDUNG GEGENÜBER:
Melbourne Hall, Derbyshire
Blick von der schmiedeeisernen Laube (*birdcage*) über den Teich auf das Schloss

Kopenhagen, Schloss Frederiksborg
Blick über den Teich des Schlossgartens auf das Schloss

Skandinavien
Wie die anderen europäischen Länder blickt auch Dänemark auf eine lange Gartentradition zurück. Seit dem Mittelalter, als die Mönche die Klostergärten anlegten, war der dänische Garten zunächst vorwiegend Nutz- und weniger Zier- oder Lustgarten. Erst als der dänische König Frederik IV. (1699–1730) auf einer Frankreichreise die Gärten André le Nôtres kennen lernte und sich an der Pracht der Anlagen begeisterte, entwickelte sich in dem skandinavischen Land eine eigene Gartenkultur. Mit dem Bau des Schlosses Frederiksborg in Kopenhagen (Abb. oben) begann um 1700 die Terrassierung des Gartens im französischen Barockstil. Der Entwurf des schwedischen Architekten Nicodemus Tessin von 1699 fand aus Kostengründen nicht die Zustimmung des Königs. Stattdessen beauftragte er Hans Hendrik Scheel mit der Planung und Ausführung der Arbeiten.

Wenige Jahre später, 1717, entschied sich der König zu einem weiteren Repräsentationsbau, dem Schloss Fredensborg nördlich von Kopenhagen (Abb. rechts). Der italienische Architekt Marcantonio Pelli arbeitete zusammen mit Johann Cornelius Krieger die Pläne für den Garten aus. Sie wurden zwischen 1759 und 1769 umgesetzt. Die finanziellen Möglichkeiten des Hofs erschöpften sich jedoch ziemlich bald, so dass die geplanten kostbaren Marmorterrassen und Kaskaden nicht mehr verwirklicht werden konnten. Stattdessen suchte man nach kostengünstigeren Möglichkeiten, wie etwa mit Gras und Pflanzen bewachsene Erdwälle. Kostspielige Bassins mit Fontänen wurden durch Teiche ersetzt, die man mit Holz und Findlingen befestigte. So entstand nicht nur eine eigene dänische Variante des europäischen Barockgartens, sondern ein erster Ansatz zum Landschaftsgarten. Die herrschaftlichen Gärten erscheinen nunmehr intimer, gefälliger und nicht so prunkvoll wie in Frankreich oder Italien.

Schloss Fredensborg (Dänemark)
Schlossgarten mit bewachsenen Erdwällen und Ansicht des Schlosses

Schloss Drottningholm auf einer Insel des Mälarsees westlich von Stockholm
Schlossgarten mit Brunnenanlage in der zentralen Sichtachse des Schlosses

Ähnlich wie in Dänemark entwickelte sich auch in Schweden die Gartenkultur. Es waren französische Mönche, die um die Mitte des 12. Jahrhunderts in den Klöstern Kräuter- und Lustgärten anlegten. Der Orden der Heiligen Brigitta von Schweden kultivierte in seiner Abtei in Vadstena einen Klostergarten, der heute noch besucht werden kann.

Der barocke Garten entwickelte sich in Schweden weniger unter dem Eindruck der französischen Gärten, sondern in Anlehnung an den Heidelberger Hortus Palatinus des Salomon de Caus (Abb. S. 133). Unter den Vasa-Königen wurde das mittelalterliche Kastell in Stockholm in einen Renaissance-Palast umgebaut. Gustav II. Adolf, König von Schweden, der große Widersacher des kaiserlichen Oberbefehlshabers Wallenstein, festigte in seinen ersten Regierungsjahren bis zum Eintritt in den Dreißigjährigen Krieg im Jahre 1630 die schwedische Ostseeherrschaft. In diesen Jahren zwischen 1611 und seinem Heereszug wurde er offensichtlich bekannt mit den Plänen des Heidelberger Schlosses und Gartens. Genauere Kenntnis hat man allerdings erst von den Bautätigkeiten seiner Tochter, der Königin Christine, nach dem Ende des Dreißigjährigen Krieges. Sie berief den Franzosen André Mollet nach Stockholm, wo er 1651 sein einflussreiches Buch »Le Jardin de Plaisir« herausgab. Mollet setzte seine Gartenideen zunächst in der Modernisierung des Königlichen Gartens in Stockholm um, wo er ein großes Brodeeieparterre schuf. Zu diesem Zweck ließ er Pflanzen importieren und erbaute Orangerien.

Eine der prächtigsten Gartenanlagen Nordeuropas entstand in Drottningholm (Insel der Königin) auf einer Insel des Mälarsees westlich von Stockholm (Abb. oben). Das spätmittelalterliche Schloss wurde unter der Regierung der Königin Hedvig Eleonora ab 1661 umgebaut. Fast gleichzeitig legte man den Garten an. Die von Nicodemus Tessin entworfenen Pläne verarbeiteten Mollets Parterre-Muster und orientierten sich in der Dimensionierung und Struktur der Anlage an den Plänen Le Nôtres, zu dem der schwedische Architekt persön-

St. Petersburg, Peterhof
Doppelkaskade vor dem Schloss

liche Kontakte pflegte. Die Anlage hat sich ohne große Veränderungen bis auf den heutigen Tag erhalten. Die Bronzefiguren des Gartens stammen von Adrian de Vries. Diese kostbare Sammlung gelangte als Kriegsbeute sowohl aus Prag als auch aus dem dänischen Schloss Frederiksborg nach Schweden. Seit 1981 lebt die Königliche Familie auf Schloss Drottningholm.

Russland

Von einer spezifisch russischen Gartenkultur kann eigentlich erst ab dem 18. Jahrhundert die Rede sein. Zwar gab es schon im 17. Jahrhundert Sommerresidenzen in der Umgebung von Moskau, doch ist darüber wenig bekannt. Sehr wahrscheinlich handelte es sich um Holzbauten, die durch Brand gefährdet waren und deswegen häufig Erneuerungsarbeiten und Umbauten erfuhren. Erst mit dem Auftreten Peters des Großen im ersten Drittel des 18. Jahrhunderts und der Gründung von Petersburg wurden mit dem Bau der Paläste und Residenzen auch Gärten angelegt. Architektur und Gartenkunst studierte der Zar auf seinen ausgedehnten Reisen durch Europa. Holland, England und Deutschland boten ihm viele Anregungen. Sein Sommerpalast auf der Admiralitätsinsel in der Newa, heute leider verschwunden, war mit einem prächtigen Parterre versehen. Springbrunnen, Skulpturen und verschiedene Lusthäuser sowie ein Boskett nach dem Vorbild von Versailles gehörten ebenso zur Ausstattung wie eine Grotte mit Wasserkünsten, für deren Bau und Installationen er den Berliner Baumeister Andreas Schlüter verpflichtete.

Im Jahre 1715 entschloss sich der Zar, gegenüber seiner Stadt an der Südküste des Finnischen Meerbusens ein Lustschloss errichten zu lassen. Die Lage war günstig, denn die Terrasse für das Schloss erhebt sich hier etwa zwölf Meter über den Meeresspiegel und fällt sanft in weichen Wellen zum Meer hin ab. Der nach dem Zaren benannte Peterhof (Petrodvorets) sollte im Stil der französischen Barockresidenzen mit anschließenden Gartenanlagen erbaut werden. 1716 wurde ein Schüler Le Nôtres, der französischer Gartenbaumeister und Architekten Jean-Baptiste Alexandre Le Blond, nach Petersburg geholt, um das Schloss und die Gärten zu planen und auszuführen (Abbn. links und gegenüber). Der Garten erstreckte sich von der Terrasse des Schlosses bis hinunter zum Meer. Schwierig waren weniger die Erdarbeiten als die Bepflanzung des Terrains. Zu diesem Zweck ließ der Zar Bäume und Pflanzen aus allen Teilen Europas herbeischaffen. Über 40.000 Ulmen und Ahornbäume aus Russland, Obstbäume aus Italien und viele exotische Pflanzen aus dem Vorderen Orient wurden auf langen Wegen zum Schloss transportiert. Trotz des langen und strengen Winters gediehen die Anpflanzungen gut, wie berichtet wurde.

Der Glanzpunkt der gesamten Anlage ist auch heute noch zu bewundern: die Doppelkaskade, die zu beiden Seiten einer Grotte über sieben Stufen aus farbigem Marmor begleitet von vergoldeten Figuren in ein grosses Bassin herabfällt (Abb. links). Dort erhebt sich ein künstlicher Felsen mit einem mächtigen Samson, der dem Löwen das Maul aufreißt, um eine Wasserfontäne daraus hervorschießen zu lassen. Vom Bassin geht ein von Fontänen gesäumter Kanal aus, der in ruhigem Fluss dem Meer zustrebt. Hier ermöglichte eine kleine Hafenanlage den herrschaftlichen Schiffen bequemes Landen.

Zar Peter der Große lernte die Kunst der Blickachse in Versailles kennen. Nach dem Motto »Besitz, so weit das Auge reicht!« organisierte er die Stellung von Schloss, Kaskade und Kanal. Oben auf der Schlossterrasse bietet sich dem Betrachter ein wunderbares Panorama: Der Blick wird über die Kaskaden zum Kanal gelenkt und von dort weiter über die Küste und das Meer zu den goldenen Kuppeln der Stadt Petersburg. Diese visuelle Machtdemonstration wiederholt sich in der Residenzstadt selbst, wenn man auf dem Dekabristenplatz hinter dem von Étienne Maurice Falconet gestalteten Denkmal

St. Petersburg, Peterhof
Brunnen und großes Bassin im Schlossgarten

St. Petersburg, Peterhof
Pavillon Marly im unteren Bereich des Schlossgartens

Peters des Großen steht. Das von einem riesigen Granitblock aufspringende Pferd mit dem Zaren reißt den Blick mit über den Platz und die Newa in die Ferne in Richtung Meer und Peterhof. Dieser ästhetisierte Machtgestus, ein politischer Topos des Absolutismus, war Gestaltungsmerkmal nicht nur der Gartenkunst, sondern auch der Stadtplanung. Stadt und Garten erfuhren nicht unbedingt eine Integration, aber sie standen in einer optischen Fernbeziehung zueinander. Es ging um die Suggestion von Ferne, darum einen Machtanspruch jenseits visuell fassbarer Grenzen zu formulieren. So gesehen greift die Bezeichnung »Russisches Versailles« für Peterhof zu kurz. Der Gartenkontinent des Sonnenkönigs sollte als Modell für einen strukturierten und organisierten Machtbereich gelten. Petersburg und Peterhof dagegen waren lediglich Eckpunkte eines umfassenden, in jede Himmelsrichtung sich ausdehnenden Gebietes, dessen Grenzen auch jenseits des Meeres immer wieder neu zu definieren waren. Wenige Jahrzehnte später, nach dem Tod des Zaren, entschloss man sich, die Anlage in großen Teilen einzuebenen und zu erweitern. Man wollte der neuen Mode entsprechen, und den gesamten Gartenbereich in einen englischen Landschaftsgarten umwandeln.

Topiari – Die Kunst des Baumbeschnitts

Die Kunst des Baum- und Heckenbeschnitts bezeichnete der römische Enzyklopädist Plinius d. Ä. als »opus topiarium«. Er bezog sich dabei allgemein auf die Gartenkunst, der es in erster Linie darum ging, die Natur in eine bestimmte Form zu bringen. So nannte man auch im antiken Rom Landschaftsgärtner oder Gartenpfleger »topiarii«. Es handelte sich meistens um Sklaven aus Griechenland, die es zuweilen zu außergewöhnlicher Kunstfertigkeit und beträchtlicher Anerkennung brachten. Ihre Namen wurden sogar auf Grabsteinen verewigt. Später wurde der Begriff eingegrenzt. In theoretischen Abhandlungen über die Gartenkunst wurde die Formenvielfalt beschnittener Bäume und Hecken *topiari* (franz = topiaire, engl.= topiary) genannt. Berühmt wurden diese Figurenhecken und -bäume erstmals durch Francesco Colonna, der in seiner »Hypnerotomachia Poliphili« von 1499 eine *topiari*-Sammlung abbildete. Er stellte nicht nur Ring-, Kugel- oder Pilzbäume, sondern auch phantasiereiche Formen wie Rundtempel, die mit Vögeln geschmückt waren oder menschliche Gestalten, die verzierte Tore in die Höhe hoben, vor (Abb. S. 43).

Francis Bacon, der englische Philosoph und Begründer der empirischen Wissenschaften veröffentlichte verschiedene Abhandlungen über die Anlage und Pflege von Gärten. In seinem Essay »On Gardens« von 1625 äußert er sich skeptisch über den Gebrauch von *topiari*:

»Die Aufteilung der Teile innerhalb der großen Hecke überlasse ich der Erfindung eines jeden; nichtsdestoweniger erinnere ich, dass die Form, welche immer man ihr geben mag, nicht zu aufdringlich oder überladen (busy, or full of work) sein darf. Wobei ich für meinen Teil in Wacholder oder anderes Gartenmaterial geschnittene Bilder nicht mag; das ist für Kinder.«

Möglicherweise spielt er auf besonders reichen *topiari* in Hampton Court in London an, die in der Regierungszeit Henry VIII. angelegt wurden.

Chatsworth Garden, Derbyshire
Ring pond, Heckenanlage mit eingestellten Skulpturen und Zierbäumchen

Enghien (Belgien), Gartenanlage mit variantenreichem Baumbeschnitt
Stich von Romain de Hooghe, um 1687

ABBILDUNG GEGENÜBER:
Het Loo, Schlossgarten
Detailansicht des Broderieparterres mit Zierbäumchen

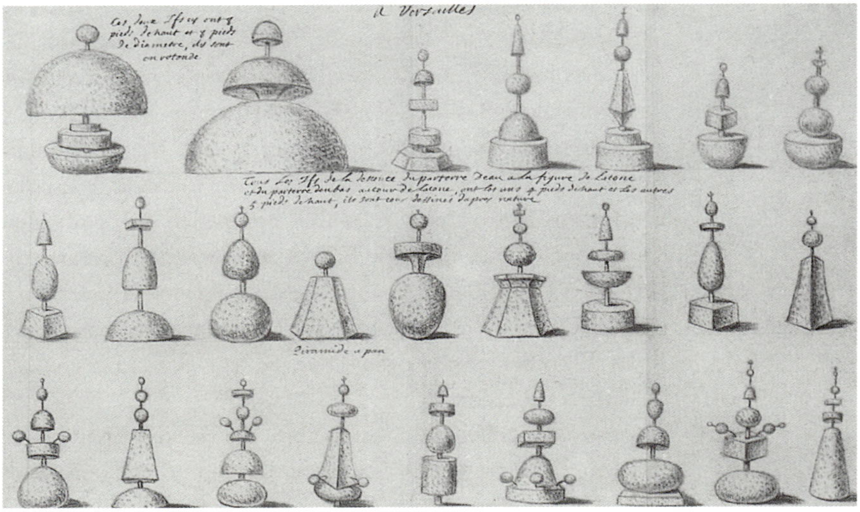

Musterblatt mit zahlreichen Varianten von Formschnitten für die Bäume an den Rampen im Latona-Parterre des Schlossgartens von Versailles

Francis Bacon empfahl dagegen einfache und stellenweise rund beschnittene Hecken »... mit ein paar hübschen Pyramiden und an manchen Stellen schöne von Lattenwerk gestützte Säulen«. Wahrscheinlich wurde hier zum ersten Mal für die Barockgartenkunst die Empfehlung ausgesprochen, aus Bäumen oder Hecken Architekturformen wie Säulen, Architrave oder Kollonaden zu schneiden.

In seinem Werk »La Théorie et la Pratique de Jardinage« von 1709 beschrieb der bereits mehrfach genannte französische Gartentheoretiker Antoine Joseph Dézallier d'Argenville auch solche Architektur-*topiari*. Dieser bald als »Bibel der Gartenkunst« gerühmte Traktat erlebte viele Neuauflagen und Übersetzungen und wurde zum Standardwerk der Gartenkunst des 18. Jahrhunderts. D'Argenville verglich die Alleen und Wege eines Gartens mit dem städtischen Straßensystem. Dessen Gestaltungsweise trage entscheidend zur Erscheinungsform eines Gartens bei. Er schlug vor, zwischen den Alleebäumen seitlich der Parterres so genannte *parapette* anzulegen, etwa 130 cm hohe Hecken, die für einen Abschluss der Baumreihe sorgen und dennoch den Blick in die angrenzenden Gartenbereiche freigeben. Sollten diese Hecken höher werden, könnten sie sogar mit kleinen fensterförmigen Durchblicken versehen werden. Auf der anderen Seite betonte Dézallier d'Argenville aber auch die Eigenständigkeit der Hecken und Büsche und sah vor, ihnen durch Beschnitt vielfältige Architekturformen zu verleihen. Er fertigte eine Art Katalog von geschnittenen Hecken an, die modifiziert bald in vielen Gärten Europas zu sehen waren und andere Gartentheoretiker bzw. -architekten zu ähnlichen Musterentwürfen anregten (Abb. links): Im 17. und 18. Jahrhundert erschienen zahlreiche *topiari*-Musterbücher, u.a. auch vom deutschen Gartenbaumeister Matthias Diesel, der in seiner Schrift »Erlustierende Augenweide in Vorstellung hortlicher Gärten und Lustgebäude« aus dem Jahre 1717 kunstvolle Baum- und

Manoir d' Eyrignac (Südwestfrankreich)
Eibensäulen und Kugelbäumchen im formalen Garten des Landhauses

Heckenfigurationen vorstellt, die sich aus stereometrischen Gebilden zusammensetzen.

Zur Zeit des englischen Landschaftsgartens kamen die *topiari* aus der Mode und galten vielen englischen Gartenliebhabern als Beispiel für schlechten Geschmack. Als aber um 1800 historisierende und rustikale Architektur den Garten schmückte, besann man sich auch wieder auf die zugeschnittenen Bäume und setzte sie wirkungsvoll als Zierelement ein. Kugel- oder kegelförmig beschnittene Eiben sind in kleineren Privatgärten eigentlich nie aus der Mode gekommen. John Ruskin und William Morris, die in den 60er Jahren des 19. Jahrhunderts das kunstgewerbliche Arbeiten neu belebten und aufwerteten, sahen auch für das *cottage gardening* dekorative Gestaltungsmöglichkeiten vor und verhalfen den *topiari* zu einer neuen, wenn auch verhaltenen Geltung. Hier ging es allerdings vorwiegend um einzelne beschnittene Pflanzen, die im Garten oder vor dem Gebäude zu einem dekorativen Arrangement zusammengestellt wurden. In dieser Funktion erhielten die *topiari* im Jugendstil eine besondere Bedeutung. Aber die barocken vegetabilischen Architektur-Ensembles, die phantasievollen Hecken- und Baumfassaden konnten sich in den Gärten des 20. Jahrhunderts nicht mehr behaupten und sind heute nur noch in Anlagen zu bewundern, in denen die Gartenkunst der Renaissance und des Barock liebevoll rekonstruiert und ständig gepflegt wird. In diesen Gärten lenken die kunstvollen Baum- und Heckenfiguren auch heute noch das Hauptaugenmerk auf sich.

Chatsworth Garden, Derbyshire
Das Labyrinth mit variantenreichem Baumbeschnitt

NACHFOLGENDE DOPPELSEITE:
Wivenhoe Park, Essex
Gemälde von John Constable, 1816
Öl auf Leinwand, 56 x 101 cm
Washington, National Gallery of Art, Widener Collection, USA

Der englische Landschaftsgarten

Rousham Park, Oxfordshire
Bleiskulptur des Bacchus von John van Nost

Stowe, Buckinghamshire

Stowe war einer der ersten englischen Landschaftsgärten. Um 1730 angelegt, beeinflusste er die künftige Entwicklung dieses neuen Gartentypus entscheidend (Abbn. S. 352–358). Ab 1593 im Besitz der Familie Temple, wurde Stowe unter Richard Temple, 1. Viscount Cobham, 1715–26 ausgebaut. Der führende Gartenarchitekt war Charles Bridgeman, der für die frühe Entwicklung des englischen Landschaftsgartens eine Art Schlüsselfigur war. Bridgemann bekleidete das Amt des Königlichen Gärtners unter George II. und Königin Caroline. Er arbeitete in Hampton Court, im St. James's Park und im Hyde Park sowie in Kensington Gardens, wo er für den Round Pond und die Serpentine verantwortlich war. Die königlichen Gärten forderten ihn nur wenig. Ihm oblag es, die traditionellen Strukturen weitgehend zu erhalten. Die Situation änderte sich mit privaten Aufträgen, unter anderem vom Viscount in Stowe, wo Bridgeman bereits 1713 seine Tätigkeit aufnahm.

Die ersten Pläne zeigen eine dem französischen Barockgarten ähnliche Anlage. Die zeitliche Nähe zur Gartenkunst le Nôtres ist deutlich zu spüren. Abgesehen von der unregelmäßigen Begrenzung, arbeitete Bridgeman in freier Variation mit dessen Parterre-Struktur. Um die angrenzende offene Landschaft sichtbar zu machen, konstruierte er nach den Anweisungen Dézallier d'Argenvilles einen Aha, einen künstlichen Graben mit einem Mauerzug (siehe hierzu Abbn. S. 229). Erst unter der Leitung von William Kent, dem »Feind der Geraden«, wie er von Zeitgenossen spöttisch genannt wurde, wandelte sich der Garten ab 1735 in ein malerisch-idyllisches Naturbild. Es entstanden die Elysischen Felder, ein kleines Tal mit Tempelchen im Stil Palladios sowie gewundene Wege mit Baumgruppen. Auch zur Planung des Landschaftsgartens in Holkham Hall in Norfolk wurde Kent hinzugezogen, wo er die weiten Wiesengründe ebenfalls mit Gruppen von Bäumchen zu strukturieren versuchte, wie eine Federzeichnung seiner Hand zeigt (Abb. gegenüber unten).

Die so genannte Gartenrevolution in England war nicht ganz so spektakulär wie häufig behauptet. Der englische Landschaftsgarten war auch nicht Folge des vermeintlich aussterbenden Barockgartens, der teilweise noch lange erhalten blieb und parallel zum Landschaftsgarten gepflegt und gefördert wurde. Der von Bridgeman gezeichnete Plan von Stowe, 1739 publiziert, zeigt noch die axialgeordnete Struktur mit geometrischen Parterres, die vom Herrenhaus ausgehen. Eine lange Allee, die weit in die Landschaft ausgreift, verbindet den ferneren und ungleich größeren Landschaftspark mit dem Anwesen des Viscount (Abb. unten). Eine zeitgenössische Beschreibung von Lord Percival, der 1724 die Anlage besuchte, lässt zudem eher an einen italienischen Renaissancegarten denken. Von Springbrunnen ist die Rede und von quer laufenden Wegen, die in Kolonnaden, Statuen und Bögen enden, sowie von verborgenen Pfaden, die durch die Bosketten führen. Einem Gestaltungsmotiv aber schien der Viscount besondere Aufmerksamkeit zu schenken: »Die Schönheit dieses Gartens erfährt noch eine Steigerung, indem er nicht von Mauern, sondern

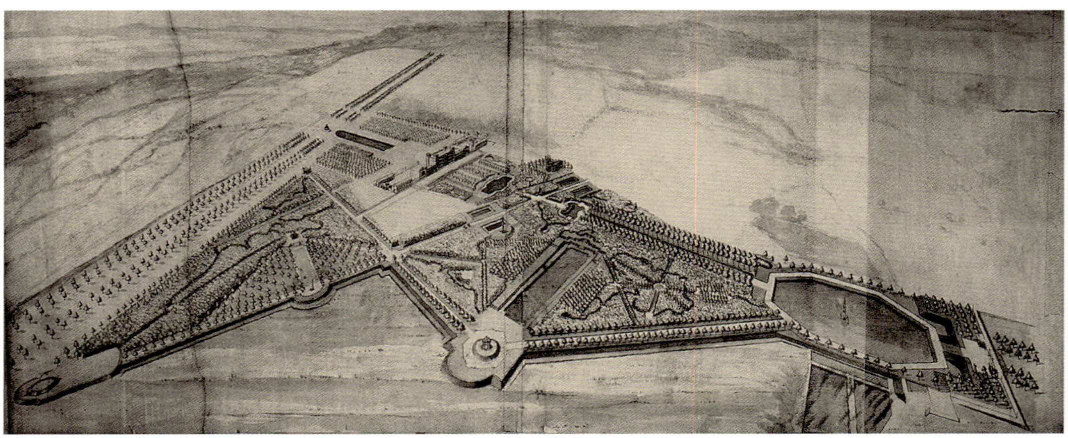

Entwurf für Stowe
Zeichnung von Charles Bridgeman, um 1720
Oxford, The Bodleian Library

Stowe, Buckinghamshire
Blick auf die beiden Seepavillons

Entwurf zur Bepflanzung des Parks von Holkham
Federzeichnung von William Kent

Stowe, Buckinghamshire
Elysische Felder mit William Kents
Temple of Ancient Virtue

ABBILDUNG GEGENÜBER:
Stowe, Buckinghamshire
Gotischer Tempel/*Temple of Liberty*
von James Gibbs, 1741

NACHFOLGENDE DOPPELSEITE:
Stowe, Buckinghamshire
Palladianische Brücke

nur durch einen ›Ha-Ha‹ begrenzt wird, der den Ausblick auf eine schöne bewaldete Gegend gestattet und die Länge der mit hohen Bäumen bepflanzten Allee nicht erkennen lässt.«

Das strengere Muster löste Bridgeman in der Zusammenarbeit mit Kent allmählich auf und ersetzte es durch gefällige Erdmodellierungen und geschwungene Wegeführungen. Welche Faktoren haben diesen Wandel in der Auffassung einer englischen Gartenanlage herbeigeführt? Zunächst sollte man die sozialen und politischen Umstände näher betrachten. Ab Ende des 17. Jahrhunderts versuchte der englische Landadel, den Folgen des Bürgerkriegs und dem damit einher gehenden wirtschaftlichen Niedergang durch Landerwerb und Kultivierung von Brachland zu begegnen. Es entstanden große Güter, die landwirtschaftlich intensiv genutzt werden konnten. Ziel war es, eine Landschaft zu gestalten, die den Lebensstandard des Volkes qualitativ verbesserte. Daraus erwuchs eine neue Einstellung gegenüber der Natur. Ein 1780 gemaltes Bild von Joseph Wright bringt diese neue Natursicht rückblickend auf den Punkt. Der englische Maler platzierte den jungen Sir Brooke Boothby nachdenklich in melancholischer Pose im Gras auf einer Waldeslichtung liegend. Er könnte, seiner Haltung und Kleidung nach zu urteilen – allerdings ohne Hut und Schuhe –, auch auf dem Diwan im Saal seines Landhauses liegen. Sein Raum ist jedoch die Natur, der er sich enger verbunden fühlt als der Architektur. Das Buch, in dem er gerade gelesen hat, stammt – wen wundert es? – von Jean Jacques Rousseau.

Von da an änderten viele Engländer ihre Einstellung zum französischen Garten, der diese Wohlstand verheißende Natur gestutzt und begradigt, kurz: vergewaltigt hatte. Der französische Garten als Symbol des Absolutismus konnte in England auf keine Zustimmung stoßen. Nachdem die »Glorious Revolution« von 1688 und die »Declaration of Rights« ein Jahr später die Grundlagen modernen Staatsbürgertums vorbereitet hatten, stieg England zur ersten Handels- und Kapitalmacht der Welt auf.

Versailles und andere französische Gärten wurden eher als eine Art Katalog betrachtet, denen man für die Gestaltung des eigenen herrschaftlichen Anwesens das eine oder andere Detail wie Labyrinthe, Bosketten, Parterres oder Ahas entnahm, um sie in freier Variation in der Nähe des Hauptgebäudes anzuordnen. Das war nicht abfällig gemeint. Die Engländer verachteten eher den absolutistischen Symbolgehalt der Gärten Frankreichs und die damit verbundene politische Anmaßung seiner Herrscher. Die Verehrung für Le Nôtre und seine Kunst blieb dagegen bis in die erste Hälfte des 18. Jahrhunderts hinein ungebrochen. Die Blickrichtung englischer Gartenkünstler war anders ausgerichtet. Sie zielte auf den dynamischen Prozess der Natur, den es zu kultivieren, nicht aber zu organisieren und zu geometrisieren galt. Schon in John Miltons Epos »Paradise Lost« von 1667 wird das Urbild eines Gartens als das Idealbild der Welt vorgestellt. Es trägt Züge eines Landschaftsparks, dessen Wesen in der sich selbst offenbarenden Natur zu erkennen ist.

Die Verbürgerlichung des englischen Landadels und die Auffassung von der Landschaft als Zeichen für Fortschritt und Wohlstand waren allerdings nicht die einzigen Gründe für den Wandel der Gartenkultur. Englands weit verzweigte Handelsbeziehungen in alle Welt förderten ein weiteres kulturgeschichtliches Thema, das der Fremdheit oder Exotik (siehe hierzu S. 388f.). Hier ist in erster Linie China zu nennen. Reiseberichte aus der ersten Hälfte des 18. Jahrhunderts erzählten von wunderbaren Gär-

Stowe, Buckinghamshire
Temple of British Worthies von William Kent

ten, die sich mit ihren Menagerien, gewundenen Pfaden, künstlichen Hügeln und Wasserläufen mit zierlichen Bogenbrücken wie Miniaturlandschaften ausnahmen. Diese chinesische Variante des englischen Gartens wurde bald zum Grundmotiv vieler europäischer Landschaftsgärten um 1800. Man betrachtete China als unerschöpfliche Quelle für Dekorationen und nutzte es entsprechend. 1757 veröffentlichte der englische Architekt Sir William Chambers eine Sammlung von Zeichnungen chinesischer Architektur, vorwiegend von Gartengebäuden: »Designs of Chinese Buildings«. Euphorisch merkte er an: »Die Kunst, Gärten im chinesischen Geschmack anzulegen, ist empfänglich für so viele Variationen, wie es unterschiedliche Möglichkeiten in den Werken der Schöpfung gibt.«

Neben den von China importierten Exotica waren die Engländer auf ihrer Grand Tour in Italien auch von der römischen Antike begeistert. Sie reisten über die Toskana nach Rom, um dort das antike Erbe zu bestaunen. Weiter ging es durch Latium an den Golf von Neapel und an der amalfitanischen Küste entlang bis nach Paestum. Italien galt als Sehnsuchtsland für aufgeklärte Geister. Die Bildungsfahrt beschränkte sich jedoch meistens auf das Sammeln von historisch durchaus wertvollen Objekten und auf das Skizzieren von Altertümern. Die überwältigenden Reiseeindrücke sollten schließlich zusammen mit den Souvenirs die Parklandschaft ausschmücken. Durch die von Inigo Jones zuvor schon rezipierte Palladio-Architektur an den italienischen Gustus gewöhnt, begannen die Gartenarchitekten auf dringende Empfehlungen ihrer Auftraggeber hin, kleine Rundtempelchen oder Tempelfassaden, antike Büsten und Statuen zusammen mit chinesischen Pagoden, Pavillons und Bogenbrücken wie theatralische Versatzstücke in verschiedenen Gartenbereiche zu platzieren.

In Italien werden die von der Natur und der Antike begeisterten Engländer allerdings kaum pastorale Landschaften mit Tempeln oder überkuppelten Senatshallen gesehen haben, an denen Hirten mit Schafen vorüberzogen. Dafür konnten sie in den Gemälden Claude Lorrains, Nicolas Poussins oder Gaspard Dughets in der römischen Galeria Doria Pamphili oder daheim in der Londoner National Gallery diese einfühlsamen und fast meditativen Landschaften betrachten. Dort wurde der Bogen geschlagen von der konkret erlebten Landschaft Kam-

Hagley Hall, Worcestershire
Landschaftspark mit künstlicher Burgruine, um 1747

paniens zur Vision einer vermeintlich paradiesischen antiken Lebensweise. Ganz direkt aber wurde mit diesen utopistischen Landschaften ein Modell vorgeführt, das die Verbindung von idyllischer Landschaft und erhabener Antike anschaulich machte. Dieses Modell mußte nun im Landschaftspark umgesetzt werden. Anders als bei Le Nôtre, der in seinen Gärten die Fernwirkung einer gemalten Landschaft suggerieren wollte, war es jetzt der begrenzte Landschaftsausschnitt, ein für Maler besonders attraktives Motiv, das als Maßstab für die Gartenanlage galt.

Hagley Park, Worcestershire

Hagley Hall in den West Midlands ist zweifellos ein Sonderfall des englischen Landschaftsgartens. Das von Lorrain her beliebte pittoreske Element wurde bereichert durch eine poetische Variante. George, erster Lord Lyttleton und Neffe von Lord Cobham of Stowe, war nicht nur als Politiker erfolgreich; er förderte auch den schottischen Dichter James Thomson, der mit seinem Gedicht »The Seasons« den englischen Landadel begeisterte. 1730 publiziert und mit Illustrationen von William Kent versehen, schildert das Gedicht in eindrucksvollen Bildern das ländliche Leben. Es sollte die Menschen lehren, die englische Heimat mit ihrer idyllischen Landschaft wieder zu entdecken. Neben seinen wortgewaltigen Landschaftsschilderungen waren es auch die didaktischen Ambitionen, die von den englischen Landschaftsmalern hoch geschätzt wurden.

Lord Lyttleton entwarf gegen Mitte des 18. Jahrhundert den weitläufigen Park. Die beiden Architekten Thomas Pitt und Sanderson Miller unterstützten den Lord bei der baulichen Ausstaffierung. Miller entwarf um 1747 eine Burgruine mit Zinnenkranz und gotischer Fensterwand (Abb. gegenüber). Pitt konstruierte eine Brücke im palladianischen Stil. Später wurde der Architekt James Stuart beauftragt, einen griechischen Tempel, eine Replik des Theseus-Tempels unterhalb der Athener Akropolis, auf der Höhe eines bewaldeten Hügels zu errichten (Abb. oben). Er gilt als Gründungsbau des Klassizismus. Das Bezugsfeld zwischen dem antiken Ideal und der mittelalterlichen Ritterromantik sollte die pastorale Stimmung eines Lorrain-Gemäldes entfalten und neue Blickpunkte für die englische Landschaft setzen. Immer wieder überrascht den Besucher der Ausblick über die Malvern Hills oder die fernen Black Mountains von Wales.

Hagley Hall, Worcestershire
Landschaftspark mit Theseus-Tempel, 1758

Rousham Park, Oxfordshire
Formaler Gartenbereich beim Taubenhaus in der Nähe von Rousham House

Rousham Park, Oxfordshire
Der Landschaftsgarten von Rousham House in der englischen Grafschaft Oxfordshire ist wohl der einzige Garten von William Kent, der in seiner Gesamtanlage nahezu unverändert die Zeiten bis zum heutigen Tag überdauert hat. 1738 war die Anlage weitgehend abgeschlossen und galt damals in England als einzigartiges Beispiel für ein in einen Landschaftspark umgewandeltes Landgut. Der englische Dichter und Kritiker Alexander Pope, der schon zu Beginn des 18. Jahrhunderts vehement gegen den formalen Garten nach dem Muster Frankreichs und für den naturnahen Garten gestritten hatte, sah in Rousham seinen Wunsch in Erfüllung gehen. Dort, so der Dichter, werde die Landschaft als ein Stück gestalteter Natur präsentiert. Mehr noch: Der Park sei so angelegt worden, dass die Umgebung in das Konzept mit einbezogen werde. Er pries den Park als den schönsten Ort, wo Wasserfälle, kleine Bäche und Teiche zu bewundern seien und mit Buschwerk bewachsene Hügel sowie Waldzonen sich in die Ferne zögen.

In einer Zeichnung von Kent ist das so genannte Venus-Tal festgehalten. Eine aus Natursteinen gebildete Brücke überwindet Wasserkaskaden, die in einen Teich stürzen, aus der eine Fontäne aufsteigt. Unter hohen Bäumen und über weite Rasenflächen geben sich Menschen einzeln oder in Gruppen ein Stelldichein. Die Watteau'sche Stimmung war von Kent sicherlich beabsichtigt, um das pastorale Ambiente hervorzukehren. Natürlich sorgte der Gartenkünstler auch für die entsprechenden Staffagebauten.

Der Rundweg führte vom Venustal über die obere Brücke mit der Statue der Venus als Brückenfigur hinüber zum *Tempel of Echo*, einem von William Townesend entworfenen und ausgeführten Zentralbau mit vorgelagertem römischem Portikus (Abb. gegenüber). Etwas weiter entfernt und unterhalb des Echo-Tempels findet sich eine Apollostatue. Neben der klassizistischen Statue und dem Staffagebau sah William Kent einen Neorenaissancebau vor, einen

Rousham Park, Oxfordshire
Detailansicht des Arkadengangs Praeneste

ABBILDUNG GEGENÜBER:
Rousham Park, Oxfordshire
Temple of Echo von Kent und Townesend

siebenbogigen Portikus, die so genannte Praeneste-Arkade, die den Lilienteich begrenzt (Abb. S. 360 unten). Auch der Bezug zum Mittelalter wurde berücksichtigt: Der neogotische Rundbau mit der zierlichen Laterne und den Dachgauben fungierte damals als Taubenhaus (Abb. S. 360 oben). 1750 beschrieb der Gärtner John Maccalary in einem Brief einen Rundweg, der zu den bemerkenswertesten Aussichtsplätzen führte und die Staffagebauten sowie die Teiche mit den Brücken einschloss. Aus der Beschreibung geht hervor, dass Rousham zunächst als *ferme ornée*, als landwirtschaftlich genutzter Garten, konzipiert worden ist. Darauf deutet natürlich auch das Taubenhaus hin. Der Park selbst sollte durch immergrüne Pflanzen in Verbindung mit einem Aha abgegrenzt werden.

Die Weitläufigkeit des Parks, die vielen idyllischen oder heroischen Ausblicke über das Gartenareal sowie die malerisch platzierten Staffagebauten und Skulpturen machen das Anwesen auch heute noch zu einem der begehrtesten und am häufigsten besuchten Kulturdenkmäler Englands.

ABBILDUNGEN GEGENÜBER:
Rousham Park, Oxfordshire
Pferd-Löwengruppe von Peter Scheemakers, 1741 (oben)
Skulptur der Venus an der oberen Kaskade des Venustals (unten)

Rousham Park, Oxfordshire
Neptungrotte mit Bleiskulptur des Neptun

Claude Lorrain
Küste mit Äneas auf Delos, 1672
Öl auf Leinwand, 100 x 134 cm
London, National Gallery

Stourhead, Wiltshire
Nahansicht des Pantheons am See
des Landschaftsgartens

Stourhead, Wiltshire
Blick über den See auf das Kreuz von Bristol und die St.-Peter-Kirche

Stourhead, Wiltshire
Einer der wohl berühmtesten Gärten in England, sicherlich aber der romantischste, war und ist auch heute noch Stourhead in Wiltshire. Besitzer und Auftraggeber war der Londoner Bankier und Bürgermeister Henry Hoare, der sich 1721 von Colen Campbell ein Landhaus nach dem Vorbild der venezianischen Villen des Andrea Palladio erbauen ließ. Das große Gartenareal erstreckt sich abseits des Herrenhauses und ist um eine unregelmäßige Kette von Seen herum angeordnet. Die gärtnerischen Vorstellungen entsprechen denen von William Kent. Doch hatte der Besitzer selbst die Anlage geplant und von Gärtnern ausführen lassen. Der geschwungene Uferverlauf bietet immer wieder überraschende Blicke auf Tempel, Wasserfälle oder Brücken. Rhododendren – die freilich erst später gepflanzt wurden – umgeben ein römisches Pantheon (Abb. gegenüber unten). Von dort aus schaut man hinüber zur alten Dorfkirche und auf den Tempel der Flora. Henry Hoare soll von seinem Anwesen so begeistert gewesen sein, dass er es »a charming Gaspard picture« nannte, ein Gemälde von Gaspard Dughet, der auch Poussin genannt wurde. In der Tat lassen sich diese Naturgemälde in der Manier Poussins, Dughets oder Lorrains auch heute noch aufsuchen. Es ist denkbar, dass Hoare, bevor er das Landschaftsszenarium von Stourhead entwarf, Lorrains Gemälde »Küste mit Äneas auf Delos« in der Londoner National Gallery studiert hat (Abb. gegenüber oben).

Spätestens an dieser Stelle muß man eingestehen, dass die Unterscheidung zwischen Garten und Park sehr schwer zu treffen ist. Häufig wird die Meinung vertreten, dass der Landschaftsgarten als Park zu bezeichnen sei. Hat der Garten in der ersten Hälfte des 18. Jahrhunderts eine Wandlung hin zum Park vollzogen? Die Entstehungsgeschichte des Petit Trianon in Versailles könnte diese Vermutung nahe legen, da dort die geometrische Parterrestruktur in ein verschlungenes Wege- und Pfadgeflecht übergeht, das über die Hügel gelegt wurde. Ähnlich nahm sich der zuvor von Bridgeman angefertigte Plan von Stowe aus. In Stowe fällt allerdings ein Unterschied auf: Der zu einem Landschaftsgarten umgewandelte Barockgarten musste auf gerade Alleen weitgehend verzichten, wohingegen im entfernter liegenden Landschaftspark eine großzügig gestaltete Komposition aus sternförmig ausgerichteten Alleen vorgesehen war. Der englische Gartentheoretiker William Gilpin unterschied in seiner Schrift »A Dialogue upon the Gardens« ausdrücklich zwischen Garten und Park: »Der Park ist eine außer England wenig bekannte Art von Landschaft und eine der herrlichsten Zubehöre eines ansehnlichen Wohnhau-

Stourhead, Wiltshire
Blick über die Grassodenbrücke und den See auf das Pantheon

Leasowes, Shropshire
Seeansicht des Landschaftsparks

ses.« Natürlich sieht Gilpin auch im Park künstlerische Gestaltung vor, jedoch nur in der Weise, dass die wild wachsende Natur von dem Gärtner vervollkommnet werde. Als Garten bezeichnet Gilpin das »Luststück« (pleasure-ground), das dem Wohngebäude am nächsten liegt. Blumenrabatte und Kieswege zieren den Garten, in dessen äußerem Bereich Bäume und Büsche gepflanzt werden sollen, um ihn mit dem Park zu verbinden.

Leasowes, Shropshire

Neben Stourhead war Leasowes in der mittelenglischen Grafschaft Shropshire einer der berühmtesten romantischen Landschaftsgärten seiner Zeit, der die Unentschiedenheit zwischen traditionellem Parterre und Parkgestaltung abgelegt hatte. Sein Eigentümer, William Shenstone (Abb. rechts), gestaltete das Areal in den Jahren 1745 bis 1763 (Abb. oben). Shenstone war Dichter und Gartentheoretiker. In seinen Essays beschrieb er – wenn auch nicht ausdrücklich – den Unterschied zwischen Garten und Park. Er teilte die Gärtnerarbeit in drei Bereiche auf und bezeichnete sie als Küchen-, Parterre- und Landschaftsgärtnerei (kitchen-gardening, parterre-gardening, landskip- or picturesque gardening). Mit

Porträt von William Shenstone
Aus: R. & J. Dodsley, »The Works in Verse and Prose of William Shenstone«, Bd. 1, London 1764

dem pittoresken Landschaftsgarten dürfte er den Park gemeint haben. Er betonte, dass dieser Gartenteil (bzw. Park) die Besucher mit seiner Großzügigkeit, Schönheit und Vielfalt überraschen solle. Die Anlage verfügte über eine abwechslungsreiche Topografie mit bewaldeten Tälern, rauschenden Bächen, Bogenbrücken, Kaskaden und sogar den Ruinen einer alten Abtei. Aussichtspunkte bezogen das umliegende Land mit den markanten Mittelgebirgszügen, wie Clint Hills oder Frankley Beeches, visuell in das idyllische Szenarium mit ein.

Dieser Garten gehört nicht nur eindeutig zum pittoresken oder romantischen Typus, sondern ist auch eine *ferme ornée* bzw. *ornamental farm*. Diese Typenbezeichnung verweist auf ein ähnliches Phänomen, wie wir es schon in Versailles im Hameau de Trianon kennen gelernt haben: auf das theatralisch inszenierte Landleben. In England und speziell in Leasowes sollte allerdings das landwirtschaftlich genutzte Areal in den Gartenbereich mit einbezogen werden – ein typisches Zeichen für die englische Naturauffassung und den an wirtschaftliche Rentabilität denkenden Gutsbesitzer. Die Idee stammt von Stephen Switzer, der 1715 in seinem Traktat »The Nobleman, Gentleman, and Gardener's Recreation« schrieb, dass die nützlichen und profitablen Seiten des Gärtnerns innerhalb eines Gartenareals günstig und erfolgreich miteinander in Verbindung gebracht werden sollten. Doch Shenstone hat diesen Begriff von der *ferme ornée 1745* als Erster aufgebracht – merkwürdigerweise als französischen Terminus. Er grenzte dieses Wort gegen *parc orné* ab, womit er die geometrisch gestalteten Parterres meinte. Offen blieb allerdings, in welche Richtung sich die *ferme ornée* entwickeln sollte, ob zum gartenkünstlerisch gestalteten Farmland oder zum landwirtschaftlich genutzten Park. So verschwand der Terminus denn auch bald wieder aus der Gartenliteratur, da nur sehr wenige Gutsbesitzer sich der Landwirtschaft in Verbindung mit der künstlerischen Gestaltung der Parklandschaft widmen konnten und wollten. Lediglich in Rousham hat man versucht, das Eine mit dem Anderen zu verbinden und die beiden unterschiedlichen Garten- bzw. Parkbereiche miteinander zu harmonisieren.

Leasowes wurde zu einem Treffpunkt literarisch und philosophisch ambitionierter Gentlemen. Auch Louis-René Girardin, Vicomte d'Ermenonville, besuchte Leasowes 1763, im Todesjahr von William Shenstone, und begeisterte sich sowohl am Landschaftsgarten als auch am Konzept der *ferme ornée*. In seinem Traktat über den Landschaftsgarten, der 1777 in Genf erschienen ist, wollte er ebenfalls die pittoresken Aspekte mit den landwirtschaftlich sinnvoll genutzten Bereichen verbinden. In Ermenonville ließ er William Shenstone ein Denkmal errichten – übrigens in der unmittelbaren Nachbarschaft des Grabes von Jean Jacques Rousseau, der seine letzten beiden Lebensmonate auf dem Gut des Vicomte verbracht hatte (Abb. S. 441).

OBEN UND UNTEN:
Bristol-Henbury, Avon
Blaise Hamlet mit so genannten *cottages ornés* von John Nash, 1811

Warwick Castle, Warwickshire
Blick auf den Avon und das Viktorianische Bootshaus

ABBILDUNG GEGENÜBER:
Warwick Castle, Warwickshire
Burganlage im Landschaftsgarten

Das Werk des Lancelot »Capability« Brown

Horace Walpole, 4. Earl of Oxford, jüngster Sohn des ersten englischen Premiers Sir Robert Walpole, wurde durch seinen Essay »On Modern Gardening« bekannt, geschrieben zwischen 1750 und 1770. Walpole nannte William Kent den Begründer des pittoresken Landschaftsgartens. Die einfühlsamen Verse John Miltons und die utopistischen Landschaftsvisionen Claude Lorrains führte er als Inspirationsquellen an. Dieser Bezug ist kaum nachzuvollziehen, da Walpole für seinen kleinen Garten Strawberry Hill in Twickenham mit einem malerischen Blick auf die Themse gerade Alleen bevorzugte – für William Kent eine ausgesprochene gärtnerische Unart. Auch bei den Charakterisierungen und Einschätzungen weiterer Gartenanlagen und ihrer Schöpfer hat er nicht immer einen sicheren Blick gehabt. So äußerte sich der Gartentheoretiker im Jahr 1751 über Warwick Castle: »Er ist von einem gewissen Brown nach einigen Ideen von Kent und Southcote vorzüglich angelegt.« Bereits einige Jahre später dürfte Walpole bemerkt und zutiefst bedauert haben, dass er von »einem gewissen Brown« geschrieben hatte. Denn das war eine fast schon unerträgliche Herabwürdigung der damals wohl berühmtesten Gärtnerpersönlichkeit Englands: Lancelot Brown, auch Lancelot »Capability« Brown genannt. Der Beiname bezog sich auf Browns Eigenschaft, in nahezu jeder Landschaft die Möglichkeiten (capabilities) der gärtnerischen Gestaltung zu sehen. Als Brown, 1716 geboren, 1783 starb, schrieb Walpole: »Sein großer und schöner Genius blieb ohne Nebenbuhler, und es war ein besonderes Glück, dass er von allen Schichten der Gesellschaft unseres Landes und bei vielen Adligen und großen Männern des Auslandes anerkannt wurde.«

Wer war Lancelot Brown? Seine Karriere begann bescheiden, zunächst als Gärtnergehilfe und später als Küchengärtner in Stowe, wo er den englischen Adel durch die Gartenanlage führte und bei dieser Gelegenheit seine künftigen Auftraggeber kennen lernte. Unter der Leitung von William Kent fertigte er erste Entwürfe an und schuf in den Jahren um 1750 unter der Leitung seines Auftraggebers Lord Broke die Anlage von Warwick Castle in Warwickshire, die ihn berühmt machte (Abbn. links und gegenüber). Der mittelalterliche Burgwall wurde geschleift, und das Gelände wurde neu geformt. Dann pflanzte man Baumgruppen, darunter Zedern aus dem Libanon und schottische Kiefern. Die Anlage orientierte sich am Burghügel und wurde so gestaltet, dass sich immer wieder malerische Perspektiven zur Burg und ins Avon-Tal ergaben.

In den Jahren seiner Tätigkeit in Warwick Castle entwarf Brown 1750 für Lord Deerhurst das Herrenhaus von Croome Court, Worcestershire, im palladianischen Stil. Er legte auch den Landschaftsgarten an. Auf dem Inselchen im See schuf er ein klassizistisches Sommerhäuschen und untertunnelte sogar die Hauptstraße, um das benachbarte Gelände ebenfalls gärtnerisch zu gestalten und mit dem Hauptanwesen zu verbinden.

London-Twickenham, Strawberry Hills
Neugotisches Landhaus, 1749/50–76 von Horace Walpole u. a. errichtet; Ansicht von Süden mit Garten

Brown war nun ständig in England unterwegs, um für den Adel Landschaftsgärten anzulegen und Herrenhäuser zu entwerfen. Fast jährlich wechselte der Unermüdliche seinen Standort. Im Jahr 1767 trat er in das Amt des *Master Gardener* am königlichen Hof ein. Mit Wilderness House erhielt er eine herrschaftliche Dienstwohnung. In den Gärten von Hampton Court, wo er nur wenige Änderungen veranlasste, sah man ihn häufig mit König George III. lustwandeln. Seine Hauptaufgabe lag in Old Park in Richmond, der heute Teil des Königlichen Botanischen Gartens ist.

In jenen Jahren befasste sich Brown mit Entwürfen für die Gärten in Langley und Blenheim, Oxfordshire. Die Gartenanlage von Blenheim war schon zu Beginn des 18. Jahrhunderts begonnen worden. Später gestaltete Bridgeman Bereiche des Anwesens, unter anderem den Küchengarten und einen mit Bastionen versehenen so genannten Militärgarten, die allerdings den Entwürfen Browns weichen mussten. Browns Änderungspläne für Blenheim Park für den 4. Herzog von Marlborough stammen von 1764. Zehn Jahre sollten ihn die Arbeiten in Atem halten. Zunächst ging es um das Aufstauen des River Glyme und um den Erdaushub für zwei Seen. Im westlichen Areal an den äußersten Seeufern sah Brown die Errichtung einer große Kaskade vor – ein Ersatz für Sarah's Cascade, die 1720 von der Herzogin-Witwe Sarah geschaffen worden war.

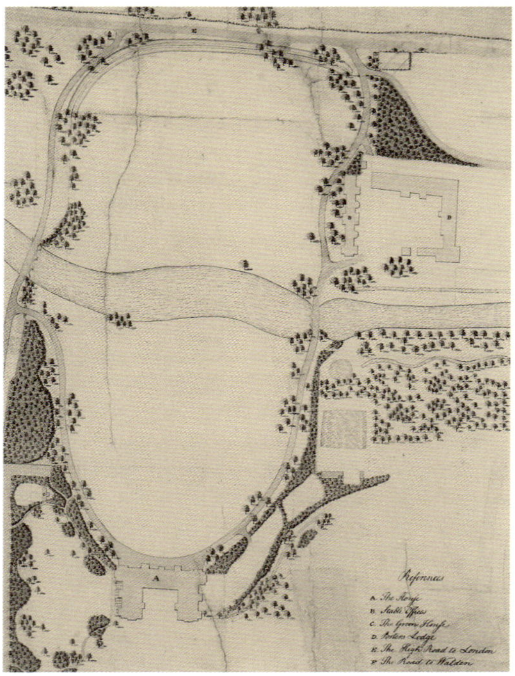

Audley End House, Essex
Plan von Lancelot Brown, um 1762

Blenheim Palace, Oxfordshire
Landschaftsgarten, Mitte 18. Jh. von Lancelot Brown gestaltet

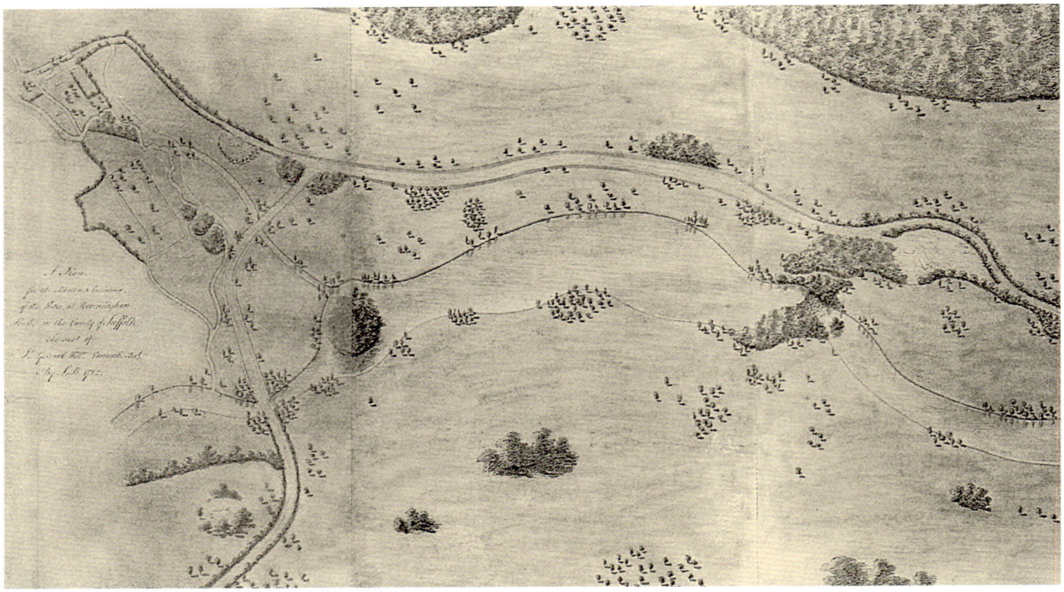

Heveningham, Suffolk
Plan von Lancelot Brown, 1781

Blenheims Wasserreichtum blieb auch im 20. Jahrhundert erhalten – jedoch in einer fast schon ironischen Umdeutung. Der 9. Herzog von Marlborough engagierte um 1930 den französischen Gartenarchitekten Achille Duchêne, der die Anlage umgestaltete, indem er drei Wasserterrassen im Stil der *parterre d'eau* von Versailles anlegte. Dessen Vater, Henri Duchêne, war bekannt geworden durch die Umwandlung englischer Landschaftsparks in klassische Barockgärten.

Lancelot Brown starb plötzlich und unerwartet im Jahr 1783 an einem Schlaganfall. Von seinen drei Söhnen eignete sich keiner zum Nachfolger. Das Ausmaß seines Wirkens war ungewöhnlich groß. Rechnet man die Quadratkilometer seiner gestalteten Gartenflächen zusammen, ergibt sich ein Vielfaches der Fläche, die von den Werken André Le Nôtres eingenommen wird.

Wodurch nun unterscheiden sich Browns Schöpfungen von denen anderer englischer Landschaftsgärtner? Sein Ausspruch, einen Garten müsse man mit den Empfindungen eines Dichters und den Augen eines Malers anlegen, trifft sicherlich auch für viele andere Gartenkünstler zu. Dabei schien diese Sentenz für Brown kaum von Bedeutung gewesen zu sein. Farbliche Kontraste vermied er bewusst. In die Natur integrierte antike Gebäude findet man selten, zumindest nicht in der Häufung, wie sie bei anderen Landschaftsgärten auffällt. Brown gestaltete weder ein Lorrain- noch ein Poussin-Szenarium. Ihm ging es um die Harmonie der Linien, die sich in sanften Hügelwellen oder in gewundenen Flusstäler ausdrückten. Gebäude und Statuen wurden da eher als störend empfunden. Brown ging sehr sparsam mit den künstlerischen Mitteln um, wie sich auch in seinen Entwürfen ablesen lässt. Der Plan von Heveningham in Suffolk von 1781 beschreibt auf den ersten Blick ein äußerst karges Szenarium (Abb. oben). Die Baumgruppen verteilen sich über weite Rasenflächen, und ein kaum verzweigtes Wegesystem durchzieht in langen Schwüngen die Anlage, in der sich ein serpentinenförmig angelegter See mit einer bewaldeten Insel erstreckt.

Mit Brown änderte sich das Bild des englischen Landschaftsgartens. Er gestaltete ganze Landschaften; dabei ging es ihm allerdings weniger um den Ausdruck von Naturnähe als vielmehr um die Erzeugung eines harmonischen Erscheinungsbildes, dessen Künstlichkeit keinesfalls verborgen bleiben sollte.

Horace Walpole nahm Browns Schöpfungen zum Anlass, ein hohes, wenn auch stark national gefärbtes Lied vom englischen Landschaftsgarten anzustimmen: »Wir haben die Vollendung erreicht. Wir haben der Welt das Vorbild der wahren Gartenkunst gegeben. Andere Länder mögen unseren Geschmack nachahmen und verderben, hier aber soll er auf seinem grünen Thron herrschen – original durch seine elegante Einfachheit. Er ist auf keine andere Kunst so stolz wie auf jene, die es versteht, die Strenge der Natur zu mildern und ihr anmutsvolles Spiel nachzuahmen.«

Sheffield Park

Im Jahr 1776 beschloss John Holroyd, 1. Earl of Sheffield, in der Grafschaft Sussex einen 40 Hektar großen Landschaftspark zu schaffen. Es gelang ihm, zwei der berühmtesten englischen Gartenkünstler für die Arbeiten zu gewinnen, Capability Brown und

ABBILDUNG GEGENÜBER:
Sheffield Park, East Sussex
Uferbewuchs am *Ten Food Pond*

Humphrey Repton. Letzterer arbeitete ab 1789 an dem Garten und war verantwortlich für die Anlage einer Kette von kleinen Seen bis hinauf zum Herrenhaus. Brown legte die beiden *Woman's Way* genannten Seen an. Die gärtnerische Gestaltung wurde erst im Jahr 1883 wieder aufgenommen, als der 3. Earl of Sheffield die Seenplatte erweiterte. Die Arbeiten übernahm die Firma Pulham and Sons. James Pulham war in England als Felsenskulpteur berühmt geworden. Er benutzte als erster Zement, um künstliche Felslandschaften zu gestalten. Auf Pulham gehen wohl auch die Kaskaden zwischen den Seeterrassen zurück. In jenen Jahren wurden Korniferen und Rhododendren angepflanzt. Zu Beginn des 20. Jahrhunderts ging der Garten in den Besitz von Arthur Soames über, der in den Jahren 1909 bis 1934 den Uferbereich der Seenplatte nutzte, um viele unterschiedliche Baum- und Buscharten anzupflanzen, die im Herbst für eine besondere Laubfärbung sorgen sollten (Abb. links). In jüngster Zeit hat man den so genannten *Queen's Walk* eingerichtet, der sich durch das Seengebiet zieht und an einer bestimmten Stelle einen wunderschönen Blick auf Sheffield Park House ermöglicht (Abb. oben). Der Bau wurde im Jahr 1887 zum 50. Jahrestag der Inthronisierung Königin Victorias errichtet. Später übernahm der National Trust den Park und machte ihn der Öffentlichkeit zugänglich. Die von den englischen Gartenpuristen bereits um die Mitte des 18. Jahrhundert geforderte Verbannung der Staffagebauten war umstritten und wurde in vielen Landschaftsgärten nicht befolgt.

Sheffield Park, East Sussex
Fernblick aus dem Landschaftsgarten auf Sheffield Park House (oben)
Uferbepflanzung am *Middle Lake* (links)

Tatton Park, Cheshire
Italienischer Garten mit Neptunbrunnen, 1859 von Joseph Paxton angelegt

Tatton Park

Wie man den Stichen der Britannia Illustrata entnehmen kann, bevorzugte der englische Landadel schon im 17. Jahrhundert die Gliederung der Gärten durch Baumalleen. Buchen- oder Lindenalleen wurden nicht allein als Zufahrtswege zum Herrenhaus gewählt, sondern fanden auch im inneren Gartenbereich Verwendung. Tatton Park bei Knutsford in Cheshire ist berühmt für seine Buchenalleen, die in viele verschiedene Richtungen ausstrahlen. Eine der Alleen führte vom spätbarocken und geometrisch reglementierten Garten zum Herrenhaus, das kurz nach 1700 entstanden ist. Humphry Repton riet den Besitzern, die Alleen aufzubrechen, um Baumgruppen zu pflanzen und gewundene Wege zu ziehen. Das entspreche dem Ideal des Landschaftsgartens. Doch glücklicherweise widerstand man seinen Plänen. Die Alleen blieben erhalten – bis auf den heutigen Tag.

In der Zeit um 1814 entwarf Lewis Wyatt einen Blumengarten, dessen Alkoven, *Lady Charlottes Arbour*, und der zierlich geformte Brunnen erhalten geblieben sind. 1818 wurde das Gartenensemble durch eine Orangerie ergänzt. Sir Joseph Paxton, der berühmte Architekt des 1850 für die Weltausstellung errichteten Londoner Glaspalastes, kam in ebendem Jahr auch nach Tatton Park, um die Parkterrassen im italienischen Stil zu entwerfen. Er legte große Treppenfluchten an, konzipierte ein zentrales Brunnenbecken und verteilte elegant geschwungene Blumenvasen auf die Balustraden (Abb. oben). Von dort aus gelangt man in einen entlegenen Landschaftsgarten, in dem sich der *Golden Brook* befindet, ein verwunschener Gartensee mit einem Shinto-Tempel. Dieser als Japanischer Garten ausgestaltete Bereich wurde um 1910 angelegt (Abb. gegenüber).

In Knutsford durchlitt die im Jahr 1810 geborene englische Dichterin Elisabeth Cleghorn Stevenson, die später den Pfarrer Gaskell heiratete und unter diesem Namen berühmt wurde, ihre Seelenkreise. Tatton Park diente ihr als Kulisse für den Roman »Frauen und Töchter«, in dem sie das Anwesen in »Cumnor Towers« umtaufte. Sie bezog sich dabei auf das Landhaus, das die Architekten Samuel und Lewis Wyatt um 1800 für William Wegerton im klassizistischen Stil erbaut hatten.

Tatton Park ist ein anschauliches Beispiel dafür, in welchem Maße gartenkünstlerische Motive tradiert werden. Die für den Exotismus so aufgeschlossene Kultur des Rokoko war für die Gartenkünstler der Zeit um 1900 eine bedeutende Inspirationsquelle. Aus diesem Grund wurden wieder exotische Staffagebauten interessant, wie beispielsweise der Shinto-Tempel im Tatton Park.

ABBILDUNGEN GEGENÜBER:
Tatton Park, Cheshire
Ansichten des Japanischen Gartens von 1910

ABBILDUNG GEGENÜBER:
Castle Howard, North Yorkshire
Fernblick auf das Mausoleum, 1726–29 von Nicholas Hawksmoor errichtet

Castle Howard

Bei Castle Howard in Yorkshire könnte man an ein »englisches Versailles« denken. Charles Howard, 3. Graf von Carlisle, und der Marineoffizier und Lustspielautor John Vanbrugh sinnierten 1699 gemeinsam über die Errichtung einer gigantischen Schlossanlage, die alles bislang Erbaute im Königreich übertreffen sollte. Vanbrugh entwarf einen riesigen Schlosskomplex, der Graf ließ den Bau errichten. Vanbrugh avancierte rasch zum bedeutendsten Architekten. Kein anderer Profanbau in England besaß eine größere Kuppel als die von Castle Howard. Das Schloss, mit einem vorgezogenen Mitteltrakt und neunachsigen Flügelbauten sowie mit Eckpavillons versehen, war von einem weitläufigen Garten umgeben, der bald alle Merkmale des späteren Landschaftsgartens aufwies. Obwohl noch dem barocken Ideal verpflichtet, suchte man weite und erhabene Perspektiven und schuf diese durch gewundene Wege, Flussläufe und Brücken. Doch das Hauptparterre, dort, wo heute der monumentale Herkulesbrunnen steht, war mit manieristischen Heckenfiguren, Scheinarchitekturen, Obelisken und Torbögen versehen. Ob diese barocke Anlage tatsächlich vollendet wurde oder Fragment blieb, damit man sich dem neuen Ideal des Landschaftsgartens zuwenden konnte, ist ungewiss. Östlich des Schlosses legte der englische Gartentheoretiker Stephen Switzer ein Wäldchen an, *Ray Woods*, mit verschlungener Wegführung und Laubengängen, die zu Lichtungen mit Pavillons, zu Brunnen und Kaskaden führten. Dieser Gartenbereich gab dem neuen englischen Landschaftsgarten seine ersten prägenden Akzente. Stolz notierte Switzer: »Dieser unvergleichliche Wald ist die höchste Steigerung, die natürliche und galante Gartenkunst jemals wird erreichen können.«

Der nach Süden hin verlaufende *terrace walk* bietet prächtige Ausblicke in die Landschaft. Der Weg führt oberhalb eines künstlich angelegten Sees zum Tempel der Vier Winde, einer freien Variante der Villa Rotonda von Palladio (Abb. unten). Vanbrugh errichtete das Gebäude 1725. Einen mächtigen Eindruck vermittelt das 1729 erbaute Mausoleum von Nicholas Hawksmoor, ein klassizistischer Rundtempel, der von einer flachen Kuppel abgeschlossen wird (Abb. gegenüber).

Castle Howard, North Yorkshire
»Tempel der Vier Winde« von Sir John Vanbrugh, 1725

Duncombe Park

Das Städtchen Helmsley in Yorkshire wird von einer romantischen Burgruine beherrscht, die einen weiten Rundblick in die Landschaft und hinunter in das Tal des River Rye bietet. Die Burg wurde von Sir Charles Duncombe, Banker der Londoner Goldschmiede, Ende des 17 Jahrhunderts erworben. Sie war nicht etwa ein Staffagebau, sondern ein mittelalterliches Gebäude. Doch bevorzugte der Edelmann bald ein Schloss, das John Vanbrugh um 1710 nebst einem weitläufigen Park erbaute. Vom Schloss gelangt man über eine weite Rasenfläche zu einer Sonnenuhr, die von Saturn, dem Vater der Zeit, justiert wird. Die Skulptur ist von dem flämischen Bildhauer John Van Nost (Abb. unten). Am geflügelten Saturn vorbei führt ein Terrassenweg, auf dem man in einem weiten konkaven Bogen vom Tuskischen Tempel hinüber zum Ionischen Tempel entlangspazieren und einen prachtvollen Blick hinunter auf das Tal des River Rye genießen kann (Abb. gegenüber). Unterhalb des um 1718 errichteten Ionischen Tempels steht eine Aha-Mauer, die in ähnlicher Form später in Stowe zur Geltung kam.

Neben Castle Howard zählt auch Duncombe Park zu den frühen englischen Landschaftsgärten. Vanbrugh muss als Pionier dieses Gartentypus herausgestellt werden. Seine Erfolge rühren möglicherweise auch aus dem Umstand, dass er weder als Architekt noch als Gärtner eine akademische Ausbildung genossen hatte. Er erkannte intuitiv die Möglichkeiten, eine natürlich gewachsene Landschaft mit dem künstlich angelegten Hauptparterre in Beziehung zu

Duncombe Park, North Yorkshire
Sonnenuhr mit Skulptur des Saturn von John Van Nost mit Blick auf den Ionischen Tempel

ABBILDUNG GEGENÜBER:
Duncombe Park, North Yorkshire
Ansicht vom Ionischen Tempel auf die Landschaft

setzen. Eine seiner grundlegenden Ideen bestand in der parallel zur Schlossfassade entlang geführten Hauptallee. Dadurch waren Blicke vom Herrenhaus in und über den Garten hinaus bis weit in die Landschaft hinein möglich. Dieser neue »english style«, im Garten oder Park die Nähe zur Natur zu suchen, dürfte in Duncombe Park fast gleichzeitig mit Castle Howard erstmals zur Ausführung gelangt sein.

Studley Royal

»Auf einer Fläche von nicht weniger als zehn Morgen Landes kann man die Reste der großen Abtei studieren. Die meist moosverkrusteten Gemäuer verraten noch, wo sich einst die Wohn- und Wirtschaftsgebäude der früheren Besitzer erhoben, wo ihre terrassierten Gärten sich dehnten. In der Mitte dieser Ruinen erhebt sich noch immer [...] eines der edelsten Werke der christlichen Kunst, die Abteikirche. Versehrt, aber noch immer bewunderungswürdig in Form und Gestalt, war das Gewölbe im Sommer ihr einziges Dach, und von ihren prächtigen Fenstern war nichts geblieben als die Symmetrie ihrer weiten Bogen und ein paar krause Relikte des phantastischen Maßwerks.«

Mit diesen Worten beschrieb der Schriftsteller und Politiker Benjamin Disraeli die Ruinen von Fountains Abbey in North Yorkshire nahe dem Dörfchen Aldfield. Sie gehen zurück auf ein im 11. Jahrhundert erbautes Zisterzienserkloster (Abbn. S. 386–387). Den ganzen Zauber aber bezieht diese Anlage durch die Umgestaltung von John Aislabie, der das Areal zu Beginn des 18. Jahrhunderts erworben hatte und ab 1722 bis zu seinem Tod 20 Jahre später in einen schönen Wassergarten verwandelte. Mittels eines Kanals führte er Wasser vom River Skell auf sein Areal, legte einen großen See an, gestaltete Grottenquellen und die berühmten Mondteiche, einen in der Form des Vollmondes, den anderen als zunehmenden Mond. Gegen 1728 entwarf er den klassizistischen *Temple of Piety*, den Richard Doe, ausführte (Abb. gegenüber). Oberhalb des Wassergartens führte er einen Weg hinauf auf den Hügel zu einem oktogonalen neugotischen Tempel, der kurz vor seinem Tod begonnen wurde. Von hier aus gelangt man zum Gipfel des Tent Hill, der einen unvergesslichen Blick über den Kanal und die Kaskaden des River Skell zu den Ruinen von Fountains Abbey bietet.

Die eindrucksvollste Ansicht vom Wassergarten hat man von einem erhöhten Plateau aus, gegenüber dem *Temple of Piety*. Studley Royal gemeinsam mit Fountains Abbey gehört wohl zu den gartenkünstlerischen Sonderfällen Englands. Die für einen sentimentalen Garten obligatorische Ruinenromantik war bereits vorhanden. Die Verbindung der Klosterruinen mit der klassizistischen Architektur innerhalb eines weitläufigen, von Seen, Teichen und Kanälen geprägten Landschaftsparks ist wohl einzigartig.

ABBILDUNG GEGENÜBER:
Studley Royal, North Yorkshire
Skulpturen im Wassergarten

ABBILDUNG OBEN:
Studley Royal, North Yorkshire
»Temple of Piety«, um 1730

Studley Royal, North Yorkshire
Fountains Abbey, ehem. Abteikirche: Mittelschiff nach Osten

ABBILDUNG GEGENÜBER:
Studley Royal, North Yorkshire
Blick von Osten auf Fountains Abbey

Exotismus

Im 17. und 18. Jahrhunderts gelang es einigen europäischen Ländern wie Frankreich, Holland oder England, ihre Kolonialherrschaft im Pazifik, in Ostasien sowie in Süd- und Mittelamerika auszudehnen. Der Überseehandel florierte und bescherte den Ländern nie gesehene oder gekostete Waren. Hinzu kamen die häufig phantasievoll abgefassten illustrierten Reisebeschreibungen, die von unglaublichen Tieren, Pflanzen und Menschenrassen berichteten. Besonders chinesische Erzeugnisse wie Vasen oder Stoffe erfreuten sich bald zunehmender Beliebtheit. An den europäischen Fürsten- oder Königshöfen begannen die Künstler, die fremdländischen Ornamente zu kopieren und in die angestammte Hofkunst als neuartigen Dekorationsstil zu integrieren. Bald wurden auch exotische Gebäude wie maurische Tempel oder chinesische Brücken und Pagoden als Staffagebauten übernommen. Dabei wurde – besonders beim englischen Landschaftsgarten – versucht, eine perfekte Illusion entlegener Weltgegenden zu erzeugen. Ein Leitmotiv exotischer Gartengestaltung ist die chinesische Pagode, die der englische Architekt Sir William Chambers erstmals 1763 in Kew Garden einführte (Abb. gegenüber). Pagoden folgten in Het Loo, in Sanssouci oder im Englischen Garten in München.

Zweifellos wird der Exotismus in der Gartengestaltung von den so genannten Chinoiserien dominiert. Das betrifft nicht nur chinesische Pagoden oder Brücken, sondern auch die Ausstattung der Gartenvillen und -schlösser mit Spiegel- und Porzellankabinetten sowie chinesischen Zimmern. Daneben behaupteten sich aber auch indische oder maurische Kabinette. Im Wörlitzer Park finden sich chinesische Staffagebauten mit ägyptischen Elementen gemischt. Türkische oder maurische Architektur- oder Dekormotive gibt es etwa in Stockholm, Schwetzingen und in der Stuttgarter Wilhelma. Ein solcher Eklektizimsus, die Kombination unterschiedlicher, meist sogar gegensätzlicher Stilmotive, bereitete dem Historismus der zweiten Hälfte des 19. Jahrhunderts den Weg.

Chinesischer Pavillon
Abbildung aus: Le Rouge, Cahier XII von »Détails des nouveaux jardins«, 1784

ABBILDUNG GEGENÜBER:
London, Kew Garden
Chinesische Pagode, 1763, von Sir William Chambers

Heale Garden, Wiltshire
Japanische Brücke vor einem Teehaus

Während sich die Chinamode bald zu einem bewährten Stilfaktor des Rokoko entwickelte, handelte man die selteneren Dekormotive des exotischen Orients und Indiens als Kuriosa. Arabische Moscheen mit schlanken Minaretten, türkische Zelte oder indische Tempel mit weiten Bögen und figurenreichen Fassaden wirkten in den Weiten des Landschaftsgartens als ästhetisch akzeptierte Fremdkörper, die als Blickfang am Ende einer Allee oder versteckt inmitten einer Baumgruppe ihre exotischen Reize entfalten sollten. So blieben diese Exotismus-Varianten auch weitgehend vereinzelt und ließen sich kaum in den Dekorkomplex der Chinoiserien integrieren.

Der Exotimus in der Gartenbaukunst war durchaus nicht nur beliebt, sondern forderte auch Kritiker heraus. Schon 1748 schrieb William Gilpin in seinem »Dialogue upon the Garden«, dass es der Chinamode an Wahrhaftigkeit und Geschmack fehle und sie den Eindruck des Arkadischen, der doch wohl an der griechischen Idee der Elysischen Gefielde gemessen werden müsse, verhindere.

Chinesischer Pavillon
Zeichnung von William Chambers, aus: »Designs of Chinese Buildings«, 1757

Cassan, ehem. Park des 18. Jahrhunderts
Chinesischer Pavillon

Englische Gartentheorien im 18. und 19. Jahrhundert

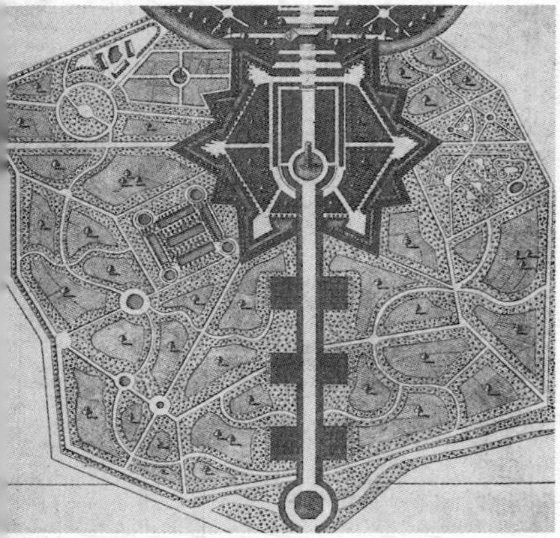

The Manor of Paston
Anlageplan nach Stephen Switzer

Die englischen Gartentheorien zeichnen ein interessantes Bild der Gartenpraxis nach. Oft ging nicht die Theorie der Praxis voraus, sondern umgekehrt: Garten- oder Parkanlagen waren häufig Anlass für die Theoretiker, die Gestaltungselemente auf den Begriff zu bringen. Stephen Switzer (1682–1745), ein praktizierender Gärtner, war wohl der Erste, der den Bogen vom französischen Barockgarten zum naturorientierten Landschaftsgarten zog. 1718 kam sein dreibändiges Werk »Ichnographia Rustica« in London heraus. Er forderte von der Gartenkunst die Verbindung des Nützlichen mit dem Angenehmen, lehnte aber die französische Gartengeometrie strikt ab. Das ist verwunderlich, da er seinen Idealgarten von 1718 nach französischem Vorbild anlegte. Zwar fehlt die spezifisch französische Beetornamentierung, die Struktur mit geometrisch gegliederten Kompartimenten zu beiden Seiten eines regelmäßig eingefassten Teichs geht aber noch eindeutig auf den traditionellen Barockgarten zurück (Abb. links). Die von Switzer gewünschte innige Verbindung mit der Landwirtschaft führte zur Konstruktion von Gräben mit Zäunen, den so genannten Ahas, um das Vieh daran zu hindern, in den Bereich der Lust- und Nutzgärten einzudringen. Switzer übernahm viele Gedanken aus den Schriften von Dézallier d'Argenville, formte diese im englischen Sinne um und legte damit erste theoretische Gedanken zum Landschaftsgarten vor.

Der enge Kontakt zur Landschaftsmalerei wurde erstmals von Thomas Whatley, einem Tory-Parlamentarier, in seinem Werk »Observations on Modern Gardening Illustrated by Descriptions« (London, 1770) thematisiert. Er pries den Wert der Gartenkunst, da sie der Landschaftsmalerei überlegen sei, so wie das Original immer der Kopie vorgezogen werde. Das ist ein interessanter Vergleich, machte er doch darauf aufmerksam, dass der Gartenkünstler in der Lage ist, die Natur zu formen, im Gegensatz zum Maler, der sie lediglich nachahmen kann. Whatley, ein ausgesprochener Ästhet, sah in der Gärtnerei weniger ein Handwerk, als vielmehr

Hortus Penbrochianus/Wilton Garden
Zeichnung von Isaac de Caus, 1645

So sahen auch in England Mitte des 17. Jahrhunderts die herrschaftlichen Gartenanlagen aus, bevor der neue Typus des englischen Landschaftsgartens ab der ersten Hälfte des 18. Jahrhunderts das Bild deutlich veränderte.

Heale Garden, Wiltshire
Südterrasse vor dem Herrensitz aus dem 17. und 19. Jahrhundert

eine Kunst, die der Inspiration bedarf. Aus diesem Grunde ging es ihm auch nicht um die Aufzählung von Aufgaben, die der Gärtner zu berücksichtigen und zu erfüllen hat, sondern um die Integration der Gartenkunst in das weite Feld der freien Künste. Ein Gemälde sollte also niemals Vorbild für einen Gartenentwurf sein, da der Gartenkünstler nach eigenen ästhetischen Regeln arbeitet, zu denen er durch das Studium der Natur gelangt. Stowe, Stourhead oder die Gärten Lancelot Browns waren die Vorbilder für Whatley. In ihnen entdeckte er die ästhetischen Strukturen, die er in seinen Schriften ordnete und zusammenfasste. Es wäre nicht einmal verfehlt, wenn man Whatleys Ausführungen als den theoretischen Teil zu den konkreten Schöpfungen Browns charakterisieren würde. Sein Einfluss auf den kontinentalen Landschaftsgarten in Deutschland war besonders nachhaltig und intensiv.

Während Whatley, ähnlich der Gartenpraxis Browns, ein fast puristisches Landschaftsdesign favorisierte, war der Londoner Architekt Sir William Chambers (1723–96) an der exotischen Ausgestaltung der Gärten interessiert. Seine China-Reisen führten zu einer intensiven Hinwendung zu chinesischen Dekormotiven im Landschaftsgarten. Im Gegensatz zu Brown bereitete er den sentimentalen Garten vor, der vor allem das Gefühl ansprechen sollte. Tatsächlich konnten beide Gartentypen in England nebeneinander bestehen, jedoch teilten sich ihre Anhänger entschieden in zwei Lager auf, in die der Chamberisten und der Brownisten. In Deutschland und in anderen Ländern des Kontinents wurden dagegen eher die Gedanken Chambers aufgenommen, als dass die Gärten Browns nachgeahmt wurden.

Über die Unterscheidung von Park und Garten in den theoretischen Schriften William Gilpins (1724-1804) wurde bereits geschrieben. Seine Betonung des Malerischen führte zu einer Betrachtungsweise des Gartens, die einer Bildanalyse ähnlich war. Für ihn, den Pfarrer in Boldre, Hampshire, und Freund von Horace Walpole, war der Garten ein dreidimensionales und dynamisches Gemälde, wie seinen »Remarks« von 1791 zu entnehmen ist. In diesem Essay stellte er in Aquarellen die richtige und die falsche Gestaltung eines Waldrandes oder einer Baumgruppe vor. Um den pittoresken Charakter eines Landschaftsgartens zu steigern, schlug Gilpin vor, mit Hilfe von Staffagebauten Blickachsensysteme zu schaffen. So sollten Baumalleen, die von ei-

Perspektivische Ansicht einer »Avenue«
mit den Ruinen eines alten Gebäudes in römischer Art als Endpunkt, nach Langley, 1728

Falsche (oben) und richtige (unten) Kombination von senkrechten und waagerechten Formen
Aus: Humphry Repton, »Sketches« (Ausgabe von 1840)

nem Teich oder einem Bassin ausgingen, auf eine ferne Ruine zulaufen. Die Ruine selbst müsste nicht unbedingt architektonisch ausgeführt, sondern könnte auf eine Leinwand gemalt oder aus Ziegeln gemauert und mit Zement verkleidet werden. Gilpin arbeitete eine Betrachtungsweise des englischen Landschaftsgartens heraus, die das Malerische betonte. Im aufkommenden Industriezeitalter trug er entscheidend zu einer Sichtweise bei, die Teile des praktischen Lebens ausklammerte.

Auch Humphry Repton (1752–1818), der seit 1788 ausschließlich als Gartenkünstler tätig war, unterschied wie Gilpin zwischen Park und Garten. Für den in Hausnähe angelegten Garten forderte er eine strikt architektonisch-geometrische Gestaltungsweise, während er für den weiter vom Haus entfernten Park das Prinzip der künstlerischen Gestaltung der Natur vorsah. Repton stellte differenzierte Gestaltungsregeln auf, um das ästhetische Zusammenspiel von Garten, Herrenhaus und Park zu demonstrieren. Wie Gilpin unterschied er zwischen falschen und richtigen Gestaltungsweisen. In seinen »Sketches and Hints on Landscape Gardening« (London 1795) analysierte er die Möglichkeiten der Kombination von senkrechten und waagerechten Formen. Das bezog sich auf die Stellung und den Beschnitt von Laub- oder Nadelbäumen in der Nähe des Wohnhauses (Abbn. links). Ein historistisches Gebäude mit Stufengiebel, Senkrechtgliederung und flankierenden Türmchen benötigt als Kontrast weite und ausladende Baumkronen von Laubbäumen, die zusammen mit einem Ensemble von niedrigem Buschwerk das Gebäude rahmen. Dagegen eignen sich für ein klassizistisches Haus mit der Betonung der Waagerechten hohe Fichten, die durch ihren Wuchs zu dem Aufrisssystem des Hauses einen Gegensatz bilden.

So sehr Repton mit diesen Beispielen den Gemäldecharakter von Park, Garten und Haus herausstellte, ging es ihm offensichtlich nicht ausschließlich um die pittoreske Wirkung. In den »Sketches« schrieb er: »Die Gartenkunst muss die beiden gegenseitigen Merkmale ursprüngliche Wildnis und künstlichen Komfort einschließen, jedes dem Genius und dem Charakter des Ortes angepasst; jedoch auch eingedenk, dass nahe dem Sitz des Menschen Bequemlichkeit und nicht pittoreske Wirkung den Vorrang haben muss, wo immer auch sie im gegenseitigen Wettbewerb eingesetzt werden.«

ABBILDUNG GEGENÜBER:
Bath, Somerset
Prior Park, Blick vom Schloss über den Landschaftspark mit der Palladianischen Brücke

Sheffield Park, East Sussex
Uferbepflanzung am *Middle Lake*

Mit John Claudius Loudon (1783–1843), Sohn eines schottischen Gutsbesitzers, vollzog sich eine Umorientierung in der künstlerischen und sozialen Einschätzung des englischen Landschaftsgartens, die sich in seinen sehr umfangreichen gartentheoretischen und gartenpraktischen Schriften nachvollziehen lässt. Obwohl Loudon weitgehend den Gedanken Reptons folgte, ließ er doch keine Gelegenheit aus, Fehler und Schwächen im System des immerhin um eine Generation Älteren aufzuzeigen. Er sprach wieder vom Garten und nicht mehr vom Park. Der pittoreske Garten sollte bis an das Haus heranreichen und den Geschmack des Besitzers unter Beweis stellen. Später stellt er neben diesen Gartentypus gleichberechtigt den geometrischen Garten – übrigens ohne Ressentiments gegenüber dem traditionellen architektonischen oder barocken Garten. Diese Meinungen äußerte er in vielen Schriften zu Beginn des 19. Jahrhunderts. In den 30er Jahren jedoch führte Loudon einen neuen Terminus ein, indem er in der achten Ausgabe des »Gardener's Magazin« vom Jahre 1837 schrieb: »Man wird einsehen müssen, dass dem gardenesken Stil (gardenesque) ein gleiches artistisches Vermögen zukommt wie dem pittoresken Stil.« Es ging ihm um die Ordnung und klare Gliederung von Wegesystemen und Baumgruppen. Bäume und Sträucher wurden jetzt als Einzelobjekt angesehen, um ihre ästhetische Form hervorzuheben, ganz im Gegensatz zum pittoresken Stil, bei dem sich die Betrachtung auf die Gruppen von Bäumen oder Büschen konzentrierte, deren Einzelgestaltung aber vernachlässigten konnte.

Mit dem Begriff des Gardenesken gewann nun die geometrische Form zunehmend an Bedeutung. Innerhalb eines geschwungenen Wegesystems sollten in Gruppen Bäume und Büsche sowie kreisförmige

Beete, die leicht zu bepflanzen sind, angeordnet werden (Abb. unten). Wichtig war, so der Vorschlag Loudons, die Beete jeweils mit nur einer Blumen- oder Strauchsorte zu bepflanzen. Ferner sollten sie voneinander und vom Weg mindestens drei Fuß Abstand halten. Wenige Jahre später übertrug er bei dem Entwurf für eine Vorstadtresidenz dieses Modell in ein strenges geometrisches Muster (Abb. rechts). Vor dem Wohngebäude liegen Küchengärten, zwischen denen eine Obstbaumallee auf die Eingangsfront zuführt. Die rückwärtige Gartenfront wird von einem *sunken garden* im Stil des englischen Renaissancegartens eingenommen, der durch ein einziges großes Ornament gegliedert ist. Ein Quadrat schließt einen Kreis ein, der in sich unterschiedliche Beetformen wie Halbkreisbögen, Zwiebelformen oder Vierecke aufnimmt, die unterschiedlich bepflanzt werden. Die Wege sind asphaltiert, um – wie Loudon mitteilte – Wartungskosten zu sparen.

Loudon ist konsequent den Weg vom englischen Landschaftsgarten zum historistischen oder eklektizistischen Garten gegangen. Das Echo auf seine Vorstellungen war positiv, da er auch die sozial schwächer gestellten Bevölkerungsgruppen berücksichtigte und für sie den städtischen Hausgarten konzipierte, der nun wahrlich nicht als Landschaftsgarten angelegt werden konnte.

Den entscheidenden Schritt vom Landschaftsgarten zum geometrischen Garten ging, zumindest in seinen theoretischen Äußerungen, der Buchhändler und Buchbinder Shirley Hibberd (1825–1890). In seinen Schriften folgte er den von Loudon vorgezeichneten Wegen und erklärte das Ende des Landschaftsgartens. Hibberd schrieb ausdrücklich für die »plain people«, die Armen, und ging davon aus, dass jeder Mensch über Geschmack und damit auch über ein gewisses Maß an Kunstfertigkeit verfügt. So versuchte er, die Menschen in der Kunst des Gärtnerns zu unterweisen, damit sie ihre Seele wie die Blumen im Garten pflegen können: »Von allen Plätzen der Welt muss gerade in der finsteren Stadt die Gegenwart von Blumen dazu dienen, uns dann und wann von der Fieberhast des Geschäfts zurückzurufen und uns an unsere Kindheit und unser Elternhaus, an unsere erste Liebe, unsere erste Wanderung, an das Lächeln und die Küsse unserer Mutter und an das goldene Kalifornien zu erinnern, das wir damals in einer Butterblumenwiese fanden.« Diese romantisch verklärte soziale Einstellung sollte dazu beitragen, die Sitten zu verbessern, da die für die Stadtbewohner unerreichbare Natur als Mikrokosmos im Wohnzimmer oder als kleine Parzelle vor der Haustür installiert werden konnte.

So gesehen wurde der altenglische Garten als Gegenpart zur industrialisierten Stadt zum neuen modernen Garten ausgerufen. Die Vorbilder entnahm man bewusst älteren Musterbüchern aus der Renaissance oder dem französischen Barock, was sich durch einen Vergleich von Hibberds geometrischem Garten mit einem Entwurf von Dézallier d'Argenville verdeutlichen ließe. Auch die Begrenzung des Gartens sollte wieder markant hervortreten – eine klare Absage an den alten Aha des Landschaftsgartens.

Dieses Gartenkonzept hat in den Jahrzehnten der Sozialutopien zweifellos seine Berechtigung gehabt. Wie aber konnte angesichts der zunehmenden Verstädterung und einer durch die Industrialisierung von der Natur entfremdeten Gesellschaft der Landschaftsgarten diffamiert werden? Für Hibberd war dieser Gartentypus ein Symbol für die Privilegien des Landadels, an dem der größte Teil der Bevölkerung nicht teilhaben konnte. Aus diesem Grunde musste so etwas wie ein miniaturisierter Landschaftsgarten als Haus- oder Zimmergarten die Natur ersetzen. Die geometrische Form drängte sich gewissermaßen für diesen Typus auf.

Suburban Residence im geometrischen Stil
Aus: Gardener's Magazine 1841

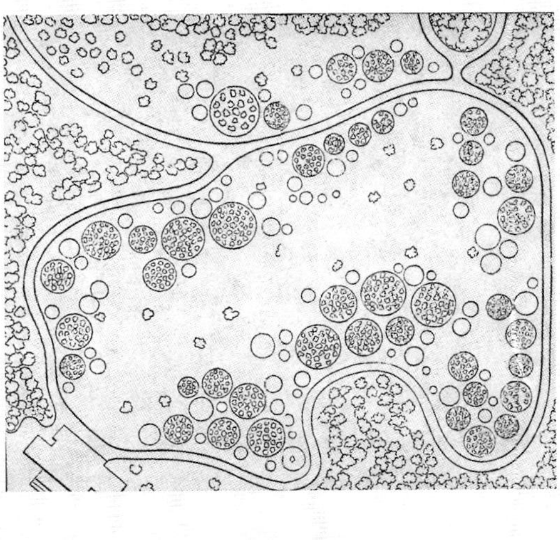

Kreisförmige Beetanlage
Gartengestaltungsvorschlag von John Claudius Loudon für Gärtner, die nicht Künstler sind
Aus: Gardener's Magazine 1835

William Beckford und Fonthill Abbey

William Beckford (1760-1844)
Porträt des romantischen Sonderlings als Schöngeist

Was Bomarzo für den italienischen Barockgarten, war Fonthill Abbey für den englischen Landschaftsgarten – ein exzentrisches Exemplar seiner Gattung. Zwar sind es nicht Bomarzos Monstrositäten, die in entsprechenden Varianten in Fonthill auftauchen, doch waren die Anekdoten, die sich um seinen Schöpfer William Beckford ranken, ähnlich kurios wie die Phantasiewesen in dem italienischen Garten. Die für den Hausherrn wohl bezeichnendste referierte Hermann Fürst Pückler-Muskau in seinen »Briefen eines Verstorbenen«: Der Sonderling Beckford soll sein Anwesen mit einer zwölf Fuß hohen Mauer umgeben haben, um ungebetene Besucher fern zu halten. Ein neugieriger Lord aus der Nachbarschaft überwand die Mauer mit einer langen Leiter und stand plötzlich dem Hausherrn gegenüber. Dieser erbot sich, dem Eindringling in höflichster Weise Haus und Garten zu zeigen. Nach dem Rundgang verabschiedete sich William Beckford von seinem Gast und wünschte ihm einen guten Tag. Als der Lord den Ausgang verschlossen fand und den Diener bat, ihm diesen zu öffnen, verwies dieser auf das Gebot seines Herren, der Gast möge dort hinausgehen, wo er hereingekommen sei.

Der Fürst beginnt seine Anekdote mit der Frage: »Hast Du wohl von dem Sonderling Beckford je gehört, eine Art Lord Byron in Prosa …?« Ebendieser Lord Byron beschrieb William Beckford (1760–1844) als den reichsten Mann Englands, dessen Vermögen es ihm erlaubte, seine romantischen Visionen Wirklichkeit werden zu lassen (Abb. links). Seinen ersten Garten ließ Beckford in Portugal in den Hügeln der Sintra, anlegen, ein, wie er schrieb, »Claude-like place« – gemeint war ein Garten, der einem Gemälde von Claude Lorrain nachempfunden war. Nach seiner Rückkehr nach England in den 90er Jahren des 18. Jahrhunderts beauftragte Beckford den Architekten James Wyatt mit dem Bau der neogotischen Abtei Fonthill in der Grafschaft Wiltshire nahe Salisbury. Es handelte sich um eine kuriose Kombination von mittelalterlichem Belfried, hochgotischem Kirchenschiff, burgähnlichen Trakten und zinnengesäumten Türmen – ein Architekturtheater, auf dessen Bühne nur ein einziger Mann, nämlich der Hausherr selbst, Regie führte und gleichzeitig agierte (Abb. rechts).

Wer war Lord Beckford? Sein unermessliches Vermögen war ihm von seiner Familie hinterlassen worden, die durch Sklavenhandel und Zuckerrohrplantagen in Jamaica reich geworden war. Als Fünfjähriger genoss er Klavierunterricht bei Wolfgang Amadeus Mozart. Der Aquarellist Alexander Cozens weihte ihn in die Kunst des Zeichnens ein. Als der junge Beckford Weihnachten 1781 seine Volljährigkeit feierte, wurden die Räume des väterlichen Landschlosses Fonthill Splendens in einen Illusionsraum aus transparenten und bewegten Bildern verwandelt – illuminiert von farbigem Licht und begleitet vom Gesang der berühmtesten Kastraten Europas. In jenen Jahren arbeitete Beckford an seinem Roman mit dem Titel »Vathek«, einem düsteren Buch der Schwarzen Romantik, das die Faust-Thematik im Orient spielen lässt. Lord Byron nannte das Buch seine Bibel. Dieser verheißungsvolle Auftakt einer literarischen und politischen Karriere wurde jäh beendet, als die homosexuellen Neigungen Beckfords ruchbar wurden und Hetzkampagnen ihn außer Landes fliehen ließen – er ging nach Portugal. Dieses selbstgewählte Exil tauschte er bald ein gegen das »exterritoriale« Fonthill Abbey. Beckford nannte die Baupläne »diabolisch«. Der Zentralturm sollte 84 m in die Höhe ragen, das Hauptschiff annähernd so lang werden wie Westminster Abbey. »Niemals«, so der Lord, »wurde so viel Ziegelstein verbraucht außer in Babylon.« Dort konnte er sich seiner Einsamkeit und Melancholie hingeben – umgeben von einer Schar von Dienern, einem Straßburger Arzt und einem Schweizer Zwerg, genannt Perro, der die Aufgabe hatte, den seltenen Gästen das zehn Meter hohe Eichenportal zu öffnen. Später schrieb Beckford: »Ich leide nicht wenig unter der

Fonthill Abbey
Landschloss des William Beckford in Gestalt einer mittelalterlichen Abtei

Joseph Mallord William Turner
Ansicht von Fonthill aus einem Steinbruch, um 1799
Bleistift, Tusche und Wasserfarben auf Papier, 29,8 x 47,7 cm
Leeds Museum and Galleries (City Art Gallery)

scheußlichen Langeweile und der Einsamkeit dieses Grabes von einer Abtei, aber das Schlimmste ist, dass man in diesem Grab nicht die Ruhe findet, die andere Gräber geben.«

Das Anwesen war von einer drei Meter hohen und zwölf Kilometer langen Mauer umgeben und umschloss neben dem Architekturkonglomerat einen teils märchenhaften, teils düsteren Park. Beckford ließ einen so genannten amerikanischen Garten anlegen, nachdem ab der zweiten Hälfte des 18. Jahrhunderts frostunempfindliche Pflanzen aus Nordamerika wie Rhododendren oder Magnolien sowie Sumpfzypressen oder Tulpenbäume eingeführt und populär geworden waren. Unterhalb der Abtei legte er den künstlichen Bitham-See an. Weite Rasenflächen und lange Baumalleen durchziehen das Gelände, das teils von heimischen, teils von exotischen Bäumen umgeben ist. Beckford wünschte sich eine gärtnerisch kontrollierte Wildnis, in der den Tieren, die außerhalb der Mauer gnadenlos von den jagdbessenen Lords zu Tode gehetzt wurden, eine paradiesische Bleibe beschieden sein sollte.

Im Jahr 1799 hielt sich auf Einladung Beckfords der junge William Turner drei Wochen lang in Fonthill auf, um Zeichnungen und Aquarelle von dem Park und der Abtei anzufertigen (Abb. oben). Wahrscheinlich wollte Beckford seine eigenen Visionen in der Kunst Turners konkretisiert sehen, da eine seiner Beschreibungen von Fonthill ziemlich genau einem Aquarell des Künstlers entspricht: »Alle die dunklen Wälder um die Abtei waren von der sinkenden Sonne in leuchtende Farbigkeit gehüllt und unter dem lieblichsten Blau des Himmels. Und aus diesen Forsten erhob sich die Burg des Atlas mit all ihren wie Diamanten blitzenden Fenstern! Nichts, was ich je in meinem Leben gesehen habe, reicht an diese einzige Vision heran, nicht in der Größe der Erscheinung, nicht im Zauber der Farben.« Das Motiv der in den Lüften schwebenden Burg des Magiers Atlas hatte Beckford dem »Rasenden Roland« des Ariost entnommen.

1807 wurde der Sklavenhandel abgeschafft. In den westindischen Kolonien fielen die Zuckerrohrpreise, und die Einkünfte Beckfords schrumpften dahin. Das aufwändig verwaltete Gut konnte nicht länger mehr finanziert werden, so dass Fonthill Abbey im Jahr 1822 bei Christie's in London für 330 000 Pfund veräußert werden mußte. Beckfords Kommentar: »Ich bin das Heilige Grab los!« Als Jahre später der hohe Abteiturm einstürzte, äußerte er sich ähnlich distanziert. Er bedauerte, nicht dabei gewesen zu sein.

Landschaftsgärten in Deutschland um 1800

Die Wurzeln und die theoretischen Grundlagen des Landschaftsgartens liegen in Frankreich, seine Entwicklung zum spezifischen Gartentypus ist natürlich in England beheimatet. Wie aber gelangte der englische Landschaftsgarten wieder zurück auf den Kontinent? Immerhin war es der französische König Ludwig XV., der in den sechziger Jahren des 18. Jahrhunderts den Trianon-Bereich in Versailles nach den Vorstellungen einer romantischen Pastorale anlegen ließ. Der englische Garten wurde gegen Ende des 18. Jahrhunderts immer populärer, immer begierig war man nach Gärtnern von der Insel. In jenen Jahren war der Barockgarten am Ende seiner Entwicklung angelangt. Gefragt war nun die urwüchsige Natur, die man durch Versatzstücke wie Felsen, Wasserfälle oder wild wuchernde Uferpartien sowie kleine antike Tempelchen bereichern wollte.

Eine entscheidende Rolle bei der Vermittlung dieser neuen Gartenidee ist Jean-Jacques Rousseau zuzuschreiben, der mit seinem Briefroman »La Nouvelle Héloise, ou Lettres de deux amans, habitans d'une petite ville au pied des Alpes«), 1761 erstmals erschienen und 1762 bereits ins Deutsche übersetzt, eine neue Lebensphilosophie auf der Basis einer innigen Verbindung mit der Natur entwarf. Als Modell diente ihm der Garten, in dem er die Natur fand, wo der Mensch zu den Quellen seines eigenen Ichs, zu seiner Natürlichkeit zurückfinden konnte. Aus diesem Grund kennt der Garten weder Symmetrie noch Ordnung oder Geradlinigkeit. Nach dem Motto »die Natur pflanzt nichts nach der Schnur« sollten der natürliche Wuchs der Pflanzen, Büsche und Bäume sowie der Landschaftscharakter gefördert werden.

Der Landschaftsgarten in Wörlitz

In Deutschland verbreitete sich die Idee des Landschaftsgartens auf der Basis der Rousseauschen Philosophie besonders schnell. Im Zeitalter der Empfindsamkeit und Aufklärung erlangte der Garten von Wörlitz rasch Bedeutung. Die Schöpfung des Fürsten Leopold Friedrich Franz von Anhalt-Dessau zählte schon kurz nach ihrer Vollendung um 1790 zu den ersten Sehenswürdigkeiten Europas. Maler, Philosophen und Dichter wurden aufgerufen, nach Wörlitz zu kommen. Der Fürst sah in dem Garten ein Modell für den aufgeklärten Staat. Das Gartenreich sollte als ästhetisches Zentrum eines mustergültigen Fürstentums vorgestellt werden. Eindeutiges Vorbild hierfür war der englische Landschaftsgarten. Der englische Diplomat Charles Stewart soll angesichts der weiträumigen Parkanlage und der häufigen überraschenden Landschaftsperspektiven begeistert ausgerufen haben: »God damn, hier bin ich in England!«

Fürst Franz (Abb. links) hatte sich bereits als junger Mann ab den siebziger Jahren des 18. Jahrhunderts der intensiven Landschaftspflege und der Verschönerung seines Besitzes gewidmet – eine Folge mehrerer ausgiebiger Englandreisen und des Studiums der dortigen Gärten. Auf seinen Reisen hatten ihn der Architekt Friedrich Wilhelm von Erdmannsdorff und der Gärtner Johann Friedrich Eyserbeck begleitet, dem auch die Leitung der Gartengestaltung in Wörlitz übertragen wurde. Doch auch der Fürst selbst versuchte sich im Planen und Entwerfen – oftmals entgegen den Vorstellungen seiner Fachleute.

Seine Vision von einem Gelehrtenstaat konnte der Fürst ansatzweise verwirklichen. Ihm gelang es, den Altertumsforscher und Übersetzer August von Rode in Wörlitz ansässig zu machen. 1781 wurde in Dessau die Allgemeine Buchhandlung der Gelehrten und Künstler gegründet, und 15 Jahre später war die

Wörlitz, Landschaftsgarten
Blick auf den Venustempel

Fürst Friedrich Franz von Anhalt-Dessau
Gemälde von Anton von Maron, um 1766
Nürnberg, Germanisches Nationalmuseum

ABBILDUNGEN GEGENÜBER:
Wörlitz, Landschaftsgarten
Das Wörlitzer Schloss oder Landhaus wurde 1769-73 von Friedrich Wilhelm von Erdmannsdorff nach italienischen und englischen Vorbildern errichtet (oben).
Der Wörlitzer See mit Amaliengrotte (unten)

Wörlitz, Landschaftsgarten
Sichtachsenfächer an der Goldenen Urne mit Blick auf die Synagoge, St.-Petri-Kirche und den Warnungsaltar

ABBILDUNG GEGENÜBER:
Wörlitz, Landschaftsgarten
Floratempel

Chalkographische Gesellschaft das Ziel bedeutender Kupferstecher. Im Philantropium wirkte der Pädagoge Johann Bernhard Basedow. Besonders beliebt aber war die eigens für Gartenarchitekten aus aller Welt eingerichtete Fachbibliothek im Wörlitzer Park. Dies alles gelang dem von seinem mächtigen Nachbarn Friedrich II. von Preußen verächtlich »princillo«, Prinzlein, genannten Fürsten, der sein Land politisch von Preußen abkoppeln und sein Fürstentum für neutral erklären konnte. Für diesen klugen Schritt musste Friedrich Franz zwar ungeheure Kontributionsleistungen erbringen, doch lohnte sich aus seiner Sicht der finanzielle Aufwand, um dem großen Ziel, eine Gelehrtenrepublik zu schaffen, näher zu kommen. Inmitten des Sees ließ der Bauherr eine Rousseau-Insel mit einem Denkmal anlegen. Damit verwies er auf die ideelle Wurzel seiner Staats- und Lebensphilosophie, den Keim der Aufklärung, und zugleich auf seine Beziehung zu dem großen französischen Denker, den er 1775 in Paris auch persönlich kennen gelernt hatte.

Die »englische Perspektive« kommt – gleich einem Landschaftszitat – in unverwechselbarer Weise am Wörlitzer See zum Ausdruck, wenn man am Ufer entlangspaziert und unvermittelt das malerisch von hohen Bäumen flankierte Nymphäum erblickt. Erdmannsdorff entwarf diesen tempelähnlichen Pavillon 1767/68 als überdachten Gartensitz. Der zitatenreiche Park versammelt die Reiseeindrücke des Fürsten. Anlässlich eines Neapelaufenthaltes ließ er die Insel »Stein« gestalten, damit er sich auch in der Heimat an der kampanischen Landschaft erfreuen konnte. Strawberry Hill, der Landsitz von Horace Walpole nahe London, war ihm Anregung für die Errichtung eines vergleichbaren Gebäude im neogotischen Stil. Fast exotisch und ein wenig fremd im Kreis der klassizistischen Gebäude nimmt sich das von Fichten umgebene Gotische Haus auf der weiten Rasenfläche aus (Abb. unten). Seine Vorliebe für diesen Stil wird der Fürst vermutlich in England entdeckt haben. Dort präsentierten sich in der zweiten Hälfte des 18. Jahrhunderts die Architekturformen sowohl klassizistisch als auch historistisch, also neoromanisch oder, häufiger noch, neogotisch – ein Phänomen, das in Deutschland im Bereich der Architektur erst später in Erscheinung trat und Verbreitung fand. In Wörlitz jedoch hatte der Fürst es schon sehr früh verstanden, über die Gartenkunst eine stilistische Verbindung dieser formal so gegensätzlichen Baustile herzustellen.

Wörlitz, Landschaftsgarten
Gotisches Haus, 1785–86 von Friedrich Wilhelm von Erdmannsdorff erbaut

Weimar, Park an der Ilm
Das am Talrand gelegene Gartenhaus wurde 1776 von Goethe bezogen. Dieser hatte das Haus von Herzog Karl August als Geschenk erhalten. Der Park an der Ilm, eine von bewaldeten Hängen eingeschlossene Flussaue am Rande des alten Stadtkerns von Weimar, entstand ab 1778 unter der Mitarbeit Goethes. Herzog Karl August und Goethe hatten zuvor den Wörlitzer Landschaftspark besucht und darin ihr Vorbild für die Weimarer Anlage gefunden. Sie wurde mit einigen Parkgebäuden ausgestattet und soll einst von einer empfindsamen Stimmung geprägt gewesen sein. Die oben gezeigte Ansicht lässt dies erahnen.

Hirschfelds »Theorie der Gartenkunst«

Für den überwältigenden Erfolg des englischen Landschaftsgartens auf dem Kontinent waren auch die theoretischen Schriften der Engländer verantwortlich, die in den siebziger Jahren des 18. Jahrhunderts in deutscher Übersetzungen vorlagen und für die Gestaltung neuer Gärten intensiv konsultiert wurden. Neben diesen Traktaten wurde sehr bald die Gartentheorie von Christian Cay Lorenz Hirschfeld, Professor für Philosophie und Ästhetik in Kiel, populär. Er hatte zwar nie die Gelegenheit gehabt, englische Gärten persönlich in Augenschein zu nehmen, analysierte aber dennoch den Landschaftsgarten und stellte dessen Kompositionsmittel und Elemente zusammen. Anders als die früheren Theorien unterschied Hirschfeld in seiner 1779 erschienenen »Theorie der Gartenkunst« den Garten nach Tages- und Jahreszeiten (Abb. gegenüber). Er differenzierte die Anlagen auch nach den Stimmungen, die sich bei einem Besuch einstellen. So sprach er von einem melancholischen, heiteren, sentimentalen und feierlichen Garten. Für ihn war es die besondere Art der Bepflanzung, die Stimmungen evozierte. Zum ersten Mal wurde bei Hirschfeld die Typologie des Gartens erweitert. Neben den Kloster-, Friedhofs-, Akademie-, Bad-, Hospital- und Schlossgarten trat der Volksgarten. Hier sollte sich, so Hirschfelds Vorstellung, die Stadtbevölkerung »Bewegung, Genuss der freien Luft, Erholung von Geschäften und gesellige Unterhaltung« verschaffen. Die Struktur der Anlage sollte seiner Meinung nach sowohl den damals populären englischen Landschafts- als auch den französischen Barockgarten berücksichtigen, um einen spezifisch deutschen Garten hervorzubringen. Dabei wandte sich Hirschfeld nicht nur gegen das »Gekünstelte«, die Rokokomanier des französischen Gartens, sondern sah auch im englischen Landschaftsgarten Elemente, die es zu vermeiden galt, beispielsweise chinesische Teehäuser und andere zierliche Staffagebauten. Hirschfeld wollte mit diesen Empfehlungen den Garten noch stärker als Landschaftsgarten ausprägen. Er orientierte sich also an der » strengen englischen Linie«, wie sie etwa Lancelot »Capability« Brown vertreten hatte. Hirschfelds »Theorie« setzte sich bald als Standardwerk der deutschen Gartenkunst durch.

»Sowohl von der Vorderseite des Arcadenhauses an, als auch hinter ihm verbreiten sich die Anlagen der Spaziergänge fast im Geschmack eines englischen Gartens. Vor dem Arcadenhaus erstreckt sich ein ziemlich ansehnlicher Wald von Eichen, der jedoch viele grosse Zwischenräume hat, worin Pflanzungen von mancherley einheimischen und ausländischen Bäumen und Gesträuchen abgelegt und mit Blumenstauden vermischt sind. Zur Abwechslung des Spazierganges und der Aussichten sind Vertiefungen und Anhöhen gemacht. Überall findet man weiße Bänke,

Theorie
der
Gartenkunst.
Von
C. C. L. Hirschfeld,
Königl. Dänischem würklichen Justizrath und ordentlichem Professor der Philosophie und der schönen Wissenschaften auf der Universität zu Kiel.
Erster Band.
Leipzig,
bey M. G. Weidmanns Erben und Reich. 1779.

Sitze, Tische auf den Höhen und in den Thälern; unter den hohen Eichen und den Buchen, die zwischen ihnen erscheinen, laden beschattete Ruheplätze ein.«

Diese überaus lobenden Worte Hirschfelds galten dem Park des Wilhelmsbades nahe Hanau bei Frankfurt am Main. Der Vergleich mit dem englischen Landschaftsgarten ist nicht nur vom Augenschein her gerechtfertigt, sondern nahe liegend auch aufgrund der familiären Beziehungen des Besitzers, des Erbprinzen Wilhelm von Hessen-Kassel, dessen Mutter eine Tochter des englischen Königs Georg II. war. Der Erbprinz hatte die Anlage zwischen 1776 und 1784 erbauen lassen. Die Badgebäude, der Brunnentempel mit der Äskulapstatue und eine im mittelalterlichen Stil errichtete Burgruine sowie kleinere Pavillons dienten der Kurzweil der Besucher, zu denen auch Gartenfachleute wie Hirschfeld zählten. Die auf einer Insel platzierte romantische Ruine (Abb. unten), die in nahezu keinem englischen Landschaftsgarten fehlen durfte, diente Wilhelm als Wohnung: »... ein halb verfallener gotischer Turm, in einem wahrhaft täuschenden Stil, nach der Zeichnung des Prinzen erbaut«, schreibt Hirschfeld in seinen Aufzeichnungen über Wilhelmsbad. Eine beson-

Christian Cay Lorenz Hirschfeld
»Theorie der Gartenkunst«, Titelblatt und -vignette, Leipzig 1779

Wilhelmsbad, Landschaftspark
Burgruine nach dem Grundriss eines gotischen Pavillons (nach einem Stich von B. Lanley). Das Gebäude wurde 1780 in Insellage als Wohnung für Erbprinz Wilhelm von Hessen-Kassel erbaut.

Park und Schloss Wilhelmshöhe
Idealansicht um 1800, Gemälde von Johann Erdmann Hummel
Kassel, Staatliche Kunstsammlung

dere Attraktion stellte das tempelartig errichtete Karussell mit mechanisch bewegten Holzpferdchen dar. Es ist heute noch auf einer kleinen Anhöhe des Parks zu bewundern.

Als Wilhelm 1785 nach Kassel zog, um dort als hessischer Landgraf Wilhelm IX. die Regierung zu übernehmen, wurden die Arbeiten in Wilhelmsbad eingestellt. Der Kurbetrieb dämmerte noch einige Jahrzehnte dahin, dann schlief er ein. Aus konservatorischem Gesichtspunkt kann der heutige Besucher über dieses Schicksal des einst so lebhaften Bades dankbar sein: Der Landschaftsgarten ist in seiner Struktur seitdem nicht mehr verändert worden.

Kassel, Wilhelmshöhe

In Kassel fand der neue hessische Landgraf einen der prachtvollsten Barockgärten Deutschlands vor. Dort hatte Landgraf Karl, inspiriert von den Gärten Italiens, die er besucht hatte, ab 1701 am Osthang des Habichtswaldes einen Garten im italienischen Stil anlegen lassen. Glanzpunkt des Gartens war und ist die berühmte, von Giovanni Francesco Guerniero konstruierte 250 m lange Wassertreppe, die von der denkwürdigen Herkulesstatue bekrönt wird, einer ins Monumentale gesteigerten Replik des römischen Herkules Farnese. Davon war bereits in einem früheren Kapitel die Rede (siehe S. 303).

Wilhelm machte sich sofort nach seiner Übersiedlung an die Arbeit, um die riesige Gartenanlage in einen englischen Landschaftsgarten umzuwandeln. Er behielt jedoch wichtige Teile der barocken Struktur bei, da er erkannt hatte, dass der neu zu konzipierende landschaftliche Park durch die Integration der dominanten Kaskadenachse nur gewinnen konnte (Abb. oben). Im oberen Drittel der Anlage führt die in Stein gefasste Kaskade von dem unbewohnbaren Schloss mit der bekrönenden Herkulesstatue auf der Bergkuppe hinunter zum ovalen Neptunbrunnen. Von dort aus verläuft sie durch eine enge Waldschneise malerisch über mehrere Zwischenstufen hinab bis zu dem weiten Platz, der von der klassizistischen Schlossanlage halbkreisförmig begrenzt wird. Die Hauptattraktion des Karlsbergs, der erst später in Wilhelmshöhe umbenannt wurde, ist die Fontäne, die der Landgraf 1790 im unteren Bassin vor dem Schloss platzierte. Das spektakuläre Schauspiel ist auch heute noch während der Sommermonate zu verfolgen. Das von der Höhe herabfließende Wasser erzeugt so viel Druck, dass der Wasserstrahl über 50 m in die Höhe schießt. Zwischen dem Schloss – dessen so genannte Weißenstein- und Kirchflügel 1786 und 1788 von Friedrich Simon Louis du Ry begonnen und dessen blockförmiger, mit einem mittleren Portikus verse-

ABBILDUNG GEGENÜBER:
Wilhelmshöhe (Kassel), Landschaftsgarten
Fontänenteich mit Jussowtempel, 1817/18

Wilhelmshöhe, Landschaftsgarten
Blick vom Höllenteich auf das Schloss

hener Mittelbau 1798 von Christoph Jussow vollendet wurde – und dem Bassin mit der Fontäne ließ der Landgraf einen so genannten *bowling green* anlegen. Diese abgesenkte Rasenfläche schuf trotz der Weitläufigkeit und der verhältnismäßig großen Distanz eine raffinierte visuelle Raumverkürzung. Das Schloss, die Fontäne und der dahinter aufsteigende Berg mit der Kaskade rücken scheinbar zusammen und bilden dadurch ein geschlossenes und romantisch wirkendes Ensemble.

Im Laufe der Jahre – 1803 erhielt der Landgraf als Wilhelm I. die Kurfürstenwürde – kamen weitere Staffagebauten in dem aufgeforsteten und mit einem verschlungenen Wegesystem versehenen Park hinzu. Neben dem Virgilsgrab (Abb. gegenüber unten links) und dem Merkurtempel sind heute noch die ägyptische Pyramide (Abb. gegenüber unten rechts) und die Eremitage des Sokrates – Ausdruck der philosophischen Neigungen des Bauherrn – zu besichtigen. Dieses sentimentalische Szenarium erhielt den obligatorischen exotischen Farbtupfer, ein komplettes chinesisches Dorf, von dem nur noch ein Pavillon (Abb. gegenüber oben) erhalten geblieben ist.

Man kann sagen, dass der Landgraf seine in Wilhelmsbad bei Hanau begonnenen Parkarbeiten in Kassel fortsetzte. Was wir heute auf der Wilhelmshöhe bewundern, wäre wahrscheinlich in Hanau verwirklicht worden, hätte nicht Wilhelm sein Amt in Kassel angetreten. Auffallend ist, dass er die mittelalterliche Ruine des Wilhelmsbades in Wilhelmshöhe zu einer üppig ausgestalteten Ritterburg, der Löwenburg, benannt nach dem hessischen Wappentier, weiterentwickelte (Abb. S. 413). Romantische Gefühle und sentimentalische Neigungen ließen sich im mittelalterlichen Illusionsraum entfalten und ausleben. Die Burg war Wohnschloss und

Wilhelmshöhe, Landschaftsgarten
Chinesischer Pavillon (oben)
Virgilsgrab (links außen)
Pyramide (links)

Grabstätte zugleich – so wollte es der Kurfürst. Das umgebende Ambiente mit der Wolfsschlucht und der Teufelsbrücke (Abb. gegenüber) mochte den Kurfürsten entrückt haben. Ob er in den Gemächern seiner Burg oder in der Eremitage des Sokrates über die moralische Rechtfertigung des Verkaufs seiner Soldaten an die Engländer nachdachte, die in Boston und Umgebung gegen die verzweifelt um Unabhängigkeit ringenden Amerikaner kämpften, bleibt ungewiss. Auf jeden Fall hat er für die Finanzierung der aufwändigen Parkanlage Geld aus dem Soldatenhandel eingesetzt.

Im Jahr 1805 wurde der Ausbau der Anlage für einige Jahre unterbrochen. Der Kurfüst war von Napoleon ins Exil getrieben worden. Bis 1815 herrschte auf der Wilhelmshöhe Napoleons Bruder Jérome als König von Westfalen. Er zog den von Lichterglanz erhellten Bankettsaal der düsteren Eremitage vor und führte ein glanzvolles Hofleben. Von seinen Vasallen und bald auch von der Bevölkerung erhielt er den Spottnamen »König Lustig«. Seine Spuren kann man heute noch im Weißensteinflügel des Schlossmuseums finden.

Hirschfeld äußerte sich verhalten über die Kasseler Anlage. Auf der einen Seite hoffte er, eine Anstellung am Kasseler Hof zu erhalten, auf der anderen Seite musste er sich, um nicht an Glaubwürdigkeit zu verlieren, von der absolutistischen Machtsymbolik des Parks mit dem Herkulesschloss distanzieren. Das widersprach dem aufklärerischen Geist, dem der empfindsame Hirschfeld sich zutiefst verbunden fühlte. Diplomatisch rang er sich zu folgender Bewertung durch:

»So sehr auch dies Werk durch seine außerordentliche Kühnheit und Größe in Erstaunen setzt, so sind seine Wirkungen doch von den Rührungen entblößt, die alte Bergschlösser oder Ruinen auf Felsen erregen. Der Carlsberg stellt ein Wunder dar, das von der Hand einer übernatürlichen Macht entsprungen zu seyn scheint; seine ungewöhnliche Größe drückt den Anschauer bald zum Gefühl der Kleinheit und Schwäche andrer menschlicher Werke nieder.«

Ob Wilhelm diese Botschaft – sollte er sie je vernommen haben – verstanden hat? Wenn das der Fall war, wird er wohl niemals daran gedacht haben, den berühmten Gartentheoretiker in seine Dienste zu nehmen. Hirschfelds Worten ist zu entnehmen, dass ihm eine andere Gartenarchitektur vorschwebte, die eher durch das Naturszenarium in der unmittelbaren Nähe einer mittelalterlichen Burg verwirklicht worden wäre.

Wilhelmshöhe, Landschaftsgarten
Löwenburg, 1791–99

ABBILDUNG GEGENÜBER:
Wilhelmshöhe, Landschaftsgarten
Romantische Teufelsbrücke von Chistoph Jussow

Friedrich Ludwig von Sckell (1750–1823)
Porträt des Gartenarchitekten um 1820. Sckell ist der erste professionelle Gartenarchitekt des neuen Landschaftsstils in Deutschland. Als führender Vertreter in seiner Disziplin gelang es ihm, eine zuvor nicht gekannte Unabhängigkeit von seinen Auftraggebern zu erreichen.

Der Englische Garten in München

Auch für Friedrich Ludwig von Sckell (Abb. oben) dürfte die Kasseler Anlage nicht nachahmenswert gewesen sein. Ihm standen die Überlegungen Hirschfelds näher als die spätbarocken Gartenstrukturen, die der hessische Kurfürst bevorzugte. Sckell entschied sich ganz im Sinne Hirschfelds, einen Garten zu entwerfen, der programmatisch »das Gepräge des deutschen Genies« zum Ausdruck bringen sollte. Dabei handelte es sich um den Englischen Garten in München, der einerseits als eine Art Pantheon der großen bayerischen Regenten und andererseits als Volksgarten zur Erbauung und Belehrung gedacht war.

Als Kurfürst Karl Theodor, unter dessen Ägide der Schwetzinger Garten bei Heidelberg geschaffen worden war, 1778 von Mannheim nach München übersiedelte, ließ er unter dem Motto »München kann fürderhin keine Festung mehr sein« die Stadtbefestigung schleifen, um Platz für neue Wohngebiete zu schaffen. Im Norden der Stadt wurden die so genannten Schönfeldanlagen geplant, mit denen gemeinsam auch der Carl-Theodor-Park, der spätere Englische Garten, entstand.

Für Sckell bot sich eine einzigartige Möglichkeit: Er konnte die neuen Ideale der Gartenkunst ohne die Beschränkungen eines bereits vorhandener Barockgartens frei verwirklichen. Der in München wenig geliebte Kurfürst wollte den neuen Garten dem Volk als landesherrliches Geschenk präsentieren. So erließ der neue Regent 1789 ein Dekret, mit dem er die Gunst des bayerischen Volkes zu erlangen hoffte. Er gedachte »... den hiesigen Hirschanger zur allgemeinen Ergötzung für Dero Residenzstadt München herstellen zu lassen«, und teilte mit, dass er »diese schönste Anlage der Natur dem Publikum in ihren Erholungs-Stunden nicht länger vorzuenthalten« gnädigst gesinnt sei.

In diesem frühen deutschen Volksgarten konnte Sckell die Empfehlungen Hirschfelds umsetzen. Doch in den ersten Planungs- und Arbeitsphasen musste er sich noch mit dem Reichsgrafen Rumford, einem Amerikaner in bayerischen Diensten, und dessen Nachfolger, dem Grafen Werneck, auseinander setzen. Als Sckell im Jahr 1804 endgültig nach München ging, wurde er von dem neuen Regenten Maximilian Joseph in den Rang des Hofgartenintendanten erhoben. Nun konnte er sein Werk beginnen, einen riesigen, über fünf Kilometer langen Streifen Natur in einen harmonischen und rhythmisch gegliederten Park zu verwandeln.

Die Anlage setzte sich aus vier Teilen zusammen. Der erste Bereich, die so genannte Schönfeldwiese, grenzte an den Hofgarten. Daran schloss sich der Hirschangerwald an, das Gebiet in der Umgebung des Chinesischen Turmes, der damals der Hofgesellschaft vorbehalten war (Abb. unten). Nördlich brei-

München, Englischer Garten
Chinesischer Turm

tete sich um den künstlich angelegten Kleinhesseloher See herum (Abb. oben) der dritte Gartenbereich aus, und schließlich folgte das Hirschaugebiet, das bis zum Aumeister-Gelände führte. Die ersten beiden Bereiche wollte Sckell durch einen gewundenen Panoramaweg miteinander verbinden, um visuell die Residenzstadt an den Park anzuschließen. Er spazierte selbst durch das Gelände und kennzeichnete die Wegeführung, um sicher zu sein, dass die Lustwandelnden »... die Stadt München im Vordergrund und den ehrwürdigen Wald Hirschanger im Hintergrund mit der übrigen schönen Natur« sehen könnten. Die Verbindung von Krone und Pastorale, Zonen der höfischen und der ländlichen Gesellschaft, sollte durch solche geschwungenen Wege hergestellt werden. Sckell schwebten fließende Übergänge zwischen dem Hofgarten und dem Parkbereich des Dorfes Schwabing vor. Allerdings konnte er seinen Plan, den Hofgarten mit dem Englischen Park zu verbinden, nicht verwirklichen, da das 1803 im Stile Palladios erbaute Palais Salbert, das spätere Prinz-Carl-Palais, wie eine Schranke zwischen beiden Bezirken wirkte.

Nach den Empfehlungen Hirschfelds wollte Sckell Staffagebauten nur im »guten und reinen Styl«, dem des Klassizismus also, errichten lassen. Die sentimentalen und exotischen Motive, allen voran den bereits 1790 erbauten Chinesischen Turm, empfand er als deplatziert und wollte er entfernen. Der Chinesische Turm blieb jedoch erhalten und avancierte zum Wahrzeichen des Englischen Gartens. Er wurde nach der Zerstörung im Zweiten Weltkrieg originalgetreu wieder aufgebaut.

Dieser Staffagebau ist eine Variante der Pagode, die William Chambers 1757 im Zuge der Umgestaltung der Kew Gardens in London entworfen hatte

München, Englischer Garten
Kleinhesseloher See

(Abb. S. 388). Der Chinesische Turm dürfte demnach auch als Geste der Verbundenheit mit dem englischen Landschaftsgarten verstanden worden sei. Gegen den so genannten Rumford-Saal, ein Kasino nahe dem Pavillon, hatte Sckell offensichtlich nichts einzuwenden. Der Bau war von dem Architekten Johann Baptist Lechner im reinen palladianischen Stil entworfen worden – das in englischen Landschaftsgärten obligate Modell für Staffagebauten.

Für Sckell mußten Parkbauten neben einer klaren architektonischen Form auch eine bestimmte politische Bedeutung haben. So legte er Wert darauf, dass die Bauten an »würdige Regenten und verdienstvolle Männer im Staate« erinnerten. Dagegen verwahrte er sich vor allzu vordergründigen antik-mythologischen Bezügen und noch entschiedener vor mittelalterseliger Ritterromantik.

Die Umsetzung seiner Vorstellungen von Staffagebauten im »guten und reinen Styl« durch Leo von Klenze hat Sckell nicht mehr erlebt; er starb 1823. Zu den imposantesten Gebäuden zählt sicherlich der 1838 errichtete Monopteros auf dem künstlich aufgeworfenen Hügel nahe dem Hofgarten (Abbn. links und unten). In diesem Rundtempel ließ Ludwig I. eine Gedenkschrift für Karl Theodor und Maximilian I. anbringen. Am Ufer des Kleinhesseloher Sees, im eigentlichen Volksgartenbezirk, ragt das

München, Englischer Garten
Monopteros, 1837 von Leo von Klenze erbaut (links)
Blick vom Innern des Monopteros über die Parklandschaft auf das Zentrum Münchens (unten)

München, Englischer Garten
Wasserfall, romantische Partie am Eisbach

Sckell-Denkmal auf, das nach Entwürfen Leo von Klenzes kurz nach dem Tod des großen Gartenarchitekten angefertigt und aufgestellt wurde (Abb. gegenüber links). Die Inschrift lautet:

»Dem sinnigen Meister schoener Gartenkunst der sein volles Verdienst um der Erde reinsten Genuss durch diese Anlage kroente ließ diesen Denkstein setzen sein König Max Joseph MDCCCXXIV.«

Welchem Hirschfeld-Typus kann man den Englischen Garten aber nun zuordnen? Dem melancholischen, dem heiteren, dem sentimentalen oder dem feierlichen Typus? Da es sich hier im Wesentlichen um einen Volksgarten handelt, trifft am ehesten das Attribut »heiter« zu. Weder der Monopteros noch der Chinesische Pavillon färben diesen Garten herrschaftlich oder sentimental.

Wenngleich Hirschfeld in seinem Traktat zu einer sehr sparsamen Verwendung von Staffagebauten aufgefordert hatte, so müssen er oder seine Nachfolger jedoch auch darüber nachgedacht haben, ob die reine gestaltete Natur für das Hervorrufen sentimentaler oder melancholischer Stimmungen überhaupt ausreichte. Der sentimentale Garten lebt von den Sehnsüchten seiner Besitzer oder Besucher. Dabei handelte es sich in jenen Jahrzehnten fast immer um Sehnsüchte nach Italien oder nach der Vergangenheit. Diese aber ließen sich nur durch geeignete Staffagebauten ansprechen.

Es galt also, eine Alternative innerhalb des englischen Konzeptes zu finden. Einerseits verlangte die im städtischen Ambiente entfaltete Parknatur nach architektonischen Fixpunkten, andererseits sollte ebendiese Natur nicht durch Märchen und Mythen vernebelt werden. Durch den Klassizismus Leo von Klenzes wurden die Staffagebauten durch eine angemessene Parkarchitektur ersetzt, die erhabene Gedanken und durchaus auch sentimentale Gefühle evozieren konnte.

München, Englischer Garten
Sckell-Denkmal am Südwestende des Kleinhesseloher Sees, 1823 nach einem Entwurf Leo von Klenzes errichtet

München, Englischer Garten
Werneck-Denkmal. Graf Werneck gehört neben Rumford und Sckell zu den Schöpfern des Englischen Gartens.

Potsdam, Neuer Garten
Küchenbau im Stil des römischen Marstempels (1788–90) und Marmorpalais (1797) von Carl von Gontard und Carl Gotthard Langhans

Der Neue Garten und der Park von Sanssouci
Der Neue Garten nördlich des Stadtbezirks von Potsdam ist ein wunderbares Beispiel für die poetisch-sentimentale Gartenkunst. Der Garten entstand in zwei Phasen. In einer ersten berief Friedrich Wilhelm II. 1790 den aus dem Dessau-Wörlitzer Kunstkreis her bekannten Johann August Eyserbeck, der die Uferzone des Heiligen Sees mit vielen Gebäuden schmückte und darauf bedacht war, die Fernwirkung nach englischem Vorbild zu berücksichtigen. Eine der reizvollsten Perspektiven bietet sich auf dem Gelände vor dem Küchenhaus mit einer halb im Erdreich versunkenen Tempelruine (linkes Gebäude der Abb. oben). Von dort aus führte ein unterirdischer Gang zu dem Sommerschloss des Königs, dem Marmorpalais (rechtes Gebäude der Abb. oben), erbaut von Carl von Gontard und 1797 erweitert von Carl Gotthard Langhans, dem Erbauer des Brandenburger Tors. In der Nähe befinden sich außerdem die roten Backsteinhäuser des Holländischen Etablissements, einer Gruppe von Tor- und Dienerhäuschen mit Ställen und Remisen, sowie eine als Eiskeller genutzte Pyramide. Dieser an unerwarteten Blickpunkten reiche Garten eröffnet ein raffiniertes Bezugsfeld: Wer in der Pyramide ein Grabmal oder in dem römischen Tempel ein Relikt aus der Vergangenheit vermutet, wird überrascht deren praktische Funktionen feststellen. Für das Lustwandeln im Garten und die Hingabe an eine sentimentale Stimmung sind die Staffagebauten und das romantische Naturszenarium unverzichtbare Bedingungen. Wer aber in diesem Park mit Genuss leben will, kann auf das Schloss, die Küche und den Eiskeller ebensowenig verzichten.

Etwa 20 Jahre später, in einer zweiten Ausbauphase des Gartens, wurde der Landschaftsgarten durch Peter Joseph Lenné, dem weit gereisten königlichen Landschaftsgärtner, erneut zum Erlebnisraum poetischer Träumereien. Der Park war damals fast zugewachsen und mußte freigelegt werden. Lenné ließ Sichtschneisen schlagen. In diesem Zusammenhang wurde auch die Uferbepflanzung entfernt, so dass Durchsichten und neue Ansichten geschaffen werden konnten. In einem Brief notierte er:

Peter Joseph Lenné (1789–1866)
Porträtzeichnung von Gerhard Koeber, um 1830
Die Anlage bzw. Umgestaltung der Potsdamer Gärten ist das Hauptwerk des vielseitigen Gartenarchitekten.

»Mein unmaßgeblicher Vorschlag richtet sich demnach dahin: in dem kommenden Herbste, wo die entlaubten Bäume das Auffinden der interessantesten (...) Durchsichten und Ansichten gestatten werden, diese Punkte sowohl von dem neuen Garten, wie von dem Landsitze Klein-Glienicke des Herrn Staatskanzlers Hardenberg aus zu bestimmen.«

In diesen Jahren nahm sich Lenné ebenfalls des großen Parkareals an, das sich an die Terrassen von Schloss Sanssouci anschloss, und formte es in einen romantischen Landschaftsgarten um. Am Fuß der Weinbergterrassen erstreckte sich ein regelmäßig angelegter Bereich. Weiter östlich wirkten ein kleiner *jardin anglo-chinois* und ein 1754 von Johann Gottfried Büring errichtetes Teehaus gemeinsam wie ein exotischer Gartentupfer inmitten eines weitgehend verwilderten Waldgebietes (Abbn. S. 422 und 423).

Lenné, der im Auftrag König Friedrich Wilhelms III. ab etwa 1816 mit dem Ausbau des Parks begann, hatte eine kaum lösbare Aufgabe zu bewältigen: Die heitere Note des friderizianischen Rokoko in der Form der allgegenwärtigen Weinbergterrasse und des zierlichen Schlosses musste mit den neuen Erfordernissen des romantischen Landschaftsgartens mit seinen historisierenden und exotischen Staffagebauten in Harmonie gebracht werden. Das hieß, der klassischen Strenge eine heitere Note abzugewinnen, um den eher melancholisch gestimmten Landschaftsgarten mit dem Rokoko-Areal zu verbinden. Zunächst legte Lenné weite Rasenflächen an und sorgte für eine lockere Pflanzung von Baumgruppen. Der Wald wurde gelichtet, Wege wurden gezogen, und schließlich ging man ab 1825 an eine zusätzliche Erweiterung, um das Schlösschen Charlottenhof in das Gesamtareal mit einzubeziehen.

Der italienbegeisterte Kronprinz wünschte sich eine mediterrane Landvilla im modernen, d. h. klassizistischen Stil. Sie wurde von Karl Friedrich Schinkel entworfen und 1826–29 erbaut (Abb. S. 427 oben). So entstand aus dem Vorgängerbau, einem einfachen Landhaus des 18. Jahrhunderts, das neue und elegante Schloss Charlottenhof. In der Nähe erstreckte sich

Plan von Sanssouci und Charlottenhof, 1836
Der Plan enthält die von Lenné vorgenommenen Erweiterungen und Veränderungen des alten Gartens.

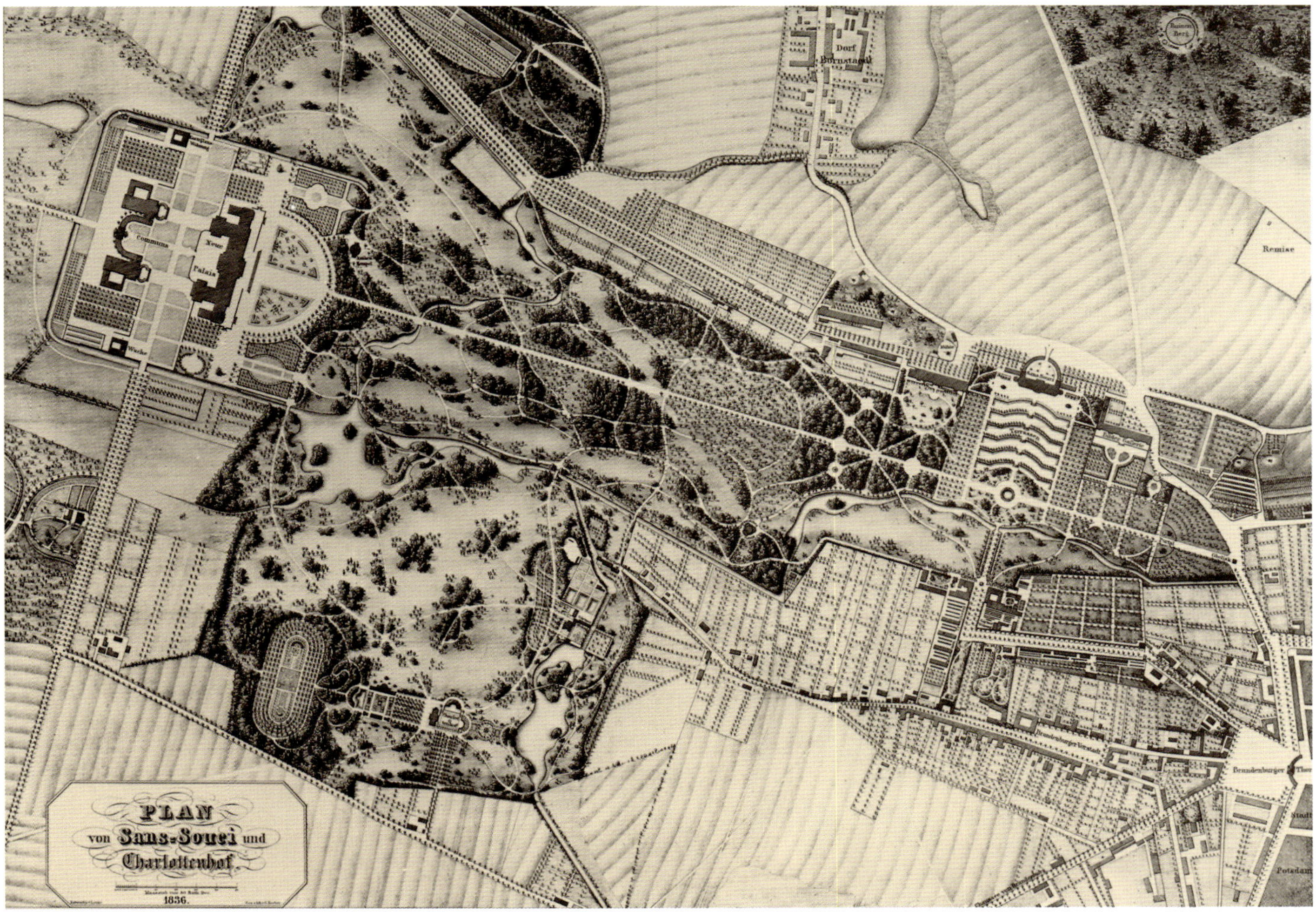

Potsdam, Park von Sanssouci
Einer der Gitterpavillons neben dem Schloss Sanssouci. Goldene Sonnen als Symbol der Aufklärung und der Menschlichkeit schmücken die Gitterpavillons zu beiden Seiten des Schlosses. Zugleich nehmen sie Bezug auf den Geheimbund der Freimaurer, dem Friedrich der Große angehörte.

GEGENÜBER UND LINKS:
Potsdam, Park von Sanssouci
Das Chinesische Teehaus, 1754–55 von Johann Gottfried Büring errichtet, befindet sich innerhalb des ehemaligen Rehgartens südlich der Großen Allee.

Blick aus dem Rundsaal des Chinesischen Teehauses (links)

Potsdam, Park von Sanssouci
Blick von Schloss Sanssouci auf den Ruinenberg

ABBILDUNG GEGENÜBER:
Potsdam, Park von Sanssouci
Parterreregion vor dem Weinberg mit Blick auf eine Skulptur der Diana und die Große Allee im Hintergrund

der mit Kastanien bepflanzte Dichterhain mit Büsten berühmter deutscher und italienischer Dichter wie Wieland und Goethe oder Petrarca und Tasso. Nicht weit vom Schloss entfernt befinden sich die Römischen Bäder, die 1829–35 ebenfalls im italienischen Landhausstil errichtet wurden und wiederum auf die planende Hand Schinkels zurückgehen.

1840 trat der Kronprinz sein Erbe an und bestieg den Königsthron als Friedrich Wilhelm IV. Er erwählte sein preußisches Arkadien als Sommerresidenz und erwarb den so genannten Vogelschen Weinberg östlich des Schlosses. Dort wollte er seine eigenen gartenkünstlerischen Vorstellungen verwirklichen und zugleich mit dem in höfischen Dingen allgegenwärtigen französischen Vorbild konkurrieren. Er taufte dieses neue Gartenareal den Marlygarten, in Erinnerung an das Sommerrefugium Ludwigs XIV. Der Garten war durch dichten Bewuchs von den anderen Zonen abgesondert. 1845 erteilte Friedrich Wilhelm seinem Baumeister Ludwig Persius den Auftrag, eine Kirche zu bauen. Die vom König so genannte Friedenskirche sollte zum einen Denkmal für die Friedenspolitik seines Vaters und zum anderen Grabeskirche für ihn und seine Frau sein. Die Pläne zum Bau entstanden im Dialog zwischen Auftraggeber und Architekt. Als Kronprinz hatte er Rom besucht und war von San Clemente derart begeistert, dass er sich für seinen Park eine Replik der römischen Kirche wünschte. Er wollte die Ostpartie und den Kirchturm auf der Oberfläche eines Sees sich spiegeln lassen. Lenné verwandelte den kleinen Tümpel im Parkgebiet in einen stattlichen See, um dem König das erwünschte Bild zu ermöglichen. Tatsächlich werden die Bauteile der Kirche, der neoromanische Glockenturm und die mit einer Zwerggalerie geschmückte Apsis, durch den See und die flankierenden Bäume wirkungsvoll in Szene gesetzt (Abb. S. 427 unten) – wenn man so will eine klassizistische Vedute im Stil Jakob Friedrich Hadeerts.

Die ideelle Aufwertung des Mittelalters, die Sehnsucht nach Italien und die Verehrung der Antike spielten in Deutschland eine größere Rolle als die Verwendung von Chinoiserien oder anderer exotischer Requisiten. Zunächst war es die Antike, deren Fragmente als Staffagebauten den Park schmückten, dann entdeckten die Bauherren ihre Vorliebe für das Mittelalter und ließen sich Pläne für Burgruinen und Burganlagen vorlegen. Vom Ehrenhof des Schlosses Sanssouci schaut man über ein Tal hinweg auf einen Hügel, der mit merkwürdigen Ruinen bebaut ist. Dieser so genannte Ruinenberg (Abb. S. 424) war schon von Friedrich dem Großen gemeinsam mit seinem Baumeister Georg Wenzeslaus von Knobelsdorff 100 Jahre zuvor geplant worden. Dabei handelte es sich um Nachbauten antiker Fragmente wie Teile eines Amphitheaters oder einer ionischen Säulenkolonnade. Friedrich Wilhelm IV., der zeitgemäß dort auch das Mittelalter vertreten wissen wollte, beauftragte seinen Baumeister Persius mit dem Bau eines mittelalterlichen Wartturms. Das ionische Tempelfragment und die mittelalterliche Stadtmauerruine, gerahmt von dichtem Laubwerk und vis-a-vis einem

Potsdam, Park von Sanssouci
Skulptur der Parterreregion vor dem Weinberg: Personifikation des Elements Wasser

Potsdam, Park von Sanssouci
Musenrondell

beschwingten Rokokoschlösschen, mögen heute als merkwürdiger Kontrast empfunden werden. Damals aber gehörte diese seltsam anmutende Kombination zum obligatorischen Gartenprogramm. Die – historisch wie geographisch weit hergeholte – antike Ruine, die romanische Basilika oder das chinesische Teehaus waren keineswegs als ein homogenes Ensemble gedacht. Vielmehr sollten sie im Zusammenhang mit dem Park und seinem Wegesystem gesehen und als Zeichen eines bestimmten Bildungsauftrags empfunden werden.

Die sentimentalischen Staffagebauten, die in einer wunderlichen Kombination von Baumotiv und Gebäudefunktion auftraten – wie etwa die als Eiskeller genutzte ägyptische Pyramide in Potsdam –, gewannen um 1800 immer mehr an Beliebtheit. Das widersprach sowohl der Theorie Hirschfelds als auch der Anlage eines englischen Landschaftsgartens im Stile eines Lancelot Brown. Der griechische Tempel neben der mittelalterlichen Burgruine galt den Königen oder Fürsten als Zeichen ihrer aufgeklärten Gesinnung, wenngleich die zeitgenössischen Dichter und Philosophen dieses Zeitgefühl anders definierten.

Potsdam, Park von Sanssouci
Schloss Charlottenhof, 1826–36 von Karl Friedrich Schinkel errichtet

Potsdam, Park von Sanssouci
Friedenskirche, 1843–48 von Ludwig Persius errichtet

Klein-Glienicke

Während Lenné im Neuen Garten in einem bereits festgelegten Areal landschaftliche Akzente zu setzen hatte, konnte er in Klein-Glienicke einen vorwiegend landwirtschaftlich genutzten Bereich in einen Landschaftsgarten verwandeln, also von Anfang an ein grundlegendes Gartenkonzept entwickeln. Eigentümer war der Staatskanzler Karl August Fürst von Hardenberg. Lennés erste Aufgabe 1816 bestand in der Gestaltung des so genannten *pleasureground* (Abb. S. 430 unten), eines englischen Gartentypus, der schon in der Renaissance angelegt wurde. Dabei handelt es sich um hügeliges Gelände, das gewundene Kies- oder Sandwege durchziehen, die weite Rasenflächen, kleinere Teiche und dichten Buschbewuchs begrenzen. In dieser Form, über drei Terrassen angelegt, schuf Lenné den Garten. Als Kronprinz Carl, der dritte Sohn Friedrich Wilhelms III., Klein-Glienicke 1822 erwarb, erkannte er die »poetischen Möglichkeiten« dieses Parks und trug nach einer ausgedehnten Italienreise seinen Wunsch nach einer typischen Villegiatura, dem erholsamen Landleben in einem mediterranen Ambiente, seinem Gärtner und dem Architekten Karl Friedrich Schinkel vor. Gemeinsam gelang beiden im Zusammenspiel von gestalteter Natur und Architektur ein einzigartiges Werk.

Für das alte Jagdschloss Glienicke des Hofrats Mirow aus dem 18. Jahrhundert entwarf Schinkel 1824 neue Fassaden im klaren klassizistischen Stil (Abb. S. 430 oben). Der Innenhof erhielt einen wunderschönen Blumengarten. Die Wände des gegenüberliegenden Kavaliershauses nutzte Prinz Carl, indem er darin seine auf den Reisen durch die Länder der Antike gesammelten Fragmente wie Spolien einsetzte. Eine weitere spezifisch italienische Remini-

Potsdam, Landschaftsgarten Klein-Glienicke
Löwenfontäne bei Schloss Glienicke, 1837 nach einem Entwurf von Schinkel errichtet

Goldener Greif am Hauptportal von Schloss Glienicke

Potsdam, Landschaftsgarten Klein-Glienicke
Schloss Glienicke, Ansicht von Süden. Das Miniaturschloss wurde in den Jahren 1824 und 1825 von Schinkel und Persius umgestaltet. Dabei erhielt es seine klassizistische Fassade.

ABBILDUNG GEGENÜBER:
Potsdam, Landschaftsgarten Klein-Glienicke
Stibadium, 1840 von Persius errichtet

szenz kann man beim Löwenbrunnen vor der Südfront des Schlosses erkennen. Fast barock mutet das Ensemble von Löwen auf Säulen, Balustraden und einem eleganten Rundbecken an (Abb. S. 428/29). Die ungewöhnlich hoch aufschießende Fontäne wurde mittels Dampfkraft aktiviert, wofür eine etwas weiter nördlich installierte Maschine verantwortlich war. Löwenköpfe speien auch Wasser aus dem Podest des Stibadiums in kleine halbrunde Schalen. Das von Ludwig Persius 1840 konstruierte Stibadium, eine nach römisch-antikem Vorbild konstruierte überdachte Bank mit einem vorgelagerten Brunnen und einer als mittlerer Stützpfeiler der Laube fungierenden Karyatidenfigur, liegt am Zufahrtsweg des Schlosses (Abb. gegenüber). Von dort aus konnte sich der Prinz seinen Träumereien hingeben, den Blick über die Parkterrassen und die Havel hinüber nach Potsdam gleiten lassend.

An der unteren Spitze des Parks, unmittelbar vor der heutigen Glienicker Brücke gelegen, ließ der Prinz die so genannte »Große Neugierde« errichten, eine überdachte Rotunde, von der aus ebenfalls ein herrlicher Blick über Potsdam und den Pfingstberg bis hin nach Sacrow möglich ist. 1824 machte sich Schinkel noch während der Arbeiten am Schloss an die Umgestaltung des älteren Billardhauses. Er schuf eine kleine Preziose, das Casino nahe dem Havelufer. Er versah es mit einer mediterranen Weinpergola. Zur Havelseite hin führt eine zweiläufige Treppe hinunter in den Garten, der durch einen Laubengang vom Park und vom Flussufer abgegrenzt wird.

Im Jahr 1860 waren die Arbeiten im Park abgeschlossen. In jenen Jahrzehnten pflanzte Linné nicht weniger als 25 000 Bäume, unter ihnen auch ausgewachsene Exemplare, um dem Park Würde zu verleihen. Wenige Jahre später begann der unrühmliche Verfall. Der Garten verkam und wurde von breiten Alleen zerschnitten, die in den dreißiger Jahren Potsdam mit Berlin verbinden sollten. Im Schloss wurde eine Jugendherberge eingerichtet. Ab 1979 aber besann man sich wieder des alten Kulturerbes und begann, den Park und die Gebäude zu restaurieren. Heute präsentiert sich das unvergleichliche Ensemble wieder in seinem alten Glanz.

Potsdam, Landschaftsgarten Klein-Glienicke
Der so genannte *pleasureground*

ABBILDUNG GEGENÜBER:
Berlin-Wannsee
Blick vom Blockhaus Nikolskoje auf die Pfaueninsel

Berlin-Wannsee, Pfaueninsel
Schlösschen von Johann Gottlob David Brendel, 1794–97; eiserne Brücke zwischen den Türmen, 1807

Pfaueninsel

1685 wurde »Pfauwerder« vom Großen Kurfürsten zur Kaninchenzucht genutzt – weswegen sie kurzzeitig auch ganz unpoetisch »Kaninchenwerder« genannt wurde. Erst Friedrich Wilhelm II. entdeckte den besonderen Reiz und die Schönheit der einsamen Wildnis. 1793 erwarb er die Insel und ließ ab 1821 innerhalb von nur drei Jahren von dem bewährten Gärtner Lenné einen exotischen Park anlegen. Ein Lustschlösschen, eine Meierei, ein Küchenhaus und Kastellanswohnungen schmückten das Eiland. Wilhelmine Encke, die Geliebte Friedrich Wilhelms, schlug vor, das Schlösschen als Ruine zu gestalten (Abb. unten). Ihre Vorstellungen zu diesem bizarren Konstrukt soll sie auf einer Italienreise entwickelt haben. Das torartige Gebäude setzt sich aus zwei Rundtürmen zusammen, die von einen fragmentarischen Mitteltrakt verbunden werden. Eine zierliche Eisenbrücke zieht sich von einem Turm zum anderen.

Der König starb kurz vor der Vollendung seines Schlosses. Sein Nachfolger, Friedrich Wilhelm III., ließ ein gläsernes Palmenhaus errichten und 5000 Rosenstöcke pflanzen. Ein Dampfmaschinenhaus sorgte für die Bewässerung der Gartenanlagen.

Hohenheim, ehemaliger Schlosspark
»Drei Säulen des donnernden Jupiter« (oben), Dorf mit einer Meierei und einem Schweizerhaus (unten)
Kolorierte Stiche von Victor Heideloff

Der ehemalige Park in Hohenheim

Wie nur konnte der württembergische Herzog Carl Eugen jemals als aufgeklärter Staatsmann gelten, wenn er den Dichter Christian Friedrich Daniel Schubart zehn lange Jahre gerade wegen aufklärerischer Schriften im Gefängnis des Hohenaspergs darben ließ? – Wohl kann dem Herzog dabei nicht gewesen sein.

Nach einer gemeinsamen Romreise schenkte er seiner Mätresse, der späteren Reichsgräfin Franziska von Hohenheim, Schloss und Park Hohenheim bei Stuttgart. 1781 beauftragte der Herzog den Baumeister Reinhard Ferdinand Heinrich Fischer mit dem Ausbau des alten Wasserschlösschens zu einer prunkvollen Residenz. Johann Caspar Schiller legte einen Landschaftspark im englischen Stil an. Zum ersten Mal nahm in dem an Barockgärten so reichen Herzogtum ein romantischer Park Gestalt an. Der Herzog legte großen Wert auf die Schaffung eines Illusionsraumes in Hohenheim, wohin er gemeinsam mit Franziska entfliehen konnte, um zwischen Blumen und Wasserläufen, ländlichen Gebäuden und einem römischen Gasthof das einfache und sinnenfrohe Leben zu führen, das ihm in Stuttgart versagt war.

Vielleicht konnte er dort den inhaftierten Aufklärer Schubart vergessen und seine eigene Aufklärungsphilosophie ausspinnen. So ließ er ein Dorf mit einer Meierei und einem Schweizerhaus »auf den Trümmern des antiken Rom« errichten. Von den etwa 100 erbauten Gartenhäusern sind nur das 1788 errichte Spielhaus, das »Wirtshaus zur Stadt Rom« und die »Drei Säulen des donnernden Jupiter« erhalten geblieben (Abb. links oben). Glücklicherweise ist die Gestalt weiterer dieser wunderlich anmutenden Gebäude in kolorierten Stichen überliefert. Der zu dem engen Freundeskreis Friedrich Schillers zählende Kunstprofessor an der Carlsschule Victor Heideloff fertigte insgesamt 44 Blätter für den Herzog an, um ihm seine Traumlandschaft in einer Mappe zu präsentieren. Blättert man heute in diesem Werk, dann wird deutlich, wie sich der Herzog ein Dorf auf römischen Trümmern vorstellte. Das Meiereigebäude beispielsweise wird von einem ionischen Tempelfragment gerahmt. Die Säulen, die in das Gebäude integriert sind, ragen über das zweistöckige Haus hinaus, und man hofft, dass das schwere und labil wirkende Architravfragment nicht auf das Dach stürzt (Abb. links). Die »Drei Säulen des donnernden Jupiter« ragen mit ihren kompositen Kapitellen über kurzem Schaft und dem Architravfragment monumental aus einem Kornfeld hervor, in dem, winzig klein, Bauern bei der Ernte sind. Das surreal anmutende Szenarium wird von einem Waldstück begrenzt, hinter dem sich pathetisch Wolken auftürmen.

1793 starb der Herzog. Er erlebte die Vollendung von Schloss und Garten nicht mehr. Für seinen Nachfolger, Herzog Friedrich II., war die einstige

»Mätressenresidenz« – Carl Eugen hatte Franziska 1785 geheiratet – belanglos. Franziska wurde aus Hohenheim vertrieben. Sie verbrachte ihre letzten Lebensjahre auf ihrem Witwensitz in Kirchheim unter Teck, wo sie im Jahre 1811 starb.

Der englischen Landschaftsgarten in Hohenheim war eine Art Folie für die Aufnahme von Staffagebauten, die eher dem individuellen Geschmack des Herzogs und dessen römischer Erlebnisperspektive entsprangen als einer homogenen und professionell durchgeführten Planung. Wie die Stiche Heideloffs veranschaulichen, ging es dem Herzog um begehbare Bilder, deren Motive sich aus Reiseerinnerungen und dem daraus resultierenden Bildungsbewusstsein zusammensetzten. Die Natur des Gartens war eine künstliche Natur, die in eine Vedute gezwängt wurde – ähnlich der Natur des barocken Gartens, die geometrisiert wurde. Die Dominanz der Staffagebauten einschließlich des Staffagedorfes trug dazu bei, dass der Landschaftsgarten zu einem naturhaften Rahmen wurde. Dadurch, dass der Landschaft als dreidimensionalem Gemälde eine künstlerische Potenz zugewiesen wurde, verlor dieser Gartentypus seine Seele, den in Pflege genommenen natürlichen Landschaftsbezirk.

Man war sich dieser Gefahr damals durchaus bewusst und hatte abzuwägen zwischen der Anlage eines reinen Landschaftsgartens und dem Bau von historisierenden Gebäuden. Einem Gartenarchitekten zumindest ist dieses Kunststück gelungen – vielleicht weil er Autodidakt war: Hermann Fürst von Pückler-Muskau (Abb. unten). Seine Formel schien einfach und zugleich anmaßend: Warum Staffagebauten erstellen, wenn die Gelegenheit besteht, bereits existierende Bauten und Dörfer in den Landschaftspark mit einzubeziehen? Seine Ideen finden sich niedergeschrieben in den damals viel gelesenen »Briefen eines Verstorbenen«.

Branitz, Landschaftsgarten des Fürsten Pückler-Muskau
Pergola und Vase

Fürst Pücklers Landschaftsgärten in Muskau und Branitz

Mit den Landschaftsgärten in Muskau und Branitz schuf Fürst Pückler die Krönung dieses Gartentypus in Deutschland. Auf einer 1811 geerbten Standesherrschaft im Neißetal ließ er einen fast 600 ha großen Landschaftsgarten anlegen. Die Arbeiten begannen im Jahr 1815. Dreißig Jahre später war das Werk vollendet. Leitsterne der Parkgestaltung waren für ihn die Wege, die »stummen Führer des Spazierengehenden«, und das Wasser, »das Auge der Landschaft«, wie er in seinem 1834 erschienenen Traktat »Andeutungen über Landschaftsgärtnerei« schrieb. In der Endphase des Zweiten Weltkriegs tobten in Pücklers Gartenreich erbitterte Kämpfe, in deren Verlauf das Areal zu einem großen Teil zerstört wurde. Bedingt durch die anschließend erfolgte Grenzziehung entlang der Neiße gibt es heute einen deutschen und einen polnischen Teil des in vielen Bereichen wieder hergerichteten Parks.

Der Fürst hatte ein »Übergesamtkunstwerk« geplant, um es mit einem Begriff Sedlmayrs zu sagen,

Fürst Hermann Ludwig Heinrich von Pückler-Muskau, um 1835
Lithografie nach einem Porträt von Franz Krüger von 1824
Fürst von Pückler-Muskau (1785–1871), Gartenkünstler und Literat, hat sich als Schöpfer der Parkanlagen von Muskau, Babelsberg und Branitz einen unvergessenen Namen gemacht.

dessen Verwirklichung die Verwandlung einer Landschaft samt Dörfern und der Stadt Muskau in einen Park bedeutete. Hierbei war sein Ziel, »ein sinniges Bild von unserer Familie, oder vaterländischer Aristokratie, wie sie sich eben hier vorzugsweise ausgebildet, auf eine solche Weise darzustellen, dass sich diese Idee im Gemüt des Beschauers so zu sagen von selbst entwickeln« würde. Auch die Präsentation damals bereits altertümlicher Gewerbe und Industrien, wie etwa des Bergwerks, der Brennerei oder der Wachsbleiche, gehörte zu seinem Konzept, denn »jede Form menschlicher Ausbildung ist ehrenwert, und eben weil die hier in Rede stehende sich vielleicht ihrem Ende naht, fängt sie wieder an, ein allgemeines, poetisches und romantisches Interesse zu gewinnen«.

1845 musste der Fürst sein Anwesen verkaufen. Die unvorstellbar großen finanziellen Mittel, die er zur Durchführung seines Plans benötigte, konnte er nicht mehr aufbringen. Bekannt war ebenfalls, dass sein aufwändiger Lebensstil – es kursierte damals das Schmähwort vom »Tollen Pückler« – einen großen Teil seiner Finanzen verschlang. Wer heute das Anwesen erkunden möchte, dem steht ein 27 km langes Wegenetz zur Verfügung, auf dem er stunden- und sogar tagelang einen unvergleichlichen Naturpark durchwandern kann. Die Wege führen den Besucher zu Seen, vorbei am wieder aufgebauten Alten Schloss, durch den Blauen Garten oder über den Eichseewehr und lassen ihn das vom Fürsten favorisierte »geregelte Ganze« als romantisches Naturgemälde erleben.

1845 übersiedelte der Fürst nach dem Verkauf seiner Besitzungen in Muskau nach Branitz, einem Dorf südöstlich von Cottbus gelegen. Als Sechzigjähriger machte er sich erneut an die Arbeit, um den verwahrlosten Besitz in einen sentimentalen Landschaftsgarten umzuwandeln. Über 200 Arbeiter beschäftigte der Fürst, darunter Tagelöhner und Strafgefangene, um mittels umfangreicher Erdarbeiten die erwünschte Modellierung des Geländes zu erzielen. Dann ließ er etwa 300 000 Bäume anpflanzen, davon etliche tausend Großbäume, die den Himmelshorizont des Parks bilden sollten. Im Zentrum der etwa 70 ha großen Anlage steht das 1852 von Gottfried Semper umgebaute ehemalige Barockschloss (Abb. gegenüber). Westlich breitet sich der mit Skulpturen kunstvoll ausgestattete Blumengarten mit einer blauen Rosenlaube aus. Für den Fürsten war die Trennung von Garten und Park ein unverzichtbarer Bestandteil seiner gärtnerischen Choreographie: Der dem Schloss zugeordnete Garten galt ihm als »ausgedehnte Wohnung«, während er das umgebende Parkgelände als »zusammengezogene idealisierte Natur« interpretierte. An Originalität kaum noch zu übertreffen, zumindest aber auf die Extravaganz des Schöpfers verweisend, nehmen sich die archaisch wirkenden Erdpyramiden aus, die er nach dem Tod seiner Frau 1852 hatte schaffen lassen. In der Seepyramide hatte Fürst von Pückler-Muskau sich sein Grab einrichten lassen. Dort wurde er im Jahr 1871 bestattet – nach altägyptischem Totenritus, wie er es in seinem Testament verfügt hatte. (Abb. S. 438/39).

Branitz, Landschaftsgarten
Skulpturengruppe Bacchus und Faun (oben)
Denkmal für Henriette Sonntag (rechts)

Branitz, Landschaftsgarten
Blick über den Schilfsee auf das 1852 von Gottfried Semper umgebaute Barockschloss

Branitz, Landschaftsgarten
Parkansicht mit Blick auf die Schmiede

Branitz, Landschaftsgarten
Blick über den Pyramidensee auf
die Erdpyramide von 1871

Landschaftsgärten in Frankreich, den Niederlanden, Skandinavien und Osteuropa

Château de Canon, Schlosspark
Nebengebäude des Schlosses

Frankreich

Die Übernahme und Abwandlung des englischen Landschaftsgartens erfolgte im Laufe des 18. und 19 Jahrhunderts in den Ländern des Kontinents auf unterschiedliche Weise. Während man in Frankreich schon sehr früh die rustikalen Aspekte betonte, indem man ein landwirtschaftliches Theaterszenarium schuf – wie beispielsweise im Garten des Petit Trianon von Versailles – versuchte man in Deutschland, weite Landschaftsbereiche großzügig als Parkanlage zu gestalten. Im Unterschied zu England kam es in Deutschland aber nicht zu einer Diskussion, wie sie dort zwischen Chamberisten und Brownisten so heftig um das Pro und Contra von Staffagebauten geführt wurde. Zwar neigte Hirschfeld zu einer puristischen Form des Landschaftsgartens, etwa in der Art von Brown, doch konnte er sich nur schwer den romantischen und sentimentalischen Neigungen der Auftraggeber nach Chinoiserien oder mittelalterlichen Burgruinen entziehen.

Eine weitere Variante dürfte in den französischen Gestaltungsideen zur so genannten *ferme ornée*, dem effektiv landwirtschaftlich genutzten Garten, gesehen werden. Der Garten von Ermenonville des Marquis de Girardin war, wie bereits erwähnt, vom englischen Leasowes von William Shenstone inspiriert. Der Marquis erwarb im Jahre 1766 das Land südöstlich von Senlis in der Île-de-France. Die Wälder des 900 Hektar großen Geländes grenzten westlich an das Areal von Chantilly. Girardin teilte das Gebiet in vier Teile auf, in eine Landwirtschaftszone auf der Hochfläche östlich des Dorfs, in ein großes Parkareal am See südlich des Schlosses, in einen kleinen Park nördlich des Schlosses und in die so genannte Wildnis (désert), eine Zone, in der die Natur sich frei entfalten sollte. Unbewachsene Hügel, Pinien und Sandsteinblöcke geben dem Gelände ein unverwechselbares Gepräge. Als zentrale Achse der gesamten Parkkomposition wurde das Tal bestimmt. Vom Nordtrakt des Schlosses schaute der Marquis über die weite Marschlandschaft des Kleinen Parks und ließ sich von der liebevoll eingerichteten holländischen Szenerie entzücken. Ein Kanal mit flachen Brücken, eine Wasser- und eine Windmühle sowie ein gotischer Turm sorgten für ein romantisch anrührendes Ambiente. Heute sind nur noch der Kanal

Chantilly, Schlosspark
Im Osten des Wassergartens von Le Nôtre befindet sich Le Hameau, ein Weiler mit Holzgebäuden (1774), der älter ist als der bekanntere Hameau in den Schlossgärten von Versailles.

und die Mühle erhalten geblieben. Jean-Jacques Rousseau, der vom Marquis tief verehrt wurde, verbrachte seine letzten Jahre in Ermenonville, wo er 1778 starb. Gemäß der Beschreibung in seiner »Nouvelle Héloise«, schuf Girardin Julies Garten, ein kleines irdisches Paradies, die Bocage.

Der südliche Bereich des Gartens ist ungewöhnlich pittoresk gestaltet. Teiche, gewundene Wege, Kaskaden und eine Grotte sorgen für eine empfindsame Stimmung. Dass der Marquis den Bewohnern des Dorfes den Zugang zu diesem Bereich gestattete, war sicherlich nicht nur uneigennützig. Er versprach sich davon eine Steigerung der pastoralen Wirkung, wenn »echte Bauern« das Szenarium bevölkern würden. Zumindest konnte er von den südlich gelegenen Fenstern seines Schlosses das gesamte Areal überblicken. Am Ende des Gartens öffnet sich ein größerer See mit der Île des Peuplier, der Pappelinsel mit dem Grab des Philosophen (Abb. oben). Die tiefe Verehrung Rousseaus fand in diesem Monument eine gartenkünstlerische Form, die bald von vielen anderen europäischen Landschaftsgärten übernommen wurde, so in Wörlitz, im Berliner Tiergarten oder im polnischen Arkadia.

Rosseaus Philosophie, die um die Wiedergewinnung der natürlichen Empfindungen im Einklang mit vernünftigem Handeln kreist, erfuhr in Ermenonville eine seltene Konkretion. Julies Garten inmitten eines pastoralen Szenariums darf als ein frühes romantisches Aufbegehren gegen die Aufklärung gelten.

Pappelinsel mit dem Grab Jean-Jacques Rousseaus in Ermenonville
Gemälde von Hubert Robert, 1802
Öl auf Leinwand, 53,3 x 64,8 cm
Privatbesitz (?)

Paris, Bois de Boulogne
Schlösschen Bagatelle von François-Joseph Bélanger, 1777

Einer der ersten englischen Gärten Frankreichs, der als eine Art Konzentrat Stourheads begriffen werden könnte, war La Bagatelle in Paris. Im südlichen Bereich des heutigen Bois de Boulogne ließ sich Marschall Victor d'Estrées im Jahre 1720 einen Landsitz einrichten, den Ludwig XV. zu einem Ort des Vergnügens umgestaltete. Als der Comte d'Artois, der Bruder Ludwigs XVI., das Anwesen 1775 übernahm, schloss er eine denkwürdige Wette mit der ebenfalls gartenbegeisterten Marie-Antoinette ab: Er beabsichtigte, innerhalb von 64 Tagen das Schlösschen Bagatelle erbauen und mit Wasserspielen und Staffagebauten im englischen Stil ausstatten zu lassen (Abb. rechts). Der Prinz musste über eine Million Pfund aufbringen, um seine Wette zu gewinnen. Um möglichst rasch an die notwendigen Baumaterialien zu gelangen, ließ er sämtliche Fuhren mit Werkstoffen aller Art vor den Toren der Stadt beschlagnahmen. Damit zog er den Zorn der Bevölkerung auf sich. Die im Volksmund bald »Folie d'Artois« genannten Gärten waren wohl nicht nur als liebevolle Umschreibung einer Fürsten-Narretei gemeint. Die Gärten wurden von Thomas Blaikie, einem Schotten, und François-Joseph Bélanger entworfen und ausgeführt. Der Franzose hatte vorher viel in England gearbeitet, um dort für seine anglophilen französischen Auftraggeber Erfahrungen zu sammeln. Er legte einen mit Felssteinen umsäumten See an, einen gewundenen Flusslauf, Kaskaden, künstliche Felsen und bizarre Schmuckgebäude, so genannte *fabriques*. Darunter verstand man seit der Mitte des 18. Jahrhunderts Konstruktionen mit ausschließlich schmückender Bedeutung. Zuerst tauchten *fabriques* in der Landschaftsmalerei auf (Abb. unten), dann wurden sie mit Vorliebe in der englischen Gartenkunst übernommen – u.a. als so genannte *eyecatcher*. *Fabriques* hat man gern in Form von chinesischen Tempeln oder miniaturisierten

Carmontelle überreicht dem Herzog von Chartres die Schlüssel des Gartens von Monceau
Gemälde von Carmontelle
Paris, Musée Carnavalet

ägyptischen Pyramiden gestaltet. Besonders bizarre Formen, die sich keinem Architekturtypus zuordnen ließen, nannte man in England *follies*, Verrücktheiten. Berühmt ist der Conolly-Tower von Castletown in Irland geworden, den William Conolly zu Beginn des 18. Jahrhundert in seinem Garten errichten ließ. Diese Mischung aus romanischer Bogenarchitektur und ägyptischem Obelisken inspirierte später viele französische Gartenarchitekten zu ähnlichen *fabriques* oder *follies*, die aber fast ausschließlich den Stürmen der französischen Revolution zum Opfer gefallen sind.

So gesehen bezieht sich die Bezeichnung »Folie d'Artois« auch auf den Gartentypus, da Bélanger viele weitere *fabriques* installierte wie beispielsweise die Grotte des Philosophen im neogotischen Stil, die Chinesische Bogenbrücke, die obligatorische Insel mit Grabmälern, den Liebestempel und schließlich das Pharaonengrab. Alle diese *folies* existieren nicht mehr. La Bagatelle ist heute in dem Volkspark Bois de Boulogne aufgegangen.

Hubert Robert, der die romantische Landschaft wie kein anderer Maler des 18. Jahrhunderts monumental und zugleich idyllisch gestaltete (Abb. S. 441), wurde 1783, kurz vor der Französischen Revolution, von Ludwig XVI. mit der Oberaufsicht und dem Entwurf der Parkarrangements für Rambouillet südwestlich von Paris beauftragt. Das auf Ludwig XIV. zurückgehende Anwesen wurde in einen englischen Park umgewandelt, wobei die Strukturen des Schlossparterres und des Kanalsystems mit dem großen Wasserbecken erhalten blieben. Als Geschenk für Marie-Antoinette ließ der König eines der schönsten Beispiele pastoraler Architektur von Charles Thévenin erbauen, die Laiterie de la Reine, eine Molkerei im klassizistischen Stil (Abbn. oben). In der Nähe ließ der König eine *ferme ornée* anlegen, um dort Merino-Schafe zu züchten. In den französischen Gärten der zweiten Hälfte des 18. Jahrhunderts ist ein einzigartiger Wechsel in der Motivik der Gartengestaltung festzustellen. Das betrifft nicht nur den beinahe schon schroffen Übergang von der formalistischen zur romantischen Anlage, sondern auch die gesamte Gartenthematik. Der Rousseausche Aspekt »Zurück zur Natur« wird zu einer Art Weltflucht verstärkt. Die *fabriques* und *follies*, die Chinoiserien und andere Exotismen deuten bereits auf den zunehmenden Autoritätsverlust des Monarchen.

Rambouillet, Schlosspark
Meierei der Königin von Charles Thévenin, Innen- und Außenansicht (oben)
Winterlicher Schlosspark mit Schloss im Hintergrund (unten)

Rückblickend können diese Gärten als Indikatoren für die Auflösung des Absolutismus verstanden und als Boten für das Herannahen der Französischen Revolution von 1789 gedeutet werden.

Der in Frankreich abgewandelte englische Landschaftsgarten hat sich weit von den monumentalen Kunstwerken Le Nôtres entfernt und darf als eigenständiger Typus herausgestellt werden, als pittoresker französischer Garten. In manchen Gärten, wie etwa dem von Canon (Abbn. gegenüber, rechts und unten), hat er nur von Teilen Besitz ergriffen. Dabei wurde die ganze Spanne von pastoral-theatralischer Staffage bis poetisch-philosophischer Bestimmung ausgelotet. Der Garten wurde nun nicht mehr als komplexe Einheit empfunden; er teilte sich auf in verschiedene Zonen mit unterschiedlicher Thematik und Gestaltung. Auf der einen Seite hegte man die Neigung, die Natur und das naturverbundene Leben auf dem Lande neu zu entdecken; auf der anderen Seite verspürte man das Bedürfnis nach tief greifenden philosophischen Betrachtungen und den daraus resultierenden elegischen Stimmungen.

Um das oben Gesagte noch einmal zu pointieren: Der Herrscher repräsentierte nicht mehr durch seine Gartenkontinente, sondern kümmerte sich lieber um Schafzucht und Rousseau-Lektüre. Für unsere heutige Betrachtungsweise waren das durchaus sympathische Züge. Das Bürgertum Ende des 18. Jahrhunderts jedoch erkannte darin eine deutliche Schwäche, die es zu nutzen galt.

Château de Canon, Schlosspark
Chinesischer Pavillon (oben)
Kleiner klassizistischer Tempel (links)

ABBILDUNG GEGENÜBER:
Château de Canon, Schlosspark
Chartreuse, Arkadenweg

NACHFOLGENDE DOPPELSEITE:
Château de Courances, Schlosspark
Japanischer Garten

Holland

Die Gartenkunst Hollands entwickelte sich im 18. Jahrhundert überwiegend unter französischem Einfluss. Das schloss eigenständige Varianten, die schon durch die Topographie und Vegetation des Landes bedingt waren, natürlich nicht aus. Das anschaulichste und auch früheste Beispiel für einen holländischen Sonderweg bietet Waterland bei Velsen in Nord-Holland. Ein Kaufmann aus Amsterdam legte um 1720 einen ersten Garten mit einem Labyrinth an. Ihm ging es offensichtlich weniger um eine homogene künstlerische Parterregestaltung als vielmehr um pittoreske Elemente wie Baumgruppen, ein türkisches Zelt oder einen Triumphbogen. Das türkische Zelt war ein beliebtes Gartenrequisit, das mit der China-Mode in den fünfziger Jahren des 18. Jahrhunderts nach England gelangte und von dort seinen Weg auch in die kontinentalen Landschaftsgärten fand (Abb. S. 451). Der weit gereiste und von vielen Kulturen inspirierte holländische Handelsmann versuchte außerdem – das war für diese Zeit in Nordeuropa einzigartig – bewegte Bilder zu erzeugen. Diese Illusion schuf er durch einen Tunnel, dessen Ausgang ein Szenarium mit schwimmenden Booten auf einem benachbarten See rahmte. Diese raffinierten Kunststücke sind dem niederländischen Manierismus verhaftet, tendieren also eher noch zur Epoche des Barock.

In Twickel bei Delden in der holländischen Provinz Overijssel wurde schon kurz vor 1700 ein geometrischer Schlossgarten mit einem Knotenparterre sowie einem Küchen- und Obstgarten im Renaissancestil angelegt. Ein Kanal, der von Bäumen gesäumt war, zog sich um die Anlage herum. Die Gestaltung der Parterres und der Boskette ging auf Daniel Marot zurück, der ein ähnliches Gartendesign um 1710 auch für den Londoner Kensington Garden entworfen hatte.

Um 1790 verbreiterte man den Kanal zu einem See und schuf gewundene Wasserläufe. In diese Zone platzierte man eine idyllische Baumeremitage, eine Fischerhütte und eine Fähre. Etwas weiter entfernt warf man einen künstlichen Berg auf, baute ein Gartenhäuschen, eine Kapelle und das obligatorische Eishaus. Ein großer Hirschpark schloss sich an dieses Areal an. Die Akzente sind einerseits dem englischen Stil, andererseits aber auch der pittoresken Note der damaligen französischen Gärten verpflichtet. Man mag an die englischen Chinoiserien und gleichzeitig an das Konzept von Ermenonville denken. Der französische Einfluss verstärkte sich um 1800, da sich durch das Auftreten Napoleons die politische Landkarte in Europa veränderte. Fast geräuschlos annektierte der französische Imperator im Jahre 1810 die Niederlande, nachdem sein Bruder Louis das Land 1806 in ein Königreich umge-

Twickel, Schlossgarten
Blick über den See auf das Schloss

wandelt hatte, das er aber erfolglos regierte. Nach Napoleons Niedergang war man dann sorgfältig darauf bedacht, die französischen Spuren zu tilgen. Jan David Zocher, der bedeutendste niederländische Landschaftsarchitekt des 19. Jahrhunderts, erhielt den Auftrag, den Garten von Twickel umzugestalten. Für Zocher galten die Prinzipien des Landschaftspuristen Lancelot Brown. Er ließ eine kleine Welt von Wasser, Wiesen und Bäumen um Twickel kreisen (Abb. gegenüber) und favorisierte die harmonische Linie, die er auf die Komposition von Baumgruppen, auf den Lauf der Wasserwege und auf die weich gewellten Wiesengründe übertrug. Sein Konzept wurde gegen 1850 von dem deutschen Eduard Petzold übernommen und nur geringfügig abgewandelt. Petzold war ein Schüler Fürst Pückler-Muskaus und wurde später Hofgärtner in Weimar. Für das Parterre nahe der Orangerie in Twickel wurde ein Franzose eingestellt, der weit gereiste Edouard François André, der in Russland, Italien und in England tätig gewesen war. Sein 1879 erschienener Traktat »L'Art des jardins: Trité générale de la composition des parcs et jardins« berichtet ausführlich von der Geschichte der Gartenkunst und ihren Theorien. Praktische Hinweise für die Gestaltung sind ebenfalls enthalten. Seine Maxime war, in der Gartenkunst die Wissenschaft mit der Kunst zu verbinden. Aus diesem Grunde seien Konzepte beispielsweise der *ferme ornée* kaum tauglich, da sie einer Utopie nachhingen, die weder den Bauern noch den Kunstverständigen befriedigen könne.

Zur Zeit der Industrialisierung zog das Landschaftsszenarium das Bürgertum an. In Amsterdam entstand der Vondelpark, benannt nach Joost van den Vondel, dem holländischen Dichter des 17. Jahrhunderts. Die Anlage, zum großen Teil von privater Hand finanziert, sollte für die Öffentlichkeit zugänglich sein. Jan David Zocher arbeitete die Pläne aus. Der Park, der 1877 vollendet war, präsentiert sich unspektakulär (Abbn. oben und rechts). Den gewundenen Wasserläufe und weiten Rasenflächen mit den Baumgruppen nach dem Kompositionsmuster Lancelot Browns wurden später ein Musikpavillon und ein Milchkiosk hinzugefügt. In der zweiten Hälfte des 19. Jahrhunderts hatte sich der Landschaftspark bereits durchgesetzt. Auf Staffagebauten wurde weitgehend verzichtet. Interessant wurde nun der Aspekt der Öffentlichkeit. Dem Bürgertum öffnete sich ein städtischer Freiraum, der zu Freizeitaktivitäten oder einfach zur Erholung einlud. Die durch die fortschreitende Industrialisierung immer intensiver in die Arbeitswelt eingespannten Bürger verlangten nach öffentlichen Einrichtungen, die sie für ihre Freizeit nutzen konnten.

Amsterdam, Vondelpark
Winterliche Parkansicht

Denkmal für den niederländischen Dichter und Namensgeber des Parks Joost van den Vondel (1587–1679)

Frederiksborg (Dänemark), Schlossgarten
Chinesischer Teepavillon

Skandinavien

Die Landschaftsgärten skandinavischer Länder wie Dänemark oder Schweden orientierten sich am gängigen europäischen Typus. Am Anfang stand der pittoreske Garten mit Staffagebauten, der sich im Laufe des 19. Jahrhunderts zum reinen Landschaftspark wandelte. Der dänische König Frederik IV. ließ im Jahre 1699 den Garten von Schloss Frederiksborg bei Kopenhagen zunächst im französischen Stil anlegen. Später wurde Johann Cornelius Krieger für weitere Arbeiten im Garten angestellt. Er wusste erste Aspekte der Landschaftskunst umzusetzen. Der dänische Adel konnte sich den Materialluxus der Franzosen nicht leisten. Statt Marmor verwendete man Bohlen und Findlinge, die Teiche und kleinere Seen einfassten. Eine Art rustikaler Note war also vorgegeben, so dass der Übergang zum Landschaftsgarten sich fast von selbst ergab. Zwischen 1785 und 1801 wurde Frederiksborg umgestaltet und mit typischen Attributen wie einem chinesischen Teehaus (Abb. oben) und einem ionischen Tempel versehen. Um 1840 nahm sich Rudolf Rothe, einer der profiliertesten dänischen Landschaftsarchitekten und Direktor der Königlichen Gärten Dänemarks, des Gartens an und gestaltete ihn erneut um. Die Anlage ist heute noch in einem sehr guten Zustand anzutreffen und allein schon wegen des reizvollen chinesischen Teepavillons aus der Zeit um 1800 sehenswert.

Einer der ersten englischen Landschaftsgärten Dänemarks mit nordischem Akzent entstand in Liselund auf der Insel Møn. Das Szenarium wurde von Jean Jacques Rousseau inspiriert. Teiche, Felsen, Wasserfälle, ein See und gewundene Wege, die zu überraschenden Ausblicken auf die Ostsee führen, ließen ein romantisches Szenarium entstehen. Um die Philosophie Rousseaus zumindest in einigen Gedankenbereichen anschaulich zu machen, thematisierte man die Vergänglichkeit der Natur. Künstliche Grabmonumente und Grabhügel verbergen sich unter dichtem und dunklem Laub. Aber auch die lokalen kulturellen Bezüge sollten nicht ausgespart bleiben. Neben dem chinesischen Pavillon fanden auch ein Schwedenhaus, die norwegische Hütte und andere Gebäude ihren Platz (Abb. unten).

Einer der frühesten und zugleich schönsten Barockgärten Dänemarks ist auf Fünen in Glorup zu finden. Das Herrenhaus, ab 1743 von Philip de Lange für Christian Ludwig Scheel von Plessen errichtet, dominiert mit seinem hohen Mansarddach eine Gartenanlage, die bis ins 17. Jahrhundert zurückreicht. Noch heute kann man Spuren der unterschiedlichen Gestaltungsphasen nachvollziehen. In Glorup wurde tatsächlich jeder bedeutende Gartentypus verwirklicht, angefangen vom ornamentalen Spätrenaissancegarten über den axial aufgegliederten Barockgarten bis hin zu den Varianten des Landschaftsgartens. Henrik August Flindt, begeisterter Landschaftsgärtner und seit 1877 Nachfolger von Rothe als Direktor der Königlichen Gärten, zerstörte glücklicherweise nicht die alten Gartenstrukturen, als er mit Erneuerungsarbeiten in Glorup beauftragt wurde. Südlich des Herrenhauses und am Ende eines 200 Meter langen Spiegelbassins pflanzte er über Jahre hinweg insgesamt über 100 000 Blumen für die Besucher des Parks. Die barocken Alleen ließ er in breite Pfade übergehen, die in den Bereich des Landschaftsgartens im englischen Stil

Liselund auf der Insel Møn, Landschaftsgarten
Romantisches Szenarium mit Kapelle

Lederzelt im Park von Haga in Stockholm, Aquarell von Louis-Jean Desprez, 1787
Das Zelt wurde 1785 für die Wachsoldaten errichtet und ist ein Beispiel für die orientalische Variante des um 1800 in vielen Gärten anzutreffenden romantischen Exotismus der Nutz- oder Staffagebauten (siehe hierzu auch S. 388 f.).

führen. Eine besondere Attraktion sind die Reste einer neogotischen Hängebrücke über einer künstlichen mit Holz ausgeschalten Schlucht.

Um die Mitte des 18. Jahrhunderts erreichte die englische Mode auch das Königreich Schweden. Es ging vornehmlich um die Ausstattung der königlichen Gärten mit Chinoiserien. Die guten Verbindungen des englischen Architekten und ausgewiesenen Chinakenners William Chambers zum schwedischen Herrscherhaus förderten den regen kulturellen Austausch. Gegen Ende des Jahrhunderts war es der schwedische Architekt Frederik Magnus Piper, ein intimer Kenner der englischen Landschaftsgärten, der von König Gustav III. beauftragt wurde, in Drottningholm und in Haga das englische Konzept umzusetzen. Der um 1785 umgestaltete Park in Haga wurde mit den üblichen Requisiten wie etwa einem türkischen Kiosk (Abb. oben) und einem chinesischen Pavillon versehen. Der französische Architekt Louis Deprez wurde überdies beauftragt, ein Casino im klassizistischen Stil zu entwerfen. Die Arbeiten gediehen allerdings nicht über die Fundamente hinaus. Ähnlich wie im Nachbarland Dänemark konnte sich auch in Schweden kein eigener Gartentypus durchsetzen. Die Adaption des englischen Modells wurde durch eine zunehmende Orientierung am deutschen Landschaftsgarten eher noch verstärkt. Im frühen 19. Jahrhundert versuchte man, das irreguläre Naturszenarium zumindest teilweise zu ordnen, indem neben dem gewundenen Wegesystem symmetrisch ausgerichtete Alleen angelegt wurden.

Osteuropa

Auch in Russland ist der englische Landschaftsgarten schnell populär geworden. Gefördert wurde diese Orientierung an der englischen Gartenkunst von der Zarin Katharina der Großen, die im Jahre 1772 an Voltaire schrieb, dass sie nur in einem Garten, der nach dem Vorbild der Engländer gestaltet sei, Zerstreuung finden würde. Sie betonte die Vorzüge der geschwungenen Landschaftslinien, der sanften Hügel und der Teiche, die sich wie Seen ausnehmen. Eine strikte Ablehnung äußerte sie gegenüber geraden Alleen und Brunnen, in denen das Wasser gequält und gegen seine Natur in Bahnen gezwängt werde. Die Begeisterung Katharinas für die englische Kultur nahm ungewöhnliche Ausmaße an. Sie bestellte bei Wedgwood and Bentley ein Tischservice, bestehend aus 925 Teilen und mit 1244 Ansichten von Großbritannien, darunter vielen Landschaftsparks. Die Zarin sandte ihren Architekten Vasily Ivanovich Neyelov nach England, der in einer sechsmonatigen Rundreise die wichtigsten Landschaftsparks besichtigte. Das Design der Palladianischen Brücke im Park von Wilton House übernahm er und setzte es in Tsarskoye Selo (Puschkin-Park) um. Er studierte auch die Pläne und Publikationen von William Chambers und John Halfpenny und bezog aus ihnen wichtige Anregungen für seine chinesischen Architekturen. Jahre später ließ die Zarin den Engländer John Busch, einen gebürtigen Deutschen, nach St. Petersburg kommen, um dort Pläne für Pulkova auszuarbeiten. Die Zarin war begeistert von den Entwürfen und beauftragte ihn dar-

Tsarskoye Selo, Puschkin-Landschaftspark
Palladianische Brücke

aufhin mit der Anlage des englischen Landschaftsparks in Tsarskoye Selo, den er zusammen mit Neyelov ausführte. Von Busch ist ein Plan überliefert, wahrscheinlich um 1790 entstanden, der die gesamte Anlage dieses Yekaterinsky-Parks darstellt. Er teilt sich auf in einen älteren barocken Teil, der für die Kaiserin Elisabeth um die Mitte des 18. Jahrhunderts neu angelegt wurde, und den englischen Park mit den Seen, Inseln, Hügeln und gewundenen Wegen. In dem Plan sind auch die Gebäude verzeichnet, darunter eine Turmruine, die Palladio-Brücke Neyelovs (Abb. oben), ein Triumphbogen und kleinere Pavillons sowie ein klassizistischer Tempel (Abb. unten). Das Parkszenarium mit den Staffagebauten, Uferzonen und Waldwegen erinnert an das englische Stowe. Man könnte sogar den Eindruck gewinnen, dass der russische Park in Konkurrenz mit vergleichbaren englischen Vorbildern tritt, da im heutigen Alexandrovsky-Park ein chinesisches Dorf aufgebaut wurde – das Größte seiner Art in Europa. Es war das Werk Neyelovs in Zusammenarbeit mit Charles Cameron, einem weiteren englischen Architekten, der seit 1779 für die Zarin arbeitete.

Der größte Landschaftsgarten Russlands, Pawlowsk, in der Nähe von St. Petersburg gelegen, den ebenfalls Cameron entwarf, umfasste 600 Hektar. Glanzpunkt war der später so genannte Tempel der Freundschaft, ein runder Zentralbau mit dorischen Säulen, der von einer Kuppel abgeschlossen wurde (Abb. gegenüber oben). Neben weiteren klassizistischen Gebäuden, unter anderem einem Vogelhaus (Abb. gegenüber unten), dem Tempel der drei Grazien (Abb. S. 455 unten) sowie der Apollo-Kolonnade, errichtete Cameron auch rustikale Gebäude, eine strohgedeckte Molkerei, eine Eremitenzelle und eine Köhlerhütte, um die sentimentalischen Neigungen der Zarin zu befriedigen. Pawlowsk war wohl der größte europäische Landschaftsgarten. Im Zweiten Weltkrieg wurden weite Teile zerstört, aber später in vorbildlicher Weise wieder hergestellt, so dass man heute in diesem englisch-russischen gartenarchitektonischen Kunstwerk ausgedehnte und erlebnisreiche Spaziergänge unternehmen kann.

Schließlich sollte noch ein weiterer romantischer Landschaftsgarten Osteuropas erwähnt werden: Arkadia in Polen. Arkadia, 80 Kilometer von War-

Tsarskoye Selo, Puschkin-Landschaftspark
Grotte und andere Staffagebauten am Großen Teich

schau entfernt, wurde zwischen 1778 und 1785 als Sommerresidenz der Radziwill-Familie gegründet. Der Park, von Szymon Bogumil Zug, Henryk Ittar und Wojciech Jaszcold angelegt, entfaltete die Arkadienthematik, die um Glück, Liebe und Tod kreist. Als zentraler Ort wurde der See, um den sich Wasserläufe und Wege ziehen, mit einer kleinen Rousseau-Insel angelegt. Ruinen, rustikale Gebäude, klassizistische Tempel und ein Amphitheater sind in Seenähe und entlang den Wasserläufen und Wegen zusammen mit Baumgruppen arrangiert. Glücklicherweise ist der Park während der Kriegswirren kaum in Mitleidenschaft gezogen worden. Er ist heute für die Öffentlichkeit zugänglich, so dass man sich von der Anlage und den romantischen Staffagebauten überraschen lassen kann.

Horace Walpole, stolzer englischer Schloss- und Gartenbesitzer, schrieb in seiner »Geschichte des neueren englischen Gartens« von 1770 den denkwürdigen Satz: »We have given the true model of gardening to the world«. Damals mochte dieser Satz vielleicht noch etwas vermessen geklungen haben.

Pawlowsk, Landschaftsgarten
Tempel der Freundschaft von Charles Cameron, 1780–82

Pawlowsk, Landschaftsgarten
Klassizistischer Bau einer Voliere am Kanal

Pawlowsk, Landschaftsgarten
Ringförmiger See um den klassizistischen Palast, 1782–86 von Charles Cameron errichtet (rechts)

Skulptur vor Fliederbüschen (unten)

Tempel der drei Grazien; Skulpturengruppe der drei Grazien (unten rechts)

Aber er hat sich schließlich in vollem Umfang bewahrheitet. Wenngleich in vielen unterschiedlichen Varianten, hat sich das englische Modell auf dem Kontinent sehr schnell durchgesetzt. Und heute kennen wir in allen Großstädten der Welt den Stadtpark oder die Park- und Schlossanlagen im englischen Stil. Ob in Mexiko City, in New York, in München oder in Paris, immer treffen wir denselben Typus an: Die weiten, über sanft geformte Hügel sich hinziehenden Rasenflächen sind mit gewundenen Wegen versehen, die durch Schatten spendende Baum- und Buschgruppen zu kleineren Seen führen. Bachläufe mit Bogenbrücken, versteckten Rundtempelchen und Pavillons – in denen häufig ein Restaurant untergebracht ist – bereichern das idyllische Szenarium. Ist der englische Landschaftspark, für den das stattliche Alter von über 250 Jahren konstatiert werden darf, die letzte Station in der Entwicklung des europäischen Gartens geblieben, oder barg er doch ein künstlerisches Potential, das für den Garten oder Park des 20. Jahrhunderts genutzt werden konnte?

Aspekte und Erscheinungsformen der Gartenkunst von 1850 bis heute

Zur Zeit der Renaissance und des Barock hatten findige Gartenarchitekten Gewächshäuser konstruiert, die im Winter auf- und im Sommer wieder abgebaut werden konnten. Vielleicht waren dies die Vorformen der Fertigbauweise – man hatte für diese mobilen Gartenbauten eigens eine Art Baukastensystem entworfen. Für den Renaissancegarten in Stuttgart hatte der Architekt und Gartenbauingenieur Heinrich Schickhardt für die Feigenhäuser sogar einen fahrbaren Untersatz anfertigen und Schienen verlegen lassen, so dass die Bauten an die geeigneten Plätze gerollt werden konnten.

Im 17. und 18. Jahrhundert kamen die Orangerien in den Schlossgärten in Mode. Dabei handelte es sich um Gewächs- oder Pflanzenhäuser, in denen exotische Pflanzen kultiviert und gepflegt wurden.

Mit dem Aufkommen der Eisen-Glas-Architektur in der ersten Hälfte des 19. Jahrhunderts entstand ein neuer und eigener Bautypus des Gewächshauses, der Wintergarten. Eines der ersten Beispiele dieses Typus findet man in England: das Gewächshaus von Downton Castle aus dem Jahr 1815, erbaut von Thomas Andrew Knight, dem Pionier der wissenschaftlichen Erforschung des Gartenbaus. Von 1811 bis zu seinem Tod im Jahr 1838 war Knight Präsident der Horticultural Society of London. Die Fassade zeigt bereits die auch in späteren Jahrzehnten verwendeten Eisenrippen, die in der Form des Viertelkreises angelegt waren. Die Rückwand war gemauert. In der folgenden Entwicklungsstufe sollte die Halle ohne Lichtverlust vergrößert werden. Die Architekten erreichten das durch weite Glasgewölbe, die mehrfach übereinander gestaffelt waren. Typische Beispiele sind auch die Gewächshäuser des Naturhistorischen Museums in Paris, die Christophe Rohault im Jahr 1833 entworfen hat.

Einer der berühmtesten in Eisen-Glas-Konstruktion ausgeführten Wintergärten war der im Botanischen Garten von Kew in London, 1845–47 von den Architekten Decimus Burton und Richard Turner errichtet (Abb. S. 458 oben). Turner, ein Eisenschmied aus Dublin, war nicht nur für den englischen

Brüssel, Botanischer Garten
Klassizistisches Gewächshaus in Form eines Rundtempels, 1826–29 von François Gineste und Tilman-François Suys errichtet (links)
Detail der Brunnenfiguren vor dem Gewächshaus (oben)

ABBILDUNG GEGENÜBER:
Laeken (Brüssel), Königliche Gärten
Innenansicht des Großen Wintergartens, 1876 von Alphonse Balat errichtet

London, Kew Gardens
Palmenhaus, 1844–48 von Decimus Burton und Richard Turner errichtet

Wien, Schlossgarten Schönbrunn
Palmenhaus, 1879–82 von Franz Xaver Segenschmid errichtet

Adel tätig, sondern auch für den preussischen König Friedrich Wilhelm IV. Burton, ein erfolgreicher Bauunternehmer aus London, hatte sich schon in den 20er Jahren des 19. Jahrhunderts mit dem Bau des Kolosseums im Londoner Regents Park hervorgetan.

In Chatsworth traf Burton den ehemaligen Gärtner von Chiswick, Joseph Paxton. Der Herzog von Devonshire ernannte den begabten Paxton im Jahr 1826 zum Verwalter des Parks von Chatsworth. Er erhielt den Auftrag, den Great Stove, den Wintergarten, gemeinsam mit dem damals zweifellos berühmteren Burton zu entwerfen. Die Arbeiten dauerten von 1836 bis 1840. Begeistert von Paxtons Werk, schickte der Herzog seinen Gärtner auf Studienreise in die Schweiz, nach Italien, Griechenland und Spanien. Zurückgekehrt nach England, widmete er sich ausschließlich der Architektur und legte für die Londoner Weltausstellung unaufgefordert den Entwurf für einen Ausstellungspalast vor. Das 600 m lange Bauwerk, der Londoner Glaspalast, avancierte bald zu einer Inkunabel der Eisen-Glas-Architektur.

Das neue Baumaterial ermöglichte eine großzügige Variationsbreite der Nutzung. Ein Ausstellungspalast konnte später als Wintergarten oder als Palmenhaus Verwendung finden. Im Jardin d'Hiver, 1847 in Paris aufgestellt, fanden Konzerte und Theateraufführungen statt. Zuweilen traf sich dort die gehobene Gesellschaft zu einem festlichen Ball. Der Wintergarten machte rasch eine Metamorphose zum vielseitigen Zentrum des geselligen Lebens durch.

Barcelona, Parc de la Ciutadella
»Umbracle« – Schattenspender – heißt das Gewächshaus, das von Josep Fontserè für die Weltausstellung 1888 errichtet wurde.

Paris, ehem. Jardin d'hiver an den Champs-Elysées
1846–47 von H. Meynadier und Rigolet errichtet (1852 zerstört)

Bambussorten kultiviert werden (Abb. links). Der Garten geht zurück auf das Jahr 1850, als man damit begann, winterfeste Bambusarten zu sammeln. Beeindruckend sind heute besonders die dschungelartigen Regionen des Gartens, in denen der Riesenbambus wächst.

Villa Thuret

Gustave Thuret entwarf seinen Garten im Jahr 1857 auf dem Cap d'Antibes, eine der schönsten Küstenregionen der Côte d'Azur, etwa drei Kilometer südlich der Stadt. Er orientierte sich am englischen Landschaftsgarten, schuf großzügige Freiräume und Rasenflächen für die Anpflanzung exotischer Bäume und verband die einzelnen Abschnitte mit einem gewundenen Wegesystem. Neben Palmenhainen richtete er unter anderem auch Gartenbereiche für Akazien und Eukalyptusbäume ein.

Heute wird dieser Garten zu den exotischsten in Südeuropa gerechnet. Über 3000 Pflanzen meist subtropischer europäischer, aber auch außereuropäischer Herkunft finden sich dort. Das milde Klima und die günstige Meereslage lassen den Jardin Thuret als eine monumentale und dem Himmel sich darbietende Orangerie erscheinen.

Anduze, Bambouseraie de Prafrance
Der seit 1850 existierende Garten mit annähernd 200 Bambusarten ist in seiner Art einzigartig in Europa.

Gärten in Südfrankreich

Der südfranzösische Garten hat keinen eigenen Typus ausgebildet, da auch seine Gestaltung abhängig ist von den Traditionen der italienischen und französischen Gartenkunst, weniger des englischen Landschaftsgartens. Doch haben zweifellos das Klima, die Landschaft und die Beschaffenheit der Böden zu spezifischen Formen geführt, die in der europäischen Gartenlandschaft ihresgleichen suchen. Auffallend ist die häufige und üppige Verwendung von Palmen, wie beispielsweise im Jardin Thuret.

Wer die Côte d'Azur in Erwartung einer paradiesischen Landschaft besucht, wird angesichts der prachtvollen Anlage des Gartens der Villa Ephrussi auf dem Cap Ferrat seine Erwartungen noch übertroffen finden. Und zwar hinsichtlich der luxuriösen Anlage selbst wie auch der einzigartigen Kombination von subtropischer Pflanzenwelt, barocken Gestaltungselementen und der eindrucksvollen Küstenlandschaft des Cap Ferrat (siehe S. 462/63).

Die Gärten Südfrankreichs führen die Aspekte des traditionellen Gartens mit Wasserbassin, Rundtempel und Buchsparterre zusammen mit avantgardistischen Kunst- und Architekturbeispielen (Abbn. S. 464–465). Der Landschaftsgarten als Gartenkonzept fällt hierbei weniger ins Gewicht, da der landschaftliche Anteil von dem stupenden Naturschauspiel (Berge und Meer) selbst vorgegeben wird.

Eine europäische Rarität bietet die Bambouseraie de Prafrance in Anduze, in der fast 200 verschiedene

RECHTS UND GEGENÜBER:
Cap d'Antibes, Villa Thuret
Palmenhaine, Akazien und Eukalyptusbäume prägen das Bild dieses exotischen Gartens, in dem etwa 3000 Pflanzenarten aus aller Welt gedeihen.

Villa Ephrussi de Rothschild

Ähnlich wie das Cap d'Antibes ragt auch das Cap Ferrat halbinselartig ins Meer. Auf dem schmalen Felsrücken verwirklichte die Baronin Béatrice Ephrussi de Rothschild um 1905 einen ehrgeizigen Plan. Sie wollte sich mit einer Luxusvilla und einer anschließenden Gartenanlage ein Denkmal setzen. Das ist ihr zweifellos gelungen. Sie lud viele berühmte Architekten ein, ihr Entwürfe vorzulegen, konnte sich aber mit den Ergebnissen nicht zufrieden geben. Schließlich griff sie selbst zum Stift und skizzierte einen traditionellen Bau im historistischen Stil. Der Palast ist als Vierflügelanlage mit einem weiten Arkadenhof im Stil der italienischen Frührenaissance angelegt. Innen ist das Gebäude im Stil des französischen Rokoko ausgestattet. Die Dekorationen sollten offensichtlich auch im stilistischen Einklang mit dem Barockparterre und dem großen Wasserbassin stehen. Allerdings verzichtete die Baronin auf eine geometrische Beetornamentierung.

Der von Palmen, Zypressen und anderen subtropischen Bäumen dominierte Hauptgarten wird flankiert von einem italienischen Renaissancegarten mit geschweiften Buchshecken. Ein spanischer und ein japanischer Garten schließen sich an. Ein antikisierender Rundtempel mit einer Venusstatue, geschwungene Treppenläufe, unter denen sich eine kleine Grotte befindet, und intime Gartennischen mit Steinbänken gehören zur Ausstellung des Gartens.

Zu einer Zeit, in der die Kunst, die Architektur und zum Teil auch die Gartenarchitektur bereits im Umbruch begriffen waren, schuf die Baronin einen sehr eigenwilligen Gartenkomplex, der den damaligen Stilvorstellungen in keiner Weise entsprach.

Cap Ferrat, Villa Ephrussi de Rothschild
Blick über das zentrale längsrechteckige Bassin auf die Gartenfassade der Villa (links), zweiläufige Treppenanlage (oben)

Hyères, Villa de Noailles
Kubistische Gartenanlage von Gabriel Guévrékian

Der kubistische Garten der Villa de Noailles
Im Jahr 1924 gaben Charles und Marie-Laure de Noailles, bekannt als großzügige Kunstmäzene, den Bau einer Villa in Auftrag. Ihre Wahl war auf den nach Le Corbusier damals bedeutendsten Architekten Frankreichs gefallen, auf Rob Mallet-Stevens. Die von ihm im Einklang mit der Topographie der Umgebung geschaffene Villa stellt eine Architekturskulptur der Moderne dar – ein kubistisches Gebilde, das die Strukturen der modernen abstrakten Malerei seiner Zeit aufnimmt.

Für die Gestaltung des Gartens konnte das Ehepaar Gabriel Guévrékian gewinnen. Er entwarf einen kubistischen Garten. Auf einer spitz zulaufenden und aus der Villa herausgeführten Ebene legte er quadratische Beetkästen an, die er zur Spitze hin in die Höhe staffelte. Die Bepflanzung fiel sehr sparsam aus, um die Struktur, die einem Mondrian-Bild gleicht, zur Geltung kommen zu lassen. Die geometrische Wandgliederung und das auf Kuben reduzierte Mobiliar findet so in dem aus dem Wohnraum drängenden Garten ihre Entsprechung. In Verbindung mit den Skulpturen von Jacques Lipschitz erscheint das Villen-Garten-Projekt der Familie de Noailles heute wie ein frühes Fanal, die Grenzen der Kunst zu überschreiten, indem der abstrakten Form ein eigener ästhetischer Wert zugewiesen wird – in der Architektur, der Skulptur und der Gartenkunst.

Der Skulpturengarten der Fondation Maeght
In einem Kiefernwald in St-Paul-de-Vence arrangierte der Aimé Maeght seine Sammlung von Skulpturen unter anderem von Joan Miró, Alexander Calder und Pierre Bonnard. 1964 ließ er von dem katalanischen Architekten Josep Lluis Sert einen exentrischen Museumsbau errichten. Die u-förmig geschwungenen, fast wie frei schwebend wirkenden Dächer über dem Giacometti-Hof kontrastieren mit den zierlichen und gelängten Schreit- und Standfiguren des Künstlers.

Im Kiefernwald aber entfaltet sich der ganze Zauber eines Skulpturengartens. Die mobilen Segelarme Alexander Calders nehmen sich mit ihren grell-farbigen Flächen bizarr aus vor dem Gartenszenarium. Joan Miró erhielt den Auftrag, ein Labyrinth zu gestalten, eine Aufgabe, der er mit Witz und Fantasie nachkam. Andere Künstler positionierten ihre monumentalen Eisen- und Stahlfiguren im Wald oder stellten sie gleich Wächtern an markanten Plätzen auf. Der Reflex zur eigenwilligen Architektursprache des Museumsbaus sollte gewahrt bleiben.

Für seinen früh verstorbenen Sohn ließ der Bauherr eine Kapelle auf dem Gartengelände errichten. Als Baumaterial verwendete er zum Teil mittelalterliches Mauerwerk, um auf diese besondere Weise dem Andenken seines Sohnes Rechnung zu tragen.

St-Paul-de-Vence, Skulpturengarten der Fondation Maeght
Museumsbau von Josep Lluis Sert und Giacometti-Hof

In einem Kahn stehend stakt Monet durch den berühmten Seerosenteich in seinem Garten.

Monets Garten in Giverny

Das Werk Claude Monets, des Vollenders der impressionistischen Malerei, läßt sich in drei Gruppen einteilen. Zur ersten zählen die Werke, die der junge und rastlose Monet bei jedem Wetter in der freien Landschaft oder in seinem unmittelbaren Alltagsraum schuf. Dabei nahm er visuelle Sezierungen seiner Welt vor und untersuchte die Veränderungsfaktoren der Farben unter den verschiedenen Lichteinflüssen. Der fünfzigjährige Monet, gesetzter und ruhiger geworden, verharrte vor seinem Sujet und fertigte Serienbilder an, um die Lichtmetamorphosen eines Gebäudes oder eines Landschaftsausschnittes zu dokumentieren. Der greise Monet schließlich hielt sich in Giverny auf, wo er sein Paradies gefunden hatte, in dem heute so berühmten Garten. Hier nahm er das Bild der Seerose auf und variierte es im Atelier in unzähligen Variationen.

Monet und Giverny sind eins geworden im ästhetischen Kalkül des Impressionismus: Die Nachahmung der Natur löst sich auf in einem Farbenrausch, dem unvermittelt eigene artistische Werte zuwachsen. Das Seerosenbild kann als Wiedergabe eines Gartenausschnittes gesehen werden und zugleich als eigenständige Farbkomposition, deren künstlerischer Wert nicht in der Nachahmung liegt, sondern in der Schaffung einer eigenständigen Kunstform, in der sich eine Seerose abbildete.

Ob sich Monet, ähnlich wie Paul Cézanne, auf dem Weg zum »abstrakten Impressionismus« befand, als er die Serienbilder angesichts von Heuschobern, Kathedralen oder Pappeln schuf, kann vermutet werden. Viele dieser Bilder datieren aus der frühen Giverny-Zeit. Im April des Jahres 1883 – in dem Monat starb Eduard Manet in Paris – zog Monet nach Giverny. Zunächst mietete er das Anwesen. Nachdem er immer bekannter und Giverny zum Treffpunkt der Avantgarde geworden war, erholte er sich allmählich von seiner bis dahin misslichen finanziellen Situation. Er brachte es zu einem bescheidenen Vermögen, das es ihm erlaubte, Giverny im Jahr 1890 zu erwerben. In den folgenden Jahren richtete er sich dort seinen Garten ein. Er legte keinen Wert auf ein vorgegebenes Gartenschema,

Giverny, Musée Claude Monet
Spiegelungen der Trauerweiden im Seerosenteich des Gartens von Monet

sondern erstrebte ein blühendes und eher wild wucherndes Ambiente. Später konnte er noch weiteren Grund erwerben, auf dem er mit dem Wasser des Flüsschens Epte einen Teich anlegte, der mit einer japanischen Brücke überspannt wurde.

Aus seinen zahlreichen Briefe und Notizen geht hervor, dass Monet in Giverny sein Ziel erreicht hat, in Ruhe und Abgeschiedenheit die Natur zu beobachten – eine Natur, die er mit eigenen Hände gestaltete. Der Garten bot ihm ein Naturszenarium, das er zu jeder Tageszeit bei unterschiedlichen Lichtverhältnissen studieren, skizzieren und in seinem Atelier farblich umsetzen konnte. Die Atelierarbeit war ihm ebenso wichtig wie das Skizzeren mit Pinsel und Farbe vor dem Motiv. Allerdings ging es ihm vorrangig um die Anschauung der Wirklichkeit. Vorstellungs- oder Erinnerungsbilder waren untaugliche Medien für seinen Schaffensprozess.

Oft hatte der Maler früher über die ihm willkürlich erscheinenden Veränderungen seines Sujets geklagt: Die Fischerboote von Étretat, schrieb er, seien in der Zeit, während er sie gemalt habe, von den Fischern umgestellt worden. Ihm sei nichts anderes übrig geblieben, als alles, was er bis dahin gemalt habe, wieder von der Leinwand zu kratzen. In Giverny konnte das nicht mehr passieren. Hier blieb sein Sujet unverrückbar. Er konnte sich dem widmen, was er als eigentliche Aufgabe des Künstlers bezeichnete, nämlich das zu entdecken oder aufzudecken, was zwischen ihm und dem Objekt sich entfaltete. Er nannte es die »Schönheit der Atmosphäre« oder auch »das Unmögliche«.

Vielleicht ist es genau das, was uns heute an den Seerosenbildern oder Darstellungen des Gartens von Giverny so fasziniert. Wir verspüren die Kristallisation einer Atmosphäre, ein in Farben und Formen eingefasstes Gefühl. Dass seine Seerosenbilder sich weit von der Realität Givernys entfernten, lag an ebenjener heraufbeschworenen Atmosphäre zwischen dem Sujet und der Leinwand.

Die Seerosenbilder von Monet werden oft mit dem Beginn der abstrakten Malerei in Verbindung gebracht. Darüber läßt sich streiten, und darüber wird auch gestritten. Ohne Frage begab Monet sich ab etwa 1890 mit seinen Werken auf die Schattenlinie von Nachahmung und Abstraktion. Er blieb dabei jedoch stets dem »Augenblickseindruck« der schönen Dinge – dem Bildgegenstand – verbunden.

Claude Monet
Le Bassin aux nymphéas, le soir, um 1916–22 (linke Seite des Diptychons)
Öl auf Leinwand, 200 x 600 cm
Zürich, Kunsthaus Zürich

NACHFOLGENDE DOPPELSEITE:
Giverny, Musée Claude Monet
Trauerweiden und Seerosenteich im Garten von Monet. Im Hintergrund ist die kleine »japanische« Brücke zu erkennen.

Gärten in Katalonien

Das gartenkünstlerische Spektrum der katalonischen Gärten des 20. Jahrhunderts ist weit: Neben dem im modernen Stil angelegten romantischen Garten von Santa Clotilde über den Buchten der Costa Brava behauptet sich der märchenhafte und teilweise bizarre »Jugendstilgarten« von Antonio Gaudí, der Parc Güell in Barcelona. Die weite städtische Anlage des Parc de la Ciutadella – ebenfalls in Barcelona – steht dem Stadtraum des Parc Joan Miró gegenüber. Hier das klassische Muster der Parkanalge des 19. Jahrhunderts, dort der nüchterne und nur durch die spielerische Bildsprache Mirós aufgelockerte Stadtraum. Der moderne städtische Garten bezieht stärker noch als in den Jahrhunderten zuvor die Architektur und Kunst sowie das soziale Alltagsleben der Bewohner mit ein.

Der Garten von Santa Clotilde

Eine der schönsten Küstenlandschaften Spaniens ist zweifellos die Costa Brava nördlich von Barcelona. Zu einem Zeitpunkt, als diese Region touristisch noch nicht in dem Maße erschlossen war, wie dies heute der Fall ist, ließ der Marquis von Roviralta in den 20er Jahren den Garten von Santa Clotilde anlegen. Das Areal erstreckt sich über ein felsiges Vorgebirge der Costa Brava unweit von Lloret de Mar. Vom Garten aus führen steile Wege und Treppen hinab zu den Buchten des Mittelmeers von Los Fanales und Santa Catalina.

Das Unternehmen war sehr aufwendig. Um eine ausreichende Bewässerung des Gartens zu gewährleisten, mussten viele Leitungen verlegt werden. Schließlich entschied man sich auch dafür, Löcher in den Fels zu sprengen, um größere Bäume zu pflanzen. Es entstand ein Garten, der Ähnlichkeiten mit

Lloret de Mar, Garten von Santa Clotilde
Rundes Bassin und Fontäne unterhalb der Villa (oben)
Die große zypressengesäumte Treppenanlage zum Meer (rechts)

italienischen Renaissancegärten aufweist (Abb. gegenüber oben). Das betrifft die geschnittenen Hecken, die hohen Zypressen und die vielen Blumenbeete. Doch ging es dem Marquis um eine malerische Anlage, die das atemberaubende Panorma der Küstenlandschaft mit einbezog. Aus diesem Grunde erwarb er benachbarte Grundstücke, um von den Terrassen und Treppen aus die Ausblicke unverändert zu halten. Mit dem malerischen Aspekt verbindet sich auch der romantische. Zwei Marmorstatuen, *Prudentia* und *Justitia*, die mythischen Wächterinnen der Elysischen Felder, befinden sich in einer Art Vorgarten, der von vier zylindrisch geschnittenen Zypressen gerahmt wird. Von hier aus erreicht man über kleine Treppen und Wege die verschiedenen, zum Meer hin offenen Gartenterrassen. Eine weitere, von hohen Zypressen gerahmte Treppenanlage führt hinunter zur Plaza de las Sirenas (Abb. gegenüber unten).

Der Parc de la Ciutadella in Barcelona

In den Jahren 1871 bis 1881 schuf der Gartenbauingenieur und Architekt Josep Fontserès den weitläufigen Park auf dem Gelände der ehemaligen Zitadelle von Barcelona, dort, wo der Bourbone Philipp V. die alte Zwingburg im Jahr 1716 zur Belagerung der Stadt anlegen ließ. 1869 veranlasste die Stadtverwaltung die Schleifung der Mauern und ermöglichte damit die künstlerische Gestaltung des Areals.

Kernstück ist die große Kaskade, die in den vergangenen Jahren restauriert wurde. Der junge Antonio Gaudí arbeitete an diesem Werk mit. 1888 feierte die Stadt Barcelona ihre erste Weltausstellung. Leider sind viele Gebäude mittlerweile wieder abgerissen worden. Der »Umbracle«, der Schattenspender, ein Gewächshaus für exotische Pflanzen (Abb. S. 459), und der »Hivernacle«, der Wintergarten, sind allerdings erhalten geblieben. Die Entwürfe zu diesen Gusseisenkonstruktionen stammen von Fontserès.

Barcelona, Parc de la Ciutadella
Brunnenanlage mit spielenden Putten

Der Parc Güell in Barcelona

Im Jahr 1900 erwarb der Fabrikant Eusebi Güell am Mont Pelat ein 15 ha großes Areal, wo er eine Mustersiedlung im Stil der englischen Gartenstädte anlegen wollte. Da die späteren Immobilienpreise jedoch zu hoch geworden wären, ließ er statt der Siedlung von dem Architekten Antonio Gaudí einen Park gestalten. Vierzehn Jahre dauerten die Arbeiten an diesem faszinierenden Projekt. 1920 übergab Güell den Park der Öffentlichkeit.

Wie immer man dn Park stilistisch klassifizieren mag, er überrascht durch ungewöhnliche Perspektiven und bezaubert durch seinen Reichtum an künstlerischer Ausstattung. Bunte Keramikscherben überziehen die Dächer der Gebäude, die Parkmauern und die Sitzbänke. Die Decke des »Saals der hundert Säulen«, ursprünglich als Markthalle geplant, aber wie ein Tempellabyrinth wirkend, dekorierte Gaudí mit seinem Mitarbeiter Josep Maria Jujol als kunstvolle plastische Collage (Abb gegenüber oben).

Eigentlich müsste man hier von der so genannten Trencadis-Technik sprechen, die dann für die Colla-

ge der 20er Jahre des 20. Jahrhunderts vorbildlich geworden ist. Gaudí drückte die Keramiksplitter und -scherben, die er sich bei Keramikbetrieben kostenlos besorgen konnte, in den noch feuchten Mörtel. Er achtete darauf, möglichst bunte Kachelstücke zu verwenden, um mit den Gelb-, Grün- oder Orangetönen Blumentupfer zu suggerieren. Sein Meisterstück ist sicherlich die in weiten Schwüngen angelegte Mauerbank, die, zumindest abschnittsweise, an Rasen- oder Blumenbänke mittelalterlicher Gärten erinnert (Abb. oben links). Phantastisch wirken auch die Eingangsbauten, das Bürogebäude und das Pförtnerhaus mit ihren abgesetzten Bordüren an den Fenstern, Türen und Dächern.

Gaudís Formensprache ist einzigartig. Den Park Güell einen Jugendstilpark zu nennen, fällt schwer, da sich seine Formenvielfalt und Thematik dem üblichen Formenkanon dieses Stils entzieht. Er ist Ausdruck des katalanischen Modernismo, der um 1900 für eine neue Kunstblüte sorgte und nur bedingt zum Jugendstil anderer Länder passen will, obwohl er diesem in der Regel zugeordnet wird.

Barcelona, Parc Güell
Barcelonas berühmteste Parkbank auf dem großen Platz am oberen Ende des Parks; neben Antoni Gaudí gehört auch Josep Maria Jujol zu ihren Schöpfern (oben links).

Detailansicht des so gensnnten »Saals der hundert Säulen« (oben)

Promenade mit schräg gestellten Stützen (links), dekorative Keramikornamente (gegenüber unten)

UNTEN UND GEGENÜBER:
Barcelona, Parc Joan Miró
Geometrisch konstruierte Pergola (unten)
Dona i Ocell (Frau und Vogel); die Skulptur ist eines der letzten Werke Mirós, die er 1984 für den nach ihm benannten Park geschaffen hat (gegenüber).

Der Parc Joan Miró in Barcelona

Der Parc Joan Miró entstand 1984 als »Espais urbans«, als Stadtraum, auf dem Gelände des ehemaligen Schlachthofs in Barcelona. Das streng geometrische Rasterschema erhielt seine plastischen Konturen einerseits durch die Bepflanzung und andererseits durch seine architektonischen Elemente, etwa die unten gezeigte Pergola. Als Grundmodell diente der gepflasterte Platz, wie er in mediterranen Ländern üblich ist. Es erfolgte eine Aufteilung in Spiel- und Ruhezonen. Da die Anwohner das Gelände als kühl und leblos empfanden und sich über das städtische Konzept entrüsteten, wurde Miró beauftragt, 30 Skulpturen für den Platz zu gestalten. Leider ist nur die *Dona i Ocell* (Frau und der Vogel, Abb. gegenüber) verwirklicht worden. Sie steht auf einem Plateau inmitten eines rechteckigen Wasserbassins.

Die weithin sichtbare, langgestreckte kubische Figur ist mit farbigen Mosaiken überzogen, so dass sie filigran und elegant wirkt. Das an den Rändern des Sees sich entlangziehende Gebäude, die Bibliothek Joan Miró, entstand zwischen 1988 und 1990. Es zeugt vom Phantasiereichtum und der Experimentierfreude der avantgardistischen katalanischen Architektur. Der zentrale Zugangsbereich wird von Rampen flankiert und führt zu zwei Säulenhallen, den Eingängen zur Bibliothek. Unter dem weit vorkragenden Dach sind Reproduktionen verschiedener Bronzestatuen Mirós ausgestellt.

Hamburg, Stadtpark
Stadtparksee mit abgetrenntem Bereich des Freibads; im Hintergrund ist das Planetarium zu sehen.

Volks- oder Stadtparks in Deutschland

Als einer der ersten Modernen der Gartenkunst in Deutschland darf wohl Leberecht Migge gelten, der um 1900 bei Jakob Ochs in Hamburg als Gartenarchitekt arbeitete und sich dann in Worpswede selbstständig machte. Hier wirkte er unter anderem zusammen mit dem Architekten und Stadtvisionär Bruno Taut. Migge verkündete das Ende der herkömmlichen Gartenkunst und verstand das Arbeiten im Garten als angewandte Kunst. Seine schroffe Einschätzung resultierte aus der in seinen Augen unglücklichen Langlebigkeit des romantischen Gartens im englischen Stil. Seine Definition der Funktion des Gartens, vorgetragen in seiner Schrift »Die Gartenkultur des 20. Jahrhunderts«, 1913 in Jena erschienen, ist knapp und griffig:

»Der Garten muss bedürfnisgerecht geplant werden. Ist das Phantasielosigkeit? Nein, es ist Zügelung, ein Sichbesinnen und Beschränken auf das Wesentliche. Es heißt organisieren. Es ist aber doch auch – Kunst.«

Migge ist der Meinung, dass sich der Gehalt und die formale Struktur des öffentlichen Gartens, des Volks- oder Stadtparks, an den Bedürfnissen der Bevölkerung bemessen soll. Er dürfe nicht, wie das in Deutschland immer noch der Fall sei, Repräsentationszwecken der Stadt dienen. Vor allem Einrichtungen für den Sport sind gefordert und darüber hinaus auch schattige Zonen für Spaziergänger und, wie er schrieb, Anlagen »für das Schauen schöner erhebender Vegetationsbilder«. Über die Komposition solcher Gärten oder Parks sagte Migge wenig. Er fertigte aber zahlreiche Entwürfe für öffentliche Stadtparks an, denen man die formale Struktur entnehmen kann. Ähnlich wie die neue Architektur des Bauhauses die Funktionalität des Wohnens als ästhetisches Modell begreift und entsprechende Auf- und Grundrisse mit unregelmäßig eingesetzten Fenstern und asymmetrisch einander zugeordneten Wohnbereichen entwarf, plante Migge große, von Alleen begrenzte Wiesen mit intimen Gartenzonen. Für den Privatgarten sah er den Nutzaspekt als vorrangig an und schlug deswegen eine geometrische Struktur vor: »Ich wünsche den architektonischen Garten aus volkswirtschaftlichen und sozialen sowie aus ethischen Gründen.«

Für Migge galt das Prinzip der Zweckmäßigkeit in Verbindung mit ästhetischen Vorstellungen. Hier stand er den Theorien der Neuen Sachlichkeit und natürlich den von Walter Gropius programmatisch erklärten neuen Bauvorstellungen sehr nahe. Mit dem architektonischen Garten, dem geometrisch strukturierten Gebilde, das sowohl den sozialen als auch den emotionalen Bedürfnissen der Menschen zu entsprechen hatte, sollte die strikte Abkehr vom englischen Landschaftsgarten vollzogen werden. Der Hamburger Stadtpark auf dem Gelände der aufgeforsteten Winterhuder Geest war der erste größere Park auf dem Kontinent, der sich entschieden vom romantischen Garten absetzte. Er war geplant als Erholungsstätte für die dicht besiedelten Stadtteile Hamburgs. Nach einem Wettbewerbsentscheid von 1908 wurde er nach den Plänen des Leiters der städtischen Baubehörde Fritz Schumacher ab 1912 auf 180 Hektar den Anforderungen der Großstadtbevölkerung entsprechend als Volkspark angelegt. Otto Linne war für die Anpflanzungen verantwortlich. Er legte entlang einer Mittelachse einen Waldpark, ein Wiesengelände und einen Blumengarten um einen See in geometrischen Grundformen an. Der ehemalige Wasserturm am westlichen Achsenende ist der Bezugspunkt der einzelnen Parkbereiche. Er dient heute als Aussichtsturm, in der Kuppel befindet sich das Planetarium. Der Turm war als eine Art Gelenkstelle zwischen dem angrenzenden Stadtteil Winterhude und dem Park gedacht (Abb. gegenüber).

Die von Migge geforderte Funktion des Volksparks, den Menschen Erholung an Leib und Seele zuteil werden zu lassen, entwickelte sich zunehmend zum Hauptaspekt bei der Anlage öffentlicher Gärten. Martin Wagner, der mit Migge zusammen in Worpswede gearbeitet hatte, wurde 1926 Stadtbaurat in Berlin. Im Jahre 1938 erhielt er einen Ruf als Professor nach Harvard. Er konzentrierte sich auf den Gesundheitsaspekt und sah darin den ausschließlichen Nutzwert des Gartens. So hat der Garten, beziehungsweise der Park, seine Daseinsberechtigung einzig als Luftspeicher und Luftverbesserer. Diese Gedanken führte Wagner erstmals in seiner Dissertation mit dem Titel »Das sanitäre Grün der Städte« im Jahre 1915 aus. Ähnlich wie Migge favorisierte er Volksparkanlagen – er spezifizierte sie als »städtische Freiflächen« – die für Sport, Spiel und Wandern angelegt werden sollten. Aus diesem Grunde suchte er nicht nach ästhetischen Kategorien, sondern versuchte, medizinische Beweise für den physiologischen Wert von Körperübungen auszuarbeiten. Dieser Zweckrationalismus, der bereits bei Migge zu spüren war, entfernte den Garten nicht nur von seinem traditionellen romantischen und historistischen Konzept, sondern generell auch von seinen künstlerischen Ansprüchen. Wagner hielt es offensichtlich nicht für notwendig, medizinische Beweise dafür vorzulegen, dass die Seele auch durch Augenlust gestärkt werden kann.

Wenn auch die von Wagner geforderte gesundheitliche Wirkung des Gartens später eine weite Verbreitung fand – in diesem Zusammenhang sind auch die so gensnnten »Trimm-dich-Pfade« der siebziger und achziger Jahre zu sehen –, verlief die Entwicklung des Gartens oder Parks im 20. Jahrhundert nicht ausschließlich in diese Richtung. Wichtige Schritte allerdings waren vollzogen: die Abkehr vom Repräsentationsgarten, von der romantischen Parklandschaft und von der im Garten installierten historistischen Theaterbühne. Trifft dies auch für das Ursprungsland des Landschaftsgartens, für England, zu?

Hamburg, Stadtpark
Beetdetail in Herbstfarben

Hamburg, Stadtpark
Brunnenrondell

Hidcote Manor, Gloucestershire
Gartenansicht mit beschnittenen Bäumen

ABBILDUNGEN GEGENÜBER:
Hestercombe Gardens, Somerset
Ansichten des Edwardian Garden: quadratischer *sunken garden* (Abb. unten) mit zwei Kanalterrassen als Seitenbegrenzung (Abb. oben)

Zwei formale Gärten in England

Um die Jahrhundertwende war in den Städten und auf dem Land der viktorianische Garten mit seinen Teppichbeeten und den historisierenden Attributen dominant. Als einer der ersten Gartenarchitekten Englands schuf sich Lawrence Johnston ab 1907 in Hidcote in den Cotswolds in der Grafschaft Gloucestershire nahe dem Städtchen Chipping Campden einen architektonischen Garten. Johnston, der viele Reisen und Expeditionen nach Südafrika und China unternahm, brachte exotische Pflanzen mit nach England und züchtete sie dort. Er war so erfolgreich, dass er seine Pflanzen bald in viele Länder Europas exportieren konnte.

Johnston legte in der Längsachse seines Landhauses eine weite Rasenfläche an, von der aus im rechten Winkel eine lange von beschnittenen Buchen gesäumte Allee über den Höhenrücken führte. Im Winkel zwischen dem Rasen, den er *Theatre Lawn* nannte, und der Allee schuf er kleinere geometrisch einander zugeordnete aber abgeschlossene Gartenbereiche, die er thematisch definierte. Nächst dem Landhaus legte er beispielsweise den Weißen Garten an, der von Eibenhecken umschlossen ist. Ein Wegkreuz unterteilt den Garten in vier Beetkompartimente, die nur mit weißblühenden Sorten bepflanzt wurden. Eine mächtige Libanonzeder ragt mit ihren weit ausladenden Zweigen wie ein Schirm über dem Garten auf (Abb. links). Während die im Bereich des Hauses und der Allee platzierten Gärten streng geometrisch geordnet sind, ohne allerdings ein symmetrisches Gesamtsystem zu ergeben, gestaltete Johnston jenseits seines *Long Walks*, der Buchenallee, einen malerischen Garten, den Stream Garden – eine Reverenz an die alte englische Tradition des Lanschaftsgartens. Ein Bächlein, gesäumt von üppiger Vegetation, windet sich hier durch das Gelände.

Es ließen sich hier noch viele vergleichbare englische Architekturgärten aufzählen, wie beispielsweise Hestercombe Garden nördlich von Taunton in der Grafschaft Somerset. Das aus dem 18. Jahrhundert stammende Anwesen wurde im ersten Jahrzehnt des

Hidcote Manor, Gloucestershire
Sichtachse mit Pavillon

20. Jahrhunderts von Edwin Lutyens und Gertrude Jekyll neu gestaltet. Herzstück der Anlage ist ein Terrassenparterre in der Art des italienischen Renaissancegartens. Das Parterre, the *Great Plat*, wurde zudem als *sunken garden* mit viertelkreisförmigen Treppen in den Ecken konzipiert (Abbn. oben und links).

Der Abschied vom viktorianischen Repräsentationsgarten und vom romantischen Landschaftsgarten fiel den Engländern offensichtlich nicht schwer. Interessant ist, dass der englische Garten des 20. Jahrhunderts einerseits wieder stärker auf geometrische Modelle zurückgreift legt und andererseits den Aspekt des natürlichen Pflanzenwuchses fördert. Der italienische Renaissancegarten rückte damals wieder in das Blickfeld, jedoch nicht allein wegen seiner architektonischen Gestaltungsweise, sondern auch wegen des raffinierten Blickachsensystems. Die eindrucksvolle, partiell schon manieristische Renaissanceanlage der Villa Lante mit ihren großartigen Ausblicken wurde zumindest für Hestercombe zum Vorbild, als es um die Frage ging, wie die umliegende Landschaft als visuelles und damit auch als ästhetisches Element mit in die Gartenstruktur einbezogen werden könnte.

Kopenhagen, Tivoli
Pagodendach des chinesischen Turms

ABBILDUNG GEGENÜBER:
Wien, Prater
Riesenrad, 1896–97 von Walter Basset, Ing. Hitchins

Vergnügungsparks

Die skizzierte Entwicklung vom Landschaftsgarten zum Volkspark und weiter zum Vergnügungspark ist im Kopenhagener Tivoli in einzigartiger Weise abzulesen. Das Areal nahe dem Hauptbahnhof wurde im Jahre 1843 als Landschaftsgarten konzipiert, um den Städtern einen Erholungsbereich zu schaffen. Alleen, ein See mit gewundenen Wegen und sanft gewellten Hügeln, chinesische Teehäuser und maurische Gebäude sowie ein Amphitheater schmückten in der traditionellen Weise den Park. Die Grundstruktur und viele der Gebäude sind bis heute erhalten geblieben. Im Jahre 1943, zwei Jahre vor seinem Tod, legte der dänische Landschaftsarchitekt Gudmund Nyeland Brandt ein Parterre in der Nähe des Sees an. In den fünfziger Jahren des 20. Jahrhunderts konstruierte Eywin Langkilde einen hängenden Garten und einen Skulpturengarten als Spielplatz für die Kinder. Zu dieser Zeit war der Tivoli schon längst als Vergnügungspark berühmt geworden (Abbn. links und unten).

In den folgenden Jahren und Jahrzehnten entstanden überall in Westeuropa Vergnügungsparks – zunächst auf der Grundlage des Volksparks. Der Park gab die formale Struktur vor, der sich der »Maschinenpark« anpasste. Später verselbstständigte sich die Vergnügungs- und Erlebnisthematik – beispielsweise in der nach Frankreich importierten Disney-World oder im deutschen Europapark in Rust. Der Park- oder Gartengedanke wurde weitgehend abgekoppelt. Viele der alten Vergnügungsparks, in denen sich Gaststätten, Karussells, Schießbuden oder Riesenräder der Parkanlage unterordnen, existieren heute noch, wie eben der Kopenhagener Tivoli oder der Wiener Prater mit seinem berühmten Riesenrad (Abb. gegenüber).

In diesem Gartentypus lebt noch der Gedanke sozialer Verbesserungen des Alltagslebens nach, der zu Beginn des 20. Jahrhunderts favorisiert wurde. Den von der zunehmenden Last der maschinellen Arbeit belasteten Bürgern sollten Freizeiträume zur Verfügung gestellt werden, in denen sie sich vom Arbeitsalltag erholen konnten.

Kopenhagen, Tivoli
See mit »Vergnügungsdampfer«-Restaurant

OBEN UND GEGENÜBER UNTEN:
Paris, Parc de la Villette
Eisenkonstruktionen, spiegelnde Glasflächen und grüne Einsprengsel dominieren den modernen öffentlichen Park von Bernard Tschumi.

GEGENÜBER OBEN:
Futuroscope, Technologiepark bei Poitiers

Architektur- und Technikparks

Vor einigen Jahren entwarf Bernard Tschumi nordöstlich des Pariser Stadtzentrums den Parc de la Villette, einen Vielzweckpark auf dem Gelände des ehemaligen Viehmarktes der Stadt. In der restaurierten Grande Halle, einer Eisen-Glas-Konstruktion aus dem 19. Jahrhundert, sind ein Restaurant sowie Räume für kulturelle Veranstaltungen untergebracht. In der Nachbarschaft öffnet sich eine weite Rasenfläche, die die Anwohner gern für sportliche Zwecke nutzen. Eine lange Platanenallee schließt sich an. Am nahen Canal de l'Ourq wurden im Laufe der Jahre verschiedene so genannte Themengärten angelegt, wie beispielsweise ein Bambusgarten, ein äußerst lebhafter Wassergarten und ein Spaliergarten, den der Bildhauer Jean-Max Albert mit seinen Skulpturen schmückte. Am Nordrand des Parks fällt ein ungewöhnliches und fast futuristisch anmutendes Gebäude auf, das kugelförmige »La Géode«. Es handelt sich dabei um ein Kino, das den Erlebnis- und Unterhaltungsbereich der Gesamtanlage ergänzt. Aber auch für Bildung und Information ist gesorgt: Neben dem Musikmuseum, der Cité de la Musique, nahe der Platanenallee wurde auch ein Museum für Wissenschaft und Technologie eingerichtet.

Dieses Konzept der Verbindung von Spiel, Information und Unterhaltung wurde in einer phantasievollen und faszinierenden Anlage, dem Futoroscope in der Nähe von Poitiers, aufgegriffen. Seit 1987 entsteht dort auf einem 53 Hektar großen Gelände ein audio-visueller Technologiepark mit Pavillons, Wasserspielen, 3D-Kinos und Lichtspieltheatern mit Riesenleinwänden. Jedes Jahr vergrößert sich der Park. 1998 wurden 2,7 Millionen Besucher gezählt. Es gibt wohl keinen zweiten Park auf der Welt, in dem die avantgardistische Architektur – man kann sogar von Architekturexperimenten sprechen – so in ein einheitliches Parkkonzept mit gewundenen Wegen, Hügeln, weiten Rasenflächen, kleinen Bosketten und einem See integriert worden ist. Das Futuroscope ist vielleicht der Auftakt für eine neuartige Park- oder Gartenkunst (Abb. gegenüber). Der Park dient nicht nur der Unterhaltung, sondern auch der Information über die Möglichkeiten der audio-visuellen Technologien. Überdies ist es ein Vergnügen, durch das Parkgelände zu streifen und in immer wieder neuen Blickwinkeln die futuristisch und bizarr anmutenden Pavillons und Lichtspieltheater zu entdecken. Architektur, Technologie und Gartenkunst haben sich auf der Schwelle zum 21. Jahrhundert zu einer harmonischen und zugleich spannungsvollen Einheit zusammengefunden.

Das Futuroscope hat möglicherweise einen Gedanken aufgegriffen, der gegen Ende des 19. Jahrhunderts in Deutschland entstand und sich nach dem Zweiten Weltkrieg zu einer ungewöhnlichen Blüte entfaltete: die Gartenschau. Die Erste ihrer Art fand 1887 als Internationale Gartenausstellung in Dresden statt. Nach dem Zweiten Weltkrieg wurde die erste Bundesgartenschau im Jahre 1950 auf dem Killesberg in Stuttgart eröffnet. Später hob man ihre »kleinere Schwester«, die Landesgartenschau, aus der Taufe. Oft sind es bestimmte Themen, die eine Gartenschau prägen, wie beispielsweise der von Horst Antes eingerichtete »Garten der Lüste« auf der Bundesgartenschau des Jahres 1967 in Karlsruhe. Experimentelle Architektur dagegen bot die baden-württembergische Landesgartenschau »Grün 99« in Weil am Rhein. Zaha M. Hadit zeigte dort einen schlangenförmigen Bau aus Sichtbeton und Glas: Eine gläserne Rampe führt als Brücke über das Gebäude und gibt den Blick auf das Innere frei.

AD 13

Heale Garden, Wiltshire
Landschaftsgarten mit Blick auf den Fluss Avon

Im 20. Jahrhundert haben sich verschiedene Richtungen des Gartens und des Parks entwickelt. Dominante Typen wurden zweifellos der Erholungspark, der Vergnügungspark und der gestaltete Stadtraum. Neben individualistisch gestalteten romantischen oder bizarr-märchenhaften Anlagen ist die eigentliche gärtnerische Aufgabe in den Hintergrund getreten. Ein Garten soll nicht als Naturersatz verstanden werden, sondern als ein künstlerisches Mittel, dem Menschen die Natur nahe zu bringen. Dieser Aufgabe kann der Volkspark nur bedingt gerecht werden, da dort die Natur lediglich als Ort der Erholung und Zerstreuung genutzt wird – was sicherlich notwendig und begrüßenswert ist. Aber bei einer Gartenanlage geht es um mehr: Hier setzt man sich mit den Formen und der Dynamik der Natur auseinander. Das Arrangement von Pflanzen setzt wissenschaftliche Kenntnis und zugleich künstlerisches Vermögen voraus. Diese Verbindung von Kunst, Wissenschaft und Natur, die sich in einer vollendeten Harmonie im Garten äußern kann, ist seit je der Motor der Zivilisation gewesen.

Anhang

Glossar

Aha oder Haha Um den visuellen Übergang vom Garten zur Landschaft nicht durch Begrenzungswälle oder Mauern zu stören, zog man breite Gräben, in die man die Mauern versenkte. Die erste Darstellung einer Aha-Mauer stammt von dem Engländer Stephen Switzer, 1715.

Amphitheater Gartenbereiche, die in der Gestalt des antiken Amphitheaters angelegt worden sind. Seit der Antike ein gebräuchliches Gartenmotiv. Im Barockgarten wurde das Amphitheater häufig für szenische Aufführungen genutzt.

Arboretum In einem abgesonderten Gartenbereich werden exotische Gehölze zu wissenschaftlichen Zwecken kultiviert.

Arkadien Sehnsuchtslandschaft, in der der Mensch eins ist mit der Natur. Teile des englischen Landschaftsgartens wurden gern als arkadischer Bezirk bezeichnet. Ursprünglich galt Arkadien, eine Hochfläche auf dem Peloponnes, nicht als arkadische Gegend, sondern als eine Landschaft des Todes.

Belt Walk Ein Weg oder Pfad, der sich um den Garten oder Park herumzieht. Besonders häufig im englischen Landschaftsgarten anzutreffen, um die Besucher zu den point of views zu führen.

Belvedere Architektonisch gestalteter Aussichtspunkt in Garten- oder Parkanlagen. Gleichbedeutend mit dem französischen Terminus Bellevue.

Berceau Seit dem 18. Jahrhundert Laubengänge, die aus Latten und Draht konstruiert sind. Um die Gänge herum sind Hecken oder Büsche, zuweilen auch kleinere Bäume angeordnet. Bei Dézallier d'Argenville taucht auch der Begriffe »berceau de treillage« auf. Er bezeichnet die Verbindung von Berceau und Treillage.

Boskett Der Waldbereich eines Gartens. Die Bäume sind regelmäßig geschnitten, um Räume auszubilden wie beispielsweise cabinets, cloîtres (siehe jeweils dort) oder salons.

Botanischer Garten Die ersten botanischen Gärten wurden im 16. Jahrhundert in Italien vorwiegend zu wissenschaftlichen Studien angelegt. Seitdem Europa sich im 18. Jahrhundert nach Übersee orientiert hatte, kamen viele exotische Pflanzen nach Europa, die man in Orangerien und botanischen Gärten kultivierte.

Broderie-Parterre oder Parterre de broderie Beete, die wie ziseliert – vorwiegend mit Buchs – ornamental gestaltet sind. Erhieltenihren Namen wegen ihre Ähnlichkeit mit Mustern von Stickereien (frz. broderie). Wichtigstes Gestaltungselement des geometrischen Gartens von 1620 bis 1720.

Boulingrin oder Bowlinggreen Abgesenkte Rasenfläche, häufig im Bereich des Parterres zu finden.

Cabinet Ein vom Boskett ausgesparter Platz mit ovalem oder rechteckigem Grundriss. Häufig ist der Platz von beschnittenen Hecken umgeben. Größer dimensionierte Plätze werden salons oder salles genannt.

Chinoiserie Nachdem gegen Ende des 17. Jahrhunderts chinesische Erzeugnisse nach Europa gekommen waren und man bei Hofe damit eine heitere und unbekümmerte Lebensweise assoziierte, wurden die Formen im Laufe des 18. Jahrhunderts in die Rokokowelt integriert – zunächst in Frankreich, dann in England und schließlich auch in Deutschland. Beliebt war der chinesische Pavillon im Areal des Landschaftsgartens.

Cloîtres Platz innerhalb eines Bosketts, der mit Brunnen, Laubengängen oder Bassins sehr aufwendig ausgestaltet wurde.

Clumps Baumgruppen, die im englischen Landschaftsgarten auf weiten Rasenflächen angepflanzt wurden.

Dorf Im Barock- oder Rokokogarten wurden ländliche Gebäude zu Dörfern arrangiert, um das Landleben zu simulieren. Auch Hameau genannt. Siehe auch ferme ornée.

Englisches Parterre oder Parterre à l'angloise Auch Rasenparterre genannt. Rasenfläche, die ornamental gestaltet ist. Häufig gerahmt von Blumenrabatten.

Eremitage Entlegener und verborgener Bereich im Barockgarten, der häufig als Grotte gestaltet war. Rükkzugsort der höfischen Gesellschaft.

Ferme ornée Dem Park- oder Garten des 18. Jahrhunderts wurde ein landwirtschaftlich genutzter Bereich angegliedert. Erstmals vom englischen Gartentheoretiker Stephen Switzer 1715 geäußert. Siehe auch Dorf

Folly Vielleicht mit Verrücktheit oder Tollheit zu übertsetzen. Es handelt sich dabei um eine besondere Form von Staffagebauten, die in ihrer Proportionierung und Ausrichtung bewusst irregulär gestaltet waren. Die Rometta in der Villa d'Este in Tivoli – eine kulissenhafte Nachbild der Stadtvedute von Rom – oder der manieristische Garten von Bomarzo wären zu nennen. Der englische Landschaftsgarten wartet hin und wieder mit Phantasie-Follys auf, so beispielsweise der Connolly Folly in Casteltown House in Kildare, Irland.

Gardenesk Der Begriff wurde 1832 von John Claudius Loudon für den freien und natürlichen Pflanzenwuchs geprägt. Später als Bezeichnung für die ästhetische Entfaltung des Gartens durch seine Blumenzier verwendet.

Gartenschau Die erste ihrer Art fand 1887 als Internationale Gartenausstellung in Dresden statt. Nach dem Zweiten Weltkrieg wurde die erste Bundesgartenschau im Jahr 1950 auf dem Killesberg in Stuttgart eröffnet. Später hob man ihre »kleinere Schwester«, die Landesgartenschau, aus der Taufe.

Giardino segreto Geheimgarten. Meistens an die Schlaf- oder Privatgemächer des Palastes oder Schlosses grenzend. In anderen Fällen befand sich der Geheimgarten auch an entlegenen und schwer zugänglichen Stellen der Gartenanlage. Er war oftmals durch hohe Hecken oder Mauern abgeschirmt. Eine Spezialität des italienischen Renaissancegartens.

Geometrischer Garten Nach geometrischen Mustern regelmäßig angelegte Beete und Parterres. Vorwiegend in der Renaissance und im Barock. Der geometrische Garten wird vom Landschaftsgarten abgelöst.

Gloriette Ehrentempel oder Pavillon, häufig in der Art des griechischen Rundtempels gestaltet. Vorwiegend im Landschaftsgarten anzutreffen.

Grotte Künstliche Felshöhlen in den Gärten der Renaissance und des Barock. Im 18. Jahrhundert wurden Gartensäle mit Muscheln, Schnecken, Moos und Felsgestein als Grotten ausgestattet.

Hameau Weiler, kleines Dorf

Heilkräutergarten Auch Herbularius genannt. Er befand sich im mittelalterlichen Kloster hinter dem Komplex von Arzthaus und Apotheke. Unter anderem waren Salbei, Weinraute oder Kümmel sowie Fenchel oder Liebstöckel angepflanzt.

Hortulus Ein 27 Strophen umfassendes Gedicht von Walahfried Strabo aus der ersten Hälfte des 9. Jahrhunderts. Die wohl erste umfassendste Äußerung über den Gartenbau im christlichen Abendland. Sie bezieht sich auf den Klostergarten von St. Gallen.

Hypnerotomachia Polyphili Allegorischer Roman von Francesco Colonna. Erschienen erstmals 1499 in Venedig. Die Illustrationen – es handelt sich um Holzschnitte – veranschaulichen die verschiedenen Varianten des Baumverschnitts sowie Topiari (siehe dort) und Beetornamentierungen.

Klostergarten Er setzt sich aus verschiedenen Abteilungen zusammen wie dem Heilkräutergarten, dem Gemüsegarten sowie Bepflanzungen des Friedhofs und des Kreuzgangsgevierts. Im Kräutergarten finden sich auch Rosa und Lilium, die für einen Klostergarten unerläßlichen Marienblumen.

Knotenornament Typische Beetmusterung der Renaissance. Taucht in ausgeprägten Formen erstmals bei Sebastiano Serlio zu Beginn des 16. Jahrhunderts auf. Die Formen gehen zurück auf die Hyptnerotomachia Polyphili (siehe dort).

Kompartiment Größere Beeteinheit, die aus einem symmetrischen Ornament besteht, das sich aus Kieswegen, Einzelbeeten und aus Blumen gebildeten Phantasiemustern zusammensetzt.

Landschaftsgarten Ein in England Mitte des 18. Jahrhunderts sich entwickelnder Gartentypus, der den natürlichen Wuchs der Pflanzen förderte und sich strikt gegen die Geometrisierung des französischen Barokkgartens wandte. Das Ergebnis waren weite Wiesenflächen und schattenspendende Baumgruppen, Flussläufe, Seen und viele Staffagebauten.

Meierei Landwirtschaftlicher Gebäudekomplex im Landschaftsgarten, als Stimmungsträger meist ohne funktionalen Nutzen. Siehe auch Dorf, Ferme ornée.

Menagerie Tiergarten im Barockpark und im Landschaftsgarten des 18. Jahrhunderts

Orangerie Gartenbereich abseits des Schlosses oder Palastes, wo sommers die Orangenbäume aufgestellt wurden. Er war mit einem Gebäude versehen, das der Orangenzucht diente. Im Renaissancegarten wurden häufig Holzlauben errichtet, die winters mittels Rollen über die Orangenbäume gezogen wurden.

Parterre Anordnung von Beeten, die durch ein einfaches Wegesystem unterteilt sind und unmittelbar vor der Gartenfront des Palastes oder Schlosses angelegt wurden.

Parterre d'Orangerie Beet- oder Rasenkomplex unmittelbar vor der Orangerie.

Patte d'oie oder Gänsefuß Alleensystem im äußeren Park- oder Gartenbereich, das sich in drei Arme auffächert. Von einem gemeinsamen Ausgangspunkt streben die Alleen oder Wege sich spreizend einem halbkreisförmigen Weg zu und bilden somit den harmonischen Abschluss eines Gartenbereichs.

Pleasureground Rasenplatz, der unmittelbar vor dem Schloss oder der Villa liegt und besonders aufwendig mit Skulpturen gestaltet ist. Meistens durch ein Wasserbassin vom übrigen Garten abgetrennt.

Point de vue Aussichtspunkt oder Blickpunkt auf eine Skulptur, einen Brunnen oder einen Staffagebau als Abschluss einer Blickachse.

Quartier oder quarreaux Ein Quartier fasst mehrere Kompartimente zusammen. Es ist von einem anderen Quartier durch Wege oder Alleen getrennt. Die Einheit mehrerer Quartiere wird Parterre genannt.

Quincunx Fünfzahl. Die Anpflanzung von Bäumen nach dem Muster der Fünf des Würfels. Es handelt sich dabei um ein so genanntes lotrechtes Quadratraster, bei dem in die Mitte eines jeden Quadrats ein fünfter Baum gesetzt wurde. Beim Passieren eines solchen Bosketts sind in jeder Richtung Baumalleen auszumachen, die entweder diagonal oder im rechten Winkel von der Blickachse fortstreben. Es kommt also zu einem ständigen rhythmischen Wechsel.

Rabatte Langes und schmales Zierpflanzenbeet längs von Wegen und Rasenflächen sowie von Mauern oder Spalierwänden.

Rasenparterre siehe Englisches Parterre

Ruinenromantik Im Landschaftsgarten taucht als Staffagebau häufig die mittelalterliche Ruine als sentimentales Zeichen vergangener Ritterherrlichkeit und nationaler Größe auf.

Salon siehe Cabinet

Salle siehe Cabinet

Staffagebauten Eigens für den Landschaftsgarten entwickelte Architektur als monumentales Schmuckelement. Häufig bediente man sich, dem Zeitgeschmack entsprechend, zurückliegender Stilepochen, exotischer Vorbilder oder so genannter Follies, architektonischer Verrücktheiten. Siehe auch Ruinenromantik, Chinoiserien, Folly

Topiari Die Kunst des Baum- und Buschbeschnitts, die erstmals ausführlich in der antiken Agrarliteratur und bei Plinius d. Ä. beschrieben wurde (lat. topiaria = Kunstgärtnerei). Viele für die Gärtnerei der Renaissance und des Barock vorbildhaft benutzte Topiarii sind in der Hypnerotomachia Polyphili (siehe dort) zu finden.

Treillagen Laubengänge, die aus Holzgittern gefertigt sind. Sie werden häufig von Holzpavillons unterbrochen. Bei Dézallier d'Argenville taucht auch der Begriffe »berceau de treillage« auf. Er bezeichnet die Verbindung von Berceau und Treillage.

Tumulus Ein in der Antike so genannter Grabhügel, der im Landschaftspark als sentimentalischer Blikkpunkt künstlich angelegt oder, wie in Branitz, als Grablege von und für Fürst Pückler errichtet wurde.

Bibliographie

Adorno, Th. W.: Amorbach. In: ders., Ohne Leitbild, Frankfurt am Main 1967

Andreae, B.: Am Birnbaum. Gärten und Parks im antiken Rom, in den Vesuvstädten und Ostia, Mainz 1996

Baumüller, B., Kuder, K., Zoglauer, U. (Hg.): Inszenierte Natur. Landschaftskunst im 19. und 20. Jh. Stuttgart 1997

Baudy, G. J.: Adonisgärten. In: Beiträge zur klassischen Philologie 176, 1986

Baumann, H.: Die griechische Pflanzenwelt in Mythos, Kunst und Literatur, München 1986

Baumgardt, U., Olbricht, I. (Hg.): Die Suche nach dem Paradies. Illusionen. Wünsche. Realitäten, München 1989

Beazley, M.: Gardens of Germany, London 1998 (deutsche Ausgabe 1999 bei Birkhäuser)

Bianca, St.: Hofhaus und Paradiesgarten. Architektur und Lebensformen in der islamischen Welt, München 1991

Böhme, G.: Für eine ökologische Naturästhetik, Frankfurt am Main 1989

Börner, K. H.: Auf der Suche nach dem irdischen Paradies. Zur Ikonographie der geographischen Utopie, Frankfurt am Main 1984

Brodersen, K.: Die Sieben Weltwunder. Legendäre Kunst- und Bauwerke der Antike, München 1996

Brunner-Traut, E.: Die alten Ägypter, Stuttgart 1981

Buttlar, A. von: Der Landschaftsgarten, München 1980

Buttlar, A. von: Der Englische Landsitz 1715–1760 – Symbol eines liberalen Weltentwurfs, Mittenwald 1982

Buttlar, A. von: Der Landschaftsgarten. Gartenkunst des Klassizismus und der Romantik, Köln 1989

Carroll-Spillecke, M (Hg.): Der Garten von der Antike bis zum Mittelalter, Mainz 1992

Carroll-Spillecke, M.: Kepos. Der antike griechische Garten. Wohnen in der klassischen Polis III, München 1989

Carvallo, R.: The Gardens of Villandry, Techniques and Plants, Joué-lès-Tours 1991

Chambers, D.: The planters of the english Landscape Garden, London 1993

Clifford, D.: Geschichte der Gartenkunst, München 1966

Cohen, R. (Hg.): Studies in Eighteen-Century British Art und Aesthetics, Los Angeles 1985

Correcher, C.M./George, M.: Spanische Gärten, Stuttgart 1997

Curtius, E. R.: Europäische Literatur und lateinisches Mittelalter, Bern/München (9.Aufl.) 1978

Eisold, N.: Das Dessau-Wörlitzer Gartenreich, Köln 1983
Ermann, A. (Hg.): Die Literatur der Ägypter, Leipzig 1923

Fahlbusch, H.: Elemente griechischer und römischer Wasserversorgungsanlagen. In: Garbrecht, G. et al., Die Wasserversorgung antiker Städte. Geschichte der Wasserversorgung 2, Mainz 1987, S. 135–163

Fröhlich, A. M. (Hg.): Gärten. Texte aus der Weltliteratur, Zürich 1993

Fleming, J.: The »Roman de la Rose« – a Study in Allegory and Iconography, Princeton 1969

Friedlaender, L.: Darstellungen aus der Sittengeschichte Roms,4 Bde., Leipzig 1919

Gerndt, S.: Idealisierte Natur, Stuttgart 1981

Glaser, H.: Industriekultur und Alltagsleben. Vom Biedermeier zur Postmoderne, Frankfurt am Main 1994

Gothein, M. L.: Geschichte der Gartenkunst. 2 Bde., Jena 1926, Neuauflage 1988

Günther, H. (Hg.): Gärten der Goethezeit, Leipzig 1993

Hajós, G.: Romantische Gärten der Aufklärung. Englische Landschaftskultur des 18. Jahrhunderts in und um Wien, Wien/Köln 1989

Hajós, G. (Hg.): Historische Gärten in Österreich. Vergessene Gesamtkunstwerke, Wien, Köln, Weimar 1993

Hajós, B.: Die Schönbrunner Schlossgärten, Wien, Köln, Weimar 1995

Hamilton Haziehurst, F.: Gardens of Illusion – The Genius of André Le Nôtre, Nashville, Tennessee, 1980

Hammerschmidt, V., Wilke, J.: Die Entdeckung der Landschaft. Englische Gärten des 18. Jh., Stuttgart 1990

Hannwacker, V.: Friedrich Ludwig von Sckell. Der Begründer des Landschaftsgartens in Deutschland, Stuttgart 1992

Hansmann, W.: Gartenkunst der Renaissance und des Barock, Köln 1983

Harten, H. C. und E.: Die Versöhnung mit der Natur. Gärten, Freiheitsbäume, republikanische Wälder, heilige Berge und Tugendparks in der Französischen Revolution. Reinbek 1989

Hartmann, G.: Die Ruine im Landschaftsgarten. Ihre Bedeutung für den frühen Historismus und die Landschaftsmalerei der Romantik, Worms 1981

Heinemann, E.: Babylonische Spiele. William Beckford und das Erwachen der modernen Imagination, Diss., Berlin 1996

Hennebo, D., Hoffmann, A.: Geschichte der deutschen Gartenkunst,3 Bde., Hamburg 1965

Hennebo, D.: Gärten des Mittelalters, Zürich 1987

Heyer, H.-R.: Historische Gärten der Schweiz, Bern 1980

Hobhouse, P.: Gardens of Italy, London 1998 (deutsche Ausgabe 1999 bei Birkhäuser)

Otto Gillen (Hg.): Herard von Landsberg, Hortus deliciarum, Landau 1979

Hirsch, E.: Dessau-Wörlitz, Zierde und Inbegriff des 18. Jh., Leipzig und München 1985
Hirschfeld, Chr., C., L.: Theorie der Gartenkunst. 5 Bde., Leipzig 1985

Hoepfner, W., Schwandner, F. L.: Haus und Stadt im klassischen Griechenland. Wohnen in der klassischen Polis 1, München 1994

Hoffmann, A.: Gärten des Rokoko: Irrendes Spiel. In: Park und Garten im 18.Jahrhundert, Heidelberg 1978

Irrgang, W.: Bemerkenswerte Parkanlage in Schlesien, Dortmund 1978

Jashemski, W. F.: The Gardens of Pompeii, Herculaneum and the villas destroyed by Vesuvius, 2 Bde., New Rochelle 1979 und 1993

Kluckert, E.: Der »hängende Garten« der Apollonia. Renaissance-Gärten in Württemberg, Schwäbische Heimat, 3, 1986.

Kluckert, E.: Heinrich Schickhardt. Architekt und Ingenieur, Herrenberg 1992

Kluckert, E.: Vom Heiligen Hain zur Postmoderne. Eine Kunstgeschichte Baden-Württembergs, Stuttgart 1996

Kluckert, E.: Auf dem Weg zur Idealstadt. Humanistische Stadtplanung im Südwesten Deutschlands, Stuttgart 1998

Koenigs, T. (Hg.): Stadt-Parks. Urbane Natur in Frankfurt am Main, Frankfurt am Main/New York 1993

Koopmann, H.: Eichendorff und die Aufklärung. In: Aurora 1988, Park und Garten im 18.Jh., Heidelberg 1978

Kuhnke, R. W.: Die maurischen Gärten Andalusiens, München 1996

Kuterbach, J.: Der französische Garten am Ende des Ancièn Régime, Worms 1987

Lablaude, P.-A.: Die Gärten von Versailles, Worms 1995

Lazzaro, C.: The Italian Renaissance-Garden, London 1990

Le Nôtre, A.: Bericht über das Schloß und die Gärten des Trianon an den schwedischen Architekten Nikodemus Tessin, 1693. In: Mariage, Th.: L'univers de Le Nôtre, Brüssel 1990

Mader, G./Neubert-Mader, L.: Italienische Gärten, Stuttgart 1987

Maurer, D.: Pilgrime sind wir alle, die wir Italien suchen. Das Italienerlebnis deutscher Schriftsteller vor und nach Goethes italienischer Reise. In: Göres, J. (Hg.): Goethe in Italien, Mainz 1986

Mayer-Solgk, F./Greuter, A.: Landschaftsgärten in Deutschland, Stuttgart 1997

Mayer-Tasch, P. C., Mayerhofer, B. (Hg.): Hinter Mauern ein Paradies. Der mittelalterliche Garten, Leipzig 1998

Mosser, M., Teyssot, G.: Die Gartenkunst des Abendlandes. Von der Renaissance bis zur Gegenwart, Stuttgart 1990

Müller, U.: Klassischer Geschmack und Gotische Tugend. Der englische Landsitz Rousham, Worms 1998

Niedermeier, M.: Erotik in der Gartenkunst. Eine Kulturgeschichte der Liebesgärten, Leipzig 1995

Paracelsus, Vom Licht der Natur und des Geistes. Eine Auswahl, Stuttgart 1976

Pizzoni, F.: Kunst und Geschichte des Gartens, Stuttgart 1999

Pückler-Muskau, H. Fürst von: Andeutungen über Landschaftsgärtnerei, Frankfurt am Main 1988

Pückler-Muskau, H. Fürst von: Briefe eines Verstorbenen, Frankfurt am Main und Leipzig 1991

Taylor, P.: Gardens of Britain, London 1998 (deutsche Ausgabe 1999 bei Birkhäuser)

Taylor, P.: Gardens of France, London 1998 (deutsche Ausgabe 1999 bei Birkhäuser)

Thierfelder, W.: Gärten und Parks in Franken, Würzburg 1990

Schneider, K.: Villa und Natur. Eine Studie zur römischen Oberschichtkultur im letzten vor- und ersten nachchristlichen Jahrhundert, München 1995

Stoffler, H.-D.: Der Hortulus des Walahfrid Strabo, Sigmaringen 1996

Vérin, H.: Technology in the Park: Engineers and Gardeners in Seventeenth Century France. In: Mosser, M., Teyssot, G. (Hg.): The Architecture of Western Gardens, Cambridge, Mass. 1991, S. 135–146

Weiss, A. S.: Miroirs de l'infini – Le jardin à la française et la métaphysique au XVII. siècle, Paris 1992

Weitzmann, K.: Late Antique and Early Christian Book Illumination, New York 1977

Wenzel, W.: Die Gärten des Lothar Franz von Schönborn 1655–1729, Berlin 1970

Wiebenson, D.: The Picturesque Garden in France, Princeton 1978

Willis, P.: Charles Bridgeman and the English Landscape Garden, London 1977

Wimmer, C. A.: Geschichte der Gartentheorie, Darmstadt 1989

Wiseman, D. J.: Nebuchadrezzar and Babylon, Oxford 1985

Woods, M: Visions of Arcadia. European Gardens Form Renaissance to Rokoko, London 1996

Personenverzeichnis

Ortsverzeichnis

Bildnachweis

Der Verlag und der Herausgeber danken den Museen, Archiven und Fotografen für die Bereitstellung der Bildvorlagen und die erteilte Reproduktionsgenehmigung. Neben den bereits in den Bildlegenden genannten Museen und Institutionen seien hier im Einzelnen genannt:

AKG, Berlin: 156, 350/51

Andreae, Bernard, Rom: 16

Artothek, Foto: Joachim Blauel: 9

Artothek, Foto: Blauel/Gnamm: 21

Ashmolean Museum, Oxford: 136

artur, Köln, Foto: Klaus Frahm: 420, 427 o., 427 u.

Bassler, Markus, Dosquers (Girona): 2, 10, 236 u., 237 o., 237 u., 238 o., 238 u.l., 238 u.r., 239, 241 o.r., 241 u., 242 o., 242 u., 246 o.l., 246 o.r., 246 u.l., 246 u.r., 248, 249 o., 249 u., 250, 251, 252 o., 252 u., 253 o., 253 u.l., 253 u.r., 254 o., 254 u., 255, 256, 257, 258, 259 o., 259 u., 260 u.l., 260 u.r., 261 o., 261 u., 262, 263, 264, 265 o., 265 u., 266/67, 268, 269, 270, 271, 272, 273, 274 o., 274 u., 275, 459 o., 470 o., 470 u., 471, 474, 475

Bastin, Christine, und Evrard, Jacques, Brüssel: 12 o., 15, 23 o., 23 u., 32 o., 39, 152 u., 182 u., 182/83, 232, 233, 335 o., 456, 460 o., 472 o., 472 u.l., 472 u.r., 473 o., 473 u., 482, 483 u.

Bednorz, Achim, Köln: 25 o., 25 u., 26 o., 26 u., 27 o.l., 27 o.r., 27 u., 32 u., 33, 34 o., 34 u., 35, 36/37, 38 o., 100, 101 o., 102 r., 103 o., 104/05, 106/07, 108 o., 108 u., 109, 110, 111, 112/13, 114, 115, 116 o., 117 o., 118, 119, 120/21, 122, 123, 126 u., 132 o., 151 o., 184/85, 186 o., 190 o., 190 u., 194, 197 o., 203 o., 203 u., 205, 206, 211 o., 211 u., 213, 214, 215, 218, 219, 220/21, 222 0., 222 u., 223, 224, 225 o., 225 u., 227, 228, 229 o., 348, 390/91, 407 u., 440 o., 440 u., 443 o., 443 u., 444, 445 o., 445 u., 446/47, 460 u., 461, 466 u., 468/69

Bildarchiv Preußischer Kulturbesitz: 421

BPK, Foto: Jörg P. Anders: 129

Bollen, Markus, Bergisch Gladbach: 11 u., 18 o., 18 u., 19 o., 19 u., 42, 43 u., 44, 45 u.r., 47, 51 u., 55, 62 u., 63 u., 64, 65 o., 65 u., 66, 67 u., 68/69, 70, 74 o., 75, 77 o., 78 o., 78 u., 79 u., 80 o.l., 80 o.r., 80 u., 88 o., 88 u., 89, 92, 93, 94 o., 94 u.l., 94 u.r., 95 o., 95 u., 96 o., 96 u., 97 o., 97 u., 98 o., 98 u., 144 u., 145 l., 145 r.o., 145 r.u., 147, 148 u.l., 149, 154 u., 155 o., 155 u., 157, 158 o., 158 u., 161 o., 161 u.l., 161 u.r., 162 o., 162 u., 165 u.r., 170, 171, 180, 181 o.l., 180 o.r., 180 u.l., 180 u.r.

The Bridgeman Art Library, London: 29, 137, 399

By permission of the British Library, London: 152/53, 392 u.

Claßen, Martin, Köln: 41, 76, 79 o., 82/83, 84 o., 84 u., 85 o., 85 u., 86/87, 99, 165 u.l., 168, 169 o., 169 u.

© Crown Copyright: 11 o.

Dagli Orti, G., Paris: 216/17

English Heritage Photo Library: 372 l.

Das Fotoarchiv, Foto: Jörg P. Meyer: 342 o.

Helga Lade Fotoagentur: 342 u. (BAV), 344 (E. Bergmann), 345 o. (Eicke), 450 u. (Egon Martzik), 476 (Connor), 477 o. (Connor), 477 u. (Keres), 483 o. (Dieter Rebmann)

Hinous, Pascal, Paris: 124, 125 o., 125 u., 126 o., 127

Tandem Verlag GmbH, Königswinter/Foto: Achim Bednorz: 24, 148 u.r., 150, 188/89, 192 o., 193, 196, 197 u., 198 o.l., 198 o.M., 198 o.r., 198 u., 199, 200, 201 o., 201 u., 202 o., 204, 207 u., 209 o., 209 u., 234, 235 u., 240, 243, 244, 245, 247, 260 o., 296, 298 o., 299 o., 299 u., 303, 308, 413, 442 o., 462/63, 463 r., 464 o., 464 u., 465 o., 465 u.; Foto: Gerald Zugmann: 481

Magnus Edizioni, Fagagna: 48/49, 52 o., 54, 56/57, 58, 59, 60/61, 73, 159, 160, 163, 166, 167,174, 175,176, 177, 178/79

Monheim, Florian, Meerbusch
Bildarchiv Monheim.de: 6/7, 128 o., 130 u., 131, 134 o., 139, 140, 142, 143, 230 o.l., 231, 276 o., 279, 280, 281, 283 o., 283 u., 284, 285, 286, 287 o., 287 u., 288, 289, 290, 291 o., 292/93, 294, 295, 297, 298 o., 299 o., 299 u., 300/01, 302, 304, 305 o., 305 u.l., 305 u.r., 306, 307 o., 307 u., 309, 310, 311 o., 311 u.l., 311 u.r., 312, 313 o., 314, 315, 316, 317, 318 o., 318 u., 319 u., 320, 321, 323 o., 323 u., 326 o., 327, 328, 330 o., 331, 332, 333, 334, 335 u., 336 o., 336 u., 337, 338 o., 339, 340, 341, 346, 349, 353 o., 354, 355, 356/57, 358 o., 360 u., 361, 363, 366/67, 368 o., 369 o., 369 u., 370 o., 370 u., 371, 372/73, 376, 377, 378, 379 o., 379 u., 380, 381, 382, 384, 386, 387, 393, 395, 396, 400 o., 400 u., 401 o., 402/03, 404, 405, 406, 408, 410, 411 o., 411 u.l., 411 u.r., 412, 414 u., 415, 416, 417, 418, 419 l., 419 r.o., 419 r.u., 422 o., 422 u., 423, 424, 425, 426 o., 426 u., 428, 429, 430 o., 430 u., 431, 432, 433, 435 o., 436 o., 436 u., 437 o., 437 u., 438/39, 448, 449 o., 449 u., 457 o., 457 u., 478 o., 478 u., 479 o., 479 u., 484

Monheim, Florian; von Götz, Roman
Bildarchiv Monheim.de: 358 u., 359, 388, 458 o.

© The National Trust: 138, 139, 140, 142, 143, 364 u., 365, 366/67, 375, 376, 377, 395, 396, 478 o., 478 u., 479 o., 479 u.

Opitz, Barbara
Bildarchiv Monheim.de: 138, 329 o., 347 o., 352 o., 362 o., 362 u., 364 u., 365, 375, 383, 385, 389 u., 458 u.

Puschner, Christoph/laif: 345 u.

R. M. N., Paris: 153 u., 191 (Foto: Gerárd Blot), 202, 207 o. (Foto: Arnaudet), 212 u., 228 u., 442 u.

© Photo Scala, Florence: 13, 14, 50 o., 62 o., 72, 144 o., 156, 172 u., 173

Schmid, Gregor M., München: 452 o., 452 u., 453 o., 453 u., 454/55 o., 454 u., 455 u.l., 455 u.r.

Stockholm, Royal Academie of Fine Arts: 451

Tony Stone Images/Getty Images, Foto: Tony Craddock: 480 o.

Zanetti, Fulvio/laif: 343, 450 o., 480 u.

Zürich, Foto: © 2000 by Kunsthaus Zürich, alle Rechte vorbehalten: 467 o.

Ernst Schuegraf

HIMMLISCH KOCHEN

Gerichte zu Heiligenfesten aus aller Welt:
von Ambrosiuscreme bis Valentinskuchen

Ernst Schuegraf

HIMMLISCH KOCHEN

Gerichte zu Heiligenfesten aus aller Welt:

von Ambrosiuscreme bis Valentinskuchen

Bibliografische Information Der Deutschen Bibliothek

Die Deutsche Bibliothek verzeichnet diese Publikation in der Deutschen Nationalbibliografie; detaillierte bibliografische Daten sind im Internet über http://dnb.ddb.de abrufbar.

Umschlaggestaltung: UV Werbung, Mediengruppe Sankt Ulrich Verlag, Augsburg
Titelbild: AKG, Berlin
Heilige S. 66, 120, 162: © Seelsorgeamt Regensburg, Mein Namenspatron
Heilige S. 36, 48, 60, 170: © Bibliothèque nationale de France
Alle anderen Heiligenabbildungen mit freundlicher Genehmigung der Pädagogischen Stiftung Cassianeum, Donauwörth
Druck und Bindung: J. P. Himmer GmbH & Co. KG, Augsburg
Printed in Germany
ISBN 3-936484-17-1
www.sankt-ulrich-verlag.de

Inhalt

Einleitung

Für meine Mutter, von der ich mehr als Kochen lernte
Für meine Frau, von der ich mehr als Lieben lernte
Für meine Kinder Paul, Monica, Mark und Angela,
die mein Leben lebenswert machen

Die Idee für dieses Buch entstand 1998 in der Adventszeit, als meine Familie und ich ein Jahr in London lebten. Wir waren zu viert in einem kleinen Haus und hatten wenig zur Unterhaltung. Ich lese gerne Kochbücher und kopiere für meinen Gebrauch die besten Rezepte, die ich finde. Eines Abends las ich ein Buch über die Küche im Norden Englands und fand ein Rezept für einen Apfelkuchen mit Käse samt einer Erklärung seines Namens: Der Kuchen wurde immer am Festtag des hl. Wilfried gebacken. Schnell wurde ich neugierig auf mehr „Heiligen-Rezepte". Als gebürtiger Bamberger fielen mir sofort mehrere solche Rezepte ein. Ich dachte, es wäre interessant, sie zu sammeln und in der Familie auszuprobieren. Die öffentlichen Büchereien in London waren gut sortiert, und so hatte ich nach vier Wochen Suche ungefähr 80 Rezepte für 40 verschiedene Heilige. Ältere Kochbücher waren die besten Quellen, denn neuere bieten meistens Namen, die lediglich den Zutaten folgen, statt sich auf den Heiligen zu beziehen. Über Weihnachten wurde meine Idee viel klarer, nicht nur Rezepte zu sammeln, sondern auch eine Biographie und ein Bild des Heiligen zu finden. Die Freude über ein neues Rezept oder Gemälde eines Heiligen teilte ich mit meiner Familie. Sie war zwar nicht so begeistert von dem Projekt wie ich, sondern hatte mehr Spaß daran, die Rezepte zu probieren, die gekocht und fotografiert wurden. Der Fotograf selbst war nicht immer populär, denn die Bilder wurden geknipst, bevor das Essen beginnen konnte. Aber viele Heiligenrezepte waren süße Sachen, und das Warten war schnell vergessen.

Seit der ersten Verbreitung des Christentums hat sich die Kochkunst sehr geändert: Küchengeräte haben sich entwickelt, die Auswahl der Zutaten ist viel größer und exotischer, und das Publikum ist viel anspruchsvoller. Das Christentum hat viel zur Verbesserung der Kochkunst beigetragen: Viele Päpste, Bischöfe und Priester schätzten gutes Essen sehr und stellten die besten Köche ein, die sie finden konnten. Die vielen Reisen des Klerus und der Kontakt mit verschiedenen Ländern verbreitete die Kochkunst über ganz Europa. Viele Köche an geistlichen Höfen bereiteten ungewöhnliche Gerichte zu, deren Zutaten nicht allen zugänglich waren, wie zum Beispiel Wild. Im 15. Jahrhundert war die Verwendung exotischer Gewürze aus dem fernen Osten ein Zeichen besonderen Wohlstands. Die Köche in den Klöstern trugen auch viel zur Kochkunst bei, denn für die langen fleischlosen Zeiten im Advent und in der Fastenzeit war es nötig, gute und nahrhafte Fischgerichte zu schaffen. Diese Rezepte wanderten oft von den Klöstern hinaus in alle Küchen.

Im Mittelalter waren alle Tage des Jahres einem oder mehreren Heiligen gewidmet. Die wichtigsten waren die, deren Festtag überall begangen wurde. Trotzdem wurden Lokalheilige manchmal mit mehr Begeisterung gefeiert. Dazu wurde oft ein besonderes Gericht mit Zutaten der Saison gekocht. Viele Rezepte führen nicht den Namen des Heiligen und gehören doch zu seinem Festtag. Manche Gerichte wurden so populär, daß sie auch an anderen Tagen des Jahres gekocht wurden. In vielen Gegenden Europas, vor allem aber in Frankreich, sind viele Orte nach einem Heiligen benannt, so daß Gerichte, die man nur dort kannte, ebenfalls auf diesen Namen getauft wurden, so etwa Lachs St. Ménéhould. Viele moderne Rezepte kamen auf ähnliche Art zu ihrem Namen. Viele Gerichte wurden aber zur Ehrung eines besonderen Heiligen geschaffen, wie zum Beispiel Gâteau St. Honoré für den Patron der Zuckerbäcker, Spanferkel St. Fortunatus für den Patron der Köche. Viele Rezepte haben Zutaten, die den Namen eines Heiligen führen, so Jakobsmuscheln oder Petersfisch. Manchmal geht diese Verbindung in der Übersetzung verloren. Manchmal gibt der Wein einem Gericht den Heiligennamen, wie zum Beispiel bei Rindsbraten St. Magdalena oder Macarons de St. Émilion. Bei manchen Rezepten war der Zusammenhang rätselhaft. Bei Felix zum Beispiel finden sich 56 verschiedene Heilige mit diesem Namen. In so einem Fall habe ich den ältesten genommen.

Einige Leser werden bemerken, daß Rezepte zu Marienfesten fehlen. Dafür gibt es zwei Gründe: Die Gottesmutter verdient zum einen besondere Berücksichtigung, zum anderen gibt es so viele Rezepte für sie und ihre Feiertage, daß man leicht ein eigenes Buch schreiben könnte. Die Rezepte in diesem Buch stammen mehrheitlich aus den katholischen Ländern Italien, Spanien, Frankreich und Deutschland, aber viele Rezepte kommen auch aus Amerika und Großbritannien. Meine Sammlung besteht jetzt aus mehr als fünfhundert Rezepten, und die Auswahl war schwierig. Das Ziel war, ein breites Spektrum von Rezepten für alle Gelegenheiten und Zutaten aus verschiedenen Ländern zu präsentieren, so daß jeder etwas finden kann, das ihn anspricht. Manche Rezepte sind sehr einfach, andere etwas raffinierter, aber in allen Fällen ist das Resultat die Arbeit wert. Einige Rezepte sind ziemlich alt, und die Angaben spiegeln ihre Zeit. Die Menge an Eiern und Butter ist manchmal erstaunlich; einmal fand ich ein Kuchenrezept mit 28 Eiern und zwei Pfund Butter! Manche Rezepte wurden geringfügig geändert, um eine gesündere Version zu präsentieren, aber die meisten sind original.

Diese Sammlung wäre ohne die Hilfe vieler meiner Freunde nicht entstanden. Ohne die moralische Unterstützung von Hans und Renate Sick an einem kritischen Punkt wäre dieses Buch nicht herausgekommen. Ein großer Dank geht auch an Frau A. Tauwald, die ihre Sammlung alter Kochbücher gründlich durchsuchte und viele sehr alte Rezepte ausgrub. Norbert Igel mit seinen Verbindungen brachte auch viele Rezepte für dieses Buch und half, wenn es notwendig war. Anne-Marie Gorman gab mir einige Bücher mit Rezepten und Bildern von Heiligen. Gerhard Dueck und Gillian Pink übersetzten einige Rezepte und halfen mir, die Kochanleitungen genau auszudrücken.

Den Bibliothekaren der St. Francis Xavier University steht auch großer Dank für ihre Geduld und Hilfe zu. Viele andere Freunde, zu viele, um sie einzeln aufzuzählen, gaben mir Unterstützung, moralisch oder durch Rezepte oder Tips.

Allen ein herzliches „Vergelt's Gott!", und ich hoffe, daß Ihnen dieses Buch gefällt.

Antigonish, Nova Scotia
7. Januar 2003, am Festtag von St. Émilion

AGNES

Agnes war ein zwölfjähriges Mädchen, das zu Beginn des vierten Jahrhunderts in Rom lebte, als es noch verboten war, Christ zu sein. Ihre Lebensgeschichte – eine der ältesten unter den Heiligenlegenden – erzählt, daß der Sohn des Stadtpräfekten sich in sie verliebte und sie heiraten wollte, daß sie aber ablehnte und sagte, sie sei bereits mit Christus verlobt. Der Stadtpräfekt verschleppte sie, um sie seinem Sohn gefügig zu machen, doch als dieser sie schänden wollte, fiel er tot zu Boden. Agnes erweckte ihn durch ihr Gebet wieder zum Leben, trotzdem erhob der Präfekt öffentlich Anklage, weil sie Christin war. Sie wurde zum Tode durch Verbrennen verurteilt. Das Feuer aber wollte sie nicht verbrennen, und so wurde sie mit dem Schwert getötet. Ihr Martyrium soll sich im Jahr 304 zugetragen haben. Ihr Festtag ist der 21. Januar. Im Jahre 354 ließ die Tochter des Kaisers Konstantin, Constanze, die der Legende nach durch die Anrufung von Agnes vom Aussatz geheilt worden war, eine Kirche über ihrem Grab an der Via Nomentana bauen: S. Agnesi fori le mura. Dort werden jedes Jahr am 21. Januar zwei Lämmer gesegnet, aus deren Wolle die *Pallien* für die Erzbischöfe gewoben werden. Ihr Name ist dem lateinischen Wort *agnus* (Lamm) sehr ähnlich, weswegen sie oft mit einem Lamm zu ihren Füßen und einem Schwert in der Hand dargestellt wird. Sie ist die Patronin der Jungfrauen und der Gärtner.

Agnesenplätzchen

150 g Zucker

300 g Butter, in kleinen Stücken

375 g Mehl

Aprikosenmarmelade

Zucker, Butter und Mehl zu einem geschmeidigen Teig kneten und zehn Minuten in den Kühlschrank stellen. Den Teig dann gleichmäßig auf eine Dicke von ca. 6 mm ausrollen. Mit einer Schablone eine gerade Anzahl von Kreisen von ungefähr 5 cm Durchmesser ausschneiden, auf ein gut gefettetes Backblech legen und 30 Minuten ruhenlassen. Im vorgeheizten Ofen 12 Minuten bei 180° backen, bis die Kreise leicht gelb sind. Wenn die Kreise kalt sind, eine Hälfte mit der Marmelade bestreichen und mit einem anderen Kreis zudecken. Dieses Rezept ergibt ungefähr 36 Plätzchen.

AMBROSIUS

Ambrosius wurde um 339 als Sohn des römischen Präfekten von Gallien in Trier geboren. Nach dem Tode seines Vaters kehrte er nach Rom zurück, wo er von seiner Mutter und seiner Schwester Marcellina erzogen wurde. In Rom erhielt er auch eine rhetorische und juristische Ausbildung und wurde ein erfolgreicher Anwalt. Weil er so begabt war, wurde er bereits mit 31 Jahren Statthalter der Provinzen Emilia und Liguria mit Sitz in Mailand. Bei der Wahl eines neuen Bischofs im Jahr 374 war Ambrosius von Amts wegen für die Wahl des Nachfolgers verantwortlich. Die Wahl war wegen der Auseinandersetzungen mit den Arianern sehr schwierig, und die Legende berichtet, daß plötzlich ein Kind ausrief: „Ambrosius als Bischof!" Das Volk nahm diesen Ruf auf, und Ambrosius wurde zum Bischof gewählt, obwohl er noch nicht getauft war. Der Kaiser bestätigte die Wahl, und innerhalb einer Woche wurde Ambrosius getauft und zum Bischof geweiht. Er schenkte sein Vermögen der Kirche und den Armen und war für alle stets zu sprechen. Er arbeitete sehr hart, war ein großer Redner und überaus fruchtbarer Schriftsteller, der wegen seines „Bienenfleißes" oft mit einem Bienenkorb dargestellt wird. Ambrosius spielte auch bei der Bekehrung des hl. Augustinus eine große Rolle. Seine zahlreichen Schriften haben noch heute großen Einfluß. Er ist einer der vier großen Kirchenväter und eine der bedeutendsten Gestalten der Kirche im vierten Jahrhundert. Furchtlos bekämpfte er die Arianer, die von einigen Mitgliedern der kaiserlichen Familie unterstützt wurden. Sein Ansehen war so groß, daß er in der Öffentlichkeit den Kaiser Theodosius für ein Massaker an Tausenden von Männern, Frauen und Kindern in Thessaloniki kritisieren konnte. Nach seiner Exkommunizierung tat Theodosius öffentlich Buße für seine Tat. Ambrosius starb im Jahre 397 in Mailand und ist dort in der Kathedrale beerdigt, die seinen Namen trägt. Sein Festtag ist der 7. Dezember. Er ist der Schutzpatron der Bienenzüchter und der Lernenden.
In der Kunst wird er immer als Bischof dargestellt.

Ambrosiuscreme

500 ml Sauerrahm
125 g Zucker
Rote Speisefarbe
2 Eiweiß
1 EL Zitronensaft
1 EL Rum
1/2 TL Vanillearoma
4 EL kaltes Wasser
250 ml geschlagene Sahne
1 1/2 Tütchen Gelatinepulver (für 600 ml Flüssigkeit)

Sauerrahm und Zucker schaumig schlagen, dann Speisefarbe dazugeben. Eiweiß schlagen und mit dem Zitronensaft, dem Rum und der Vanille in die Sauerrahm-Zucker-Mischung einrühren. Gelatine in kaltem Wasser einweichen, langsam erhitzen, durch Umrühren auflösen und der Mischung unter langsamem Umrühren hinzufügen. In eine Schüssel gießen und in den Kühlschrank stellen, bis die Masse fest ist.
Vor dem Servieren die Schüssel 20 Sekunden in heißes Wasser tauchen, auf einer Platte umdrehen und Schüssel entfernen. Geschlagene Sahne zum Dekorieren außen herum und obenauf spritzen.
Für 8 Personen.

ANDREAS

Andreas war Fischer wie sein Bruder Petrus. Er war zuerst Jünger Johannes des Täufers. In allen vier Evangelien wird er mit Petrus, Jakobus dem Älteren und Johannes dem Evangelisten als einer der vier ersten Apostel genannt. Johannes erwähnt ihn besonders bei dem Wunder der Brot- und Fischvermehrung (Joh 6,8). Genaueres ist von ihm nicht bekannt, aber von den frühchristlichen Schriftstellern hören wir, daß er hauptsächlich in Griechenland und im Balkan missioniert hat. Die Russen, die ihn als Schutzpatron verehren, behaupten, daß er zu ihnen und sogar bis nach Polen gekommen sei. Die Tradition erzählt, daß Andreas während der Christenverfolgung des Kaisers Nero im Jahre 60 auf der griechischen Insel Patras an ein x-förmiges Kreuz, das sogenannte Andreaskreuz, geschlagen wurde. Seine Reliquien wurden im Jahre 357 nach Konstantinopel überführt, 1208 in den Westen gebracht und sind jetzt über ganz Europa verstreut. Einige Reliquien kamen im achten Jahrhundert nach St. Andrews in Schottland. Aus diesem Grund ist Andreas der Schutzheilige Schottlands, und sein Kreuz repräsentiert Schottland in der britischen Flagge. In der Kunst wird Andreas oft mit seinem Kreuz oder als Fischer dargestellt. Er ist der Patron von Schottland, Rußland, Griechenland, Sizilien und Niederösterreich. Er ist auch Patron der Fischer, Fischhändler und Metzger. Sein Festtag ist der 30. November und wird noch viel gefeiert, vor allem von den Schotten in der ganzen Welt.

Dieses Gericht wird im Südwesten Frankreichs in den ersten kalten Herbstnächten zubereitet.

Daube de la Saint-André

RINDERSCHMORBRATEN

1500 g Rindfleisch, ohne Knochen
500 g Rückenfett vom Schwein
3 EL Petersilie, gewiegt
1 EL Knoblauch, gewiegt
3 Schalotten, gehackt
Salz und Pfeffer
1 Flasche Rotwein, trocken und schwer
1 Nelke
1 Zwiebel
1 Lorbeerblatt
1 TL Thymian
1 TL Zucker

Mit dem Kochen am Vortag beginnen, sonst läßt sich das Fett nicht entfernen. Fett vom Rindfleisch entfernen und in 1 cm dicke Scheiben gegen die Fasern schneiden. Schweinefett in Würfel schneiden, 5 Minuten in heißes Wasser legen und abtropfen lassen. Mit dem Fleischwolf oder einem Mixer zu einer streichfähigen Masse verarbeiten. Petersilie, Knoblauch, Schalotten, Salz und Pfeffer untermischen.
Eine Auflaufform anfetten und dann die Rindfleischscheiben und die Schweinefettmischung in Schichten hineinlegen. Den Wein ungefähr 15 Minuten leicht kochen lassen, daß der Alkohol verdunstet, dann heiß über das Fleisch gießen. Lorbeerblatt, Thymian und Zucker hinzufügen. Die Nelke in die Zwiebel stecken und obenauf legen. Auflaufform mit Deckel gut verschließen. Im Herd bei 120° sechs Stunden lang schmoren lassen. Abkühlen, in den Kühlschrank stellen.
Am nächsten Tag das harte Fett entfernen. Eine Stunde vor dem Essen das Fleisch im Herd bei 150° wieder erwärmen. Falls noch etwas Fett an die Oberfläche kommt, vor dem Essen entfernen. Zuviel Flüssigkeit kann durch heißes Kochen reduziert werden. Die Fleischscheiben können auch vor dem Servieren mit der Gabel in Stücke zerteilt werden. Für 8 Personen.

ANGELUS

Angelus der Karmelit wurde 1145 in Jerusalem geboren. Seine Eltern waren Juden, die zum Christentum übergetreten waren. Mit 18 Jahren trat er in ein Kloster am Berg Karmel ein, und etwas später zog er sich in die Wüste zurück und lebte als Einsiedler. Sein Bruder Johannes wurde zum Patriarchen von Jerusalem gewählt. Angelus wurde vom Abt seines Klosters nach Rom geschickt, um von Papst Honorius III. die Regeln des Karmeliterordens genehmigen zu lassen. Nachdem der Papst seine Zustimmung gegeben hatte, ging Angelus daran, Sizilien zu missionieren. Furchtlos griff er in aller Öffentlichkeit einen der dortigen Adeligen, Graf Berengarius, an, und warf ihm seinen unrechten Lebenswandel vor. 1220 wurde er von gedungenen Mördern des Grafen getötet. Sein Festtag ist der 5. Mai. In der Kunst wird er häufig mit drei Kronen zu seinen Füßen dargestellt, Symbole der Keuschheit, des Martyriums und der Beredsamkeit.

Hase Sankt Angelus

- *1 kg Hase, gesäubert*
- *3 EL Olivenöl*
- *500 ml Dose Tomaten*
- *100 ml Weißwein, trocken*
- *1 Knoblauchzehe*
- *1 Prise Thymian*
- *1 Prise Rosmarin*
- *Mehl zum Bestäuben*
- *Frische Basilikumblätter*
- *Salz und Pfeffer*

Hase gründlich waschen, in kleine Stücke schneiden und dabei möglichst alle kleinen Knochen entfernen. Stücke leicht salzen, mit Mehl bestäuben und in einer Pfanne mit Olivenöl schön braun braten. Den Knoblauch fein schneiden. Den Saft der Tomaten abtropfen lassen und aufheben. Tomaten grob hacken. Knoblauch, Tomaten, Rosmarin, Thymian und Wein in die Pfanne geben und zudecken. Bei mittlerer Hitze ungefähr eine Stunde leicht köcheln lassen. Basilikum nach einer halben Stunde zufügen. Ab und zu umrühren, daß die Soße nicht anbrennt. Falls die Soße zu dick ist, etwas von dem Tomatensaft zufügen. Mit Salz und Pfeffer abschmecken und heiß servieren. Für 4 bis 6 Personen.

ANNA

Anna, die Mutter der Jungfrau Maria, wird von der Kirche schon seit dem zweiten Jahrhundert verehrt, obwohl keine historischen Fakten ihres Lebens bekannt sind. Es heißt, daß sie und ihr Ehemann Joachim aus dem Stamm Juda und Abkommen von König David waren. Die Reliquien der hl. Anna wurden angeblich im achten Jahrhundert von Jerusalem nach Konstantinopel übertragen, und ihre Verehrung in der Ostkirche wuchs deswegen sehr. Ihre Popularität im Westen nahm im 12. Jahrhundert sehr zu, da sich die Kirche für ihre Tochter wieder mehr interessierte. In Deutschland ist Anna vor allem auf dem Land ein beliebter Name. Sie ist die Schutzheilige der Bretagne und wird dort sehr verehrt. Die französischen Siedler, die nach Québec auswanderten, brachten ihre Schutzheilige mit; Ste. Anne de Beaupré am St.-Lorenz-Strom ist das Zentrum ihrer Verehrung in Nordamerika. Das Fest der hl. Anna und ihres Mannes Joachim ist der 26. Juli. In der Kunst wird Anna oft gezeigt, wie sie ihrer Tochter das Lesen beibringt. Viele andere Darstellungen zeigen Anna, Maria und Jesus gemeinsam („Annaselbdritt"). Sie ist die Schutzheilige der Hausfrauen.

Elsässische Annatorte

Kuchen
250 g Zucker
250 g Butter
250 g Mehl
125 g Schokolade, gerieben
100 g Mandeln, gerieben
50 g Zitronat u. Orangeat, fein gewiegt
4 Eier
2 EL brauner Rum
1 1/2 EL Backpulver
1 Vanillezucker
Glasur
125 g Puderzucker
3 EL Wasser, Rum oder Zitronensaft

Eier, Zucker und Vanillezucker schaumig rühren. Rum dazugeben. Mehl und Backpulver mischen und dazugeben. Etwas umrühren, dann die anderen Zutaten hinzufügen. Zu einem glatten Teig verarbeiten. Den Ofen auf 180° vorheizen. Eine 20 cm große runde Kuchenform einfetten und mit Mehl bestäuben. Teig einfüllen. Ungefähr 50 Minuten backen, bis der Kuchen fertig ist.

Für die Glasur den Staubzucker mit der Flüssigkeit vermischen und den Kuchen damit bedecken. Der Kuchen kann mit kandierten Kirschen und Schokolade dekoriert werden.
Reicht für 10 bis 12 Personen.

ANTONIUS DER GROSS

Antonius der Große wurde um 250 im heutigen Keman in Ägypten geboren. Seine Eltern waren ziemlich reich. Nach dem Tode seiner Eltern – er war 20 Jahre alt – verkaufte er alles was er besaß, und zog sich in die nahe Wüste zurück, um als Einsiedler zu leben. Der Legende nach hatte er dort unter starken Versuchungen zu leiden, die er durch ein strenges Regime von Fasten und Beten bezwang. Viele wollten sich Antonius anschließen und den gleichen Lebensstil führen, so daß er im Jahre 305 die erste Einsiedlergemeinde in der Nähe von Theben gründete. Aus dieser Gründung bildete dann der Mönchsvater Pachomius später die erste Mönchsgemeinde. Antonius verließ seine Einsamkeit nur noch einmal, auf Bitten seines Freundes Athanasius, des Patriarchen von Alexandria, um gegen den Arianismus zu reden. Sein Einfluß und Ansehen waren ein großer Beitrag zur Niederlage der Arianer auf dem Konzil von Nizäa 325. Antonius starb im Jahre 356, 105 Jahre alt, und wurde nach seinem Wunsch an einem unbekannten Ort beerdigt. Sein Grab wurde zweihundert Jahre später entdeckt und sein Körper nach Alexandria übertragen. 1095 wurde der Antoniterorden gegründet und verbreitete sich über ganz Westeuropa. Die Schweine des Ordens, für die Armen bestimmt, durften auf den Straßen frei herumlaufen. Antonius war im Mittelalter ein sehr populärer Heiliger, ein Patron der Mönche und der Hirten. Sein Festtag ist der 17. Januar. Für die Künstler waren vor allem seine Versuchungen ein sehr beliebtes Motiv. Wegen der Schweine des Antoniterordens werden oft Gerichte mit Schweinefleisch mit Antonius verbunden.

Olla de San Antonio

FLEISCHEINTOPF SANKT ANTONIUS

250 g weiße Bohnen
125 ml Weißwein
250 g Schweinemagen, in Würfel geschnitten
250 g Schweinefleisch, mager, gewürfelt
250 g Schweinerippen, in kleinen Stücken
125 g Chorizowurst
125 g Blutwurst
3 EL Olivenöl
1 Lorbeerblatt
1 Knoblauchzehe, fein gehackt
1 Zwiebel
4 Pfefferkörner
1 EL Mehl
1 TL Paprika
Salz
Pfeffer, frisch gemahlen

Die Bohnen über Nacht in kaltem Wasser einweichen. Zum Kochen bringen, abseihen, mit kaltem Wasser abwaschen und wieder abseihen. Die Bohnen in einen Topf mit Deckel geben, mit Wasser auffüllen, bis die Bohnen zugedeckt sind, den Wein dazugießen und zum Kochen bringen. Während dieser Zeit das Fleisch schneiden. Die Pfefferkörner in die geschälte Zwiebel drücken. Wenn die Bohnen kochen, das Fleisch, die Würste, die Hälfte des Öls, das Lorbeerblatt und die Zwiebel hinzufügen. Topf zudecken und bei schwacher Hitze ungefähr 75 Minuten kochen, bis die Bohnen langsam weich werden. Fleisch aus den Bohnen nehmen, Knochen entfernen, grob schneiden und warm halten. In einem kleinen Topf den Rest des Öls, Mehl und Paprika kochen, bis die Mischung Blasen wirft, dann in die Bohnen einrühren. Die Bohnen wieder zum Kochen bringen, das Fleisch hinzugeben und 15 Minuten langsam kochen lassen. Ab und zu umrühren, damit die Bohnen nicht anbrennen. Unter Umständen Wasser dazugießen. Vor dem Servieren Zwiebel und Lorbeerblatt entfernen, mit Salz und Pfeffer abschmecken.

In Guadalajara war es Brauch, ein gemeinsam gefüttertes Schwein am Antoniustag zu verlosen. Der Gewinner bereitete daraus einen Eintopf für das ganze Dorf. Wir lassen aber Schwanz und Ohren weg.

ANTONIUS VON PADUA

Antonius von Padua, der Sohn einer adeligen portugiesischen Familie, wurde 1195 in Lissabon geboren und auf den Namen Fernando getauft. Er schloß sich 1212 den Augustiner-Chorherren an und studierte in Coimbra. Im Jahre 1220 trat er in das dortige Franziskanerkloster über, bewogen durch die Beerdigung von fünf Franziskanern, die in Marokko gemartert worden waren. Dort nahm er auch den Namen Antonius an. Er wurde zur Missionsarbeit nach Marokko geschickt, mußte aber aus Gesundheitsgründen aufgeben und wurde auf der Rückkehr durch einen Sturm nach Sizilien verschlagen. Er lebte bescheiden in einem einsamen Bergkloster, bis sein ungewöhnliches Talent zum Predigen entdeckt wurde. Antonius wirkte in Italien und Südfrankreich und hatte großartige Erfolge. Wegen seiner vielen Zuhörer – bis zu 30.000 – waren meistens die Kirchen zu klein und er predigte auf den Plätzen. Er war den Armen sehr zugetan und seine Predigten waren oft ein Angriff auf Geiz und extravagantes Leben. Der hl. Franziskus ernannte ihn zum ersten Lehrer der Theologie für den ganzen Orden. 1231 zog sich Antonius erschöpft nach Padua zurück, wo er kurz darauf mit 36 Jahren starb. Nur ein Jahr später wurde Antonius von Papst Gregor IX. heiliggesprochen, 1946 wurde er zum Kirchenlehrer erhoben. Sein Grab in Padua ist das Ziel sehr vieler Pilger. Für die Italiener ist er „il Santo“, der Heilige schlechthin. Er ist der Schutzpatron von Portugal und der Eheleute. Besonders bekannt ist er als Patron beim Wiederauffinden verlorener Sachen. In der Kunst wird er meistens mit einem Buch und einer Lilie dargestellt, oft mit dem Jesuskind auf dem Buch sitzend. Sein Festtag ist der 13. Juni.

Zuppa di Sant' Antonio

ANTONIUS-SUPPE

4 Eier
3 EL Mehl
1/2 TL Salz
1/2 TL Backpulver
Öl zum Ausbacken
2 l Hühnerbrühe
250 g Spinat, gekocht und gehackt
Parmesan

Eier, Mehl, Salz und Backpulver zu einem dünnen Teig zusammenrühren. Das Öl erhitzen und mit einem Teelöffel kleine Bällchen in das heiße Öl tropfen lassen. Wenn sie schön goldgelb sind, herausnehmen und auf einem Küchenpapier abtropfen lassen. Die Hühnerbrühe zum Kochen bringen, den gehackten Spinat und die gebackenen Teigbällchen zugeben und noch fünf Minuten kochen lassen. Vor dem Servieren die Suppe mit geriebenem Parmesan bestreuen.
Reicht für 8 bis 10 Personen.

Gegrillte Sardinen

1 kg Sardinen, frisch
125 g grobes Salz
3 EL Olivenöl

Sardinen waschen und ausnehmen. Kopf und Schwanz können entfernt werden. Die Sardinen und das Salz in Schichten in eine flache Schüssel geben und für zwei bis drei Stunden in den Kühlschrank stellen. Danach das Salz gründlich abwaschen, die Sardinen mit einem Küchenpapier abtrocknen und mit Olivenöl bestreichen. Den Grill vorheizen. Die Sardinen auf ein gut geöltes Grillblech legen und bei einem Abstand von 10 cm auf jeder Seite zwei bis drei Minuten grillen. Das Fischfleisch sollte flockig aussehen. Besser werden die Sardinen auf einem Holzkohlengrill. Fisch direkt vom Grill mit Broa (Maisbrot) servieren, sonst mit frischem Baguette.

Broa

PORTUGIESISCHES MAISBROT

2 TL Trockenhefe
4 EL lauwarmes Wasser
250 g gelbes Maismehl
1 1/4 TL Salz
1 TL Zucker
125 ml kochendes Wasser
4 EL Olivenöl
150–225 g Mehl

In einem kleinen Behälter die Hefe über das lauwarme Wasser streuen und an einem warmen Platz zwei Minuten stehenlassen, umrühren, und dann zehn Minuten stehenlassen. In der Zwischenzeit mit dem Mixer das Maismehl zu einem feinen Mehl verarbeiten, am besten in zwei Teilen. Die Hälfte des feinen Maismehls mit dem kochenden Wasser, Zucker und Salz zu einer glatten Masse verrühren. 3 Eßlöffel Olivenöl hineingeben und abkühlen lassen, bis es lauwarm ist. Die Hefe unter diese Mischung rühren und unter ständigem Umrühren langsam den Rest des Maismehls und 150 g des normalen Mehls hinzugeben. Den Teig etwas kneten und einen Ball formen, an einen warmen Platz stellen und warten, bis sich das Volumen verdoppelt hat. Mit dem Rest des Öls eine runde Backform von 25 cm Durchmesser einfetten. Den Teig fünf Minuten kneten und, falls der Teig zu klebrig ist, mehr normales Mehl einarbeiten. Der Teig soll fest aber nicht hart sein. Den Teig in die geölte Form geben und 30 Minuten gehenlassen, bis er sich wieder verdoppelt hat. Herd auf 175° vorheizen. In der Mitte des Herdes ungefähr 40 Minuten lang backen, bis die Oberfläche schön goldgelb ist.

AUGUSTINUS

Augustinus wurde 354 in Tagaste im heutigen Algerien geboren. Sein Vater war Heide, seine Mutter Monika aber Christin; sie sorgte dafür, daß Augustinus, ohne getauft zu sein, eine christliche Erziehung erhielt. Mit der finanziellen Unterstützung eines Freundes studierte Augustinus zuerst Jura, später Philosophie und Rhetorik. Während dieser Zeit entfernte er sich mehr und mehr vom christlichen Glauben, hatte 15 Jahre lang eine Mätresse, von ihr einen Sohn, und hing den Manichäern an. Nach einem kurzen Aufenthalt in Rom wurde er kaiserlicher Professor in Mailand, wo er Ambrosius begegnete. Im Jahre 387 wurde er zusammen mit seinem Sohn Deodatus von Ambrosius getauft. Augustinus kehrte in seine Heimat zurück. Zuerst führte er in Tagaste mit Freunden ein christliches Leben, dann wurde er 394 zum Priester geweiht und 396 zum Bischof von Hippo ernannt. Er starb 430 im Alter von 75 Jahren während der Belagerung der Stadt durch die Vandalen. Augustinus war ein sehr fruchtbarer Schriftsteller, seine bedeutendsten Schriften sind die „Bekenntnisse“ und der „Gottesstaat“. Bis zum 13. Jahrhundert gab es keinen Theologen, dessen Einfluß vergleichbar gewesen wäre. Seine Reliquien befinden sich in Pavia. Seine Verehrung begann sehr früh, und er wurde zum Lehrer der abendländischen Kirche erhoben. In der Kunst wird er als Bischof dargestellt. Sein Festtag ist der 28. August. Er ist der Patron der Theologen, Buchdrucker und Bierbrauer.

Chiles en Nogada

GEFÜLLTE PAPRIKASCHOTEN

Soße

50 Walnüsse, geschält, oder 200 g geriebene Walnüsse

Milch (nur wenn ungeriebene Nüsse verwendet werden)

100 g Ziegenkäse, sonst Frischkäse nehmen

1 altes hartes Brötchen

Salz und Pfeffer

1 Prise Zimt

Füllung

300 g Tomaten, frisch, oder aus der Dose

100 g Mandeln, ganz und geschält

2 Pfirsiche, geschält und gehackt

2 Birnen, geschält und gehackt

100 g Rosinen

2 EL Olivenöl

250 g Hackfleisch vom Rind

250 g Hackfleisch vom Schwein

4 EL Zwiebel, gehackt

1 TL Knoblauch, fein gewiegt

1/4 TL Safran

Paprikaschoten

7–8 Paprikaschoten, mittelgroß, wenn möglich verschiedenfarbig

Öl zum Ausbacken

Überzug

100 g Mehl

1 TL Zimt

1/2 TL Nelken, gemahlen

2 TL Zucker

2 Eier

Wenn die Soße mit frischen Nüssen gemacht wird, die geschälten Nüsse in Milch einlegen, damit die Haut weich wird. Nach 20 Minuten die Haut der Nüsse entfernen. Die Nüsse, den Käse, das Brötchen und Milch mit dem Mixer zu einer Soße verarbeiten. Sie muß dünn genug zum leichten Gießen sein, zum Verdünnen Milch nehmen. Mit Salz und Pfeffer abschmecken und die Prise Zimt hinzugeben. Pfirsiche, Birnen und Tomaten schälen und grob hacken. Mandeln grob hacken. Rosinen im heißen Wasser einweichen. Das Öl in einer Pfanne erhitzen und das Fleisch schön bräunen. Tomaten, Zwiebel und Knoblauch dazugeben und zugedeckt ein paar Minuten kochen lassen. Die Birnen, Pfirsiche, Mandeln und abgeseihten Rosinen darunter mischen, mit Salz und Pfeffer abschmecken und so lange kochen, bis die Füllung ziemlich dick und fast alle Flüssigkeit verdunstet ist. Die Schoten ein paar Minuten in heißem Wasser kochen, daß sie weicher sind. Deckel und Samen entfernen.

Um den Überzug vorzubereiten, mischt man alle trockenen Zutaten zusammen. Die zwei Eier leicht schlagen. Die Paprikaschoten mit der Fleischmischung füllen. Die Außenseite der Schoten befeuchten und in die Mehl-Gewürz-Mischung rollen. Danach in die Eier tauchen und wieder mit der Mehl-Gewürz-Mischung bestreuen. Öl in einem hohen Topf erhitzen, Schoten sollten zu einem Drittel eingetaucht sein. Vorsicht mit dem heißen Öl! Die gefüllten Schoten bei 190° ausbacken, bis sie schön braun sind. Auf einem Küchenpapier abtropfen lassen. Mit Petersilie und Pomeranzensamen garnieren und mit der kalten Soße servieren. Reicht für 6 bis 8 Personen.

BARBARA

Barbara ist eine sehr beliebte Heilige, von der man allerdings nichts Gesichertes weiß. Der Legende nach lebte sie im dritten Jahrhundert im heutigen Izmid in der Türkei und wurde während der blutigen Christenverfolgung unter Kaiser Maximinus Daia um 306 getötet. Die Beschreibung ihres Martertodes erfolgte erst im siebten Jahrhundert, ihre erste Darstellung in der Kunst stammt aus dem achten Jahrhundert. Vier Städte in Italien und im Nahen Osten behaupten, der Ort ihres Martyriums zu sein. Ihre Popularität beruht auf der „Goldenen Legende" aus dem 13. Jahrhundert. Dieser Legende nach wurde Barbara von ihrem heidnischen Vater in einen Turm geschlossen, um sie von den Christen fernzuhalten. Als ihr Vater weg war, gab sie Weisung, ein drittes Fenster in das Obergemach einzusetzen. Als der Vater zurückkam und sie deswegen zur Rede stellte, sagte sie, daß es zu Ehren der Dreifaltigkeit sein solle. Daraufhin wurde der Vater zornig und übergab sie einem Richter, der sie zum Tode durch das Schwert verurteilte. Das Urteil wurde von ihrem eigenen Vater vollzogen, der unmittelbar darauf vom Blitz erschlagen wurde. Barbara gehört zu den Vierzehn Nothelfern; ihr Festtag ist der 4. Dezember. In der Kunst wird sie oft mit einem Turm dargestellt. Sie ist Schutzpatronin der gefährlichen Berufe, der Bergleute, Feuerwehrmänner und Artilleriesoldaten. Sie ist aber auch die Patronin der Architekten, Steinmetzen und Mathematiker.

Schweinelendchen Barbara

500 g Schweinelendchen
Salz und Pfeffer
2 EL Butter
250 g kleine Äpfel
125 ml Weißwein, trocken
125 ml Sahne
4 TL Speisestärke
4 EL Wasser
2 EL Meerrettich
1 Prise Zucker

Die Lende in ca. 2 cm dicke Scheiben schneiden, großzügig salzen und pfeffern und in einer Pfanne mit Butter braten, bis beide Seiten gut gebräunt sind. Aus der Pfanne nehmen und warm halten. Äpfel schälen, in zwei Teile schneiden und entkernen. Den Wein in die Pfanne geben und die Apfelhälften einlegen. Pfanne zudecken und 10 Minuten leicht ziehen lassen. Äpfel entfernen und auf die Lendenscheiben legen. Die Sahne zum Wein in die Pfanne geben, gut umrühren und langsam zum Kochen bringen. Die Speisestärke mit den 4 Eßlöffel Wasser mischen und in die Soße einrühren. Eine Minute lang kochen. Meerrettich und Zucker dazugeben, mit Pfeffer und Salz abschmecken und dann die Soße über die Äpfel und Lendenscheiben gießen. Für 3 bis 4 Personen.

BASILIUS

Basilius der Große wurde um 330 in Cäsarea in Kappadozien in einer vornehmen, frommen christlichen Familie geboren. Seine Eltern und drei Geschwister (darunter Gregor von Nyssa) sind ebenfalls Heilige. Während seines Studiums in Athen wurde er zum lebenslangen Freund des hl. Gregor von Nazianz. Basilius lebte dann als Mönch in Syrien und Ägypten, bevor er sich als Einsiedler in der Nähe von Cäsarea niederließ. Er verließ seine Einsamkeit im Jahre 364, als sein Bischof ihn zur Hilfe gegen den Arianismus anrief. Im Jahre 370 wurde er selbst Bischof von Cäsarea und kümmerte sich sehr um sein Volk. Er verteilte seine Erbschaft an die Armen und gab ihnen während einer Hungersnot zu essen. Basilius predigte sehr viel und korrespondierte mit allen berühmten Zeitgenossen. Sein größter Beitrag sind seine umfangreichen theologischen Schriften über den Heiligen Geist und seine Regeln für das Mönchtum in der Ostkirche. Es gelang ihm, das Christentum mit den besten Ideen der Philosophie und der Weltkultur zu vereinen. Aus diesem Grund wird er als Kirchenlehrer verehrt. Der hl. Benedikt benutzte die Mönchsregel des Basilius, um seine Regel zu entwickeln. In der Kunst wird Basilius als Mönch oder als Bischof dargestellt. Sein Festtag ist der 2. Januar.

Lakror

FLEISCHPASTETE

3 EL Butter
1 Zwiebel, mittelgroß, fein gehackt
750 g Hackfleisch, am besten aus Rind und Lamm
2 TL Knoblauch, fein gewiegt
1 TL Salz
2 TL Oregano
frischgemahlener Pfeffer
125 ml Petersilie, gehackt
125 g gekochter Reis
6 Eier
500 g Blätterteig
125 g Butter

Die Butter in einer großen Pfanne schmelzen und bei schwacher Hitze die Zwiebeln dünsten, bis sie glasig sind. Das Fleisch, Knoblauch und Oregano zugeben und das Fleisch schön bräunen. Das Fett abgießen und das Fleisch mit Pfeffer und Salz abschmecken. Reis, Petersilie und Eier mischen. Mischung mit dem Fleisch vermengen. Eine Kastenform (24 x 30 cm) gut buttern. Ein Blatt Blätterteig auf die Größe der Form zuschneiden. Da mindestens 20 Blätter gebraucht werden, ist es einfacher, alle auf einmal zuzuschneiden. Das erste Blatt auf den Boden der Form legen und mit der geschmolzenen Butter bestreichen. Die Fleischfüllung gleichmäßig verteilen. Mit einem weiteren Blatt Blätterteig zudecken, mit Butter bestreichen und wiederholen, bis alle geschnittenen Blätter benutzt sind. Das letzte Blatt gut andrücken, vor allem am Rand. Mit einem scharfen Messer die Oberfläche des Lakror leicht anschneiden, entweder in Quadrate oder Rauten. Diese Markierungen machen es später einfacher, die Pastete zu schneiden. Im vorgeheizten Herd bei 190° backen, bis die Oberfläche schön goldbraun ist. 6 bis 8 Portionen.

In Albanien wird Basilius am Neujahrstag gefeiert. Zu seiner Ehre wird diese Fleischpastete gebacken, in der ein Schmuckstück oder eine Münze versteckt ist. Wer das Schmuckstück findet, hat das ganze Jahr lang Glück.

BLASIUS

Blasius war der Tradition nach ein Arzt, der im vierten Jahrhundert zum Bischof von Sebaste in Armenien gewählt wurde. Obwohl Kaiser Konstantin im Westen die Christenverfolgung beendet hatte, verfolgte sein Mitkaiser im Osten, Licinius, die Christen immer noch. Als ein Führer der Kirche wurde Blasius angeklagt, Christ zu sein und für schuldig befunden. Der Legende nach wurde er ungefähr im Jahre 316 mit eisernen Kämmen zerfleischt und dann enthauptet. Seine Reliquien sind über ganz Europa verstreut. Es gibt viele Legenden über Blasius, die berühmteste ist die Rettung eines Kindes vor dem Erstickungstod an einer Fischgräte. Dann beschwerte sich einmal eine Witwe darüber, daß ein Wolf ihr Schwein gestohlen habe. Blasius sprach mit dem Wolf, und dieser brachte der Witwe das Schwein zurück. Seit dem sechsten Jahrhundert wird Blasius im Osten bei Halskrankheiten angerufen. Den Blasiussegen, bei dem zwei Kerzen gekreuzt werden, gibt es im Westen seit dem 16. Jahrhundert. Blasius gehört zu den Vierzehn Nothelfern, er ist der Schutzheilige von Paraguay und der Patron der Wollhändler und Ärzte. Sein Festtag ist der 3. Februar.

Bubenschenkel

750 g Mehl
1 TL Trockenhefe
250 ml Milch, lauwarm
2 EL Butter, geschmolzen
½ TL Salz
1 Prise Zucker
3 Eier
Öl zum Ausbacken

Zucker mit Milch vermischen und Hefe einrühren. Etwas gehenlassen und dann mit dem Rest der Zutaten einen Hefeteig herstellen. Teig eine Stunde gehenlassen, auf ungefähr 1 cm Dicke auswellen. Rechtecke ausschneiden (ungefähr 5 x 10 cm) und längs in der Mitte bis zur Hälfte einschneiden. Nochmals kurz gehen lassen. Im heißen Fett ausbacken, bis die Bubenschenkel golden sind. Öl abtropfen lassen, mit Kartoffelsalat und grünem Salat servieren. Auch mit Fleisch in viel Soße gut. Reicht als Beilage für 8 bis 10 Personen.

BRIGITTA

Brigitta, die in ihrer Heimat Brigid heißt, wurde 453 in Irland in Uinmeras in der Nähe von Kildare geboren. Ihre Eltern waren einfache Christen. Der Legende nach ist sie vom hl. Patrick getauft worden. Mit 14 Jahren schon wurde Brigitta Nonne. Die Legende berichtet, daß sie das Vieh des Klosters hütete, und daß die Kühe, für die sie verantwortlich war, mehr Milch gaben als andere. Nach einiger Zeit gründete sie ein Kloster in Kildare und wurde dessen Äbtissin. Dieses Kloster war das erste religiöse Haus für Frauen in Irland. Brigitta starb im Jahre 525 und wurde in Kildare beerdigt. Sie war bekannt für ihre Gastfreundschaft und ihre Fürsorge für die Armen. Brigitta hatte einen großen Anteil an der Ausdehnung des Christentums in Irland und ist zusammen mit dem hl. Patrick Patronin von Irland. Ihr Kult wurde von irischen Missionaren nach Europa gebracht, und viele Kirchen in Wales, im Elsaß und in Flandern sind ihr geweiht. Sie ist auch Stadtpatronin von Essen. In der Kunst wird sie entweder als Äbtissin dargestellt oder mit einer Kuh oder Gans zu ihren Füßen. Brigitta ist die Schutzheilige der Dichter, der Schmiede und des Viehs. Ihr Festtag ist der 1. Februar.

Barm Brack

FRUCHTKUCHEN

100 g Sultaninen
100 g Rosinen
100 g Korinthen
50 g kandierte Kirschen
50 g Zitronat und Orangeat
175 g brauner Zucker
200 g Mehl
$^1/_2$ TL Backpulver
Je eine Messerspitze Nelken, Zimt, Kardamom, Koriander, Piment, Ingwer
1 Ei
300 ml kalter schwarzer Tee

Den Tee über die Rosinen, Sultaninen und Korinthen gießen und über Nacht stehenlassen. Den Backofen auf 180° vorheizen. Alle anderen Zutaten der Mischung zufügen und gut umrühren. Eine rechteckige Kuchenform mit gefettetem Backpapier auslegen und mit dem sehr flüssigen Teig füllen. Backzeit ungefähr 1 $^1/_2$ Stunden. Kuchen abkühlen lassen. In Scheiben schneiden und gebuttert servieren.

CÄCILIA

Cäcilia erlitt im Jahre 230 in Rom das Martyrium, um das sich eine der schönsten Heiligenerzählungen rankt. Cäcilia, die sich schon als Kind heimlich mit Jesus Christus verlobt hatte, mußte den Heiden Valerianus heiraten. Als sie diesem in der Hochzeitsnacht ihr Keuschheitsgelübde gestand und von dem Engel erzählte, der sie beschützte, wollte Valerianus den Engel sehen, um ihre Jungfräulichkeit zu respektieren. Das wollte Cäcilia nur erlauben, wenn er sich vom Papst taufen ließe. Valerianus kam dieser Bedingung nach und bekam tatsächlich den Engel zu sehen, worauf er so im Glauben erglühte, daß er seinen Bruder Tiburtius bekehrte. Die Brüder erlitten alsbald das Martyrium. Cäcilia beerdigte die beiden und wurde danach zum Präfekten gebracht und aufgefordert, den Götzen ein Opfer darzubringen. Sie weigerte sich und wurde zur Strafe in einen Kessel mit kochendem Wasser gesetzt. Da das Wasser sie aber nicht verbrühte, sollte sie enthauptet werden. Cäcilia überlebte schwerverwundet drei Versuche des Henkers und verteilte vor ihrem Tode noch ihren Besitz an die Armen.
Darstellungen der hl. Cäcilia findet man in vielen Kirchen, meistens in der Nähe des Chorgestühls oder der Orgel, denn Cäcilia ist die Schutzpatronin der Musiker. 1584 erklärte sie die Akademie für Musik in Rom dazu. Die Verbindung mit der Musik kommt von einer Lebensbeschreibung aus dem achten Jahrhundert, wo es heißt, daß Cäcilia bei ihrer Hochzeitsfeier „in ihrem Herzen nur zu Gott gewandt" Lieder sang. Viele Musiker komponierten besondere Stücke für ihren Festtag am 22. November.

Céciles
MANDELPLÄTZCHEN

100 g Mandeln, geschält und gerieben
100 g Zucker
2 TL Kirschwasser
1 Eiweiß
2 EL Kakao
Eiweißglasur
Speisefarben
2 TL bittere Schokolade, geschmolzen
Mandeln, halbiert zur Dekoration

Die Mandeln, den Zucker und einen Teelöffel des Kirschwassers mit genug Eiweiß vermischen, daß eine geschmeidige Masse entsteht. Masse halbieren. Zu einer der Hälften den Kakao zugeben und gut einarbeiten. Aus jedem Teil mit einem Teelöffel kleine Oliven formen. Die Hälfte der Eiweißglasur mit Speisefarbe grün färben, mit dem übrigen Kirschwasser vermischen und die weißen Oliven darin eintauchen. Die andere Hälfte der Glasur mit der geschmolzenen Schokolade vermischen und die braunen Oliven darin tauchen. Eine längs durchgeschnittene Mandel als Dekoration obenauf legen. Trocknen lassen und wenn gewünscht in kleinen Papierformen servieren.

CHLODWALD

Chlodwald, in Frankreich Cloud oder Clou genannt, war der dritte Sohn des Frankenkönigs Chlodwig und wurde im Jahre 524 geboren. Als sein Vater in einer Schlacht umkam, wurde er von seiner Großmutter, der hl. Clothilde erzogen. Seine machthungrigen Onkel wollten das Königreich für sich und ermordeten die zwei älteren Brüder, aber der achtjährige Chlodwald wurde in die Sicherheit der Provence geschmuggelt. Als er volljährig war, wurde er Einsiedler, ging nach Paris und lebte als Schüler des hl. Severin. Er wurde zum Priester geweiht und hatte bald viele Anhänger. Diese Gruppe zog nach Nogent in die Nähe von Versailles, in einen Ort, der heute St. Cloud heißt. Chlodwald starb dort im Jahre 560 und ist dort beerdigt. Sein Festtag ist der 7. September, der Tag seines Todes. In der Kunst wird er oft als Priester in königlichen Gewändern dargestellt. Wegen eines Wortspiels mit dem Wort *clou* (Nagel) ist er der Schutzpatron der Nagelschmiede.

Kalbsschnitzel à la Saint-Cloud

4 Kalbsschnitzel zu je 125 g
Salz und Pfeffer
1 Trüffel (nach Belieben)
2 EL Butter
4 Scheiben Speck
Soße
3 EL Butter
3 EL Mehl
500 ml Hühnerbrühe
Salz und Pfeffer
2 EL süßer Sherry

Die Kalbsschnitzel dünn klopfen, salzen und pfeffern. Mit Trüffelstücken spicken. In einer Pfanne mit Butter langsam braten, bis das Fleisch schön braun ist. Abkühlen lassen. Die Speckscheiben in der Mitte durchschneiden, 4 Stücke auf den Boden einer feuerfesten Form legen, die Schnitzel auf den Speck, und dann die restlichen Speckstreifen wieder auf die Schnitzel. Für die Soße schmilzt man Butter in der gleichen Pfanne, fügt das Mehl hinzu und kocht es eine Minute. Bei schwacher Hitze die Brühe langsam unter dauerndem Umrühren zufügen. Beim Umrühren die angebräunten Reste in der Pfanne mit abschaben. Mit Salz und Pfeffer abschmecken. Wenn die Soße dick ist, den Sherry dazugießen und gut umrühren. Die Soße über die Schnitzel gießen und 30 Minuten lang im Herd bei 175° backen, bis die Schnitzel weich sind. Gute Beilagen sind Reis oder Kartoffelbrei.

COSTANZO

Costanzo war der erste Bischof von Perugia in Italien. Während der Christenverfolgung durch den Kaiser Marcus Aurelius wurden er und viele Mitglieder seiner Gemeinde wegen ihres Glaubens getötet. Die Legende erzählt, daß er in einem heißen Ofen verbrannt werden sollte, ihm die Flucht gelang und er dann in Foligno enthauptet wurde. Das war im Jahre 178. Costanzos Festtag ist der 29. Januar. Er ist der Patron von Perugia und wird vor allem in Umbrien verehrt. Er war zuerst in der Kathedrale von Perugia beerdigt, aber später wurden seine Reliquien in die Kirche San Costanzo in Perugia übertragen. In der Kunst wird er immer als Bischof dargestellt.

Dieser Kuchen wird in Perugia am Festtag des Heiligen gebacken. Die Kranzform spielt auf sein Martyrium an.

Torcolo di San Costanzo

HEFEKUCHEN

4 EL Zucker
1 EL Trockenhefe
250 ml Wasser, lauwarm
1 EL Olivenöl
2 EL Butterschmalz
1 Prise Salz
1 EL Anis
500 g Mehl
4 EL Pinienkerne
100 g Zitronat und Orangeat gemischt

Zucker und Hefe in das lauwarme Wasser rühren und 10 Minuten stehenlassen. Olivenöl, flüssiges Butterschmalz und Salz dazugeben. Anis feinhacken oder mahlen. Mehl abwiegen und in eine große Schüssel geben, Anis dazu und dann die Hefemischung hineingießen. Umrühren und alles zu einem Teig verarbeiten, der weich aber nicht klebrig sein sollte. Lauwarmes Wasser oder Mehl zufügen wenn nötig. Pinienkerne, Zitronat und Orangeat hineinarbeiten und den Teig ein paar Minuten kneten. Schüssel mit einem Handtuch zudecken, den Teig an einen warmen Platz stellen und ihn so lange stehenlassen, bis sich das Teigvolumen verdoppelt hat. Teig dann kurz kneten und in eine gut gebutterte Kranzform füllen. In der mittleren Schiene des vorgeheizten Herdes bei 175° backen, ungefähr 40 Minuten, bis der Kuchen goldgelb ist. Vor dem Servieren mit Puderzukker bestäuben. Für 8 bis 12 Personen.

DAVID

David oder Dewi wurde ungefähr im Jahre 460 in der Nähe von Cardigan in Wales geboren. Seine genauen Lebensdaten sind sehr umstritten. Der Legende nach war sein Vater Sant König von Südwales und seine Mutter war die hl. Non. David studierte beim hl. Paulinus, bevor er zum Priester geweiht und Mönch wurde. In Menevia gründete er ein Kloster, das den Regeln des hl. Antonius des Großen und der aszetischen Tradition der ägyptischen Klöster ziemlich genau folgte. Er gründete noch mehrere Klöster und hatte so großen Einfluß auf die Entwicklung des Mönchtums in Wales. Er wurde später zum Bischof geweiht und verlegte den Sitz der Diözese nach Menevia. David nahm an der wichtigen Synode von Brevi teil, und der Legende nach flog eine weiße Taube auf seine Schulter, als er eine Rede hielt. David starb ungefähr um 500 und wurde in Menevia, heute St. David, der westlichsten Stadt in Wales, beerdigt. Im zwölften Jahrhundert baute man eine große Kirche über seinem Grab, die das Ziel vieler Pilger wurde. Aus dieser Zeit stammen viele Legenden über den hl. David. In der Kunst wird David meistens als Bischof mit einer weißen Taube auf seiner Schulter dargestellt. Er ist der Schutzpatron von Wales und der einzige Schutzpatron von Großbritannien, der in dem Land beerdigt ist, wo er auch geboren wurde. Sein Festtag ist der 1. März, und an diesem Tag tragen alle Waliser blühenden Lauch anstelle einer Blume am Revers.

Lauchtorte St. David

Teig
250 g Mehl
1 Prise Salz
50 g Butter
50 g Backfett
Eiskaltes Wasser
Füllung
400 g Lauch
30 g Butter
300 ml Milch
2 Eier
50 g milder Käse, gerieben
Pfeffer und Salz

Mehl und Salz in eine Schüssel geben, das in kleine Würfel geschnittene Fett und die Butter hinzugeben. Mit den Fingern das Fett in das Mehl reiben, daß es wie grobe Semmelbrösel aussieht. Mit genug kaltem Wasser bespritzen, daß ein geschmeidiger Teig entsteht. Für 20 Minuten in den Kühlschrank stellen. Die Hälfte des Teiges ausrollen. Den Boden einer Springform von 25 cm Durchmesser mit dem Teig auskleiden und an der Seite einen 5 cm hohen Rand hochziehen. Die Wurzeln und das meiste Grün vom Lauch entfernen, ihn in dünne Scheiben schneiden und gut waschen. Butter in einer Pfanne schmelzen und den Lauch so lange dünsten, bis er weich ist. Abkühlen lassen, dann den lauwarmen Lauch in die Tortenform geben. Milch und Ei vermischen und mit Salz und Pfeffer gut würzen. Mischung über den Lauch gießen und mit dem geriebenen Käse bestreuen. Aus dem übrigen Teig einen Deckel für die Torte ausrollen, darauf setzen und die Ränder gut verschließen. Torte im vorgeheizten Ofen bei 200° 40 Minuten lang backen, bis sie schön goldgelb ist. Heiß servieren. Paßt gut zum Braten. Als Beilage genug für 6 Personen.

DIONYSIUS

Dionysius oder Denis, wie er in Frankreich heißt, war Italiener und wurde im Jahre 250 mit sechs anderen Missionsbischöfen nach Frankreich geschickt, um die Gallier zu bekehren. Er war sehr erfolgreich bei dieser Aufgabe, ließ sich auf einer Insel in der Seine nieder und wurde der erste Bischof von Paris. In der Christenverfolgung des Kaisers Decius um 258 wurden er und seine Gefährten enthauptet und ihre Leichname in die Seine geworfen. Sie wurden gefunden und von einer christlichen Frau, Catulla, beerdigt. Eine Kapelle wurde über dem Grab gebaut, aus der später das große Kloster St. Denis mit seiner Kirche entstand, in der die französischen Könige beigesetzt wurden. Es gibt viele Legenden über Dionysius, weil er im achten Jahrhundert mit einem anderen Dionysius verwechselt wurde. Diese Verwirrung wurde von der „Goldenen Legende“ nur bestärkt. Dionysius, einer der Vierzehn Nothelfer, ist der Patron von Paris und Nationalheilige von Frankreich, sein Festtag ist der 9. Oktober. In der Kunst wird er meistens als Bischof dargestellt, oft während seines Martyriums. Eine häufige Darstellung zeigt ihn mit seinem Kopf unter dem Arm.

Wahrscheinlich das älteste Rezept in diesem Buch, es stammt aus einem Kochbuch von 1747.

Talmouses de Saint-Denis

TEIGTASCHEN

200 g Frischkäse
2 Eier
1 EL Mehl
Salz und Pfeffer
500 g Blätterteig

Den Käse, ein Ei und Mehl mischen und mit Salz und Pfeffer gut würzen. Den Blätterteig ungefähr 5 mm dick ausrollen. Etwa 8 cm große Kreise oder Quadrate ausstechen. Einen oder zwei Teelöffel der Käsemischung in die Mitte geben, die Ekken mit Wasser oder Eiweiß bestreichen, und den Teig über die Mischung falten und leicht andrücken. Das andere Ei leicht verquirlen. Die Taschen auf ein Blech übertragen, mit dem Ei bestreichen und bei 200° goldgelb backen. Ergibt ungefähr 20 Taschen, die gut zu Wein oder Bier schmecken.

DOMINIKUS

Dominikus Guzmán wurde um 1170 in Caleruega in Spanien aus einer Adelsfamilie geboren. Er wurde von seinem Onkel, einem Priester, erzogen, studierte in Palencia, wurde zum Priester geweiht und schloß sich den Augustinern an. Auf einer Reise nach Rom lernte er in Begleitung des Bischofs Diego von Azevedo die Irrlehren der Waldenser und Albigenser im Süden Frankreichs kennen. Statt als Missionar nach Rußland zu gehen, bekam er den Auftrag, die Irrlehre der Albigenser zu bekämpfen. Bei dieser Aufgabe war er sehr erfolgreich, und mit der Hilfe des Bischofs Diego gründete er ein Haus für bekehrte Frauen. Aus dieser Gründung entwickelte sich später der zweite Dominikanerorden. Dominikus war ein erfolgreicher Prediger und zog einige Gefährten an, mit denen er nach der Regel des hl. Augustinus lebte; 1215 beantragte er in Rom eine Ordensgründung mit den Grundsätzen der Armut und des Studiums. Die endgültige Genehmigung für den Orden erteilte Papst Honorius III. Ende 1216. Die Dominikaner waren die ersten Mönche, die sich auf das Predigen konzentrierten, daher auch „Predigerorden". Dominikus war ein ausgezeichneter Organisator und erlebte noch die schnelle Verbreitung seines Ordens. Er starb im Jahre 1221 in Bologna, wo er auch beerdigt ist. Papst Gregor IX. sprach ihn 1234 heilig, sein Festtag ist der 8. August. Dominikus wird meistens in seiner Ordenstracht dargestellt, oft mit dem Rosenkranz, manchmal mit einem kleinen, schwarz-weißen Hund zu seinen Füßen. Dies geht auf ein Wortspiel über die Dominikaner zurück: *domini canis* (Hunde des Herrn).

Hase San Domenico

1 kg Hase
3 Artischocken, mittelgroß
1 Zitrone
6 EL Olivenöl
1 Zwiebel, mittelgroß
100 g Oliven, schwarz
1 Zweig Majoran
6 Salbeiblätter
Salz und Pfeffer
125 ml Weißwein, trocken
Hühnerbrühe
1 EL Tomatenmark
1 EL Petersilie, gehackt

Den Hasen waschen und in mittelgroße Stücke schneiden. Die Böden der Artischocken entfernen und vierteln. Den Saft der Zitrone in eine Schüssel ausdrücken, etwas Wasser zugießen und die Böden hineinlegen, damit sie sich nicht verfärben. Artischocken aus der Dose können auch verwendet werden. Die gehackte Zwiebel mit dem Öl in einer Pfanne braten. Die Hasenstücke, Oliven, Majoran, Salbei, Salz, Pfeffer, Wein und etwas Brühe hinzugeben. Gut umrühren, Pfanne zudecken und 45 Minuten bis eine Stunde leicht kochen. Wenn nötig mehr Brühe zufügen. Artischocken, Tomatenmark und Petersilie untermischen, noch 15 Minuten kochen lassen und dann servieren. Für 4 Personen.

ELISABETH

Elisabeth von Thüringen wurde 1207 als Kind des ungarischen Königs Andreas II. geboren und mit vier Jahren Ludwig, dem Sohn des Landgrafen von Thüringen, versprochen. Als Ludwig IV. Landgraf wurde und Elisabeth 14 Jahre alt war, wurden sie vermählt. Die Ehe war sehr glücklich; drei Kinder entsprangen ihr. Elisabeth war mit der Erlaubnis ihres Mannes den Armen gegenüber sehr großzügig, gab viel Geld aus, um den Armen und Kranken zu helfen und Krankenhäuser zu gründen. Nach dem frühen Tod ihres Mannes durch die Pest bei der Kreuzfahrt im Jahre 1227 wurde sie als „Verschwenderin" von ihrem Schwager vom Hof vertrieben. Sie zog sich als Mitglied des Dritten Ordens der Franziskaner nach Marburg zurück und gründete dort ein Hospital. Sie verbrachte den Rest ihres Lebens damit, den Armen zu helfen und niedere Arbeiten auszuführen. Elisabeth starb 1231 im Alter von 24 Jahren in Marburg und wurde dort beerdigt. 1235 wurde sie von Papst Gregor IX heiliggesprochen, und ihr Grab wurde das Ziel vieler Gläubiger. Im 16. Jahrhundert wurden ihre Reliquien vom protestantischen Landgrafen Philipp von Hessen an einen unbekannten Ort übertragen. In der Kunst wird sie meistens mit einer Krone dargestellt, wie sie Almosen an die Armen verteilt, oder mit einem Rosenkorb. Elisabeth ist die Patronin des Dritten Ordens der Franziskaner, der Bettler, Waisen und Witwen. Ihr Festtag ist der 19. November.

Elisenlebkuchen

5 Eier

500 g Zucker

2 TL Zimt

1/2 TL Nelken

1 Prise Kardamom

1 Prise Muskatblüte

2 Zitronen

100 g Zitronat

100 g Orangeat

500–600 g Mandeln, geschält und fein gerieben

Runde Oblaten

Mit dem Rührgerät Eier und Zucker schaumig rühren, bis es blaßgelb und cremig ist. Gewürze, die geriebenen Zitronenschalen, den Saft einer halben Zitrone und das fein gewiegte Zitronat und Orangeat einrühren. Zum Schluß die Mandeln dazugeben und es zu einem streichfähigen Teig verarbeiten. Bei großen Eiern sind mehr Mandeln notwendig. Den Teig ungefähr 1 cm dick auf die Oblaten streichen, ein paar Stunden stehenlassen und im Herd bei 160° langsam backen. Nach Belieben können diese Lebkuchen glasiert werden. Zitronensaft mit Puderzucker mischen und damit die abgekühlten Lebkuchen glasieren.

EMILIANUS

Emilianus oder Émilion wurde in Vannes in Frankreich geboren und wurde Benediktiner in der Abtei von Saujon. Später zog er sich als Einsiedler in den Wald von Combes in der Nähe von Bordeaux zurück. Er starb im Jahre 767, sein Festtag ist der 7. Januar. Diese Tatsachen sind alles, was wir über sein Leben wissen, aber viele Weinliebhaber sind mit St. Émilion vertraut, wegen des berühmten Bordeaux, der nach ihm benannt ist.

Die Makronen haben ihren Namen vom Wein, der traditionell verwendet wird.

Macarons de Saint-Émilion

MAKRONEN

200 g Mandeln, fein gemahlen
200 g Puderzucker
6 EL Weißwein, süß
1 Tropfen Vanillinessenz
2 Eiweiß
1 EL Puderzucker zum Bestreuen

Herd auf 175° vorheizen. Die Mandeln mit dem Puderzucker, Weißwein und Vanille mischen. Das Eiweiß steif schlagen und dann die Mandelmischung unterziehen. In einen Topf geben und bei schwacher Hitze umrühren, bis der Teig etwas abtrocknet. Abkühlen lassen. Danach den Teig mit einem Teelöffel auf ein gut gefettetes Blech setzen und mit Puderzucker bestreuen. Auf einer unteren Schiene im Herd backen, bis der Rand der Makronen leicht braun wird.

FELIX

Die katholische Kirche kennt 66 Heilige mit dem Namen Felix, die zeitlich zwischen dem ersten und dem 16. Jahrhundert zu finden sind. Geographisch sind sie über ganz Europa und Nordafrika verteilt, und es gibt selbst einige Päpste in der Liste. Unser Felix, der meistens mit dem hl. Adauctus dargestellt wird, war ein römischer Priester im dritten Jahrhundert und sollte während der Christenverfolgung des Kaisers Diokletian gezwungen werden, seinen Glauben aufzugeben. Felix weigerte sich, wurde gefoltert und zum Tode durch das Schwert verurteilt. Als er zur Hinrichtungsstelle transportiert wurde, rief ein Zuschauer aus, daß er auch Christ sei. Er wurde ergriffen und mit Felix hingerichtet. Da der Name des Fremden nicht bekannt war, wurde er *Adauctus*, der Hinzugekommene, genannt. Dies geschah im Jahre 304, und beide wurden an der Via Ostia beerdigt. Später wurde eine Kirche über ihrem Grab errichtet, vergessen und im Jahre 1905 wiederentdeckt. Felix und Adauctus finden sich schon in den frühesten Heiligenlisten. In der Kunst sieht man Felix als Priester zusammen mit Adauctus dargestellt. Der Festtag der beiden ist der 30. August.

Diese spanischen Windbeutel bekommen ihren Geschmack vom Anislikör. Im ganzen Mittelmeerraum findet man solche Windbeutel mit verschiedenen Gewürzen.

Buñuelos de San Feliu

WINDBEUTEL

250 ml Milch oder Wasser
5 EL Butter
2 EL Zucker
1 Prise Salz
125 g Mehl
4 Eier
1 EL Anislikör
Öl zum Ausbacken
Puderzucker

Milch, Butter, Zucker und Salz in einem schweren Topf fast zum Kochen bringen. Bei schwacher Hitze das ganze Mehl auf einmal einrühren, so lange, bis alles ein glatter Teigball wird. Vom Herd nehmen und mit dem Rührgerät die Eier nacheinander hineinschlagen, bis der Teig abgekühlt ist, dann den Likör gut hineinmischen. Mangels Anislikör tut es auch Weinbrand mit einem Teelöffel fein gemahlenem Anis. Öl auf 175° erhitzen und den Teig teelöffelweise in das Öl tropfen lassen. Wenn die Windbeutel goldgelb sind, mit dem Schaumlöffel entfernen, abtropfen lassen und mit Puderzucker bestäuben. Noch warm servieren. Die Teigmenge ergibt etwa 24 Windbeutel.

FLORENTINUS

Florentinus von Saumur: Es gibt viele Heilige mit ähnlichem Namen, und es ist nicht einfach, die Verbindung zwischen ihnen und den nach ihnen benannten Rezepten herzustellen. Unser Florentinus war ein Bayer und wurde Anhänger des hl. Martin von Tours, der ihn zum Priester weihte und in die Gegend von Poitiers als Missionar schickte. Nach Beendigung dieser Aufgabe zog er sich als Einsiedler auf den Mont Glonne in der Diözese Angers zurück. Als sich ihm viele Gleichgesinnte anschlossen, gründete er ein Kloster in Florent-le-Vieux, wo er in sehr hohem Alter starb und auch beerdigt wurde. Viele Wunder wurden ihm zugeschrieben. Seine seltenen Darstellungen zeigen ihn als Mönch, wie in diesem Fresko aus der Kirche St. Martin in Tours. Sein Festtag ist der 29. September.

Rezepte mit Spinat heißen oft „Florentiner Art“. Die Verbindung mit dem Heiligen ist wohl ein Fehler, für einen Fehler schmeckt es aber sehr gut.

Kalbfleischklößchen Saint-Florentine

Klößchen
500 g Kalbhackfleisch
2 EL Butter
60 g Mehl
125 ml Brühe
1 Ei
Salz und Pfeffer
2 Eier
100 g Semmelbrösel zum Panieren
Spinatpüree
500 g Spinat
3 EL Wasser
2 EL Butter
Tomatensoße
1 Zwiebel, klein, fein gehackt
1 EL Butter
2 EL Speck, fein gehackt
1 l Rotwein, trocken
Salz und Pfeffer

Für die Klößchen das Hackfleisch mit dem Mixer geschmeidig machen. Die Butter in einem Topf schmelzen lassen, das Mehl hinzufügen und etwas kochen.

Die Brühe hinzufügen und unter ständigem Umrühren kochen, bis die Mischung dick und geschmeidig ist. Abkühlen lassen. Das Hackfleisch und das Ei gut darunter - mischen, mit Salz und Pfeffer abschmekken. Die zwei Eier leicht schlagen. Mit zwei Suppenlöffeln aus der Fleischmasse kleine eiförmige Klößchen formen, im geschlagenen Ei und dann in den Semmelbröseln rollen und in der Pfanne braten, bis sie goldgelb sind. Warm halten.

Für die Soße in einem Topf die Zwiebel mit dem Speck und der Butter so lange dünsten, bis die Zwiebel glasig ist. Die Tomaten grob hacken, mit dem Wein in den Topf geben und 10 Minuten leicht kochen lassen. Mit Salz und Pfeffer abschmecken. Wenn die Soße glatt sein soll, kann die Mischung durch ein Sieb gestrichen werden. In einem Topf den Spinat mit dem Wasser und der Butter so lange kochen, bis der Spinat weich ist. Flüssigkeit abgießen, Spinat grob hacken, im Topf warm halten. Vor dem Servieren auf jeden Teller einige Löffel Spinat aufhäufen, die Klößchen darauf legen und die Tomatensoße außen herum gießen. Für 4 Personen.

FLORUS

Florus oder Flour, wie er in Frankreich heißt, ist ein Heiliger, von dem wir sehr wenig wissen. Er war ein Missionar aus Gallien oder Italien, der im Süden Frankreichs tätig war und zum ersten Bischof von Lodève im Languedoc wurde. Er verbreitete das Evangelium in der Gegend, und als er im Jahre 389 starb, entwickelte sich eine kleine christliche Gemeinde dort, wo er beerdigt wurde. Dieser Ort heißt heute Saint-Flour, und die Kathedrale St. Pierre birgt seine Reliquien. Im zwölften Jahrhundert wurde ein Kloster gebaut, und im 13. Jahrhundert wurde Saint-Flour Sitz einer neuen Diözese. Der Festtag von Florus ist der 3. November. Darstellungen in der Kunst sind selten und schwer zu finden.

Omelette à la Saint-Flour

Tomatensoße
1 Zwiebel, klein
2 EL Speck, gehackt
1 EL Butter
500 ml Tomaten, aus der Dose
Salz und Pfeffer
Füllung
1 EL Butter
125 g Weißkohl, fein geschnitten
1 Prise Salz
Omelett
1 Zwiebel, klein
2 Scheiben Speck
1 EL Schweinefett
4 Eier

Für die Soße in einem Topf die Zwiebel mit dem Speck und der Butter so lange dünsten, bis die Zwiebel glasig ist. Die Tomaten grob hacken, mit dem Wein in den Topf geben und 10 Minuten leicht kochen lassen. Mit Salz und Pfeffer abschmecken.

Für die Füllung Butter in einem kleinen Topf schmelzen, den Weißkohl hinzugeben und zwei Minuten andünsten. Salz dazugeben, zudecken und noch 4 Minuten bei schwacher Hitze dünsten.

Für das Omelett Zwiebel dünn schneiden, Speck in kleine Stücke schneiden und eine Minute in heißem Wasser blanchieren. Zwiebel und Speck im Fett schön bräunen. Die Eier leicht schlagen und Speck und Zwiebel daruntermischen. Zwei Omeletts aus dieser Mischung in der Pfanne braten. Ein Omelett auf einen Teller legen, den gedünsteten Weißkohl darauf und mit dem anderen Omelett bedecken, mit der Soße umgeben und mit frischem Weißbrot servieren. Reicht für 2 Personen.

FORTUNATUS

Venantius Fortunatus wurde um 535 in der Nähe von Treviso geboren und in Ravenna erzogen. Als Wanderpoet zog er durch Europa und landete um 567 in Poitiers, wo ihn bald eine enge Freundschaft mit Radegundis, der Witwe König Chlotars, verband. 20 Jahre blieb er am Hofe. Ungefähr im Jahre 600 wurde er Bischof von Poitiers. Er starb dort im Jahre 605. Venantius Fortunatus gilt als bedeutendster Dichter seiner Zeit, der nicht nur religiöse Themen behandelte, sondern auch weltliche Themen, wie das Leben am Hof oder das Kochen. Er schrieb viele bekannte lateinische Hymnen, die in die Liturgie eingingen. Vermutlich wegen seiner Beschreibungen des Kochens wurde er zum Schutzpatron der Köche. Im deutschsprachigen Raum gibt es einen „Orden Sankt Fortunat“, der sich der Kultur und dem guten Essen widmet. In der Kunst gibt es nicht viele Darstellungen von ihm, die bekannteste ist im Rathaus von Poitiers. Sein Festtag ist der 14. Dezember.

Spanferkel Saint-Fortunat

1 Spanferkel, ca. 8–12 kg, mit der Leber
375 ml Hühner- oder Kalbsbrühe
150 g Gerste
4 EL Butter
36 Eßkastanien
250 g Chipolatas, sonst Bratwurst
2 EL frisch gehackter Thymian, Petersilie, Rosmarin
Salz
4 EL Weinbrand
4 EL Olivenöl
500 ml Hühner- oder Kalbsbrühe

Die Gerste in der Brühe leicht kochen, bis die Körner weich sind, aber nicht breiig, ungefähr 45 Minuten. Im Sieb abtropfen lassen. Spanferkel gründlich waschen. Die Leber in 2 cm große Würfel schneiden und in der Hälfte der Butter leicht anbraten. In einer Pfanne mit dichtem Deckel die Kastanien im Rest der Butter andünsten. Chipolatas kochen. Wenn Bratwurst verwendet wird, in ca. 5 cm große Stücke schneiden. Die Innenseite des Ferkels mit Weinbrand anfeuchten und dann mit Salz einreiben. Leber, Kastanien, Gerste, Chipolatas und die frischen Kräuter gut durchmischen, das Spanferkel damit füllen und die Bauchschwarte zusammennähen. Das Ferkel in eine große Pfanne legen, mit Öl bestreichenund bei 175° backen. Während des Garens öfters mit Öl bepinseln, damit die Haut schön knusprig wird. Nach der Hälfte der Kochzeit – man rechnet 40 Minuten pro kg – kann das Spanferkel vorsichtig umgedreht werden. Die Fleischtemperatur am dicksten Teil des Ferkels soll 75° betragen, die Außenseite soll schön braun und knusprig sein. Wenn das Spanferkel fertig ist, wird es auf eine Servierplatte gelegt und dekoriert. Die Brühe zum Saft in die Pfanne gießen, ein paar Minuten aufkochen und separat servieren. Als Beilage paßt saurer Apfelbrei oder Johannisbeergelee im Verhältnis von 2:1 mit Meerrettich gemischt. Falls das Spanferkel zu groß für den Herd ist, kann man es vom Metzger in der Mitte durchschneiden lassen. Vor dem Servieren kann es wieder zusammengesetzt und der Schnitt mit Früchten kaschiert werden. Pro Person rechnet man mit einem halben Pfund.

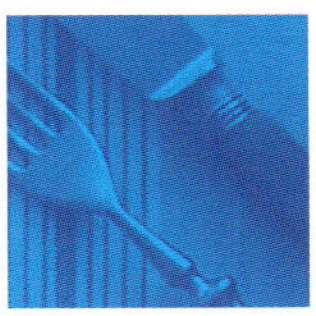

Dieses Rezept, eine Schöpfung zu Ehren des Schutzpatrons der Köche, stammt von Auguste Escoffier (1847–1921), dem „König der Köche und Koch der Könige", der in den berühmtesten Hotels Europas wirkte. Die Füllung des Spanferkels ist ungewöhnlich, trotzdem ist dieses Gericht ziemlich einfach zu kochen und kann je nach Spanferkelgröße viele Personen satt machen. Das Resultat ist spektakulär und die Gäste werden es schätzen.

FRANZ VON ASSISI

Franz von Assisi, 1181 geboren und auf den Namen Giovanni getauft, war der Sohn eines reichen Kaufmanns, der seinem Kind nach einer Frankreichreise den Namen Francesco, „Französlein", gab. Mit 20 Jahren geriet der lebenslustige Franz während des Städtekriegs zwischen Assisi und Perugia in Gefangenschaft und erkrankte schwer. Nach Wiedererlangung seiner Freiheit und Gesundheit wollte er sein Leben ändern. Als er in der halbverfallenen Kirche von San Damiano betete, forderte ihn Christus vom Kreuz herab auf, die Kirche wiederherzustellen. Franz verkaufte zu diesem Zweck einige Stoffe seines Vaters, und als der Vater ihn deswegen enterbte, gab ihm Franz auch seine Kleider zurück. Im Jahre 1209 vernahm er im Evangelium den Ruf zur Armut, und er gab noch seine Schuhe weg, zog sich eine Kutte an und ging als Bettler auf Wanderschaft. Einige Gleichgesinnte schlossen sich Franz an, und als sie zu zwölft waren, führte Franz sie nach Rom. Innozenz III. genehmigte 1210 den neuen Orden, und die Ausbreitung der Franziskaner begann. Franz predigte in ganz Italien, ging zur Mission nach Nordafrika, mußte aber krank zurückkehren. Während des fünften Kreuzzuges versuchte er vergeblich, den Sultan zu bekehren. Nach einer Pilgerreise ins Heilige Land kehrte er nach Italien zurück. Franz gründete noch für Laien und Verheiratete den sogenannten Dritten Orden und zog sich in die Einsiedelei von La Verna zurück, wo er am 24. September 1224 die Wundmale (Stigmata) Jesu Christi empfing. Krankheit und Blindheit plagten ihn in seinen letzten Lebensjahren, und er starb 1226. Papst Gregor IX. sprach ihn 1228 heilig, seine Reliquien befinden sich in der Basilika San Francesco in Assisi. Er ist Schutzpatron von Italien, des Bistums Basel, der Kaufleute, des Umweltschutzes, der Sozialarbeiter und der Tiere. Sein Festtag ist der 4. Oktober.

Puños de San Francisco

CREMESCHNITTEN

Teig
150 g Zucker
4 Eier
125 g Mehl
Füllung
500 ml Milch
1 Zimtstange
1 Zitrone
7 EL Mehl
125 g Zucker
1 Ei
3 Eigelb
Puderzucker

Zucker und Eier mit dem Rührgerät so lange rühren, bis die Mischung locker und flaumig ist. Mehl darauf sieben und gut mischen, bis der Teig keine Klumpen mehr hat. Ein Backblech mit gut gebuttertem Backpapier auslegen, die Ränder nach oben biegen. Den Teig auf das Papier gießen und gleichmäßig verteilen. In der Mittelschiene des Herdes bei 190° fünf Minuten lang goldgelb backen. 45 Minuten abkühlen lassen.

In der Zwischenzeit wird die Füllung hergestellt. Milch in einem Topf mit der Zimtstange und einem Streifen Zitronenschale erhitzen, langsam zum Kochen bringen (aufpassen, daß die Milch am Boden nicht anbrennt). In einer Schüssel Mehl und Zucker mischen, Ei und die drei Eigelbe hinzufügen und gut vermischen. Unter ständigem Rühren langsam die heiße Milch dazugeben. Die Mischung in den Topf zurückgießen und bei schwacher Hitze und dauerndem Umrühren zum Kochen bringen. Wenn sich die Mischung verdickt hat und wie ein Pudding aussieht, den Topf vom Herd nehmen, in kaltes Wasser stellen und die Füllung abkühlen lassen. Damit sich keine Haut bildet, muß man oft umrühren. Den Teig längs durchschneiden und das Papier entfernen. Wenn die Füllung lauwarm ist, wird sie auf der unteren Hälfte des Kuchens gleichmäßig verteilt. Der andere Teil des Kuchens wird dann obenauf gelegt. Vor dem Schneiden muß alles sehr kühl sein, am besten eine Zeitlang in den Kühlschrank stellen.
Die Puños werden mit einem sehr scharfen Messer als kleine Rechtecke (5 x 10 cm) ausgeschnitten. Vor dem Servieren mit Puderzucker bestäuben.

FRANZ RÉGIS

Johannes Franz Régis wurde am 31. Januar 1597 in Fontcouverte in Frankreich als Sohn eine reichen Kaufmanns geboren. Er studierte an der Jesuitenschule in Béziers, wurde 1615 Jesuit und 1631 zum Priester geweiht. Als Missionar im Südosten Frankreichs wurde er wegen seiner überzeugenden Predigten bald bekannt und organisierte einen Hilfsdienst, um den Armen, Verlassenen und Kranken zu helfen. Er gründete eine Zufluchtsstelle für arme Mädchen und Prostituierte und legte mit Hilfe von Spenden einen Getreidespeicher für die Armen an. Vermutlich wegen seiner großen Erfolge als Volksmissionar in der Gegend um Le Puy wurde ihm nicht gestattet, die Indianer in Kanada zu missionieren, was Franz Régis als Strafe für seine Sünden interpretierte, worauf er noch eifriger wirkte. Er besuchte bei jedem Wetter selbst die abgelegensten Orte und setzte seine Gesundheit mehr und mehr aufs Spiel. Am 31. Dezember 1640 – der heute sein Festtag ist – starb er in La Louvesc, wo er auch begraben ist. Sein Grab wurde zum Zentrum vieler Pilgerreisen, und viele Wunder wurden aufgezeichnet. Mit großem Recht ist Franz Régis der Patron der Sozialarbeiter und der unehelichen Kinder. In der Kunst wird er oft als Volksmissionar dargestellt, oder wie er den Kranken und Armen hilft.

Ein englisches Rezept für einen gesunden Salat mit ungewöhnlichen Zutaten.

Salat Sankt Regis

Gemüse und Früchte
250 g Kartoffeln, gewürfelt
250 g Spargelspitzen
250 g Ananas, am besten frisch, grob gewürfelt
250 g Grapefruit, große Stücke
250 g Stangensellerie, in dicke Stücke geschnitten
Dressing
4 EL Essig
150 ml Olivenöl
4 EL süßer Rahm
Salz und Pfeffer

Die gewürfelten Kartoffeln weich kochen, aber nicht so, daß sie auseinanderfallen. Die Spargelspitzen 3 Minuten in heißem Salzwasser blanchieren. Alle Zutaten gut mischen.

Für die Soße alle Zutaten in ein Marmeladenglas geben, Salz und Pfeffer hinzufügen. Glas verschließen und gut schütteln. Über den Salat gießen und servieren.
Für 6 bis 8 Personen.

FRANZ XAVER

Franz Xaver wurde 1506 in Navarra geboren. Der junge Adelige studierte Theologie in Paris, wo er mit 27 Jahren Ignatius von Loyola traf und sich ihm anschloß. Er wurde 1537 zum Priester geweiht und half bei der Verfassung der Ordenssatzung der Gesellschaft Jesu. Im Jahre 1541 wurde er im Auftrag des Papstes und des portugiesischen Königs zur Mission nach Indien geschickt, wo er in Goa landete und viele Heiden bekehrte. Franz Xaver reiste über ganz Südostasien, um das Wort Gottes zu verbreiten, und gelangte 1549 nach Japan, wo er eine kleine christliche Gemeinde gründen konnte. Seine Briefe über seine Missionen wurden gedruckt und lösten eine Welle der Nachahmung aus. Im Jahre 1552 wollte er nach China, erhielt aber keine Genehmigung, das Land zu betreten. Er starb vor China auf einer kleinen Insel in der Gesellschaft eines einzigen Begleiters. Seine Leiche wurde nach Goa überführt, 1622 wurde er mit seinem Freund Ignatius durch Papst Gregor XV. heiliggesprochen. Franz Xaver wird vor allem in Österreich und Bayern sehr verehrt. Er ist der Schutzpatron der katholischen Missionen und der Patron Indiens. Sein Festtag ist der 3. Dezember.

Xaver-Suppe

200 g Mehl
125 ml Rahm
125 g Butter
75 g Parmesan, gerieben
$^1/_2$ TL Salz
$^1/_2$ TL weißer Pfeffer
1 Prise Muskat
2 Eier
2 Eigelb
1 EL Petersilie, gehackt (für den Teig)
3 l Hühnerbrühe
2 EL Kerbel, gehackt
2 EL Petersilie, gehackt (für die Suppe)

In einem Topf verarbeitet man Mehl, Rahm, Butter und Parmesankäse bei schwacher Hitze zu einem festen Teig. Dann werden Salz, Pfeffer, Muskat, Eier, Eigelb und der Eßlöffel Petersilie darunter gemischt. Den Teig in eine Spritztüte füllen und auf ein gefettetes Blech erbsengroße Bällchen spritzen. Eine halbe Stunde stehenlassen. In der Zwischenzeit einen Topf mit Salzwasser zum Kochen bringen, dann die Teigerbsen darin 5 Minuten kochen lassen. Mit dem Schaumlöffel entfernen und in die warme Hühnerbrühe legen. Suppe mit Pfeffer und Salz abschmecken und mit den frischen Kräutern bestreuen und servieren.

GEORG

Georg ist ein sehr beliebter Heiliger, obwohl wir von seinem Leben wenig wissen. Mit Sicherheit kann nur gesagt werden, daß er ein Offizier im Heer des Kaisers Diokletian war und ein Götzenopfer darbringen sollte, was er verweigerte. Er wurde gefoltert und enthauptet. Dies geschah ungefähr im Jahre 305 in Kappadozien. Die Verehrung Georgs ist sehr alt und findet sich in vielen frühen Martyrologien. Durch die „Goldene Legende“ wurde besonders die Geschichte verbreitet, in der Georg einen Drachen tötet und eine Königstochter befreit. Georg auf dem Pferd mit dem Drachen kämpfend ist das Bild, das alle kennen. In der Kirche ist der Drachen das Symbol für den Teufel, und der Sieg Georgs über den Teufel ist ein Zeichen seines Martyriums. Im Mittelalter war Georg ein beliebter Heiliger, der für die Ideale des christlichen Rittertums stand. Aus diesem Grund war Georg der Schutzpatron der Ordensritter und Kreuzfahrer. Nach ihm ist Georgien benannt. Er ist Patron von England, Portugal, Venedig und Genua, Schutzpatron der Bauern und Soldaten. Er ist einer der Vierzehn Nothelfer. Sein Festtag ist der 23. April.

Dieses traditionell mit dem hl. Georg verbundene Kuchenrezept habe ich von einer Angestellten der griechischen Botschaft in London.

Melachrino

GRIECHISCHER GEORGSKUCHEN

Kuchen
200 g Butter
350 g Zucker
5 Eier
400 g Grieß
200 g Mehl
2 TL Backpulver
2 TL Natriumbikarbonat
2 TL Zimt
2 TL Nelken
250 g Nüsse, fein gehackt
Sirup
1 Orange
1 Zitrone
500 g Zucker
1 l Wasser
2 EL Weinbrand
1 Zimtstange

Eier trennen und das Eiweiß schnittfest schlagen. Die auf Zimmertemperatur gewärmte Butter mit dem Rührgerät leicht schaumig schlagen, Zucker dazugeben und weiter schlagen, bis die Mischung locker und glatt ist. Die Eigelbe nacheinander in die Butter-Zucker-Mischung einrühren. Dann kommen Mehl, Grieß, Gewürze, Nüsse, Backpulver und Natriumbikarbonat dazu. Gut mischen. Den Eischnee vorsichtig darunterheben. Der Teig wird dann in eine gut gebutterte und bemehlte runde Kuchenform von 25 cm Durchmesser gegossen und im Herd bei 190° ungefähr 50 Minuten gebacken. Der Kuchen soll fest sein, aber nicht hart, wenn man die Oberfläche drückt. Kuchen 10 Minuten abkühlen lassen und auf eine Servierplatte mit einem hohen Rand legen. Für den Sirup reibt man die Hälfte der Orangenschale und drückt 2 Teelöffel Zitronensaft aus. In einem Topf bringt man Wasser und Zucker zum Kochen, fügt alle anderen Zutaten dazu und kocht es bei schwacher Hitze 20 bis 30 Minuten, bis der Sirup auf zwei Drittel reduziert ist. Zimtstange entfernen und den warmen Sirup über den Kuchen gießen, ein paar Minuten den Sirup durchdringen lassen und dann servieren.

GERMANUS

Germanus wurde um 378 im französischen Auxerre geboren. Er kam aus einer vornehmen Familie und wurde Rechtsanwalt. In Rom setzte er seine Studien fort und heiratete eine angesehene Römerin. Er machte so großen Eindruck, daß er zum Präfekten seiner Heimatprovinz ernannt wurde. Nach einiger Zeit trat er zum Christentum über, wurde Priester und 418 Bischof von Auxerre. Nach seiner Bischofsweihe änderte Germanus seinen Lebensstil, lebte in Armut und Einfachkeit und errichtete viele Klöster und Kirchen. 429 wurde Germanus von den britischen Bischöfen gebeten, bei ihnen den Götzendienst und die Irrlehre des Pelagianismus zu bekämpfen. Diese Mission führte er erfolgreich aus. Auf dieser Reise ereignete sich der „Halleluja-Sieg“: Ein Trupp englischer Soldaten wurde durch seine Hilfe vor marodierenden Sachsen und Pikten gerettet. Nach seiner Rückkehr bewog er den Statthalter von Auxerre, die Steuern zu reduzieren, dadurch, daß er dessen Gemahlin von einer Krankheit heilte. Im Jahre 440 kehrte er nach England zurück, wo er viele Schulen gründete, um gegen die Irrlehren den rechten Glauben zu unterrichten. Nach seiner Rückkehr nach Frankreich versuchte er sich als Vermittler zwischen den aufständischen Einheimischen und dem römischen General, der den Aufstand unterdrücken sollte. Der 70jährige Germanus überquerte die Alpen, um bei Kaiser Valentinianus III. für die Einheimischen um Gnade zu bitten. Das mißlang wegen der Nachrichten von einem weiteren Aufstand. Germanus starb 448 in Ravenna. Seinem letzten Willen gemäß wurde er in Auxerre beerdigt, wo seine Reliquien während der Französischen Revolution zerstört wurden. Er ist einer der bedeutendsten Heiligen Frankreichs. In der Kunst wird Germanus immer als Bischof dargestellt. Sein Festtag ist der 31. Juli.

Eine sehr bekannte französische Suppe, die nach einem berühmten Feinschmecker benannt ist, dem Grafen von Saint-Germain.

Suppe Saint-Germain

250 g Zwiebeln oder Schalotten
100 g Salat
50 g Butter
500 g Erbsen, frisch oder gefroren
2 TL Pfefferminze, frisch, gehackt
Salz und Pfeffer
50 g Erbsen, klein
Geschlagene Sahne

Zwiebeln schälen und in dünne Scheiben schneiden. Salat grob schneiden. Die Butter in einem Topf schmelzen und darin die Zwiebeln kochen, bis sie glasig werden. Salat und 300 ml Wasser hinzufügen und zugedeckt 40 Minuten leicht kochen. Mischung pürieren. In eine Schüssel geben und auf die Seite stellen. Die Erbsen in den gleichen Topf geben und mit 300 ml kaltem Wasser so schnell wie möglich zum Kochen bringen Wenn es kocht, sofort vom Herd nehmen und die Erbsen mit der Pfefferminze pürieren. Wenn die Erbsen zu lange gekocht werden, geht die schöne grüne Farbe verloren. Erbsen und pürierten Salat in einen Topf gießen, gut umrühren und mit Salz und Pfeffer abschmecken. Vorsichtig erhitzen, die kleinen Erbsen zufügen und mit einem Eßlöffel Schlagsahne servieren. Für 6 Personen.

Püree Saint-Germain

1 kg frische neue Erbsen
200 g Salat
125 g Butter
4 EL Hühnerbrühe
12 kleine Frühlingszwiebeln
1 TL Zucker
3 Petersilienzweige
1/2 TL Salz

Salat in Streifen schneiden, die Schalotten grob hacken. Die Erbsen in einen Topf geben und den Salat, die Schalotten, Petersilie, Zucker, Salz, die Hühnerbrühe und die Hälfte der Butter dazu. Langsam kochen, bis die Erbsen weich sind. Petersilie entfernen und die Erbsen in einem Sieb abtropfen lassen. Den Saft aufheben. Die Erbsenmischung in einer Schüssel fein pürieren. Im Wasserbad wieder langsam erhitzen, den Rest der Butter hinzufügen. Falls es zu dick ist, ein wenig von dem Saft dazutun. Nicht zu heiß kochen, sonst geht die schöne grüne Farbe verloren. Falls es zu dünn ist, pürierte Kartoffeln dazugeben.

HEDWIG

Hedwig, die Tante der hl. Elisabeth von Thüringen, wurde 1174 auf Schloß Andechs als Tochter des Grafen Berthold geboren. Sie wurde von den Benediktinerinnen des Klosters Kitzingen erzogen und aus Staatsräson mit 13 Jahren dem künftigen Herzog von Schlesien vermählt, der ab 1202 sein Land regierte. Hedwig stiftete mit dem Einverständnis ihres Mannes ihre große Mitgift für die Gründung eines Zisterzienserinnenklosters in Trebnitz bei Breslau. Ihre Tochter Gertrud wurde später die Äbtissin dieses Klosters, des ersten Nonnenklosters in der Gegend, das Platz für 100 Nonnen und 900 Plätze zur Erziehung junger Frauen hatte. Das Herzogspaar hatte sieben Kinder, und die Buben waren sehr streitsüchtig. Hedwig tauschte nach dem Tod ihres Mannes 1238 das Leben am Hof gegen das Leben einer Nonne in Trebnitz ein, und als zwei Jahre später ihr ältester Sohn im Kampf gegen die Tartaren fiel, war sie bei allem Kummer froh, daß er jetzt mit Gott vereint war. Sie starb im gleichen Jahr und wurde in Trebnitz beerdigt. Hedwig wurde 1267 heiliggesprochen, ihr Festtag ist der 16. Oktober. Einige ihrer Reliquien befinden sich in Andechs, wo sich seit Kriegsende schlesische Heimatvertriebene treffen, um ihrer Schutzpatronin zu gedenken. In der Kunst wird Hedwig oft mit einer Marienfigur oder dem Modell des Klosters Trebnitz dargestellt, häufig auch mit ihren Schuhen in der Hand, da sie immer barfuß ging.

Hedwigssohlen

Teig
125 ml Milch, lauwarm
4 EL Zucker
1 TL Trockenhefe
1 Zitrone
250 g Mehl
4 EL Butter
1/2 TL Salz
1 Ei
Überzug
2 EL Sauerrahm
1 Eigelb
Zucker

Die Hälfte der Milch mit einem Teelöffel Zucker und der Hefe vermischen und stehenlassen, bis es Blasen wirft. Die Hälfte der Zitronenschale abreiben. Alle Teigzutaten dann mit der Hefemischung kombinieren und zu einem geschmeidigen, lockeren Teig verarbeiten. Bei Bedarf noch etwas Wasser oder Mehl nehmen. Teig 45 Minuten an einem warmen Platz ruhen lassen. Den Teig in 16 Stücke schneiden und jedes zu einer Schuhsohle formen. Der Teig soll ungefähr 6 mm dick sein. Die Sohlen auf ein gebuttertes Blech legen und nochmals 20 Minuten gehenlassen. Sohlen im vorgeheizten Ofen bei 200° 20 Minuten backen, bis sie goldgelb sind. 5 Minuten vor dem Ende der Backzeit die Oberfläche der Sohlen mit der Sauerrahm-Eigelb-Mischung bestreichen, mit Zucker bestreuen und fertigbacken.

In Trebnitz wurde alljährlich am Festtag der Heiligen ein Brot in Form einer Schuhsohle gebacken und an die Armen verteilt.

HELENA

Helena wurde um 255 als Tochter eines Gastwirts geboren und heiratete den römischen General Constantius Chlorus. 285 wurde ihr Sohn Konstantin geboren, aber als Constantius 292 zum Kaiser ausgerufen wurde, ließ er sich von Helena scheiden, um eine standesgemäßere Ehe einzugehen. Sie zog sich nach Trier zurück und wurde Christin. Als Konstantin nach dem Tod seines Vaters im Jahre 306 Kaiser wurde, nahm er seine Mutter zu sich und ließ sogar eine Münze zu ihrer Ehre prägen. Mit dem Einverständnis ihres Sohnes war Helena sehr wohltätig. Sie starb 330 auf der Rückreise vom Heiligen Land, wo sie Kirchenbauten überwacht hatte. Ihr großer Ruhm rührt von der Auffindung des Kreuzes Christi bei den Ausgrabungen für eine Kirche. Diese wichtige Reliquie ging im 14. Jahrhundert verloren. Viele Kirchen in Europa nehmen in Anspruch, eines ihrer Teile zu besitzen, und sind dementsprechend mit Darstellungen der Kreuzauffindung ausgeschmückt. Helena wird oft als reifere Römerin bei der Kreuzverehrung gezeigt. Ihr Festtag ist der 18. August, in der Ostkirche ist es gemeinsam mit dem ihres Sohnes der 21. Mai.

Lienzer Helenenbrot

1 kg Roggenmehl
200 g Sauerteig
1 EL Salz
750 ml Wasser
1 EL Trockenhefe
2 EL Brotgewürze, gemischt (Anis, Kümmel, Koriander, Fenchel)

Der Sauerteig wird mit der Hefe in einem Viertelliter warmes Wasser (35°) eingeweicht und in die Mehlmitte leicht eingemischt. Ist der Teig in der Mitte genügend gegangen, mischt man die gemahlenen Gewürze und den Rest des Wassers bei und knetet den Teig, bis er sich von den Fingern löst. Man läßt ihn an einem warmen Ort ruhen, bis er sich um zwei Drittel vergrößert hat, und knetet ihn nochmals durch. Daraus formt man einen großen Laib oder zwei kleinere und backt sie auf einem Blech mit Dampf bei 220° ungefähr 1 ½ Stunden lang. Um den Dampf zu erhalten, stellt man eine flache Schale mit Wasser auf den Boden des Herdes.

HILDEGARD

Hildegard von Bingen wurde 1098 in Bermersheim bei Alzey geboren und, weil sie ein kränkliches Kind war, auf dem Disibodenberg von ihrer Tante, der seligen Jutta, erzogen. Um die Reklusin Jutta bildete sich eine kleine Gemeinschaft, und als Jutta 1136 starb, wurde Hildegard ihre Äbtissin. Als diese benediktinische Gemeinschaft aus allen Nähten platzte, kam es unter Hildegards Leitung zur Gründung des Klosters Rupertsberg bei Bingen. Hildegard gründete noch andere Klöster und reformierte mehrere andere. Seit ihrem 17. Lebensjahr hatte sie Visionen, die von ihrem Beichtvater aufgeschrieben wurden. Sie war an allem interessiert: Naturwissenschaften, Medizin, Theologie, Musik und Kochkunst. Sie korrespondierte mit vielen ihrer berühmten Zeitgenossen: Kaiser Friedrich Barbarossa, König Heinrich II. von England, Papst Eugen II. und anderen Klerikern. Sie hatte keine Hemmungen, Kritik zu üben, ob an Kaiser oder Papst. Sie starb 1179 mit über 80 Jahren und ist in Rupertsberg beigesetzt. Hildegard wurde nie formell heiliggesprochen, im 15. Jahrhundert aber der Liste der Heiligen hinzugefügt. In der Kunst wird sie immer als Nonne dargestellt, lesend oder schreibend, oft mit züngelnden Flammen um ihr Haupt. Ihr Festtag ist der 17. September, sie ist Schutzpatronin der Kranken und der Naturwissenschaftler.

Hildegardplätzchen

100 g Butter
400 g Mehl
200 g Zucker
2 Eier
1 Prise Salz
1 TL Backpulver
15 g Zimt, gemahlen
15 g Muskatnuß, gerieben
3 g Nelken, gemahlen

Butter und Zucker zusammenrühren, Eier dazugeben. Die restlichen Zutaten hinzugeben und zu einem glatten Teig verarbeiten. Teig 5 mm dick ausrollen und kleine Kreise (6 cm) ausstechen. Im vorgeheizten Herd bei 175° 10 bis 12 Minuten backen, bis sie goldgelb sind. Die Teigmenge ergibt ungefähr 40 Plätzchen.

HONORATUS

Honoratus wurde in der zweiten Hälfte des dritten Jahrhunderts als Sohn eines römischen Konsuls in Trier geboren und erhielt in Frankreich eine gute Erziehung. Als junger Mann trat er zusammen mit seinem Bruder Venantius zum Christentum über. Da ihr Vater über diese Entscheidung nicht glücklich war, flohen die Brüder mit ihrem geistlichen Führer nach Griechenland. Dort starb Venantius, und Honoratus wurde krank und kehrte nach Frankreich zurück. Zuerst lebte er als Einsiedler in den Bergen in der Nähe von Marseille, und als sich ihm viele Gleichgesinnte anschlossen, gründete er das berühmte Kloster auf einer der Lérins-Inseln an der Côte d'Azur, die heute Saint-Honorat heißt. Das Kloster war für seine Frömmigkeit und die Barmherzigkeit der Mönche berühmt. Im Jahre 426 ließ sich der für seine eleganten theologischen Schriften wohlbekannte Honoratus widerstrebend zum Erzbischof von Arles weihen und starb überarbeitet nach drei Jahren. 1391 wurden seine Reliquien von Arles nach Saint-Honorat übertragen und später nach Grasse, wo sie noch heute sind. Der Festtag von Honoratus ist der 16. Januar, in der Kunst wird er als Bischof oder Abt dargestellt.

Hasenrücken Saint-Honorat

1 Hasenrücken

Marinade

1 Stangensellerie, fein gewiegt

1 Zwiebel, fein gewiegt

1 Zweig frischer Thymian

250 ml Weißwein, trocken

Soße

1 EL Johannisbeergelee

1/2 TL Pfefferkörner, grob gestoßen

250 ml klare Rinder- oder Hühnerbrühe

4 EL Butter

250 ml süßer Rahm

100 g Champignons, in Scheiben geschnitten

3 EL weißer Essig

Die Haut und die Knochen vom Hasenrücken entfernen. Fleisch mindestens 24 Stunden marinieren, dann herausnehmen und leicht abtrocknen. In einer heißen Pfanne mit etwas Butter auf allen Seiten gut bräunen. Fleisch aus der Pfanne nehmen und warmhalten.
Die Marinade, das Johannisbeergelee, die Pfefferkörner und die Brühe in die Pfanne geben. Über mittlerer Hitze auf ein Drittel reduzieren und dann durch ein Sieb drükken. Butter, Rahm, Champignons und Essig zugeben, umrühren, bis die Soße dick wird. Das Fleisch auf einer Servierplatte arrangieren, mit der Soße übergießen und sofort servieren. Für 2 Personen.

HUBERT

Über Huberts frühes Leben wissen wir nicht viel. Er wurde wohl um 655 geboren, wurde vom hl. Lambert zum Priester geweiht, lebte eine Zeitlang als Eremit und missionierte in den Ardennen. Nach der Ermordung Lamberts in Lüttich im Jahre 705 wurde Hubert sein Nachfolger. Er überführte Lamberts Reliquien von Maastricht nach Lüttich, baute dort eine Kirche und verlegte damit den Sitz der Diözese, wodurch er zum ersten Bischof von Lüttich wurde. Hubert starb 727 auf einer Reise nach Brabant. Im neunten Jahrhundert wurden seine Sterbereste von Lüttich in das Kloster St. Hubert an der belgisch-luxemburgischen Grenze überführt. Der große Ruf Huberts stammt aus dem 14. Jahrhundert, als die Bekehrungslegende des hl. Eustachius, der am Karfreitag jagen gegangen war, auf ihn übertragen wurde. Hubert ist der Schutzpatron der Jäger, und weil er als Einsiedler im Wald lebte, ist er auch der Patron der Förster und Holzfäller. Der Stadt- und Bistumspatron von Lüttich hat seinen Festtag am 3. November. Neben der Bekehrung Huberts vor einem Kreuz zwischen dem Geweih eines Hirschen sind auch Darstellungen als Bischof zu finden. Kulinarisch wird Hubert meistens mit Wildgerichten assoziiert.

Frischlingskeulen Sankt Hubertus

2 Keulen vom jungen Wildschwein mit Knochen
1 1/2 TL Salz
2 TL süßer Paprika
1/4 TL frischgemahlener schwarzer Pfeffer
1/4 TL getrockneter Salbei
1/2 TL getrockneter Thymian
1/2 TL getrockneter Oregano
5 EL Öl
250 ml Fleischbrühe
5 EL Rotwein
5 EL Sahne

Die Frischlingskeulen mit einem scharfen Messer sorgfältig von der Haut befreien und von allen Seiten mit Salz einreiben. Den Backofen auf 220° vorheizen. Paprika, Pfeffer, Thymian, Salbei und Oregano mischen und die Keulen damit auf allen Seiten einreiben. Die Keulen mit Öl bestreichen, mit dem restlichen Öl in die Bratenpfanne geben und im Backofen braten. Nach 15 Minuten Bratzeit die heiße Fleischbrühe um die Keulen gießen und eine weitere Stunde schmoren. Den Rotwein in den letzten 15 Minuten dazugießen. Nach dem Braten die Keulen auf eine Servierplatte legen. Rahm unterrühren und die Soße abschmecken. Soße getrennt servieren. Mit Klößen und Rotkohl servieren. Reicht für 8 Personen.

Rehkeule Hubertus mit Ingwer

Beize
1 1/2 l Wasser
125 ml Weinessig
1 Lorbeerblatt
5 Pfefferkörner
5 Wacholderbeeren
1 TL frisch geriebener Ingwer
1 Zwiebel, geviertelt
Fleisch
1 Rehkeule, ohne Knochen (600–800 g)
100 g magerer Speck
Salz und Pfeffer
4 EL Olivenöl
2 EL Tomatenmark
1 Bund Suppengrün
250 ml Fleischbrühe
3 EL Mehl
2 EL saure Sahne

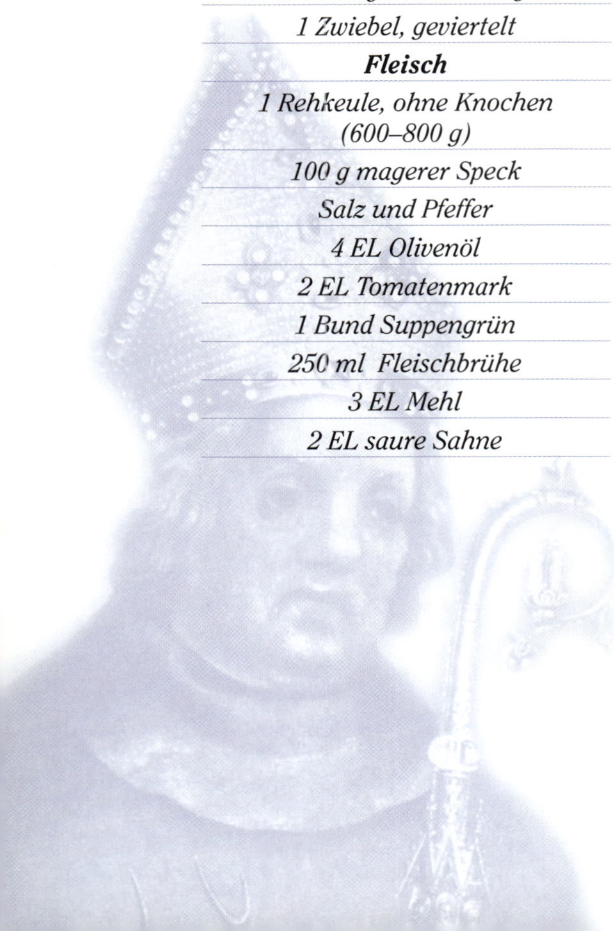

Alle Zutaten für die Beize mischen. Die gesäuberte und gut gewaschene, von jeglicher Haut befreite Rehkeule in die Beize legen, zudecken und drei Tage stehenlassen. Dann die Keule herausnehmen, abtrocknen, mit dem in Stifte geschnittenen mageren Speck spicken, salzen und pfeffern und im heißen Olivenöl anbraten. Das gewaschene und kleingeschnittene Suppengrün hinzufügen, nach 15 Minuten mit dem Tomatenmark ablöschen, mit der Fleischbrühe auffüllen und zugedeckt schmoren lassen. Nach 90 Minuten Schmorzeit das Fleisch herausnehmen und warmstellen. Die Soße mit dem in Wasser glattgerührten Mehl binden, mit saurer Sahne verfeinern und nach Belieben mit Salz und Pfeffer nachwürzen. Rehkeule in dicke Scheiben schneiden und mit Spätzle und Rotkohl und einem kräftigen Rotwein servieren. Für 6 Personen.

Lepre a la Sant' Uberto

HASENSCHMORTOPF

1 Hase, 1,5 kg
1 Karotte, fein geschnitten
1 Stück Stangensellerie, fein geschnitten
1 große Zwiebel, gehackt
6 EL Olivenöl
1 Knoblauchzehe, fein geschnitten
2 Lorbeerblätter
3 Nelken
2 Zweige Rosmarin
1 Zweig Salbei
250 ml Rotwein, trocken
Salz und Pfeffer
1 EL Mehl
2 TL Orangenschale, gerieben
2 TL rotes Johannisbeergelee

Den Hasen gut waschen, in Stücke schneiden und in eine Schüssel legen. Um die Beize zu bereiten, werden die Karotte, Zwiebel und Sellerie in der Hälfte des Olivenöls 5 Minuten angebraten, bis sie weich sind. Knoblauch, Lorbeerblätter, Nelken, Rosmarin und Salbei mit dem Wein in die Pfanne geben. Zwei Minuten kochen lassen und mit Salz und Pfeffer abschmecken. Beize abseihen, Gemüse aufheben. Wenn die Beize kalt ist, über den Hasen gießen und 24 Stunden lang kalt stehenlassen. Den Hasen mit einem Schaumlöffel von der Beize entfernen und in Mehl rollen. Den Rest des Öls in der Pfanne erhitzen und darin die Hasenstücke schön bräunen. Das aufgehobene Gemüse und die Kräuter dazugeben, langsam kochen und ab und zu Beize zugießen, bis die ganze Beize verwendet ist. Mit Salz und Pfeffer abschmekken, zudecken und eine Stunde lang schmoren lassen. Die Hasenstücke mit dem Schaumlöffel entfernen und auf eine Servierplatte legen. Die Orangenschale und das Johannisbeergelee in die Pfanne geben, fest umrühren und dabei soviel wie möglich vom Pfannenboden abschaben, damit es viel Geschmack bekommt, zum Kochen bringen, über die Hasenstücke gießen und sofort servieren. Für 6 Personen.

IGNATIUS

Ignatius wurde 1491 im baskischen Loyola als jüngstes von elf Kindern geboren und wurde auf den Namen Iñigo getauft. Der junge Adelige empfing eine gute Erziehung am kastilischen Königshof und wurde Soldat. Bei der Belagerung Pamplonas 1521 von einer Kanonenkugel schwer verletzt – er hinkte sein Leben lang –, lag er monatelang im Bett. Als ihm die Ritterromane ausgingen, griff der Lebemann aus Langeweile nach religiöser Literatur, und ein Buch über das Leben Christi begeisterte ihn so sehr, daß er Ritter im Dienst Christi werden wollte. Er zog sich als Einsiedler in die Nähe von Montserrat bei Barcelona zurück, hatte dort Visionen und verfaßte seine „Geistlichen Übungen“. Nach einigen Pilgerreisen nahm er mit 33 Jahren seine Studien auf, wechselte die Universitäten und landete schließlich in Paris, wo er 1534 Magister wurde. In Paris schlossen sich ihm sechs Gleichgesinnte an, die mit ihm lebenslange Armut und Keuschheit gelobten und im Heiligen Land missionieren wollten. Das Projekt zerschlug sich, und die mittlerweile zu Priestern geweihten Gefährten gingen 1540 nach Rom, um sich dem Papst zu unterstellen. Die „Gesellschaft Jesu“ war entstanden. Ignatius wurde zum ersten General der „Jesuiten“, wie der neue Orden genannt wurde, und starb 1556 in Rom. 1622 wurde er heiliggesprochen, sein Gedenktag ist der 31. Juli. Die Jesuiten verbreiteten sich ungeheuer schnell über die ganze Welt und hatten riesigen Einfluß auf die Kirchengeschichte. Ignatius ist der Schutzpatron der Soldaten und der Kinder. Er wird meistens in einer schwarzen Soutane dargestellt.

Dieses Rezept aus dem Baskenland kam von einem spanischen Jesuiten über einen deutschen Freund in meinen Besitz.

Ignacios
MANDELKUCHEN

6 Eiweiß
625 g Zucker
400 g Mandeln, fein gerieben
200 g Mehl
200 g Butter

In einer großen Schüssel das Eiweiß mit einem Rührgerät sehr fest schlagen. Unter ständigem Schlagen den ganzen Zucker langsam dazurühren. Vorsichtig die Mandeln und das Mehl unterziehen. Butter schmelzen und wenn abgekühlt auch darunterziehen. Den Teig in eine ungefettete Springform von 25 cm Durchmesser und einem hohen Rand (12 cm) gießen und im vorgeheizten Backherd bei 175° auf einer unteren Schiene 1 ½ bis 2 Stunden backen. Mit einem Hölzchen testen, ob der Kuchen gar ist. 12 bis 16 Portionen.

ISIDOR

Isidor wurde um 1070 in Madrid geboren und verließ früh sein Elternhaus, um sich als Knecht zu verdingen. Er arbeitete so gut, daß er befördert wurde, aber seine neidischen Mitknechte verleumdeten ihn, daß er über Beten und Kirchgang seine Arbeit vernachlässige. Als sein Herr aufs Feld ging, um ihn zu ermahnen, sah er Isidor am Rande des Feldes beten und an seiner Stelle zwei Engel, die das Feld pflügten. Isidor, der mit Maria Toribia verheiratet war, war nicht nur sehr fromm, sondern auch Armen, Kranken und Hilfsbedürftigen gegenüber sehr großzügig. Der bescheidene Bauer starb 1130. Als man nach 40 Jahren sein Grab öffnete, waren sein Leib und seine Kleider unversehrt und wurden in die Kirche St. Andreas in Madrid überführt. Isidor wurde 1622 heiliggesprochen, sein Festtag ist der 15. Mai, der seiner Frau der 8. September. Isidor ist der Schutzpatron der Bauern und Feldmesser. In Tirol ist er hochverehrt und mehrere Orte halten jedes Jahr eine Isidorprozession ab. Die häufigste Darstellung Isidors ist die Szene mit den Engeln am Pflug, man findet ihn auch oft mit einem Dreschflegel.

Lombarda al modo San Isidoro

ROTKOHL-AUFLAUF

1 Zwiebel, groß, in dünne Scheiben geschnitten
1 grüner Apfel, geschält und grob gerieben
3 EL Fett
650 g Rotkohl, fein gehobelt
200 g Kartoffeln, geschält und gewürfelt
1 Lorbeerblatt
1/4 TL Anis
Salz und Pfeffer
60 ml Rotweinessig
180 ml Wasser
60 g Speck, gewürfelt

Die Zwiebel und den Apfel ungefähr 3 bis 4 Minuten im Fett leicht andünsten. Rotkohl dazugeben und umrühren, daß der Kohl mit dem Fett überzogen wird. Die Kartoffeln in eine gefettete Auflaufform geben, die Rotkohlmischung darübergießen, das Lorbeerblatt und die Gewürze darauf streuen und Wasser und Essig zugießen. Zudecken und im vorgeheizten Backherd bei 170° eine Stunde backen. Vor dem Servieren den Speck schön knusprig braten, Fett abgießen und die gebratenen Speckwürfel auf den Rotkohl streuen und servieren. Für 6 bis 8 Personen.

JAKOBUS

Jakobus der Ältere war der Sohn des Zebedäus und der Bruder des Evangelisten Johannes. Seine Anwesenheit bei besonderen Ereignissen im Leben Jesu wird im Neuen Testament oft erwähnt. Aus der Apostelgeschichte wissen wir, daß Jakobus im Jahre 44 unter König Herodes Agrippa I. enthauptet wurde. An der Stelle seines Martyriums errichtete man später eine Kirche. Im siebten Jahrhundert kam die Legende auf, daß Jakobus in Spanien als Missionar gewirkt habe und dort auch beerdigt sei. Jakobus wurde in Spanien sehr populär, nachdem er 844 bei der Schlacht von Clavijo gegen die Mauren auf einem Schimmel erschienen war und der christlichen Seite zum Sieg verholfen hatte. Jakobus' Ruf als Verteidiger der Christen machte ihn zu einem der beliebtesten Heiligen. Im Jahre 876 begann mit dem Bau einer Kirche über seinem Grab in Santiago de Compostela eine der größten Wallfahrten der Welt. Die Jakobswege mit Klöstern, Hospizen und Brücken ziehen sich über ganz Europa hin und werden noch heute jährlich von bis zu 50.000 Pilgern benutzt. Am 25. Juli wird der Festtag von Jakobus gefeiert. Die Kunst zeigt ihn oft als Apostel, spätere Darstellungen als Pilger mit Stab und Jakobsmuschel. In Spanien findet man ihn auch als Ritter im Kampf gegen die Mauren. Er ist der Schutzpatron von Spanien und einiger ehemals spanischer Kolonien sowie der Schutzheilige der Pilger, Apotheker und Ritter.

Dieser Kuchen ist vielen Pilgern des Jakobsweges nach Santiago de Compostela bekannt.

Tarta de Santiago

JAKOBSKUCHEN

3 Eier
200 g Zucker
125 g Mehl
100 g Butter, Zimmertemperatur
100 ml Wasser
200 g Mandeln, geschält und fein gerieben
1 TL Zitronenschale, gerieben
Puderzucker

Backherd auf 175° vorheizen. Die Eier mit dem Zucker schaumig schlagen, bis die Mischung blaßgelb und locker ist. Mehl, Butter und Wasser dazugeben und mit einem Rührgerät 15 Minuten schlagen. Mandeln und Zitronenschale daruntermischen, den Teig in eine runde (25 cm Durchmesser), gebutterte Springform gießen und im Backherd 20–30 Minuten backen, bis der Teig fest, aber nicht hart ist. Im Zweifelsfall mit dem Hölzchen testen, ob der Kuchen gar ist. Nach Belieben kann man dann das Kreuz des hl. Jakobus aus Papier ausschneiden und oben auf den Kuchen legen. Den Kuchen dick mit Puderzucker bestäuben und das Papier entfernen.

Eine elegante, köstliche Suppe für den Auftakt eines besonderen Essens.

Potage Saint-Jacques

JAKOBSSUPPE

125 g Jakobsmuscheln
125 ml Weißwein
1 Lorbeerblatt
6 Pfefferkörner
1 Schalotte, in dünne Scheiben geschnitten
300 ml Wasser
500 g Lauch
150 g Kartoffeln, dünn geschnitten
4 EL Butter
600 ml Milch
Salz und Pfeffer
2 Eigelb
125 ml Sahne
Croutons

Die Jakobsmuscheln waschen und mit dem Wein, Lorbeerblatt, Pfefferkörnern, Schalotte und Wasser bei schwacher Hitze 5 bis 7 Minuten kochen, so daß die Muscheln gar sind. Bei zu starker Hitze werden die Muscheln zäh. Den Lauch in dünne Scheiben schneiden, aber die grünen Teile nicht mit den weißen mischen. Die grünen Teile 1 Minute in heißem Salzwasser blanchieren, abtropfen lassen, mit kaltem Wasser abschrecken und zur Dekoration aufheben. Kartoffeln dünn schneiden. In einem Topf die Butter schmelzen, die Kartoffeln und die weißen Teile des Lauchs darin 5 bis 7 Minuten behutsam kochen. Milch zugießen und 15 bis 20 Minuten leicht kochen lassen. Die Flüssigkeit der Muscheln durch ein Sieb in den Topf gießen, gut umrühren und mit Salz und Pfeffer abschmecken. Im Mixer pürieren. Die Muscheln in dünne Scheiben schneiden. Die Suppe in einen sauberen Topf gießen, Eigelb und Sahne vermischen und langsam in die Suppe mischen. Bei schwacher Hitze umrühren, bis sich die Suppe verdickt hat. Von der Herdplatte nehmen, die Muscheln und den vorbereiteten grünen Lauch dazugeben und mit Croutons servieren. Für 6 bis 8 Personen.

Ein leichtes und schnelles Rezept aus Jamaika, dessen Rumgeschmack die Karibik ins Haus bringt.

Santiago Pork Chops

SCHWEINEKOTELETTS

6 Schweinekoteletts vom Rücken, je 200 g
1 EL Öl
1 Zwiebel, fein geschnitten
2 EL Rum
3 EL Sojasoße
125 ml Tomatensoße
250 ml Hühnerbrühe
1 TL Pfeffer, frisch gemahlen
250 g gekochter Reis

Fett von den Koteletts entfernen. Öl in einer großen Pfanne erhitzen und die Koteletts auf beiden Seiten bräunen. Herausnehmen und auf die Seite stellen. Zwiebel in die Pfanne geben und leicht braten, bis sie gebräunt ist. Herausnehmen, auf die Seite stellen und übriges Öl weggießen. Rum in die Pfanne gießen und damit die angebackenen Pfannenreste ablöschen. Sojasoße, Tomatensoße, Hühnerbrühe und Pfeffer dazugeben, gut umrühren, zum Kochen bringen. Koteletts und Zwiebel hineinlegen und zudecken. Bei schwacher Hitze ungefähr eine Stunde lang schmoren, bis die Koteletts weich sind. Wenn die Soße zu dick wird, mehr Wasser oder Brühe dazugeben. Auf jeden Teller ein Kotelett legen und 3 bis 4 Eßlöffel Reis darauf. Etwas Soße über den Reis gießen, etwas mehr um das Kotelett.
Für 6 Personen.

Cassolette de Saint-Jacques à la Normande

MUSCHELTOPF

32 Miesmuscheln
4 EL Butter
125 g Jakobsmuscheln
4 Schalotten
1 EL Knoblauch, gerieben
2 EL Calvados
60 kleine gekochte Krabben
$\frac{1}{4}$ TL Paprika
$\frac{1}{4}$ TL Thymian
Salz und Pfeffer
4 EL Sahne

Die Muscheln gut waschen und den Bart entfernen, dann in ein wenig Salzwasser dämpfen, bis sich die Muscheln geöffnet haben. Abtropfen lassen und die Flüssigkeit aufheben. In einer Pfanne die Butter schmelzen und die Jakobsmuscheln mit den Schalotten und dem Knoblauch 6 Minuten leicht dünsten. Den Calvados in die Pfanne gießen und anzünden. Wenn die Flammen erstorben sind, das Kochwasser der Muscheln (ohne den Sand!), die Krabben, Paprika, Thymian, Salz und Pfeffer hineinrühren. Bei Mittelhitze die Flüssigkeit in der Pfanne reduzieren. Sahne und Muscheln dazugeben und warmhalten. In kleinen Schüsseln mit einer Zitronenschale dekorieren. Mit Baguette servieren. Als Vorspeise genug für 4 Personen.

Brochettes de Coquilles Saint-Jacques

JAKOBSSPIESSCHEN

32 Jakobsmuscheln, mittelgroß
125 ml Weißwein, trocken
Salz und Pfeffer
4 Schalotten
175 g Butter
2 EL Petersilie, fein gewiegt
16 dünne Scheiben Magerspeck
2 EL Weinessig
1 EL Schnittlauch, fein geschnitten
1 EL Kerbel

Die Jakobsmuscheln gut waschen und mit Wein sowie etwas Salz und Pfeffer bei schwacher Hitze fünf Minuten kochen. Abtropfen lassen und zwei Eßlöffel der Flüssigkeit aufheben. Die Schalotten fein wiegen und die Hälfte mit zwei Eßlöffel Butter glasig dünsten. Petersilie dazu, umrühren und vom Herd nehmen. Die Muscheln mit dieser Mischung anstreichen, die Speckstreifen halbieren, um eine Muschel wickeln und dann auf ein Spießchen stecken. Vier Eßlöffel Butter schmelzen, die Spießchen damit bestreichen und 10 bis 14 Minuten braun grillen. Die Spießchen oft wenden, wenn notwendig mit mehr Butter bestreichen. Während des Grillens kann die Soße gemacht werden. Die übrigen Schalotten mit dem Essig und der beiseite gestellten Flüssigkeit zum Kochen bringen und so lange kochen, bis die Flüssigkeit auf die Hälfte reduziert ist. Vom Herd nehmen und die übrige Butter in kleine Stücke geschnitten langsam unterrühren, bis eine glatte Soße entsteht. Die Kräuter untermischen, warmstellen. Spießchen und Soße separat servieren. Butter- oder Safranreis ist eine gute Beilage. Für 4 bis 6 Personen je nach Appetit.

JANUARIUS

Januarius oder Gennaro, wie er in Italien heißt, war Bischof von Benevent am Ende des dritten Jahrhunderts. Als bei der Christenverfolgung unter Kaiser Diokletian vier Mitglieder seiner Gemeinde ins Gefängnis geworfen wurden, besuchte er sie und ermutigte sie, ihren Glauben nicht aufzugeben. Von Spitzeln verraten, wurde er ebenfalls verhaftet. Nach der Verweigerung eines Götzenopfers wurde er der Legende nach wilden Tieren vorgeworfen, die aber sogleich zahm wurden. 305 wurde er mit seinen Gefährten in Pozzuoli enthauptet. Seine Reliquien wurden zuerst in Benevent aufbewahrt, dann in die Abtei Monte Vergine und 1497 schließlich nach Neapel überführt. Er wird das erste Mal 431 als Beschützer Neapels vor dem Ausbruch des Vesuvs erwähnt. Januarius ist besonders für das jährliche „Blutwunder" bekannt, das sich in Neapel ereignet: In der Kathedrale werden zwei Ampullen mit seinem Blut aufbewahrt, und wenn diese Ampullen in die Nähe seiner Kopfreliquie gebracht werden, verflüssigt sich das Blut und wird wieder rot. Eine natürliche Erklärung für dieses Phänomen gibt es bisher nicht. Der Festtag von Januarius ist der 19. September, aber Neapel feiert ihn am 16. Dezember, dem Tag, an dem 1631 die Stadt von einem Vulkanausbruch verschont wurde. Januarius ist Schutzpatron gegen Erdbeben und Vulkanausbrüche. Er wird immer als Bischof dargestellt, oft während seines Martertodes.

Hühnchen San Gennaro

4 Hühnerbrüste, ohne Knochen und Haut
Salz und Pfeffer
4 EL Olivenöl
2 TL Knoblauch, fein gewiegt
125 ml Weißwein, trocken
1 TL Basilikum
1 TL Oregano
250 g Zwiebeln, geschält und in dünne Scheiben geschnitten
250 g rote Paprikaschoten, in dünne Ringe geschnitten
1 italienisches Brot
Oliven zum Garnieren

Hühnerbrüste leicht salzen und pfeffern. Den Knoblauch mit zwei Eßlöffel Öl in einer Pfanne ein paar Minuten leicht andünsten. Wärme erhöhen und die Hühnerbrüste im Öl bräunen und schmoren, bis sie durch sind. Brüste auf einem Teller warmstellen. Wärme reduzieren und den Wein zugießen, alle braunen Pfannenreste abschaben, damit die Soße einen guten Geschmack bekommt. Die getrockneten Kräuter zugeben und eine Minute kochen lassen. Soße über die Brüste gießen. Die Zwiebeln in einem Eßlöffel Öl leicht anbraten, bis sie goldgelb sind. Warmstellen. Die Paprikaringe mit dem letzten Eßlöffel Öl andünsten, bis sie etwas weich, aber noch knusprig sind. Das Brot in der Mitte durchschneiden und im Grill leicht anbräunen. Ein Stück in der Größe der Hühnerbrüste abschneiden, etwas Soße daraufgeben, dann die Hühnerbrust und mit einem Viertel der Zwiebeln und Paprika bedecken. Noch etwas Soße zugießen und dann mit dem oberen Teil des Brotes bedecken, nach Belieben mit Oliven garnieren und servieren. Für 4 Personen.

JOHANNES DER TÄUFER

Johannes der Täufer war sechs Monate älter als Jesus, sein Vater Zacharias war Priester im Tempel und seine Mutter Elisabeth mit Maria verwandt. Ein Engel bestimmte den Namen des Kindes. Johannes fing um das Jahr 27 am Jordan zu Taufen an. Er predigte, daß die Menschen sich bekehren und auf das Kommen des Messias vorbereiten. Das Evangelium berichtet, daß er auch Jesus taufte und ihn als den Messias erkannte. Johannes führte einen strengen Lebensstil, er ernährte sich von Heuschrecken und wildem Honig und war sehr bekannt. Als er öffentlich anprangerte, daß König Herodes Antipas seine Gattin verlassen und die Frau seines Bruders geheiratet hatte, wurde er ins Gefängnis geworfen und nach dem berühmten Tanz der Salome enthauptet. Beerdigt wurde Johannes in Samaria, aber das Grab wurde im vierten Jahrhundert zerstört. Johannes der Täufer ist einer der ersten Heiligen der Kirche und wird im Osten und Westen sehr verehrt. Sein asketischer Lebensstil fand besonderen Anklang unter den Mönchen. In der Westkirche hat Johannes zwei Festtage, der bekannteste ist sein Geburtstag am 24. Juni, sechs Monate vor Weihnachten. In der Ostkirche wird er am 7. Januar gefeiert und seine Empfängnis am 23. September. Er wird in vielen Gemälden als Einsiedler in der Wüste, beim Taufen im Jordan und bei seiner Enthauptung dargestellt. Johannes ist der Schutzpatron von Malta und Jordanien.

Johannisweibl

250 g Mehl
1 TL Trockenhefe
125 ml Milch
60 g Butter
50 g Zucker
2 Eier, getrennt
1 Zitrone
2 Prisen Salz

Die Hefe in der lauwarmen Milch mit einem Teelöffel Zucker auflösen und mit wenig Mehl einen Vorteig rühren, 15 Minuten gehenlassen. Das übrige Mehl, Zucker, eine Prise Salz, Milch, weiche Butter, Eiweiß und geriebene Zitronenschale vermengen und zusammen mit dem Vorteig gut verkneten. Mit einem Nudelholz den Teig auf einer bemehlten Arbeitsfläche ungefähr 1 bis 1 ½ cm dick ausrollen. 20 bis 30 Minuten ruhenlassen, während dieser Zeit mit einem Tuch oder Plastikfolie abdecken. Wenn der Teig nicht mehr schrumpft, eine Mädchenform herausschneiden und dekorieren. Eigelb mit der Prise Salz verrühren. Die Form zweimal mit Eigelb bestreichen, jeden Anstrich gut antrocknen lassen. Im vorgeheizten Herd bei 200° ca. 20 Minuten goldgelb backen. Ergibt 4 große Figuren.

Früher war es üblich, am Festtag eines Heiligen Brot für die Armen zu backen. Oft hatte dieses Brot eine besondere Form. Hier ist ein Rezept für so ein „Gebildebrot", das es in Deutschland zum Johannistag gab.

Dies ist ein traditionelles Rezept für Schnecken, das in Rom an Johanni gekocht wird.

Schnecken in Tomatensoße

200 g Schnecken aus der Dose
4 EL Zwiebel, gehackt
1 TL Knoblauch, fein gewiegt
2 EL Olivenöl
400 g feste frische Tomaten, geschält
1/2 TL Salz und Zucker
1/2 TL Basilikum und Oregano
1 Prise schwarzer und Cayennepfeffer

In einer schweren Pfanne Zwiebel und Knoblauch im Öl anbraten, bis sie goldbraun sind. Schnecken hinzufügen und bräunen. Die Tomaten grob hacken und mit dem Saft, Zucker, Salz und den Gewürzen in die Pfanne tun. Zudecken und 30 Minuten langsam kochen lassen. Schwarzen und Cayennepfeffer hinzugeben, abschmecken, wenn nötig mit Salz und Pfeffer nachwürzen. Mit gekochten Spaghettini servieren. Als Vorspeise reicht es für 6, als Hauptgericht für 4 Personen.

Diese Lasagne wird in den Abruzzen traditionell am 24. Juni zubereitet.

Lasagne al Forno

350 g Lasagneblätter
500 g Mozzarella, gewürfelt
250 g italienische Salami
6 hartgekochte Eier, gehackt
500 g Ricotta
150 g Parmesan, gerieben
Tomatensoße
1 Zwiebel, mittelgroß, gehackt
2 TL Knoblauch, fein gewiegt
4 EL Olivenöl
800 g feste frische Tomaten, geschält
1 TL Salz
1 TL Zucker
1 TL Basilikum und Oregano
Fleischbällchen
250 g Hackfleisch vom Rind
1 EL Olivenöl
Salz und Pfeffer

Hackfleisch mit Salz und Pfeffer gut vermischen und sehr kleine Bällchen formen. Das Öl in einer Pfanne erhitzen und die Fleischbällchen schön bräunen. Fett abgießen und aufheben. Es ist leichter, dies in kleineren Mengen zu machen, denn sonst kann es sein, daß die Bällchen auseinanderfallen.

Für die Soße die Zwiebel und den Knoblauch im Olivenöl andünsten. Die Tomaten grob hacken, mit ihrem Saft, Zucker, Salz und Gewürzen zu der Zwiebel und dem Knoblauch in den Topf geben. Zudecken und 30 Minuten langsam kochen lassen, ab und zu umrühren.

In der Zwischenzeit können die Lasagneblätter in viel Salzwasser gekocht werden, bis sie halb gar sind.

Eine große Auflaufform gut buttern und die Hälfte der Nudeln hineinlegen.
Die Hälfte der Fleischbällchen, des Mozzarellas, der Eier, des Parmesans, des Ricottas und der Soße hineinschichten. Prozeß wiederholen und mit einer Lage Soße aufhören. Im Herd bei 190° ungefähr 30 Minuten backen.
Reicht für 8 bis 10 Personen.

JOSEPH

Joseph von Nazareth ist der Ehemann Marias und der Nährvater Jesu, und alles was wir von ihm wissen, stammt aus den Anfängen der Evangelien nach Lukas und Matthäus, was dafür sprechen könnte, daß er früh gestorben ist. Er war aus dem Hause Davids, lebte als Zimmermann in Nazareth und verlobte sich mit Maria. Joseph sorgte für Jesus seit dessen Geburt, mit gelegentlicher Hilfe eines Engels, der ihm im Traum erschien. Die Verehrung Josephs begann in der Ostkirche und verbreitete sich langsam im Westen. Sie wurde durch die hl. Theresia von Ávila sehr verstärkt, die ihre erste Klostergründung unter sein Patronat stellte. Sie sagte auch den Ratsuchenden stets: „Geht zu Joseph!" Sein Festtag am 19. März war früher ein Feiertag. Er ist der Patron der ganzen Kirche und der christlichen Familien, Schutzpatron der Zimmerleute und der Arbeiter. Er ist der Patron von Mexiko, Kanada, Österreich, Tirol und Peru. Man ruft ihn auch um eine gute Sterbestunde an. Joseph ist ein beliebter Vorname, und es gibt viele mit diesem Namen, ob sie Joe, Giuseppe, José oder Sepp heißen. In der Kunst findet man ihn meistens in der Krippe bei der Geburt Jesu, auf Darstellungen der hl. Familie oder als Zimmermann bei der Arbeit.

Straubinger Josefitorte

Teig
1 Zitrone
150 g Butter
100 g Zucker
3 Eier, klein
6 EL Milch
2 EL Kirschwasser oder Weinbrand
500 g Mehl
2 TL Backpulver
$^1/_2$ TL Zimt
Je 1 Prise Piment und Muskatnuß
Füllung
600 g Äpfel
150 g Haselnüsse
3 EL Milch
3 EL Honig
4 EL Zucker
100 g Rosinen
2 TL Zimt
Butter, geschmolzen

Zitronenschale abreiben, mit allen anderen Teigzutaten mischen und zu einem glatten Teig verarbeiten. Eine Springform von 20–25 cm Durchmesser bereitstellen. Teig ausrollen und 5 Teigkreise in Größe der Form ausschneiden. Äpfel schälen, entkernen und grob reiben. Haselnüsse fein hacken und in einer Schüssel alle Zutaten der Füllung gut vermischen. Einen Teigkreis in die Springform legen, ein Viertel der Füllung gleichmäßig darauf verteilen, dann den nächsten Teigkreis auflegen. Dreimal wiederholen und den obersten Teigkreis mit der geschmolzenen Butter bestreichen. Backherd auf 175° vorheizen und den Kuchen auf einer unteren Schiene 1 bis 1$^1/_2$ Stunden backen. Mit dem Hölzchen probieren, ob der Kuchen gar ist. Aus dem Herd nehmen und noch warm mit Zucker bestreuen. Wenn der Kuchen abgekühlt ist, die Form entfernen, über Nacht stehenlassen und erst dann anschneiden.

KARL BORROMÄUS

Karl Borromäus wurde 1538 in Arona aus einer adeligen Familie geboren und als zweiter Sohn schon sehr früh für die kirchliche Laufbahn bestimmt. Er studierte Kirchenrecht an der Universität in Pavia, wo er mit 21 Jahren promovierte. Als sein Onkel mütterlicherseits zum Papst gewählt wurde, wurde er päpstlicher Geheimsekretär Pius' IV. Ein Jahr später wurde er Kardinaldiakon und zum Verwalter der Diözese Mailand sowie zum päpstlichen Legaten am Konzil von Trient bestellt. 1563 wurde er zum Priester geweiht, kurz danach zum Kardinalerzbischof von Mailand, und 1565 fing er mit seiner Arbeit an. Karl Borromäus setzte sich sehr für die Reformen des Trienter Konzils ein und wurde durch seine Beiträge zur Wiederbelebung der Kirche ein Beispiel für alle anderen Bischöfe. Mit fast unbegrenzter Energie, wenig Schlafbedürfnis und bescheidenem Lebensstil reiste er durch seine Diözese, um zu predigen und Beichten zu hören. Er unterstützte die neuen Orden, wie zum Beispiel die Jesuiten, in ihrer Erneuerung des religiösen Lebens. Trotz starker Opposition (bis hin zum Mordversuch) folgte er dem Reformweg der Kirche und gab durch sein asketisches Leben ein gutes Beispiel. Karl Borromäus starb 1584, im Jahre 1610 wurde er von Papst Paul V. heiliggesprochen. Sein Festtag ist der 4. November. Der Schutzpatron der Seelsorger und Priesterseminare wird meistens als Kardinal dargestellt.

Dieses Rezept stammt aus Mexiko.

Chimichangas San Carlos

TORTILLAS

3 EL Öl
3 Zwiebeln, gehackt
1 Knoblauchzehe, fein gehackt
1 kg Rinderhackfleisch, mager
4 Tomaten, reif, geschält und grob gehackt
1/2 TL mexikanisches Chilipulver
1/2 TL Kümmel, gemahlen
1/4 TL Oregano
1 TL Salz
12 Tortillas aus Weizenmehl, groß
125 g milder Käse, gerieben
2 Avocados, groß, geschält und längs geschnitten
125 ml Öl
Sauerrahm

In einer großen Pfanne 3 Eßlöffel Öl erhitzen und die Zwiebeln und Knoblauch so lange dünsten, bis sie glasig sind. Hackfleisch zerkrümeln und gut bräunen. Tomaten und Gewürze dazugeben und gut umrühren. Mischung unter häufigem Rühren so lange kochen, bis sie ziemlich trocken ist. Überschüssiges Fett abgießen. Auf jede Tortilla ein Zwölftel der Fleischmischung legen, mit Käse bestreuen und mit Avocadoscheiben belegen. Zwölf der Avocadoscheiben zum Garnieren beiseite stellen. Die Tortilla wie einen Briefumschlag falten und im heißen Öl goldbraun anbacken, aber so, daß sich der Umschlag nicht öffnet. Abtropfen lassen. Chimichangas mit einer Scheibe Avocado und dem Sauerrahm dekorieren und servieren.
Ein grüner Salat oder Tomaten- und Gurkenscheiben passen gut dazu.

Eier St. Charles

1 Ei
4 EL Milch
4 Fischfilets, je 100 g, Seezunge oder anderer Weißfisch
50 g Mehl
50 g Speisestärke
4 Eier, pochiert
250 ml Sauce hollandaise

In einer flachen Schüssel das Ei mit der Milch verquirlen. Den Fisch mit Salz und Pfeffer würzen, die Filets mit dem Mehl bestreuen, durch die verquirlte Flüssigkeit ziehen und mit der Stärke bestreuen. Öl in der Pfanne erhitzen und den Fisch bei mittlerer Hitze knusprig braten. Auf ein Küchentuch legen und abtropfen lassen. Den Fisch auf vier Teller verteilen, ein pochiertes Ei darauf setzen und mit einem Viertel der Sauce hollandaise übergießen.

KATHARINA

Katharina von Alexandrien ist eine Heilige, deren Leben in Legenden verhüllt ist. Ihnen nach lebte sie im vierten Jahrhundert im ägyptischen Alexandrien. Kaiser Maxentius machte der außergewöhnlichen Schönheit den Hof, aber sie weigerte sich zu heiraten, denn ein Einsiedler hatte sie überzeugt, daß Christus ihr wahrer Bräutigam sei. Der Kaiser ließ 50 heidnische Philosophen mit Katharina über das Christentum disputieren, aber sie widerlegte sie und alle 50 ließen sich taufen. Der wütende Kaiser verurteilte die Philosophen zum Tod auf dem Scheiterhaufen und Katharina zum Tod am Rad, aber das Rad zerbrach; schließlich wurde sie enthauptet. Es gibt keine Darstellungen von Katharina aus dem ersten Jahrtausend, denn ihre Verehrung fing erst im neunten Jahrhundert an und setzte besonders ab dem 13. ein. Sie ist eine der Vierzehn Nothelfer. Zwei häufige Motive sind Darstellungen mit dem Rad und ihre mystische Hochzeit mit Christus. Katharina ist Patronin der Kantone Wallis und Sitten sowie der Universitäten Paris und Eichstätt, Schutzpatronin der Philosophen und aller Berufe, die mit Rädern zu tun haben. Ihr Festtag ist der 25. November.

Katharinenlebkuchen

Teig
5 Eier
250 g Zucker
250 g Mandeln, geschält und fein gerieben
250 g Zitronat
4 EL Pomeranzenschale, gerieben
1 Zitrone
2 EL Zimt
1 EL Nelken
½ TL Kardamom
375 g Mehl
1 TL Backpulver
Runde Oblaten
Glasur
125 g Puderzucker
4 EL Zitronensaft oder Weinbrand

Eier und Zucker mit einem Rührgerät schaumig schlagen. Zitronat fein wiegen. Zitronen und Pomeranzenschale abreiben, mit den restlichen Gewürzen zur Eimasse geben und eine Zeitlang gut durchrühren. Mehl, Backpulver, Mandeln und Zitronat dazugeben und zu einem glatten, streichfähigen Teig verarbeiten. Wenn der Teig zu klebrig ist, waren die Eier zu groß und man fügt noch etwas Mehl zu. Teig auf runde Oblaten streichen, ein paar Stunden stehenlassen und im Backherd bei 160° etwa 20 Minuten backen, bis sie sich beim Berühren fest, aber nicht hart anfühlen. Die warmen Lebkuchen mit der aus Puderzucker und Flüssigkeit gemischten Glasur überziehen. Trocknen lassen und in einem kalten Zimmer aufheben.
Ergibt ungefähr 40 Lebkuchen.

Pasta Santa Caterina

1 kg Tomaten, reif
2 EL italienische Petersilie, frisch, gewiegt
2 EL Basilikum, frisch, gewiegt
2 TL Knoblauch, fein geschnitten
3 EL Parmesankäse, gerieben
1 TL Oregano, trocken
6 EL Olivenöl
½ TL Salz
½ TL schwarzer Pfeffer, frisch gemahlen
500 g Spaghetti

Tomaten schälen, Kerne entfernen und in kleine Würfel schneiden. In einer mittelgroßen Schüssel alle anderen Zutaten mit Ausnahme der Nudeln mischen und eine Stunde bei Zimmertemperatur stehenlassen. Nudeln in genug heißem Salzwasser kochen, bis sie fertig sind. Gründlich abtropfen und in eine vorgewärmte Servierschüssel geben. Die Soße darübergießen und gut mischen. Abschmecken und mit extra Parmesankäse servieren. Reicht für 8 bis 10 Personen.

KLARA

Klara von Assisi wurde 1194 geboren. Mit 18 Jahren war sie vom hl. Franziskus so beeindruckt, daß sie sein Leben der Armut und Einfachheit führen wollte und aus ihrem vornehmen Elternhaus floh. Anfangs lebte sie in einem Benediktinerkloster, bis Franziskus für sie ein kleines Haus in San Damiano fand. Klara wurde eine enge Beraterin und lebenslange Freundin des hl. Franziskus. Im Jahre 1215 wurde sie die Äbtissin einer Gemeinschaft, die nach den Regeln der Minderbrüder lebten. Es dauerte nicht lange, bis sich andere Mitglieder ihrer Familie und vornehme Frauen aus Florenz der Gemeinschaft anschlossen. Die extreme Armut dieser Gruppe, die nur von Almosen lebte, war damals sehr ungewöhnlich. Klaras Nonnen oder „Arme Schwestern" verbreiteten sich über ganz Europa, besonders nach Spanien. Klara selbst verließ ihren Konvent in Assisi nie: Die letzten 27 Jahre ihres Lebens verbrachte Klara krank im Bett. Der sogenannte Zweite Orden der Franziskaner, der Klarissenorden, wurde 1253 vom Papst bestätigt, und sie starb im gleichen Jahr. Zwei Jahre später wurde sie heiliggesprochen. Ihr Fest wird am 11. August gefeiert. Sie ist die Patronin von Assisi, der Stickerinnen und der Glaser. Sie wird meistens im Habit der Klarissen dargestellt.

Ein farbenfreudiges Rezept aus einem spanischen Klarissenkloster.

Festsalat Santa Clara

6 Eier, hartgekocht
12 Sardinen in Öl
250 g Thunfisch aus der Dose
250 g Spargel, aus der Dose oder frisch
2 Avocados, mittelgroß
3 Tomaten, mittelgroß
250 g Käse
200 g Karotten, gerieben
Weinessig
Olivenöl

Die Eier in Scheiben schneiden. Tomaten auch in Scheiben schneiden und dann halbieren. Spargel und Sardinen ganz lassen. Wenn frischer Spargel verwendet wird, sollte er etwa 8 Minuten in Salzwasser gekocht werden. Die anderen Zutaten werden auch in Scheiben geschnitten, die Karotten grob gerieben.

Der Salat wird auf einer großen Platte zur Augenweide. Die geriebenen Karotten in die Mitte geben, den Thunfisch und die Sardinen obenauf. Die Karotten mit den Scheiben der Eier, Avocados und Tomaten umgeben. Spargel auch mit hineinarbeiten. Den Salat mit Essig und Öl übergießen, das Öl der Sardinen kann dazu verwendet werden.

Die Zutaten dieses Salates können leicht geändert werden, mit Scheiben von Gurken, Kiwis, roten Rüben, roten Paprikaschoten, Schinken, Krabben oder eingemachten Gurken. Reicht für 8 bis 12 hungrige Personen.

KLEMENS

Klemens wurde Mitte des ersten Jahrhunderts in Rom geboren und trat nach einer Predigt des Apostels Barnabas zum Christentum über. Er wurde von Petrus getauft und begleitete Paulus auf einigen Reisen. Im Jahre 88 wurde Klemens der dritte Nachfolger Petri als Bischof von Rom. Im Jahre 96 schrieb Klemens der zerstrittenen Kirche von Korinth einen Brief, in dem er betont, daß es notwendig sei, der Lehre der Kirche zu folgen und die Hierarchie samt der besonderen Stellung des Bischofs von Rom zu achten. Der Brief bestätigt auch, daß die Apostelfürsten in Rom ihr Martyrium erlitten. Klemens starb um das Jahr 100. Der Legende nach wurde Klemens von Kaiser Trajan zur Zwangsarbeit in den Steinbrüchen der Halbinsel Krim verurteilt, wo er schließlich mit einem Anker um den Hals ins Meer geworfen wurde. Sein Festtag ist der 23. November, er ist der Patron der Marmorarbeiter, Seeleute und Steinmetzen. Seine Reliquien befinden sich in der Kirche San Clemente in Rom, wo Fresken Szenen aus seinem Leben zeigen. Viele Kirchen in Europa sind dem Heiligen geweiht. Eine dieser Kirchen – St. Clement in London – hat ihren Weg in einen Kinderreim gefunden: „Oranges and Lemons the Bells of St. Clement's". Diese Verbindung zwischen Orangen, Zitronen und dem hl. Klemens gibt es nur im englischen Sprachraum.

Hühnerbrust St. Klemens

6 Hühnerbrüste
2 Knoblauchzehen, fein gewiegt
1/2 TL Ingwer, gemahlen
1/2 TL Zimt
2 EL Olivenöl
1 EL frisch geriebener Ingwer
1 EL Honig
175 ml Hühnerbrühe
2 Orangen
1 Zitrone
1/2 TL Salz
1/2 TL frisch gemahlener schwarzer Pfeffer
Frischer Koriander, Petersilie oder Schnittlauch zur Dekoration, fein gewiegt

Zimt, gemahlener Ingwer und Knoblauch werden gemischt und über die Hühnerbrüste gerieben.
Das Öl in einer großen schweren Pfanne mit Deckel erhitzen und die Hühnerbrüste darin auf beiden Seiten anbraten, bis sie schön braun sind.
Inzwischen eine Orangen- und eine Zitronenschale fein reiben. Den Saft von zwei Orangen und einer Zitrone ausdrücken und mit den geriebenen Orangen- und Zitronenschalen, dem frisch geriebenen Ingwer, dem Honig und der Hühnerbrühe vermischen. Diese Mischung wird dem Fleisch in der Pfanne zugesetzt und zum Kochen gebracht. Salz und Pfeffer hinzufügen. Mit dem Deckel fest zudecken und so kochen, daß die Flüssigkeit nur wenig Blasen wirft. 20 Minuten kochen lassen und währenddessen die Hühnerbrüste ein paarmal umdrehen. Mit Schnittlauch, Koriander oder Petersilie garnieren und servieren. Reicht für 4 bis 6 Personen.

Mousse St. Klemens mit Karamelorangen

Mousse

- *125 g Zucker*
- *125 ml Schlagrahm*
- *3 Eier*
- *1 Orange*
- *2 Zitronen*
- *1 TL Gelatine*

Karamelorangen

- *200 g Zucker*
- *2 EL Grand Marnier*
- *2 große Orangen*
- *Kandierte Orangenschale*
- *1 EL Zucker*
- *Schale von einer Zitrone und zwei Orangen, sehr dünn geschält*

Für die Mousse zuerst die Schale von einer Zitrone und einer Orange abreiben und aufheben. Die andere Zitrone ganz dünn schälen und aufheben. Den Saft der zwei Zitronen und der Orange ausdrücken. Den Saft in eine kleine Schüssel geben und die Gelatine darübergeben. In einer anderen Schüssel den Schlagrahm leicht schlagen. In einer großen Schüssel die Eigelbe, den Zucker und die Zitronen- und Orangenschale mit dem Rührgerät schlagen, bis eine dicke blasse Creme entsteht. Das Eiweiß auch schlagen, bis ein schnittfester Schnee entsteht. Die Schüssel mit dem Saft und der Gelatine langsam im Wasserbad erhitzen, bis sich die Gelatine aufgelöst hat. Diese Mischung der Eiercreme zugeben und so lange umrühren, bis es anfängt, steif zu werden. Geschlagenen Rahm und geschlagenes Eiweiß vorsichtig in die Mousse heben (nicht umrühren).

Die Mousse in 8 kleine Formen füllen. Mindestens zwei Stunden im Kühlschrank lassen, damit die Mousse steif wird.

Für die Karamelorangen zwei Orangen sehr dünn schälen und die Schalen aufheben. Die Orangen dann so schälen, daß keine weiße Schale mehr zu sehen ist. Die Orange quer in Scheiben schneiden, dann jede Scheibe halbieren. In einem Topf den Zucker und 1/8 l Wasser bei kleiner Hitze auflösen. Bei großer Hitze den Sirup dann so lange kochen, bis er schön goldbraun ist. Den Grand Marnier mit 6 Eßlöffel Wasser mischen. Den Topf mit dem Sirup vom Herd nehmen und vorsichtig den verwässerten Grand Marnier hinzufügen. (Die Hände schützen, denn es wird spritzen!) Über schwacher Hitze vorsichtig umrühren, bis der Karamel sich aufgelöst hat. Wenn die Mischung abgekühlt ist, über die Orangenscheiben gießen und mindestens eine Stunde im Kühlschrank abkühlen lassen.

Für die kandierten Zitrusfruchtschalen müssen die aufgehobenen geschälten Orangen- und Zitronenschalen jetzt in ganz dünne Streifen geschnitten werden. Die Streifen zwei Minuten in kochend heißem Wasser blanchieren und das Wasser abgießen. Den Zucker in 2 Eßlöffel Wasser über schwacher Hitze auflösen. Die Schalen hinzufügen und bei schwacher Hitze so lange kochen, bis alle Flüssigkeit verdampft ist. Auf einen Teller legen und abkühlen lassen. Um die Mousse zu servieren, steckt man die Formen für ein paar Sekunden in sehr heißes Wasser und dreht sie dann auf die Servierplatte um. Die Mousse wird mit den Karamelorangenscheiben umgeben und mit den kandierten Schalen dekoriert. Das Resultat wird ihre Gäste beeindrucken.

KUNIGUNDE

Kunigunde wurde um 980 als Tochter des Grafen Siegfried von Luxemburg und seiner frommen Frau Hedwig geboren. Im Jahre 1000 heiratete sie Herzog Heinrich von Bayern, der zwei Jahre später zum deutschen König gewählt wurde. Im Jahre 1014 wurden Heinrich und Kunigunde in Rom von Papst Benedikt zu Kaiser und Kaiserin gekrönt. Noch als Königspaar gründete das Ehepaar das Bistum Bamberg und stiftete den ersten Dom. Als Heinrich 1023 starb, trat Kunigunde in das von ihr gestiftete Benediktinerinnenkloster Kaufungen ein, wo sie als einfache Nonne lebte und Kranke und Arme versorgte. Sie starb 1033. Nach ihrer Heiligsprechung im Jahr 1200, 50 Jahre nach der ihres Mannes, wurden ihre Gebeine nach Bamberg überführt. Heinrich und Kunigunde sind eines der wenigen heiligen Ehepaare. Über Kunigunde gibt es viele Erzählungen, von denen einige auf ihrem Grab im Bamberger Dom dargestellt sind. Die Legende von dem Ring erzählt von einem Jagdausflug, der für den Kaiser erfolglos geendet hatte, weswegen er beim Abendessen im Wald äußerst mißgelaunt war. Als sie von ferne die Glocken des neuen Doms läuten hörten, die sie beide gestiftet hatten, klang die des Kaisers so düster wie eine Begräbnisglocke, die Kunigundes sehr viel fröhlicher. Das brachte den Kaiser noch mehr auf, Kunigunde aber warf ihren Ring in Richtung ihrer Glocke, worauf sich deren Ton dem seiner Glocke anglich. Kunigunde wird oft mit ihrem Mann und dem Modell des Bamberger Domes dargestellt. Sie ist Patronin von Luxemburg und Schutzpatronin des Bistums Bamberg. Ihr Festtag ist der 13. Juli, in Bamberg auch der 3. März.

Kunigundenringe

45 g Zucker
200 ml Milch, lauwarm
2 EL Trockenhefe
500 g Mehl
1 1/2 TL Salz
1 Ei, Zimmertemperatur
250 g Butter

Einen Eßlöffel Zucker in der lauwarmen Milch auflösen, die Hefe unterrühren und so lange stehenlassen, bis es schaumig ist. Mehl, Salz und den Rest des Zuckers in einer Schüssel vermischen, das leicht verquirlte Ei in die Hefemischung einrühren, dann die Hefemischung mit dem Mehl zu einem glatten Teig verarbeiten. Um den Teig weich zu machen, nimmt man bei Bedarf mehr Mehl oder Wasser. Fünf Minuten gut durchkneten, zudecken und an einem warmen Platz 30 Minuten gehenlassen, bis sich das Volumen verdoppelt hat. Den Teig dann in den Kühlschrank stellen und eine gute Stunde abkühlen lassen. Butter und Teig müssen die gleiche Temperatur haben, wenn der nächste Schritt erfolgreich sein soll. Den Teig auf einer gut bemehlten Oberfläche 5 mm dick zu einem Rechteck ausrollen. Die weiche Butter in dünne Scheiben schneiden und auf ein Drittel des Rechtecks legen. Gebutterten Teil des Rechtecks falten und so auf den Teig legen, daß die Butter nicht sichtbar ist. Das andere Drittel des Rechtecks darüber falten, daß ein Streifen entsteht. Mit dem Nudelholz den Teig vorsichtig andrücken und ausrollen, aber aufpassen, daß die Butter nicht herausgequetscht wird. Zu einem Rechteck rollen. Das Ausrollen zweimal wiederholen. Teig wieder kühlstellen. Den ganzen Prozeß noch zweimal wiederholen und den Rest der Butter hineinarbeiten. Teig kühl halten. Teig wieder 5 mm dick ausrollen und Ringe von ca. 15 cm Außendurchmesser und 8 cm Innendurchmesser ausschneiden. Der innere Kreis kann so wie er ist gebacken werden. Das gibt sehr schöne Ringe, aber wenn man mehr Ringe will, wird der Teig in 45 cm lange und 7 cm dicke Streifen geschnitten, die zu Ringen geformt werden. Ringe mit einer Mischung aus Eigelb und einem Eßlöffel Milch bestreichen. Die Ringe auf ein feuchtes Backblech setzen und 20 Minuten gehenlassen, bis sie sich verdoppelt haben. Backherd auf 230° vorheizen und die Ringe dann 10 bis 15 Minuten goldgelb backen. Vom Blech entfernen und abkühlen lassen.

Am 3. März gibt es in Bamberg in den Bäckereien Kunigundenringe zu kaufen.

LAURENTIUS

Laurentius, der aus Spanien stammte, war Erzdiakon von Sixtus II. und für die Kirchenbücher und den Kirchenschatz in Rom verantwortlich. Er erlitt wenige Tage nach dem Papst während der Christenverfolgung unter Kaiser Valerian im Jahre 258 den Martertod, weil er die Güter der Kirche unter die Armen verteilte, anstatt sie herauszugeben. Sein Grab befindet sich in der Kirche S. Lorenzo fuori le mura. Laurentius kam in der Verehrung der römischen Kirche gleich nach Petrus und Paulus und gehörte zu den beliebtesten Heiligen in vielen Ländern. Sein Festtag ist der 10. August. Er ist der Patron von Sri Lanka und der Schutzpatron aller Berufe, die mit Feuer zu tun haben, sowie der Schüler und Studenten, Bibliothekare und Archivare. Die meisten Künstler stellen sein Martyrium dar: Laurentius wurde auf einem Rost zu Tode verbrannt. Den Henkern soll er der Legende nach gesagt haben, sie sollten ihn umdrehen, denn er sei auf einer Seite schon gar.

St. Lawrence Fried Fish

BRATFISCH LAURENTIUS

4 Zwiebeln, mittelgroß
4 Kartoffeln, mittelgroß
75 g Mehl
1 EL Rosmarin, trocken
1 EL Dill, frisch, gehackt
4 Scheiben Magerspeck, je 100 g
4 Fischfilets, ungefähr 150–200 g
Butter
125 g Käse, gerieben, mild

Das Wurzel- und Stengelende der Zwiebel entfernen, aber Zwiebel nicht schälen. Kartoffeln waschen und mit einer Gabel ein paarmal einstechen. Zwiebeln und Kartoffeln in Alufolie einwickeln und im Backherd bei 200° backen, bis sie weich sind (20 bis 30 Minuten). Zehn Minuten, bevor die Kartoffeln fertig sind, Mehl, Kräuter und Gewürze auf einem Teller mischen. Den Speck in einer großen Pfanne so lange braten, bis er schön knusprig ist. Speck entfernen. Fischfilet im Mehl wenden und im Speckfett braten, bis sie schön gebräunt sind. Jeder Gast bekommt ein Fischfilet, einen Streifen Speck, eine Zwiebel und eine Kartoffel, die er selbst auspackt und nach Geschmack buttert. Der Käse kann nach Belieben über die Zwiebeln und Kartoffeln gestreut werden.

Schweinebraten Saint-Laurent

2 Kotelettstücke vom Schwein, ohne Knochen, je 2–3 kg
20 Knoblauchzehen
5 Frühlingszwiebeln
250 ml Senf, grob
2 Schuß Tabasco
125 ml Sojasoße
4 EL Ingwer, frisch gerieben
125 ml Olivenöl
1/2 TL weißer Pfeffer
2 EL Estragonessig
4 EL Basilikum, frisch, gehackt
250 ml Weißwein

Die Kotelettstücke von Fett und Haut befreien. Mit einem scharfen Messer Löcher in das Fleisch schneiden, eine Knoblauchzehe und die Frühlingszwiebel hinein stecken. Zwiebel glatt an der Oberfläche abschneiden. Tabasco und Senf mischen und das Fleisch damit einreiben. Die zwei Stücke so zusammenbinden, daß das dicke Ende des einen Fleischstücks mit dem dünnen Ende des anderen Stücks gepaart wird und ein schöner runder Braten entsteht, der gleichmäßig gegart werden kann. Die übrigen Zutaten in einer großen Schüssel mischen und den zusammengebundenen Braten darin 24 Stunden ziehen lassen. Den Gasgrill so stark wie möglich vorheizen, den Braten dann unter häufigem Umdrehen so grillen, daß die Zeichen des Rostes überall zu sehen sind. Braten in eine Bratpfanne legen, zudecken und im Backofen bei 130° 2 bis 2 1/2 Stunden schmoren, so daß die Innentemperatur des Fleisches 65° beträgt. Nicht zu lange oder zu heiß braten, weil sonst das Fleisch austrocknet und nicht saftig ist. Schnur entfernen, Fleisch ein paar Minuten stehenlassen, in Scheiben schneiden und mit Baguette und einem grünen Salat servieren. Reicht für 30 Personen.

LUDWIG

Ludwig, 1214 in Poissy geboren, wurde nach dem Tod seines Vaters 1226 König von Frankreich, wobei seine Mutter Blanca von Kastilien bis zu seiner Volljährigkeit das Land regierte und ihn streng religiös erzog. Zu Beginn seiner Regierungszeit hatte er Aufstände zu unterdrücken und seine Macht zu sichern, aber 1248 konnte er am Kreuzzug teilnehmen. Anfangs erfolgreich, wurde er später gefangen und gegen Lösegeld freigesetzt. Er blieb im Heiligen Land bis 1254. Im Jahre 1270 begann er eine neue Kreuzfahrt, erkrankte aber an Typhus und starb in Tunis. Ludwig war bekannt für seine persönliche Frömmigkeit, sein Rechtsgefühl und seine Wohltätigkeit. Er gründete viele religiöse und erzieherische Institutionen und unterstützte die Gründung der Universität Paris. Viele Landansprüche legte er durch Verträge bei, anstatt Krieg zu führen. Unter seiner Herrschaft machte Frankreich große kulturelle Fortschritte, die Kathedralen wurden gebaut und das römische Recht wurde im ganzen Land eingeführt. Ludwig wurde 1297 von Papst Bonifaz VII. heiliggesprochen, sein Festtag ist der 25. August. Er wird immer als König dargestellt, oft mit dem Kreuz des Kreuzfahrers.

Nierchen Saint-Louis

600 g Kalbs- oder Lammnieren

80 g Butter

Salz und frisch gemahlener schwarzer Pfeffer

2 TL Dijon-Senf

1 TL Zitronensaft

Nieren auseinanderbrechen, Fettstrang entfernen, gründlich waschen und abtrocknen. Die Hälfte der Butter in einer Pfanne erhitzen und die Nieren darin 5 bis 6 Minuten rundherum anbraten. Herausnehmen, abtropfen lassen und Fettreste, Sehnen und noch vorhandene Kapillaren abschneiden. Die Nieren in ihre natürlichen Segmente teilen und dann halbieren oder vierteln. Restliche Butter in einer Kasserolle erhitzen, Nieren dazugeben, salzen und pfeffern. Mit Senf und Zitronensaft vermischen und bei starker Hitze unter ständigem Rühren 2 Minuten kochen lassen. Wenn nötig nachwürzen. Sofort servieren und mit einigen Kerbelblättern garnieren. Schwenk- oder knusprige Bratkartoffeln passen gut dazu.
Für 3 bis 4 Personen.

LUKAS

Der Evangelist Lukas wurde in Antiochien in Syrien als Sohn griechischer Eltern geboren. Er war Arzt und einer der ersten Nicht-Juden, die sich zum Christentum bekehrten. Mit Paulus, den er auf mehreren Reisen begleitete, landete er in Rom, wo er zwischen 61 und 70 sein Evangelium verfaßte, das sich besonders an nichtjüdische Leser richtet. Es kann sein, daß Lukas die Gottesmutter selbst über manche Einzelheiten befragt hat, denn sein Evangelium enthält eine ausführliche Beschreibung der Geburt Jesu und viele der bekanntesten Passagen des Neuen Testaments, wie zum Beispiel das Gleichnis vom Verlorenen Sohn. Nach dem Tode von Paulus ging Lukas nach Ägypten, um dort zu missionieren. Der Tradition nach war Lukas nicht verheiratet und starb im Jahre 63 im Alter von 84 Jahren. Lukas, der der Überlieferung nach ein Bild Mariens gemalt hat, ist der Patron der Maler, wegen seines Berufs auch der der Ärzte. Seine Reliquien befinden sich in Padua und Konstantinopel. Lukas wird am 18. Oktober gefeiert. Er wird meistens als Evangelist mit seinem Symbol, dem Stier, dargestellt, oder beim Malen der Gottesmutter.

Dieses Rezept eignet sich gut für Partys, bei denen viel getrunken wird.

Lukas-Heringe

4 Salzheringe
Milch
500 ml Mayonnaise
1 EL Senf
1 EL Schalotten, gehackt
1 EL Pfeffergurken, gehackt
1 TL Petersilie, gehackt

Heringe ungefähr 6 Stunden in öfters erneuertem Wasser lassen. Rückgrat entfernen, wenn möglich Haut abziehen, und in mundgerechte Stücke schneiden. Zwei Stunden in Milch legen, dann gut abtrocknen. Die anderen Zutaten zu einer Soße mischen und die Fischstücke darin mindestens 24 Stunden stehenlassen.
Als Hauptgericht mit Salzkartoffeln genug für 2 bis 3 Personen, als Vorspeise mit Brot genug für 5 bis 6.

LUZIA

Luzia erlitt während der Christenverfolgung des Kaisers Diokletian im Jahre 304 in Syrakus das Martyrium. Ihre erste geschichtliche Erwähnung geht auf das Jahr 400 zurück. Der Legende nach war sie eine vermögende Sizilianerin, die ihren Besitz den Armen gab und als keusche Braut Christi mehrere Heiratsanträge ablehnte. Einer der erfolglosen Freier informierte die Behörden von ihrem Glauben, worauf man ihr erst die Augen ausstach und sie dann auf dem Scheiterhaufen verbrannte. In anderen Versionen mißlingt der Versuch, sie in ein Freudenhaus zu verbringen, worauf sie wiederum vergeblich mit siedend heißem Öl übergossen und schließlich erstochen wird. Luzia ist eine besonders in Sizilien und in Schweden beliebte Heilige. Ihr Festtag, der 13. Dezember, wird in Schweden als Lichtfest gefeiert, was vielleicht auf einen alten heidnischen Festtag zurückzuführen ist. Sie ist die Patronin der Blinden, Schneider und Glaser.

Dieses ungarische Rezept benutzt nur Reiswasser, und zwar wegen des Glaubens, daß Getreide und andere Körner gut für die Augen wären. In Italien gibt es ein ähnliches Gericht für denselben Festtag, der auch nur Getreidekörner und Linsen enthält.

Santa Lucia Leves

LUZIA-SUPPE

125 g Reis
2 l Wasser
1 TL Salz
125 g Butter
200 g Schinken, gekocht, gewürfelt
1 Zwiebel, klein, gehackt
65 g Mehl

In einem Topf mit Deckel den Reis mit dem Salz und Wasser so lange kochen, bis der Reis sehr weich ist. In einem anderen Topf die Butter schmelzen und darin den Schinken und die gehackte Zwiebel andünsten, bis die Zwiebel glasig ist. Mehl zugeben und 1 Minute kochen. Reis vom Herd nehmen und das Reiswasser in den anderen Topf mit der Schinken-Zwiebel-Mischung abseihen. Reis zu anderen Zwecken verwenden. Suppe umrühren, bis sie nicht mehr klumpig ist. Suppe zum Kochen bringen, abschmecken und servieren. Für etwa 8 Personen.

Lussekattor

LUZIA-KATZEN

125 g Butter
300 ml Milch
1/4 TL Safran
1 EL Trockenhefe
150 g Zucker
700 g Mehl
1 Ei, Zimmertemperatur
Rosinen
Salz

Butter, Milch und Safran in einem Topf erhitzen, bis es Körpertemperatur erreicht hat. Mit der Hefe bestreuen, drei Minuten stehenlassen und dann mit Zucker und Mehl zu einem geschmeidigen Hefeteig verarbeiten. Teig zudecken und an einem warmen Platz 30 Minuten gehenlassen. Gut durchkneten und dann den Teig zu 25 bis 30 kleine Bällchen formen. Bällchen zugedeckt für ein paar Minuten stehenlassen. Jedes Bällchen zu 20 cm langen Würsten ausrollen und Figuren wie eine 8 oder ein doppeltes S formen. Das wichtigste bei der Form ist, daß sich ihre Enden treffen. Ein paar Rosinen in den Teig eindrücken, die „Katzen" mit einem feuchten Tuch zudecken und 40 Minuten gehenlassen. Eine Prise Salz in das Ei schlagen und die Katzen mit dieser Mischung bestreichen. Im auf 250° vorgeheizten Herd 5 bis 10 Minuten backen, bis sie goldgelb sind. Ergibt 25 bis 30 Stück.

In Schweden wird der Festtag der Heiligen mit viel Backwerk gefeiert, darunter Lussekattor. Die Form ist ein altes schwedisches Motiv aus vorchristlicher Zeit.

Luzia-Krone

Teig
125 ml Wasser, warm
2 TL Trockenhefe
125 ml Milch, warm
125 g Zucker
4 EL Butter, weich
1 TL Salz
$^1/_8$ TL Safran
500 g Mehl
3 Eier, klein
Glasur und Dekoration
125 g Puderzucker
4 TL Milch
Vanillearoma
Kandierte Kirschen, rot und grün

Die Hälfte des warmen Wassers in einer großen Schüssel mit der Hefe bestreuen und umrühren, bis sie aufgelöst ist. Den Rest des Wassers, die Milch, Zucker, Butter, Salz, Safran und die Hälfte des Mehls unterrühren. Zwei Eier dazugeben und mit dem restlichen Mehl zu einem glatten Teig verarbeiten. Auf einer bemehlten Oberfläche 6 bis 8 Minuten gut durchkneten und dann in eine gefettete Schüssel legen. Teig umdrehen, daß die gefettete Oberfläche oben ist. Zudecken, an einem warmen Platz stehenlassen, bis sich das Volumen des Teigs verdoppelt hat, was ungefähr eine Stunde dauert. Teig etwas ankneten und ein Drittel für die obere Krone nehmen. Diesen Teil wieder in drei gleiche Stücke aufteilen und jedes Stück 40 cm lang ausrollen. Die drei Rollen zu einem Zopf flechten, dann zu einem Kreis formen und mit etwas Wasser zusammenschließen. Das wird für die untere Krone wiederholt, nur müssen die Teile diesmal 75 cm lang ausgerollt werden. Beide Kronen auf zwei gefettete Backbleche legen, zudecken und eine gute Stunde an einem warmen Platz gehenlassen. Das übrige Ei leicht schlagen und damit beide Kronen bestreichen. Im vorgeheizten Herd bei 190° die kleine Krone 15 Minuten und die große 25 Minuten backen. Die große Krone in den letzten 10 Minuten mit Alufolie abdecken, damit sie nicht zu sehr bräunt. Beide Kronen abkühlen lassen. Für die Glasur Puderzucker, Milch und Vanillearoma mischen und glattrühren. In der kleinen Krone Löcher für Kerzen machen. Die kleine Krone auf die große setzen und mit der Glasur oder Zahnstochern befestigen. Kronen mit der Glasur begießen und mit den kandierten Kirschen dekorieren. Die Kerzen in die vorbereiteten Löcher stecken und vor dem Servieren anzünden. Für 12 Personen.

Vor der Kalenderreform war der Festtag der Heiligen der Tag mit der längsten Nacht, der schon vor der Ankunft des Christentums gefeiert wurde.

MANECHILDIS

Manechildis oder Ménéhould, wie sie in Frankreich genannt wird, wurde im sechsten Jahrhundert geboren. Sie war eine der sieben Töchter von Sigmar, dem Grafen von Perthois, die als Heilige in der Champagne verehrt werden. Manechildis wurde Nonne und nahm den Schleier aus den Händen des hl. Alpinus. Sie lebte als Einsiedlerin in Bienville an der Marne, und kümmerte sich um die Armen und Kranken. Ein Ort neben der väterlichen Burg nahm im neunten Jahrhundert zu ihren Ehren den Namen Sainte-Ménéhould an. Ihr Festtag ist der 14. Oktober.

Ein Rezept, das auch mit Huhn, Lamm oder Aal gut schmeckt. In Sainte-Ménéhould werden auf diese Art Schweinefüßchen gekocht.

Lachs Sainte-Ménéhould

1 kg Lachsfiletstücke, ungefähr 3 cm dick
125 ml Weißwein
125 ml Wasser
125 g Butter
1 EL Zwiebel, fein gehackt
1 TL Schnittlauch, fein gehackt
1/2 TL Knoblauch, fein gehackt
1/2 TL Thymian
1/4 TL Basilikum
1 Lorbeerblatt
1 Nelke
1/2 TL Pfeffer
1/2 TL Salz
2 Eigelb
100 g Semmelbrösel
125 g Butter
1 EL Rahm

Die Lachsstücke sollten 3–4cm dick sein und ein Querschnitt. Stücke vom Schwanz sind am besten. Haut von den Lachsstükken entfernen. Die Stücke in einen großen Topf mit Deckel geben, die anderen zwölf Zutaten hinzufügen und bei schwacher Hitze ungefähr 30 Minuten pochieren. Nach einer halben Stunde die Hitze abstellen, aber den Lachs noch etwas in der Flüssigkeit lassen, damit er noch mehr Geschmack annimmt. Dann die Filetstücke vorsichtig aus der Flüssigkeit heben und auf ein Grillblech legen. Wenn der Fisch von seiner eigenen Hitze trocken ist, mit Eigelb bestreichen und mit den Semmelbröseln bestreuen. Die Butter schmelzen und leicht auf die Stücke tropfen. Nochmals mit Eigelb bestreichen, mit Semmelbröseln bestreuen und wieder etwas Butter darauf tröpfeln. Es ist nicht notwendig den Fisch umzudrehen, denn er kann leicht auseinanderfallen. Die Filetstücke im Herd nur leicht bräunen, aber nicht die Semmelbrösel verbrennen. Der Lachs ist schon gar, bevor er in den Herd kommt.

Für die Soße die Kochflüssigkeit abseihen und dann so lange kochen, bis sie die richtige Konsistenz hat. Den Rahm hinzufügen und mit Salz und Pfeffer abschmecken. Reicht für 6 bis 8 Personen.

MARGARETA

Margareta, die bei den Griechen Marina heißt, war der Legende nach die Tochter eines heidnischen Priesters und wurde von ihrer Amme getauft. Als sie sich öffentlich zu Christus bekannte, trieb ihr Vater sie aus dem Haus, und sie wurde Schafhirtin. Der Statthalter von Antiochien sah sie und wollte sie heiraten, aber sie lehnte wegen ihres Glaubens ab. Er ließ Margareta foltern, der Legende nach wurde sie im Kerker auch von einem Drachen bedroht, der aber floh, als sie das Kreuzzeichen machte. Schließlich wurde sie enthauptet. Vor ihrem Tode versprach sie, daß alle, die sie um Hilfe anrufen, große Belohnungen im Himmel erwarten können. Das spornte ihre Verehrung an und erklärt zum Teil ihre Beliebtheit. Margareta zählt zu den Vierzehn Nothelfern, ihr Festtag ist der 20. Juli. Sie ist die Patronin der Ammen und Gebärenden, der Mädchen und Ehefrauen. Besonders wegen der Drachenlegende war sie bei den Künstlern sehr beliebt.

Als Vorspeise in der Avocadoschale oder als Brotaufstrich geeignet.

Avocado Sainte-Marguerite

500 g Kabeljau, so frisch wie möglich
2 Zitronen
Salz und Pfeffer
3 Avocados
2 Zwiebeln, mittelgroß, fein gehackt
3 Tomaten, klein, fein gehackt
2 EL frische Kräuter, gemischt, fein gehackt
1 EL süße, eingemachte Gurken, klein geschnitten
1 EL Kapern
2 Eigelb
2 TL Senf, scharf
200 ml Olivenöl
1 EL Worcestersauce

Gräten und Haut vom Fisch entfernen, in dünne Scheiben schneiden, mit etwas Salz bestreuen, den Saft einer Zitrone darübergießen und eine gute Stunde in den Kühlschrank stellen. Die Avocados in der Mitte durchschneiden, den Kern entfernen und das Fleisch mit einem Teelöffel aushöhlen und aufheben. Eine 2 mm dicke Fleischschicht auf der Innenseite stehenlassen.
Mit dem Saft der anderen Zitrone die Innenseiten der Avocados bestreichen, daß sie sich nicht verfärben. Das Avocadofleisch und den Fisch fein schneiden oder in einer Küchenmaschine zerkleinern, gut mischen. Die anderen Zutaten auch fein hacken. Für die Mayonnaise die Eigelbe in den Mixer geben und beim Drehen langsam das Olivenöl und die Worcestersauce hineingießen.
Zur Not Senf und Worcestersauce mit fertiger Mayonnaise mischen. Fisch-Avocado-Mischung mit der Mayonnaise und den anderen Zutaten mischen und abschmecken. Eventuell nachwürzen.
Die Avocadoschalen mit der Mischung füllen und 2 bis 3 Stunden im Kühlschrank stehenlassen, damit sich die Geschmäcker vereinigen. Vor dem Servieren mit Pfeffer bestreuen und mit Tomatenscheiben dekorieren. Mit Butter und Roggenbrot servieren. Als Vorspeise genug für 6, als kleine Häppchen auf Brot genug für 16 bis 20 Personen.

MARIA MAGDALENA

Maria Magdalena wird in den Evangelien oft erwähnt: Zuerst trieb ihr Jesus sieben Dämonen aus, dann schloß sie sich seinem Gefolge an und war bei der Kreuzigung, Kreuzabnahme und Beisetzung Jesu anwesend. Am Ostermorgen ging sie zum Grab, um den Körper zu salben, und war die erste, die dem Auferstandenen begegnete. In der Ostkirche wird erzählt, daß sie mit der Gottesmutter Maria und dem Evangelisten Johannes nach Ephesus zog und dort starb. In Frankreich gibt es eine Legende, der nach sie mit den Geschwistern Marta und Lazarus von Betanien in Marseille landete, wo sie missionierten. Wegen ihrer Anwesenheit bei den wichtigen Ereignissen im Leben Jesu ist sie auf vielen Darstellungen der christlichen Kunst zu finden und mit ihren langen Haaren leicht zu erkennen. Ihr Festtag ist der 22. Juli, sie ist Patronin der reuigen Büßerinnen, der Gefangenen, Gärtner und Friseure.

Rindsbraten St. Magdalena mit Kartoffelnudeln

Braten
2 kg Rinderbraten, knochenfrei
2 kg Kalbsknochen
Wurzelgemüse
Gewürzkräuter
1 l Weißwein (St. Magdalener natürlich)
1 EL Tomatenmark
220 g Salzspeck
2 Essiggurken
50 g Trockenpilze
Salz und Pfeffer
Kartoffelnudeln
1 kg Kartoffeln, gekocht und gepreßt
300 g Mehl
2 Eigelb
Salz und Muskat

Das Fleisch mit dem Speck spicken, auf allen Seiten würzen, schön braun anbraten und in einen passenden Topf geben.
Die kleingehackten, abgerösteten Kalbsknochen, das geröstete Wurzelgemüse, die gehackten Essiggurken, die Gewürzkräuter und die Trockenpilze über das Fleisch geben, alles gut heiß werden lassen, mit dem Wein ablöschen, Tomatenmark und etwas Fleischbrühe beifügen und zugedeckt im Rohr bei ca. 200° schmoren lassen. Fleisch herausnehmen, Soße entfetten, mit etwas Mehl binden und passieren.

Die Zutaten für die Nudeln zu einem Teig verarbeiten, kleine Nudeln formen, in Salzwasser kurz aufkochen, in kaltes Wasser geben, abseihen und in Butter heiß schwenken. Genug für 10 Personen.

MARKUS

Der Evangelist Markus wird im Neuen Testament mehrere Male erwähnt, sei es als Markus oder Johannes Markus. Er begleitete Paulus auf seinen Reisen und predigte mit Barnabas, der sein Vetter war, auf Zypern. Später war er mit Paulus auch in Rom. Petrus schätzte Markus sehr und nannte ihn in seinen „Sohn“. Sein Evangelium, das sich an die Schilderung der Ereignisse durch Petrus hält, schrieb Markus in Rom. Eine alte Tradition behauptet, daß Markus nach Alexandrien ging und dort um 70 das Martyrium erlitt. 829 überführte man seinen Leichnam nach Venedig, wobei sich viele Wunder ereignet haben sollen. Seine Reliquien befinden sich in der Basilika San Marco in Venedig, und Markus ist der Schutzheilige der Stadt. Auch die Insel Reichenau besitzt eine Markus-Reliquie und feiert ihren Patron mit einem Fest. Weil man ihn als ersten Bischof von Alexandrien verehrt, ist Markus auch der Patron Ägyptens. Sein Festtag ist der 25. April. In der Kunst wird er meistens als Evangelist mit seinem Symbol, dem geflügelten Löwen, dargestellt.

Pasta San Marco

Soße
3 El Olivenöl
1 kg Hühnerfleisch, ohne Haut und in Würfel geschnitten
2 Karotten, geschält und gewürfelt
2 Zwiebeln, mittelgroß, grob gehackt
1 TL Knoblauch, fein gewiegt
$^1/_4$ l Hühnerbrühe
750 g Pflaumen- oder Flaschentomaten aus der Dose
1 TL Oregano
1 TL Rosmarin
$^3/_4$ TL Pfeffer, schwarz
1 EL Mehl
Nudeln
675 g Fettuccini
1 EL Olivenöl
Gemüse
150 g grüne Pfefferschoten, in Streifen geschnitten
150 g rote Pfefferschoten, in Streifen geschnitten
300 g Broccoli, in kleine Stücke geteilt
150 g Zucchini, in Scheiben geschnitten
150 g gelber Kürbis
3 EL Olivenöl

In einem großen Topf das Öl erhitzen und die Hühnerstücke unter häufigem Umdrehen 5 bis 6 Minuten leicht anbräunen, Karotten und Zwiebel hinzugeben und glasig dünsten. Knoblauch zugeben und 1 Minute anrösten. Die Hühnerbrühe dazugießen und alle angebackenen Teile vom Pfannenboden entfernen, dann den Rest der Zutaten in den Topf geben und bei schwacher Hitze 10 Minuten zugedeckt kochen lassen, bis die Hühnerstücke zart, aber nicht weich sind. Ab und zu umrühren. Soße abschmecken und warmhalten.

In der Zwischenzeit die Nudeln kochen. Wenn sie fertig sind, im Öl wenden, daß sie nicht zusammenkleben.

In einer Pfanne das Öl für das Gemüse erhitzen, das vorbereitete Gemüse darin leicht andünsten, daß es etwas weich wird, aber noch bißfest bleibt. Nudeln, Gemüse und Soße in einer großen Schüssel gut durchmischen und sofort servieren. Reicht für 8 hungrige Personen.

MARTA

Marta, ihre Schwester Maria und ihr Bruder Lazarus werden in den Evangelien von Lukas und Johannes erwähnt. Als Jesus ihr Haus in Betanien besuchte und Maria ihm zuhörte, tadelte Marta Jesus, daß er Maria nicht auffordere, ihr im Haus zu helfen. Jesus antwortete, daß Maria das einzig Notwendige tue. Marta wird wieder im Lukasevangelium bei der Auferweckung des Lazarus erwähnt, als sie Jesus als den Sohn Gottes erkannte. Im ersten Millenium war Marta nicht von großer Bedeutung, aber das änderte sich im 12. Jahrhundert, als die Reliquien einer persischen Nonne mit demselben Namen in die Provence gelangten. Von daher rührt vermutlich die Legende, daß Marta und ihre Geschwister dort wirkten und Lazarus der erste Bischof von Marseille gewesen sei. Marta ist die Patronin der Hausfrauen und Dienerinnen, und sie wird oft mit einem Kochlöffel, einem Besen oder einem Schlüsselring dargestellt. Ihr Festtag ist der 29. Juli.

Kürbistorte Sainte-Marthe

Teig
1 Ei
200 g Mehl
50 g Zucker
100 g Butter
1 Prise Salz
1 EL Milch oder Wasser
1 Päckchen Vanillezucker
Füllung
3 Eier
200 g Zucker
375 g Kürbispüree
125 ml Milch
1/2 TL Salz
1/2 TL Ingwer, gemahlen
1/2 TL Zimt
1/2 TL Muskatnuß, gerieben
4 EL Wasser, kalt
1 1/2 EL Gelatinepulver

Die Zutaten für den Teig zu einem guten Mürbteig verarbeiten, eine Springform von 25 cm Durchmesser mit dem Teig auslegen und einen 5 cm hohen Rand hochziehen. Im Backherd bei 200° 20 bis 25 Minuten leer backen. Abkühlen lassen. Eier trennen, Eiweiß schnittfest schlagen, die Hälfte des Zuckers einrühren, bis der Eischnee fest ist und glänzt. In einer anderen Schüssel werden die Eigelbe mit dem Rest des Zuckers so lange geschlagen, bis die Mischung dick und blaßgelb ist. Kürbis, Milch, Salz, Ingwer, Zimt und Muskatnuß dazugeben und umrühren, bis alles gut vermischt ist. Die Kürbismischung im Wasserbad erhitzen und ungefähr 7 bis 8 Minuten einkochen lassen, bis sie sich verdickt hat. Die Gelatine auf das kalte Wasser streuen und 5 Minuten stehenlassen, dann unter die Kürbismischung rühren. Mischung auf Zimmertemperatur abkühlen lassen und dann den Eischnee vorsichtig unterheben. Füllung in die Form gießen und 4 Stunden im Kühlschrank stehenlassen. Nach Belieben mit Schlagrahm dekorieren.
Für 6 Personen.

In Amerika wird an Erntedank ein gebratener Truthahn und zum Nachtisch eine Kürbistorte gegessen. Dieses Rezept stammt aus Québec und ist leicht herzustellen, vor allem, wenn man einen vorgebackenen Boden hat.

MARTIN

Martin von Tours wurde um 316 in Ungarn als Sohn eines römischen Tribunen geboren. Er wurde in Pavia erzogen, trat mit 15 Jahren in die römische Armee ein und diente in Gallien in der kaiserlichen Garde. Aus dieser Zeit stammt die bekannte Episode, daß er seinen Mantel mit einem Bettler teilte, der sich im Traum als Christus zu erkennen gab. Martin wollte Christ werden, erfaßte aber den Widerspruch zum Soldatendasein. Er verließ unter Schwierigkeiten das Militär, ging zum hl. Hilarius nach Poitiers, wurde getauft und ging als Missionar nach Ungarn und Italien. Nach Hilarius' Rückkehr aus dem Exil schloß Martin sich ihm in Poitiers wieder an und gründete eine Einsiedelei, aus der sich das erste Kloster in Frankreich entwickelte. 372 wurde er Bischof von Tours, lebte aber weiterhin wie ein Mönch und gründete viele Klöster. Sein Einfluß auf die Entwicklung des Mönchtums in Europa war sehr groß. Martin starb im Jahre 397 und wurde zu einem der populärsten Heiligen des Mittelalters, der erste, der kein Märtyrer war. Sein Festtag ist der 11. November, er ist der Patron der Soldaten und einer der Schutzheiligen Frankreichs. In der Kunst wird meistens das Mantel-Wunder dargestellt.

Martinstorte

4 Eier
100 g Zucker
3 EL heißes Wasser
75 g Mehl
50 g Speisestärke
$^1/_2$ TL Backpulver
500 ml Sahne
1 Päckchen Sahnesteif
3 EL Puderzucker
2 Päckchen Vanillezucker
75 g Mandeln, geschält, gemahlen
5 EL Weinbrand
750 g blaue Weintrauben

Eigelb mit Zucker und Wasser schaumig rühren. Eiweiß steif schlagen. Mehl, Speisestärke und Backpulver mischen, mit dem Eischnee auf die Eigelbcreme geben und locker daruntermischen. Den Boden einer Springform (25 cm Durchmesser) mit Backpapier belegen, den Teig hineinfüllen und bei 180° 35 Minuten backen. Die Sahne mit dem Sahnesteif steifschlagen und dann Puderzucker, Vanillezucker und Mandeln daruntermischen. Den kalten Tortenboden halbieren, mit Weinbrand beträufeln und mit der Hälfte der Sahne und den entkernten Trauben füllen. Die andere Hälfte zum Garnieren verwenden.

Martinsente

1 Jungente
100 g Butter
1 EL Cognac
1 TL Majoran
1 Prise gemahlener Kümmel
Füllung
1 Entenleber
1 aufgeweichtes Brötchen
125 g Speck, fein geschnitten
100 g Sardellenfilets
3–4 Stiele von Steinpilzen
1 Messerspitze Muskat
1 Messerspitze Thymian
2 Lorbeerblätter

Die bratfertig hergerichtete Ente innen mit Salz, Majoran und Kümmel einreiben. Dann die Füllung aus vermengter Entenleber, dem aufgeweichten Brötchen, Speck, Sardellenfilets, Steinpilzstielen und den restlichen Gewürzen hineingeben. Die Butter im Bratentopf zerlaufen lassen und die Ente bei geöffneter Pfanne von allen Seiten ein wenig anbraten. Erst jetzt auf die Brustseite legen und bei geschlossenem Topf eine Viertelstunde bei mittlerer Hitze (170°) braten. Dann die Ente wenden, mit dem Bratensaft übergießen und auf der anderen Seite weitere 15 Minuten braten. Diese Prozedur mehrmals wiederholen, bis ein leichter Druck auf den Schenkel zeigt, daß sie gar ist. Zum Schluß wird die Ente auf allen Seiten mit Cognac bepinselt und für ein paar Minuten in das Rohr geschoben. Rotkraut und Salzkartoffeln sind die idealen Beilagen.

Krabbenfleisch St. Martin

500 g Krabbenfleisch
125 g Butter
6 EL Zwiebel, fein gehackt
6 EL Stangensellerie, fein gehackt
6 EL Frühlingszwiebel, fein gehackt
1 EL Knoblauch, fein gehackt
2 EL Mehl
750 ml Sahne
2 EL Weißwein, trocken
1 EL Zitronensaft
1 Spritzer Tabasco
50 g Parmesankäse, gerieben
Salz und Cayennepfeffer
100 g rote Paprikaschote, in Würfel geschnitten
4 EL Petersilie, fein gewiegt

In einem Topf (3 l) die Butter schmelzen, Zwiebel, Stangensellerie, Knoblauch und Frühlingszwiebel dazugeben und fünf Minuten dünsten, bis das Gemüse weich ist, aber nicht braun. Mehl darüber streuen und gut einrühren. Mit einem Schneebesen die Sahne gut unterrühren, bis eine dicke, cremige Soße entsteht. Die Hitze auf schwach stellen und den Weißwein, Zitronensaft, Tabasco und Käse hinzufügen. Die Mischung immer umrühren, daß die Soße nicht anbrennt. Mit Salz und Pfeffer abschmecken. Um etwas mehr Farbe zu erhalten, die roten Paprikawürfel untermischen. Wenn die Mischung zu dick wird, noch etwas Sahne hinzufügen. Vom Herd nehmen und das Krabbenfleisch vorsichtig in die Soße heben.
Auf 6 bis 10 kleine Schüsseln verteilen, mit Petersilie dekorieren und mit Croutons servieren.

MAURITIUS

Mauritius oder Moritz war Offizier der Thebäischen Legion, in der viele Christen aus Oberägypten Dienst taten. Unterwegs durch die Schweiz, um einen Aufstand der einheimischen Christen zu unterdrücken, verweigerten er und seine Gefährten ein Götzenopfer, und Kaiser Maximian ließ die Legion dezimieren, bis alle getötet waren. Das war um 302, und die Legende spricht von mehreren tausend Soldaten. Das Martyrium der Thebäischen Legion hat bei allen Ausmalungen, die aus dem fünften Jahrhundert stammen, eine historische Basis. Eine Kirche zur Aufbewahrung der Reliquien wurde im heutigen St. Maurice-en-Valois gebaut, die von Mauritius sind heute über ganz Europa verstreut. Sein Festtag ist der 22. September. Er ist der Schutzpatron der Soldaten, Weber und Färber. Er ist auch der Patron von Sardinien und Piemont in Norditalien. In der Kunst wird Mauritius meistens als dunkelhäutiger Soldat inmitten seiner Gefährten dargestellt.

Kalbsschnitzel St. Moritz

750 g Kalbsschnitzel, dünn geschnitten
4 EL Weißwein
2 EL Stärkemehl
1 EL Curry
1 Zwiebel, mittelgroß, fein gehackt
60 g Butter
750 ml Kalbs- oder Hühnerbrühe
Salz und Pfeffer
Knoblauchsalz

Zwiebeln feinhacken und in der Hälfte der Butter andünsten, bis sie glasig sind. Eine Prise Knoblauchsalz dazugeben. Das Stärkemehl mit dem Curry vermischen und zu den Zwiebeln geben. Gut umrühren, bis alles schön vermischt ist. Langsam über schwacher Hitze die Brühe dazugießen und dabei fest umrühren, bis sich die Soße leicht verdickt. Mit Salz und Pfeffer abschmecken. Den Wein dazugeben und eventuell noch mehr Curry. Die Soße in eine Auflaufform mit Deckel gießen.
Das Fleisch in mundgroße Stücke schneiden, leicht salzen und pfeffern und im Rest der Butter in einer Pfanne leicht anbräunen. Das Fleisch zur Soße in die Form geben und in einem vorgeheizten Ofen bei 170° für mindestens eine Stunde. Ab und zu umrühren. Wenn es trocken aussieht, etwas mehr Brühe dazugießen, damit es genug Soße gibt. Mit Reis servieren und kleine Teller mit Kokosraspeln, gehackten Erdnüssen oder Mandeln mit hinstellen. Ein indischer Chutney schmeckt auch gut dazu. Reicht für 6 Personen.

MICHAEL

Michael wird in der Bibel als Erzengel und Schutzherr Israels bezeichnet sowie als Hauptgegner Satans. Seine Darstellung mit Flammenschwert und dem besiegten Drachen zu seinen Füßen ist weit verbreitet. Seine Verehrung im Westen nahm nach seiner Erscheinung am Monte Gargano im fünften Jahrhundert sehr zu. Das bekannte Benediktinerkloster am Mont Saint-Michel wurde zum Gedenken an eine weitere Erscheinung im siebten Jahrhundert gebaut. Als Engel im Kampf für das Gute war Michael vor allem während der Kreuzzüge sehr beliebt, und viele Künstler ließen sich von seiner Gestalt inspirieren. Viele Darstellungen zeigen ihn auch beim Abwiegen der guten und bösen Taten der Verstorbenen. Michael ist der Patron des deutschen Volkes, der Ritter und der Kaufleute. An seinem Festtag am 29. September begannen einst neue Dienstverhältnisse.

Muscheln Saint-Michel

1 kg Miesmuscheln
125 ml Weißwein, trocken
1 Zwiebel, klein, fein geschnitten
1 Schalotte, fein geschnitten
3 Petersilienzweige
1 Thymianzweig
1 Lorbeerblatt
1 Prise Pfeffer
3 EL Butter
Soße
1 EL Butter
1 EL Mehl
1 EL Petersilie, fein geschnitten
1 EL Kerbel, fein geschnitten
1 TL Senf

Die Muscheln gründlich waschen, Bart entfernen. Muscheln, Wein und die anderen Zutaten in einen Topf geben, zudecken und bei starker Hitze zum Kochen bringen. Nach 2 oder 3 Minuten den Topf etwas schütteln. Nach 6 Minuten sollten sich alle Muscheln geöffnet haben. Ungeöffnete Muscheln wegwerfen. Flüssigkeit abseihen und für die Soße verwenden. In einem kleinen Topf schmilzt man die Butter und läßt das Mehl eine Minute kochen.
Die Flüssigkeit der Muscheln dazugießen, die Kräuter und den Senf dazugeben und so lange rühren, bis die Soße glatt ist.
Von jeder Muschel eine Schale entfernen und mit den vollen Hälften eine Pyramide auf dem Teller bauen, Soße darübergießen und servieren. Schmeckt am besten mit Baguette und Weißwein.

Croustilles Saint-Michel

FISCH-SANDWICH

Füllung

500 g Weißfischfilets

1/2 l Fischbrühe

4 EL Butter

1 Karotte, mittelgroß, fein gewiegt

1 Stangensellerie, fein gewiegt

1 Zwiebel, mittelgroß, fein gehackt

4 EL Mehl

1 Lorbeerblatt

125 ml Weißwein, trocken

1 TL Paprika, süß

Salz und Pfeffer

Sandwich

12 Scheiben Kastenweißbrot

4 Eier

125 g Butter

Die Fischsoße kann am Vortag vorbereitet werden und braucht vor dem Essen nur noch aufgewärmt zu werden. Den Fisch in der Brühe leicht kochen, bis er gar ist. Brühe abseihen und aufheben. Den Fisch mit der Gabel in kleine Stücke brechen. Butter in der Pfanne schmelzen, die Karotten, Stangensellerie und Zwiebel gut braun anrösten, dann Mehl zufügen und noch eine Minute kochen. Lorbeerblatt und Fischbrühe dazugeben und so lange kochen, bis nur noch 375 ml vorhanden sind. Wein und Paprika dazu, mit Salz und Pfeffer abschmecken, Lorbeerblatt entfernen. Im Mixer alles fein pürieren, daß eine dicke Soße entsteht. Fisch hineinrühren und warmhalten. Nach Belieben kann die Kruste vom Brot abgeschnitten werden. Fischsoße nicht zu dick auf eine Scheibe streichen, mit einer anderen Scheibe zudecken, in die verquirlten Eier tauchen. Butter in der Pfanne schmelzen und den Sandwich darin schon bräunen. Noch heiß servieren. Für 6 Personen.

Lammkoteletts Saint-Michel

Soße
1 Lorbeerblatt
Petersilienzweig
Thymianzweig
1 Zwiebel, klein
6 Pfefferkörner
250 ml Milch
1 EL Butter
1 EL Mehl
Salz und Pfeffer
Fleisch
12 Lammkoteletts
Salz und Pfeffer
Mehl
4 EL Butter
1 Zwiebel, mittelgroß, fein gewiegt
6 Artischockenböden, gekocht
6 vorgebackene kleine Teigschüsseln, nach Belieben
1 Zitrone zum Dekorieren

Die ersten sechs Zutaten für die Soße in einem Topf langsam zum Kochen bringen, vom Herd nehmen und ein paar Minuten stehenlassen. Milch in einen Behälter abseihen. Butter in einem Topf schmelzen, Mehl zugeben und eine Minute kochen lassen. Topf vom Herd nehmen und die Milch unter ständigem Umrühren dazugeben, bis sich die Soße verdickt. Mit Salz und Pfeffer abschmecken.

Die Koteletts leicht salzen und pfeffern, im Mehl wenden und in 3 Eßlöffel Butter gut bräunen. Koteletts auf eine Servierplatte legen und warm halten. Mit dem Rest der Butter die Zwiebel und die geviertelten Artischockenböden leicht anbraten, aber nicht bräunen. Diese Mischung dann in die Soße einrühren, auf die sechs Teigschüsseln verteilen und auf die Servierplatte stellen. Mit der Zitrone dekorieren. Wenn keine Teigschüsseln verwendet werden, je zwei Koteletts direkt auf den Teller legen und ein paar Löffel Soße danebensetzen. Für 6 Personen.

NIKOLAUS

Nikolaus war im vierten Jahrhundert Bischof von Myra im Südwesten der Türkei. In der Ostkirche wird er seit dem sechsten Jahrhundert verehrt. Die Biographie von Methodius aus dem neunten Jahrhundert enthält alle heute noch bekannten Legenden. Im Jahre 1087 retteten Kaufleute seine Reliquien vor den Moslems und brachten sie nach Bari, wo Papst Urban II. ihm zu Ehren eine Basilika weihte, weswegen er auch Nikolaus von Bari genannt wird. Seine Verehrung ist in ganz Europa verbreitet, besonders in Holland, Belgien und Deutschland. Nikolaus wird immer als Bischof gezeigt. Er ist Patron von Rußland und Griechenland sowie Schutzpatron der Kinder, Parfümhändler, Seeleute und Pfandleiher. Alle diese Patronate hängen mit seiner Vita zusammen. Der Festtag von Nikolaus ist der 6. Dezember.

Nikolausstiefel

Teig
1 TL Trockenhefe
1 TL Zucker
150 ml Milch, lauwarm
500 g Mehl
75 g Butter
75 g Zucker
1 Päckchen Vanillezucker
1 Ei
1 Prise Salz
Glasur
1 Eigelb
1 EL Milch
Dekoration
Sesam, Mohn, Mandeln, Sonnenblumenkerne, Puderzucker, Lakritz, Gummibärchen u. a. Süßigkeiten nach Belieben

Die Hefe und einen Teelöffel Zucker mit der Milch sorgfältig anrühren und 15 Minuten bei Zimmertemperatur stehenlassen. Mehl in eine Schüssel sieben, Butter zerlassen. Zucker, Vanillezucker, Salz, Ei, Butter und die angerührte Hefe dazugeben. Die Mischung zu einem guten glatten Teig kneten. An einem warmen Ort gehenlassen, bis sich die Menge verdoppelt hat. In der Zwischenzeit einen Stiefel aus Pappe als Schablone ausschneiden, der etwa 40 cm lang ist. Teig etwa 1 cm dick in L-Form ausrollen und die Schablone darauflegen. Stiefel aus dem Teig schneiden, auf ein gefettetes Blech legen und mit dem mit Milch verdünnten Eigelb bestreichen. Aus einem Teil des Teigrestes Rollen formen, um Stulpen und Absatz zu formen. Den Stiefel damit belegen. Den Stiefel mit dem restlichen Eigelb bestreichen, mit Mohn, Sesam und Leinsamen, Sonnenblumenkernen, Mandeln und Nüssen belegen. Den Backofen auf 200 bis 220° vorheizen und den Stiefel 20 bis 25 Minuten backen. Nach Belieben noch mit Puderzucker und anderen Süßigkeiten belegen, die mit Zuckerguß angeklebt werden können.

Ein traditionelles polnisches Rezept für Honigplätzchen zu Nikolaus.

Ciastka Miodowe

HONIGPLÄTZCHEN

125 ml Honig
125 g Zucker
3 Eier
500 g Mehl
1 TL Natriumbikarbonat
$^1/_2$ TL Zimt
$^1/_4$ TL Muskatnuß
$^1/_4$ TL Nelken
$^1/_4$ TL Ingwer, gemahlen
50 Mandelhälften, ohne Schale

Den Honig leicht wärmen und mit dem Zucker mischen. Zwei der Eier trennen. Zwei Eigelbe und ein ganzes Ei in die Honigmischung einrühren, bis alles gut gemischt ist. Ein Eiweiß für den nächsten Tag aufheben. Mehl mit dem Natriumbikarbonat und den Gewürzen darübersieben und zu einem Teig verarbeiten, der über Nacht ruhen soll.

Den Teig 6 mm dick ausrollen, verschiedene Formen ausschneiden. Mit dem vom Vortag aufgehobenen Eiweiß bestreichen und eine halbe Mandel darauflegen. 15 bis 30 Minuten bei 190° backen. Ergibt etwa 50 Plätzchen.

Dieser mit Zimt gewürzte Apfelkuchen aus der Normandie schmeckt noch etwas warm am besten.

Tarte Normande Saint-Nicolas

APFELKUCHEN SANKT NIKOLAUS

Teig
250 g Mehl
1 EL Zucker
1 Prise Salz
4 EL Butter
4 EL Backfett
5 EL Wasser, eiskalt
1 TL Zitronensaft
Füllung
250 g Äpfel, sauer
750 g Äpfel, süß
250 g Zucker
1 $^1/_2$ TL Zimt
150 g Butter
1 Päckchen Vanillezucker
2 Eier
100 g Mehl
$^1/_2$ TL Backpulver
2 EL Aprikosenmarmelade
50 g Rosinen

In einer Schüssel Mehl, Zucker und Salz mischen, die in kleine Würfel geschnittene Butter und das Backfett mit den Fingern hineinreiben, bis die Mischung wie Semmelbrösel aussieht. Eiswasser und Zitronensaft dazugießen, zu einem Teig verarbeiten, in Plastikfolie einwickeln und mindestens 1 Stunde im Kühlschrank aufheben. Den Teig ausrollen, eine 25 cm große Springform mit dem Teig auskleiden und einen 6 cm hohen Rand hochziehen. Kaltstellen, bis die Füllung fertig ist. Saure Äpfel schälen, entkernen, vierteln und mit 2 Eßlöffeln Wasser, 2 Eßlöffeln Zucker und dem Zimt zu Mus kochen. Süße Äpfel schälen, entkernen, würfeln und in einer Pfanne mit 3 Eßlöffeln Butter, 5 Eßlöffeln Zucker und dem Vanillezucker etwa 10 Minuten andünsten. Abkühlen lassen. Die übrige Butter mit dem Rest des Zuckers schaumig schlagen und ein Ei nach dem anderen gut unterrühren. Apfelmus, Mehl und Backpulver dann dazugeben. Herd auf 200° vorheizen. Mit der Aprikosenmarmelade den Boden bestreichen, die Rosinen darauflegen und mit den gewürfelten süßen Äpfeln bedecken. Die Apfelmus-Ei-Mischung in eine Spritztüte mit großer Tülle füllen und eine Spirale obenauf spritzen, die alle gewürfelten Äpfel bedeckt. 30 Minuten lang backen, vom Herd nehmen, 15 bis 20 Minuten abkühlen lassen, aus der Form nehmen, mit Puderzucker bestreuen und noch warm servieren. Für 8 bis 10 Personen.

NINIAN

Ninian ist außerhalb von Schottland und Neuschottland nicht sehr bekannt. Er war ein Missionsbischof, der im fünften Jahrhundert in Schottland bei den Pikten wirkte. Von Beda dem Ehrwürdigen wissen wir, daß er in Rom „den Glauben und das Geheimnis der Wahrheit“ gelernt hat. Im Jahre 420 baute er eine Kirche aus Stein im heutigen Whithorn. Archäologische Ausgrabungen haben erbracht, daß der Mörtel weiß *(white)* war, daher der Name des Ortes. Über Ninians Leben verfaßte bereits ein Mönch im achten Jahrhundert ein Gedicht. Sein Grab war ein beliebtes Pilgerziel und wurde erst im 16. Jahrhundert zerstört. Mit den Schotten kam im 18. und 19. Jahrhundert auch die Verehrung Ninians in die Neue Welt, wo sich einige Kirchen befinden, die nach ihm benannt sind. Er wird gewöhnlich als Bischof oder Priester dargestellt, sein Festtag ist der
16. September.

St. Ninian's Gingery Muffins

INGWER-MUFFINS

200 g Mehl
1 TL Backpulver
1/4 TL Salz
1/4 TL Zimt
1/4 TL Muskat, gerieben
1/4 TL Kardamom
1 TL Ingwer, gemahlen
175 g Sirup, braun
75 g brauner Zucker
4 EL Butter
125 ml heißes Wasser
1 Ei

Den Herd auf 200° vorheizen. Mehl, Backpulver, Salz und Gewürze in eine Schüssel sieben. In einer anderen Schüssel den Sirup, braunen Zucker, Butter und das heiße Wasser mischen. Die flüssige Mischung langsam in die Mehlmischung geben und umrühren, dann auch das Ei unterrühren. Der Teig kann ruhig etwas klumpig sein. Den Teig in kleine Formen füllen und auf der mittleren Schiene des Herdes 20 bis 25 Minuten backen. Gibt 12 bis 15 Küchlein.

ODO

Odo, 878 in Aquitanien als Sohn eines Adeligen geboren, wurde am Hof Wilhelms des Frommen erzogen und mit 19 Jahren Geistlicher in Tours. Im Alter von 30 Jahren nahm ihn Berno in das Benediktinerkloster Baume auf, und er wurde sein Nachfolger als Abt zuerst von Baume, 927 von Cluny. Unter Odos Leitung kam es zur cluniazensischen Klosterreform. Er war häufig in Rom, wo er dem Papst bei Streitigkeiten zwischen Adeligen half. Auf Odo geht der Begriff „Mutter der Barmherzigkeit“ für Maria zurück, und er führte den Allerseelentag ein, der sich in der ganzen Kirche verbreitete. Er verfaßte auch mehrere Schriften, die seinen Ruf in Europa begründeten. Odo starb 942 auf dem Weg nach Rom in Tours. Ein Patron der Musiker, wird er immer als Abt dargestellt, sein Festtag ist der 18. November.

Ein Rezept aus Kalifornien, wo Artischocken sehr gut gedeihen und beliebt sind.

Pasta Sankt Odo

75 ml Olivenöl, gute Qualität

1 Zwiebel, mittelgroß, dünn geschnitten

Pfeffer, schwarz, frisch gemahlen

2 EL Petersilie, fein gehackt

1 Knoblauchzehe, fein gewiegt

75 ml Zitronen- oder Limettensaft

1 TL Zucker

1 Dose Artischockenböden in Wasser

250 g Gemellinudeln oder andere Nudeln

250 g Feta mit Kräutern und Knoblauch

Die Zwiebel, Petersilie und Knoblauch im Öl andünsten, bis die Zwiebel glasig ist. Zitronensaft mit Zucker vermischen. Artischocken und Zitronensaft mit der gekochten Zwiebel vermischen, etwas frischgemahlenen schwarzen Pfeffer dazugeben. Die Soße über die gekochten und abgetropften Nudeln gießen, den Käse zerbröckeln und gut umrühren. Sofort servieren. Für 6 Personen.

PATRICK

Patrick wurde um 390 an der Westküste Britanniens geboren. Sein Vater war Diakon und sein Großvater Priester. Als Patrick 16 Jahre alt war, wurde er von irischen Piraten gefangen und als Sklave nach Irland verkauft, wo er Schafe hütete. In dieser Zeit fand er zum Glauben und zur Einsicht, in Irland missionieren zu müssen. Ihm gelang die Flucht, und er kehrte, innerlich geläutert, über Gallien in seine Heimat zurück. Er studierte, wurde zum Priester geweiht und folgte im Jahre 435 Palladius als Bischof von Irland nach. Seine Missionstätigkeit konzentrierte sich auf den Norden Irlands, wo er die Kirche in Diözesen organisierte. Patrick starb um 461, drei seiner Schriften sind erhalten, darunter seine sehr persönliche „Confessio", die ihn als bescheidenen Mann mit viel Gottvertrauen und großer Besorgnis für seine Gemeinde zeigt. Patrick benutzte ein Kleeblatt, um die Dreifaltigkeit zu erklären, weswegen an seinem Festtag, dem 17. März, alle Iren eines tragen. Patrick ist der Patron Irlands, das er von den Schlangen befreite, was in vielen Darstellungen wiederkehrt.

St. Patrick's Drunken Fisherman's Pie

AUFLAUF MIT MEERESFRÜCHTEN UND BIER

300 ml Bier, am besten irisches Ale
1 EL Senf
500 g Meeresfrüchte (Mischung aus Fisch, Krabben, Miesmuscheln, Jakobsmuscheln)
200 g Fisch, geräuchert (am besten Lachs)
150 g Lauch
150 g Champignons
4 EL Petersilie, gehackt
3 EL Butter
150 g Pastinaken oder Karotten
1 Zwiebel, fein gewiegt
375 ml Milch
4 Nelken
1 Lorbeerblatt
3 EL Mehl
1 EL Zitronensaft
Salz und Pfeffer
Belag
750 g Kartoffeln, neu
2 EL Butter
125 ml Milch
1 TL Salz
1/2 TL Pfeffer
125 g milder Käse, gerieben

Bier mit Senf mischen und über die Meeresfrüchte (nicht über den geräucherten Lachs) gießen, dann eine Stunde im Kühlschrank stehenlassen. Kartoffeln gründlich waschen und dann in der Haut so lange kochen, bis sie weich genug für einen Kartoffelbrei sind. Lauch in 1 cm lange Stücke schneiden, gewaschene Champignons dünn schneiden. Pastinaken schälen und in dünne Scheiben schneiden. Die Hälfte der Butter bei Mittelhitze in einer Pfanne schmelzen, Lauch und Champignons andünsten, bis sie anbräunen, dann die Pastinaken dazugeben und noch zwei Minuten kochen. Auf die Seite stellen. Meeresfrüchte abseihen, 125 ml der Flüssigkeit aufheben. Die Milch, die Zwiebel, Lorbeerblatt und Nelken 25 Minuten lang bei schwacher Hitze kochen. Durch ein Sieb in eine Schüssel gießen. Den Rest der Butter in einem Topf schmelzen, Mehl zugeben, 1 Minute kochen und dann langsam die abgeseihte Flüssigkeit glatt unterrühren. Meeresfrüchte und Lachs hinzufügen, 2 Minuten kochen, dann das vorbereitete Gemüse, Petersilie und Zitronensaft unterrühren. Mit Salz und Pfeffer abschmecken. Eine rechteckige Auflaufform (30 x 25 cm) gut buttern und die Mischung hineingießen. Die Kartoffeln mit der Haut zerstampfen, Butter, Milch, Salz und Pfeffer hineinarbeiten, daß ein schöner Kartoffelbrei entsteht. Mit dem Brei den Auflauf zudekken und mit dem geriebenen Käse bestreuen. Herd auf 175° vorheizen und Auflauf auf der unteren Schiene backen, bis die Oberfläche schön braun ist.

Für 4 bis 6 Personen.

PETRUS

Petrus war ein Fischer aus Galiläa und hieß ursprünglich Simon. Sein Bruder Andreas führte ihn zu Jesus, der ihm den Namen Petrus, *Fels*, gab. Er wird im Neuen Testament 150 mal und stets als Erster der Apostel genannt. Ihm übergab Jesus die Schlüssel zum Himmelreich, und auf ihn wollte Jesus seine Kirche bauen. Trotz seiner Verleugnung übertrug ihm Jesus sein Hirtenamt, nämlich die Aufgabe, seine „Schafe zu weiden", und nach der Himmelfahrt war Petrus wegweisend für die frühe Kirche. Die hl. Klemens und Irenäus bezeugen sein Wirken als erster Bischof von Rom, wo er im Jahre 64 unter Kaiser Nero das Martyrium erlitt. Petrus ruht unter dem Hauptaltar des Petersdomes im Vatikan. Er ist der Patron der ganzen Kirche und der Fischer, sein Festtag ist der 29. Juni, den er mit Paulus teilt. Dargestellt wird er mit den Schlüsseln des Himmels, als Fischer, bei der Verleugnung, als Bischof oder bei seiner Kreuzigung mit dem Kopf nach unten. Der Petersfisch hat seinen Namen vom „Fingerabdruck" auf der Flanke, den Petrus hinterließ, als er ihm ein Goldstück aus dem Maul gezogen hat (Mt 17,27).

Peters Fischtopf mit Limettensauce

Fischtopf
400 g Rotbarsch- oder Kabeljaufilet
250 g Kartoffeln
1 kleiner Blumenkohl
1 kleine Dose Spargelstücke
250 g Shrimps
2 EL Crème fraîche
5 EL Weißwein
Salz und weißer Pfeffer
1 Bund Estragon
50 g Kerbel
Limettensauce
200 ml Crème fraîche
2 EL süße Sahne
2 EL Limettensaft
1 EL Honig
Salz und weißer Pfeffer

Fischfilet waschen und in kleine Würfel schneiden. Die Kartoffeln schälen und in Scheiben schneiden. Den Blumenkohl putzen und in Röschen aufteilen. Die Kartoffeln, den Blumenkohl, die abgetropften Spargelstücke und die Shrimps in eine feuerfeste Form geben. Crème fraîche und Weißwein mit Salz und Pfeffer, den gewaschenen und gehackten Kräutern verrühren und darüber gießen. Mit Alufolie abdecken und im vorgeheizten Backofen bei 220° ungefähr 20 bis 30 Minuten garen. Die Folie abnehmen und nochmals 5 Minuten überbacken.
Für die Soße wird die Crème fraîche in eine Schüssel gegeben, Sahne, Limettensaft und Honig wird eingerührt. Mit Salz und frisch gemahlenem Pfeffer abschmekken. Die Crème fraîche kann durch Frischkäse oder Joghurt ersetzt werden, anstelle des Limettensafts kann Zitronensaft verwendet werden. Mit Kopfsalat servieren.
Für 4 bis 6 Personen.

Petersfischfilet mit Broccolisoße

4 EL Butter
2 Schalotten, fein gehackt
600 g Broccoli
250 ml Fischbrühe
1 kg Filet vom Petersfisch
Salz und Pfeffer
4 EL süße Sahne

Statt Petersfisch kann Seezunge verwendet werden. Backofen auf 190° vorheizen. Die Hälfte der Butter in einem Topf schmelzen, die Schalotten mit einer Prise Salz zugeben und leicht dünsten.
Den Broccoli gründlich waschen, die Stengel schälen, in kleine Stücke schneiden, in den Topf mit den Schalotten geben und die Hälfte der Fischbrühe zugießen. Zudecken und 20 Minuten kochen, bis der Broccoli weich ist. Falls die Flüssigkeit ganz verdampft, mehr von der Fischbrühe nachgießen. Mit Salz und Pfeffer würzen. Während der Broccoli kocht, eine feuerfeste Form buttern und die Filets hineinlegen. Mit Salz und Pfeffer würzen, mit Alufolie zudecken und 10 Minuten backen. Den gekochten Broccoli mit allem Saft fein pürieren und in einen Topf gießen. Die Sahne hinzufügen, langsam zum Kochen bringen und unter ständigem Umrühren 5 Minuten schwach kochen. Soße mit Salz und Pfeffer abschmecken und warmhalten. Die Fischfilets auf einer Servierplatte arrangieren, Soße um die Filets und den Saft vom Kochen des Fischs darübergießen und sofort servieren. Für 4 bis sechs Personen.

Ein Gericht, das man in England mit Pommes Frites und Erbsen in vielen Pubs bekommt.

St. Peter's Pie

FISCHAUFLAUF SANKT PETER

425 ml Milch
Salz und Pfeffer
1 Prise Muskatblüte
1 Lorbeerblatt
250 g Kabeljau
250 g geräucherter Schellfisch
2 EL Butter
2 EL Olivenöl
1 TL Knoblauch, fein gewiegt
2 hartgekochte Eier

Käsesoße

2 EL Butter
1 EL Mehl
1 Prise Muskat
4 EL Schweizer Käse und Parmesan gerieben

In einem großen Topf Milch mit Salz und Pfeffer, Muskatblüte und Lorbeerblatt zum Kochen bringen, den Fisch hinzufügen und ungefähr 20 Minuten lang auf kleinster Flamme zugedeckt kochen lassen. Dann Flüssigkeit abseihen und aufheben. In einer Schüssel den Fisch mit einer Gabel zu Flocken brechen und dabei vorsichtig alle Gräten und die Haut entfernen. Mit der Gabel den Fisch ganz klein zerstampfen und dabei die geschmolzene Butter, das Olivenöl, den Knoblauch und die Sahne sowie 2 Eßlöffel der Kochflüssigkeit hineinarbeiten. Wenn alles gut gemischt ist, mit Salz und Pfeffer abschmecken. Diese Mischung in eine runde Auflaufform geben und mit den in Scheiben geschnittenen hartgekochten Eiern bedecken. Backofen auf 220° vorheizen.
Für die Soße die Butter in einem Topf schmelzen, und wenn sie schaumig wird, vom Herd nehmen und das Mehl einrühren. 1/4 l Milch von der warmen Kochflüssigkeit dazugeben, bis ein dicker Brei entsteht. Den Topf wieder erhitzen, unter ständigem Umrühren den Rest der Flüssigkeit dazugießen und so lange erhitzen, bis die Soße sich verdickt. Mit Salz, Pfeffer und Muskat würzen und noch 5 Minuten schwach kochen. Den geriebenen Käse in die Soße einrühren und alles über die Eier gießen. Auf der oberen Schiene im Backofen so lange braten, bis die Oberseite schön gebräunt ist. Mit Pommes Frites oder Kartoffelbrei und grünem Gemüse servieren. Für 4 bis 6 Personen.

ROCHUS

Rochus wurde um 1295 im französischen Montpellier geboren, gab nach dem frühen Tod seiner Eltern sein ganzes Vermögen den Armen und verbrachte sein Leben auf Pilgerfahrt. Unterwegs nach Rom heilte er Pestkranke allein durch das Kreuzzeichen, aber auf dem Rückweg steckte er sich in Piacenza selber an. Der Legende nach wurde er von einem Hund mit Brot versorgt. Als Rochus seine Gesundheit wiedererlangt hatte, setzte er seine Reise fort, wurde aber in der Lombardei als Spion ins Gefängnis geworfen, wo er 1327 starb. Sein Ruf verbreitete sich über ganz Europa, geriet wegen des Verschwindens der Pest in Vergessenheit und lebte anläßlich einer Choleraepidemie im 19. Jahrhundert wieder auf. Sein Festtag ist der 16. August, er ist Patron der Ärzte und der Gefangenen. Mit Jakobus ist er auch Patron der Pilger, und entlang des Jakobsweges tragen viele Kirchen seinen Namen. Er wird meistens als Pilger mit Pestbeule am Bein und mit dem Hund aus der Legende dargestellt.

Ein ursprünglich spanisches Rezept.

Rochusfinger

4 Eigelbe
4 EL Zucker
1 Prise Salz
500 ml Milch, lauwarm
1 EL Weinbrand
Katzenzungen

Eigelbe leicht schlagen, Zucker und Salz dazugeben, lauwarme Milch unter dauerndem Rühren langsam hinzufügen. Über schwacher Hitze erwärmen, bis sich die Mischung verdickt, aber nicht kocht. Am besten im Wasserbad erhitzen. Absieben, abkühlen und dann Weinbrand einrühren. Katzenzungen auf den Boden und den Rand einer kleinen Schüssel legen, die Eigelbmasse darübergießen und kaltstellen. Nach Belieben kann man geriebene Schokolade daraufstreuen. Für 4 Personen.

SEBASTIAN

Sebastian stammte aus Mailand und erlitt Ende des dritten Jahrhunderts unter Kaiser Diokletian das Martyrium. Der Legende nach trat er in das römische Heer ein, um verfolgte Christen besser unterstützen zu können. Er brachte es bis zum Offizier der Leibwache, aber als der Kaiser herausfand, daß Sebastian selber Christ war, verurteilte er ihn zum Tode. Er wurde an einen Baum gebunden, von Pfeilen durchbohrt und liegen gelassen, aber die hl. Irene pflegte ihn wieder gesund. Sebastian trat wieder vor den Kaiser und hielt ihm seine Christenverfolgung vor, worauf Diokletian den Totgeglaubten erschlagen und in den Tiber werfen ließ. Sebastian wurde an der Via Appia beigesetzt, in der Nähe der heutigen Kirche S. Sebastiano. Sein Festtag ist der 20. Januar, er ist Schutzpatron der Schützen und bei Hautkrankheiten.

Dieses Rezept trägt den baskischen Namen der Stadt San Sebastian.

Truchas al Horno a la Donostiarra

FORELLEN SAN SEBASTIAN

6 Forellen, gesäubert, je 250–300 g
1 Zwiebel, gehackt
1 Zitrone
2 EL Olivenöl
2 EL Petersilie, gewiegt
1 TL Salz
1/4 TL Pfeffer
1 EL Butter

Fisch gut waschen und trocknen. In eine feuerfeste Form legen, Öl, Zwiebel, die Hälfte der Petersilie und die Gewürze dazugeben. Zitronensaft ausdrücken und die Hälfte über den Fisch gießen. Fisch in dieser Mischung eine Stunde stehenlassen. Fisch im vorgeheizten Herd 20 Minuten bei 175° backen. In einer Pfanne Butter schmelzen und den Rest der Petersilie ein paar Sekunden heiß braten, den Rest des Zitronensafts dazugießen und die Mischung über die gebackenen Fische verteilen.

SILVESTER

Silvester wurde 284 zum Priester geweiht und am 31. Januar 314 zum Bischof von Rom gewählt. Er war der erste Papst, der keine blutige Christenverfolgung mehr fürchten mußte, und das Konzil von Nizäa, das die Gottheit Christi gegen die arianische Irrlehre bestätigte, fiel in sein Pontifikat. Kaiser Konstantin schenkte ihm den Lateran, und Silvester baute viele andere Kirchen, darunter vermutlich auch den ersten Petersdom. Er starb 335, seine Gebeine wurden im achten Jahrhundert in die Kirche S. Silvestro übertragen. Der Legende nach heilte er Konstantin vom Aussatz und taufte ihn auf seinem Sterbebett. In der Kunst wird Silvester immer als Bischof oder Papst dargestellt, oft mit einem Stier in Ketten. Mit seinem Festtag am 31. Dezember, dem letzten Tag des Jahres, ist der Patron der Haustiere auch Patron für ein gutes Jahr.

Dieses Rezept für den letzten Tag des Jahres ist nichts für Leute, die auf ihr Gewicht oder ihren Zucker achten müssen. Der Kuchen hat die Tendenz sehr schnell zu verschwinden.

Collerette de la Saint-Sylvestre aux Trois Chocolats

SCHOKOLADENKRANZ ZU SILVESTER

Kuchen

6 Eier

200 g Puderzucker

125 g Mehl

1/2 TL Backpulver

100 g Kakao

1 Prise Salz

Füllung

150 g Sauerkirschen aus dem Glas, entkernt

200 g Milchschokolade

100 ml Schlagsahne

Dekoration

200 g Bitterschokolade

200 g weiße Schokolade

Johannisbeergelee, rot

Herd auf 175° vorheizen. Kranzform gut buttern und mit Mehl bestreuen. Überschüssiges Mehl abschütteln. Eier trennen. Eigelb mit dem Puderzucker umrühren, bis es locker und cremig ist. Mehl, Backpulver und Kakao daraufsieben. Eiweiß schnittfest schlagen, auf das Mehl legen und dann alles gut durchmischen, aber nicht rühren. Den Teig in die Kranzform gießen, Oberfläche glattstreichen. In der Mitte des Herdes 30 bis 40 Minuten backen. Kuchen aus der Form nehmen und abkühlen lassen. Für die Schokoladenspäne Schokolade im Wasserbad schmelzen, messerdick auf eine glatte, feste Oberfläche gießen und etwas abkühlen lassen. Die harte Schokolade mit einem großen Messer, das man im spitzen Winkel zur Schokolade hält, zu großen Spänen schaben. Späne aufheben und mit der anderen Sorte wiederholen. Den Kuchen horizontal in der Mitte durchschneiden. Die Sauerkirschen abtropfen lassen. Ein paar Löffel des Saftes auf die obere geschnittene Seite des Kuchens tropfen. Kirschen auf die untere Hälfte des Kuchens legen. Milchschokolade im Wasserbad schmelzen. Die Sahne erwärmen und sofort in die heiße Schokolade gießen. Gut umrühren, etwas abkühlen lassen und über die Kirschen verteilen. Mit der oberen Hälfte des Kranzes zudekken. Die vorbereiteten Schokoladenspäne auf den Kuchen legen, dunkle und weiße Schokolade abwechselnd. Die Späne halten besser, wenn der Kuchen mit Johannisbeergelee bestrichen ist. Wenn keine Schokoladenfanatiker mitessen, reicht es für 8 bis 10 Personen.

STEPHANUS

Stephanus war laut Apostelgeschichte einer der sieben Diakone, die von den Aposteln eingesetzt wurden, um ihnen zu helfen. Wegen seiner provokativen Predigten wurde er der Gotteslästerung beschuldigt und als erster Märtyrer im Jahre 35 gesteinigt. Stephanus wird seit dem dritten Jahrhundert verehrt, und nach der Auffindung seines Grabes im Jahre 415 und der Überführung seiner Reliquien nach Rom und Konstantinopel nahm sein Kult sehr zu. Der Erzmärtyrer Stephanus ist Patron der Diakone und der Pferde, viele große mittelalterliche Kirchen sind nach ihm benannt, wie zum Beispiel der Wiener Dom. In der Kunst wird er als Diakon mit Buch und Stein oder mit einem Palmzweig dargestellt. Sein Festtag ist der 26. Dezember, der wegen des Weihnachtstrubels leicht vergessen wird. In Ungarn wird besonders der hl. König Stephan I. (969–1038) verehrt. Sein Gedenktag ist der 16. August.

Istváns Beigli

GEFÜLLTER HEFEZOPF

Teig
200 ml Milch, lauwarm
1 TL Zucker
1 EL Trockenhefe
500 g Mehl
50 g Puderzucker
250 g Butter
2 Eier
1 Prise Salz
Walnußfüllung
200 g Zucker
2 EL Wasser
300 g Walnüsse, frisch, fein gerieben
100 g Rosinen
1 Zitronenschale, gerieben
Mohnfüllung
300 g Mohn, gemahlen
200 ml Milch, kochend
200 g Zucker
4 EL Aprikosenmarmelade
100 g Rosinen
1 Zitronenschale, gerieben

Zucker, Hefe und 60 g Mehl mit der lauwarmen Milch vermischen, umrühren und stehenlassen, bis es schön schaumig ist. Puderzucker und Butter mit dem Rührgerät schlagen, bis eine Creme entsteht, dann ein Ei nach dem anderen hineinschlagen. Mehl mit Salz in eine Schüssel schütten, Buttermischung etwas einrühren und dann die Hefemischung darübergießen. Gut umrühren und zu einem guten Hefeteig verarbeiten. Wenn nötig mehr Milch zugeben, aber wenn der Teig zu weich ist, platzt der Kuchen beim Backen. Gut durchkneten, bis der Teig sehr elastisch wird und Blasen wirft. Schüssel abdecken und 2 Stunden an einen warmen Platz stellen, bis sich die Menge verdoppelt hat. Teig einmal durchkneten und in zwei Stücke teilen. Jedes Stück rechteckig ausrollen, Teigdicke etwa 6 mm. Mit feuchtem Tuch bedecken und eine halbe Stunde gehenlassen. In der Zwischenzeit Füllungen herstellen. Zucker in 2 Eßlöffel Wasser bei schwacher Hitze auflösen, die geriebenen Walnüsse einrühren und 5 Minuten lang kochen. Vom Herd nehmen, Rosinen und Zitronenschale einrühren. Abkühlen lassen, dann mit dem Rührgerät schlagen, daß eine Creme entsteht. Für die Mohnfüllung gießt man heiße Milch über den Mohn und läßt es eine Zeitlang stehen. Zucker bei schwacher Hitze in 2 Eßlöffel Wasser auflösen, die Mohnmischung zugießen, vom Herd nehmen und Aprikosenmarmelade, Rosinen und Zitronenschale einrühren. Abkühlen lassen und dann mit dem Rührgerät schlagen, bis eine cremige Masse entsteht. Die Füllung auf die Rechtecke streichen, aber 2 cm vom Rand bleiben. Teig vorsichtig aufrollen und auf ein gefettetes Backblech legen, so daß der Saum auf dem Blech ist. Die offenen Ränder der Rolle mit etwas Wasser verschließen, mit einem verquirlten Ei bestreichen und nochmals 30 Minuten in einem kühlen Raum gehenlassen. Die Rolle mit der Gabel ein paarmal außen einstechen, damit der Kuchen beim Backen nicht reißt. Nochmals mit dem Ei bestreichen und dann im vorgeheizten Herd bei 200° backen. Türe des Herdes 15 Minuten nicht öffnen. Backzeit etwa 25 Minuten. Der Beigli kann bis zu einer Woche ungeschnitten aufgehoben werden, dann wird er noch besser. Reicht für 8 bis 10 Personen.

THERESIA

Theresia wurde 1515 in Ávila geboren und mit 15 Jahren den Augustinerinnen zur Erziehung übergeben. 1535 trat sie in den Karmel von Ávila ein und wurde bald darauf sehr krank. Ab 1540 stellten sich nach und nach Visionen ein, die sie anfangs beunruhigten. Aus Unzufriedenheit mit dem lockeren Klosterleben gründete Theresia in Ávila ein neues Kloster mit strengerer Ordensregel. Gegen alle Widerstände gründete Theresia weitere Klöster und reformierte schließlich auch den männlichen Zweig des Ordens. 1580 wurde die Kongregation der Unbeschuhten Karmeliten anerkannt. Theresia war eine fruchtbare Autorin, deren Schriften zu den Klassikern der spanischen Literatur gehören. Sie starb im Jahre 1582, wurde 1622 heiliggesprochen und 1970 zur Kirchenlehrerin erhoben. Sie ist die Patronin Spaniens und wird oft mit einer Taube oder einem Buch dargestellt. Ihr Festtag ist der 15. Oktober.

Yemas de Santa Teresa

EIGELBGEBÄCK

125 g Zucker
25 ml Wasser
½ TL geriebene Zitronenschale
1 Zimtstange
4 Eigelbe

Zucker, Wasser, Zitronenschale und Zimtstange in einem Topf zum Kochen bringen und so lange kochen, bis sich kleine weiche Bällchen formen, wenn man die Flüssigkeit in kaltes Wasser tropfen läßt. Die Eigelbe in einer Schüssel schaumig schlagen. Die Zimtstange entfernen und die heiße Zuckerflüssigkeit unter dauerndem Umrühren in die Eigelbe einlaufen lassen. Diese Mischung bei schwacher Hitze so lange kochen lassen, bis sie sich verdickt, was vielleicht 10 Minuten dauern kann. Vom Herd nehmen und so lange weiterrühren, bis die Masse sehr dick ist und nicht mehr am Topfrand klebt. Die Mischung auf ein gebuttertes Blech gießen und so lange abkühlen lassen, bis man sie anfassen kann. Die warme Masse zu kleinen Kugeln formen und in Zucker rollen. Die Yemas können in Papier wie Pralinen serviert werden. Ergibt ungefähr 24 Yemas.

Viele kennen Yemas als spanische Spezialität. Dieses Rezept ist aus Ávila.

Pan de Santa Teresa

THERESENBROT

500 ml Milch
3 EL Zucker
1 Zimtstange
1 Stück Zitronenschale
12 etwas trockene Weißbrotstücke (2 cm dick)
3 Eier
1 Prise Salz
Olivenöl
Zimtzucker

Brot am Vortag in Scheiben schneiden, damit es leicht antrocknet. Die Milch mit dem Zucker, der Zitronenschale und der Zimtstange 5 bis 10 Minuten leicht kochen, bis die Milch den Geschmack von Zimt und Zitrone gut aufgenommen hat. Dies kann am Vortag gemacht werden, falls es zum Frühstück serviert werden soll. Die Eier in einer flachen Schüssel mit einer Prise Salz gut verquirlen. Eine Scheibe Brot in die gewürzte Milch legen, umdrehen und dann in die Eimischung legen und auch umwenden. Etwas Olivenöl in die heiße Pfanne geben, mit einem Bratenheber ein Stück Brot in die Pfanne legen und auf beiden Seiten schön goldgelb backen. Mit Zimtzucker leicht bestreuen und warm servieren.

THOMAS

Thomas der Apostel wird in allen vier Evangelien erwähnt. Berühmt ist er als Zweifler an der Auferstehung Christi geworden, der sich erst überzeugen ließ, als er die Wundmale Christi berühren durfte. Es wird angenommen, daß er über Persien nach Indien gelangte und als Glaubensbote dort im Jahre 72 mit einer Lanze ermordet wurde. Seine Reliquien gelangten auf seltsamen Wegen nach Italien, wenn sie nicht in São Tomé sind. Er wird meistens als „Ungläubiger Thomas“ mit dem Auferstandenen dargestellt. Thomas ist der Patron von Portugal und Ostindien, der Schutzpatron der Architekten und Theologen. Sein Festtag ist der 3. Juli.

Ein altes deutsches Rezept, das am Thomastag gebacken wurde.

Thomasstriezeln

1 EL Trockenhefe
125 ml Sauerrahm
1 Zitronenschale, gerieben
250 g Mehl
3 Eigelbe
125 g Butter
60 g Puderzucker
1 EL Zimt

In einer Schüssel Hefe mit Sauerrahm mischen und 5 Minuten stehenlassen. Alle anderen Zutaten dann hinzugeben und umrühren. Wenn der Teig nicht mehr klebt, 5 Minuten durchkneten. Ein Blech (40 x 16 cm) gut buttern und den Teig darauf ausrollen. Den Teig in lange, fingergroße Stücke schneiden, mit extra geschmolzener Butter bestreichen, Puderzucker und Zimt mischen und die Striezeln damit gut bestäuben. Mit einem Handtuch zudecken und an einem warmen Platz 1 Stunde gehenlassen, Im vorgeheizten Herd bei 175° goldgelb backen, was etwa 30 Minuten dauern sollte.
Ergibt ungefähr 40 Finger.

VALENTIN

Valentin ist im englischen Sprachraum sehr bekannt, denn an seinem Festtag, dem 14. Februar, backt man einen Kuchen mit rosa Tortenguß und schreibt seinem Schatz eine Karte. Valentin war Bischof von Terni und erlitt um 268 das Martyrium in Rom. Seine Reliquien werden schon seit dem achten Jahrhundert verehrt. Neben Valentin von Rom, der früher ebenfalls am 14. Februar verehrt wurde, wird unser Valentin oft mit Valentin von Rätien verwechselt, einem Bischof des 5. Jahrhunderts, dessen Reliquien in Passau sind. Valentin wird immer als Bischof dargestellt, er ist der Patron der Verliebten, Reisenden und Imker. Er ist wegen der Legende von einer Heilung auch der Patron der Krüppel und der Epileptiker.

St. Valentine's Day Cake

VALENTINSKUCHEN

Torte
3 Eier
175 g Zucker
2 EL starker schwarzer Kaffee
150 g Mehl
Glasur
125 g Butter
225 g Puderzucker
3 EL starker schwarzer Kaffee
Rote Lebensmittelfarbe
Karamel
100 g Zucker
125 ml Wasser

Eier trennen. Eigelbe mit dem Zucker und dem Kaffee im Wasserbad erhitzen und fest umrühren, bis es sich verdickt hat. Vom Wasserbad nehmen und noch eine Minute fest rühren. Eiweiß schnittfest schlagen. Mehl in die Eigelbmischung sieben und Eiweiß darunterziehen. Den Teig möglichst in eine Herzform gießen und bei 175° 45 Minuten backen. Herausnehmen und abkühlen lassen.

Für den Überzug die Butter auf Zimmertemperatur bringen und mit dem Rührgerät locker schlagen. Puderzucker hineinsieben und den kalten Kaffee langsam unterrühren. Für einen rosa Kuchen etwas rote Lebensmittelfarbe dazugeben. Kuchen in der Mitte durchschneiden. Ober- und Unterteil mit dem Überzug zusammenkleben. Den Rest über die Seiten und die Oberfläche des Kuchens verteilen, glattstreichen und nach Belieben mit gespritzten Sternchen dekorieren. Wasser und Zucker in einem Topf schnell zum Kochen bringen und bei großer Hitze so lange kochen, bis der Karamel goldgelb ist. Auf ein Stück Backpapier gießen, abkühlen lassen, in kleine Stückchen brechen und den Kuchen damit dekorieren. Für 8 Personen.

Ein traditionelles Rezept in der englischsprachigen Welt. Die Verbindung des Heiligen mit den Liebenden rührt von den Vögeln: Am 14. Februar beginnen sie angeblich mit dem Nestbau.

VITUS

Von Vitus oder Veit wissen wir nur, daß er um 305 in der römischen Provinz Lucania das Martyrium erlitt. Seiner Heiligenlegende nach wurde er mit zwölf Jahren Christ und floh vor seinem heidnischen Vater nach Rom. Dort befreite er zwar den Sohn des Kaisers von einem Dämonen, aber als sein Christsein bekannt wurde, wurde er gefoltert. Es gelang ihm nach Lucania zurückzukehren, wo er starb. Seine Amme Crescentia und sein Erzieher Modestus erlitten das gleiche Schicksal und werden ebenfalls am 15. Juni gefeiert. Heute nimmt man eher zwei verschiedene Märtyrergruppen an. Reliquien von Vitus sind über ganz Europa verteilt, am bekanntesten sind die im Prager Veitsdom. Auf ihn geht auch der sogenannte Veitstanz zurück. Vitus wird meistens als Jüngling mit Ölkessel, Palme oder Buch dargestellt. Er ist Patron der Tänzer, Schauspieler und der Schutzpatron Böhmens. Der Nothelfer soll auch den Sterbenden helfen.

Ein netter Imbiß aus Sizilien, der gut zum Wein paßt.

Sfincione di San Vito

IMBISS ZUM VEITSTAG

Teig
1 EL Trockenhefe
1 TL Salz
1 TL Zucker
4 TL Olivenöl
375 ml Wasser, lauwarm
500 g Mehl
Füllung I
250 g Schweinebraten, gekocht und gehackt
250 g Mozarella, gerieben
125 g Romanokäse, gerieben
250 g Salami, fein gewürfelt
Salz und Pfeffer
Füllung II
2 Zwiebeln, mittelgroß, gehackt
1 EL Olivenöl
1 Dose Sardellenfilet
125 ml Tomatensoße
250 g Mozarella, gerieben

Hefe, Salz und Zucker mit dem Olivenöl im lauwarmen Wasser auflösen. Ein paar Minuten stehenlassen, dann genug Mehl hineinmischen, daß ein glatter Teig entsteht. Gut durchkneten, die Oberfläche mit etwas Olivenöl bestreichen, zudecken und dann an einem warmen Platz stehenlassen, bis sich die Menge verdoppelt hat. Kurz durchkneten und ein zweites Mal gehenlassen. Für die erste Füllung alle Zutaten mischen. Für die zweite Füllung die Zwiebel in Olivenöl anbräunen, die Sardellenfilets kleinschneiden und dann mit dem Rest der Zutaten mischen. Die Hälfte des Teigs rund ausrollen, eine der Füllungen darauf legen und mit der anderen ausgerollten Hälfte des Teiges zudecken. Ränder verschließen, auf ein gut gefettetes Blech legen, auf der Oberfläche mit dem Messer ein paar Schlitze schneiden, daß der Dampf entweichen kann. Mit einem Handtuch zudecken und nochmals 45 Minuten gehenlassen. Im Herd bei 200° ungefähr 30 Minuten goldgelb backen. Für 6 bis 8 Personen.

WALARICH

Walarich oder Valéry, wie er in Frankreich heißt, wurde in der Auvergne als Sohn eines Schafhirten geboren. Er lernte trotz seines Standes lesen und wollte Mönch werden. Zuerst schloß er sich einem Kloster in der Nähe von Auxerre an, dann zog er in das Kloster des hl. Kolumban bei Luxeuil. Als König Theodorich das Kloster auflöste, wurde Walarich Missionar in Neustrien und schließlich Einsiedler an der Mündung der Somme. Mit Schülern, die mit ihm leben wollten, gründete er um 614 die Abtei St. Leuconay, deren erster Abt er wurde. Der Legende nach verbreitete er das Evangelium in der Normandie und entlang des Ärmelkanals. Er starb 622, sein Festtag ist der 1. April. Er ist Patron der Schiffer und wird meistens als Abt dargestellt.

Kartoffeltorte Saint-Valéry

300 g Lauch
1 Zwiebel, gehackt
100 g Magerspeck, fein gehackt
250 g Mehl
120 g Butter
4 EL Weißwein
140 g Butter
125 ml Rahm
1 Eigelb
1 EL Petersilie, gehackt
2 TL Kräuter der Provence
Salz und Pfeffer

Das Mehl in eine Schüssel geben. 120 g Butter und etwas Salz dazugeben. Zwischen den Fingern zu kleinen gleichmäßigen Krümeln zerreiben. 1/8 l Wasser zufügen und alles rasch zu einem Teig kneten. Zu einer Kugel formen und 1 bis 2 Stunden ruhenlassen. Die Kartoffeln schälen und in dünne Scheiben schneiden. Lauch putzen und in dünne Ringe schneiden.

Zwiebel, Lauch und Speck 5 Minuten mit einem Eßlöffel Butter andünsten. Kartoffelscheiben zufügen, wenden und leicht andünsten. Die Kräuter daruntermischen. Mit dem Wein ablöschen. 5 Minuten lang dünsten. Mit Salz und Pfeffer würzen. Den Teig etwa 4 mm dick ausrollen. Eine Springform mit 25 cm Durchmesser mit einem Teelöffel Butter bestreichen und mit zwei Dritteln des Teiges auskleiden. Dabei einen Rand von 5 cm hochziehen. Aus dem restlichen Teig einen Deckel ausschneiden. In der Mitte ein Dampfloch markieren. Den Teigboden mit einer Gabel mehrmals einstechen. Die abgekühlten Kartoffeln daraufgeben. Den Teigrand auf die Füllung umschlagen. Mit Eigelb bestreichen, dann den Deckel auflegen und gut andrücken. Mit Teigresten verzieren. Die Torte zweimal mit Eigelb bestreichen. 10 Minuten bei 220° backen, dann das Dampfloch aufstechen. Den Rahm mit den 2 restlichen Eigelben, wenig Salz und Pfeffer mischen und durch die Öffnung gießen. 30 Minuten fertigbacken. Heiß servieren. Für 6 bis 8 Personen.

WILFRIED

Wilfried wurde 633 geboren und im berühmten Kloster Lindisfarne erzogen. Er studierte in Canterbury und Rom und wurde nach weiteren drei Jahren in Lyon Abt des Klosters Ripon in England. 664 wurde er zum Bischof von York gewählt und reiste wegen seiner Bischofsweihe nach Frankreich. Als er Jahre später zurückkehrte, hatte ein anderer seinen Platz eingenommen, und Wilfried kehrte nach Ripon zurück. Drei Jahre später wurde er als Bischof wiedereingesetzt. In den nächsten zwölf Jahren gründete er viele Klöster und vergrößerte seine Diözese. Weil er die Königin ermutigt hatte, ihren Mann zu verlassen und Nonne zu werden, spaltete der Erzbischof von Canterbury mit Unterstützung des Königs das Bistum in vier Teile. Trotz einer erfolgreichen Beschwerde in Rom verlor Wilfried seinen Sitz und ging als Missionar nach Sussex. 680 wurde er als Bischof von York wiedereingesetzt, allerdings mit Einschränkungen. Im Jahre 703 wurde er wieder als Bischof abgesetzt, aber eine zweite Beschwerde gab ihm seinen Sitz zurück. Er starb zwei Jahre später und wurde in Ripon begraben. Er wird als Abt oder Bischof dargestellt, sein Festtag ist der 12. Oktober.

Ein traditionelles Rezept aus Yorkshire zum Festtag des hl. Wilfried.

Wilfrieds Apfelkuchen

Teig
375 g Mehl
200 g Butter, Zimmertemperatur
5 EL kaltes Wasser
2 EL Zucker
1 TL Zitronensaft
1 Prise Salz
Füllung
700 g Äpfel, nicht süß
125 g brauner Zucker
60 g milder Käse, gerieben

Mehl in eine Schüssel geben und die in kleine Würfel geschnittene Butter hinzugeben. Mit den Fingern die Butter in das Mehl reiben, so daß die Mischung wie grobe Semmelbrösel aussieht. Wasser, Zucker und Salz dazugeben und zu einem geschmeidigen Teig verarbeiten. Eine Form (20 x 30 cm) mit einem hohen Rand gut buttern und mit der Hälfte des Teiges den Boden bedecken.

Die Äpfel schälen, entkernen, in kleine Scheiben schneiden und auf den Teig legen. Mit Zucker und Käse bestreuen. Den Rest des Teiges ausrollen und die Äpfel damit zudecken. Mit etwas Milch bestreichen, mit Zucker bestreuen und dann bei 175° im Backofen ungefähr 40 Minuten backen. Wenn abgekühlt, den Kuchen in 24 Rechtecke schneiden.

KALENDER

JANUAR

2 Basilius
7 Emilianus
16 Honoratus
17 Antonius der Große
20 Sebastian
21 Agnes
29 Costanzo

FEBRUAR

1 Brigitta
3 Blasius
14 Valentin

MÄRZ

1 David
17 Patrick
19 Joseph

APRIL

1 Walarich
23 Georg
25 Markus

MAI

5 Angelus
15 Isidor

JUNI

13 Antonius von Padua
15 Vitus
24 Johannes
29 Petrus

JULI

3 Thomas
13 Kunigunde
20 Margareta
22 Maria Magdalena
25 Jakobus
26 Anna
29 Marta
31 Germanus, Ignatius

AUGUST

8 Dominikus
10 Laurentius
16 Rochus
18 Helena
25 Ludwig
28 Augustinus
30 Felix

SEPTEMBER

7 Chlodwald
16 Ninian
17 Hildegard
19 Januarius
22 Mauritius
29 Florentinus, Michael

OKTOBER

4 Franz von Assisi
9 Dionysius
12 Wilfried
14 Manechildis
15 Theresia
16 Hedwig
18 Lukas

NOVEMBER

3 Florus, Hubert
4 Karl Borromäus
11 Martin
18 Odo
19 Elisabeth
22 Cäcilia
23 Klemens
25 Katharina
30 Andreas

DEZEMBER

3 Franz Xaver
4 Barbara
6 Nikolaus
7 Ambrosius
13 Luzia
14 Fortunatus
26 Stephanus
31 Silvester, Franz Régis

REZEPTEVERZEICHNIS

VORSPEISEN – SUPPEN

HAUPTSPEISEN

BEILAGEN – BROT

NACHSPEISEN – KUCHEN